This is a simplified Chinese edition of the following title published by Cambridge University Press:
Multicultural Origins of the Global Economy: Beyond the Western-Centric Frontier. ISBN978-7-308-25577-6 by John M. Hobson, first published
by Cambridge University Press, 2021
This simplified Chinese edition for the People's Republic of China (excluding Hong Kong, Macau and Taiwan) is published by arrangement with the Press Syndicate of the University of Cambridge, Cambridge, United Kingdom.

著作权合同登记号 图字：11—2024—472

MULTICULTURAL ORIGINS

多轴心世界

Multicultural Origins of the Global Economy

超越西方中心主义的经济全球化

[英] 约翰·霍布森 著　　娄钰 娄遂祺 杨建玫 译

ZHEJIANG UNIVERSITY PRESS
浙江大学出版社
·杭州·

图书在版编目（CIP）数据

多轴心世界 ：超越西方中心主义的经济全球化 /（英）约翰·霍布森著 ；娄钰，娄遂祺，杨建玫译 . 杭州 ：浙江大学出版社，2025. 2. -- ISBN 978-7-308-25577-6

Ⅰ . F114.41

中国国家版本馆 CIP 数据核字第 2024N5Z941 号

多轴心世界：超越西方中心主义的经济全球化

（英）约翰·霍布森 著 娄 钰 娄遂祺 杨建玫 译

责任编辑 谢 焕

责任校对 朱卓娜

封面设计 云水文化

出版发行 浙江大学出版社

（杭州天目山路148号 邮政编码310007）

（网址：http://www.zjupress.com）

排 版 浙江大千时代文化传媒有限公司

印 刷 杭州钱江彩色印务有限公司

开 本 880mm × 1230mm 1/32

印 张 18.125

字 数 501千

版 印 次 2025年2月第1版 2025年2月第1次印刷

书 号 ISBN 978-7-308-25577-6

定 价 108.00元

浙江大学出版社市场运营中心联系方式：（0571）88925591；http://zjdxcbs.tmall.com

致 谢

37年的心血终成此书，它是我学海生涯知识积累的结晶。可以说，研究本课题是一种冒险，这让我想起了我在大学本科阶段所学的政治经济学专业。在大学二年级时，我第一次参加了与马克思主义有关的、主题为“封建主义向资本主义过渡”的辩论赛。大学毕业后，我攻读了政治社会学，获得了政治社会学硕士学位。硕士毕业后，我继续深造，对国际关系学和国际政治经济学进行了深入的研究，获得了历史社会学博士学位。在求学期间，我萌发了许多想法，关注了诸多话题，也发现了很多的问题，这些在本书中皆有体现。我在此对早年给予我无私帮助的莫妮卡·比特尔（Monika Beutel）、艾伦·胡珀（Alan Hooper）、汤姆·诺斯特（Tom Nossiter）、琳达·韦斯（Linda Weiss）和迈克尔·曼恩（Michael Mann）等人表示诚挚的感谢！

在撰写本书的十年间，谢菲尔德大学的同事们给我提供了很多支持、帮助，并提出了许多宝贵意见，在此深表谢意！很荣幸能在政治经济学领域处于世界领先地位的大学工作。从“新政治经济学”先驱、两个世界顶尖的政治经济学研究中心（政治经济学研究中心“PERC”和谢菲尔德大学政治经济学研究中心“SPERI”）的创办者的托尼·佩恩（Tony Payne）和安德鲁·甘布尔（Andrew Gamble），到现在研究中心的主任科林·海伊（Colin Hay）、热纳维芙·勒巴伦（Genevieve LeBaron），再到研究中心的成员安德鲁·贝克（Andrew Baker）、马特·毕晓普（Matt Bishop）、格雷厄姆·哈里森（Graham Harrison）、安迪·辛德穆尔（Andy Hindmoor）、斯科特·莱弗里（Scott Lavery）、阿利斯特·麦格雷戈（Allister McGregor）、欧文·帕克（Owen Parker）、尼古拉·菲利普斯（Nicola Phillips）、利亚姆·斯坦利（Liam Stanley）和布拉克·坦赛尔（Burak Tansel），都给我留下了深刻的印象。他们不仅令我受益匪浅，也为本书提供了某些观点。对于那些曾与我探讨问题、向我提出宝贵意见，并给予我帮助的国际关系领域的同仁们，我表示感谢，他们分别是罗斯·贝拉比（Ross Bellaby）、露丝·布莱克利（Ross Blakeley）、本·多切蒂（Ben Docherty）、阿德里安·加拉格尔（Adrian Gallagher）、乔娜·尼曼（Jonna Nyman）、西蒙·拉什顿（Simon Rushton）、丽莎·斯坦普尼茨基（Lisa Stampnitzky）、乔安娜·蒂迪（Joanna Tidy）、乔·特纳（Joe Turner）和彼得·韦罗夫舍克（Peter Verovšek）。我尤其要对乔纳森·约瑟夫（Jonathan Joseph）、伯拉克·坦塞尔（Burak Tansel）和海伦·特顿（Helen Turton）三人表示真挚的谢意。

在过去五年紧锣密鼓的写作过程中，我要感谢奥黛丽·亚历杭德罗（Audrey Alejandro）、热纳维芙·勒巴伦、米歇尔·勒巴伦（Michelle LeBaron）、伯拉克·坦塞尔（Burak Tansel）、布莱尼·文斯（Bryony Vince）和佩尔·弗里斯（Peer Vries）对我的书稿提出了很多宝贵的修改意见，在此向他们一并致谢！同时，我还要提及我不幸去世的同事林莉莉（Lily Ling）。我曾和林莉莉联合主编罗曼和利特菲尔德国际系列丛书《全球对话：非欧洲中心主义的全球视野》。在她离世不久后，布莱尼和我一起担任了丛书的联合主编，布莱尼承担了林莉莉的工作……我感到轻松了许多。同时，我发现本书的主题与罗曼和利特菲尔德国际系列丛书的主题是一致的，因此，我要感谢安娜·里夫（Anna Reeve）的鼎力资助［最近由达拉·斯诺登（Dhara Snowden）提供］。在此，还要大力感谢大卫·布兰尼（David Blaney）和卡维·亚兹达尼（Kaveh Yazdani），他们阅读了本书的部分手稿，并及时提出了许多宝贵的修改意见，对他们的帮助和支持，我深表感激。

在此，我尤其要感谢我的优秀博士生张仕之（Zhang Shizhi），他和我一样痴迷于中国经济史研究。我很高兴我们能经常在一起深入地探讨中国1911年以前悠久的对外贸易史和棉纺织业发展史。他还帮我翻译了许多与本书有关的中文书籍和文献资料。在此，我要对他的大力支持和鼎力相助表示衷心的感谢！此外，我要感谢挪威国际事务研究所的“私人与海洋”项目（EMPRISE）对本书的支持。该项目由挪威研究理事会资助，项目编号为262657。在此，我要衷心感谢项目经理本杰明·德·卡瓦略（Benjamin de Carvalho）和高级研究员哈尔瓦德·莱拉（Halvard Leira）的支持和帮助！

此外，我还要感谢四位心地善良的人士，其中的三位是亚历克斯·阿涅瓦斯（Alex Anievas）、埃里克·海莱纳（Eric Helleiner）和安德鲁·林克莱特（Andrew Linklater）。他们不仅花费了大量的时间阅读我的书稿，还提出了许多宝贵的修改意见。正是凭借他们的无私奉献，本书才得以获得读者们的好评。我还要感谢已经仙逝的林莉莉女士，她心地良善。我从她那里学到了很多后殖民时期的知识，或许她活着的时候并未意识到这一点。她的辞世不仅是国际关系学界的损失，也是我个人研究、事业和智力方面的重大损失。虽然她可能对本书的某些观点持有异议，但我相信她以某种独特的方式将她的精神融入了本书的字里行间。尽管她无法亲眼看到本书的出版，但在写作过程中，她的话语一直在我耳边回荡。

我还要特别感谢大卫·法罗（David Farrow），感谢他的无私帮助，感谢他精湛的计算机技术。虽然天色已晚，他仍然热心地帮我修理计算机，使我的旧计算机起死回生，并神奇地帮助我恢复了书稿。我真心感激他的贡献。同时，也要感谢我的系主任安迪·辛德穆尔（Andy Hindmoor）。每当我遇到困难时，他总是仗义相助。如果大卫无法帮我恢复我的书稿，安迪也会设法解决这个问题。再者，如果没有他给予足够时间，我也难以完成本书。他持之以恒的毅力和坚韧不拔的精神给我留下了深刻的印象。我同样要感谢与安迪一样优秀的前主任尼古拉·菲利普斯（Nicola Phillips），感谢他对我的帮助。另外，还要感谢在剑桥大学出版社爱丁堡大楼工作的约翰·哈斯兰姆（John Haslam），感谢他的无私奉献，以及不厌其烦地修改本书。还要致谢本书的两位匿名读者，他们提出了许多宝贵的意见，帮助我改进书稿。此外，我要感谢城市教育学中心（Cup）的托比·金斯伯格（Toby Ginsberg）、罗伯特·贾金斯（Robert Judkins）和日出设计公司（Sunrise Setting）的蒂姆·海德（Tim Hyde），他们审查和设计了本书，对此我深表谢意。尤其要感谢编辑蒂娜·劳伦斯（Teena Lawrence），感谢她为本书出版所做的努力，以及她细致入微的指导。

最后，我还要衷心地感谢我的家人伊万杰琳（Evangeline）、加比（Gabby）、迈克尔（Michael）、奥利维亚（Olivia），尤其要感谢我的爱人西莉亚（Celia）对我的工作所给予的支持。虽然你们有时会抱怨我长期不在你们身边，但我完全能理解你们的感受。在写作过程中，你们也与我一样经历了许多考验和磨难。我向你们保证，我会尽力去补偿你们……一定会的！

目　录

第一章　绘制新的全球政治经济版图：为未来之旅做准备

引言

多数学者认为，全球化本质上是“西方化”，全球经济是“西方制造”。这一观点已被广泛接受并成为社会科学领域的共识，根本没有必要对此进行反思和质疑。无论是右翼新自由主义者，还是左翼新马克思主义者，甚至后殖民时期的马克思主义者，他们的观点几乎一致。新自由主义者认为，全球化和全球经济代表着“西方的荣耀和彻底胜利”，[1]而新马克思主义者、后殖民主义者和后殖民马克思主义者则认为它们只是“邪恶西方的悲剧和彻底胜利”。[2]这些观点与1945年以前的科学种族主义思想家西奥多·罗斯福（Theodore Roosevelt）、亨利·卡博特·洛奇（Henry Cabot Lodge）、卡尔·皮尔森（Karl Pearson）、伍德罗·威尔逊（Woodrow Wilson）、本杰明·基德（Benjamin Kidd）和约西亚（Josiah）等人的观点相似。他们都将全球化描述为“西方至上主义的必然胜利”。[3]然而，正如西奥多·冯·劳伊（Theodore Von Laue）在《西方化的世界革命》（*The World Revolution of Westernization*）一书中所说，虽然学者们都承认全球化的存在，[4]但他们对西方故事的描述存在差异。

诚然，并非所有持有“欧洲中心主义”观点的学者都将全球化与西方化混为一谈。一些学者，如塞缪尔·亨廷顿（Samuel Huntington）、威廉·林德（William Lind）等认为全球化正遭受“野蛮亚洲文化”的威胁。这一观点与洛斯罗普·斯托达德（Lothrop Stoddard）和查尔斯·亨利·皮尔森（Charles Henry Pearson）的科学种族主义的文化现实主义的观点相似。但是，亨廷顿和林德并不认同科学种族主义，而是关注如何捍卫西方文明的“纯洁性”以及抵御非西方野蛮文化，特别是中国和伊斯兰教文化对它的威胁。[5]

有人说，30年前，“全球化”在社会科学界还是一个非常时髦的词，但现在它已没有太多研究价值，因为我们已经对它有了深入的了解。然而，本书认为，以往学界对全球化的研究基本上是基于欧洲中心论的，因此，对全球化的研究有待于进一步深化。在本书中，我将以全球化非欧洲中心主义为路径进行全新的研究。[6]

我将在本书中和读者一起探索全球化的起源。具体而言，我将通过讲述两个全球经济带的发展历程，引领读者探索全球化复杂的多元文化发展路径，帮助读者超越全球经济的西方中心主义的藩篱。然而，需要明确的是，我们应该消除对本书题目中所提及的“多元文化”一词的误解。首先，不能将经济全球化与其东方起源混为一谈，因为本书认为全球化是西方文明和其他文明共同作用的结果。其次，一些对多元文化持批评观点的学者认为，多元文化是一种种族主义化的叙事，因为它推动了民族国家中独特的种族社区的形成，而在这些社区中，非白人群体则居住在种族主义无形文化隔离带之外。[7]然而，值得注意的是，本书中提到的种族文化隔离带并非种族文化隔离主义，因为在种族文化隔离主义中，主流文化勉强“容忍”着其他种族文化的存在。本书将重点研究各种文化如何融合共存。本书认为，这种融合共存并不是通过普世大同的方式形成的，而是通过“竞争性的合作”来达成的（下文将更深入地探讨）。因此，我在本章的倒数第二节提出重要观点，该观点在爱德华·赛义德（Edward Said）

2003年的名著《东方主义》（*Orientalism*）的序言中有所体现："我们应注意到，西方文化与其他文化的融合过程是一个相当缓慢的过程。在长期的实践中，它们相互借鉴、相互融合、共同存在。"[8]为了形容它们的融合过程，本书借用了杰里米·普雷索尔特（Jeremy Prestholdt）提出的"全球经济"（global economy）和"一种全球经济包容性谱系"（an inclusive genealogy of globalization）这两个概念。[9]

我之所以对绝大多数有关全球化和全球经济的文献中的观点持有异议，并不是因为它们认为西方在全球化发展过程中起着重要作用，而是因为它们盲目地崇拜西方，忽视了无数非西方民族对全球化的贡献。这一点可以从国际政治经济学派的观点（IPE）中看出。因此，我引用尼古拉·菲利普斯（Nicola Phillips）一句恰如其分的名言来驳斥他们的观点：我们需要正确地看待"全球化"和"全球经济"，将我们的焦点从纯粹的"西方中心"或"西北通道"概念转移到"非洲、美洲、印度、西亚、东南亚、中国、东亚以及与英国和欧洲有千丝万缕联系的众多非西方通道上"。[10]我认为，这已迫在眉睫。因为欧洲中心主义已蔓延到全球，并且已经演变成为一种普遍的西方地方保护主义。

本书的创新之处在于采用了非欧洲中心主义的新全球政治经济学（NGPE）研究方法，取代了以欧洲为中心的全球政治经济学（GPE）和国际政治经济学（IPE）研究方法。这种转变必然会推动其他跨学科的发展。虽然本书涉及国际政治经济学（IPE）、历史社会学（Historical Sociology）、国际关系历史社会学（IR）以及经济地理学（Economic Geography）等多个各相关学科，但只有通过跨学科的方法进行研究，才能超越欧洲中心主义对全球经济和全球化的限制。

我之所以将我的研究方法称为"新全球政治经济学"，而不是"后殖民政治经济学"，是因为我的同事安东尼·佩恩（Anthony Payne）和安德鲁·甘布尔（Andrew Gamble），以及克雷格·墨菲（Craig Murphy）和罗杰·图兹（Roger Tooze）早在20世纪90年代就分别提出了这个术语。尽管在使用这些术语时我冒着让这些“创始人”感到难堪的风险，但我仍坚信他们都是国际政治经济学领域的“巨人”。其中前两位是“新政治经济学”的先驱，他们创办了以此命名的期刊，[11]而后两位则为创建“新国际政治经济学”奔走呼号。[12]新政治经济学和新国际政治经济学研究方法有一个共同特点，即它们关注的重点与古典政治经济学和历史社会学相同。值得注意的是，它们的关注点也与卡尔·马克思的批判理论一致。当然，这些研究方法都可能会受到欧洲中心主义者的批评。尽管我的观点与这些研究方法有许多相似之处，但需要指出的是，古典政治经济学归根到底是以欧洲中心主义或西方中心主义为出发点的。[13]稍后，我将对“西方中心主义”这一概念加以界定。然而，我的逻辑只是上述理论的一个反论，而并不与它们完全矛盾。正是因为有了古典政治经济学，我才能对现代国际政治经济学提出一些批判性的问题，就像它为本书奠定了研究基础一样。此外，我认为我的研究方法并不是对新政治经济学和新国际政治经济学的彻底背叛，而是站在巨人的肩膀上作出了我自己应有的贡献。

然而，为什么我不直接将我的研究方法称为“全球政治经济学”（GPE）呢？毕竟这个术语流行已久，并与致力于研究资本主义全球化的马克思主义国际政治经济学保持一致。很显然，这也属于本书的研究范围。但是，我发现无论是全球政治经济学还是国际政治经济学，都受到了欧洲中心主义或“崇欧主义”（稍后将给出定义）的影响。全球政治经济学的主要缺陷在于，它并非一种真正研究“全球经济”的方法，因为它在本质上是一种伪装成研究全球经济的西方地方保护主义。因此，我将我的研究方法命名为“新全球政治经济学”是因为它基于非欧洲中心主义，与现有的全球政治经济学截然不同。最重要的是，在我的研究方法中，“全球”一词并不仅仅意味着关注全球化和全球经济，因为全球政治经济学已经做到了这一点。在我的研究方法中，全球指的是全球经济中所有源于西方和非西方的要素。

本章共包括五节，从总体上勾勒了新全球政治经济学的轮廓及其理论基础。尽管本章的篇幅稍长，但在我们正式了解其内容之前，还有许多理论和概念上的问题需要厘清。在第一节中，我将介绍新全球政治经济学的第一个特征，建立一个宏观的（以非欧洲为中心的）“全球历史社会学”框架，并重点关注本书中提到的两大全球经济体的深厚历史渊源。第二节主要探讨欧洲中心主义产生的基础，并将其称为“欧洲中心主义Ⅰ”。在这一节中，我将穿插讲解目前流行的有关全球化和全球经济的主流正统观点。在接下来的第三节中，我将探讨“欧洲中心主义Ⅱ”以及非欧洲中心主义解药。我将其称之为批判性的“崇欧主义”，这种方法常被具有批判性思维、后殖民主义时期的国际政治经济学和全球政治经济学的学者用于分析问题。第四节将重点介绍新全球政治经济学的第二个重要特征：以非欧洲中心主义的方式来对抗这两种欧洲中心主义的方法，并对持有非欧洲中心主义观点的加州学派（CS）进行善意的批评。最后，在第五节中我将界定两次经济全球化，即对历史资本主义（约1500—约1850年）和现代资本主义（约1850—2020年）进行界定。

新全球政治经济学（一）：将“宏观”的（非欧洲中心的）全球历史社会学归类到国际政治经济学中

在2013年，我有幸在《国际政治经济学评论》（*Review of International Political Economics*，*RIPE*）上发表了一篇论文，该文共包括两个部分。在第一部分，我指出欧洲中心主义是古典自由主义、新自由主义国际政治经济学、李斯特主义和现代新现实主义国际政治经济学产生的基础。后来，我在《世界政治观的欧洲中心主义概念》（*The Eurocentric Conception of World Politics*）一书中，加入了古典和现代新马克思主义。[14]在第二部分，我通过揭示全球经济的多元文化起源，提出了基于非欧洲中心主义的国际政治经济学概念。我们需要正视的是，尽管欧洲中心主义有种族主义色彩，但是我们在找到另一种更具说服力的解释以前，在西方人（或者非西方人）固有的欧洲中心主义或“崇欧主义”偏见面前，欧洲中心主义霸权很可能会在相当长的一段时间里继续存在。这是本书在对西方中心主义进行批评时，采取完全成熟的非欧洲中心主义历史社会学实证方法的原因（即通过实证方法，对全球经济和现代资本主义的崛起进行论述）。那么，我为什么要采用“历史社会学”的方法呢？

由于国际政治经济学的研究面太聚焦于当下，或者说大大地退缩到了当代的领域，它几乎是一种“当代的病理学”。在分析1945年后的全球经济时，这一点表现得最为充分。因为人们在用它来分析1945年后的全球经济时，事实上将1945年前的世界归属于“古代历史”，或者将1945年当作全球化和全球经济的元年。但是，我们在分析全球经济时，如果将全球经济与其深厚的历史渊源分割开来，就落入了著名的葛兰西－马克思主义国际政治经济学和国际关系历史社会学学者罗伯特·考克斯（Robert Cox）所称的“问题求解理论”的陷阱中。[15]在此情况下，学者们就应该承认“西方”资本主义全球经济的存在，并对其进行规范和调整，以使其能够更平稳（就像在新自由主义中那样）或者更公平（就像许多左翼批评家说的那样，当然，托洛茨基主义者和列宁主义者除外）地运转。正如考克斯最初所指出的那样，我们如果要使资本主义和全球经济有所改变，就要创建一些“批判性理论”。这就需要我们重新思考资本主义和全球经济产生的历史渊源，以表明它们既不是某些人杜撰出来的（如考克斯所言），也并非全是英国创造，因为正如我在本书中所言，经济全球化是在西方和非西方世界的社会力量或压力共同推动下产生的。总之，揭示全球经济的多元文化起源，批判性地思考西方中心主义，有助于我们撼动西方的传统观点，即经济全球化是西方创造的、西方世界在全球经济中居于主导地位这一观点顺理成章、牢不可破。

当然，鉴于我们只能用宏观历史社会学大量分析那些经验主义问题，本杰明·科恩在其开创性著作《国际政治经济学学科思想史》

（*International Political Economy: An Intellectual History*）中，就直接表达了他对“开放政治经济学”（Open Economy Politics）的看法。他在书中哀叹道：“美国学派”创设的国际政治经济学，尤其是伪装成领先于新古典主义的开放政治经济学，对国际政治经济学的内容进行了大量的删减，使它变成了一个极其狭隘，且实证性和经济性十足的经济学科。[16]事实上，被建构主义者和后结构主义者视为研究方法过于狭隘的理性主义代表人物罗伯特·基欧汉（Robert Keohane），对开放经济政治学的看法也与本杰明·科恩相同，他抱怨说开放经济政治学过于理性、狭隘和简单化了。[17]

正因如此，科恩特别呼吁，在国际政治经济学学者之间需要搭建起一座“桥梁”，让“美国学派”与“英国学派”的同行们多接触、多合作。因为与“美国学派”的研究方法相比，“英国学派”的研究范围更广，研究方法更宏观、更简洁、更严谨。[18]虽然“英国学派”的学者承诺要使他们的研究范围更广，研究方法更有说明性、历史性和现实性，但令人遗憾的是，他们的研究范围却变得越来越窄，研究对象也变得越来越向当下靠拢，这尤其表现在对全球经济的分析方面。我怀疑他们研究的假设条件有问题，因为在1945或1979年以后的那个时代不仅是一个全新的时代，而且也具有独特性。

为纠正美国国际政治经济学学派在研究对象和研究范围上的狭隘性，我建议借鉴“英国学派”的研究方法。科恩呼吁，应采用20世纪七八十年代的“美国学派”和“英国学派”都热衷使用的“宏观国际政治经济学”研究方法。[19]他认为，应该对美国国际政治经济的“关键问题”进行系统性的改革，即应以“全球化”为研究对象。[20]当然，这也是本书所要研究的核心问题。但是，在我看来，要想解决科恩提出的“关键问题”，首先得解决另外一个“更关键的问题”，那就是要找到现代资本主义的起源，因为如今的全球经济是建立在现代资本主义的基础之上的。事实上，正如拉里·萨默斯（Larry Summers）所言，“资本主义的发展，在许多方面都与我们这个时代休戚相关”。[21]这就需要我们重温与封建主义向资本主义过渡有关的问题的讨论过程。该讨论始于20世纪五六十年代著名的多布/斯威兹（Dobb/Sweezy）辩论，在此以后，我们举办了各种历史社会学辩论会，才有了今天的学术局面。[22]令国际经济学读者感到困惑的是，为什么要在假定历史社会学家已经解决了该问题的基础上讨论它的研究方法。但事实证明，许多学者在对国际经济学进行解释时是以欧洲中心主义为基础的（在下一节，我将对此进行解释）。因此我认为，我们需要推倒重来，重新对经济全球化进行研究。尽管我完全同意科恩提出的用宏观的、历史社会学的研究方法来研究全球经济的建议，但我并不赞同“英国学派”提出的国际政治经济学是研究经济全球化最佳途径的观点。

因为，“美国学派”和“英国学派”除了研究范围不断缩小、研究期限不断缩短外，他们对全球经济的研究都基于欧洲中心主义。[23]从此意义上来讲，我们并不需要在美、英学派之间架起一座桥梁，因为它们已经被一条深埋在大西洋海底的欧洲中心主义历史隧道连接在了一起。我必须承认，我和海洛伊斯·韦伯（Heloise Weber）一样，对科恩的著作所引起的争论感到“震惊”。科恩在著作中并未持续批评欧洲中心主义——该书被连载在当时知名的国际经济学期刊《国际政治经济学评论》和《新政治经济学》上[24]——这正是我首次在《国际政治经济学评论》发表文章时，把文章分成两部分的原因。虽然，“后殖民时期”的话题已出现在各相关学科——包括国际关系学、[25]历史社会学和发展经济地理学中，[26]但与之形成鲜明对比的是，国际政治经济学显得明显落后，因为它尚未涉及这一时期的话题。[27]在对宏观的、非欧洲中心主义的国际政治经济学的期望与看法上，我与海洛伊斯·韦伯的观点不谋而合。[28]

不过，这并非说深入研究国际政治经济学不重要，因为对此进行深入的研究有利于挖掘更多的专业知识。一些对国际政治经济学的深入、细致分析给我留下了深刻印象，但由于研究成果太多，恕我不能在此一一枚举。我的观点很简单，即打入欧洲中心主义土壤中的“竖井”越深，对它的了解就越详细。当然，考虑到它挖掘的元叙事的基础并不稳固，因此其可靠性也存在疑问。

科恩所挚爱的宏观经济学研究方法，与历史社会学家查尔斯·蒂利（Charles Tilly）提出的著名的“大结构、大过程和大比较”研究方法基本相同，它们都自然而然地融入了历史社会学、国际政治经济学或国际关系历史社会学等研究领域。[29]在此，我想借用著名学者朱利安·戈恩（Julian Go）和乔治·劳森（George Lawson）的“全球历史社会学”一词来构建一幅全球图景，以超越人们熟悉的欧洲中心主义叙事。请注意，以上两位学者将全球历史社会学定义为两种相互关联的动态过程：一是在一国国内、国家间或全球范围内，整个社会秩序产生、再生或瓦解的动态过程；二是在跨国和全球社会形态中，历史的出现、再生和解体的动态发展过程。[30]

需要指出的是，我在历史社会学视域下对全球经济史的研究，与传统的研究并不相同。因为在我的研究中，各种角色在全球化过程中所起的作用与传统上对其的界定存在差异。事实上，本书旨在批判欧洲中心主义世界史观，并以非欧洲中心主义经济观对其进行反驳，这常常被传统的历史学家视为对传统历史观的“挑战”。传统历史学家主要的研究方法是，基于过去的实践，先将其高度微观化，然后再通过档案文献研究法将其历史经验具体化。然而，本研究不仅没有诋毁他们“深层次探究研究活动”的意思，反而借鉴了他们许多重要的研究成果和鼓舞人心的与全球化有关的历史作品。由于贡献者甚多，我在此仅列举以下几位有代表性的学者，他们是：佩德罗·马查多（Pedro Machado）、大卫·诺瑟鲁普（David Northrup）、普拉桑南·帕塔萨拉蒂（Prasannan Parthasarathi）、彭慕兰（Kenneth Pomeranz）、杰里米·普雷索尔特（Jeremy Prestholdt）、拉贾特·坎塔·雷（Rajat Kanta Ray）、乔治·里埃洛（Giorgio Riello）、大卫·沃什布鲁克（David Washbrook）、卡维·亚兹达尼（Kaveh Yazdani）和赵刚（Zhao Gang）。[31]

与传统的历史研究方法相比，我所选择的全球历史社会学研究方法优劣并存。我并不认为全球历史社会学的研究方法有其先天优越性，只是说，它最适合于揭示广泛的横向联系，无论这种联系是合作性的还是竞争性的，抑或二者兼而有之。[32]显然，微观经济学分析方法并不能揭示两大全球经济体的起源和发展。这进一步揭示了新全球政治经济学（NGPE）与后殖民政治经济学（PPE）之间的重要分野。因为后殖民主义的后现代主义变体主要关注微观层面，而忽视了“宏观叙事”。

最后，可能会有人认为我的一些观点只不过是在重申专业的历史学家早已熟知的观点，而那些我抨击的持欧洲中心主义的历史学家的观点也已经过时了。但我挑战的最终目标并不是历史学家们，而是那些政治学家、国际关系学学者，尤其是那些继续为欧洲中心主义霸权进行全球化和全球经济摇旗呐喊的人（我将在下一节进行论述）。然而，我只是众多挑战欧洲中心主义的国际政治经济学、国际关系学和历史社会学学者中的一员。

要挑战欧洲中心主义，首要的任务是要确定欧洲中心主义的核心内涵。但是，正如我们将要读到的，确定欧洲中心主义两个发展阶段的内涵并非轻而易举、风平浪静。这需要我们不懈努力，克服一切艰难险阻，勇敢地迎接一系列的挑战。

“欧洲中心主义 I ”

让我感到吃惊的是，虽然爱德华·赛义德的那部影响深远的著作《东方主义》[33]已面世40余年了，仍有不少人对欧洲中心主义的概念或者赛义德所讲的东方主义感到迷惑，甚至一无所知，这种情况在国际政治经济学界尤其常见。例如，一般的假设是，如果我们的分析只关注西方，那它就是欧洲中心主义，但这种假设却忽视了一个问题，即它只注重了地理考察，而忽略了类别分析。如果按此逻辑，我们完全可以写一部关注非洲或亚洲的欧洲中心主义方面的著作。因为我把欧洲中心主义分成两个阶段并找出了相应的应对措施，所以我在讲述“欧洲中心主义Ⅱ”以前，将先讲解“欧洲中心主义Ⅰ”形成的四个关键步骤及其分类。

“欧洲中心主义Ⅰ”形成的前两个关键步骤：构建全球经济的新《吉姆·克劳法》

我将“欧洲中心主义Ⅰ”定义为一种话语权或元叙事，它是指西方在全球经济中起着主导作用，而非西方国家只能被动地卷入经济全球化进程中，居于从属地位，这就掩盖了西方帝国主义的黑暗面。[34]为加深对此概念的理解，我将“欧洲中心主义Ⅰ”的形成分为四个关键步骤。大约1750年后出现的话语权或元叙事为其形成的第一步。在这一步中，西方通过强制手段将复杂的多元世界变成了一个简单的二元世界。在这个二元世界中，东方和西方被看作完全独立和自成一体的实体，它们被人们假想中的“文明边界”或“文明种族隔离带”划分为两个世界。鲁德亚德·吉卜林（Rudyard Kipling）的名言就是其真实写照，“哦，东方是东方，西方是西方，两者永远碰不到一起”。

欧洲中心主义形成的第二步是由于西方拥有特殊的、理性的制度和文化，欧洲中心主义者便将西方抬升至“文明”地位，而把东方贬低为“野蛮”（如中国、印度和中东等亚洲东方国家）或“未开化”（如非洲、美洲、澳大利亚和波利尼西亚的无政府状态或无国籍社会）的劣等地区。野蛮地区因其非理性的制度和文化而被西方人歧视。也就是说，西方人通过“理性”将西方定义为“文明的西方”，通过“理性缺失”将东方定义为“野蛮的东方”。此外，欧洲中心主义者实际上把东方描绘成了一种“印度之旅综合征”［（这是福斯特（E.M. Forster）著名小说《印度之旅》（*A Passage to India*）的核心主题］。福斯特认为，东方不像西方那样具有稳定性和可预测性，因为它偏离了理性和常规，因此他在小说中将东方建构为异域、非理性地区。总之，以上两个关键步骤导致了东西方的“分离”，就像《吉姆·克劳法》一样，用优、劣等级把东方民族和西方民族隔离了开来。

尽管如此，对我的观点持批评态度的人会反驳我说，你所讲的这些都是1945年以前西方学术界的主流观点，与悲惨、离奇、黑暗的过去相比，西方人现在已经取得了很大的进步。因为，人们普遍认为，1945年以后，鉴于西方对（犹太人）种族大屠杀的恐惧和对西方种族主义的厌恶，社会科学已摆脱了欧洲中心主义和科学种族主义的羁绊。他们认为，随之而来的“殖民种族主义内疚感”，已使他们打破了黑暗的旧世界，创造了一个光明的新世界。并且，在1945年以后的学术界，已展现出一种积极接纳和宽容多元文化的姿态，种族主义和帝国主义的恶性价值观已被祛除殆尽了。

然而，现实中我们看到的是一个这样的全新的世界。虽然科学种族主义和明目张胆的欧洲中心主义在学术的殿堂中似乎已销声匿迹了，但它被“潜意识”的欧洲中心主义所取代，只不过乍一看它似乎更容易被社会接受罢了。[35]因为经过仔细观察你会发现，尽管西方学者表面上已摒弃了从前那种科学种族主义、欧洲中心白人至上主义、西方文明优越主义和野蛮、残忍的帝国主义，但他们却以一种改头换面的、全新的欧洲中心主义来表达他们的观点，只不过下意识地规避了一些专业术语而已。因此，“白人至上主义”便被“西方至上主义”所取代，“文明与残忍/野蛮”的对立被“传统与现代”或“核心与边缘”所代替，而盎格鲁－撒克逊的“帝国主义”则演变成相对温和的“霸权主义”“金融资本主义”以及“人道干预主义”。特别是自1989年以来，“野蛮的东方专制主义”更是被“无赖国家”和“邪恶轴心国家”所代替，原因是这些国家不按照（文明的）国际法准则和（以西方为基础的）“国际社会准则”行事；而原来的“野蛮无政府主义国家”，也因为西方国家无法从它们身上捞到好处而被蔑称为“失败国家”。总之，自1945年以来，欧洲中心主义并未发生实质性改变，唯一发生真正改变的是“新《吉姆·克劳法》”取代了《吉姆·克劳法》。

“欧洲中心主义Ⅰ”形成的第三个关键步骤：构建资本主义及全球经济“大爆炸理论”

“欧洲中心主义Ⅰ”形成的第三个关键步骤是构建全球化经济发展“大爆炸理论”（BBT），或国际关系学学者所称的“西方扩张”叙事。[36]这体现在马克思和恩格斯的《共产党宣言》的著名论断中，即“西方资产阶级，通过迅速改进生产工具和交通方式，把一切民族，甚至最野蛮的民族都吸引到文明的资本主义社会中……简言之，它按照自己的面貌创造了一个世界”。[37]正如赫德利·布尔（Hedley Bull）和亚当·沃森（Adam Watson）在他们的名著《国际社会的扩展》（*The Expansion of International Society*）开篇所言：“本书目的在于探讨欧洲国家在全球的扩张，以及全球由欧洲人主导向国际社会转变的过程。”[38]“大爆炸理论”和“西方扩张”叙事在本质上是相同的。

欧洲中心主义大爆炸理论的第一阶段——内在逻辑：在这一阶段，由于西方国家的特殊的、理性的制度，在欧洲自然而然地出现了现代资本主义（和国际政治）。这也是欧洲中心主义“内在逻辑”的基础，因为它已经为欧洲的发展做好了准备。如果追溯至古代，古希腊被人们称为现代“欧洲”文明的发源地。值得注意的是，正如萨米尔·阿明（Samir Amin）和马丁·贝纳尔（Martin Bernal）所讲的那样，为了将古希腊划归到“欧洲”，我们必须绞尽脑汁大力渲染，因为古希腊曾经是古老东方亚洲的一部分，就连当时的古希腊人对此也心折首肯。[39]也就是从那时起，西方学者和思想家们便一直在鼓吹古希腊属于欧洲，是欧洲文明的发源地。总的来讲，从亚当·斯密到马尔萨斯（Malthus）、孔德（Comte）、斯宾塞（Spencer）和罗斯托（Rostow），从黑格尔（Hegel）、密尔（Mill）到马克思（Marx）和布伦纳（Brenner），这些西方经济学家和哲学家们，都一直在构建一个静态发展模型，即现代资本主义发端于欧洲，然后在一个相当长的时期内，慢慢地通过离散方式扩展至全球。因此，在他们的想象中，工业资本主义的产生有其内在逻辑，它起始于古希腊，而非西方国家无论何时对欧洲工业化都没有任何贡献和影响。

比方说，欧洲文明就像詹姆斯·布劳特（James Blaut）所说的“东方快车”，[40]离开始发站古希腊后，缓慢地穿过古罗马时期、“欧洲”封建年代，然后加快速度，在所有“欧洲”国家做短暂停留，包括意大利的金融商业革命时期（约公元1000年）和文艺复兴运动时期（约公元1450年），然后向西北行驶，途经宗教改革运动（1517年）、荷兰霸权时期和启蒙运动（18世纪），最后停靠在了现代英国和欧洲工业资本主义的终点站。这一站，对马克思主义者而言，却是火车驶入终点站以前的倒数第二站。他们认为乘客将在社会主义终点站下车，然后享受共产主义的美好生活。总之，现代性是列车的终点站已成为历史的既成事实，也被誉为欧洲的成年礼——这是预先注定或能预见到的。因此，这趟列车是欧洲专列，乘客下车后只能到欧洲的一些最重要的景点参观一下。乘客不能在其他地方下车，因为在西方人看来，那些地方的制度和文化不具理性，那里是一片片贫瘠荒芜之地。而且，他们还告诉乘客说：“那里没有什么景观可看的。”因为这种动机不纯的宣扬忽略了欧洲之外的非西方民族对现代性的贡献，所以我们听到的并不是西方如何崛起的故事，而是西方如何施展诡计欺骗大家。[41]

欧洲中心主义大爆炸理论的第二阶段：西方扩张开创了现代资本主义的第一阶段后，大爆炸理论的第二阶段便随之而来。大卫·兰德斯（David Landes）说：现代的“普罗米修斯”般的（Promethean）西方，正以自己的设想重塑宇宙，治愈“东方顽疾”，造福天下。[42]有趣的是，这种说法在很大程度上与赫德利·布尔（Hedley Bull）和亚当·沃森（Adam Watson）的“西方扩张”叙事中的描述相吻合。需要指出的是，他们都认为欧洲的崛起与其全球化扩张密切相关。[43]虽然他们在认定西方扩张的时间上观点不同，但研究方法基本相同。1492年后，欧洲殖民者在美洲建立了名义帝国，在亚洲和非洲建立了贸易站帝国，随后这两者都发展成了真正的帝国。在19世纪，贸易站帝国被正式帝国所代替。随着前全球化（Proto-globalisation）的发展，到1945年，西方国家已完成了在其他国家的文化渗透，此时，前全球化阶段已达到了顶峰。[44]西方人在全球所做的这一切都可以用“东方快车”来比喻，也可以用西方“全球接力赛”这一习语来表达。此习语表明，全球权力的接力棒从一个西方国家传递到另一个西方国家。伊比利亚人（指生活在欧洲西南部伊比利亚半岛上的西班牙人和葡萄牙人）首先领跑，荷兰人、法国人和英国人紧随其后，美国人在1945年创纪录地跑到了终点。这也是自由主义者、韦伯学派、新现实主义学派和马克思主义学派的共同观点。[45]

在1492年至1945年期间，“前全球化”的西方领跑者所要完成的基本任务，是拆除残忍/野蛮、落后和非理性的东方障碍，为西方在全球推行其“普世价值观”做好准备。用马克思的资本原始积累概念来讲，这种前全球化实际上相当于西方在全球进行的原始积累。而且，被动的东方观众一直都是西方全球跑道旁的围观者，他们要么惊恐地看着西方运动员表演（新马克思主义者和很多后殖民作家的说法），要么为优秀的西方运动员欢呼、鼓掌（自由主义者的观点）。我们由此得出的最终结论是，所有的发展和全球化的主动权从一开始就都被欧洲拥有，后来又被美国人垄断，人们几乎看不到非西方的主动行为者，它们都消失在帝国主义或西方新帝国主义开创性的超主动行为所发出的耀眼光芒笼罩之下的阴影中。总之，大爆炸理论建立在迪佩斯·查克拉巴蒂（Dipesh Chakrabarty）所说的“西方优先，其他地方次之”[46]或“首先是西方，然后才是全球的其他地区”的欧洲中心主义基础之上。当代学术界对全球经济和西方扩张全球化的理解，也都局限在以欧洲中心主义的大爆炸理论为要旨的“新《吉姆·克劳法》”的框架内。

因此，让我们再回到我以前的比喻中。在全球化和全球经济的标准叙事中，我们听到的是一个进步的西方全球化的故事，在该故事中，西方是主角。由于它拥有率先开展资本主义现代化大生产的特殊手段，以及遍布世界各地的全球化机构，所以，它的生产方式被传播到世界各地。与此相反，东方社会则被形容为纯粹的群众演员，他们已被西方边缘化，只能被西方所利用，而且从来没有自己的主动行为，一直被笼罩在“进步历史”的羽翼下。因此，用查克拉巴蒂那句恰如其分的话来讲，在欧洲中心主义者的想象中，非西方人只能在“历史的候诊室”中[47]耐心地等候着，等待他们英明的西方救世主为实现其仁慈的全球文明使命将他们从自我困境中解救出来。实际上，这一比喻直接体现在欧洲中心主义形成的第四个关键步骤中。

然而，在继续揭示“欧洲中心主义Ⅰ”形成的第四个关键步骤（也是最后一步）以前，我们有必要暂时停下来，去讨论一些学者的反对意见：具体地讲，绝大多数研究全球化和全球经济的学者们在他们所发表的文献中并不接受大爆炸理论，因为他们认为经济全球化是在1945年以后才出现的经济现象（即1945年为全球经济这一概念诞生的元年）。他们并不关注1945年以前的那个时代，即现代资本主义在欧洲崛起及其于1850年后在其他地区的扩张时期，所以他们并不认可一些学者给大爆炸理论下的定义。同样令人怀疑的是，我所列出的那些信奉大爆炸理论的学者，他们大部分的研究成果都是2000年以前的，因此，是有些过时了。

但是，这就存在着一个极大的悖论：那些假定全球化在1945年以后才真正出现的分析，其结论几乎无一例外地隐含了全球化的历史痕迹，而这种历史痕迹又往往在他们的分析中起着至关重要的作用（尽管这种作用是间接的）。因为一方面，一些学者所明确提出的以1945年为“国际化”和“全球化”界限的假定在时间上存在着严重的断裂，即在1945年以前，“国际化”（即民族国家之间的联系）占主导地位；而在1945年以后，“全球化”占主导地位。[48]我在第十四章的第二节将对这一经验性假设提出挑战。在这一界限背后，隐藏着一个以欧洲为中心的假设（尽管这种假设含蓄而非明确），即当代西方主导的全球经济是西方现代资本主义的延伸，因此允许它与1945年以前的那个时代在经济上保持一定的连续性。[49]

关键是，几乎所有的国际政治经济学和国际关系学方面的学者都将全球化和全球经济等同于现代性在全球的传播。而且几乎所有人都认为现代性是西方所独创的，所以总是把全球化与西方化混为一谈。让我们看一下马尔科姆·沃特斯（Malcolm Waters）给全球化下的定义。他认为，全球化是“欧洲（资本主义）文化在全球移植、殖民、模仿和扩张的直接结果”。[50]同样，安东尼·吉登斯（Anthony Gidden）也给出了“现代性”的定义，他指出“现代性是大约从17世纪开始出现在欧洲的一种社会生活或组织模式，它通过全球化在世界产生一定的影响”。[51]奥利弗·斯图恩克尔（Oliver Stuenkel）对我的观点进行了很好的总结，即“欧洲和美国思想家及政策的制定者发现很难将现代性与西方化区分开来”。[52]正如罗兹·默菲（Rhoads Murphey）所言，“西方人傲慢地将‘西方化’和‘现代性’混为一谈”。[53]简言之，现代性和全球化被认为是一枚西方化硬币的正反两面。更广泛地说，检验我的观点的试金石是全球化理论家们是否将非西方机构也纳入了他们的研究范围内，而我们得到的答案几乎都是完全否定的。

让我们重新返回我对大爆炸理论的讨论。我注意到，这种历史轨迹反映了一种形成于1780—1850年的英国第一次工业革命与当今现代全球经济化形成（即大爆炸理论的第二阶段与西方叙事的扩展）之间的非线性的、目的论性质的西方发展史。而且，由于英国工业资本主义的兴起需要漫长的资本积累，因此，我们可以将全球经济的历史追溯到古希腊时期（即漫长的大爆炸理论及欧洲内在逻辑的第一阶段）。所有这一切表明，即使是那些将全球经济的诞生界定在1945—1973年的学者，他们中的绝大多数人也倾向于接受欧洲中心大爆炸理论。下面，我继续谈谈欧洲中心主义形成的第四个关键步骤。

“欧洲中心主义Ⅰ”形成的第四个关键步骤：西方帝国主义的棘手问题

“欧洲中心主义Ⅰ”形成的最后一个关键步骤体现在对西方的帝国主义的态度上。关于此的态度主要包括两种：一种态度是用欧洲中心主义的伎俩来掩盖帝国主义的存在；另一种态度即便承认了帝国主义的存在，也是用欧洲中心主义来洗白它们对非西方国家的剥削和压迫，即宣扬它们是在用西方“文明”之光照亮整个世界（类似于‘自由帝国’）。后一种观点是基于标准“家长式”的欧洲中心逻辑，而这种逻辑反过来又支持下述观点：因为非西方国家的文化和制度是非理性的，所以它们无法自动实现政治和资本主义现代化。因此，在这种救世主式的思维中，西方国家赋予自己“利他主义的责任”，认为自己有责任帮助非西方国家建立资本主义制度，帮助它们走上资本主义现代化的康庄大道。这种家长式思维方式与著名的“白人的负担”这一概念完全吻合。《白人的负担》（*White Man's Burden*）是英国诗人鲁德亚德·吉卜林在1899年为美国听众朗诵的一首歌颂帝国主义的诗歌。作者在创作该诗时就是基于一种家长式的和欧洲中心主义的思维，因为他在诗中把非西方国家的人民描绘成纯真的儿童或无助的妇女，“因此需要”利他式的、父亲式的西方国家的拯救。而且，这种思维还体现在一些学者对19世纪欧洲帝国的描述中，例如布尔和沃森对1945年以前“西方扩张”的描述对此就有所体现。此外，1989年后西方颁布的一些人道主义干涉政策和大量的援助计划也体现了这一点。[54]

然而，我们需要认识到，并非所有的欧洲中心主义思想家都是帝国主义者。在我看来，亚当·斯密的思想就有反帝国主义的意味。他在著作中并没有提到“文明使命”这一概念。他也相信非西方国家有能力自主地开展资本主义大生产。然而，他的主张是基于欧洲中心主义提出的，即非西方社会可以开展资本主义，但只有沿着欧洲开辟的道路才能进行。[55]

“欧洲中心主义Ⅱ”：偏袒西方的、批判性的崇欧主义和东西方的重新隔离？

然而，虽然后殖民主义对欧洲中心主义的讨论大多会到此为止，但实际上我目前的论述并不能使我们完全理解欧洲中心主义的内涵。因为我已经意识到，尚存在着第二种非欧洲中心主义解药，这反过来又对欧洲中心主义进行了极其不同的定义——我将其称为“欧洲中心主义Ⅱ”。在论述下列内容前，我首先向焦虑的读者们道歉，“你们可能会对非欧洲中心主义者相互指责对方为欧洲中心主义者或者变相的欧洲中心主义者而感到困惑，我完全理解你们的感受”。毫无疑问，这种现象会让人联想到1896年美国亨氏食品机构发布的一则令消费者一头雾水的广告词“57种变化”，这种现象长期以来一直困扰着马克思主义者。而且，我也认识到，这种左翼内讧式的辩论已经对伟大的事业造成了很大伤害。但我想在此指出两点：首先，虽然我摒弃了后殖民马克思主义的研究方法，但这并不意味着它不是一种合法的反欧洲中心主义形式，尽管我认为它在很多方面都存在着问题。其次，正如我稍后将要解释的那样，事实证明，后殖民马克思主义的研究方法在有些方面非常重要，尽管我对它进行了大量的修改，但还是把它纳入了我对西方中心主义的解决方案中。请注意，我也把本节看作接下来我提出的救治欧洲中心主义Ⅰ和Ⅱ的解药的一次预演。

“欧洲中心主义Ⅱ”的界定及其解药

许多对国际关系学或国际政治经济学持批评态度的学者，尤其是后殖民马克思主义者，都对“欧洲中心主义Ⅱ”进行了界定，同时也开出了治愈的解药。我仔细拜读了两篇期刊文章，一篇由著名的世界系统理论家伊曼纽尔·沃勒斯坦（Immanuel Wellerstein）于1997年发表；另一篇由著名的后殖民主义者阿琳娜·萨吉德（Alina Sajed）和纳伊姆·伊纳亚图拉（Naeem Inayatullah）合著，伊纳亚图拉深受世界系统理论（WST）的影响。虽然世界系统理论的研究高潮在社会学界已经消退了很长一段时间（尽管有点奇怪），但我还是选择了这些学者的观点，原因有二：首先，它们都以醒目的观点和严密的论证充分体现了批判性崇欧主义的观点；其次，我相信，虽然国际政治经济学、国际关系及其他领域的许多批判学者都会非常赞同他们的观点，但很可能并没有意识到他们与崇欧主义之间的联系。

从某些方面来看，“欧洲中心主义Ⅱ”及其解药与“欧洲中心主义Ⅰ”及其解药的概念有些重叠之处，但在本质上并不相同。从本质上来讲，“欧洲中心主义Ⅱ”包含了一种话语权或元叙事，旨在客观、规范地证明西方帝国主义在全球经济中扮演的重要角色，而非欧洲中心主义的解药重在揭示西方帝国主义/新帝国主义在经济全球化过程中所犯的令人发指的罪行。在经济全球化过程中，西方帝国主义占绝对的主导地位，而非西方国家则为此付出了惨痛的代价。可以这样讲，这种欧洲中心主义概念在全球各民族之间构建了一种用“文明和野蛮”来划分的二元标准。[56]在对“欧洲中心主义Ⅰ”进行批评以前，我们有必要回顾一下西方帝国主义在全球经济中扮演的不光彩角色，这对我的分析也很重要。不过，到目前为止，一切都很顺利。

崇欧主义对“非西方主动行为者”的排斥及其对欧洲中心主义“大爆炸理论”的支持

我认为，非西方的主动行为者在全球经济形成过程中扮演着重要的角色（我将在下一节对此作出解释），但有些学者与我的观点截然不同。他们坚持认为，必须不惜一切代价否认非西方主动行为者作为欧洲中心主义的解药的重要作用。原因很简单，因为他们唯一的任务就是在西方学术界的后殖民社会正义法庭上起诉西方，控告它对全人类犯下的残酷的帝国资本主义罪行。但他们这样做的前提是，必须承认罪恶和经济全球化全部拜西方帝国主义所赐。正如沃勒斯坦所言，“我们在否认欧洲创造了资本主义全球经济的功劳的同时，也否认了欧洲对全人类犯下的罪行”。[57]他认为，这种对非西方的主动性在现代资本主义和全球经济的形成过程中起着重要作用的承认，正如我在本书中所主张的那样，只会让西方摆脱道德的束缚，同时也会将非西方国家牵连进这个具有剥削性和残暴性的全球化体系的创建中，这就将矛头直指向了非西方民族。

因此，在他们的假想中，如果崇欧主义的检方律师邀请的有色人种证人在受到西方的辩护律师的严厉盘问中被证明是参与了资本主义和全球经济的行动者，那么针对西方的诉讼就败诉了。正如沃勒斯坦所言，“如果我们过于坚持非欧洲的主动性对全球经济的贡献，就会掩盖欧洲的所有罪行，或者至少大部分罪行的后果”。[58]或者，正如萨吉德和伊纳亚图拉在批评我的研究方法时所言：“霍布森‘坚持东方主动性在全球经济中起主导作用的愿望，可能最终会冲淡西方殖民主义所应承担的暴力责任，同时也会把一部分罪责转移到东方人头上’。”[59]正因如此，也许沃勒斯坦会指责我是“欧洲中心主义的化身”，[60]或者用我自己的比喻来说，是“西方的辩护律师”。

他们的观点其实也存在严重的自相矛盾之处。他们坚定地反对欧洲中心主义，其实是在坚定地倾向西方，且在各方面都与欧洲中心主义本体论的观点相吻合。因为它不仅将分析重点放在了现代资本主义和全球经济乃西方所创上，而且也与大爆炸的两阶段理论（即欧洲的“内在逻辑”和“全球化即西方化”理论）相吻合。而我认为这两个理论都是“欧洲中心主义Ⅰ”的标志。萨吉德和伊纳亚图拉认为，“我们可以承认资本主义是欧洲的产物，因为它可以让欧洲毫不含糊地承担破坏第三世界的责任”。[61]沃勒斯坦对大爆炸理论的两个阶段作了如下描述：

> 16世纪的欧洲已无可救药地变成了资本主义社会。一旦欧洲资本主义得以巩固，完成了资本积累，就具备了超越其他经济体的力量。它就会不断扩张，直至吞并整个世界。[62]

因此，对于沃勒斯坦来说，本书的标题是不恰当的，而应该恰如其分地改为“全球经济的西方起源”。

总体而言，我将这种后殖民马克思主义研究方法描述为“批判性的崇欧主义”，而奥黛丽·亚历杭德罗（Audrey Alejandro）则称其为“后殖民欧洲中心主义”。[63]因为虽然她对西方持高度批评的态度，却赞同西方是“实体主义者”（substantialist），即将西方帝国主义刻意描述为一个白手起家、无所不能、自我构建的崇欧主义，并赋予其“超级主动行动者”和全球经济首要的或唯一的推动者的地位。因为在政治上必须这样做，只有这样，我们才能把在全球推行资本主义制度过程中对非西方人民犯下罪行的西方送上道德的法庭。与之相反，非西方国家的人民则沦为次要、无助、被动或受害者的地位，也不可能因资本主义的暴行而受到谴责。在这种批判性概念中，全球化被视为西方资本主义坚定不移实施的“帝国东扩”（*Drang Nach Osten*）战略。然而，在此却出现了一个极大的悖论，因为正如在第九章中我将要解释的那样，这种对西方和欧洲中心主义内在逻辑的关注，意味着英国向现代资本主义转型的帝国动机被美化了。但在此我不打算对此问题进行进一步探讨。

颠覆东西方二元论：崇欧主义的“西方恶棍与东方受害者”叙事

在物化西方和否定非西方全球化主动行为地位的过程中，崇欧主义颠覆了欧洲中心主义的东西方二元论。它认为，作为全球化超级主动行为者的残酷西方帝国主义安居于金碧辉煌的由本体论保护的大厦中，而无助的、不幸的非西方人民则在西方文明之外过着悲惨和贫困的生活，而且还被剥夺了全球化带来的一切权利。更为重要的是，它将欧洲中心主义的“道德高尚/心地良善的西方与低级残忍/野蛮无礼/邪恶的东方”之间的二元对立，颠覆成了“道德低下、低级残忍/野蛮无礼的西方与道德高尚/清白无辜的非西方”之间的二元对立。但是，正如亚历杭德罗在其名著《西方在国际关系中居于主导地位吗？》（*Western Dnominance in International*

Relations?）中所言，欧洲中心主义和崇欧主义（或她称之为的“后殖民欧洲中心主义”）都将“西方塑造成了以其自身形象承担起世界责任的重要角色”。欧洲例外论的观点也与此相同。但是，从后殖民欧洲中心主义的观点来看，欧洲并不是历史上最好的行动者，而是最差的。[64]

然而，我们发现，崇欧主义在对东西方的看法上出现了“认知暴力”，即在认知上将东西方重新隔离了开来。请注意，我使用的“认知暴力”一词，意指崇欧主义认为，在全球化过程中，非西方国家的人民一直处于被动地位，而这种认知反过来又会对非西方国家的人民产生负面影响。矛盾的是，它这种认知正好让人们想起了古老的“高尚的野蛮人”对全球化的贡献，因此它又成为一些欧洲人批判性地反思西方的工具，但是在崇欧主义中又找不到此种认知的科学种族主义基础。而且，最为重要的是，在它颠覆欧洲中心主义二元论的过程中，“西方至上”和“无主动行为者的东方”这两种欧洲中心主义的分类依然存在。萨吉德和伊纳亚图拉直言不讳地指出：

> 这是一种两难境地：一方面，它想通过认真、细致、准确的评估……肯定东方机构对全球化的贡献，并以此减少西方的罪责；另一方面，又想敷衍、马虎、草率地评估西方对东方的统治（比如依附理论和世界体系论），也担心自己承担的风险。该观点认为，非西方社会是幼稚的，是全球化的受害者，是西方人手上的玩物。[65]

另一种“认知暴力”是“西方恶棍与东方受害者”二元结构的构建。在这种结构中，西方霸权主义者就属于“西方恶棍”，而沉睡中的非西方国家的人民则属于后者。在构建二元论的过程中，崇欧主义陷入了一个“非此即彼”的怪圈。“主动行为者”就相当于权力和“胜利”，因为西方的主动行为者遍布世界各地，所以全球经济是“西方的胜利”。而且崇欧主义者认为非西方人是失败者，因为从全球经济意义上来讲，他们没有发言权。崇欧主义歪曲地认为，非西方的主动行为者受到后殖民马克思主义者的关注，是非西方国家与西方帝国主义共谋的结果。正如萨吉德和伊纳亚图拉所言：

> 霍布森力挺东方的主动行为者，让我们感到局促不安，因为它是东西方合谋的结果，或者更确切地说，东方在西方对其的剥削和蹂躏中也可能存在着合谋。虽然没有人能够证明合谋的存在，但霍布森的观点可能会无意中削弱非西方对西方的指控。[66]

正如我在第四章中将要详细谈到的，这是威廉·爱德华·伯格哈特·杜波依斯（W.E.B. Du Bois，美国社会学家、历史学家、民权运动者、泛非主义者、作家和编辑）和沃尔特·罗德尼（Walter Rodney，圭亚那著名的历史学家、政治活动家和学者）等人拒绝参加“反种族歧视运动”的原因。他们不承认非洲奴隶贸易商、穆斯林和印度人在非洲奴隶贸易中的地位和特权，坚持西方恶棍/东方受害者的世界观，将所有的道德责任（权力和机构）都归咎于欧洲人身上。然而，正如我在后文将要陈述的那样，他们这样做的结果是，西亚奴隶贸易中的1100万—1400万名黑奴（包括男人、女人和儿童）被扫入了世界历史的地毯下，好像这一切从未发生过一样。

打开通往另一扇世界之门的钥匙是我们对主动行为者的理解。我不愿意以一种夸张的、二元论的“文明冲突”与“正面冲突”的观点来看待它。因为在此观点下，一方（至高无上的西方）总是以牺牲另一方（懒散的非西方）的利益为代价赢得胜利。然而，我这并不是在掩盖冲突，也不是忽视非西方人民对西方帝国主义和新帝国主义的反抗，因为正是有了他们的反抗，才使得西方的殖民统治最终灭亡（正如我在第十四章所言）。但从更广泛的意义上来讲，我认为主动行为者的发展是一个漫长的过程，在此过程中东西方的主动行为者共同存在。只是随着时间的推移，有些行为者可能会变得更强，有些则可能会变得更弱，无论它们是否在全球化过程中最终“赢得”“比赛”，都有一定的话语权。同样，正如前文所指出的，我关注的是这些行动者之间错综复杂的关系，而不是像以“受害者和恶棍”或“赢家和输家”的本体论这样“正面”冲突的方法将它们区分开来。所有这一切都需要我们在看待问题时，从单纯的本体论分类转向更复杂的、共同建构的“关系论”过程（详见下文）。

我在这里所作的批评并不是要否认西方国家在过去或现在对非西方国家人民犯下的罪行，也不是要否认西方国家自19世纪末以来在全球化过程中居于主导地位这一事实。相反，我在本书中指出，他们炮制“西方恶棍/非西方受害者”这一概念，否定非西方人民对经济全球化和现代资本主义发展的贡献，是有其政治目的的，那就是为了将关注点放在西方帝国的残酷行径上。而且，我认为，即使是在1850年后西方开始称霸全球时，各种非西方主动行为者也都在西方帝国的阴影内外一直存在着（我在第十三章将对此展开论述）。因为如果没有它们，西方帝国主义扩张的范围可能会受到限制，很可能就不会出现第二次经济全球化（Second Global Economy）。从本质上讲，我们不应该把权力与主动行为权混为一谈，主动行为权不只属于“胜利者”。

然而，许多新马克思主义者采取了与非欧洲中心主义加州学派（下文将详细介绍）类似的研究方法对此进行了干预，从而使非西方的主动行为者在全球经济发展史上占据了重要地位。正如勇于创新的非欧洲中心主义的新马克思主义学者埃伦·杜兹冈（Eren Duzgan）所言（与沃勒斯坦、萨吉德和伊纳亚图拉一起），“非欧洲中心主义者试图通过向人们讲述西方向现代资本主义过渡的全部历史（即多元文化的历史），即通过声称人人都可能成为或已成为资本家的叙事，向人们再现了欧洲中心主义的假设前提，即资本主义是一种更高级、更优越的（或更自然或更普遍的）人类组织关系模式”。[67]针对于此，我做出三点回应。第一，我支持卡尔·马克思的观点，如果允许我进行解释的话，我认为他和温斯顿·丘吉尔（Winston Churchill）的观点并没有什么不同，他们都认为资本主义制度是一种极糟糕的经济制度。第二，虽然我清楚新马克思主义批评家的意思，但我谈论的仅仅是发展中的主动行为者，而且我是从道德角度来看待它们的，因此，我对现代资本主义是否道德不予置评。第三，新马克思主义学派对现代资本主义的批评基于加州学派的假设，即欧洲以外的地区也正发展成为现代资本主义。我承认，我在2004年的著作中错误地承认了这一假设。但在本书中，我同意沃勒斯坦、杜兹冈、萨吉德和伊纳亚图拉的观点，即认为现代资本主义发生于欧洲，并且首先爆发于英国。在本书的第十一章和第十二章中，我提出了如下观点，即18世纪的印度和中国都不是自发地走上了现代资本主义发展道路的。虽然我与有些学派的观点大相径庭，但仅此一点就可能会使人认为我与他们的观点接近了许多。

批判性崇欧主义的潜在政治陷阱和矛盾

最后，我想强调的是，崇欧主义的主张还隐藏着各种政治危险和矛盾。第一，崇欧主义的主张无意中会加深“日不落帝国”在人们心目中的印象，使非西方人民产生“所有的抵抗都是徒劳的”感觉。这种无意中对西方的盲目崇拜和否认非西方民族在经济全球化过程中有充分的话语权的做法，蕴藏着肯定西方帝国统治的合理性和永久性的重大危险。因此，这种研究方法最终可能会把非西方国家描绘成永远被囚禁在西方铁笼里的囚徒，而将全球自由资本主义的盛行视为标志着“历史的终结”。[68]这也是我将这种研究方法称为“崇欧主义”的另一个原因，因为它正好符合马克思的著名论断，即自由主义政治经济学通过物化脱离基本阶层而落入崇拜“资产阶级”的陷阱中，最终将导致资本主义的永恒化和自然化。因此，救治崇欧主义的良方是，我们在研究全球化时应该把西方与非西方的行动者之间的共存关系考虑进来，而二者之间的关系是围绕着“西方中心主义边界”展开的（稍后我将解释）。[69]然而，崇欧主义人士对此的回答是，如果同时肯定西方和非西方的主动行为者对全球化的贡献，实际上就给人以“世界是平的”这种自由贸易主义者的幻觉，从而弱化了西方帝国主义/新帝国主义的等级制度。然而，西方帝国主义制度在亚、非地区确实出现较晚，直到19世纪中期后它才在全球范围内兴起。而且哪怕在这之后，非西方的主动行为者也一直存在于帝国主义的阴影下。

其次，崇欧主义把世界上所有的邪恶、残暴、权力和机构都推到了西方人的身上，这意味着它无意中忽视和纵容了那些来自非西方国家的权力和压迫。这样，崇欧主义就被那些虽然在本国压迫人民，但还愤世嫉俗地将其错误强加到西方帝国主义身上的非西方的统治者所利用。最令人震惊的一个例子就是罗伯特·穆加贝（Robert Mugabe），他的所作所为既具有悲剧色彩，又具有讽刺意味。重要的是，在后殖民时期，崇欧主义的思想已对人们的政治信念产生了重大影响，以至于当今的人们不仅对穆加贝或伊斯兰国恐怖组织（ISIS）所犯下的罪行不强烈谴责，反而认为这些都是西方帝国主义留下的后遗症，就像人们把1840年后阿曼苏丹国（Omani Sultanate）在桑给巴尔（Zanzibar，现坦桑尼亚的组成部分）强迫非洲奴隶种植丁香，解释为统治者受到了西方资本主义制度和帝国主义列强的影响一样。值得注意的是，崇欧主义并不承认非西方国家的人是主动行为者，因而在崇欧主义者看来，他们并不需要为自己的行为负责。由此，崇欧主义者那一张张充满社会良知的脸上就好像瞎了一只眼睛一样，只把眼光锁定在西方国家的身上，而忽视了非西方国家统治者对人民正在或曾经犯下的罪行。

有些问题也可能会被学者们拿到西方举办的后殖民学术会议上讨论。在此情况下，就存在着与会代表只关注帝国主义及其所犯罪行的危险，就好像1894—1945年的日本和1840年以后的阿曼苏丹国从未进行过帝国主义扩张一样。同样，也有人常常将非洲的奴隶贸易与西方领导的大西洋国家联系在一起，而不承认西亚和印度也存在着奴隶贸易。其实，在西方人从事黑人奴隶贸易时，这种贸易在西亚和印度就已经存在。此外，我们可能还会听到许多有关白人种族主义的报道，但对日本的父权制种族主义却一无所知，其实，在20世纪上半期，父权制种族主义在日本就非常流行。更为重要的是，直到1991年，韩国人权活动家金学善（Kim Haksun）最终以受害者的身份挺身而出，控诉日本在第二次世界大战期间对韩国慰安妇犯下的暴行时，日本人所犯的罪行才引起了崇欧主义者的关注。最后，但同样重要的是，一提起种族灭绝，人们很可能就想到西方帝国。但很少有人会想起奥斯曼帝国对亚美尼亚人进行的种族灭绝，因为这些事情并没有引起人们的关注，就好像从未发生过一样。总之，用纽约大学助理教授崔荣邦（Choi Jung-Bong）的话来讲，这些研究空白标志着“后殖民研究的痛苦沉默”。[70]而且，他继续讲道：日本帝国主义的恐怖行径“表明学者们有必要重视并把对日本帝国主义的研究列入后殖民研究的清单中”。[71]

总之，崇欧主义变戏法似的把发生在非西方的统治者压迫民众及诸多类似事件抹去或掩盖起来，完全是出于政治目的，仅仅是为了在正义的学术法庭上谴责西方。而且，最具讽刺意味的是，即使有少数事件被公之于众，它们也只是用来谴责西方的一枚政治棋子。如此一来，受谴责的总是西方。由于崇欧主义对非西方国家的统治者和人民的期望值较低，或者说较偏执于他们的贫穷或软弱，它正面临着从进步的左派变成时而居高临下、时而畏缩不前的左派的真正危险（因此，西方社会和国家被要求遵守极高的道德标准，而“不会犯错的”非西方国家和社会不受任何道德标准的约束）。如果人们认为只有那些被欧洲人和美国人夺走的有色人种的生命才应该被铭记、才是最重要的，那一定是历史的悲哀。

重要的是，崇欧主义在评价西方国家和非西方国家时，采取的是典型的双重政治标准。因为在他们看来，只要一个西方白人批评非白人、非白人社会团体，或对他们造成伤害的做法，他就马上被视为种族主义者或有着欧洲中心主义者的做派。因此，这里就出现了一个极大的悖论，后殖民主义国际关系学后起之秀奥黛丽·亚历杭德罗在2019年英国国际研究协会年会上曾私下告诉我，在西方后殖民主义学术会议上有时也会出现欧洲中心主义的翻版，在会上，白人会抨击白人。奥利弗·斯图恩克尔（Oliver Stuenkel）一针见血地指出：“那些迷恋于西方的欧洲中心主义者和那些将历史上的每次不幸都归咎于西方的后殖民崇欧主义者，都受到了欧洲中心主义思想的影响。”[72]

显然，如果我们唯一的政治任务是批评西方，那么二元论的崇欧主义研究方法无疑是一种强有力的情感武器。但是在极端的情况下，它存在着过度简化“现实”的危险。为了使人们对西方做出的激进的政治批评更具说服力和紧迫性，崇欧主义就强行把无数模棱两可的西方人和生活在灰色地带的非西方人分成了东方受害者和西方恶棍两个阵营。由于我认为存在着非西方统治者对本国人民的压迫，就遭到了崇欧主义的批评。他们批评我的理由是我“太过于敏感”，批评意识淡薄，淡化了对西方恶棍的批评。正如萨吉德和伊纳亚图拉在上述引文中所说的那样。但这只会使我们回到我所质疑的二元论分析方法。最有趣的是，他们在引文中表达的坦率让步令人耳目一新，即崇欧主义的研究方法导致了“非西方民族的幼稚化”。

这一切反过来又使我想起了两个问题：首先，西方帝国主义在1850年前后是否真的像崇欧主义（和欧洲中心主义）所说的那样垄断了全球的主动行为者？其次，非西方国家是否真的像崇欧主义说得那样软弱无力、无任何主动行为、无关紧要？要做出这样的假设，即使是无意的，也迎合了欧洲中心主义者对西方人自作多情的肯定，同时也将非西方民族贬低为“善解人意”或是“高尚的野蛮人”。

说实话，当一个本科生告诉我他想写一篇与欧洲殖民主义暴力有关的后殖民主义论文时，我感到不寒而栗。并不是因为该选题不重要（它当然非常重要），而是我害怕他接下来不得不在一个“充满帝国欲望”的世界里旅行。这将是一个令人深感沮丧的过程，我们会看到许多令人悲伤的非西方民族的处所，了解他们的不幸、可悲和失败，西方至上主义者剥夺了他们所有的权利。最具讽刺意味的是，欧洲中心主义者认为所有这一切都理所当然。

然而，对以上讨论，我作出两点声明，以作为此次讨论的结语。我的读者可能会对我的声明大吃一惊。首先，我对以萨吉德和伊纳亚图拉为代表的崇欧主义的批评不应该被当作是对他们贡献的（充满敌意的）全盘否定，因为他们开创性的学术著作仍给我留下了非常深刻的印象。我的读者也许会更惊讶地发现，他们的好多分析都是入木三分、细致入微。[73]其次，我并不想完全否定“崇欧主义”的研究方法，因为在我看来，尽管它对西方主动行为者的描述有些言过其实，但我们可以用非欧洲中心主义加州学派的研究方法对它进行某些斧正。因此，正如我下面将解释的那样，虽然我试图找出治疗欧洲中心主义和崇欧主义的解药，以此来肯定非西方主动行为者在全球经济中的作用，但这并不意味着我要把西方的主动行为者（西方帝国主义）从经济全球化的舞台上踢出去。

新全球政治经济学（二）：
提供概念性导引技术以超越欧洲中心主义和崇欧主义

我在提出对欧洲中心主义Ⅰ和Ⅱ的纠正方法以前，有必要结合杰克·戈德斯通（Jack Goldstone）所称的以研究全球经济史为主的“加州学派”的观点对我的研究方法进行简单的思考。值得一提的是，戈德斯通把我2004年的著作归类到了非欧洲中心主义学派。[74]因为我的大多数的学习国际关系学与国际政治经济学的读者可能从未听说过加州学派，我在此顺便简单介绍一下。该学派出现在20世纪80年代末，它最重要的贡献体现在詹姆斯·布劳特（James Blaut）的《殖民者的世界模式》（*The Colonizer's Model of the World*）、安德烈·冈德·弗兰克（Andre Gunder Frank）的《重新定位东方》（*ReOrient*）、杰克·戈德斯通（Jack Goldstone）的《为什么是欧洲？》（*Why Europe?*）和彭慕兰（Kenneth Pomeranz）的《大分流》（*The Great Divergence*）中。[75]事实证明，在加州学派中，出现过两次研究高潮，第一次（大致在1989年至2011年）研究高潮的重点主要集中在中国；[76]第二次（2011年至今）研究高潮更多的是关注英、印之间出现的棉纺织产业大分流。[77]

加州学派这个修正主义、非欧洲中心主义学派，主要研究的是在中国与英国“大分流”的背景下，非西方主动行为者在经济全球化中所起的作用。在最近的十年里，印度也出现在了大分流之中。该次大分流主要指的是，在19世纪，英国在工业上超越了中国和印度，成为全球重要的经济体。该派学者的共同之处在于揭示了中国、印度和欧洲之间存在着诸多的“惊人的相似性”。这一研究对欧洲中心主义者声称的东西方之间存在着许多重大差异的观点形成了挑战。在此过程中，有些学者（并非全部）忽视或否认了中国、印度、英国和欧洲诸国在国家制度和社会属性方面的差异，主张从外生的偶然性（运气好坏）[78]或全球经济的外部变化来解释这次“大分流”。[79]总之，如果要想理解现代全球经济赖以生存的现代资本主义的起源，我认为，除了对专注于研究非西方主动行为者的加州学派学者的观点进行深入研究外，别无选择。而且，无论如何，我们在非西方和西方的主动行为者问题上的立场是这本书的核心主题。

对加州学派观点疏漏之处的弥补

虽然我在本书中采用的研究方法在很大程度上与加州学派相同，但是，我发现我赞同简·尼德芬·皮特斯（Jan Nederveen Pieterse）对加州学派直言不讳的批评，即“虽然加州学派有时想通过东方中心论和边缘化西方来反对欧洲中心主义的观点，却反而重蹈了东西方二元论的覆辙”。[80]当然，我承认我2004年著作中的观点受到了加州学派的影响，但加州学派的观点有一定的局限性。第一个局限性是它淡化或者否认了西方主动行为者在全球化过程中的作用。值得注意的是，戈德斯通著作中的观点并没受加州学派的影响，这着实值得称赞。[81]第二个局限性是用它的观点无法解释现代资本主义的崛起，因为它否认了西方的主动行为者在全球化中的作用。所以，一些颇负盛名的加州学派学者并不赞成欧洲内部有某种东西能导致现代资本主义兴起的观点，他们认为，该观点是欧洲中心

“例外论”的顽疾，它否认了西方主动行为者在经济全球化中的作用。

最典型的例子是冈德·弗兰克，他在他发表的（非欧洲中心主义）力作《重新定位东方》中断言道：“欧洲并不是单靠自己的经济实力而崛起的，当然也不能归因于它的理性、制度、创新精神、技术和友善，简言之，种族的特殊性。”[82]因为担心陷入欧洲中心主义逻辑的死胡同，弗兰克坚称，资本主义在欧洲的崛起与欧洲各国的国内因素毫无关系，但他在著作中回答了现代资本主义为什么诞生于欧洲这个重要问题。他声称“欧洲人在开始时只是买了一张亚洲经济列车的座位票，最后却买下了整列火车”，它认为，欧洲人购买火车的金银是从美洲殖民掠夺而来的。[83]尽管他的见解与我的部分观点遥相呼应，但他这番话还是让人想起了他早期的“依附”本体论。“冈德·弗兰克2.0”理论与加州学派的观点一样，忽视了欧洲、中国和印度等国的国内社会属性，重点关注了不同国家之间的“惊人相似之处”和同类国家之间的共同属性。[84]令人感到遗憾的是，加州学派的大部分学者都存在着忽视亚洲和西方主要经济体的国内社会属性的倾向。[85]而且，加州学派的最大缺点在于它忽视了对各国生产方式的研究，以至于我们无法从他们的研究成果中了解生产力和生产关系如何发挥作用，这就等于忽视了系统性经济和全球变化的一个关键性社会驱动力。

为此，伯拉克·坦塞尔（Burak Tansel）对我2004年著作中的观点进行了尖锐的马克思主义批评，现在我表示接受其批评：

> 虽然霍布森正确地指出了改变欧洲发展轨迹的若干“资源组合”的“东方起源”，但他却忽视了哪些（国内）社会力量和进程会导致欧洲与东方背离，这也就是“欧洲奇迹”最初被炮制出来的源头。[86]

加州学派的重要批评家乔·布莱恩特（Joe Bryant）认为，如果全球的各主要社会体（或其中的某部分）在1800年时经济发展水平相同，并且也无证据表明它们的社会属性存在着显著差异，那么我们就无法用社会属

性的差异解释欧洲现代工业资本主义（按加州学派的观点）的崛起。由此得出的结论必然是，

> 我们无法用因果关系来解释现代资本主义首先发生于欧洲的原因。这就存在着无法回避的难题：一个由决定性的社会差异构成的扁平化世界，使得人们无法用社会结构的差异性来解释其局部出现的任何新鲜事物，无奈之下，我们只能用偶然或随机来解释这种现象。[87]

这反过来又招致了佩尔·弗里斯（Peer Vries，阿姆斯特丹社会史国际研究所荣誉研究员）的批评。他辛辣地总结说："加州学派的修正主义者显然忽略了'富人们纯粹靠运气致富'这一对穷人们产生消极影响的'事实'。"[88]

因此，正如我在本书第三部分和第四部分所要陈述的，如果我们想要给出工业化为什么会首先出现在英国而不是中国和印度这个重要问题一个令人满意的解释，就需要考虑不同国家的国内社会状况以及它们之间的"重大差异"。我们关注全球因素或生态偶发事件（这是加州学派的思维习惯，也是我的主要论据）固然很重要，但事实证明它是一个必要但不充分的解决问题的方案。所有这些都要求加州学派学者要比以往更认真地研究西方的主动行为者，这也是我从批判性的崇欧主义者身上获得的启示。当然，我反对崇欧主义者关于西方在创造资本主义和第一、第二次经济全球化过程中的地位的观点。那么，我在提供治愈形形色色的西方中心主义的解药时应遵循什么样的基本原则？在此，我基于前一节对崇欧主义的批评，对该问题进行进一步的分析。

反对欧洲中心主义和崇欧主义：废除"全球经济的'新《吉姆·克劳法》'"

表1.1总结了欧洲中心主义、批判性崇欧主义以及我的非欧洲中心主

义解药的主要特征。请注意，我所讲的“西方中心主义”既包括欧洲中心主义，也包括批判性崇欧主义。如果说新全球政治经济学的第一个重要特征包括了发展全球经济“宏观”历史社会学的诉求，那么它的第二个重要特征是我为以西方中心主义为核心的欧洲中心主义和批判性崇欧主义提供的解药。我的解药包括两个重要部分：第一个重要部分是拟通过消除人们以西方为全球经济的主体、以非西方国家为客体的主流观念，瓦解“全球经济的新《吉姆·克劳法》”；第二个重要部分是，我不仅强调了西方与非西方国家之间的相互作用和相互联系，而且还关注了非西方和西方的主动行为者在经济全球化过程中起的多重作用。这两项措施的共同实施有助于破除人们对西方的迷信，恢复非西方的真实面貌。也就是说，在西方与非西方、西方帝国主义与全球经济的形成过程中，东、西方主动行为者之间的相互联系是至关重要的，我在上一节对崇欧主义的批评中对此已有所涉及。

表1.1　我提供的治疗西方中心主义的非欧洲中心主义解药

重要特征	欧洲中心主义	批判性崇欧主义	我的非欧洲中心主义解药
No. 1	对东、西方实行种族隔离（即“全球经济的新《吉姆·克劳法》”）	对西方和非西方重新实行种族隔离	消除西方和非西方国家的种族隔离（即把非西方国家从全球经济的新《吉姆·克劳法》中解放出来）
No. 2	西方是至高无上的“理性的”主动行为者/主体，具有全球超级主动行为能力，而“非理性的”东方则没有（西方至上主义和东方被动主义）	西方国家是世上野蛮的有代理权的超级恶棍，非西方国家是被动的没有主动行为能力的受害者（西方至上主义和非西方被动者）	西方和非西方都有主动行为者，尽管在1850年之后，西方逐渐站到了以欧洲为中心的全球等级秩序的顶端
No. 3	发展了大爆炸理论：西方一手开创了资本主义现代性，然后向外扩张，创造了资本主义世界	发展了“大爆炸理论”：西方一手开创了资本主义现代性，然后向外扩张，创造并统治了资本主义世界	驳斥“大爆炸理论”：西方在全球经济发展不平衡与融合发展的背景下，在非西方的帮助下，实现了全球资本主义现代性。
No. 4	要么颂扬西方帝国主义，要么掩盖帝国主义在全球扮演的角色	只强调是西方帝国资本主义使非西方陷入贫困	非西方国家的贫困是西方帝国主义和非西方的主动行为者共谋造成的

通过这些方式，我试图将历史学家桑贾伊·萨布拉曼洋（Sanjay Subrahmanyam）的“关联历史”方法论和后殖民历史社会学家古尔明德·班布拉（Gurminder Bhambra）的“关联社会学”研究方法付诸实践。[89]而且，无论在任何情况下，我都将西方和非西方的主动行为者置于后殖民历史社会学家朱利安·戈恩所说的全球关联关系的语境中去研究。[90]这一研究对林莉莉、秦亚青（Qin Yaqing）和艾米利亚·卡瓦尔斯基（Emilian Kavalski）的开创性分析具有重要的意义。[91]我们需要考虑的是它们之间的“逻辑关系”，而不是像欧洲中心主义在国际政治经济学、国际关系学和其他领域那样只关注它们之间的“理性逻辑”。林莉莉和秦亚青借鉴了道家辩证法，在道家学说中，阴与阳、人与自然既相互对立，又相互依存。如果将这一理念应用于经济全球化，就意味着我们不能把西方与非西方看作彼此孤立、自成一体的经济实体（如同“实体主义者”欧洲中心主义和崇欧主义所给出的西方的“实体论”概念那样），它们是相互联系、相互作用的。我对西方与非西方关系的理解与朱利安·戈恩所倡导的“后殖民行动者网络”理论大体吻合。[92]因为在本书中，我揭示了在现代资本主义和第一次、第二次经济全球化形成过程中，西方和非西方主动行为者之间的广泛复杂联系。尽管像乔纳森·约瑟夫（Jonathan Joseph）这样的知名马克思主义者可能会认为它是“资产阶级拜物教”的回归，[93]但本书认为，全球贸易和东西方经济体与资本主义生产之间存在着内在联系，而资本主义生产在一定程度上又是以不同的生产方式为基础的（正如我在本章末尾所注）。

马克思主义的观点同样也是治愈戈恩所谓的欧洲中心主义“叉分分析法”的一剂解药，而这种叉分分析法与爱德华·赛义德所提出的欧洲中心主义“隔离法则”概念遥相呼应，[94]它们都认为西方是独立于非西方世界的一个自治实体。马克思主义和新韦伯主义都强调欧洲各国之间有地缘政治关系，而这种地缘政治关系反过来又成了欧洲资本主义发展的重要推动力。但是，它们的缺陷在于忽视了大国之间的帝国战争，尤其是像英、法这样的大国。如此一来它就掩盖了帝国与非西方世界的关系及非西方世界对英国工业化兴起的结构性影响，而只关注了欧洲多国家体系的无政府属性（如欧洲中心的内在逻辑）。相比之下，我更支持赛义德对欧洲中心主义的解决方案，该方案指出了西方与非西方之间的相互联系：

> 在道德和政治上，最糟糕的是欧洲中心主义者只看到二者之间的（欧洲中心二元论）对立，而没有看到它们之间的联系……我感兴趣的是它们的各种要素是如何相互作用的。在我看来，这似乎是一项伟大的任务——要从整体上了解它们之间的联系，而不是局部……英国著名的政治家迪斯雷利（Disraeli）有组精彩的对话就说明了这一点，迪斯雷利问："阿拉伯人是什么人？"对方答："他们只是骑在马背上的犹太人。"这个看似简单的对话却反映出了孤立的事物背后存在着某种联系。[95]

上述对话的关键词并不是简单的"关联"，而是"纷繁复杂的联系"。因为联系性与"复杂联系"的逻辑有助于某种混合体或混合社会的产生。而所有这些都被欧洲中心主义所掩盖，因为欧洲中心主义关注的是东西方的自我建构和完全自治。它以想象中的文明种族隔离带把东西方人为地隔离了开来。总之，这种主动行为者的关联法揭示了世界的多元性和东西方主动行为者之间的联系，但却被欧洲中心主义和崇欧主义的二元零和博弈所掩盖。

杰里米·阿德尔曼（Jeremy Adelman）对"全球历史"进行了精彩的评论，[96]他认为："相互联系"不只是存在于某个事物的内部，自1500年以来，日益和谐美好的世界各国都存在于相互联系之中。在本书中，我提出了非欧洲中心解药的两个重要部分。其一是关于在第二次经济全球化的起源和发展背景下，帝国主义所扮演的不光彩角色的阐述；其二是对现代资本主义的起源进行揭示。然而，这两个部分并不是独立的，它们都集中于一个关键点，即西方与非西方主动行为者之间错综复杂的关系，这种关系使得西方国家控制整个非洲和亚洲成为可能，并在其殖民过程中发挥了重要的作用。需要指出的是，如果认为西方国家足够强大到可以单枪匹马地建立起各自的帝国，那是西方中心主义思想在作怪。此外，许多非欧洲中心主义、后殖民主义学者也采用了以非欧洲中心的方法研究西方与非西方主动行为者之间的相互联系，包括在本章中提到的一些学者。

我的所有观点都是我在颠覆欧洲中心大爆炸理论的过程中形成的。本书第一部分揭示了1850年以前的第一次经济全球化（First Global Economy）。英国向现代工业资本主义的转型就发生在这一时期（如第三部分所述）。也就是说，第一次经济全球化和英国的大西洋帝国首先出现，欧洲资本主义现代化随后崛起，然后帝国主义才进入了亚洲和非洲。

本书在多个方面补充了邓恩（Dunne）和雷乌斯－斯密特（Reus-Smit）合著的《国际社会的全球化》（*The Globalization of International Society*）以及安德鲁·林克莱特的杰作《全球秩序形成中的文明理念》（*The Idea of Civilization in the Making of the Global Order*）中的观点，这是因为我们都在试图批判欧洲中心主义的“西方扩张”叙事。[97]此外，我还试图深化亚历克斯·阿尼瓦斯（Alex Anievas）和克雷姆·尼桑乔格鲁（Kerem Nişancioğlu）的非欧洲中心的马克思主义著作《西方如何统治》（*How the West Got to Rule*）对全球经济的精彩分析。[98]我的研究聚焦于第一次经济全球化（我在本书第一部分解释）、英国资本主义工业革命和第二次经济全球化（本书第三至五部分论述）的形成过程。基于亚历克斯·阿尼瓦斯和克雷姆·尼桑乔格鲁的分析，我重点分析了经济全球化所需要的外部驱动力，尤其是非洲－印度全球性棉花驱动力。尽管我认同巴里·布赞（Barry Buzan）和乔治·劳森（George Lawson）在其优秀国际关系历史社会学著作《全球转型》（*The Global Transform*）中关于19世纪的重要论断，即这个时期是全球历史上的一个关键转折点，但我反对将1850—2020年这段时间视为一个独特的特定时期，因为正如我在第十三章和第十四章所解释的那样，如果没有第一次经济全球化，第二次经济全球化也将不存在，而第一、第二次经济全球化之间存在一定的连续性。[99]

还有一点需要注意。近几年来，国际关系界出现了“去殖民主义”倾向，罗比·希利亚姆（Robbie Shilliam）的开创性著作《黑色太平洋》（*The Black Pacific*）最为充分地体现了这种倾向。[100]该书揭示了非西方国家在后殖民时代如何通过自己的方式重新找回他们的文化、身份、自我和尊严。虽然这种研究方法很重要，但本书并未采用这种方法。因为我和希利亚姆都关注西方帝国主义和非西方的主动行为者问题，但本书的目的在于重新思考经济全球化和西方帝国的起源，而希利亚姆却将他论点的前提视为既定的。因此，在正式开始本章论述之前，我需要讨论一个概念性问题。

资本主义的界定——历史资本主义和现代资本主义

虽然伊曼纽尔·沃勒斯坦提出了资本主义世界经济（CWE）出现于16世纪这一著名论断，[101]但我认为他最多只说对了一半。本书认为，全球性历史资本主义经济大约出现于公元1500年后，与沃勒斯坦的论断不同的是，它是一次真正的全球经济。沃勒斯坦认为，全球经济直到1750年亚洲被迫“融入”西方主导的资本主义世界经济以后才开始出现。[102]我将在第三章中对经济全球化这一概念进行界定，并在以后的章节中作进一步解释。大约1850年以后，世界进入了第二次经济全球化时期，但是，在某种程度上，我们可以说，欧洲是在亚洲人的帮助下才进入了第二次经济全球化的（正如我在第十三章中解释的）。这一切反过来又要求我对这两种不同的全球经济及其资本主义属性作出界定。虽然我在第八章和第十四章中将进一步阐述这些概念，但我想在此通过讨论该问题来结束本书的引言部分。

在本书中，我花费了大量篇幅对“正统”马克思主义者进行了批判，尤其是政治马克思主义者。[103]我与他们观点的最重要区别在于对资本主义的界定上。我认为，政治马克思主义过于僵化、排他性地强调生产关系，而忽视了劳动力（和资本）的作用，这与卡尔·马克思的较为折中的研究方法背道而驰。相反，我在界定资本主义时，借鉴了马克思及各种非正统的新马克思主义者［以及费尔南德·布罗代尔（Fernand Braudel）］的观点。我给资本主义下的定义很宽泛，它包括四个相互依赖的要素：生产力、复杂的社会关系、全球贸易和理性的经济制度。

具体而言，我将现代资本主义定义为一种全球化体系，在其中，可能会导致劳动力节约（在西方）或增加（在亚洲）的不断发展的机械化生产技术，被运用于国内或全球市场（在其中，全球贸易得到了理性的经济制度的支持）生产过程中，并由此形成由非自由/强迫劳动和自由的雇佣劳动形成的复杂社会关系。因此，我将历史资本主义定义为一种全球范围内使用非机械化生产技术（不会不断升级）为国内和全球市场（在其中，全球贸易得到了理性的经济制度的支持）生产，由此形成了由非自由/强迫劳动、自由的雇佣劳动、没有完全失去土地的雇佣劳动和农村劳动力组成的复杂社会关系。因此，那些以世界各地以农业生产占主导和商品经济不发达为由否定1800年以前全球经济存在的观点是站不住脚的（我在第八章将对其进行阐述）。

此外，如上所述，我认为，“非洲－印度全球性棉花驱动力”与印度结构性力量一起，在第一次经济全球化的推动下发挥了重要作用，也在英国资本主义工业化崛起过程中产生了影响。第一次经济全球化反过来又导致了第二次经济全球化，并在大约1850年后引领全球资本主义进入了现代化。在本书的第一部分，还有一点需要注意，那就是马克思主义者和韦伯学派的学者关于历史资本主义时期的“全球贸易是由经营品种单一、规模较小的非西方‘小商贩们’发起的”这一假设。该假设忽略了一点，即在这些小商贩中，有很多人自己拥有大公司，可以说他们中的很多人都是现代意义上的资本家。例如印度商人在经营中并不像一般商人，而更像金融资本家。在东非，他们往往向能够提供土地或财产抵押物的非洲人和葡萄牙人提供贷款；[104]在中亚，他们向统治者和当地的农民提供融资，后者以生产出来的农产品来偿还，然后这些印度商人再把这些农产品转卖出去。[105]此外，他们从金融活动中所得的收益远远超过了贸易所得。

本书包括五个部分：第一部分揭示了共同推动第一次经济全球化的西方和非西方主动行为者之间的贸易关系及相互联系。第二部分通过揭示第一次经济全球化的大部分结构属性来论证我的观点，即第一次经济全球化开始于公元1500年。同时，我也论述了在历史资本主义阶段的一些现代资本主义社会关系下如何出现大宗商品贸易。第三部分揭示了第一次经济全球化如何与英国起到促进发展作用的主动行为者一起推动历史资本主义向现代工业资本主义转型。第四部分回答了为何工业化出现在英国而没有出现在中国和印度，重点分析了上述三个国家的不同“发展架构”，并将它们的起到发展作用的主动行为者放置于经济全球化和区域经济化的背景下，对不同发展架构导致的结果进行了分析。最后，第五部分旨在承认并弱化西方帝国主义在第一次经济全球化向第二次经济全球化转型中的作用。我认为正是在西方和非西方的主动行为者的共同作用下，西方在亚洲和非洲建立的帝国以及第二次经济全球化的崛起才成为可能。

因此，通过对资本主义概念的界定，我们现在了解了欧洲中心主义、崇欧主义以及（全球）资本主义的基本内容，再加上我精心准备的概念性技术，我们现在终于可以开启超越欧洲中心主义和崇欧主义边界的航程，扬帆出海去探索第一次经济全球化的多元文化起源及其发展历程。

注释

[1] Most notably, Fukuyama(1992), Friedman (1999) and Wolf (2005).

[2] 例如, Wallerstein (1974, 1980, 1984, 1989), Chase-Dunn (1989), Arrighi (1994), Gill (1995), Cox (1996), Robinson (2004), Saurin (2006), Dirlik (2007), Ashman (2010), Davidson (2009) and Krishna(2009)。

[3] 见Hobson (2012) and Vitalis (2015)。

[4] von Laue (1987).

[5] 见Hobson (2012: 142–9, 279–84)。

[6] See also the important non-Eurocentric historical studies of globalisation: Flynn and Giráldez (1995a, 1995b, 2004, 2006), Bentley (1996), Hopkins (2002), Bayly (2002), Marks (2002), Gills and Thompson (2006) and Beaujard (2019).

[7] 例如，Malik (1996)。

[8] Said (1978/2003: xxii).

[9] Prestholdt (2008).

[10] Phillips (2005: chs. 1–2).

[11] Gamble (1995), Gamble et al. (1996) and Payne (2006).

[12] Murphy and Tooze (1991); cf. Hay and Marsh (1999).

[13] Hobson (2012, 2013a).

[14] Hobson (2012, 2013a).

[15] Cox (1996).

[16] Cohen (2008: 41–3, 82–3).

[17] Keohane (2009: 38).

[18] Cohen (2008: ch. 7).

[19] 最著名的有Wallerstein (1974, 1980, 1989), Cox (1987), Chase-Dunn (1989) and Gilpin (1981)。

[20] Cohen (2008: ch. 3).

[21] Larry Summers cited in Inikori (2020: 251, n. 1).

[22] 见Sweezy and Dobb (1950), Dobb (1959), Wallerstein (1974) and Brenner (1977, 1982)。For key neo-Weberian-inspired analyses, see Giddens (1985), Mann (1986), Tilly (1990), Landes (1998), Ferguson (2011), Duchesne (2012) and Vries (2013, 2015).

[23] Hobson (2013a, 2013b)

[24] Weber (2015)和Craig Murphy (2009), AnnaLeander (2009) 和 NicolaPhillips (2009) 的作品也提到了该问题。

[25] 我不想引用太多的相关参考文献，只拣一些重要的推荐给读者。Chowdhry et al. (2004), Long and Schmidt (2005), Gruffydd-Jones (2006), Kanth (2009),

Shilliam (2011), Tickner and Blaney (2012), Katzenstein (2012a), Seth (2013), Suzuki, Zhang and Quirk (2014), Anievas, Manchandaand Shilliam (2015), Bilgin and Ling (2017), Epstein (2017), Zarakol (2017), Sajed and Persaud (2018), Adelman (2019) and Bell (2019); cf. Dunne and Reus-Smit (2017) and Go and Lawson (2017).

[26] 部分文献包括：Meek (1976), Amin (1989), Wallerstein (1997), Pieterse (1990, 2006, 2020), Munck and O'Hearn (1999), Power (2003), Slater (2004), Kapoor (2008), McCarthy (2009), Bhambra(2007, 2014), McEwan (2009) and Go (2011, 2016)。

[27] Frank and Gills (1996), Persaud (2001), O'Brien and Williams (2004: chs. 2–3), Hobson (2004, 2012, 2013a, 2013b), Bowden and Seabrooke (2006), Pasha(2006), Hobson and Seabrooke (2007), Harrison (2013), Krishna(2009), Blaney and Inayatullah (2010, 2021), LeBaron (2012), Halperin (2013), Halperin and Palan (2015), Anievas and Nişancioğlu (2015), Tansel (2015a, 2015b), Helleiner (2014, 2015, 2018, 2021), Weber (2015), Selwyn (2015), Stuenkel (2016), Helleiner and Rosales (2017), Singh (2017), Shilliam (2018), Mantz (2019) and Zhang (2020); cf. Phillips (2005).

[28] Weber (2015).

[29] Tilly (1984).

[30] 戈恩和劳森（Go and Lawson 2017:2）。这也是我的观点。尽管如此，我的宏观研究方法还是与大卫·克里斯蒂安（David Christian）（2004）及其他人（Zinina et al.）的“巨著史诗”般的研究方法有不小差距（2019），也与迈克尔·曼（Michael Mann，1986）和安德鲁·林克莱特（Andrew Linklater，2016）在其权威性作品中使用的那种“宏伟史卷”般的研究方法相形见绌。巧合的是，我提出的第一次经济全球化出现在1500年左右的观点让我摆脱了那种困境，使我能够专注于研究此后长达400~500年的全球经济多元化历史。

[31] Machado (2014), Northrup (2009), Parthasarathi (2011), Pomeranz (2000), Prestholdt (2008), Ray (1995), Riello (2013), Washbrook (1988, 1990, 2007, 2020), Yazdani (2017) and Zhao (2013). .

[32] 参见Halperin (2013)。

[33] Said (1978/2003)。

[34] 许多学者都赞成这一定义。例如，Blaut (1993), Goody (1996), Frank

(1998), Ling (2002, 2014), Bhambra(2007: 5), Agathangelou and Ling (2009), Suzuki et al. (2014), Tansel (2015a), Anievas and Nişancioğlu (2015), Go (2016), Acharya(2018) and Alejandro (2019)。

[35]　Hobson (2012: 185–6, 319–24).

[36]　Bull and Watson (1984a).

[37]　Marx and Engels (1848/1977: 84).

[38]　Bull and Watson (1984b: 1).

[39]　Bernal (1991) and Amin (1989: 90–4).

[40]　Blaut (1993).

[41]　除少数学者外，绝大多数学者都对资本主义的兴起进行了以欧洲为中心的描述，因为这些描述过于繁多，恕不在此一一提及。尽管如此，本书还是引用了一些有代表性的学者的观点。

[42]　Landes (1969).

[43]　Bull and Watson (1984a, 1984b).

[44]　关于这一点，请见Hobson (2012: ch. 9)。

[45]　例如, Cox (1987), Arrighi (1994), Wallerstein (1974, 1984), Gilpin (1981) and Kindleberger (1996)。

[46]　Chakrabarty (2000: 6–11).

[47]　同上，(8)。

[48]　例如, Burton (1972), Giddens (1985, 1990) and Camilleri and Falk (1993)。

[49]　例如, Wallerstein (1974, 1980, 1989), Roberts (1985), Giddens (1985), Cox (1987, 1996), von Laue (1987), Camilleri and Falk (1993), Hoogvelt (1997), Held et al. (1999) and Dirlik (2007)。

[50]　Waters (1995: 3–4).

[51]　Giddens (1990: 1).

[52]　Stuenkel (2016: 32–3).

[53]　Murphey (1977: 27)

[54]　请见Bowden (2009: chs. 7–8) and Hobson (2012: ch. 12)。

[55]　Hobson (2012: 74–83).

[56]　弗朗茨·法农（Frantz Fanon，1965/2001）曾谈到“damned of the

earth”（该死的地球），这句话曾被误译为“地球之悲伤”。

[57] Wallerstein (1997: 104).

[58] 同上，（102）。

[59] Sajed and Inayatullah (2016: 207).

[60] Wallerstein (1997).

[61] Sajed and Inayatullah (2016: 206).

[62] Wallerstein (1997: 105)。See also Wallerstein (1984: 153, also 6, 29, 37).

[63] Alejandro (2019: ch. 5).

[64] 同上，(163)。

[65] Sajed and Inayatullah (2016: 203, also 206).

[66] 同上，(202–3)。

[67] Duzgun (2018: 27). 也见Wallerstein (1997: 103)，Sajed和Inayatullah (2016: 205–6)。

[68] Fukuyama(1992).

[69] 例如，请见Pieterse (1990), Ling (2002), Bala(2006), Hobson (2004) 和 Alejandro (2019)。

[70] Choi (2003: 325).

[71] 同上，(326-327)。

[72] Stuenkel (2016: 15).

[73] 尤见Inayatullah and Blaney (2004), Blaney and Inayatullah (2010, 2021) 和 Sajed (2013)。

[74] Goldstone (2008: viii).

[75] Blaut (1993), Frank (1998), Pomeranz (2000) and Goldstone (2008).

[76] 例如，Abu-Lughod (1989)、 Blaut (1993)、Flynn and Giráldez (1995a, 1995b, 2004, 2006),、von Glahn (1996a)、Goody (1996)、Bin Wong (1997, 2002)、Goldstone (2000, 2002, 2008)、Marks (2002)、 Lieberman (2003)、Hobson (2004) 和 Rosenthal，Bin Wong (2011)。

[77] Most notably、Parthasarathi (2011) 和Yazdani (2017)尤其值得注意。

[78] Blaut (1993) and Pomeranz (2000).

[79] Abu-Lughod (1989) and Frank (1998).

[80]　Pieterse (2006: 64–5).

[81]　例如，Goldstone (2008)。

[82]　Frank (1998: 4)。另见Abu-Lughod (1989: 18)。

[83]　同上（277），原文出处。

[84]　Frank (1998).

[85]　例如，Abu-Lughod (1989: 18, 354), Blaut (1993: 208, n. 2) and Pomeranz (2000); 参照Hobson (2004: esp. ch. 13)。

[86]　Tansel (2013: 300).

[87]　Bryant (2006: 418). 另见Vries (2010: 736–41) 和Anievas，Nişancioğlu (2015: 249)。

[88]　Vries (2010: 737).

[89]　Subrahmanyam (1997) and Bhambra(2014).

[90]　Go (2016: 118–23).

[91]　Ling (2002, 2014), Qin (2018) and Kavalski (2018).

[92]　Go (2016: 131–9).

[93]　Roberts and Joseph (2015).

[94]　Said (1994).

[95]　Said (2004: 260–1, 424).

[96]　Adelman (2017).

[97]　Dunne and Reus-Smit (2017) and Linklater (2020).

[98]　Anievas and Nişancioğlu (2015).

[99]　Buzan and Lawson (2015).

[100]　Shilliam (2015).

[101]　Wallerstein (1974).

[102]　Wallerstein (1987, 1989: ch. 3).

[103]　例如, Brenner (1977, 1982) 和Wood (2002)。

[104]　见Machado (2014)。

[105]　Levi (2016).

第一部分

第一次经济全球化（历史资本主义）的多元文化起源，1500—1850年

第二章　走向全球经济1.0时代：中国的主动行为者在第一次经济全球化过程中扮演的重要的角色

引言

有关中国在第一次经济全球化（约1500—1850年）中作用的重要文献，主要包括两种观点。第一种是传统的欧洲中心主义者的观点。他们认为，某种程度上可以说中国参与了全球贸易。但是，由于在1371年明朝颁布了对外贸易禁令，中国的对外贸易出现了大倒退，使原本进步和理性的对外贸易变成了退步和非理性的朝贡贸易，这就给其他国家的商人提供了贸易机会。于是西南欧的伊比利亚人便乘虚而入，随后英国人、荷兰人、法国人和其他欧洲人也纷至沓来。我们可以看到，亚洲专制帝国在其周围建立的隔离墙（贸易保护壁垒）逐渐被推倒。1842年，中国的国门被打开。第二种观点是从本体论上向东方倾斜。虽然欧洲中心主义和崇欧主义都认为欧洲的起到发展作用的主动行为者在经济全球化过程中处于核心地位，起着举足轻重的作用，但加州学派的修正主义者，包括我在2004年出版的著作中，都对他们的观点进行了驳斥，认为中国在早期的全球经济中居于核心地位，而西方的全球性主动行为者则处于次要地位。[1]本章认为，中国在第一次经济全球化中发挥了重要作用，但无论是中国中心主义还是欧洲中心主义的观点皆失之偏颇，因为中国中心主义夸大了中国主动行为者的作用，低估了欧洲的全球性主动行为者；而欧洲中心主义和崇欧主义则与此相反，它们都犯了二元论的错误。

当代西方思维认为，中国政府在2001年加入世界贸易组织（WTO）前实施的“走出去”战略，是中国历史的新开端。在毛泽东时期，中国实施的是“独立自主”“自力更生”的国策。一般认为，1978年中国政府倡导的出口导向的工业化战略，奠定了中国改革开放的基础。简言之，“走出去”这一倡议的持续性可以追溯至邓小平的“改革开放”设计。1978年被视为“中国崛起”元年。

但这种习惯说法忽略了康熙皇帝的改革和开放的倡议。在三个世纪前的1684年，康熙皇帝推行了开放的“自由贸易”政策（稍后定义）。他的这种倡议也是对清朝前期“自力更生”“闭关锁国”政策的超越，因为清朝在1661—1683年实施的是禁止对外贸易政策。此外，中国的开放实际上可以追溯到公元960年，当时北宋外向型经济的发展和商业的繁荣给人们留下了深刻的印象。所有这些都意味着，我们今天见到的既不是中国的崛起，也不是它迟到的对外开放，而是一个更加开放的中国的回归。这不禁使我们想起，它曾经是第一次经济全球化的中心。[2]这反过来又意味着，今天的中国在其漫长的历史长河中并非首次“走出去”，因为它曾经“走出去过”。中国的“走出去”实际上出现于1571年以后，由于当时的欧洲殖民者从新大陆掠夺了大量白银，所以他们购买丝绸和瓷器的愿望变得非常强烈，随着康熙皇帝“开放”政策的实施，欧洲和新大陆的白银大量流入中国。因此，1571年或1684年以后那个时代可以被称为中国“走向全球经济1.0时代”，而三四个世纪以后的那个时代，可以被称为中国“走向全球经济2.0时代”。此外，具有讽刺意味的是，英国竟一直宣称自己是最优秀的自由贸易工业国，但事实证明，1684年后的中国更接近于“自由贸易”（正如我在本章的最后一节所解释的那样）。总之，我认为古代的中国不仅是开放的，而且在第一次全球化经济中也发挥了主要（而非作为核心）的作用。

本章共分五节，旨在驳斥欧洲中心主义或崇欧主义将中国归属于封闭经济的认知，具体来说，我分别对以下五个观点进行了驳斥：1.中国禁止对外贸易（见“驳斥欧洲中心主义的中国禁止对外贸易禁令的错误观点”一节）；2.欧洲人在与中国的贸易中拥有主导地位（尽管我也批评了中国中心主义者关于中国人在与英国贸易中居于主导地位的观点）（见“保持与中国的贸易：欧洲组织机构与中欧竞争合作关系”一节）；3.中国朝贡贸易只在经济衰退时期存在（见“中华朝贡体系下的欧洲中心主义及中国中心主义谬误”一节）；4.严格监管下的广州制度（见“正视欧洲中心主义的第四个谬误：‘广州制度’”）；5.中国的高度贸易保护主义体制（见“英国自由放任的贸易姿态与中国清代贸易保护主义的双重谬误”一节）。虽然我的观点与加州学派有许多相似之处，但我的独到之处在于对中国中心主义提出了批评，这些在本书的第三至六章、第十一章和第十二章中展开了讨论。

驳斥欧洲中心主义关于中国禁止对外贸易的错误观点

众多学术观察家认为，中国悠久的贸易史曾被一系列官方禁令和严厉的国家监管所笼罩，因此留下了深深的历史印记。这也导致了人们产生了中国在1842年以前很大程度上禁止了对外贸易的普遍印象。然而，为了打破欧洲中心主义根深蒂固的观点，我首先对中国古代的贸易禁令的历史进行了简单的梳理，并进一步讨论中国人规避这些禁令的方法。

典型的欧洲中心主义观点认为，自1371年以后，特别是在明朝海军将领郑和史诗般的七次下西洋结束后的1434年，中国放弃了在“国际”贸易体系中的主导地位，自愿退回闭关锁国状态。明朝政府宣布海禁政策（Hajin Policy）时声称：“连一寸木板都不允许出现在大洋中。”

（即“片板不许入海”）[3]一般认为，这是中国孤立主义立场的代表。大卫·兰德斯（David Landes）的言论也表达了许多人的看法，他指出，1434年之后，中国开始变得“与世界隔绝了。那个领土完整、自给自足、表面宁静、难言和谐的天朝帝国延续了数百年，看似坚不可摧，但却与世界擦肩而过”。[4]

有趣的是，即使在一些非欧洲中心主义学者中也普遍存在这样的观点。值得注意的是，珍妮特·阿布－卢戈德（Janet Abu-Lughod）多次声称，公元1500年后，在“东方衰落”和中国“退出”世界经济舞台后，欧洲人几乎“毫无阻力”地“横扫”了整个亚洲水域，并在之后通过欧洲霸权逐渐创造了全球经济。[5]此外，费尔南德·布罗代尔也声称：

> 1421年，为了应对来自北方满族和蒙古的（军事）威胁，明朝统治者……将首都从南京迁往北平（北京），自此，中国庞大的世界经济之舟彻底转变方向，放弃了以海上贸易便利化为基础的经济活动……因而在争夺世界霸权的过程中失去了先机。[6]

总体而言，人们关注的重点是，公元1368年，明朝从元朝手中接过权杖后不久，新登基的洪武皇帝于公元1371年颁布了对外贸易海禁禁令，此禁令持续了近两个世纪，直到公元1567年才被解除，但在公元1505—1521年出现过短暂的停用。大约一个世纪后，清政府也实施了两次相对短暂的禁令，一次是在公元1661—1683年，另一次是在公元1717—1727年。然而，尽管中国政府在一些重要时期都颁布了对外贸易禁令，但从1368—1911年间（涵盖明清两代）禁令实际实施的效果和时间跨度来看，其作用显然被夸大了。关键是，正如我后面将要解释的，在郑和下西洋后不久，中国不仅没有离开第一次经济全球化的中心，反而离它更近了。那么，对中国的海禁令的解读怎么会如此截然不同呢？部分原因是学者们在对禁令的性质和目的理解上出现了差异。首先让我们看看清朝的海禁禁令。

清朝海禁（1661—1683年）在开始时并不是像欧洲中心主义者说的

那样——中国普遍患有贸易厌恶症，而是为了解决郑成功收复台湾问题所采取的权宜之计（稍后我会解释）。无论如何，由于中国人在日本、安南（越南）和琉球进行贸易，这次禁令并不是绝对禁止海上贸易。在公元1717—1727年，清朝实施的第二次海禁也是最后一道禁令，明确规定沿海六省的商船不许前往南洋进行贸易。即使如此，清朝还是允许东南亚船只在中国港口停靠。[7]这次海禁并不是由于清政府厌恶对外贸易，而是考虑到海防安全问题。主要原因是担心移居到东南亚的“变节”的中国人与国内“海盗”勾结，破坏中国的海域控制权。[8]但是，明朝为什么要实施海禁呢?

公元1371年，明朝颁布了海禁令，但该禁令的颁布事实上正说明了中国长期以来在对外贸易方面是相对开放的。我如此讲的原因主要有两个：一是在公元618—1368年的唐、宋、元时期，甚至在公元1644—1661年和公元1684—1911年的清代，中国在对外贸易上基本上都持开放态度。唐朝在广州专门设立了海上贸易委员会（市舶司）来管理广州的进口贸易，随后宋朝也在许多港口设立了这一机构。虽然中国的各朝各代都在进口商品的销售方面有各种各样的规定，但关税水平总体上并不高。[9]而且，虽然将旧中国说成贸易自由并不正确，但像欧洲中心主义者那样认为它是完全闭关自守的同样也存在着问题。他们这种观点很可能是根据明朝于公元1371—1567年实施的海禁令，然后把时间向前、向后推演。事实上，公元1567—1911年间，中国的海关也只是部分关闭，且关闭的时间只占全部时间的6%；其次，即使是在公元1371—1567年禁令实施期间，中国的对外贸易仍在以多种方式继续进行。在本节和后续章节我将对此进行阐述。

针对上述的欧洲中心主义谬误，我第一个反驳论据是，中国商人找到了许多绕过禁令的方法，官方的禁令并没有成功关闭中国的对外贸易。由于许多华商移民到印度支那、暹罗、马来西亚、苏门答腊、东帝汶和菲律宾，并长期与中国大陆保持着贸易往来关系，[10]常从中国进口丝绸、粗布、糖、瓷器、铁锅、钉子和针织类的商品，再加上中国南方沿海地区许多居民依赖于海外贸易，他们就想出了很多规避政府禁令的办法，其中之一是铤而走险进行走私，这种情况尤其在公元1371年明太祖颁布海禁令后更为普遍。由此可见，政府的禁令不仅没有起到限制对外贸易的作用，反而刺激了所谓的大规模非法“走私”和“私人间”的地下贸易。所谓的“私人”，实际上是对中国商人以其他方式继续进行对外贸易的一种委婉说法。此外，据中国历史档案馆档案记载，“这种走私随处可见，团体走私的规模从数百人到数千人不等”。[11]导致当时地下贸易规模如此之大的另一个重要原因是，走私者常常与地方官员串通在一起，形成了生死与共、牢不可破的相互依存关系。矛盾的是，郑和下西洋不仅没有缩小中国的对外贸易规模，反而在很大程度上促进了中国区域贸易的发展，尤其与东南亚国家间的贸易。在公元1434年郑和的第七次航程结束后，中国与海外的贸易关系进一步加深，贸易活动更加频繁。即便如此，这些航行也是仅仅建立在以前的私人商务活动的基础上的，这表明“宋、元时期商人在航海方面的巨大成就对明初郑和的成功探险是多么重要”。[12]

中国商人规避政府禁令的另一个方法是购买葡萄牙的卡塔兹（护照），伪装成葡萄牙的商船船队，这种做法加强了中欧之间的竞争与合作关系（我稍后会谈到这个问题）。总的来讲，正如我在第三节将要论述的那样，大量的民间贸易是在中国的朝贡贸易体系内进行的，大约在15世纪中期，这种民间贸易规模开始超过官方贸易。白银从15世纪30年代起就开始从日本流入中国，这进一步驳斥了在公元1371—1567年贸易禁令普遍存在的说法。而明朝在公元1451—1533年不得不30余次重申禁令的事实表明，禁令不仅常常被违反，而且其规定也与现实不符。在第三章中我将进一步详细讨论该问题。

总的来讲，你若设想中国政府有基层执行力（或执行机构）来执行海禁令，那只是一种幻想。因此，尽管官方宣布连一块小木板都不准漂入海中，但私商和“海盗”通过他们的常设机构进行贸易这一事实使得海禁令形同虚设。中国与东南亚各国密切的贸易关系就是这种贸易繁荣的间接证据。需要注意的是，爪哇人从大约公元2世纪起就一直在许多国家进行贸易，其贸易范围最远西至东非各国，而位于苏门答腊岛上的三佛齐王国在7—13世纪是非洲－欧亚贸易区域化的重要枢纽，[13]然而，其地位后来被马六甲苏丹王国所取代。在此需要注意的是，三佛齐王国和马六甲苏丹王国的繁荣在很大程度上要归功于中国贸易商和中国市场。[14]然而，具有讽刺意味的是，尽管三佛齐王国在与中国的贸易中获得了大量的利益，但从12世纪起，当中国船只定期穿越马六甲海峡时，三佛齐王国便陷入了被边缘化的境地，同时也为马六甲的崛起铺平了道路。

当然，在欧洲中心主义者的脑海中，马六甲港在1511年和1641年后分别成为“海上帝国”——葡萄牙和荷兰的重要港口，这掩盖了在15世纪早期因郑和率领的无敌舰队到访才使马六甲港得以大力发展这一事实。到15世纪中期，马六甲港成了印度和中国商人货物交易的集散地。当然，他们交易的商品不仅有香料，还有大量的日常消费品（我稍后将论述）。然而，欧洲中心主义者对此都置若罔闻，他们认为东南亚贸易商都是从事少量奢侈品交易的“小商贩”。[15]他们忽视了主要从事东南亚货物运输的纳胡达（nakhodas）巨商的重要性。纳胡达们用大型船舶承运了大量的低价值、大体量的货物，包括大米、盐、腌制干鱼、棕榈酒、廉价纺织品和金属制品等。因此，尽管欧洲中心主义者夸张地说在东南亚贸易的产品只有香料，但事实证明，香料只是商人们交易的一种小众商品。[16]

同样，那种认为中国在1567年前后几乎没有海外贸易的观点也是有问题的。因为很明显，明政府就是在那一年废除海禁令的，因为

> 这意味着官方已承认如下既定事实：外国白银对中国经济已变得如此重要，以至于中国商人们会不惜一切代价得到它……当然，使中国人感到幸运的是，外国人非常渴望得到中国的商品，如此一来就推动了中国商业活动的快速发展。[17]

这就进一步强化了白银是对外贸易交换媒介的观点。在马尼拉流行的一句谚语就证明了这一点。该谚语将白银称为“*platasasangue*”，即“中国的命脉”。[18]的确，

> 除印度外，没有任何国家能生产出数量更大、种类更多、需求更旺盛的大宗商品，也很少有国家能吸引如此多的外国客商。外国白银的不断流入充分体现了中国全球化程度的进一步深化。[19]

所有这些都推翻了1371年的禁令阻碍了中国对外贸易发展的观点。虽然有人认为是明朝的政策刺激了外国白银进口，因为明政府在16世纪初就推行了要求国民以白银缴纳土地税的“一条鞭法”，[20]但实际上是私营经济的发展推动了对白银的需求。因为中国的税收，仍像以往那样以铜币或“实物”缴纳。[21]因此，正如理查德·冯·格拉恩（Richard von Glahn）所言，“即使是在其（银税）鼎盛时期，白银土地税也占不到在中国流通的白银总供给量的10%……”由此可见，中国对白银的需求是由私营经济而不是由公共财政推动的。[22]此外，银币是对外交易的主要支付媒介，而铜币则主要用于国内贸易。

保持与中国的贸易：欧洲的主动行为者与中欧竞争合作关系

如上所述，中国商人在官方推行海禁令期间，以及在其他时间里从事海外贸易的手段之一是与欧洲公司建立竞争合作关系。同样，欧洲人试图以武力控制东亚贸易的企图失败后很快就学会了谦逊，他们发现与中国商人建立竞争合作关系是维持东亚贸易秩序的唯一途径。因为他们面临着东亚各国政治权力结构过于强大，单靠武力无法征服的现实问题。正如许宝强（Hui Po-keung）所说的那样，欧洲人在16世纪初刚到东南亚时“发现中国商人无处不在，于是就把他们视为宝贵的财富和强大的竞争对手”。[23]而且，“他们还发现自己对华商的依赖与日俱增，因此鼓励其公

民与海外华商建立广泛的联系”。[24]因此，与欧洲中心主义和崇欧主义的欧洲至上和欧洲自主的理念相反，欧洲人在东亚地区采取了“共生贸易策略”。他们在东亚复杂的环境中工作着，错综复杂的中欧关系迅速成为当时的主流。

欧洲人与中国商人合作的成功证明了“共生贸易策略”的互惠互利性。欧洲对中国的丝绸、茶叶、瓷器和食品的需求刺激了中国的生产，也使他们从新大陆掠夺而来的白银有了用武之地。此外，因为欧洲人从未渗透到中国大陆内地，即使在1842年以后也是如此，[25]中国商人就起到了他们与中国进行交易的媒介作用。因此，欧洲人的到来（到东亚和东南亚）促进了中国对外贸易的发展。我们之前狭隘地认为在19世纪以前“欧洲人的大肆扩张行为其实只是欧洲人参与东亚的扩张之中”。[26]

欧洲人在东亚处理各种复杂关系时，出人意料地表现出一定的技巧性，最典型的例子表现在他们在处理与中国台湾郑氏政权与清朝的关系上。为了挫败清政府遏制台湾的意图，规避海禁令，郑氏政权会积极寻求与欧洲人进行暂时的合作机会。[27]在1662年，郑成功的长子郑经继承了他的位置。郑氏家族的商业活动范围极广，从广东、福建（中国南方的沿海港口和地区）向外扩展至日本、马尼拉和东南亚。[28]郑氏家族的故事为我们了解中国商人与欧洲人，以及清政府与欧洲人之间的复杂的关系打开了一扇窗户。

郑成功的父亲郑芝龙十几岁时就到澳门投奔其舅父，并在帮助另一位华侨富商李旦打理生意时学会了葡萄牙语。郑芝龙早就有与居住在中国澳门和日本的葡萄牙商人进行长期贸易的想法。但是，在1639年，葡萄牙人因为传播基督教被日本幕府驱逐出境，郑氏家族不得不另找新的欧洲合作伙伴。矛盾的是，就在日、葡正式“切割”之前，荷兰东印度公司（The Vereenigde Oostindische Compagnie，简称VOC）把郑氏海商集团看作它们在东亚的最大贸易竞争对手，就开始向郑芝龙的海军舰队发起了进攻，于是郑芝龙便率领舰队奋起反击，并于1627年、1633年和1641年三次击败了荷兰殖民者，迫使荷兰人于1641年同郑芝龙签署了一项和平协定，随后双方便按照郑氏家族开出的条件进行了合作，荷兰东印度公司每年必须向郑芝龙进贡。归根结底，郑氏家族与荷兰之间的合作，对郑芝龙这位中国最著名的“海盗”的成功非常重要，[29]尤其是他借此机会给他的舰队都配备了欧式武器。

然而，虽然郑氏家族利用荷兰东印度公司增强了其对抗清朝的力量，但这两个贸易集团也总是在明争暗斗。在1661年，郑成功与荷兰东印度公司关系破裂，随后他率领舰队打败了荷兰人，并将他们驱逐出他们的大本营台湾。当时，郑成功的军事实力非常强大，即使是清政府对其也无能为力，这就是清朝暂时放弃收复台湾的原因之一。因为在1661年时，郑氏拥有大军25万，战舰约2300艘。[30]此外，当时台湾的荷兰“总督”对郑成功军事实力的印象也十分深刻，认为其军事强权堪比一个世纪前的欧洲海上强国荷兰。[31]

但是，为了削弱本国海盗商人的实力，中国统治者有时会利用欧洲和其他国家的商人来对付郑成功，这实质上是统治者的政治手段。当郑成功于1662年收复台湾后，荷兰人便向清朝称臣，纳贡示好，因为清政府也想利用他们来制衡郑成功。由于郑成功立志反清复明，他与清王朝之间也存在着根本的利害冲突。

为了获得荷兰东印度公司的军事援助，清政府从公元1661年开始就加强了与荷兰东印度公司的朝贡关系，允许他们每两年派遣一次朝贡使团。在1654年，清政府承认了荷兰的朝贡地位（附属国地位）。在荷兰的屡次请求下，清政府同意他们每八年派使团觐见一次。[32]尽管荷兰与中国的贸易关系在很大程度上是出于清政府的军事考量，但荷兰东印度公司也是为了从中荷贸易中渔利而做出了妥协。这就反映出清政府与东印度公司之间的关系是错综复杂的竞争合作关系。然而，随着郑克爽（继承郑经之位）在公元1683年被清军击败并归顺朝廷，清朝与荷兰人的贸易关系就走到了尽头，荷兰东印度公司与中国的直接贸易也难以为继。在这种情况下，荷兰东印度公司在“公元1690年只好与频繁造访巴达维亚（荷兰人在占领印度尼西亚后，将它的首都‘雅加达’改成了‘巴达维亚’）的中国商人进行贸易”。[33]但即使是在海上贸易“帝国”的首都巴达维亚，荷兰人除了与当地的中国人建立竞争合作关系外别无选择。

在中国境外的竞争与合作：荷兰人与中国侨商之间的错综复杂关系

虽然按照正常思维，我们可能会想当然地认为，荷兰既然占据了他们在印尼的“帝国首都”巴达维亚（今爪哇岛的雅加达），那肯定会控制着印度洋的大部分贸易。然而，事实证明，他们不仅控制不了公海的全部贸易，甚至连爪哇的贸易也垄断不了。他们唯一能够完全统治的地方是小小的马鲁加群岛和锡兰。在那里，他们建立了香料生产种植园，生产肉豆蔻、肉桂和肉豆蔻皮种衣等。而荷兰人在种植园里实行的是奴隶制度，奴隶们在荷兰帝国的压迫下被迫辛勤地工作着。然而需要注意的是，即使是在荷兰统治下的爪哇岛，中国人仍然扮演着非常重要的角色。首先，在种植园里，荷兰人不仅雇用了很多中国人传授香料种植技术，而且还从爪哇与中国的贸易中获得丰厚的利益。中国的商船每年都会往这里运送大量的货物，包括丝绸、糖、瓷器、铁锅、钉子、针和中低档纺织品，还有茶叶等。此外，荷兰东印度公司不仅与爪哇岛上的中国商人进行了有效的分工，前者专管零售，后者垄断批发，而且还严重依赖于中国人提供的各种服务。[34]

中国人垄断着爪哇岛上的很多关键的行业，其中一个重要的行业是制盐业，[35]尽管中国人每年都必须得向荷兰政府缴纳大量的税赋，但是，他们在铸币、海关和赌场方面却占据着垄断地位。然而中国商人占据着绝对垄断地位的行业当属制糖业，据1711年荷兰东印度公司年度报告称，在巴达维亚，大约有131家制糖厂或制糖作坊，共有84名实控人，其中，有1名是爪哇人，4名是欧洲人，其余的79人全都是中国人。虽然荷兰人出于嫉妒在1740年屠杀了大量当地华人，使当地华人的数量骤减，但中国人仍然控制着当地的制糖业。[36]因为，荷兰人在对当地华人进行大屠杀后，他们很快就认识到，除了向刚移居到岛上的中国商人示好外，别无选择，因为没有中国商人他们就无法生存。[37]因此，到1762年，巴达维亚的糖厂的数量为82家，其中欧洲人开设的为24家，中国人所有的为26家。[38]正如我在第八章中将进行解释的，这些糖厂都是以历史资本主义的生产方式经营的，但其在一定程度上体现了现代资本主义的生产关系。然而，在爪哇岛上，所有的雇员，包括中国所有工厂的雇员，都是在荷兰治安官及其手下的监督下工作的，这反映了中荷关系的竞争－合作性质，以及各主动行为者之间的错综复杂关系。[39]

著名的英国殖民者斯坦福·莱佛士爵士（Stamford Raffles）在19世纪时指出："在整个爪哇岛，从事贸易的一般都是中国人。他们中的许多人都非常富有，这主要是源于他们的商业知识、进取精神和天生的自信。"[40]此外，荷兰人与中国人在开展区域贸易合作方面有较大的协同效应。正如张仕之所言，"中国的舢板（船）和船只到处可见，它们繁忙地穿梭于该地区（东南亚）的各个岛屿之间"。[41]每年都有大量中国商船到达巴达维亚，为中荷贸易提供了更多的机会。[42]

1681—1793年，每年到达巴达维亚的中国帆船平均达到了11艘。[43]此外，1648年荷兰与西班牙签订了《明斯特和约》，规定荷兰人不得到达西班牙殖民地的港口，西班牙也不能扩大其现有的贸易范围（这就意味着西班牙控制的菲律宾群岛与荷兰统治的印度尼西亚群岛之间无法进行贸易往来），因此，荷兰东印度公司与西班牙人之间的贸易必须依靠在马尼拉经商的中国商人中转才能完成。[44]有证据表明，当时在马尼拉居住着大量中国商人：在巴里安（"Parian"，意为市场，华侨俗称"涧内"，是16—17世纪西班牙占领菲律宾期间，在马尼拉为中国商人而建的），中国零售商店的数量从1602年的400多家增至1628年的800家，到1645年，更是多达1200家。[45]所有这些似乎都证明了费尔南多·布罗代尔的崇欧主义观点的正确性，即"一旦荷兰控制了欧洲的贸易，世界其他地方顺理成章地就成了它的红利”。[46]然而，事实证明，情况并非如此。

欧洲对东亚帝王的“自愿依附”

最后，值得注意的是，有一个有趣的悖论，即西方人根据中华朝贡体系的概念认为藩属国就是依附国。虽然在第十二章我将其视为一个谬误，但荷兰东印度公司与中国的关系却是依附关系的一个例证。同样值得注意的是，欧洲人在与中国皇帝和日本天皇的关系中选择了接受依附国地位。事实上，与欧洲中心主义或崇欧主义关于欧洲人初到东亚时的情况的论调——“他们来了，他们看到了，他们征服了”——形成了鲜明对比的是，“他们来了，他们看到了，他们叩首了”。葡萄牙商人向中国皇帝进献了大量的贡品，荷兰人也是如此（如前所述，尤其是在1661年以后）。而葡萄牙人1639年之前和荷兰人在1641年之后与日本天皇的关系也是如此。荷兰东印度公司参与的日本“朝贡体系”尤具启发性，值得注意的是，与中国的“朝贡制度”相比，日本的“朝贡制度”更加非正式。[47]

在1639年，德川幕府因害怕信奉天主教的葡萄牙人对日本的文化构成威胁而将他们驱逐出境。此后，德川幕府只授予对贸易感兴趣的荷兰新教人士以贸易权。然而，荷兰人为此付出的代价是巨大的，他们的自由受到了严重限制，人格受到了侮辱。因为他们只被允许在日本长崎的一个名叫“出岛”的非常狭小的岛屿（面积只有13696平方米，约有两个标准足球场大小）上进行贸易。在很长一段时间里，

> 荷兰人受他们的日本仆人的监视，并一直处于被日本官方指定的150人的翻译团所控制的状态。幕府每年只允许一艘荷兰商船在出岛上停靠，荷兰的官员们常常“像狗一样被呼来唤去”。况且，他们每年只能去将军府朝拜一次。[48]

关键是，在荷兰人当时的经营策略中，诉诸武力根本就不是一种选项。正如杰森·沙曼（Jason Sharman）所指出的，“1707年，一位驻日

的荷兰官员报告说：‘争强斗狠和使用武力是根本就不可能的，除非我们想离开这片土地，再也不回来了。’”[49]事实上，荷兰人已经做好了忍受屈辱的准备，因为只有忍受了屈辱，才能从荷日贸易中获得利益，才能以此为据点向更广阔的印度洋扩张。[50]事实上，荷兰东印度公司的董事们也早已预见到了这种情形，并在1650年指示驻日的荷兰商人，“遵从那个大胆、傲慢、苛刻的国家的愿望，在任何事情上都顺着他们”。[51]

综上所述，我认为这段主要着重于相互交往的关系，以及主动行为者之间的关系是极为重要的。然而，中欧关系从本质上来看并不非常乐观，也不具有全球性，因为它们之间的关系建立在复杂、不稳定的合作与冲突之上，而这种合作与冲突则更多地表现为经济的相互依赖而不是并不常见的政治依附。这也再次印证了我的观点，这是一个完全的多中心全球体系，而不是由某个国家或地区主导的。

中华朝贡体系下的欧洲中心主义及中国中心主义谬误

尽管明、清政府颁布了许多禁令，中国的对外贸易仍以各种方式进行着。欧洲中心主义认为，明政府于1371年颁布的禁令，使中国的对外贸易退回到“帝国”朝贡制度时期。然而，这种观点是错误的。中国颁布的对外贸易禁令实际上是一种经济上的倒退，这是因为一方面国家对象征仪式的非理性痴迷使对外贸易成了牺牲品；另一方面儒家思想对商业文化和商人的厌恶使中国人陷入政府所描绘的自给自足蓝图里不能自拔。有证据表明，19世纪的欧洲观察家

> 对中国的朝贡制度持嘲讽态度，他们认为，朝贡制度把实际的贸易问题变成仪式性的贸易问题。对于19世纪的西欧人来说，他们认为人类的天性就是追逐经济利益，因此，在他们看来，中国政府就是扼杀了人们的正常心理需求。如果中国政府能够实施自由

放任、“开放”的贸易政策，哪怕通过暴力做到这一点，也会变得更好。[52]

然而，西方的这种普遍观点忽略了一个事实，那就是中国的对外贸易不仅是中华朝贡体系的重要组成部分，而且对外贸易在朝贡体系之外也依然进行着。事实上，那种认为1371年贸易禁令使中国退回到“反商业”的朝贡体系的观点是不正确的。令人啼笑皆非的是，中国中心主义在某些方面表现得并不比欧洲中心主义好，甚至在将中华朝贡体系视为主导东亚和东南亚地区政治和经济的连贯体系方面，强化了欧洲中心主义的大部分分析。因此，当我们开始将注意力从朝贡体系上移开后，一系列贸易关系就会从朦胧、隐约的背景中浮现出来。

中华朝贡体系内的贸易

中华朝贡体系之所以能够促进而非扼杀对外贸易，有三个重要原因。第一个原因是，它与贸易的关系远比欧洲中心主义所认识到的更为有利。朝贡体系内部有着三种贸易形式：“朝贡贸易”（藩属国的使节与皇帝交换礼物）、“官方贸易”（官员和朝贡使团在北京的“官方市场”进行的交易）、“官方或民间贸易”（朝贡使团的商人和中国商人在特许的边境和入境口岸进行的贸易）。具有讽刺意味的是，朝贡贸易给中国政府带来了沉重的财政负担，因为为了维持天朝大国的颜面，藩属国进贡给皇帝的贡品的价值必须低于他们收到的馈赠礼物的价值。[53]此外，藩属国还能通过官方贸易获得非对称的利益。朝贡使团和中方官员在朝贡使节官邸设立的特别市场的交易期限为五日。[54]

在计价收买制度（即官方采购制度）下，中国政府以远远高于市场价的价格购买藩属国的货物，[55]这些享有贸易豁免权的藩属国的名字都被“锁定”在中华朝贡体系下。事实上，官方贸易对藩属国来说十分有利可图，它们可以借此赚取巨大的利润。这样的例子比比皆是，例如，在爪哇市场上，100磅黑胡椒仅卖1两白银，但在中国官方市场上可以卖20两白银，价格翻了20倍；同样，日本刀在中国的销售价是日本的2～5倍，因此日本在中国官方贸易中刀具的销售量从1400年的3000把增加至1550年的约50000把。此外，象牙的价格提高了20倍，东南亚苏木的价格则提高了80倍。[56]

而且，由于使团的费用在清朝以前完全是由中国政府支付的，藩属国在派遣使节的过程中也能大赚一笔。因此，各国争相成为中华朝贡体系的“藩属国”也就不足为奇了。这也解释了中华朝贡体系在15世纪中期后的范围进一步扩大的原因。例如，日本在1453年恢复了藩属国地位，在派遣使团上赚取了500%至600%不等的超额利润。另外，居住在蒙古西部的瓦剌蒙古人一般只派遣几百人组成的使团，但是为了从中国政府馈赠的昂贵礼品中获得更多利益，在1448年使团的人数竟增加至2524人，对外谎称是3598人。有趣的是，这次，中国政府察觉到了他们这种欺骗行为，将馈赠礼品的数量减少了20%。[57]

从朝贡队伍的人员组成上可以看出中华朝贡体系的贸易效应。一般认为，朝贡使团应该由政治人物组成，但事实是，他们中的绝大多数都是商人。由于日本遣使团人数的不断增加，中国政府不得不限制它的规模。据史料记载，“1550年，明政府规定每个使团最多由2名使节、6名官员、7名僧侣和60名商人组成”。[58]虽然支付使团费用给中国政府造成了重大的经济损失，但官方层面贸易的成交量还是非常可观的。[59]然而中国政府之所以愿意承担这些损失，用斯图亚特·马丁－福克斯（Stuart Martin-Fox）的话来讲，是因为“对中国皇帝而言，臣服礼仪的象征意义远远凌驾于经济利益之上”。[60]

当然，这似乎证实了欧洲中心主义假设的正确性，即中国的朝贡制度在经济上是非理性的。然而，对这个问题有两个回答值得注意。首先，大约在15世纪中期以后，藩属国私商和中国商人的民间边境贸易规模逐渐超过了官方贸易和朝贡贸易的规模。[61]滨下武志（Hamashita Takeshi）估计，到17世纪末，从事边境贸易的私商的人数大约是从事官方和贡品贸易商人的10倍；[62]这一比率在1684年以后迅速上升。因此，1371年禁令终结了民间贸易的观点显然是不正确的。正如大卫·康（David Kang，康灿雄，韩裔美国政治科学学者）所指出的，“朝贡制度只是官方的幌子，其背后隐藏着大量的民间贸易”。[63]邓刚（Kent Deng）也认为，“朝贡制度是一种变相的大宗商品贸易”。[64]其次，无论如何，从中国经济发展中获得红利是外国力图成为中华朝贡体系藩属国的主要原因，[65]正如费正清（John Fairbank）最初所说的那样。所有这些都表明，在明朝的朝贡制度下有豁免权的藩属国的数量增多了，很多国家之所以心甘情愿地成为中国的藩属国，是因为中华朝贡体系在很大程度上能够为他们带来贸易利益，而不是像中国中心主义者和欧洲中心主义者所说的那样，他们是在中国的欺凌和胁迫下成为藩属国的。[66]

朝贡制度“实际上，只是一种非常可观的民间贸易的外在表现形式”，而且，更重要的是，“在许多情况下，外国商人……为了进行贸易，往往假冒某国的朝贡使节”。[67]由于这种情况非常普遍，而且变得越来越严重，为防止外国人假冒使节，明朝政府向藩属国商人颁发了证书。雅克·格内特（Jacques Gernet）恰如其分地指出，“官方规定与现实贸易有很大的出入；政府对朝贡贸易的限制和官方禁令可能会使人认为，在海上贸易……非常繁荣的时候，中国政府却有些保守”。[68]总之，鉴于只有官方贸易和朝贡贸易登记在册，欧洲中心主义忽视了中华朝贡体系内发生的大量民间贸易。

第二个原因是，不仅那种认为对外贸易（尤其是民间贸易）是朝贡制度的受害者的观点是不正确的，而且在大约15世纪中期以后，中国皇帝也开始越来越质疑朝贡制度的“经济不合理性”了。[69]因此，随着外国使节和商人带来“计价收买品”的增多，清政府及其官员们很难把它们全部购买下来，最终，国家不得不允许这些产品在市场上自由交易。官方记载：“除贡品外……其他产品得以在市场上自由交易。”[70]

公元1684年，清朝解除了‘海禁’，实施了门户开放政策（稍后讨论），此时朝贡制度已达到了顶峰。政策规定不得将私人贸易与朝贡贸易混为一谈，也就是说，来华贸易的私商不再需要以藩属国使臣的身份开展贸易。此外，清政府还规定自1684年起，藩属国使臣的所有费用，清政府一概不予承担。[71]这反过来又意味着，朝贡制度的核心制度在1684年实际上已经被废除了。[72]但正如前文讲到的，由于有许多国家即使不在朝贡体系内，也与中国保持着贸易关系，康熙皇帝似乎只是将以前建立的非正式贸易关系正式化了；[73]并且，自15世纪中期后，这种朝贡关系逐渐被淡化。事实上，在1684年以后，藩属国与清政府之间朝贡贸易与民间贸易额的差距是以指数级速度扩大的。例如，在1685年至1722年间，琉球国（现在的冲绳）仅向中国派遣了120艘朝贡船只，但向中国和日本派遣的私人贸易船只却达到了2500多艘。[74]一项估计表明，到18世纪初，官方的年贸易额仅占私人贸易额的3%。[75]

第三个原因和前文提到的第二个原因有一定联系，尽管藩属国并不经常向中国派遣使团，比如属于朝贡体系正式成员的日本和蒙古各部那样，但他们仍然与中国保持着贸易联系。此外，即使在1603年后，日本建立了与中国竞争的“朝贡体系”，但仍与中国保持着贸易联系，这一点我将在下文中进行解释。所有这些都表明，甚至在1684年之前，中华朝贡体系中的藩属国与中国之间的联系和贸易关系并不总是存在；但从唐朝到明朝，它们与中国的贸易依然可以在中华朝贡体系之外维持。[76]由于清朝在1684年全面废除了朝贡制度，藩属国与中国之间的非正式贸易关系得到了进一步发展。

中华朝贡体系的去中心化：境外贸易的发展

然而，中国的对外贸易量远远超过中华朝贡体系的贸易量。[77]由于大量区域内贸易都是在中华朝贡体系外进行的，因此如果认为区域内的贸易都是通过朝贡体系进行的，仿佛两者是一件事情的话，那就错了。简言之，欧洲中心主义者和中国中心主义者都赋予了中华朝贡体系过度的权力、凝聚力和独特性。[78]威廉·卡拉汉（William Callahan）认为，这种对朝贡体系的认知是（中国中心论）“中国话语权”的产物。[79]一些学者之所以会将东亚/东南亚地区与中华朝贡体系区域混同在一起的一个重要原因是日本在1603年引进的朝贡体系过于复杂。正因如此，当我们从欧洲中心主义或中国中心主义的角度来看中国的朝贡体系时，我们看到了它最离奇的一面。

最重要的是，以朝鲜为第一个藩属国、琉球为第二个藩属国的日本朝贡体系，同样属于中华朝贡体系所推崇的“显现文明内区”。我们必须承认中国和日本在文化上有各自的优势，这就揭示了该地区国际政治形势的错综复杂性。令人震惊的是，在1603年以后，中国不仅成了日本朝贡体系的藩属国，而且也是该体系内地位最低的国家，甚至低于“野蛮的荷兰人”。[80]考虑到这种情况可能会对中国中心主义的理念形成严重冲击，因此出现一个问题，即为什么中国要加入日本的朝贡体系。答案是，只有这样，中国才能继续与日本进行重要的贸易，并从中获得大量利益。特别值得注意的是，即使在1557年日本从中华朝贡体系脱离后，中日之间的贸易量仍在增长，并一直持续到17世纪30年代后才慢慢开始下降。

在此，我们需要考虑日本对华出口白银和铜币的作用，这也同时揭示了中国和日本在第一次经济全球化贸易中所扮演的重要角色。欧洲中心主义认为，日本与中国的情况类似。在1639年，日本也颁布了贸易禁令，实施所谓的“锁国令”（或“闭国令”）政策，孤立于世界贸易体系之外。我在此不想赘述17世纪30年代的日本是如何间接地对外开放的，[81]我只想强调在这段时期，日本向中国出口白银和铜币，从而为第一次经济全球化作出了重要贡献。因为货币对维持中国经济增长，促进其对外贸易的发展非常重要，而中国的对外贸易发展则是推动全球贸易的重要力量。

从15世纪30年代起，日本对华的白银出口就显得尤为重要。即使在16世纪80年代，日本正式实施了对华“白银禁令”，对华白银的出口仍然十分活跃。事实证明，德川幕府最初限制贵金属外流的努力并不成功。[82]为维持对外贸易的均衡发展，1668年后，日本向中国出口了大量的黄金和金银，这种情况一直持续到18世纪上半期。[83]正如张仕之所解释的那样，因为德川幕府在1695年进行了商人只能用铜币购买外国商品的“替代支付”币制改革，大量铜币流向了国外，而这些货币主要用于购买中国的丝绸和糖等商品。[84]此外，日本黄金的出口规模也相当大，这表明它严重依赖于商品进口，尤其是依赖于中国的商品。所有这些都表明，中、日两个经济体都坚持对外贸易开放。

最后，值得注意的是，日本政府在禁止本国商人进行海上贸易的同时，还通过中国商人在日本进出口的方式维持了较高的贸易水平。[85]虽然在18世纪30年代左右，德川幕府为了限制金、银外流和与中国的贸易，实施了一些措施，但马宗达（Mazumdar）认为，日本对华铜币的出口一直持续到19世纪，[86]另外，中国与欧洲及东南亚各国的贸易也在增长（我下一节将要对此进行解释）。[87]总之，事实证明，中国加入日本朝贡体系是一个有利可图的商业选择。

一些学者将东亚、东南亚地区与中国的朝贡体系区域混为一谈的第二个主要原因是东南亚“曼陀罗体系”（Mandala Systems）所起的共生作用。尽管曼陀罗体系与中国的朝贡体系有一定的联系，但曼陀罗体系内的各个国家有各自的自治权，也可以拥有众多藩属国。例如鼎盛时期的满者伯夷帝国（Majapahit，是东爪哇的一个印度教王国，在1293—1500年间，曾统治马来半岛南部、婆罗洲、苏门答腊和巴厘岛）就有约98个藩属国。这就使我们在理解它们与中国的贸易问题上充满迷惑。重要的是，作为该体系核心宗主国的满者伯夷帝国既不向中国皇帝臣服，也不寻求中国皇帝的承认。因此，当明朝政府接受文莱（在当时非常著名）藩属国地位请求时，立即遭到满者伯夷帝国的反对，因为文莱也是它的藩属国。因此，根据传统的中国中心主义对朝贡体系所下的定义，人们可能会预料中国与满者伯夷帝国之间的贸易关系会因此而终止。但是，实际上，即使明朝与满者伯夷帝国没有朝贡关系，它们仍然保持着亲密的贸易关系。的确，东南亚诸国尽力与中国保持贸易关系的事实，反映了曼陀罗体系内的各个国家都有自己的如意算盘，就如北方蒙古诸部那样，他们通过与中国建立关系获得丰厚的回报，以增强自己的经济实力。曼陀罗体系在政治影响力方面可能比中国的“显现文明内区”更具有重要意义。[88]

总之，中国中心主义和欧洲中心主义以中国为中心的区域和经济体系假设是不正确的，因为它掩盖了在中华朝贡体系之外存在大量区域内贸易关系的事实。但同样，在中华朝贡体系内也存在着大量的对外贸易。国家间的区域政治经济关系非常复杂，以至于有人可能会说，理解“以中国为中心的朝贡体系”的唯一难题是如何理解“以中国为中心”“朝贡”和“体系”这些词的内涵，在第十二章中，我将重新讨论这个问题。然而，尽管如此，那些信奉欧洲中心主义的读者仍然会对我提出的中国实施的是对外贸易开放政策的观点持怀疑态度。因为“众所周知”，在1757年以后，中国的贸易政策再次倒退。清政府强制规定所有的外国商船都必须在广州港通关，这反过来又意味着外国贸易商要受臭名昭著的公行（Cohong）的严格监管。因此，广州制度（Canton System）本质上可以被看成一个巨大的非关税壁垒。

正视欧洲中心主义关于“广州制度”的四个谬误

我认为，欧洲中心主义者在“构建”或“发明”广州制度的问题上存在四个谬误。第一个谬误是英国人持有着两个双重标准，从而认为该制度是间接的贸易保护主义。第一个双重标准是，虽然英国人对中国的“有效贸易保护主义”（广州制度被认为是其代表）持高度批评态度，但事实上，英国和欧洲才是第一次经济全球化中贸易保护主义程度最高的国家或地区（我将在下一节阐述）；第二个双重标准是，虽然欧洲人对外宣称支持贸易自由化，但在国内却采取高度贸易保护主义。事实证明，英国

想得到的不是中国的自由贸易准入权，而是贸易特权。因此，赵刚尖锐地指出，

> 中国对英国要求取得商业特权的漠视、否认和拒绝被歪曲为对“文明”的挑战。更为重要的是，它被认为是清楚地反映了中国贸易政策的孤立性、控制性和中华帝国的落后性、封闭性。[89]

第二个谬误是认为广州制度阻碍了中英贸易的发展。我认为，在1757年以后，中国与欧美的贸易非但没有衰落，反而突飞猛进地发展。据张仕之描述，

> 在清朝开放的第一阶段（1684—1757年），欧美与中国贸易的总船只约为314艘，平均每年4.3艘。但在“广州制度”的推动下，这一数字急剧飙升。从1757年至1838年，抵达中国的欧美商船约5107艘，平均每年约63艘。[90]

如果以白银计算，英国与中国的贸易额在1760年或1764年至1804年增长了13倍，贸易量增长了9倍。[91]此外，在广东制度实施后的短短三年里，英国从中国进口的主要产品茶叶的数量增长了66%，[92]而到1784年，这一数字比1757年更是增长了535%。[93]而且，由于广州海关所征收的关税税率一直都比较低，因此，广州制度阻碍中英两国贸易的说法并不成立。总之，广东制度是中国政府实施的“管理下的自由贸易”制度。

第三个欧洲中心主义谬误是认为中国只允许一个港口（即广州港）对外贸易。这一谬误掩盖了一个事实，即这种“限制”并不适用于非西方商人。由于非西方商人的文化对清政府没有什么威胁，中国的很多港口都允许他们自由进入。[94]事实上，中国学者的专门研究表明，在南方四省中，至少有50个大大小小的港口都对海外贸易开放。[95]这就意味着，欧洲人对“封闭的中国”的看法源自欧洲人对广州口岸的有限接触，这种看法是欧洲中心主义的眼光下对中国的误读。[96]

最后，第四个关于广州制度的欧洲中心主义谬误是认为，中国是在鸦片战争（1840—1842年）战败后被迫与英国签订（不平等的）《南京条约》（1842年）的情况下才被迫开放五个通商口岸（广州、厦门、宁波、上海和泉州）的，"第一次"向世界敞开了贸易的大门。但该观点忽略了以上五个港口早在1842年前就是中国非常重要的对外贸易港这一事实。值得注意的是，广州早在公元9世纪就已成为中国重要的贸易中心，当时，它每年吸引大约10万名来自东南亚、印度和阿拉伯世界的外国客商来此贸易。然后，

> 在接下来的六个世纪里，广东省的省会广州依然是中国最繁忙的港口之一，广东的对外贸易依存度超过了（世界上）任何其他的地区。即使在对外贸易禁令生效期间，当地政府仍无视官方禁令大力吸引外商。[97]

与广州一样，由中英《南京条约》"规定的"其他四个通商口岸，在成为报关中心以前，至少自1684年起，就已经成为非常活跃的贸易中心。上海于1684年成为江苏省海关总部，17世纪成为中日贸易中心，18世纪成为与中国东北的贸易中心。但早在10世纪，它就是一个港口。此外，到1850年，它的对外贸易额超过了广州。福建的泉州早在10世纪的宋朝就已经声名鹊起；到了13世纪，马可·波罗称其为"世界上最大的两个商业天堂之一"；[98]到了宋代，它就成了比广州还要重要的港口。[99]福州（也在福建），虽然其历史可以追溯至公元前，但作为闻名遐迩的港口却是在宋代（约公元10世纪和11世纪），福建的厦门也是如此。浙江的宁波港早在公元前的汉代就已成为丝绸之路上的贸易口岸，到唐朝（618—907年）时，已成为与广州并驾齐驱的重要贸易港。简言之，这五个"条约"口岸，以及其他众多港口，并不是因1842年的中英《南京条约》才变得生机勃勃，而是在数百年前就已经繁荣兴旺起来，[100]所有这些港口都被欧洲中心主义者忽视了。

总之，在1757年以后，非西方商人可以像以前一样通过其他“非条约”口岸进入中国贸易，因此，欧洲人那种“中国须向世界开放”，并以此“击碎野蛮人的万里长城”的假设，忽略了中国长期以来一直对外开放的事实，无论是在1371—1567年、1661—1683年、1717—1727年，还是在1567—1661年、1684—1717年和1727—1911年，都是如此。有鉴于此，我们可以发现，目前美国对中美两国贸易逆差进行的干预，几乎与英国在1839年时以中国“拒绝”全球贸易为借口对中国进行武力干涉的情况如出一辙。其实，他们都是在为强行干预中国市场而狡辩，而在20世纪80年代发生的美国干预日本的情况也与此相同。然而，在1571年后，中国不仅对全球开放了贸易市场，而且现实情况是，“如果没有中国（我还要加上印度），全球贸易自由化到底何时才能实现还不得而知”。[101]或者正如罗伯特·马克斯（Robert Marks）所言，“作为世界上最大、生产力发展水平最高的经济体，中国（和印度）是推动世界经济发展的引擎，美洲的白银（和印度棉纺织品）则为其提供了能源”。[102]尽管如此，我们还需要克服欧洲中心主义者的最后一个障碍，也是他们的共识，即由于“东方专制”的中国政府奉行的是高关税保护主义，因此，它不可能成为世界上一个重要的贸易大国。

关于英国自由放任的贸易姿态与中国清代贸易保护主义立场的双重谬误

人们耳熟能详的欧洲中心主义的说法是，英国是自由贸易工业国的佼佼者，而中国则是世界上干预主义最极端的国家，它不仅控制了国内经济，而且还通过苛刻的关税保护主义扼杀了对外贸易。这种说法虽然认同“中英两国采取了截然不同的对外贸易政策”，但忽略了中国在1684年后采取的是更加放任的自由贸易政策，而英国在1684—1796年推行的则是高度贸易保护主义政策，并且，在1796—1846年这一政策有极端化的趋势。

本节首先探讨中国清朝更为自由的贸易政策，然后通过比较分析，找出1684年后中国和英国在“贸易政策上的重大差异”。

1684年后清政府的“门户开放”自由贸易政策

到目前为止，在我讨论的所有打破中国封闭的谬误的事实中，最值得注意的是清政府于1684年推行的更加开放的自由贸易政策。如前所述，为了打败郑氏集团，清政府于1661—1683年实施了对外贸易禁令，而更加开放的自由贸易政策就是清政府在收复台湾后制定的。在实施海禁期间，为了遏止郑氏家族的海上贸易活动，清政府鼓动南部沿海地区的居民全部迁往他处（这就是所谓的迁移政策）。[103]并于1661年，以对己方有利的条件与荷兰人结盟，最终于1682年击败郑氏家族。在完成收复台湾的使命后，废除海禁令就变得非常迫切，因为禁令的实施不仅导致了通货紧缩，而且还减少了税收，使清政府遭受了严重的经济损失。

为了应对所谓的康熙经济大萧条，康熙皇帝于1684年昭告全国商人：“如今，随着中华……一统和世界……和平，随着满汉一体……我命令你们出海贸易，以显示大国盛世威严，特敕令开海禁。”[104]虽然我在本章的引言中指出，康熙改革是中国“走向全球经济1.0”的重要组成部分，但它只是前清时期对外贸易活动的延续，只不过这次得到了官方的支持而已。此外，康熙认为，虽然对外贸易可以富国强兵，但不能像英国那样依靠征收高关税来增加国家的财政收入，而可以通过大幅度削减关税来达到富国的目的。当地方官员试图增加关税时，康熙总是指责他们说，“你们要谨遵圣旨，关爱商民”。[105]

至关重要的是，清朝不像明朝那样受儒家文化影响，它对商业资本主义很感兴趣。康熙皇帝更是把开放的贸易作为富国强兵的重要手段。同样值得注意的是，康熙之后的乾隆皇帝（1735—1796年在位）也曾昭告天下说，“有些人喜欢种田，有些人喜欢经商，如果你在经商上有天赋，就应该坚持经商。商业的成功有助于社会风气的改善”。[106]此外，清政府还一直要求官员“助商”“富国”“富民”。[107]清政府允许外国商人来华经商，包括17世纪后期的英国东印度公司，并全部开放江苏、浙江、福建、广东沿海四省，外商可以进出包括设有海关的11个重点口岸在内的13个口岸和地区：宁波、定海、温州、泉州、潮州、广州、上海、崇哥、华亭县、福州、南台、厦门，以及仙山县和澳门。[108]

张仕之提出的一个重要论点是，大清国向更自由的贸易的转变在很大程度上是通过“有管理的自由贸易”实现的。这种干预模式让人想起卡尔·波兰尼（Karl Polanyi）的有关自由（和更自由的）贸易和自由主义是建立在国家监管基础上的著名主张，但并不完全相同。[109]首先，张仕之强调了清政府在1711年废除徭役制度方面所起的作用，“摊丁入亩”的推行使各行各业，尤其是棉纺织业的出口得以自由化。此外，在对商人提供帮助方面，政府废除了商人们所反对的旧的经济制度。[110]

另外，值得注意的是，据张仕之统计，当时中国的平均有效关税税率约为6%。[111]他的“有效”关税税率是这样计算的，“有效”关税税率等于关税加上船舶进港后在码头停靠时缴纳的“船舶税”，然后再加上地方政府收的税。必须指出的是，我在此将所有进口商品的平均从价关税定为5%～10%，这与“适度”贸易保护主义（10%～15%的从价税）和高度贸易保护主义（15%以上的从价税）形成了鲜明的对比。有趣的是，在1684年以后，中国所有进口商品的平均税率为6%，已略低于欧洲自由贸易时期（1860—约1880年）的约8%的平均进口关税水平。英国在漫长的工业化时期（1700—1850年），平均进口关税为31%，在1796—1850年甚至高达39%，为所有欧洲工业化国家之最，这就进一步说明了中国的贸易体制更加自由。事实上，英国当时的关税水平，甚至超过沙俄在工业化阶段（1880—1913年）的30%，由于人们普遍认为俄国是所有欧洲国家中保护主义最强的工业化国家，这一数字确实令人震惊。[112]

康熙的新门户开放政策收到了立竿见影的效果。正如罗伯特·马克斯所言，“清政府在1684年解除海禁后，中国沿海及其他地区的对外贸易呈井喷之势”。[113]因此，在1680—1684年，虽然从中国驶往日本的私人商船仅为12艘，但在随后的1685—1689年，这一数字上升至467艘。[114]在1685—1701年，更是有1167只商船在东南亚、日本和中国沿海的25个港口之间进行贸易。[115]1724年的一份官方报告肯定了康熙的贡献，该报告称，“自1684年以来，康熙的开放政策极大地造福了国家和社会”。[116]然而，这些都只是坊间传闻，缺乏系统性。因为迄今为止，尚无确切记载中国对外贸易总额的文献可考。正因如此，冈德·弗兰克花了很多时间去考证中国的白银储量，因为白银储量是衡量中国在与其他国家或地区的贸易中存在贸易顺差的关键指标，同时也是支持他的中国中心主义主张的关键证据。[117]然而，幸运的是，最近张仕之对中国档案资料进行了详细的研究，填补了有关文献的一些空白。

张仕之对中国对外贸易额的估计是通过对广东、江苏、浙江和福建四省的关税收入的计算得出的。在得出计算结果后，他又做了调整，最终得出了“最低值”“最高值”和（两者的）“平均值”这三个估值。据张仕之透露，如果按照“平均值”，并以等值恒定的英镑汇率计算的话，在1735—1795年，中国的对外贸易额平均每年比英国高出近20%。[118]如果按他的“最小估值”计算，中国的对外贸易额比英国约低7%；如果按他的“最高估值”计算，中国的对外贸易额比英国大约高40%。[119]然而，如果将中国的陆上贸易包括在内，这些估值至少会增加5%。这就意味着，即使我们用张仕之的“最低估计”计算，中国的对外贸易额仍会无限接近，或者略低于英国的对外贸易额。

从以上讨论可以得出两个重要的结论：第一，在更广泛的全球经济中，中国经济明显起着具有举足轻重的作用。有趣的是，佩尔·弗里斯对中国的对外贸易额不屑一顾，认为它只占国内生产总值的1%或2%，而且其规模不及英国的对外贸易额。[120]具有讽刺意味的是，虽然他的猜测与张仕之计算出来的对外贸易额的“平均值”相当接近，即略低于国民收入的3%（1735—1795年），但却掩盖了中国的国民收入远高于英国这一事实；第二，虽然英国的对外贸易额可能略低于中国的对外贸易额，但它在第一次经济全球化中所起的作用要远比中国中心主义者认为的重要得多。英国与世界各地都有贸易往来，正如弗里斯恰如其分地指出的，“在洲际贸易流中，最重要、增长最快的是大西洋两岸的贸易”。在18世纪70年代，大西洋两岸的贸易额大约是西欧与亚洲之间贸易额的三倍。[121]所有这些都有助于去除英国在欧洲中心主义框架内的中心地位，但在中国中心主义的叙事中，英国的地位会上升，就像在中国中心主义框架内去除中国的中心地位，而在欧洲中心叙事中强调中国的地位一样。所有这些又强化了我的观点，即第一次经济全球化的中心是多元的。

颠倒欧洲中心主义：在1684年以后，中国为何转向“自由贸易”，而英国则转向高度贸易保护主义？

那么，为什么在1684年以后中国转向了更加自由的贸易，而英国则相反，甚至在1800—1846年其平均进口关税达到了异常高的水平？下面，我将主要介绍中英之间的三个重要差异：

1.战争方式，来自其他国家的军事压力和军费开支水平；

2.税收水平和税收方式；

3.不同国家的社会关系和生产方式。

值得注意的是，在1945年以前，各国在税收制度上都采取了关税保护主义，这在各自的对外贸易政策中也有体现（目前许多超低收入发展中国家仍然如此）。由于进口税属于“间接税”，是税收的一种形式，征收较高的关税并不利于国家增加财政收入，因为大多数低收入群体消费不起进口产品。虽然印度和中国主要是依靠征收土地税来增加政府的财政收入的，但在1945年以前，大多数的西方国家仍是以产品的进出口关税作为政府的主要收入来源。[122]反过来，如果一个国家依靠关税增加财政收入，那就需要分析其政府支出和税收，以及不同的战争/帝国/生产模式和国家社会关系。所有这些都体现在我的“发展架构”图中（见图2.1）。

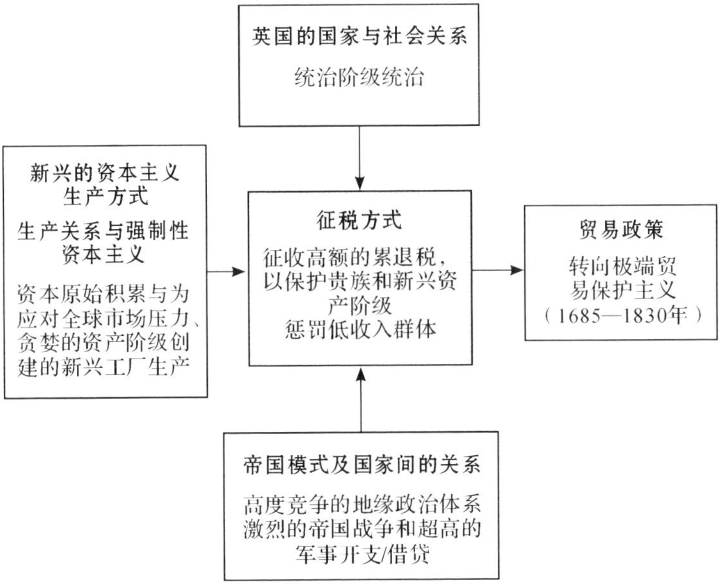

图 2.1　1684 年后中国与英国的“发展构架”与贸易体制的重大不同

中英之间有着不同的战争和帝国模式，以及巨大的财政支出差距。正如我将在第十二章所述，认为中国本身就是一个独立的世界，而不是多国体系的一部分，这是欧洲中心主义谬误中最令人困惑的一点。造成这种误解的原因或许有两点，一是在东亚和东南亚体系中，大多数国家之间很少发生战争；二是错误地把该地区与中国的朝贡体系混为一谈。无论如何，我在此得出的结论是，在更广泛的多国体系内，中国与其他国家之间几乎没有地缘政治争端，这就意味着中国的军费开支非常低（我稍后会解释）。然而，如果说中国和其他国家之间根本没有发生过战争，就像说英国创建了一个帝国而中国没有创建帝国（正如我将在第十二章中所解释的那样）一样不符合历史现实。事实上，清朝在1683—1760年通过战争统一了北部和西部的大片（游牧民族）地区。但在此之后，就不再需要高额军费来维持其帝国统治了，因为区域内的其他国家并不敢垂涎它的领土。相比之下，17—18世纪（1684—1815年）的欧洲大国为了争夺帝国霸权展开

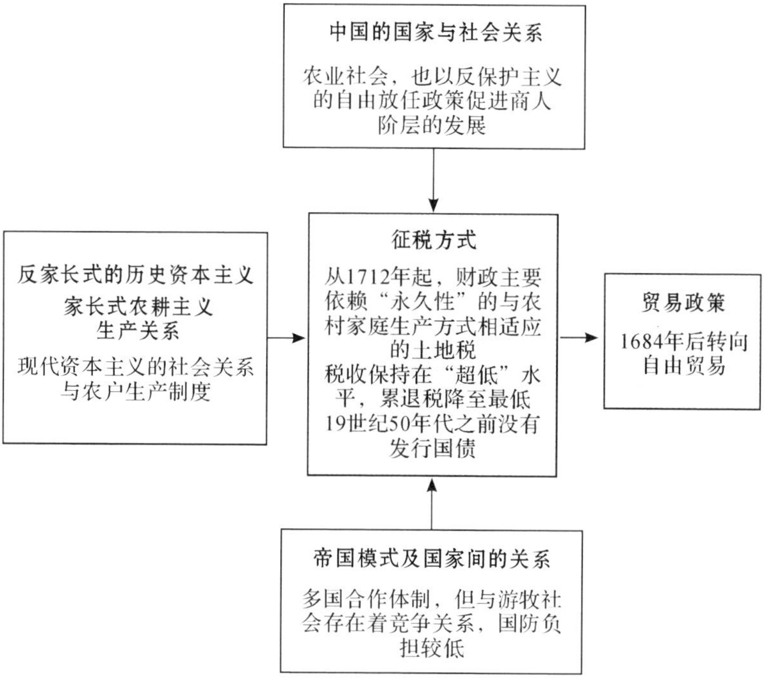

图 2.1（续）

了激烈的竞争，这也是英帝国军费如此之高的重要原因。所有这些都意味着，中国的军费开支可以保持一个较低的水平，尤其是与英国相比；而英国则处于一个地缘政治竞争非常激烈的国家体系中，为了争夺世界霸权，欧洲各国大力发展各自经济，并展开了激烈的军备竞赛。

然而，许多研究中国史的专家认为，清政府不仅发动了大规模的军事战争，其军事开支也达到了相当高的水平。[123]他们认为，乾隆帝共发动了“十大战役”，并由此造成了国库的“巨大亏空”。彼得·珀杜（Peter Perdue，又译为濮德培）声称，在1747—1805年间，清政府的军费开支竟达到了“可怕的”1亿英镑（或者说，年开支略低于200万英镑）。[124]但是，矛盾的是，濮德培的估计大大低于清政府的实际军费开支水平。即使濮德培的推断是正确的，即在此期间清政府的军费开支约1

亿英镑，或每年200万英镑，但他却忽略了各省、府、县的军费开支。如果再加上这些军费开支，清朝在1747—1805年的年军费开支额约为1050万英镑，[125]在这段时间内的总开支达6.09亿英镑。

意想不到的是，佩尔·弗里斯对濮德培的观点提出了批评。他估计清朝当时的军费开支年均为1200万英镑。因此，为避免别人对我产生偏见，我使用弗里斯提供的数据。巧合且有趣的是，在此期间，英国的D1和D2的平均数分别为1200万英镑和1950万英镑（见下段对D1和D2的定义）。但是，为了便于比较，我们需要计算出清朝的实际军事负担——即军费支出占国民收入的百分比。这样的计算是必要的，因为它能告诉我们一个国家支付军费的能力。例如，美国以美元表示的军费开支要比如今的沙特阿拉伯高得多，但根据实际支付能力，沙特的军费实际负担比美国重。由于清朝的国民收入水平远远高于英国，因此，我们发现它的军费负担低得令人难以置信。

为了便于比较1747—1815年中英两国的军费负担，我给出两个军费支出（MILEX）计算方法：第一是D1，包括一般军费支出和临时军费支出；第二是D2，包括D1和军费衍生国债的利息支付。在此期间，英国的D1是中国的7倍，D2是中国的11倍。而在1760—1815年间，英国的D1是中国的9倍，D2则高达中国的13倍。[126]如果没有其他原因，当人们看到这些差异时，肯定不会认为中国是一个高度军事化的东方专制帝国，而英国是一个崇爱和平、财政审慎、自由放任的国家。所有这些都意味着，英国政府面临着巨大的财政压力，必须靠提高关税来弥补此类支出；而中国则相反，它根本就没有这种压力。尽管如此，英国政府主要靠征收关税和间接税来增加财政收入，这不是不可避免的，这就要求我们考虑不同的税收模式。

中国和英国有着不同的税收模式和巨大的税收差距。欧洲中心主义认为，强大的东方专制国家中国通过征收极高的税收压垮了市民社会；而弱小、放任的英国则保持着较低的税率，对资本家尤其如此。但是，如果两个国家的军费开支差异很大，那么，在税收方面的差异也应该很大。这就再次颠覆了欧洲中心主义的观点。在这里，我们有必要比较中国与英国两国的人均税收水平。1800年，中国的人口约为3.2亿，而英国的人口约为1000万。根据马德斌（Debin Ma）提供的数据，在1750—1799年，中国的年人均税收为4.2克白银，英国为158.4克白银，英国的人均税收负担比中国高出近3800%。[127]因此，邓刚（Kent Deng）表示，清代的税收"如此之轻，以至于'几乎无人关注它的税收制度，老百姓们好像根本就不用承担税负一样'"。[128]这种说法无疑是正确的。

有人可能会问，中国的税负较低仅仅是因为它借了大量的外债，而英国的税负较高则是其实施审慎的财政政策导致公共负债较低的结果。但是，英国在1715—1850年间却出现了巨额的财政赤字，仅利息支出一项就占到这一时期国民收入的6%，比中国中央政府的总收入还要高。此外，中国的总体税负远远低于财政盈余，直到19世纪50年代，清政府才开始发行国债。[129]即便如此，到1898年，中国的国债仅占国民收入的2%，[130]这只是1815年英国国债的1%，当时英国的国债占国民收入的180%。[131]

为了解英国采取关税保护主义、中国转向自由贸易的原因，我们有必要对税收的核心部分进行分析。虽然清政府约75%的收入来源于土地税，[132]但人均土地税仅为3.2克白银，只占农业生产总值的3%或4%。[133]相比之下，英政府在此期间约66%的收入依赖于间接税（关税），约占国民收入的7.8%，比中国中央政府的总收入还要高。此外，英政府对农民征收的土地税收入，平均还不到英国中央政府收入的20%。即使清政府在1853年初次对国内商品征收厘金税（Likin Tax）后，清朝的人均间接税（关税）仍不到1克白银，[134]而据我粗略计算，英国的人均间接税（1750—1799年）约为105克。这意味着英国的人均间接税负约为中国的105倍。

一般来说，在1760—1815年，英国的关税收入占一般军费和特殊军费支出的39%，占国民收入的3.2%；而相比之下，中国在1685—1812年的关税收入仅约占军费支出的10%，占国民收入的0.2%。[135]因此，按实际总值计算，英国的关税收入约为中国的1600%。但是，从统计数字来看，中国海关很可能会大量瞒报税收，估计至少瞒报了1/3。[136]即使考虑到了这一点，中国的关税收入也只占国民收入的约0.6%，或者说约为英国税负的1/5。“中国是一个农业国，向来重农抑商，主要靠土地税来增加财政收入，而英国是一个商业国，信奉重商主义，主要依靠关税来增加国民收入”，[137]佩尔·弗里斯很好地解释了这一悖论，

如果我们要想解释为什么中英两国之间存在着如此大的差别，就需要对它们的生产方式、阶层关系和国家与社会的关系进行比较分析。西方的公平税收理念关注的是个人负担及其税收的累进程度，而清代的公平税收意识则是指一个村、一个县、一个府或一个省的集体税收负担。也就是说，清代征税的税额并不是基于个人财富的多寡的。正如邓刚所解释的，

> 粮食短缺省份（直隶、山西、河南、陕西、安徽、福建）的人们在纳税时，用现金的比例比较高；而粮食过剩的省份（广西、贵州、云南）的人们在纳税时，用粮食的比例比较高。总体而言，直隶、山东、河南、湖南、广东和云南省的人们缴纳的税收，低于全国的平均水平。而陕西、浙江、福建、贵州和广西等省区对国家税收的贡献最大。……这与明朝时，政府对长江流域征税较重的征税模式截然不同。[138]

然而佩尔·弗里斯指出，清政府在征税时实行的是累退税。在19世纪时，农民交的土地税每亩比地主乡绅高2至5倍。据他估计，在18世纪时，地主乡绅每亩地向政府缴纳的税收只相当于穷人的33%。[139]

如上所述，英国政府的税收绝大部分来自间接税，因此土地税对它来说并不是很重要。这些税都属于高额的累退税，旨在保护贵族和新兴资产阶级的利益，对低收入群体的利益则不予保护（正如我将在第九章中所解释的）。因此，清政府对土地税的依赖反而能够使它转向并维持更自由

的贸易，而英国政府对累退税的依赖，导致它在1684年至19世纪20年代一次又一次地提高关税。同样重要的是，英国政府的财政官僚机构远远优于清朝的官僚机构（我将在第十二章将对其进行解释）。这就意味着为增加财政收入，英国政府不仅可以向国民征收一般税收，而且还可以向消费者征收较高的消费税。这就要求英国的财政官僚机构比依靠土地税来增加国家财政收入的清朝的财政官僚机构更高效。原因在于，中国的土地税以村庄为单位征收，而英国的间接税是对个体消费者征收的。

中国政府对财政的认知或采取的一贯原则是“量入为出，与欧洲各国的做法相反”。[140]

维持较低的税率是清政府的政治优先事项，而支出也必须相应调整。17世纪的李邺嗣（Li Yesi）曾说过：“高水平执政的标志是将官员的数量维持在较低的水平，而好政府的标志是保持较轻的税收负担。”[141]同样，王国斌（Roy Bin Wong）也认为，中国政府“相信轻税能使民富，民富能使国强，因此，政府应该实行轻徭薄赋”。[142]更为重要的是，康熙皇帝在1712年颁布了一项诏令，“人丁虽增，税额永恒”（盛世子丁，永不加赋）。[143]原因在于，关内的农民一直视满族统治者为“异”族，清政府要想巩固统治，必须得到农民的支持。总之，中国政府通过更自由的贸易政策促进了“历史资本主义”的发展（正如我将在第八章、第十一章和第十二章中所讲的），并巩固了对农民的统治。因为基于土地的专制统治有利于统治阶级政权的稳定，而对商人宽容则有利于商业资本主义的发展。正如罗森塔尔（Rosenthal）和王国斌所总结的那样，商人们“尤其受益于国家制定的促进国际贸易的政策，他们的财富……通常可以受国家非国有化政策的特别保护”。[144]

英国的社会结构与中国明显不同，财政理念也截然不同。如前所述，英国政府试图通过征收较高的累退税即关税和消费税来惩罚低收入阶层。此外，英国新兴现代资本主义的生产方式更有利于征收间接税，而在中国，部分以农村家庭为生产单位的历史资本主义制度则更适合于土地税的征收。面对欧洲中心主义的东方专制观点，出现了一个重要悖论，即英国的贸易政策与帝国军国主义的地缘政治有直接的关系。因为从漫长的18世纪到1830年左右这段时间里，为了支付战争费用及相关的国债利息，英国不得不一次又一次地提高关税。而在1684年以后，清朝的贸易政策并没有像英国的贸易政策那么“变态”。因为清政府一直试图制定一套清静无为（有管理的）的自由放任贸易政策，这与清政府对商人的宽容态度有关。在此，我们遇到了一个极大的悖论，即虽然中国和英国的军费开支在1683年至1800/1815年达到了顶峰，但清政府仍然能够保持非常低的关税，而英政府却不得不屡次提高关税。这反过来又把我们引向了一个更尖锐的悖论。

与英政府的做法相比，中国统治者的做法更符合亚当·斯密的低税收、低关税的自由贸易主义主张，[145]这也是斯密《国富论》（*Wealth of Nations*）的重要观点。[146]因此，中国的做法更接近于杜各尔德·斯图尔特（Dugald Stewart）所引用的亚当·斯密的著名格言：“要使一个国家从最低级的野蛮状态转向最高级的繁荣状态，除了和平、宽松的税收政策和可接受的司法制度外，其他全无必要。”[147]亚当·斯密的这句格言还具有更广泛的意义。矛盾的是，在欧洲中心主义者看来，中国实施海禁意味着禁止海上贸易，就不会有人私下里进行贸易。然而，具有讽刺意味的是，欧洲国家则组织并资助了海外探险活动，成立了特许国家垄断企业。

此外，英国政府还于1651年制定了具有保护主义或重商主义色彩的《航海法案》，规定殖民地的货物贸易只能用英国的船只运输，与清朝的禁止私人船只配置武器相比，清政府的政策更符合亚当·斯密的自由贸易精神。在国家资助下，郑和史诗般的七次下西洋，正好证明了明政府虽然依赖一些私营企业家完成航海壮举，但国家并没有垄断对外贸易。[148]因为明政府在1434年完成七次航海壮举后，就再也没有进行过类似的探险。此外，正如我在前文中所解释的，随着私人贸易的兴起，基于市场规则的国际贸易就取代了政府管制下的朝贡贸易。相比之下，英国在1684年后实施了政府高度干预的贸易保护主义，我将在第七、九、十和十二章更详细地论述。

结论

在18世纪下半期之前，欧洲人常常（虽然并不总是）把中国看作一个高度文明的国家。[149]并且有许多学者认为那时中国的对外贸易是开放的，[150]但在18世纪下半期之后，欧洲人却突然把中国看成是一个愚昧落后、停滞不前的高度贸易保护主义国家。[151]

尽管他们会从不同的维度来看待这种转变，但是欧洲中心主义的功能之一就是把中国想象为一个从开放到封闭的国家。就像他们误解了19世纪的中华朝贡体系一样，欧洲观察家也误解了1757年以后的中国广州制度。而且就是从那时起，欧洲人污蔑中国存在了几个世纪（如果不是几千年的话）的所谓的正式或非正式的贸易保护主义，中国一直采用闭关锁国的贸易政策。其目的是要赋予中国政府一个永久实施外贸禁令的形象。他们常常将中国比喻成一个自给自足的社会，认为中国回缩到倒退的朝贡制度更能清楚地说明这一点。正如当时的观察家加斯帕·达·克鲁斯（Gaspar Da Cruz）所言，“中国是世界上最伟大、最美好的王国……它不需要其他国家，因为它有人类生存所需要的一切”。[152]但即使是在中国实行朝贡制度时，也并非闭关锁国，因为它不仅与外部世界保持着贸易联系，而且它的皇帝在很大程度上还要依赖外部“野蛮”国家来承认其合法地位，就像藩属国家的统治者依赖中国皇帝的授权一样。

总之，本章中驳斥了欧洲中心主义的错误观点，揭示了中国对全球贸易的开放不仅持续了许多世纪，而且在第一次经济全球化过程中也作出了重要的贡献。但本章也试图证明，中国远非中国中心主义者认为的那么重要，并对加州学派进行了评判。在第三至六章中，本书将通过揭示第一次经济全球化过程中的非洲－印度轴心，以及非洲人和印度人（印度教和伊斯兰教）在结构性权力的约束下所扮演的重要角色，来展现印度人的结构性力量。

注释

[1]　本章所有中文文本及资料都是由张仕之提供和翻译的，对此深表感谢。Frank (1998), Flynn and Giráldez (1994, 1995a, 1995b), Pomeranz (2000) and Hobson (2004). 另见Hamashita(1994)。

[2]　另见Zhang (2020)。

[3]　引自《明史》第205卷。网址：https://ctext.org/wiki.pl?if=gb&chapter=209129&remap=gb.

[4]　Landes (1998: 98).

[5]　Abu-Lughod (1989: 4, 18, 19–20, 259, 274–6, 286, 313, 340–8, 354, 361).

[6]　Braudel (1992: 32).

[7]　Hui (1995: 47).

[8]　Schottenhammer (2010: 108).

[9]　Zhao (2013: 117–18).

[10]　Hui (1995).

[11]　《皇明经世文编》（明代文章总集），第322卷，cited in Xu Mingde (1995: 31)。

[12]　Zhao (2013: 22).

[13]　Wolters (1967).

[14]　同上，Meilink-Roelofsz (1962), Wink (1990: 331–5) and Bentley (1996: 764)。

[15]　Steensgaard (1974) and van Leur (1955).

[16]　Chaudhuri (1985: 186–7).

[17]　Atwell (1982: 69), 我认同其观点。

[18]　Chaudhuri (2006: 155).

[19]　Lee (1999: 14–15).

[20]　Frank (1998: 112), Hung (2001: 498–500) and Arrighi (2007: 325).

[21]　Deng (2008: 346) and Vries (2015: 139).

[22] Glahn (2003: 188).

[23] Hui (1995: 45).

[24] 同上，(9)。

[25] Murphey (1974).

[26] Jansen (1992: 25).

[27] Zhao (2013: 23–9).

[28] 具体参见Hung (2000) and Hui (1995: ch. 2)。

[29] Zhao (2013: 27–9).

[30] Hung (2000: 9).

[31] Arrighi (2007: 333).

[32] Zhang (2020: ch. 2).

[33] Gaastra(2007: 189).

[34] Dobbin (1996: 47–8).

[35] Hui (1995: 59).

[36] Mazumdar (1998: 89).

[37] Hui (1995: 71–2).

[38] Zhang (2020: ch. 2) and Shinjiro (1960/1983: 107).

[39] Shinjiro (1960/1983: 107).

[40] Sir stamford Rafflescited in Dobbin (1996: 69).

[41] Zhang (2020: ch. 2).

[42] Zhao (2013: 5).

[43] 见Hui (1995: 43)。

[44] Gaastra(2007: 189).

[45] Zhang (2020: ch. 2).

[46] Braudel (1992: 207).

[47] 见Toby (1984)。

[48] Ponting (2000: 525).

[49] Sharman (2019: 79).

[50] 尤见Toby (1984: 194) and Suzuki (2014: 88–9)。

[51] Pearson (1991: 115).

[52]　Pomeranz and Topik (2006: 11–12). 另见: Zhang (2009: 574), Song (2012) and Perdue (2015: 1002)。

[53]　Fairbank (1942: 135).

[54]　同上，(138)。

[55]　Hui (1995: 39).

[56]　Zhao (2013: 103–4) and Kang (2010: 114–16).

[57]　Wang (2011: 148).

[58]　《大明会典》（明代律例集），第105卷。网址：https://ctext.org/wiki.pl?if=gb&chapter=605445&remap=gb.

[59]　例如，Pomeranz and Topik (2006: 13) 和Kang (2010: 70, 114)。

[60]　Martin-Fox (2003: 76).

[61]　Hui (1995: 40), Zhao (2013: 115) and Zheng (2014: 52).

[62]　Hamashita(2003b).

[63]　Kang (2010: 110); see also Zhao (2013) and Zheng (2014: 52).

[64]　Deng (1997: 254).

[65]　Fairbank (1942).

[66]　Wade (2004) and Wang (2011: ch. 6). 关于反驳观点，见Levathes (1994) and Snow (1989: ch. 1)。

[67]　Rodzinski (1979: 179). See also: Hamashita(1994, 2003a: 20–3), Flynn and Giráldez (1995b: 438), Deng (1997: 256–61) and Frank (1998: 114).

[68]　Gernet (1999: 420).

[69]　Wang (2011: 148).

[70]　《大明会典》（明代律例集），第111卷。网址：https://ctext.org/wiki.pl?if=gb&chapter=232497&remap=gb.

[71]　Zhao (2013: 109–10, 113–14).

[72]　Arrighi (2007: 324–5) and Zhao (2013: 110–11).

[73]　Zheng (2014: 51–2).

[74]　Zhao (2013: 111–13).

[75]　Kisimoto Mio cited in Zhao (2013: 113).

[76]　Zhang (2009: 561–2).

[77] 见Frank (1998: 115, 116) and Zhao (2013: 189)。

[78] Callahan (2012) and Perdue (2015).

[79] Callahan (2012).

[80] Suzuki (2007).

[81] 见Toby (1984), Jansen (1992), Ikeda(1996), Hobson (2004: 93–6) and Suzuki (2014)。

[82] Kang (2010: 125–7).

[83] Ikeda(1996: 55), Frank (1998: 127) and Miyamoto and Shikano (2003: 176–7).

[84] Zhang (2020: ch. 2).

[85] Ikeda(1996: 55) and Lee (1999: 9).

[86] Mazumdar (1998: 99).

[87] Zhang (2020: ch. 2).

[88] 见Manggala(2013) 和Dellios (1996)。

[89] Zhao (2013: 8).

[90] Zhang (2020: ch. 2).

[91] 引自Zhao (2013: 230, n. 142)，数据由姚新高计算。

[92] Chaudhuri (2006: 539).

[93] 根据Vries (2010: 721) 和Chaudhuri (2006: 539)提供的数据计算。

[94] Zhao (2013: 186).

[95] Huang (1999) and Zhao (2013: 6, ch. 9).

[96] 另见，Zhao (2013: 6–7)。

[97] 同上，(178)。

[98] Yule (1875: 217).

[99] Finlay (2010: 109).

[100] Zhao (2013: 193–4).

[101] Flynn and Giráldez (1995a: 218).

[102] Marks (2002: 80).

[103] Schottenhammer (2010: 107) and Zheng (2014: ch. 2).

[104] Schottenhammer(2010：126).

[105] Schottenhammer (2010: 110).

[106] Zhao (2013: 183).

[107] Schottenhammer (2010: 108)；另见Perkins (1967)。

[108] Schottenhammer (2010: 126) and Zhao (2013: 111).

[109] Polanyi (1944/2001).

[110] Zhang (2020: ch. 3).

[111] 同上，(第二章)。另见Hung (2001: 480)。

[112] 数据来源于Hobson (2004: 209)，请注意数据都是基于所有进口商品的平均税率的。

[113] Marks (1999: 104).

[114] Zhao (2013: 35, 55).

[115] 同上，(134–5)，另见Mazumdar (1998: 96–7)。

[116] 黄国生（1999:87），源自故宫博物院的记录。

[117] Frank (1998).

[118] 英国的数据源自Mitchell (2011: 448–50)，然后，将Mitchell(2011: 719-20)给出的价格数据缩减为常数值。

[119] Zhang (2020: ch. 2).

[120] Vries (2015: 170–2).

[121] Vries (2010: 735).

[122] Hobson (1997).

[123] 例如，Bartlett (1991: 127)。

[124] Perdue cited in Vries (2015: 189, 235).

[125] Chen (1992: 194–201).

[126] 中国的国民收入数据：Liu (2009)。英国国民收入数据：Weiss and Hobson (1995: 130)。中国的军费开数据：Chen (1992: 194–201, 288)。英国的军费开支数据：Mitchell (2011: 578–80, 587)。

[127] Ma (2013: 489).

[128] Deng (2012a: 17).

[129] Vries (2015: 94, 123).

[130] 《中国的国民收入》，Maddison (2007: 379)。

[131] Weiss and Hobson (1995: 115).

[132] Rosenthal and Bin Wong (2011: 175) and Vries (2015: 167).

[133] Perkins (1967: 481, n. 9).

[134] Deng (2012a: 17).

[135] Chen (1992: 36) 和Liu (2009: 144–55)计算得出。

[136] Hui (1995: 48).

[137] Vries (2015: 167).

[138] Deng (2012a: 18).

[139] Vries (2015: 138).

[140] 同上，(210)。

[141] Vries (2015: 122)引用李邺嗣的话。

[142] Bin Wong (1997: 90).

[143] 尤见Deng (2012a: 16)。.

[144] Rosenthal and Bin Wong (2011: 212).

[145] 见Vries (2015: 347–50)。

[146] 有关讨论，请参见Millar(2017：185-6)。

[147] List (1841/1885: 120)，引自于Dugald Stewart。

[148] Zhao (2013: 2).

[149] Clarke (1997), Hobson (2004: 194–7) and Millar (2017).

[150] Zhao (2013: 6–8).

[151] Clarke (1997), Hobson (2004: ch. 9) and Zhao (2013: 8–12).

[152] Millar (2017: 109)，引自于Gaspar da Cruz。

第三章　非洲–印度轴心（一）：印度结构性力量与全球性的大西洋体系

引言

虽然在第二章我提出了“中国的生产性主动行为者和商业性的主动行为者是第一次经济全球化的重要推动力”这一观点，然而本章的目的是修正加州学派中各种非欧洲中心修正主义者提出的中国是第一次经济全球化中心的观点。[1]因为实际上没有一个国家、地区或民族是第一次经济全球化的中心，其中心是多元的。在这次全球化进程中，“印度”或它的某些重要地区发挥了至关重要的作用，并通过印度的棉纺织品（Indian cotton textiles，ICTs）赋予印度商人以结构性力量，从而实现了第一次经济全球化。因此，本章重点讨论印度的商业性主动行为者及其结构性力量如何与非洲的主动行为者交织在一起，推动和培育了第一次经济全球化。

应该指出的是，当时并没有“印度”这一叫法，因为印度是在18世纪初莫卧儿帝国（Mughal Empire）衰落后由多个小国和地区组成的。然而，为方便起见，我在下文将它统称为“印度”和“印度人”，而不是“南亚”和“南亚人”。此外，为预防混淆，我也不再区分印度教教徒和伊斯兰教教徒，因为在印度贸易公司工作的员工不是印度教徒就是穆斯林。请注意，虽然我将在第八章讨论印度的历史资本主义，但我把对它的生产方式的论述预留到第十一章。总之，这是四章中的第一章，主要从各方面讨论第一次经济全球化中的印度的全球性主动行为者及其结构性力量。

值得注意的是，尽管印度商人经营的商品种类繁多，包括马匹、钢材、锡、铅、铜、水果、胡椒及其他香料、大米、小麦、皂木、靛蓝染料、硝石、丝绸和丝织品、象牙，以及非洲和印度奴隶，但棉纺织品才是他们最重要的出口商品。印度棉纺织品作为一种全球性的大宗商品，对于第一次经济全球化的形成、英国工业化的崛起，以及第二次经济全球化的出现都起着重要的作用。由于印度的棉纺织品与本书所述的很多事件有千丝万缕的联系，因此恕我无法在本章将其尽述。印度结构性力量的另一个重要属性源自印度棉纺织品的“通用货币”功能。[2]由于印度棉纺织品的出口，触发了与它相关的多种生产系统，印度全球棉纺织品的超级商品链演变成为一种混杂的全球性商品/生产链。此外，它的全球属性也超过了当今的任何全球商品链或生产链。

欧洲中心主义认为，在所谓的瓦斯科·达·伽马（Vasco da Gama）时代，非洲人和印度人只是失败者或是“无历史的民族”，然而，我的分析恰恰揭示了印度和非洲的主动行为者在历史上所起的关键作用，以及在所谓的前欧洲及欧洲时期，西印度和东非的历史如何相互交织。同时，我对珍妮特·阿布－卢戈德和安德烈·冈德·弗兰克的观点持有异议，他们认为非洲在经济全球化过程中被边缘化了。[3]最后，我分析的重点是推翻欧洲中心主义的大爆炸理论和西方扩张叙事。事实上，英国的工业化并非在第一次经济全球化以前，而是在这一进程中发生的，而这次经济全球化在很大程度上是由一些非西方因素推动的，特别是非洲－印度轴心和印度的结构性力量。因此，本章的分析为第九至十一章、第十三章和第十四章的研究做了重要铺垫。

本章分为三节。前两节详细介绍了臭名昭著的大西洋“三角”贸易体系。与欧洲中心主义者和批判性的崇欧主义者不同，我认为全球经济并不只是欧洲人创造的，而是将“第一次经济全球化”称为“全球经济大西洋体系”。第一节是“全球经济大西洋体系：全球白银交易体系的多中心基础”，探讨了全球白银交易体系（GSTS）如何拥有多个中心，而非仅有欧洲或中国中心，并对欧洲中心主义者和中国中心主义者在全球白银交易体系（GSTS）方面的观点进行了讨论。第二节是“发现‘全球性的大西洋体系’：印度棉纺织品贸易体系、黑人奴隶和全球白银交易体系的交织”，揭示印度人在第一次经济全球化过程中所起的重要作用，并阐述印度棉纺织品贸易体系（ICTTS）如何推动和孕育全球白银交易体系。同时，我还将探讨作为全球首屈一指超级商品链的印度棉纺织品是如何促使全球其他重要的大宗商品的生产。最后一节是“大西洋奴隶贸易区域化：揭开全球性的大西洋体系和印度洋体系中的七角奴隶贸易体系之面纱”，本节将崇欧主义的非洲奴隶贸易概念加以区域化，强调了欧洲人在大西洋奴隶贸易体系中的重要作用，并揭示了横跨大西洋和印度洋的七边形奴隶贸易体系的本质。在东半球的各个国家和地区中，西亚和印度的非洲黑奴贸易十分猖獗，原因在于七角奴隶贸易体系是印度棉纺织品贸易体系的一部分，而印度棉织贸易体系也是全球白银交易体系的重要组成部分，因此奴隶贸易体系基本上遍布全球。

大西洋体系的全球化：全球白银贸易体系的多中心基础

当然，美洲融入亚非欧经济殖民体系，是第一次经济全球化形成的重要时刻，欧洲人在此过程中发挥了至关重要的作用，尤其是欧洲人的全球性主动行为者表现出了相当高的水准。同时，他们在将美洲与非洲、印度、西亚、中国、东南亚和欧洲连为一体方面也发挥了重要的作用。他们将美洲的白银带回到亚洲和非洲，并换回原材料。但正如我在其他地方所陈述的，将美洲加入进来是全球经济版图中的最后一块，而不是第一块，因为非洲－欧亚大陆大部分的一体化在漫长的非洲－欧亚区域化时期（约600—1500年）已在非西方人的主导下发生过。[4]因此，我认为，非洲－欧亚区域化时期，属于历史资本主义第一次经济全球化的“漫长资本原始积累阶段”。在该时期，欧洲、非洲和亚洲各国之间的联系不断加强，形成了相互依存的经济体。美洲于1492或1501年后被纳入这一体系后，经济全球化才得以形成。此外，珍妮特·阿布－卢戈德在其著作《欧洲霸权以前》（*Before European Hegemony*）中的分析也很有创意，她认为，13世纪的全球经济主要是在穆斯林的主导下进行的。[5]但事实是，鉴于美洲与非洲－欧亚经济之间并没有任何联系，1492年前不可能存在经济全球化。[6]她以极富洞察力的方式讨论的全球经济就是我讲的非洲－欧亚经济区域化。在此，请注意大卫·克里斯蒂安的观点，他认为：

> 16世纪具有真正意义的全球商品交换网的建立，对扩大信息交流规模和商品交换的种类具有重要意义。在全新时期世界不同区域的融合标志着人类历史已进入了一个革命性时刻……而将非洲－欧亚大陆和美洲这两个世界上最大的区域连接起来所产生的创造协同效应也达到了前所未有的新水平。无论是过去还是现在，它们都可能是改变世界的最强力量。[7]

特别是，大量的美洲白银的流入，促进了亚洲主要经济体的发展，为第一次经济全球化提供了重要的驱动力。但第一次经济全球化的发展，在很大程度上还是源于人们对印度棉纺织品的渴求。批判性崇欧主义者和欧洲中心主义学者认为，大西洋三角贸易体系不仅由欧洲人所独创，而且独树一帜，因为它将欧洲、西非和美洲连接成了一个独立、自给自足的经济循环圈。在本节和下一节，我将通过揭示大西洋体系是如何被嵌入全球白银交易体系和横跨大西洋、太平洋和印度洋的印度棉纺织品交易体系中的，从而有效地将大西洋贸易体系全球化了。此外，为了揭示全球白银贸易体系的多中心基础，以及印度人通过统治全球棉纺织市场享有的结构性市场力量，我将分别阐释欧洲中心主义和中国中心主义的观点，并具体分析欧洲人和中国人在第一次经济全球化中的作用。为了便于分析，我将首先勾勒出全球白银交易体系的轮廓。

银流绑定了第一次经济全球化

许多著名的加州学派修正主义者，如安德烈·冈德·弗兰克、理查德·冯·格拉恩、彭慕兰、罗伯特·马克斯以及丹尼斯·弗林（Dennis Flynn）和阿图罗·吉拉德斯（Arturo Giraldez）认为，西属美洲黄金尤其是白银的全球流动是第一次经济全球化的重要推动力。[8]1571年，西班牙人征服了马尼拉，并于同年开启了与美洲白银贸易的大门。因此，虽然重要的矿山波托西（位于秘鲁）和萨卡特卡斯（位于墨西哥）分别于1545年和1548年开业，但正是16世纪70年代初的混汞工艺的采用导致了白银开采量激增，进而在第一次经济全球化中掀起了一股白银开采浪潮。[9]最初，白银的全球分销商大多是西班牙人。由于太平洋航线，或“太平洋丝绸之路”的开辟，西班牙人便将大量的白银转移至马尼拉，他们在那里大量采购中国的丝织品、瓷器以及印度的棉纺织品，然后再将这些产品出口到美洲。

正是这种跨洲的白银运输，引发了举足轻重的贸易全球化，正如弗林和吉拉德斯所言，“全球贸易（或全球化）始于1571年，当时所有人口稠密的大陆都开始直接或间接地与其他大陆频繁地交换产品，其交易规模之大足以对其所有的贸易伙伴产生深刻而持久的影响”。[10]他们坚信“统一、完整的世界市场在1571年以前并不存在，而统一的世界大市场形成于1572年”。[11]但是，太平洋航线的开通也至关重要，事实证明，它促进了70年前开始的贸易全球化。因为在1501年以后，非洲－欧亚大陆直接与美洲联系在一起，最初的奴隶贸易直接在大西洋的“中间通道”进行，而那些奴隶又是用转口的印度棉纺织品购买的（稍后将会解释）。1571年后，西属美洲白银的到来不仅促进了全球国际贸易的快速发展，而且对印度全球棉花超级商品链和其他相关大宗商品的交易起着至关重要的作用，因为这些商品主要是以白银为交易媒介的。那么，贵金属（尤其是白银）在第一次经济全球化中是如何流动的呢？在西班牙人之后，葡萄牙人、荷兰人、法国人和英国人也潮水般涌向美洲掠夺白银，然后通过被穆斯林称为“风暴之角”（1498年以后被伊比利亚人重新命名为“好望角”）的地方将白银转口到亚洲。当然，贵金属也占欧洲对亚洲货币出口的大部分比例。事实上，在1660年至1760年期间，贵金属占英国东印度公司（English East India Company）对亚洲出口货币的75%，而荷兰东印度公司在1660年至1720年期间的相应比例为87%。[12]然而，据邓刚称，在1699年到1751年，英国对华出口的货币90%以上都是白银。[13]

此外，正如后面总结的那样，美洲的白银也可能会通过陆路或其他海运通道运到印度。由于欧洲与奥斯曼帝国和萨法维帝国（1501—1736年统治伊朗的王朝）之间存在贸易逆差，欧洲人从美洲掠夺过来的白银，可能会被亚洲商人从西亚通过陆路运至萨法维，也可能会由穆斯林商人经红海和波斯湾海运至奥斯曼。[14]最后，有一部分白银来自日本，其中大部分流向印度和中国。也有少量的白银来自非洲和东南亚，最终流向了印度、中国和西亚。所有这一切都表明，将全球白银流称为全球白银交易体系是名副其实的，正如图3.1所示。

虽然对读者来说，图3.1错综复杂、令人困惑，但是可以按照所标的数字去追踪货币流向。

此图一共由16条货币通道组成了一个十六边形体系，新大陆的白银正是通过该体系将第一次经济全球化的所有大陆联系在了一起。值得注意的是，这个十六边形体系所标明的数字与十二边形的印度棉纺织品贸易体系交织在了一起，我稍后将要解释这一点。

总体而言，由于新大陆的白银供给量在1550年至1800年期间占全球货币总供给量的80%到85%，所以可以说白银交易体系中白银的来源是多

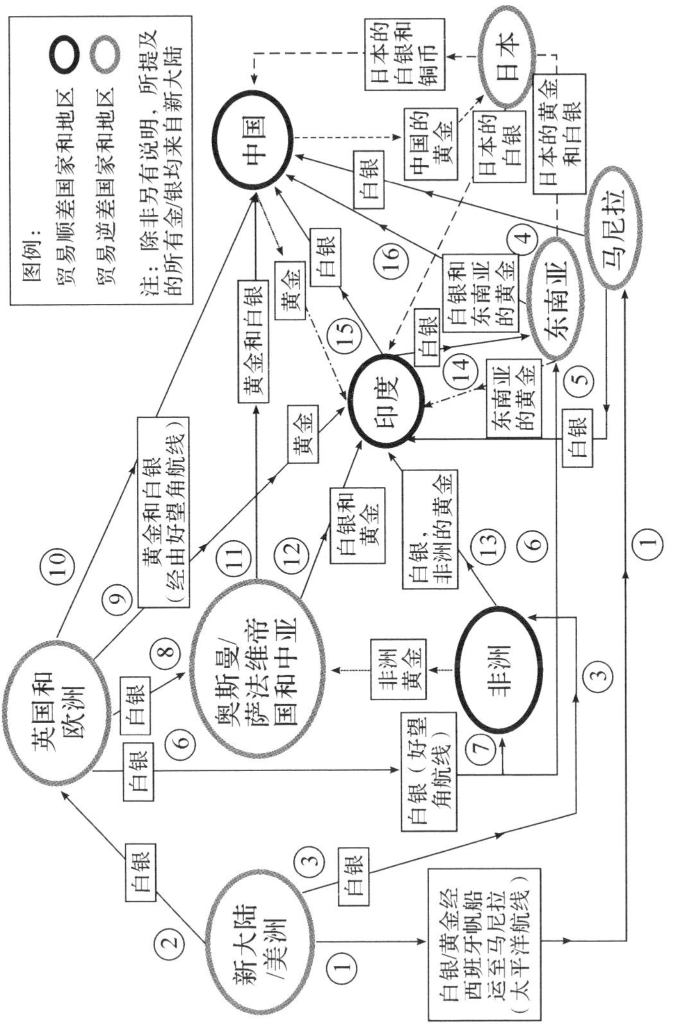

图 3.1 第一次经济全球化中的全球金银交易体系

方面的。但是，如果把第一次经济全球化中所有的白银（和黄金）通道加起来，总共得出20条之多。正如前文提到的，一些金银也来自非洲、东南亚和日本。因此金银的流动就像一个错综复杂的毛细血管网，维系了第一次经济全球化的正常运转。换句话说，这些多种多样的白银网络将第一次经济全球化中的各个大陆联系在了一起。但目前的关键问题是，全球的白银交易体系是像中国中心主义加州学派学者所主张的那样以中国为中心，还是像欧洲中心主义和崇欧主义所认为的那样由英国（和荷兰）的机构来主导。我的回答是，该问题本身就是错误的，因为全球的白银交易体系本质上就是多中心的。欧洲中心主义和中国中心主义者掩盖了印度在第一次经济全球化中所扮演的重要作用。

全球白银交易体系中的中国中心主义和欧洲中心主义的谬误：
揭示欧洲人、印度人和中国人的主动行为者角色

本节在第二章与第四至六章之间起到了桥梁作用。其目的是确定在全球白银交易体系中，中国、欧洲和印度的主动行为者的相对权重。然而，由于欧洲中心主义和中国中心主义的观点存在差异，因此这并不会一帆风顺。一方面，正如第二章中所解释的，在19世纪以前驻扎在东亚地区的欧洲公司在中国皇帝和日本天皇面前几乎没有任何发言权；但另一方面，正如我在之后的章节中所解释的，18世纪，尽管中国的对外贸易额可能高于英国，但英国的发展仍给人留下了深刻的印象。因此，从总体来看，英国贸易商也是重要的全球贸易者。然而，加州学派持有的主张与之相反，该学派声称，英国及其东印度公司（EICS）一直在经营着别人的商品，直到1750年后，英国人才开始重视自己产品的交易。因此，该派学者坚称，由于中国的产品吸引了大量的外国白银，中国在全球白银交易体系以及更普遍的全球贸易体系中拥有更重要的地位。我认为，无论是中国中心主义还是欧洲中心主义都存在着问题，因为它们在对全球性主动行为者的看法上都持有零和或二元论观点，即要么欧洲拥有全部的全球性主动行为者（如欧洲中心主义），要么中国拥有全部的全球性主动行为者（如中国中心主义），而我的观点则与之相反。我认为，无论是中国人、印度人还是欧洲人，在全球白银交易体系中都发挥着重要的作用。

根据冈德·弗兰克的估计，世界上约有50%的白银最终流向了中国，因此他将中国形容为世界的“白银沉淀池”，这与弗林和吉拉德斯所使用的“吸银泵”形容大同小异。[15]甚至有人认为这一数字可能会高达66%。[16]这反过来又为冈德·弗兰克的全球经济中国中心主义观点，以及弗林、吉拉德斯的全球白银交易体系的中国中心主义观点提供了支持。[17]关键是修正主义者认为，中国对贵金属的需求是支撑欧洲作为新大陆白银分销商的积极力量。加州学派著名学者彭慕兰这样表达了他的观点：

> 长期以来，西方学者一直认为西方是全球经济的积极推动者，这进一步强化了西方人将白银视为剩余价值储存手段并将其运往中国购买消费品的倾向。然而，一旦我们想到这些货币可能给全球40%的经济带来的活力……就很难不将中国（和印度）对白银的需求视为创造全球经济的“积极”力量，就像西方对瓷器、茶叶等商品的需求一样。[18]

冈德·弗兰克的观点将以上讨论推向了顶峰。他声称，欧洲对亚洲产品的强劲需求反映了中国对全球经济的开放性及其在全球白银交易体系中的作用。因为白银的流入是中国对世界其他国家和地区（尤其欧洲）贸易顺差的体现。值得注意的是，非欧洲中心主义学者经常强调，因为中国人对欧洲商品没什么兴趣，所以欧洲人不得不用西属美洲的白银（和黄金）购买中国商品。[19]但问题的关键是，中国是否真的像弗兰克、弗林和吉拉德斯所说的那样，在全球白银交易体系中处于核心地位？

虽然有理由认为，中国的需求是推动新大陆和日本白银全球流动的一个非常重要的因素，这反过来也反映了中国对第一次经济全球化的开放（正如我在第二章所解释的），但中国吸纳了全球大部分白银这一观点仍存有争议。[20]我认为，有两个重要原因导致冈德·弗兰克的观点有些言过其实。首先，他估计，约有89%的白银从新大陆流向马尼拉后流入了中国，但许多研究中国的专家认为，只有大约50%～60%的白银流入了中国；[21]其次，弗兰克声称在17和18世纪，所有从欧洲运往亚洲的白银最终都流向了中国，但普拉桑南·帕塔萨拉蒂（波士顿大学历史学教授）令人信服地指出，在1600—1800年，除流入中国的白银外，约有2.8万吨白银流入印度。他认为，这占新大陆白银出口量的20%。[22]问题是，帕塔萨拉蒂的估计可信度有多高？

按照帕塔萨拉蒂的估计，在1600—1800年，平均每年约有140吨白银和白银等价物流入印度。纳杰夫·海德尔（Najaf Haider）对此问题进行了详细研究，他估计，在16世纪末至17世纪末，每年有113吨白银流入印度的莫卧儿帝国。但由于该估算忽略了出口到南印度的白银（占莫卧儿帝国白银数量的15%），[23]因此他调整后的数字升至每年有130吨白银流入印度。另一位研究该问题的专家希琳·穆维西（Shireen Moovsi）认为，莫卧儿帝国在1576—1705年每年铸造的银币为152吨。[24]鉴于铸币厂只使用进口的白银，这表明帕塔萨拉蒂提出的140吨这一数字基本合理，因为它介于穆维西与海德尔的估值之间。因此，我们似乎有理由认为，大约有20%的新大陆白银最终流向了印度。根据张仕之和佩尔·弗里斯的估计，有30%的新大陆白银流向了中国。[25]这就意味着，有50%的新大陆白银流向了印度和中国。这一数字与杨·德·弗里斯（Jan de Vries，荷兰经济史学家）47%的估值大致相符。[26]那么，欧洲在全球白银交易体系中的作用又如何呢？

加州学派的学者们往往会低估欧洲人在全球白银交易体系中的重要作用，认为他们实际上是白银的“被动出口商”，理由是他们生产力水平不高，不得不从中国购买大量的商品。而欧洲中心主义者则走向了另一个极端，他们认为，中国和印度本质上是“被动出口国”，因为他们并不亲自出口自己的产品，而是依赖欧洲人销售他们的产品，而且欧洲人在这方面做得非常好。[27]因此，他们的逻辑是，如果没有东印度公司，就不会有亚洲贸易。然而，这两派的极端的观点都不能令人满意。实际上，在第二章中，我就已经揭示了中国“被动出口”的谬误，正如我在本章和第四至六章中对印度的论述一样。我认为，加州学派之所以认为欧洲人是“被动出口商”，有三个主要原因。

首先，欧洲人发现了新大陆的白银，并开辟了“太平洋—好望角—欧洲”的海上新航线。欧洲人沿着这条航线直接将西属美洲的白银运往亚洲，然后再并将亚洲的货物运往非洲、欧洲和美洲。这无疑对第一次经济全球化的形成有重要意义（如我在第四章中所解释的）。正如非欧洲中心主义批评家赵刚所言，

> 沃勒斯坦的理论淡化了非西方世界在全球经济一体化中的作用，而修正主义（加州学派）理论则低估了新大陆和新航线（这两项都是欧洲航海家的壮举）给沿途国家带来的史无前例的变化。忽视以上两派的观点，就无法理解中国和亚洲其他国家在1500年后发生的重大变化。[28]

其次，在建立全球白银交易体系的过程中，欧洲人为促进第一次经济全球化的发展，尤其是印度和中国经济的发展作出了很大的贡献。[29]实际上，白银的流入提高了中国和印度两国的货币化程度，为一些专业群体提供了更多的处理和兑换货币的业务，其中包括印度的耆那人（Jains）、巴尼亚人（Banias），以及中国的山西人和宁波人。[30]尤其讽刺的是，冈德·弗兰克在驳斥欧洲中心主义“亚洲囤积理论”的同时，提供了新大陆白银大量流入中印，特别是中国的证据，认为这大大刺激了两国经济的发展。[31]此外，柯蒂·乔杜里（Kirti Chaudhuri，印度历史学家）指出：“白银进口意味着生产力的提高和利润的增加，其结果必然促进印度那些积极从事对外贸易活动地区经济的普遍增长。”[32]因此，白银的流入有助于中国和印度在全球开展贸易活动，[33]这反过来又意味着中国的自主性并

非如加州学派中国中心主义学者所说的那么强，但要比欧洲中心主义者认为的更为重要（就像印度一样）。

最后，正如许多学者所说的那样，欧洲向中国和印度出口白银的目的之一是参与全球的贵金属“套利”交易，因为在中国，白银相对于黄金的价值要高于欧洲。[34]弗林和吉拉德斯形象地描述了白银的全球循环过程：

> 金属兑换率的差异意味着，理论上人们可以用1盎司黄金在阿姆斯特丹购买11盎司白银，然后将这些白银运到中国，用11盎司白银兑换约2盎司黄金。再将这2盎司黄金带回欧洲，换成22盎司的白银，如果再将这些白银运回中国，它的价值就又翻了一倍。[35]

值得注意的是，欧洲人主导和推动了来自新大陆的黄金以及白银交易，这在一定程度上正是出于到亚洲（尤其是中国）套汇的目的。此外，正如柯蒂·乔杜里所言，“欧洲与远东（中国）的贸易模式是将欧洲或墨西哥的部分白银用（西班牙—马尼拉）帆船转运到中国的船只上，并在中国兑换成黄金或商品，然后运回印度，再将用套汇所得购买的印度棉布运回欧洲”。[36]

因此，我们有理由认为，为了购买亚洲商品，欧洲人在全球进行了大量的贵金属套利活动，而这一策略在一定程度上又是欧洲贸易逆差所必需的。虽然我曾认为英国人（以及荷兰人）、中国人和印度人都是全球白银交易体系中的重要行动者，但在下一节，我将讨论印度棉纺织品在第一次全球化过程中所起的重要作用。因为我认为，全球的白银交易体系从根本上是与印度的棉纺织品贸易体系交织在一起的，而后者又是将大西洋、印度洋和太平洋生产贸易体系紧密联系在一起的关键。

发现“全球性的大西洋体系”：印度棉纺织品贸易体系、黑人奴隶制度和全球白银交易体系的交织

埃里克·威廉姆斯（Eric Williams）在其开创性著作《资本主义与奴隶制》（*Capitalism and Slavery*）中解释道：人们所熟悉的对大西洋三角贸易体系的讨论最初主要集中在英国的商业力量如何从英格兰延伸至西非。[37]船只在伦敦、布里斯托尔和利物浦载满各种制成品和消费品后运往非洲销售，再用赚取的利润在非洲购买奴隶，然后运往新大陆。在三角贸易的第二段（1501—1807年），欧洲列强通过可怕的大西洋“中央航线”往新大陆贩卖了大约960万～1250万名奴隶，[38]除去15%的死亡率，实际上约有1050万名黑奴被贩卖到了新大陆。然而，沃尔特·罗德尼（Walter Rodney）认为，被贩卖到新大陆的奴隶远远不止1000万，这一数字是欧洲中心主义者为掩盖欧洲的暴行杜撰出来的。[39]

值得注意的是，在将奴隶从非洲内陆押往港口的途中，奴隶死亡的人数可能是从港口至新大陆运送途中死亡人数的4倍，[40]如此一来，从非洲内陆押解到美洲的途中奴隶死亡的总人数可能会高达600万。然而，根据约翰·莱特（John Wright）的说法，约有15%的奴隶死于中途陆路行程中，即可能会死亡200万左右。[41]由此看来，很可能有200万～600万奴隶死于非洲境内的押解途中。如果这样算的话，很明显被抓捕到奴隶贸易中的奴隶远远不止1000万。运送奴隶的船只在美洲和加勒比海登陆后，奴隶贩卖商就将这些黑人贩卖为奴，从中赚取暴利。奴隶们在棉花、烟草、咖啡和甘蔗种植园以及糖厂和金/银矿里生产的原材料又被运回英国，欧洲殖民者又从中盘剥了一层暴利，所有这些都反过来推动了英国的工业化发展（正如我将在第八章和第九章中所解释的）。[42]但最根本的问题是，欧洲人以何种方式在非洲购买奴隶？

印度结构性力量与繁杂的印度棉纺织品全球超级商品/超级生产链（一）：非洲奴隶贸易的棉花金融根源

我们在熟悉的欧洲中心主义和崇欧主义的叙述中，看到了“狡猾的”欧洲人用生活必需品（尤其是枪支）与“原始天真的”非洲奴隶贩子换取奴隶的情景。这一方面证明了英国人比非洲人更先进、更强大、更无情；另一方面，也说明了英国的产品为三角贸易的第一个阶段的发展作出了重要的贡献。这反过来又印证了欧洲中心主义大爆炸理论假设，即英国的工业力量是自我建构、自我创造的，而大西洋体系建立在纯粹的英国和欧洲基础之上。批评家们经常论及枪支问题，他们认为欧洲人用武力构建了一个“枪支－奴隶循环”交易系统，即非洲奴隶贩子是出于对枪支的狂热渴望而“被迫”进行奴隶交易的。奴隶贩子会在非洲发动战争，以捕获更多的奴隶换取更多的枪支，如此恶性循环永无休止。有人说由于奴隶贩子的武器是欧洲人提供的，这在一定程度上又加剧了非洲的内部战争。[43]当然，这种说法有一定的道理，尤其是表现在战争、抓捕奴隶和非洲国家内乱方面。[44]

但是，枪支并不是推动非洲奴隶贸易的主要力量。首先，枪支、火药只占英国出口到非洲的商品的一小部分。其次，实际上，欧洲人用来购买奴隶的大部分产品都来自欧洲以外的国家，而且都是非军用品。[45]在17、18世纪，欧洲人用来购买非洲奴隶的主要产品包括：各种酒类，尤其是美洲朗姆酒（分别占12%和10%）；各种制成品（10%～12%）；枪支和火药（分别占7%和9%）；瑞典及英国的条形铁（分别占2%和5%）；美洲烟草（2%～8%），[46]以及马尔代夫产的贝壳。[47]有趣的是，在18世纪，在欧洲人出口到非洲用于购买奴隶的所有产品中，新大陆奴隶生产的产品还不到五分之一。实际上，在所有用于购买奴隶的产品中，棉纺织品最为重要，其占比至少为50%。[48]而在所有的棉纺织品中，西亚穆斯林和欧洲公司为购买非洲奴隶而出口或转口的印度棉纺织品最为重要。[49]早在16世纪，欧洲人就已经转口印度棉纺织品到非洲购买黑奴。[50]而在几个世纪前（见下图3.2），穆斯林为购买奴隶、黄金和象牙，已经把印度的棉纺织品出口到非洲了。请注意图3.2中的字母顺序。

然而，最重要的是18世纪，当时，欧洲国家从非洲运向新大陆的奴隶数量上升至650万左右（而在1501年以后的两个世纪中，奴隶总人数为仅215万人左右）。此外，仅英国贩卖的奴隶数量（运输途中死亡的除外），就达255万～290万左右；而在1501年至1700年期间，英国仅贩卖了43万左右的奴隶。[51]到21世纪，英国对西非出口的棉纺织品约占其出口总额的2/3。[52]其中大部分是转口的印度棉纺织品。实际上，印布棉纺织品成了欧洲人在非洲交换黑奴的主要媒介（英国人、法国人更是如此），它也是“大西洋奴隶贸易的关键”。[53]

具体而言，18世纪上半期，在英国出口到西非的棉纺织品中，约有90%是转口的印度棉纺织品，而英国制造的棉纺织品仅占10%。[54]当然，在18世纪下半期，英国制造的棉纺织品和亚麻织品出口到西非时通过“转口替代”[55]的方式，极大地缩小了与印度棉纺织品转口贸易的差距，但从1751年到1807年，英国产品占出口总量的46%，而印度棉纺织品的转口量约占出口总量的54%，说明印度棉纺织品占主导地位的情况从根本上并未改观。[56]此外，还有一个不可掩盖的事实，即由于奴隶价格的上涨和印度转口贸易规模的继续扩大，18世纪下半叶，英国与西非的绝对/名义贸易规模比上半叶增长近4倍，而实际贸易规模增长了近3倍。

按实际价值（即占英国国民收入的比例）计算，英国每年转口到非洲的印度棉纺织品从1699—1748年的约0.7%上升至1749—1789年的0.9%，并在1790—1800年达到峰值（1.9%）。[57]正如柯蒂·乔杜里所总结的，“新市场的开拓和基于非洲奴隶劳动新型生产方式的兴起，创建了欧洲、西非和美国之间著名的三角贸易，从而为印度的棉纺织品提供了持续两个多世纪的出口渠道”。[58]尽管人们普遍认为，19世纪上半叶英国棉布已在西非市场上取代了印度棉纺织品，[59]但小林和雄（Kazuo Kobayashi）的档案研究显示，直到1850年左右，印度棉纺织品

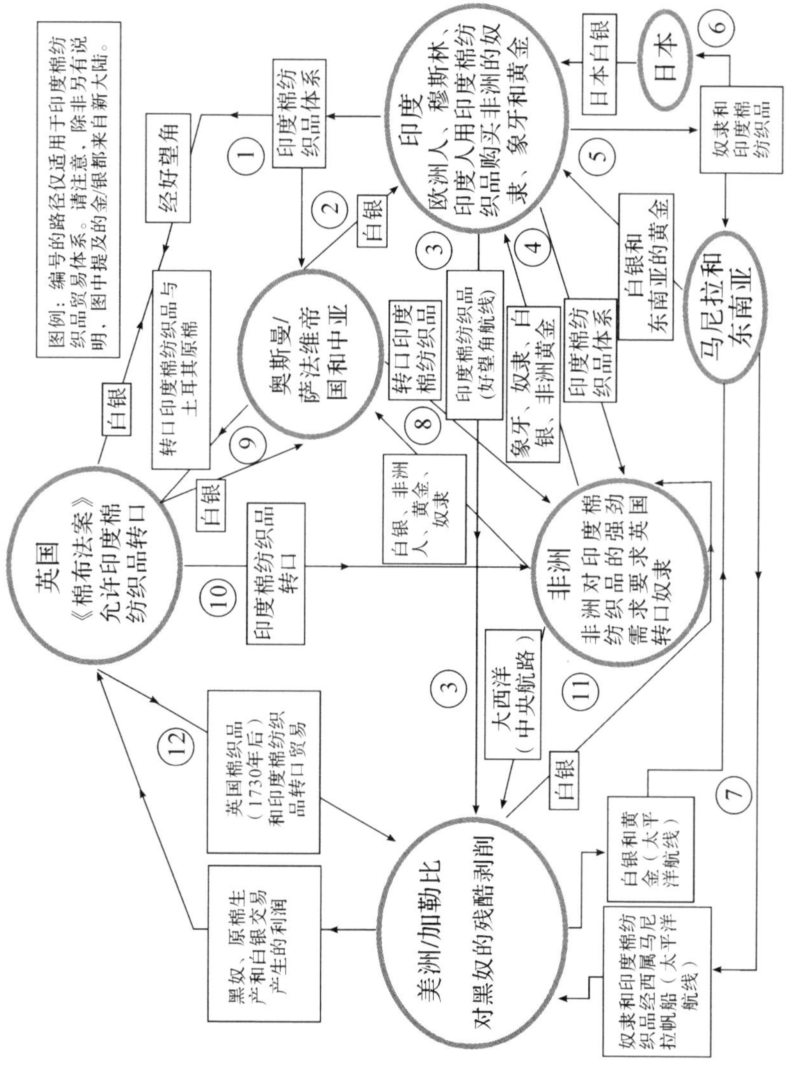

图 3.2 印度棉纺织品在 12 条全球“超级商品链”中的地位

一直都非常受西非消费者欢迎，而且这并不能掩盖直到20世纪印度的卡奇（Kachchhi）商人一直向东非大量销售印度棉纺织品这一事实（参见第十三章）。正如小林所指出的，我们还需要考虑法国人向西非转口大量印度棉纺织品的情况。[60]

然而，印度棉纺织品与大西洋奴隶贸易之间的故事还有另外一个层面，因为标准的崇欧主义叙事只关注西非海岸奴隶贸易的情况，而忽略了东非海岸奴隶贸易的重要性。佩德罗·马查多（Pedro Machado，印第安纳大学伯明顿分校副教授）生动地讲述了故事的另一面。[61]尤其讲述了巴西和葡萄牙商人从莫桑比克购买奴隶，然后将他们运回南大西洋的整个过程。最初，印度古吉拉特邦的瓦尼亚（Gujarati Vāniyā）商人在贩卖黑奴中扮演了重要的角色，而在17世纪50年代到大约1840年这段时间，他们的角色被古吉拉特邦的卡奇商人所取代（在第十三章将展开讨论），由此可见印度结构性力量的重要作用。欧洲的奴隶贩子用新大陆的西班牙银元（皮亚斯特币和澳门币）在印度购买棉纺织品后，运到非洲莫桑比克，然后再用这些棉纺织品交换奴隶，最后通过大西洋把这些奴隶贩卖到巴西。反过来讲，印度商人之所以能将莫桑比克的黑奴贩卖到巴西，是因为在古吉拉特邦存在着一个充满活力的白银市场，而该市场反过来又源于印度棉纺织品出口的结构性力量，因为正是棉纺织品的出口才使得白银源源不断地流入印度，而大部分白银最后都落在了苏拉特（Surat，古吉拉特邦首府所在地）。在那里，职业银行家们（sarrāfs）以白银结算并从事汇票（hundīs）贴现业务。所有这些反过来又创造了更多的资源，为印度洋体系中更多的印度棉纺织品贸易提供了资金支持。值得注意的是，葡萄牙人也在印度做奴隶转口贸易，他们先把奴隶运到马尼拉，然后再将他们赶到西属马尼拉的帆船上运往南大西洋。此外，葡萄牙人还通过开普敦和大西洋从印度直接向巴西出口印度棉纺织品。[62]总之，印度棉纺织品的全球流动促成了臭名昭著的“大西洋三角贸易体系”的形成。

印度棉纺织品贸易体系也有其阴暗的一面，我们应该深思。正如马查多所指出的，印度人不仅用棉纺织品购买了大量象牙，[63]而且还贩卖了少量非洲奴隶（正如我在第四章中讨论的）。马查多告诉我们，在1800年至19世纪30年代，虽然象牙贸易的规模有所缩小，但为换取印度棉纺织品，仍有约1400吨象牙被出口到印度。[64]这意味着大约有11000头非洲大象难逃被猎杀的命运。据马查多估计，在瓦尼亚商人逗留在莫桑比克的那段时间里（约1750—1840年），约有2.6万～3.1万头大象死于非印之间的象牙贸易，这一数字十分可怕。[65]此外，据普雷索尔特讲，在1840年左右，象牙贸易再次兴起，这次是卡奇商人取代了当时的瓦尼亚商人，成为东非与印度象牙贸易的主要经营商。[66]值得注意的是，欧洲人并没有置身事外，而是进行了大量的东非象牙贸易。在1840年，欧洲人向欧洲出口了约280吨象牙；而在1875年，则出口了多达800吨象牙。[67]

所有这些都意味着，我们不同意伊曼纽尔·沃勒斯坦那个广为人知的观点，即他不承认“亚非洲商品交易可以支撑像大西洋贸易体系这样一个巨大的产业”[68]，因为印度棉纺织品是非洲奴隶贸易和大西洋贸易体系双重商业、金融基础的重要组成部分。而且，与沃勒斯坦的设想不同的是，欧洲人直到1750年才开始将自成一体的“独立”亚洲经济体纳入新兴的全球经济中，[69]很显然，太平洋、印度和大西洋早在1500年以后就以印度棉纺织品为纽带紧密地结合在一起了，当然，全球白银交易体系也发挥了一定的作用。正因如此，乔治·里埃洛（Giorgio Riello，英国华威大学历史学教授）将大西洋体系描述为四边形或“菱形”，[70]而印度是第四条边。

但是正如图3.2所示，印度棉纺织品贸易体系的12条边直接与全球白银交易体系的16条边相交，这一点与我前文解释的相符。追溯图3.2所标识的数字，我首先注意到，第一条航线是英国东印度公司为得到新大陆的白银，通过开普敦将印度棉纺织品运到英国。第二条航线是印度人直接将棉纺织品出口到中东或西亚。在此交易渠道中，印度商人及亚洲其他国家的商人是印度棉纺织品的主要分销商，新大陆的白银从中东或西亚流入印度；第三条航线是葡萄牙商船从印度的果亚直达巴西。印度商人常常随船而行，因为巴西对印度的棉纺织品，尤其是非洲奴隶的需求强劲。第四条航线是印度人直接将棉纺织品出口到东非，以换取非洲的黄金、新大陆的白银以及非洲的奴隶（又称黑檀木）和象牙；第五条航线是印度棉纺织品被出口到东南亚，新大陆的白银和东南亚的黄金流入印度；第六条航线是印度的棉纺织品被出口到日本，日本的白银流入印度；第七条航线是西班牙殖民者将印度的棉纺织品和非洲奴隶从马尼拉运往南美；第八条航线是穆斯林商人将印度的棉纺织品从西亚转口至非洲，非洲的黄金、黑奴和象牙回流到西亚；而第九条航线是穆斯林商人从西亚转口印度棉纺织品到欧洲，新大陆的白银流向西亚。最后，第十至第十二条航线是我们所熟悉的三角贸易体系路线。第十一条航线是欧洲人将非洲黑奴经大西洋中间航线出口到加勒比海和美洲；第十二条是最后一条航线，英国人将印度棉纺织品（1730年以后是英国棉纺织品）转口至新大陆，换回奴隶生产的原棉、白银和各种消费品。

有鉴于此，有两点值得我们注意。第一点，我曾经提到，中国和印度是全球白银交易体系的重要推动力量。在此，我注意到了帕塔萨拉蒂的观点，他很好地总结了我的全部主张：

> 他认为，中国吸收了大部分在亚洲流通的白银这一说法……是不正确的。直到19世纪，印度次大陆仍然不仅是白银的主要进口地，而且还是黄金、铜、玛瑙贝和奶酪的主要进口国。由于印度的棉纺织品在世界各地市场上非常畅销且供不应求，因此，大量的黄金流入印度。其结果是，印度次大陆资金充裕，并在16世纪末出现了经济高度商业化的局面。[71]

正如我前文指出的，虽然中国吸收了新大陆约30%的白银，但印度的吸引力也并不弱，它吸收了约20%的新大陆白银（扣除转口到中国的数量）。[72]第二点，值得注意的是，尽管中国吸引的新大陆白银比印度多，但处于全球白银交易体系中心的最重要的贸易产品仍然是印度棉纺织品。正因如此，全球白银交易体系与印度棉纺织品贸易体系相互构成，无法分离。这揭示了由于市场对印度棉纺织品需求巨大，印度的商业资本家通过控制全球市场获得了结构性力量。归根结底，印度结构性力量主要来自可以充当全球货币的印度棉纺织品的可兑换性，这意味着印度棉纺织品的影响力远远超出了其本身在市场上的主导地位。在这种情况下，我开始思考印度棉纺织品全球超级商品链如何融入其他全球生产/商品链，这些全球生产/商品链不仅是第一次经济全球化的中心，还推动了英国工业化的发展以及第二次经济全球化的兴起（我在本书的第三至第五部分将阐述这些内容）。

印度结构性力量与繁杂的印度棉纺织品全球超级商品/超级生产链（二）：使全球生产成为可能

著名的印度贸易史学家奥姆·普拉卡什（Om Prakash）曾说，“如果说在18世纪印度洋的贸易中有一种商品占主导地位的话，那就是印度棉纺织品”。[73]贝弗利·莱米尔（Beverly Lemire）将其描述为“第一种全球性消费品”，[74]而大卫·沃什布鲁克（David Washbrook）则将印度称之为“世界棉纺织工厂”。[75]尽管人们经常认为中国的茶叶、丝绸、丝织品和瓷器是全球主导商品，但事实是

> 印度棉纺织品不仅是亚洲（以及非洲和欧洲）对外贸易中需求最稳定、最持久的商品之一，而且经过精心设计，还可以满足不同（非洲—欧亚）市场的特殊需求。印度棉纺织业的适应性和产品的惊人差异性是创造不同区域市场的两大因素。从这个角度来看，它在亚洲制造业中独树一帜。[76]

与之不同的是，中国的丝绸以及中东的地毯、小毛毯和金属制品等产品的适应不同区域市场的能力比较差，因此无法与印度的棉纺织品相

提并论。最重要的是，印度棉纺织品已形成了一种繁杂的全球“超级商品链”，因为它们通过其通用货币的功能，促成了一系列其他的相互关联的全球商品/生产链的出现。那么，这一切又是如何发展起来的呢?

正如我前文所解释的，印度棉纺织品的第一个重要影响是促成了金银、烟草、咖啡、糖、可可、茶、朗姆酒以及瓷器在全球范围内的复杂流动。在18世纪，欧洲从中国进口的茶叶越来越多，其进口额从占欧洲各国东印度公司进口总量的1%上升至年均15%（1730—1760年）和30%（1761—1834年）。[77]此外，英国东印度公司从中国进口的茶叶占其中国进口量的81%（1760—1795年）。[78]为了给中国茶（通常是廉价的武夷山红茶）增添一些甜味，英国从西印度群岛（17世纪40年代开始从巴巴多斯，后来又从牙买加）进口了大量蔗糖，这反过来又把中国的茶叶与大西洋体系间接地联系在了一起。再次引用柯蒂·乔杜里的话说：

> 18世纪初欧洲人饮茶习惯的养成，表明他们接受新产品的速度相当惊人。茶叶的普及，很容易使人拿其与17世纪欧洲普及印度棉纺织品相提并论。茶和糖的互补性可能解释了胡椒在欧洲人家庭预算中相对下降的原因。西印度群岛种植园蔗糖供应量的增加和种植成本的下降，为欧洲人大规模消费茶叶提供了条件。[79]

实质上，中国茶叶、西印度蔗糖（除爪哇糖外）和加勒比海（以及爪哇和也门摩卡）咖啡很快便被中国的瓷器和仿制中国的荷兰代夫特陶器所取代，从而引发了18世纪欧洲的“消费革命”。所有这些反过来又通过“消费革命”以及随之而来的“工业革命”（在第七章和第九章我将提及）推动了英国的工业化进程。

关键是，上述商品的全球流动在很大程度上是以印度棉纺织品为基础的，因此，新大陆的商品是奴隶主通过残酷地剥削非洲黑人奴隶生产出来的，而欧洲人又用转口至非洲的印度棉纺织品来购买这些非洲黑人奴隶，而这些棉纺织品则是通过欧洲人用掠夺来的西属美洲白银从印度采购的。这意味着，印度棉纺织品独特的可兑换性催生了加勒比海以及北美原材料的全球生产链。所有这一切都进一步深化了第一次经济全球化。

英国保险资本家的案例说明了印度棉纺织品所导致的全球化程度的不断深化。保险资本家的主要商业活动是销售保险单，其保险范围涵盖加勒比海和美洲黑奴贸易以及黑奴生产的全过程（我在第九章中将对其进行阐述）。他们身穿着印度棉布服装，经常光顾伦敦的劳埃德咖啡馆（Lloyds）销售保险。在咖啡馆，他们抽着加勒比海香烟，用中国瓷器喝加了来自加勒比或爪哇的糖的咖啡。有时也会去斯伯丁协会（Spalding Society，成立于1710年）参加会议，会议通常在斯伯丁当地的一家名为“Youngers”的咖啡馆里进行，艾萨克·牛顿爵士（Isaac Newton）也会莅临现场。协会条例规定：“主持当日会议的协会主席应该坐在火炉旁，桌上放着足够多的咖啡（加勒比海咖啡，也可能是摩卡或爪哇咖啡）、一壶（中国）武夷茶”、“12根干净的烟斗和一盎司上好的（加勒比海）烟叶”、一本拉丁语词典、一本希腊语词典和一个夜壶（可能是中国瓷器或荷兰仿造中国的代夫特陶器）”。[80]总之，正如斯文·贝克特（Sven Beckert）所言：“来自印度的棉花、非洲的奴隶和加勒比的蔗糖，就像跳着复杂的商业舞蹈一样穿越地球。”[81]其结果正如弗林和吉拉德斯所言，“在18世纪的欧洲，甚至连喝一杯茶或一杯咖啡这样的普通行为……都表明了世界人口稠密的各大陆之间的联系进一步加强了”。[82]但关键是，正是印度棉纺织品的结构性力量才使这种相互依存成为可能。最后，值得注意的是，印度棉纺织品所衍生出来的结构性力量对世界各国产生了变革性影响，但这种影响极不平衡。有趣的是，印度的棉纺织品对其他国家的生产力也有一定的推动作用，至少在最初阶段如此。为发展本土的“蜡染”产业，东南亚各国开始仿制印度的棉纺织品，[83]而奥斯曼帝国[84]和非洲也是如此。[85]

随着时间的推移，印度结构性力量开始对世界上绝大多数纺织品生产国形成了挑战，而受冲击最大的是欧洲。印度棉纺织品给英国带来了重要的机遇和挑战。英国的生产商和发明家开始模仿印度的产品和技术，进而推动了棉纺织品工业化的发展（正如我在第十章中所解释的）。总之，正如里埃洛所言，在第一次经济全球化的大部分时间里，各国之间的贸易关系是互补的，而非竞争的关系。[86]而且，最重要的是，尽管在1800年前源自印度棉纺织品的结构性力量在全球市场上占据主导地位，但与各国经济水平差异较大的“第二次经济全球化”相比，第一次经济全球化是一个各国经济水平的差异并不太明显的贸易体系。但我们还需要注意印度棉纺织品的另外一个作用，即其创造了大西洋和印度洋奴隶贸易体系。

大西洋奴隶贸易的区域化：揭开全球性的大西洋和印度洋体系中的七边形奴隶贸易体系之面纱

当然，我们习惯于认为非洲黑人奴隶贸易体系是一个独特的三角贸易体系，与大西洋贸易体系是不同的，而且，大西洋贸易体系又是建立在“无情的欧洲超级主动行动者与非洲受害者”二元结构之上的。埃里克·威廉姆斯曾在其经典马克思主义著作《资本主义与奴隶制》中提出了这一观点，[87]沃尔特·罗德尼也在其（崇欧主义）马克思主义名著《欧洲如何使非洲欠发达》中也提到过该观点。[88]然而，虽然大西洋奴隶贸易在诸多方面（正如我将在第八章和第九章中所解释的）直接与间接促进了英国工业化的发展，但印度洋的非洲奴隶贸易也非常活跃。[89]可惜几乎没有人注意到这一点，或者即使崇欧主义者已认识到了这一点，也会把它粉饰得面目全非。

印度结构性力量与繁杂的印度棉纺织品全球超级商品/超级生产链（三）：西亚人和印度人在非洲的奴隶贸易

虽然穆斯林在公元711—1492年统治西班牙安达卢斯（Al-Andaluz）期间也一直在进口黑奴，但是西亚穆斯林从事非洲奴隶贸易的时间是在

7—20世纪初，比大西洋的奴隶贸易开始得早，结束得晚。此外，大西洋奴隶贸易还有第三种形式，即印度奴隶贸易。前两种奴隶贸易形式是非洲与美洲之间的直接奴隶买卖和西亚的奴隶转口贸易。[90]从公元8世纪起，印度人开始从事奴隶贸易活动，最初他们从事的是埃塞俄比亚奴隶贸易运输活动。在德里苏丹国（1206—1526年）时期，印度的奴隶贸易进一步发展了起来。当时，阿比西尼亚（Abyssinia，埃塞俄比亚的前身）的奴隶被贩卖到印度的北部和锡兰，人们把这些奴隶叫作哈布什（Habshīs）。

在15世纪的最后25年，印度人将这些奴隶贩卖到孟加拉的王宫当宦官或孟加拉国的军队中当兵，也有一些奴隶被卖到印度中部的德干高原和印度西北部古吉拉特邦的陆军和海军中服役。[91]这种情况在1526年后的莫卧儿帝国继续存在，[92]但更多的奴隶被卖给私家为奴。[93]不过，欧洲人也在亚洲从事奴隶贸易，葡萄牙人和英国人将非洲奴隶卖到印度，荷兰人则将少量的非洲奴隶运输贩卖至东南亚。[94]根据理查德·艾伦（Richard Allen）的说法，在1500至1850年间，欧洲人向印度洋地区贩卖了约50万名奴隶，[95]而据马查多估计，葡萄牙人平均每年向该地区贩卖125至150名奴隶。[96]

最后，奴隶贸易还有第四种形式，即非洲内部的奴隶贸易，这种贸易比西亚奴隶贸易还要早约9个世纪。尽管如此，非洲内部的奴隶贸易体系远远不及大西洋奴隶贸易体系那么邪恶，实际上，奴隶在“内部贸易中往往与普通的农民一样，因为他们实际上与欧洲的自由佃户和雇佣工人所扮演的角色相同”。[97]这就意味着，当我们谈起非洲内部的奴隶贸易时，不能把它与欧洲控制下的大西洋奴隶贸易体系混为一谈。虽然后殖民主义者和马克思主义者关注的是西半球欧洲、西非和新大陆之间的大西洋“三角贸易体系”，但在东半球，这一贸易体系也似乎镜像般地反映在印度洋三角贸易体系中。印度洋三角贸易体系将东非、西亚和印度联系在了起来。

需要注意的是，在图3.3中我省略了荷兰人在东南亚贩卖奴隶的布局情况，这并不是为了掩盖荷兰人犯下的罪行，而是因为荷兰人贩卖奴隶的数量与西亚穆斯林相比非常少，几乎可以忽略不计。因此，如图3.3所示，图中存在的不是一个而是两个三角黑奴贸易体系。然而，总的来讲，印度洋非洲奴隶贸易体系是七边（角）形贸易体系，因为它有七条边。葡萄牙人就是沿着该体系将非洲奴隶从印度的果亚转口至菲律宾的马尼拉，然后再通过西属马尼拉的帆船横渡太平洋运往新大陆的。[98]而且，由于印度棉纺织品是购买非洲奴隶的主要支付手段（在1500—1800/1900年尤其如此），所以东、西半球的两个奴隶贸易体系存在着联系。奴隶贸易已经覆盖了全球。即使印度洋非洲奴隶贸易体系只有七条边，但它因为印度人奴隶贸易的存在而变得更加复杂。[99]此外，印度人还将非洲奴隶出口到中亚和中东地区（在图3.3中，我也进行了标明）。

因此，实际上印度洋奴隶贸易体系要比大西洋体系（崇欧主义者将非洲内部奴隶贸易与大西洋奴隶贸易混为一谈）复杂得多。[100]事实上，崇欧主义者似乎对非洲内部的奴隶贸易视而不见。因为大西洋贸易体系既不是独立的体系，也不是只由英国人及其他欧洲人所创造的，而是嵌入在印度人和穆斯林以不同方式发挥着重要作用的复杂的七边（角）形印度洋奴隶贸易体系中。

因此，如前所述，拥有结构性力量的印度人在为奴隶贸易提供融资方面发挥了至关重要的作用，尤其是在为印度棉纺织品出口提供融资方面。此外，从根本上来说，印度洋奴隶贸易体系是十二边形印度棉纺织品贸易体系中的一部分（如图3.1和3.2所示）。当然，保罗·吉尔罗伊（Paul Gilroy）在他的开创性后殖民主义著作《黑色大西洋》（*The Black Atlantic*）中通过揭示非洲、美洲如何与欧洲/英国文化融合在一起，从而产生了某种超越其原本成分的东西，为打破大西洋体系单一结构提供了很好的素材。[101]这种去大西洋体系中心化运动是受后殖民主义影响的学者们推动的，[102]而令人印象深刻的是，穆斯林和印度人在非洲奴隶贸易中扮演了多重角色。因此，我们需要进一步认识到大西洋贸易体系是一个

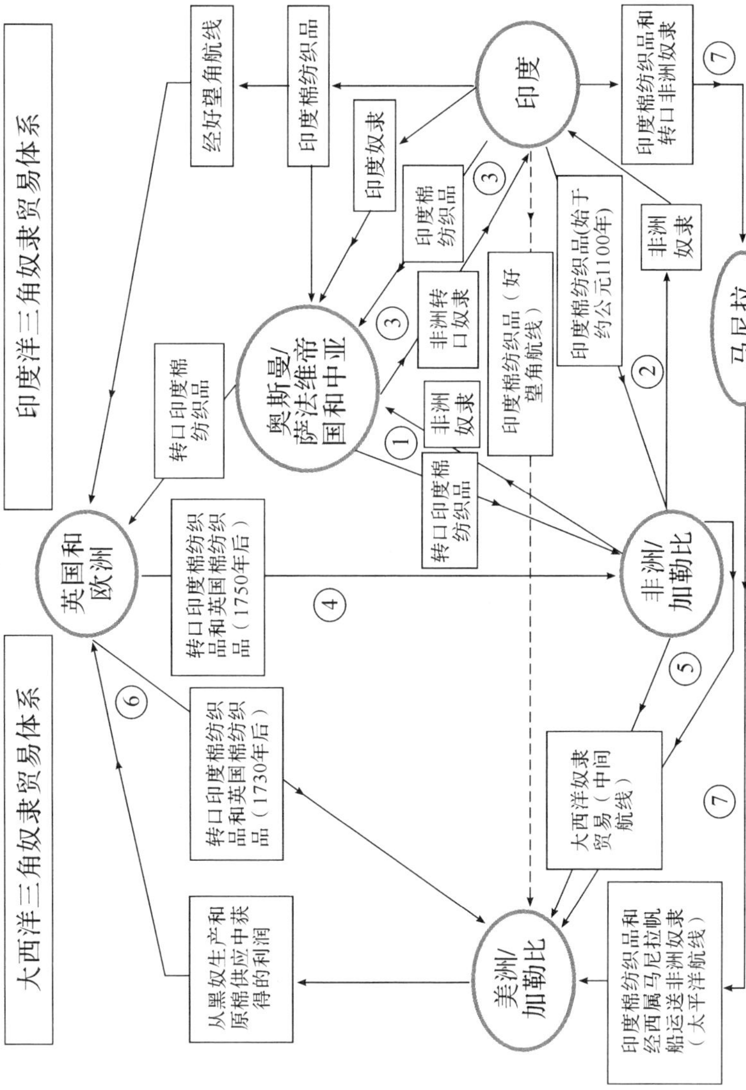

图 3.3　七边形（七角形）非洲奴隶贸易体系

“棕色”和“黑色”皆备的大西洋奴隶贸易体系。

然而，虽然我一直在尽力揭示黑人奴隶贸易的非欧洲情状，但欧洲拜物者认为我在后殖民时代的“重现之旅”中迷失了方向。因为他们试图淡化或完全否定非欧洲人贩卖黑奴的事实。著名的后殖民马克思主义学者W. E. B. 杜波依斯（W.E.B.Du Bois）在其名著《世界与非洲》（*The World and Africa*）中也是如此，虽然我认同他的著作中的大部分观点，但他对西亚奴隶贸易的排除或弱化倾向比较明显。他在书中虽然也承认西亚奴隶贸易的存在，但甚少提及。罗德尼和戴维森他们的著作中也是如此。[103]杜波依斯也曾以多种方式淡化非欧洲奴隶贸易。例如，他声称西亚奴隶贸易并“没有贩卖多少黑奴”；[104]而当他用一章的篇幅来介绍非洲的亚洲人（和穆斯林）时，他对西亚的奴隶贸易只是持非常温和的批评态度。[105]

最奇怪的是，他竟声称“阿拉伯人对奴隶的掠夺自始至终都不过是英国人和美洲人奴隶贸易的附带结果……奴隶贸易是基于美洲对象牙的需求产生的”。[106]通过这种方式，他将西亚奴隶贸易的数量降至19世纪桑给巴尔和阿曼苏丹国统治时期的水平。同时，他又认为奴隶贸易是西方资本主义制度的需要。罗德尼也如此认为。[107]同样，巴兹尔·戴维森（Basil Davidson）也声称，虽然跨越撒哈拉大沙漠至非洲东海岸的奴隶贸易规模不大，“但19世纪40年代以前的印度洋或非洲东海岸的奴隶贸易规模甚至更小”。[108]所有这些都意味着，崇欧主义者否认西亚从7世纪开始就存在着奴隶贸易。

除18世纪70年代至20世纪初约有100万～200万黑奴被贩卖至桑给巴尔这一事实外，崇欧主义者概不承认7至20世纪穆斯林向亚洲贩卖了大约1100万～1400万非洲奴隶。[109]值得注意的是，虽然印度洋奴隶贸易的时间要比大西洋奴隶贸易的时间长得多（约长4倍），在印度洋奴隶贸易体系中交易的奴隶数量至少在大体上应与大西洋奴隶贸易体系中交易的交易数量持平，但越来越多的人认为，在印度洋奴隶贸易体系中交易的奴隶数量可能比在大西洋奴隶贸易体系中的还要多。[110]此外，虽然有很多被俘的非洲奴隶死于被运往大西洋沿岸的旅程中，但也有许多奴隶在被运往西亚和印度以前死于穿越撒哈拉大沙漠或沿尼罗河而上至非洲东海岸的陆上“中间通道”上。[111]此外，在1500—1900年，从非洲出口的奴隶大约有1800万，但只有1100万被运往大西洋经济体，余下的700万奴隶被运往印度洋或撒哈拉大沙漠东部的奴隶市场。[112]

因此，崇欧主义者对穆斯林贩卖黑奴历史的否定，意味着在公元700—1900年，被穆斯林贩卖的1100万～1400万非洲成年男女和儿童的历史在我们的历史记忆中被隐瞒了。虽然被印度人贩卖的非洲奴隶的数量并不多，但将这些奴隶从我们的历史记忆中抹去同样也是可悲的。例如，在公元900—1100年间，穆斯林通过跨撒哈拉大沙漠的贸易路线向西亚输入了约174万黑奴，随后约有20万黑奴被转口到印度。[113]总之，我认为有一件事情比西亚和印度的非洲奴隶贸易悲剧更可悲，那就是在奴隶贸易结束几十年后将其颠倒并加以否认。此外，当我们面对非洲内部奴隶贸易这样一个重要事实而保持沉默时，这种沉默同样是令人震惊的。到1850年，非洲内部奴隶贸易的数量（可能达1000万）超过了美洲的奴隶数量，[114]尽管非洲内部的奴隶贸易不如西亚奴隶贸易和我之前提到的大西洋奴隶贸易那么盛行。

当然，问题的关键是，为什么三位真正关心非洲人民福祉的世界知名的非洲问题专家却在很大程度上选择掩盖非欧洲人进行的奴隶贸易？或者换句话说，为什么“反种族主义者”拒绝承认非西方国家参与了经济全球化？问题的根本回答是，崇欧主义者之所以选择忽视非西方主动行为者的作用是因为他们害怕在后殖民时代受到被殖民者的控诉。因此，他们几乎将所有的焦点都聚集在欧洲人和大西洋奴隶贸易上。为解决这一问题，我会在第四章中讨论除印度和伊斯兰教世界的主动行为者之外的棘手的非洲主动行为者问题（包括非洲奴隶贸易的内部和外部）。

注释

[1] 最著名的是Frank (1998)。

[2] Chaudhuri (2006: 16–17), Pomeranz and Topik (2006: 234), Prestholdt (2008), Davidson (2012), Riello (2013: 90), Machado (2014) and Kobayashi (2019).

[3] Abu-Lughod (1989) and Frank (1998: 67, 70).

[4] Hobson (2004: ch. 2), Chaudhuri (1985) and Beaujard (2019).

[5] Abu-Lughod (1989).

[6] 参见Flynn and Giráldez (2006: 244)。

[7] Christian (2004: 364–5).

[8] Flynn and Giráldez (1995a, 1995b, 2004, 2006, 2008), von Glahn (1996a), Frank (1998), Pomeranz (2000) and Marks (2002).

[9] Atwell (1982: 72) and Flynn and Giráldez (1995a).

[10] Flynn and Giráldez (2004: 83, 2006). 参见de Vries (2003: 77) and Zhao (2013: 3–4)。

[11] Flynn and Giráldez (2006: 235).

[12] Chaudhuri (2006: 512) and Frank (1998: 74).

[13] Deng (2008: 321).

[14] Barendse (2002: 219–20).

[15] Frank (1998: 67, 115–17, 127–8, 143–9, 175–8, 185) and Flynn and Giráldez (2008: 377–8).

[16] Arrighi et al. (2003: 273).

[17] Frank (1998: 111–17) and Flynn and Giráldez (1994, 1995b). See also Hamashita (1994) and von Glahn (1996a: 231–2).

[18] Pomeranz (2000:161.)

[19] Frank (1998: 74–5), Flynn and Giráldez (2008: 373)；另见Chaudhuri (2006: 153–60)。

[20] 另见Hamashita (1994)，von Glahn (1996a, 1996b)，Arrighi et al. (2003: 273) and Pomeranz and Topik (2006: 91)。

[21] 另见Qian (1985: 10)；也见Zhang Shizhi (2020: ch. 2)著作中提及Qian的

报告中的数据。

[22] Parthasarathi (2011: 46–50).

[23] 同上，(48-9)。

[24] Moovsi (1987: 49).

[25] 见Zhang (2020: ch. 2) and Vries (2015: 267)。

[26] de Vries (2003: 80–1).

[27] Roberts (1985) and Vries (2015: 373–6).

[28] Zhao (2013: 4).

[29] Frank (1998: 158–64) and Zhao (2013: 3–4).

[30] Ray (1995: 464).

[31] Frank (1998: 153–64). 另见Hui (1995: 53)。

[32] Chaudhuri (2006: 159).

[33] Hui (1995: 54–5) and Flynn and Giráldez (1994).

[34] Atwell (1982), Flynn and Giráldez (1995a, 1995b), von Glahn (1996b: 432–6), Frank (1998: ch. 3) and Chaudhuri (2006: 153–80).

[35] Flynn and Giráldez (1995a: 75).

[36] Chaudhuri (2006: 182).

[37] Williams (1944/1964: ch. 3).

[38] 见Lovejoy (1989: 372–3) and Eltis (2019)。

[39] Rodney (1972/2012: 96). 另见Davidson (1992: 219–20)。

[40] Klein (1999: 130).

[41] Wright (2007: 83).

[42] Williams (1944/1964: 51–2).

[43] 见Davidson (1992: 222–3), Rodney (1972/2012: ch. 4) and Whatley (2017)。

[44] Klein (1990).

[45] 有关“枪支一奴隶循环”贸易理论更多评论，请见Thornton (1998: chs. 3–4) and Northrup (2009: 96–105)。

[46] See Klein (1999: 86–7) and Northrup (1998: 201).

[47] Frank (1998: 136–7) and Klein (1999: 111–14).

[48]　Klein (2004: 218, 1999: 87–8) and cf. Northrup (2009: 86).

[49]　关于印度棉纺织品在西亚奴隶贸易中的作用，尤见Ray (2004: 22–4), Vernet (2009) and Davidson (2012: 4–12)。注意穆斯林也曾用马尔代夫贝壳购买过非洲奴隶；见Reader (1998: 386–90) and Klein (1999: 111–14)。

[50]　Parthasarathi (2011: 24–5).

[51]　较小的数字源自跨大西洋奴隶贸易数据库，网址：www.slvevyages.org/assessment/estimates，而较大的数字来自Inikori(2002：237)。其他人估计的中位值约为270万，如Klein (1999: 208–10)。

[52]　Kriger (2009: 123).

[53]　Parthasarathi (2011: 24). 另见See also Wadsworth and de Lacy Mann (1931: 148–61), Kriger (2006) and Kobayashi (2019: ch. 3).

[54]　Johnson (1990: 28–9, 54–5).

[55]　Riello (2013: 147–51).

[56]　源自Inikori (2002: 444)的计算。

[57]　Johnson (1990: 54–5) and Inikori (2002: 444)提供的数据以英镑计。

[58]　Chaudhuri (2006: 277).

[59]　例如，Inikori (2002: esp. 444)。

[60]　Kobayashi (2019: ch. 2).

[61]　Machado (2014: ch. 5).

[62]　另见Datta (2008)。

[63]　Machado (2014: ch. 4).

[64]　同上，(204)。

[65]　同上，(207)。

[66]　Prestholdt (2008: ch. 3) and Machado (2014: 268–76).

[67]　Nicolini (2012: 123).

[68]　Wallerstein (1974: 41–2).

[69]　Wallerstein (1989: ch. 3).

[70]　Riello (2013: 148).

[71]　Parthasarathi (2011: 50), 我认同其观点。

[72]　同上，(46–50)。

[73] Prakash (2009: 160)，另见Parthasarathi (2011: 26) and Riello (2013: 25).

[74] Lemire (2009: 226).

[75] Washbrook (2007: 87).

[76] Chaudhuri (2006: 205).

[77] 据Bowen (2007) and Chaudhuri (2006: 538–9)计算。

[78] Vries (2015: 371).

[79] Chaudhuri (2006: 385).

[80] 引自Uglow (2003: 5)。

[81] Beckert (2015: 46).

[82] Flynn and Giráldez (2008: 379).

[83] Hall (1996: esp. 106–20).

[84] Gekas (2007) and Parthasarthi (2011: 115–25).

[85] Lovejoy (1983), Kriger (2005, 2006), Northrup (2009: 90), Klein (1999: 124), 并且参见Machado (2014: 136–8)。但参见Rodney (1972/2012) and Inikori (2009)。

[86] Riello (2013: 33).

[87] Williams (1944/1964).

[88] Rodney (1972/2012).

[89] Campbell (2004).

[90] Machado (2014: ch. 5) and Vernet (2009: 48).

[91] Machado (2014: 213).

[92] Jayasuriya and Pankhurst (2003).

[93] Clarence-Smith (2013).

[94] Vernet (2009: 51) and Mbeki and van Rossum (2017).

[95] Allen (2010: 64).

[96] Machado (2014: 215).

[97] Thornton (1998: 87).

[98] Machado (2014: 214).

[99] Alam (1994: 207–8), Kolff (1990), Segal (2003: 71–6), Machado (2014: ch. 5) and Levi (2016: 102–15).

[100]　Most notably, Williams (1944/1964) and Rodney (1972/2012).

[101]　Gilroy (1993).

[102]　Thornton (1998, 2012) and Benjamin (2009).

[103]　Rodney (1972/2012) and Davidson (1992).

[104]　Du Bois (1946/2015: 69).

[105]　同上，(ch. 9)。

[106]　同上，(68)。

[107]　Rodney (1972/2012: 97).

[108]　Davidson (1992: 219).

[109]　关于最小数字，见Austen (1979: 66–8) and Lovejoy (1983: 24);关于最大数字, 见Segal (2003: 57) 和Gordon (1989: 13)，引自Raymond Mauny。

[110]　Larson (2007).

[111]　Hunwick and Powell (2002: 67–81).

[112]　Klein (1999: 129).

[113]　Wink (1988: 37).

[114]　同上。

第四章 非洲–印度轴心（二）：非洲、印度和西亚错综复杂的主动行为者及其力量

引言

在本章，我将通过探讨非洲、印度和西亚国家及其主动行为者在奴隶贸易中扮演的相关角色，进一步深化第三章最后一节的叙述。

本章共分两节。在第一节，我将基于奴隶贸易背景揭示与欧洲人有关的贩卖奴隶的非洲主动行为者，并通过阐述非洲主动行为者对全球经济的重大的结构性的影响，驳斥欧洲中心主义和批判性崇欧主义否认非洲人的能力和否定非洲主动行为者作用的倾向。同时，我对崇欧主义的观点提出了疑问，认为他们将黑人奴隶制的道德罪行全部归咎于欧洲人，并将非洲奴隶贩子描绘成西方列强的无辜受害者，否认了非西方主动行为者在经济全球化中的作用和影响力。因此，对忠于崇欧主义观点的读者来说，我的分析不仅能使他们相信大西洋奴隶贸易的存在，也有助于他们理解第一次经济全球化和第二次经济全球化的历史过程。在很大程度上也可以说，这是我对非欧洲中心主义观点的试金石。在此过程中，我也从玛克辛·伯格（Maxine Berg）的观点中汲取了灵感。她认为，

> 虽然伊曼纽尔·沃勒斯坦、萨米尔·阿明（Samir Amin）和……乔瓦尼·阿锐吉（Giovanni Arrighi）等历史建构主义者提出了中心—外围论，但并没有研究这些区域之间的联系，而是将焦点放在某些地区的全球统治霸权问题上，这种研究又回到了西方15世纪的商业资本主义阶段。[1]

在第二节中，我对崇欧主义进行了进一步的批评。我通过深入研究古吉拉特邦的瓦尼亚商人、非洲“产消者”（prosumer）和居住于非洲东海岸的斯瓦希里（Swahili）商人之间的关系，展开了对非洲和印度的全球性主动行为者主题的讨论。同时，我还分析了葡萄牙人如何从他们与瓦尼亚和巴蒂亚（Bhātiyā）商业金融资本家错综复杂的关系中获益。（斯瓦希里商人、瓦尼亚商人及巴蒂亚商人都是来自印度古吉拉特邦的商人，他们独立于殖民者葡萄牙人，独立地开展商业活动。——译者注）

非洲奴隶贸易中伊斯兰教世界、印度和非洲的主动行为者

本节包括两个核心主题。第一个主题揭示了非洲奴隶贩子在奴隶贸易中的主动行为者及其展示的力量；第二个主题则探讨了印度人和西亚穆斯林在印度和西亚奴隶贸易中的主动行为者及其展示的力量。

非洲奴隶贸易中的非洲“贩奴的主动行为者及其力量”

崇欧主义和欧洲中心主义二元论首先解释了为什么欧洲人能够以较低的价格买进大量奴隶，同时又以极高的价格将他们的产品卖给非洲人。欧洲中心主义二元论认为，非洲奴隶之所以“廉价”，是因为存在着压倒性、掠夺性的西方市场力量与天真、单纯的非洲受害者之间的二元对立。这种理论解释了欧洲人能够在18世纪购买大量非洲奴隶的原因。然而，欧洲商人与非洲奴隶贩子的行为却并不符合这种描述。[2]因为非洲内部奴

隶交易有着悠久的历史，可以追溯至公元前，而西亚在公元650年左右才出现了奴隶交易市场。这也意味着非洲奴隶主有能力和实力与（后来的）欧洲人进行平等的谈判，[3]并且有能力保卫自己市场的自主权，拒绝欧洲人强加给他们的条件，[4]并偶尔“通过扣押未获得贸易许可权的欧洲船只……迫使欧洲人屈服”。[5]

欧洲人本想把种植园建造在非洲而不是外包给新大陆，原因是他们想依靠在非洲掠夺的奴隶为他们免费劳动。但是，他们的行为被强大的非洲精英所阻挠，因为这些人拥有强大的军事力量，足以拒欧洲人于门外。此外，这些精英还有足够的军事实力，可以阻止欧洲人到非洲内陆抓捕奴隶，“事实证明，那儿的河道更适合土著们的军舰，他们有能力保护内陆河道”。[6]这意味着欧洲人除了用货币向奴隶主购买奴隶之外别无选择。[7]此外，为了在消费市场上购买奴隶，欧洲人不得不向非洲统治者送礼，履行诸如办理许可证、支付税收、租金及其他费用的义务。[8]所有这一切都意味着非洲统治者挫败了欧洲人在非洲捕捉奴隶的愿望，以至于欧洲人只能从他们手里购买奴隶，然后再把他们押往新大陆。

除了被迫向奴隶主购买奴隶外，让人困惑的是，“经验丰富的欧洲商人竟然对非洲人的贸易技巧毫不怀疑……的确，欧洲人经常抱怨他们购买的奴隶价格太高。”[9]因为在1700—1800年间，如果以不变价格或者除去物价变动后的价格（即实际价格）来衡量，奴隶的价格涨了5倍。[10]尽管在这个特定时期欧洲对非洲奴隶的需求十分旺盛，但这并不足以解释奴隶价格如此疯长的原因。因此，欧洲人开始意识到，除了与非洲奴隶主建立“伙伴关系”外别无选择（尽管他们只是初级合作伙伴），或者如大卫·诺斯鲁普（David Northrup）所称的“非－欧合资企业”。[11]

崇欧主义认为非洲奴隶主是没有主动行为能力的受害者的观点存在的重要问题在于，非洲奴隶主在大西洋奴隶贸易、穆斯林奴隶贸易以及印度和非洲的奴隶贸易组织中都扮演了极其重要的角色。因为在欧洲人来到非洲以前的7个世纪甚至16个世纪内，他们的奴隶贸易组织就已经存在，而且规模巨大。

为了确保安全押运奴隶，非洲奴隶贸易组织配备有大量的搬运工和武装车辆，主要是通过战争、突袭和绑架等手段抓捕奴隶。要想抓到奴隶，商业奴隶主“必须熟悉当地市场，具备与欧洲人进行贸易谈判的能力，同时他们还必须建立广泛的关系网，并从中获得融资，所有这些都需要经过长期的培训和广博的知识”。[12]关键是，如果没有这些完善的非洲基础组织，欧洲人也不可能在亟需的时候买到大量奴隶。早期欧洲与西非之间的大部分奴隶贸易……只是非洲内部的贸易转向了大西洋的一部分。[13]总之，欧洲人能够在18世纪将如此大量的奴隶运往新大陆，并不是因为奴隶廉价，而是因为强大、精通市场的奴隶主和非洲精英组成的庞大、复杂的非洲奴隶组织发挥了至关重要的作用。尤其重要的是，非洲人在1750—1840年与各种印度商人建立了伙伴关系，尤其是与瓦尼亚商人和卡奇商人。因为这些关系的核心是以奴隶交换印度的棉纺织品。

此外，非洲奴隶主、渔民家庭的男人、女人和儿童以及广大的非洲消费者（稍后我将解释）对棉纺织品的消费需求偏好都非常苛刻。正如我们所看到的，棉纺织品是他们交换奴隶的主要物品。这使他们再次成为市场上令人敬畏的价格谈判者。[14]的确，他们有能力根据对国际市场的充分了解，就欧洲商品或……他们最喜欢的亚洲商品与对方谈判……简言之，非洲奴隶主既不是市场的被动参与者，也不是对市场一无所知，他们能够在平等的基础上与欧洲人交易，并且已经很好地融入了市场经济中，能够像西欧各民族一样对市场需求做出反应。[15]

非洲的奴隶主从公元1100年起就一直在购买印度的棉纺织品。就像他们在与穆斯林商人数百年的奴隶贸易经历中磨炼了他们的市场谈判技巧一样，他们对印度棉纺织品的市场情况也了如指掌。[16]欧洲结构主义和崇欧主义者沃尔特·罗德尼认为，“欧洲国家……决定了非洲经济所要扮演的角色……就对外贸易而言，非洲依赖于欧洲人的供需”。[17]但事实证明，“非洲人也会通过拒收他们不喜欢的商品与欧洲人讨价还价，如果英国人未能仿造出来他们需要的某些商品，例如印度棉纺织品，他们会要求英国人放下身价去采购印度的某些特定产品”。[18]因为英国人面对的是“非洲奴隶主更喜欢印度棉纺织品而不是兰开夏郡面料”这一“令人难以忽视的事实”。简言之，非洲奴隶主在奴隶贸易中对欧洲人施加了相当大的影响。

重新审视非洲奴隶贸易中的主动行为者及其力量：直面欧洲中心主义和崇欧主义的“反种族主义式否认”

在非洲奴隶贸易的背景下，我将在本节中对欧洲中心主义和崇欧主义的观点提出疑问。我认为，欧洲中心论者的错误在于他们没有认识到大西洋奴隶贸易的恐怖性（以及奴隶怎样在推动英国工业化方面发挥重要作用，我将在第九章对此进行论述）。虽然欧洲中心主义学者阐述的“欧洲人贩卖奴隶的行为不应该受到道德谴责”的观点是错误的，但崇欧主义夸大欧洲人在非洲奴隶贸易中的作用，否认非洲、西亚和印度奴隶贸易的主动行为者在全球经济中发挥了重要的作用并展示了力量的观点也同样不正确。

然而，我的观点却激怒了许多反种族主义思想家，他们强烈反对我的观点。当然，那些信奉崇欧主义和反种族主义的读者可能会认为，我与里卡多·杜切斯（Ricardo Duchesne）等一些赤裸裸捍卫西方白人的人是沆瀣一气的、是危险的。因为杜切斯特别强调“穆斯林”在奴隶贸易中所起的作用，并将其作为洗刷欧洲人在大西洋奴隶贸易中的道德耻辱和开脱其罪责的一种手段。[19]因此，我将从两个方面对此展开论述：首先我将概述欧洲—大西洋奴隶贸易与西亚奴隶贸易的一些重要区别。

毫无疑问，欧洲人所操纵的“大西洋贸易体系”中的黑人奴隶贸易，用奥兰多·帕特森（Orlando Patterson）的话来说，就是一场肉体的和“社会性死亡”的悲剧，[20]与纳粹的犹太人大屠杀并无二致（就像我在其他地方所说的那样）。[21]的确，它确实配得上“非洲大屠杀”这一说法。我是以不偏不倚的观点来阐述这一事实的。大西洋奴隶贸易与西亚奴隶贸易的第一个重要区别是，在大西洋奴隶贸易中，奴隶像沙丁鱼一样被塞进欧洲的贩奴船；而穆斯林的单桅帆船装运的奴隶比较少，而且奴隶在船上有一定的活动空间。它们的第二个重要区别是，被贩卖到新大陆的奴隶的预期寿命只有7年；但在西亚和印度奴隶贸易体系下，奴隶们的寿命会比这长得多，并且还可能会拥有一定的资产。西亚和印度的奴隶制与欧洲的“动产奴隶制”（“动产奴隶制”指被奴役者在法律上属于奴隶主个人财产，可以作为动产进行买卖的一种奴隶制度。——译者注）的不同之处在于，西亚的某些奴隶有权在未来的某个时刻获得自由。[22]而被奴隶主性侵致孕的妇女，也有机会嫁给奴隶主，并由此获得巨大的权力和财富。此外，还值得注意的是，“阿拉伯语中的‘Mamlūk’一词（音译为‘马穆鲁克’），是‘被支配的’或‘奴隶’之意。马穆鲁克王朝是苏丹国的第一个王朝，该王朝的创始者曾经是在军队服役的奴隶，后因取得统治权而获得自由”（“马穆鲁克王朝”，因其创建人库特布丁·艾伊拜克出身奴隶，因此，又被称为“奴隶王朝”或“库特布沙希王朝”。——译者注）。[23]在西亚奴隶贸易中，甚至当宦官的奴隶也有机会升至高位。它们的第三个重要区别是，被贩卖到亚洲的奴隶普遍会成为富家的奴隶，而不像美洲奴隶那样仅仅被当作一种可消耗的生产要素。并且，女奴的数量是男奴的两倍，这正好与大西洋的奴隶贸易相反。最后，根据伊斯兰教的法律规定，奴隶不仅享有一定的权利，而且也被当作人看待。[24]总之，公平地说，西亚的奴隶贸易体系远没有大西洋的奴隶贸易体系那么邪恶。

接着，为回应崇欧主义否认非洲人和穆斯林从事贩奴的主动行为者在西亚奴隶贸易中的作用和力量的反种族歧视观点，我也将指出西亚奴隶贸易的黑暗面。与欧洲人不同的是，西亚穆斯林和非洲奴隶贩子经常会不惜一切代价疯狂袭击非洲的村庄。本节不仅讨论了非洲和西亚奴隶主在围捕数百万奴隶方面发挥的重要作用，而且通过讲述奴隶主抓捕奴隶的手段，展示了他们残酷可怕的力量。默里·戈登（Murray Gordon）对西亚奴隶贸易的悲惨景象进行了描写：

> 大量的女孩和年轻妇女沦为奴隶贩子的猎物，反映了市场对嫔妾的巨大需求。将奴隶送到穆斯林市场上贩卖的非洲奴隶贩子常常留意抓捕那些有姿色的“猎物”。奴隶贩子们还经常在黎明前对毫无戒备的村庄发动突袭，并尽可能地将男子和老年妇女赶尽杀绝，然后把年轻女性（和女孩）赶到集合点，再经长途跋涉送往奴隶市场。这种情况在非洲屡见不鲜。[25]

除了残酷的抓捕手段外，还有一点值得注意，那就是有许多奴隶死于被押往奴隶市场的陆路通道上。当然，正如我在第三章中所言，奴隶贩子们常常把奴隶从奴隶市场押往非洲西海岸，然后再装到船上押往新大陆。在遥远的大西洋旅程中有许多奴隶死于非命。简言之，并非所有非洲人都纯粹只是欧洲强权的受害者，非洲人害怕的也不仅仅是白人。事实上，正如著名的黑奴奥托巴·库戈阿诺·库戈亚诺（Ottobah Quobona Cugoano）所坦言的那样：“我必须承认，令我的同胞感到耻辱的是……首先我是被那些和我有着相同肤色的人绑架和背叛的，我的同胞导致了我被流放和奴役。”[26]

奴隶被抓后，会被奴隶贩子通过陆路中间通道押往非洲东海岸。据统计，仅在1770年至19世纪末，就有100万至200万奴隶被卖到桑给巴尔，其中有一半又被贩卖到国外，其余的则被卖到桑给巴尔的丁香种植园里。[27]请注意，与罗德尼的观点相反，在桑给巴尔发生的事情并不是欧洲人干的（正如我将在第十三章中所要解释的）。被卖到国外的那一部分奴隶，先被运往西亚奴隶市场，然后被纳卡斯（Nakkhas）（字面意思是“牛贩子”，实际是奴隶贩子）倒卖至新大陆。

奴隶被运到西亚奴隶市场后，一小部分被卖去干活，他们在那儿过着悲惨的生活；一部分则被卖到穆斯林在非洲开的甘蔗和棉花种植园——欧洲人就传承了这种模式，并在加勒比海地区和美洲推广开来；[28]还有一部分被卖到农场、水库和矿山，例如被卖到非洲东海岸著名的“津芝”（Zanj，又名班图，是19世纪时阿曼苏丹国在东非斯瓦希里海岸成立的分国。——译者注）。欧洲人受此启发，后来在美洲也承袭了这种模式。我在此举一个令人心酸的例子：非洲的年轻男孩常常在奴隶主的逼迫下潜入深海找珍珠，结果导致大多数人要么溺水而亡，要么休克而死。[29]还有无数做富家女佣的年轻黑人女子也是从西亚奴隶市场上买来的。此外，如前所述，虽然有些黑奴在做宦官后有掌权的可能，但可悲的是，在阉割过程中幸存下来的人可能只有1/10。[30]由此可见，虽然有关大西洋奴隶贸易的报道充斥着血腥味，但这些事情并非都是欧洲人干的。同样值得注意的是，第一次大规模的黑人奴隶起义并没有像后殖民主义者所说的那样发生在海地，而是发生在9个多世纪前伊拉克的巴士拉（Basra），即著名的“津芝起义”（869—883年），导致这次起义的主要原因是班图黑奴在为统治者排干盐滩时遭受到了残酷的剥削。那么，非洲奴隶主在奴隶贸易中到底起了什么作用？

首先，崇欧主义提出的非洲奴隶主是依附欧洲人的“买办”这一观点是有问题的，因为非洲的奴隶主在公元前就一直与他们的同胞精英阶层进行奴隶贸易，并在大约公元650年后开始与西亚穆斯林进行奴隶贸易，这比1441年葡萄牙人初次到非洲西海岸购买奴隶的时间早了大约7至8个世纪。这意味着贩卖奴隶并不是欧洲人“赋予他们的使命”。此外，非洲奴隶主将奴隶贸易视为他们发财致富的机会。如果不把他们在公元前就开始从事的非洲内部奴隶贸易计算在内的话，自7世纪以来，他们就一直在与外国商人进行奴隶贸易。[31]尽管小型贸易商也进行奴隶交易，但实际上大部分黑人都是由非洲的部落酋长和富有的精英阶层贩卖的。

针对崇欧主义对欧洲人的批评，我认为，如果我们要在非洲人被科学种族主义剥夺人性以后重新赋予他们人性，就需要关注他们的人性，无论好坏。虽然做人要多行善事，但他们偶尔也会步入歧途。具有讽刺意味的是，崇欧主义者将非洲人和其他非西方民族描绘成对一切邪恶和权力一无所知的天真无邪的人，这就让人想起了“高尚的野蛮人”那句古老的比喻，也让人想起了欧洲中心主义的科学种族观，他们认为非洲人像孩子一样天真烂漫。在这种情况下，就出现了非常矛盾的地方，即他们掩盖非洲奴隶主的道德罪行就是否认他们的人性，当然，这并不能与“人道”混为一谈。虽然奴隶主不能为穆斯林，尤其是欧洲人买卖奴隶的行为负责，但确实是与他们沆瀣一气。因此，我认为，非洲奴隶主的贪婪和残忍应该受到道德的谴责。

因此，具有讽刺意味的是，为了使黑人奴隶主、印度人和西亚穆斯林摆脱道德的枷锁，崇欧主义者常常将奴隶贸易的责任归咎于欧洲人。此外，否认非洲的从事奴隶贸易的主动行为者的力量及其在经济全球化过程中的作用，导致了崇欧主义在奴隶贸易问题上采用双重标准。在这种标准下，虽然许多反种族主义者毫不犹豫地将残酷的大西洋奴隶贸易归责于欧洲白人主动行为者，但却否认了非洲奴隶主、西亚穆斯林和印度人在奴隶贸易中的主动行为能力与作用。值得注意的是，反种族主义拒绝承认非西方主动行为者在大西洋奴隶贸易的作用，或许是担心混淆是非从而让欧洲人摆脱道德责任。然而，这种做法必然会让人类付出巨大的代价。因为正如我在第三章中所谈到的，崇欧主义出于一己政治之私利导致了西亚奴隶贸易中的1100万至1400万非洲黑人奴隶（更不用说在被押往非洲东海岸的途中丧生的数百万人）被湮没在历史长河中，让这种事情看起来好像从未发生过一样。正如我在第一章中所指出的，这是崇欧主义低估非西方人智商的一种偏见。如果你认为我们应该铭记的只是那些在大西洋奴隶贸易中被欧洲人贩卖的奴隶，那是非常可悲的。你很可能被崇欧主义的政治把戏所愚弄了。

最后，我将讨论被崇欧主义所忽视的非洲问题。随着讨论的展开，崇欧主义读者越来越想知道的是当奴隶贸易以各种方式对非洲造成负面影响时，我们究竟该如何看待非洲的“贩奴者”。[32]但我在这里主要讨论它们对第一次经济全球化和第二次经济全球化的贡献。我讨论黑人奴隶主、穆斯林商人和印度商人的最终目的，部分是源于我对社会不公正的关注。无论是谁，无论他在哪里犯下了这种罪行，我都想关注。但是更重要的，我想揭示贩奴的非洲主动行为者及其力量是如何成为第一次经济全球化中非洲—印度轴心的重要组成部分的。因为事实证明，它们的行为，无形间将大西洋、太平洋和印度洋体系联系在了一起。

正如我在第三章中所解释的，奴隶主主要是对印度的棉纺织品感兴趣，而这反过来又迫使欧洲人和西亚人为购买奴隶而大量采购印度的棉纺织品。在大西洋体系中，正是奴隶生产的商品孕育了英国消费革命，而（奴隶所生产的）原材料（尤其是原棉）又推动了英国工业化（正如我将在第九章所解释的）和美洲的发展。事实上，正如赫伯特·克莱因（Herbert Klein）所言，“正是非洲奴隶促使了英国消费革命（和工业革命）的发生，如果没有这些劳动力，美洲的大部分地区就不会发展得这么快”。[33]关键是，如果没有非洲奴隶主、奴隶和印度棉纺织品，大西洋体系即使不会被完全破坏，也会从根本上被削弱。所有这些都挑战了崇欧主义对非洲人民被动、无主动行为性和相对落后的描述，即非洲民族是一个“无历史的民族”，以至于他们的命运只能受到全能西方国家拥有超级主动行为者的外部影响，并由西方资本主义“结构性需求”所决定。[34]实际上，英国工业革命、第一次经济全球化和第二次经济全球化的命运在很大程度上掌握在非洲奴隶主和奴隶的手中。

相互交织的印度的和非洲的主动行为者

在本章的最后一节，我将主要讨论广大的非洲消费者和商人中的“全球性主动行为者”，因为他们不仅在培育第一次经济全球化方面发挥了至关重要的作用，而且还为英国工业革命和第二次经济全球化的崛起创造了条件（如我在第十章中所讲）。我将分两部分来讨论该问题，第一部分主要关注非洲“产消者”（指参与生产活动的消费者）；第二部分主要讨论非洲东海岸的斯瓦希里商人。[35]

对“非洲产消者”与印度棉纺织品生产商/经销商之间的错综复杂的主动行为关系的揭示

我在前文已指出非洲奴隶主在消费需求偏好上有高度的鉴别力，他们往往拒绝英国棉纺织品而偏爱印度棉纺织品，这一点也同样适用于广大的非洲消费者。[36]因为崇欧主义者和欧洲中心主义学者都忽略了两点：一是非洲各地消费者的消费品位变化太快，差异较大；二是非洲人更喜欢穿精致的印度棉纺织品，以及他们自己制作的服装。因此，欧洲的消费时尚也应该随之变化。很明显，非洲并不像欧洲中心主义学者所想象的那样，只是由一系列静态、原始、无市场经济的社会组成。

杰里米·普雷索尔特（Jeremy Prestholdt）指出：“约瑟夫·汤姆森（Joseph Thomson，英国探险家）在19世纪70年代探索坦噶尼喀湖（Lake Tanganyika）线路时配备了一辆大篷车，他写道，‘中非部落的人都很时尚，就像巴黎或伦敦大街上的美女一样’。”[37]此外，英国商人和美洲商人在与非洲人贸易时经常发现，他们在将大量的英国纺织品运往非洲市场后，当地的消费者往往并不接受，要么嫌质量不好，要么嫌它们不时尚，于是，英、美商人除将货物运回英格兰或新英格兰外别无选择，并常常对此感到束手无策。[38]在谈到非洲的纺织服装消费者时，一位神情沮丧的同时代欧洲观察家抱怨说：“他们时而喜欢这种时尚，时而喜欢那种时尚。无论何时，只要有他们喜欢的商品，我们都必须……这就是为什么有那么多（欧洲）商品卖不出去，被退回欧洲并由此给欧美商人带来巨大损失。”[39]

当然，这自然会让英国人感到困惑，因为他们的家用棉纺织品消费市场是高度统一的，而非洲消费者的需求是高度分散和多元化的。然而，在17世纪末，欧洲的消费/时尚品位也开始变化起来，这被欧洲中心主义者认为是“现代性”的标志。而且，无论是非洲消费者的“异想天开”还是“反复无常”都不是“问题”的本质所在。问题在于英国人没有足够的组织能力来跟踪和迎合这些不断变化的品位。而印度人可以做到这一点，他们在对日常商品不断改进方面表现出色。下面我将对此作出解释。

尽管看问题的角度不同，批判性的崇欧主义者也认同欧洲中心论者提出的非洲消费者是世界上“最原始”的一批消费者的观点。沃尔特·罗德尼则对非洲的消费时尚不屑一顾，他认为“欧洲出口到非洲的大部分商品质量低劣，即使廉价杜松子酒、廉价火药、瓶瓶罐罐、珠子和其他消费品也是如此”。[40]造成这种问题的原因很多，其中最重要的是欧洲人出口到非洲的大部分商品都不是生活必需品。相反，正如约翰·桑顿（John Thornton）所指出的，“非洲与欧洲的贸易在很大程度上受口碑、花色、不断变化的品味和对多样化的需求等因素影响，而这些……都得到了相对发达的经济和巨大购买力的支持”。[41]事实上，非洲人并不满足于基本的消费需求，他们想要的是优质的印度棉纺织品，而不是英国的劣质纺织品，这让英国人十分恼火。因此，正如赫伯特·克莱因所言，“虽然有些作家（最著名的是沃尔特·罗德尼）认为非洲人受劣质商品诱惑，而长期受制于奴隶贸易，但是……非洲各地的进口历史表明，独特的当地市场上，人们的消费品味在不断变化”。[42]

罗德尼不仅忽视了棉纺织品的重要性，而且他的忽视使他对非洲消费者提出更严厉的批评，因为他认为非洲人天真烂漫、容易上当，很容易被狡猾的欧洲人所操纵。然而，难道他真的相信非洲人会那么容易上当，竟然拿好不容易抓到的并花费大量的财力、物力经长途涉险贩运至市场的奴隶去换一些“带洞的锅和水壶”？事实上，在1650年以前（不是以后），非洲就像印度和中国一样，“并没有从欧洲获得过它生产的任何商品”。[43]比如，非洲长期以来一直在生产棉纺织品和钢铁，[44]其中棉纺织品可以追溯至公元1000年，钢铁则起源于公元前。

非洲消费者/产消者中的“全球性主动行为者”的第二个作用表现在，“非洲对棉纺织品的需求对维持印度织布业的高水平发展至关重要，虽然这方面的文献经常被忽视”，特别是对19世纪40年代以前古吉拉特邦的贾姆布萨尔（Jambusar）和始于19世纪40年代的卡奇县的棉纺业，甚至对后来孟买的棉纺织业也是如此（我在第十三章中将对此解释）。[45]19世纪30—50年代左右，非洲的需求还刺激了新英格兰塞勒姆和英国兰开夏郡的棉纺织品生产，[46]从而催生了非洲“产消者”这一概念。非洲对印度、英国和美洲商品的需求又进一步刺激了这些地区的生产。因此，非洲产消者与印度、英国和美国的生产商之间存在着一种“有选择的亲和性”，这就动摇了亚当·斯密的自由主义的基础——“消费关系”。因此，有必要深入认识非洲“产消者”中的全球性主动行为者（他们在生产和消费之间存在有选择的亲和性，这就使得生产和消费的双方都不会发生凌驾于彼此之上的情况）。[47]

正如前文所述，印度取得成功的一个重要秘诀在于，印度纺织工人对非洲大陆各地区（以及欧洲和西亚）消费者不断变化的时尚品位具有高度的敏感性。[48]印度人在整个亚非地区都建立了复杂的信息网。在非洲内地经商的非洲中间商帕塔马尔斯（Patamares）和瓦尚巴齐人（Vashambadzi）向瓦尼亚人提供信息，瓦尼亚人再将信息传递给印度的中间机构。[49]

需要注意的是，瓦尼亚人在向印度生产商传递非洲消费者需求信息时之所以通过中间机构，是为了避免纺织工人与那些试图骚扰或剥削他们的商人或掮客直接接触。同时，非洲中间商的作用也是不可或缺的，因为他们不仅掌握着非洲各国最好的销售渠道，还深入了解当地市场的需要。正如马查多指出的：

> 瓦尚巴齐人……在非洲贸易中举足轻重，他们带领商队穿越那些地形复杂或政治环境恶劣的地区。而要穿越这些地区，必须得上下打点。这些非洲经销商组织有序，纪律严明，承担着18世纪赞比西亚商业生活中的诸多风险。[50]

瓦尚巴齐人在印度（和美洲）棉纺织生产商与非洲消费者的联系中发挥了重要的作用。他们不仅在非洲内陆贸易中“举足轻重”，还是“全球贸易体系中的扛鼎人物”。[51]另外，为贩运奴隶，商队头领也像非洲奴隶贩子一样，配备了包括成百上千名搬运工在内的大型基础设施，这需要他们对当地的情况和语言有所了解。[52]值得注意的是，非洲消费者的消费品位变化得非常快，为满足消费者的需求，非洲商人们还雇用了当地的工匠对印度棉纺织品进行加工。[53]这反过来又揭示了在第一次经济全球化中有若干条复杂的纽带将世界各大陆紧密地联系在了一起，同时，也揭示了非洲和印度的主动行为者之间错综复杂的贸易关系。

综上所述，非洲的具有主动行为能力的产消者与印度的商业生产行为者，以及非洲产消者与英国棉纺织产业工业化之间的这种“有选择的亲和性”被佩德罗·马查多恰当地称为“直接互惠关系”。[54]它承认了非洲人和印度人在推动全球贸易发展方面发挥的双重作用。小林和雄提出的全球视野下的“跨区域对话”的概念也适用于这种情况。[55]本书中所强调的“混合性”“错综复杂性”以及“相互作用/联系”都是对此的反映，但所有这些都被欧洲中心主义的“本质化差异”和杰里米·普雷索尔特所称的“相互压制性”的观点所掩盖了。[56]

揭示印度/斯瓦希里的商人与印度/葡萄牙的商人和官员之间交织的主动行为关系

最后，我在即将结束本节讨论时，要向崇欧主义提出一个重要的问题。崇欧主义者在研究黑人奴隶贸易问题时往往局限于非洲西海岸，因为这是所谓三角贸易体系的第二极。他们认为，在三角贸易中，欧洲主导着大西洋的奴隶贸易，非洲则处于边缘地位。这里再次出现了欧洲结构功能主义依附理论的逻辑。罗德尼认为：“欧洲人将向世界各地供应黑奴的角色分配给了非洲人。”[57]即使少数学者考虑到了非洲东海岸的奴隶贸易，也通常会以它受到欧洲人控制为由一笔带过。因此，随着瓦斯科·达·伽马于1498年到达非洲斯瓦希里海岸的马林迪港（在肯尼亚蒙巴萨北部），人们通常认为，他开启了印度爱国作家K·M.潘尼迦（K. M. Panikkar）所说的“非洲的瓦斯科·达·伽马时代”。[58]但事实证明，就在他们抵达东非的那一刻，

> 葡萄牙探险家们就发现，在他们65年的非洲西海岸探险生涯中，从来没见到过像马林迪（位于东非的斯瓦希里海岸）这样富裕且宏伟的城市。看到这座由穆斯林统治的城市如此繁华，葡萄牙人感到非常震惊，贪婪激发了他们的斗志。最终，葡萄牙人从穆斯林手中抢走了马林迪和蒙巴萨等城市，使得亨利王子的事业如日中天。[59]

事实上，葡萄牙人非但没能在东非开启“瓦斯科·达·伽马时代”，就连东非的贸易也掌控不了。导致这种情况有很多原因，其中之一是在17、18世纪至19世纪的大部分时间里，西亚阿曼人的势力范围从波斯湾一直扩展到非洲东海岸和印度西海岸。正如孔诰烽（Hung Ho-fung，美国社会学家）所言，“葡萄牙人、荷兰人和英国人非但难以打破阿曼人对贸易的垄断，而且还常常被拒之门外”。[60]为了争夺贸易垄断权，葡萄牙人发动了多次战争，但由于阿曼人的军事力量太过强大，葡萄牙人没有占到什么便宜。虽然在1698年被信奉伊斯兰教的阿曼人赶跑后，葡萄牙人于1729年曾再次反扑并击败过阿曼人，但他们付出了惨重的代价，最后只得无奈地从其蒙巴萨据点的耶稣堡永远撤走。[61]不但如此，葡萄牙人在东非很大程度上是依靠来自印度古吉拉特邦迪乌以及达曼市的瓦尼亚商人的支持才立住脚的。

葡萄牙经济在东非受到限制的第二个原因是，斯瓦希里人对当地的风土人情非常熟悉，能够深入非洲内陆进行贸易，而葡萄牙人则很难做到这一点。[62]因此，当欧洲人在19世纪抵达非洲东海岸时，他们很快地发现自己并无法独自在东非从事贸易，只有在“国际贸易经验丰富的知名非洲

商人的帮助和指导下”，才能进入内陆地区从事国际贸易。[63]

即使连大家公认的深入非洲心脏地带的探险家大卫·利文斯通（David Livingstone）也是如此。[64]斯瓦希里人不仅与印度人和西亚穆斯林贸易往来频繁，还利用其丰富的非洲知识，粉碎了葡萄牙人垄断东非贸易的企图。他们的贸易范围很广，中国、印度、波斯和阿拉伯的货物都是由他们经陆路或海洋运输运到东非的（尽管这种贸易可以追溯到公元1世纪初），[65]这些都给斯瓦希里海岸的非洲经济注入了活力。[66]

不可否认的是，葡萄牙入侵者很可能早就发现，从布拉瓦（位于索马里境内）到伊尼扬巴内（莫桑比克南部的城市）的大宗贸易都依赖于印度的棉纺织品，[67]其重要原因在于，印度的棉纺织品实际上起着一种非正式货币的作用，用它可以交换包括黄金、奴隶和象牙在内的非洲产品。[68]事实上，“早期的葡萄牙人不仅谈到了沿海城镇上层社会人士所穿着的……奢侈的棉纺织品，而且还谈到了奴隶们所穿的腰布（用细绳束腰仅覆盖生殖器和臀部的全棉织物。——译者注）”。[69]当然，即使你大致浏览一下拉文斯坦（E.G. Ravenstein，英国人口统计学家）的《1497—1499年达·伽马第一次航行日记》（*The First Voyage of Vasco da Gama，1497—1499*），也会发现许多有关身着印度棉纺织品的非洲人的内容。[70]然而，鉴于古吉拉特邦的棉纺织品早在公元10世纪左右就开始出口到东非，这种描写并不足为奇。[71]

当然，葡萄牙人本来就应该注意到印度古吉拉特邦的瓦尼亚商人与斯瓦希里商人之间存在着密切的联系，尽管前者后来在19世纪30—40年代被卡奇商人（也来自印度的古吉拉特邦）所取代。阿曼苏丹国也分别在哈德拉毛（Hadhramaut，原来叫哈德拉毛王国，如今是也门的一个省。——译者注）和桑给巴尔（见第十三章）与他们建立了非常强大的商业联盟。[72]至关重要的是，非洲与印度商人之间的贸易往来与葡萄牙的贸易活动同时存在于非洲东海岸。[73]事实上，我们发现，在瓦尼亚商人与葡萄牙商人之间，以及瓦尼亚/巴蒂亚商人与在莫桑比克和印度的葡萄牙帝国城镇之间存在着复杂的代理与被代理关系。

莫桑比克的经济是建立在印度瓦尼亚商人的金融和信贷基础上的，葡萄牙政府和葡萄牙商人发现，除了依附其上之外别无选择。[74]瓦尼亚商人与非洲中间商帕塔马尔斯人和瓦尚巴齐人的关系非常密切，这为其有效地深入非洲腹地，了解非洲消费者不断变化的时尚品味提供了条件。这就是印度棉纺织品所衍生的结构性力量给印度商人带来的好处，葡萄牙人及其他欧洲人则无福享受这一特权。[75]瓦尼亚人还与统治印度达曼和迪乌的葡萄牙城镇有纠缠不清的关系，他们向帝国提供了捐助和商业贷款，“如果没有瓦尼亚人的帮助，葡萄牙帝国在印度的统治将会被大大地削弱”。[76]此外，巴蒂亚商人在葡萄牙人统治的印度果阿邦的贸易中也发挥了重要的作用，特别是在进口巴西烟草和鼻烟方面。综上所述，拉塞尔·伍德（Russell Wood，美国历史学家）只是略加夸张地认为：

> 在东非，葡萄牙人的入侵并没能阻碍阿拉伯人、斯瓦希里人以及其他印度商人的贸易，他们仍像以前那样与红海、波斯湾和印度其他地区的商人自由地进行贸易往来。从17世纪70年代开始，古吉拉特邦的商人和果阿商人在莫桑比克进行了大量投资，他们因此获得了大量的经济回报……再加上延伸至印度尼西亚和……东非的商业网络，印度纺织品在其中发挥了重要的作用，由此可见，正是他们经营的商品具有很强的供销互补性，才使得欧洲产品（在很大程度上）成了多余。[77]

无论如何，葡萄牙人必须面对的现实是他们必须适应当地的条件。除此之外，他们别无选择，[78]只能与印度商人进行贸易合作。

总之，当我们谈及1500年以后的非洲这个话题时，崇欧主义最本能的反应就是关注那些发生在非洲西海岸，并且对大西洋贸易体系的形成有促进作用的众人皆知和令人毛骨悚然的奴隶贸易。相比之下，我的第一直觉是关注那些位于斯瓦希里人海岸的非洲、西亚和印度贸易商建立的单调乏味的日常经济机构。因为在很大程度上可以说这些商人是在不受欧洲人干预的情况下经营的，尽管我们仍不能忽视葡萄牙人与印度商人勾搭连环这一事实。此外，如果你认为东非贸易自成一体，且游离于非洲大陆的其他地区之外，那就错了。因为东非诸城市是南、北非洲贸易的集散地。[79]随着穆斯林于7世纪中期开始渗透非洲大陆，非洲东、西海岸的联系加强了，撒哈拉大沙漠南北地区之间的联系也是如此。[80]其中，东非和西非之间的联系主要是通过穆斯林从事的大量奴隶贸易建立起来的。[81]值得注意的是，西亚穆斯林在西非贸易中赚取了大量的利润，黄金、象牙和奴隶是他们采购的主要商品。西亚和东非之间也建立了类似的紧密联系，这主要是由于约1750—1840年间的瓦尼亚人，以及此后的卡奇人在印度棉纺织品贸易中所发挥的重要作用。[82]所有这些都驳斥了沃勒斯坦关于非洲在18世纪中期以前不属于全球经济一部分的说法。[83]因为非洲不仅是一体化的，而且还与印度形成了同步，再加之印度结构性力量的推动，所以它就成了第一次经济全球化中的一极。

结论

最后，我想通过讨论崇欧主义的两个核心问题（而沃尔特·罗德尼的作品是这两个问题的典型代表）来结束本章。首先，也是最重要的，正如我在开篇所讲的那样，崇欧主义研究方法存在的最大问题在于，它通过将西方与非西方分割开来，然后再授予前者以力量与主动行为者，从而在不知不觉中接受了欧洲中心主义的本体二元论。此外，崇欧主义并没有像传统的欧洲中心主义那样提高西方在文化和道德上的优越地位，而是简单地颠覆了它们之间的二元对立，指责西方国家是道德沦丧的邪恶殖民者，而将非西方民族描述为道德高尚的无辜受害者。非欧洲中心论的马克思主义学者亚历克斯·阿尼瓦斯和克雷姆·尼桑乔格鲁尖锐地指出了在非洲背景下这一观点存在的问题：

> 这种分析世界体系的方法论强化了固有的“非洲是被动且无主动行为者的”保守观点……沃尔特·罗德尼认为，由于非洲的经济发展水平低于欧洲，非洲统治者为换取生活必需品不得不贩卖奴隶，从而与欧洲国家形成了殖民与被殖民关系。但这种分析方法的错误在于，它将“近代”时期欧、非之间的殖民、被殖民关系追溯至力量平衡并不那么清晰的时代…… 因此，这种解释无论善意与否（即使完全是善意的），都倾向于通过重述非洲人天生就容易被征服且特别适合于在种植园工作的观点来强化黑人奴隶制的正当性。[84]

或者正如夸克（Quirk）和理查森（Richardson）所言，这种观点“通过将非洲人贬低为精力充沛和老奸巨猾的欧洲人手中的棋子和被动的受害者的角色，最大限度地削弱了非洲主动行为者的自治权”。[85]至关重要的是，崇欧主义不仅无意中使非洲奴隶制自然化，而且也在不知不觉中使西方帝国主义在非洲的统治自然化、永恒化。

这就自然而然地引出了沃尔特·罗德尼和巴兹尔·戴维森的观点存在的第二个主要问题。他们认为，自1441年葡萄牙人第一次登陆非洲大陆时起，[86]葡萄牙人就开创了所谓的非洲“瓦斯科·达·伽马时代”，在接下来的半个世纪里，非洲就一直“附庸”于欧洲。但实际上，在19世纪末以前，非洲并没有进入欧洲帝国主义统治时期；并且在19世纪中期以前，非洲本土著名的钢铁和棉花等产品并没有被欧洲的产品所取代，这就意味着罗德尼“严重低估了非洲工匠的技能和韧性”。[87]此外，由于非洲与欧洲的关系远非依附那么简单（正如我在本章中所讲的），所以将非、欧关系简单地归纳为崇拜与被崇拜关系是存在问题的，因为这是欧洲中心主义的观点。因此，尽管罗德尼、戴维森和其他学者认为大西洋的奴隶贸易使非洲的劳动力大量减少，并以各种方式给非洲造成了损害，但正如内森·纳恩（Nathan Nunn，加拿大经济学家）所言，[88]西亚的奴隶贸易也是如此。因为毫无疑问，数百万非洲女孩和妇女被贩卖至西亚会对非洲未来的人口比例造成一定的影响，而且这种情况远比大西洋奴隶贸易体系严重得多，因为被穆斯林掠走的女孩和妇女是男性的两倍，而大西洋奴隶贸易的情况则正好与此相反。

然而，虽然奴隶贸易无疑对涉及其中的许多非洲国家都造成了重大的伤害，但事实是，如果非洲目前的贫困无法完全归因于1884年以前欧洲人（和西亚人）的入侵，那么非洲是从15世纪起成为欠发达地区的观点，只不过是被投射到过往的罔顾历史背景的20世纪流行观念。因为我强调非洲的主动行为者的作用的一个重要目的是揭示在19世纪末以前欧洲在非洲的地位并非固若金汤，而是极其脆弱的，因为欧洲人不是救世主，也并非所有的非洲人都甘愿受欧洲人摆布。因此，很显然，崇欧主义对非洲的主动行为者的排斥与我的观点关系重大。最后，本章通过强调非洲奴隶主、奴隶和产消者的全球主动行为的作用，为第九章和第十章做好了铺垫。目前我们需要解决的重要问题是，欧洲人是否像欧洲中心主义所称的那样，是印度纺织品跨印度洋贸易的关键行为者。

注释

[1] Berg (2004: 89), my emphasis.

[2] 尤见，Northrup (2009: 54–82)。

[3] Fage (1969) and Thornton (1998: ch. 3).

[4] Thornton (1998: ch. 2), Northrup (2009: ch. 3) and Klein (1999: 101, ch. 5).

[5] Anievas and Nişancioğlu (2015: 155).

[6] 同上。

[7] 尤见Klein (1999: ch. 4)。

[8] Thornton (1998: 66–71) and Klein (1999: 103–4).

[9] Northrup (2009: 55).

[10] Klein (1999: 110).

[11] Northrup (2009: 60).

[12] Klein (1999: 121)，另见Machado (2014: ch. 5)。

[13] Thornton (1998: 95–6, and 97, ch. 3)，另见Reader (1998: ch. 28) and Klein (1999: ch. 5)。

[14] Wadsworth and de Lacy Mann (1931: 150–1, 158–9), Machado (2009a, 2009b), Prestholdt (2008) and Kriger (2009: 124).

[15] Klein (1999: 107, 111).

[16] Adenaike (2016) and Riello (2013: 139)。

[17] Rodney (1972/2012: 76).

[18] Prestholdt (2008: 61).

[19] Duchesne (2016).

[20] Patterson (1982)。另见Du Bois (1946/2015), Walvin (1992), Thornton (1998: 153–62), Fryer (1988) and Northrup (2009: 164–73)。重要的第一手资料，见Equiano (1789/2003)。

[21] Hobson (2004: ch. 8).

[22] 见Gordon (1989: ch. 2)。

[23] Segal (2003: 31).

[24] 尤见Al-Djazairi (2017). For more general introductions, 见Gordon (1989), Oliver (1999: ch. 10), Hunwick and Powell (2002), Segal (2003) and Wright (2007)。

[25] Gordon (1989: 80)，另见Oliver (1999: 135)。

[26] 引用自Perry (2009)。

[27] 参见，Clarence-Smith (2013), Gordon (1989: 5), Fage (1995: 257) and Lovejoy (1983: 137)。

[28] Mintz (1986).

[29] Gordon (1989: 50).

[30] 同上，(95–6)。

[31] Perry (2009).

[32] 尤见Du Bois (1946/2015: ch. 3), Rodney (1972/2012: ch. 3), Davidson (1992: 220–1) and Nunn (2008)。

[33] Klein (1999: 102)。See also Baptist (2016)。

[34] 或者，根据沃尔特·罗德尼和巴兹尔·戴维森的具体案例，此习语

可以改为自1441年欧洲人初次进行奴隶贸易后，“非洲人就没有了历史”。Davidson (1992：Chs.1-4)，将欧洲人到来以前的非洲描绘为繁荣文明的非洲。而Walter Rodney (1972/2012: ch. 2)则认为，非洲大陆的发展水平仅略低于1500年左右的欧洲，最终变成了“欠发达”地区。

[35] 如想了解对斯瓦希里文化和经济结构的精彩介绍，请见Middleton (1992) and Nicolini (2012: ch. 3)。

[36] See Machado (2014: 131–6).

[37] Prestholdt (2008: 63).

[38] 同上，(64)。

[39] Thornton (1998: 52–3)，引自于Wilhelm Johann Müller。

[40] Rodney (1972/2012: 102).

[41] Thornton (1998: 45 and 52).

[42] Klein (1999: 115).

[43] Thornton (1998: 44).

[44] Du Bois (1946/2015: ch. 7), Oliver (1999: chs. 6 and 11) and Beaujard (2019).

[45] Machado (2009a: 170).

[46] Prestholdt (2008: ch. 3)，另见See also Machado (2014) and Kobayashi (2019)。

[47] Toffler (1980).

[48] Levi (2016), Goswami (2016) and Machado (2009a: 170–5, 2014: 141–9).

[49] Machado (2014: 36–44).

[50] 同上，(39)。

[51] Prestholdt (2004: 764).

[52] 同上，(2008: 67–8)。

[53] 同上，(2004: 765–7, 2008: 68–70)。

[54] Machado (2009b: 57–8).

[55] Kobayashi (2019).

[56] Prestholdt (2008: 2).

[57] Rodney (1972/2012: 77).

[58] Davidson (1992: 226).

[59] Northrup (1998: 194)，另见Davidson (1992: 190)。

[60] Hung (2000: 3).

[61] Sharman (2019: 51–5).

[62] Middleton (1992: ch. 2) and Machado (2009a: 176–7).

[63] Curtin (1984: 16).

[64] See Gappah (2019).

[65] Wink (1990: 45).

[66] Beaujard (2019: ch. 5).

[67] Machado (2009a: 165).

[68] Kriger (2006) and Kobayashi (2019: ch. 3).

[69] Segal (2003: 99).

[70] Ravenstein (2016).

[71] Kobayashi (2019).

[72] Dobbin (1996), Ray (1995) and Markovits (2000: ch. 1).

[73] Northrup (1998: 198) and Klein (1999: 56).

[74] Machado (2014: 63–6).

[75] 同上，(131–2)。

[76] 同上，(270)。

[77] Russell-Wood (1998: 135).

[78] Phillips and Sharman (2015: 145–9).

[79] Frank (1998: 73).

[80] Moseley (1992: 527) and Bovill (1933/2018).

[81] Lovejoy (2002).

[82] Prestholdt (2008: ch. 3).

[83] Wallerstein (1980: 17).

[84] Anievas and Nişancioğlu (2015: 154–5)，我认同其观点。

[85] Quirk and Richardson (2014: 143).

[86] Rodney (1972/2012: 95–113) and Davidson (1992: ch. 5).

[87] Northrup (2009: 90).

[88] Nunn (2008).

第五章 错综复杂的印度－欧洲主动行为者——印度结构性力量之内涵

引言

我在第三章和第四章中揭示了印度的棉纺织品是如何帮助印度洋、太平洋和大西洋体系融入第一次经济全球化的。一些欧洲中心主义学者们也可能会反驳说，这仅仅是因为欧洲的东印度公司在分销印度棉纺织品中发挥了重要的作用。作为一名非欧洲中心主义世界史批评家，佩尔·弗里斯在给我的信中指出：

> 英国商人将印度生产的棉纺织品销售到世界各地，从中赚取了高额利润，因此，在印度棉纺织品市场上，主要是英国生产商与本国贸易商之间的竞争，而印度人则只在家中静静地生产，没有参与欧洲或美洲的竞争。[1]

这种情况反过来又进一步支持了欧洲中心主义的普遍观点。约翰·罗伯茨（John Roberts）在他的著作《西方的胜利》中写道：

> 为什么欧洲人能够从遥远的地方获得食物和原材料（以及印度棉纺织品）？答案是他们有这样的意愿，而且无论是在身体上、经济上还是在心理上，他们都有能力实现自己的意愿。通过许多正式或非正式的、有意识或无意识的特殊决定，他们在两三个世纪内将全球经济联系了起来……到1900年，这个经济体系已经非常完整，而且是有史以来唯一的全球经济体系。[2]

有趣的是，西方中心主义者（即崇欧主义者）的立场经常出人意料地出现在批判性的论述中，就像斯文·贝克特在谈到棉纺织品出口时所说的："与英国相比，印度和中国……甚至都没有接近过……全球主导地位……然而，从16世纪开始，武装到牙齿的欧洲资本家和资本丰富的欧洲国家重组了世界棉纺织产业。"[3]考虑到印度棉纺织品在第一次经济全球化中发挥的重要作用，确定谁是在全球市场上销售棉纺织品的主要责任人是非常重要的。

本章共分四节。第一节为"印度洋体系中的印度的主动行为者及其结构性力量的复苏"，我认为印度商人向印度洋市场出口的棉纺织品数量远远超过了欧洲人的出口数量。这也引出了一个问题：如果欧洲的东印度公司控制了印度洋市场，那么印度商人和亚洲商人是如何进行贸易的？在"印度商人的自治及其'退出选项'"一节中，作者认为印度及亚洲商人之所以能够取得成功，重要原因在于在欧洲公司试图垄断贸易的情况下，他们采取了"退出选项"。此外，如果欧洲东印度公司不像欧洲中心主义和崇欧主义学者所说的那样强大，那么"是印度结构性力量将欧洲人纳入了印度洋体系吗？"这一节通过揭示欧洲人对印度棉纺织品的追求导致其被纳入印度洋体系的事实，颠覆了亚洲在1750年后被纳入欧洲中心体系这一标准说法。这种"融合"也是通过亚、欧的主动行为者的相互交织作用来实现的。这反过来又引出了一个问题：我们如何才能最好地重新界定印欧关系？

正如我在第二章中提到，可以用“他们来了，他们看到了，他们叩首了”这句话来概括欧洲人来到东亚的过程。但在印度棉纺织品占主导地位的背景下，我在“伙伴关系/交织关系与竞争合作：印欧关系的核心运作方式”一节中指出，可以用“他们来了，他们看到了，他们（竞争性地）合作了”这句话来概括欧洲人的整个行程。面对印度结构性力量，欧洲人不得不坦然面对，因为他们要想在印度洋贸易中获利，除了与印度人合作外别无选择。印度结构性力量构成了欧洲人必须在其中运作的组织矩阵。通过对欧、印之间的“伙伴关系”的关注，我发现在18世纪初以前，印度人还对东印度公司盛气凌人；但到了18世纪末、19世纪，随着莫卧儿帝国的衰落，它们与印度商人的关系变得平等了。

印度洋体系中的印度的主动行为者及其结构性力量的复苏

正如我在第三章和第四章中所讲的，在东印度公司出现之前，印度棉纺织品已经成为整个印度洋地区的主要交易商品。而且，正如我在第三章中所解释的，印度棉纺织品之所以赋予了印度商人以结构性力量，一是因为它能够满足亚非人民对服装的需求；二是因为它已经成为一种人们普遍接受的支付手段，即通用货币，甚至在新大陆白银大量流入第一次经济全球化（1571年后）以后也是如此。事实上，东印度公司从16世纪就开始从印度进口棉纺织品，但并没有垄断该产品的进口贸易，因为欧洲还经陆路进口了一些印度棉纺织品，比如奥斯曼帝国或印度的木尔坦（Multānī）商人向俄罗斯转口了大量印度棉纺织品（如第六章所述）。当然，在美洲的欧洲人垄断了印度棉纺织品的销售权。那么，问题是，在至关重要的印度洋贸易体系中，欧洲人是否成了印度棉纺织品的主要贸易商？

揭开印度和亚洲棉纺织品的洲际贸易隐秘史

平心而论，许多历史学家（并非国际关系/国际政治经济学学者和历史社会学家）对欧洲人是否垄断了贸易的唯一性或排他性表示关注，并不总是由于他们本身就偏爱欧洲中心主义或崇欧主义。他们拒绝估计印度人或其他亚洲人的印度棉纺织品出口总规模的借口是缺少可靠的历史数据，然而实际上，他们常常关注东印度公司的印度棉纺织品进口规模，理由是它的进口数据一直详细记录在案。进而，印度人和亚洲人进行的洲际贸易的历史则被抹杀了。

尽管我们为公平正义作出了所有的努力，但由于现有唯一重要的档案数据是东印度公司提供的，这使得我们得出了欧洲人是印度棉纺织品唯一重要的全球贸易商这一结论。这就再次将我们引向了欧洲中心主义的死胡同。普拉桑南·帕塔萨拉蒂在谈及东印度公司提供的所谓可信的数据时，正确地指出，“大量来自欧洲的贸易数据，在一定程度上体现了欧洲中心主义的偏见”，但他也指出：“然而，比这些原始数据更重要的是欧洲中心主义根深蒂固的假设，即欧洲是全球经济活动的中心，是17—18世纪全球经济的杰出塑造者。”[4]然而，没有欧洲中心主义倾向的历史学家认为，欧洲中心主义的观点就类似于谚语中的醉汉（如果他们不介意此比喻的话），他在晚上丢了车钥匙，却只在路灯正下方有亮光的地上寻找。因此，亚洲人的贸易活动就这样被东印度公司贸易活动的耀眼光芒所遮盖了。

但是，在探讨在欧洲人耀眼光芒笼罩下的贸易时，各种修正主义历史学家都达成了一致的看法（尽管是非正式的），即印度商人在海外销售了大量的印度棉纺织品，而且有越来越多的人认为，印度商人在整个印度洋地区销售的棉纺织品的数量要比东印度公司销售的多得多。[5]佩德罗·马查多很好地总结了相关文献：

> ……有充足的资料表明，在17、18世纪，特别是在印度洋西

海岸，绝大多数制成品，尤其是棉纺织品贸易，都是由受欧洲人的活动影响较小的南亚组织主导的。越来越多的历史学家接受了这一观点。[6]

但是，除马查多（他估算了印度与东非的贸易规模，我在后文将要陈述）外，历史学家们在缺乏数据的情况下并没有对亚洲商人所进行的印度棉纺织品的贸易规模进行估算。事实上，印度最伟大的贸易史学家之一阿辛·达斯·古普塔（Ashin Das Gupta）曾公开哀叹道："研究印度中世纪经济的学者必须得学会接受贸易数据缺乏这一事实。"[7]虽然对印度棉布纺织品贸易规模进行估算这一任务极其艰巨且有一定的风险，但正如帕塔萨拉蒂所指出的："我们必须对印度棉纺织品在全球和南亚次大陆的出口地位有一定的了解（尽管他也没有给出具体的估算结果）。"[8]

在当前的情况下，如果我们要想超越欧洲中心主义和崇欧主义的边界，从整体上了解印度经济对第一次经济全球化的重要性，以及印度和其他亚洲商人（相较于欧洲人）在全球范围内分销印度棉纺织品所起的作用，除了去尝试"了解"相关的贸易量外别无选择。因为如果没有具体的数据支撑，人们就会默认欧洲中心主义的观点。然而，值得注意的是，我并不想对欧洲人和亚洲人在印度棉纺织品贸易中所占的份额做出确切的估计，因为这几乎是不可能的。相反，我打算稍微夸张地粗略估算一下印度人、其他亚洲人和欧洲人在印度棉纺织品贸易中所占的大致份额并加以排序。

我首先考虑的是印度与非洲的棉纺织品贸易，由于佩德罗·马查多前期的档案材料整理得较好，我在估算这两个地区的贸易量时有可信的数据可查。根据他的调查，到18世纪中期，勤劳的印度古吉拉特邦的瓦尼亚贸易商每年向东非出口300万～500万码印度棉布，在有的年份这一数字甚至达到1000万码。[9]此外，在17世纪初，仅古吉拉特邦的商人就向赞比亚河流域出口了约280万码印度棉布。[10]相比之下，在1751—1780

年，英国每年向非洲转口的印度棉布仅为70万码，占印度商人东非出口总量的14%～23%。[11]此外，这种转口贸易在当时已经超过了英国的“粗斜纹棉布”（部分是亚麻，部分是棉）在非洲的销售量。而且，粗斜纹棉布的出口量仅占印度商业资本家在东非的印度棉纺织品出口总量的6%～10%。[12]

由于非洲以外的印度洋地区的贸易数据较少，所以我只能就欧洲印度棉纺织品的贸易规模作出最佳的猜测。如果说东印度公司的账簿有问题，那么在我们考虑印度和亚洲的印度棉纺织品贸易时，问题就更加复杂了。当然，为防止文本烦琐，我不打算在此对我的使用方法和数据进行详细的陈述，只向读者呈现我的研究结果，请读者们参考附录1（第506—510页）及其随附的脚注。

以下计算结果是我推算得出来的：在17、18世纪，亚洲商人平均每年的印度棉布销售量约为1亿码。根据我最保守的估计，亚洲商人的印度棉布的销售量大约是英国人的30倍（1600—1650年）、16倍（1700年）、9倍（1750年）和4倍（1800年）。[13]正如我在附录1中所言，这是在夸大英国人销售量的情况下计算出来的。关于整个欧洲东印度公司在印度棉纺织品贸易中所占的份额，我计算出，亚洲商人所占的印度棉纺织品出口份额比欧洲东印度公司分别高出约13倍（1600—1650年）、6倍（1700年）、4倍（1750年）和2倍（1800年）。[14]对于我这一粗略计算结果，批评家们肯定会提出异议。但是，如果取1600年至1800年间的四个50年的平均值，亚洲商人出口的印度棉纺织品占比要被缩小约15倍才能与英国人所占的份额持平，与整个欧洲人相比，则需要缩小约6倍，这显然是不可能的。

这反过来又涉及一个更大的问题，即印度人的出口规模到底有多大。我想再次重申，由于缺乏这方面的数据，难以计算出确切的结果。蒂尔森卡·罗伊（Tirthankar Roy，印度经济史学家）对南亚（实际上指的是印度）的对外贸易情况作出了最保守的估计，他声称，印度的对外贸易额在1750年还不到它国内生产总值（GDP）的3%。[15]根据我在第十一章中提及的安格斯·麦迪森（Angus Maddison，英国经济学家）对印度国民收入的粗略估计，我计算出在1800年左右，印度国内生产总值的3%约为2800万英镑（这一数字可能有些保守）；[16]在1795年，英国的对外贸易额约为6600万英镑，而当时中国的对外贸易额可能在4900万～7200万英镑之间（更可信的数据应该是在6100万英镑左右）。[17]由此可以推算出，印度在18世纪末的对外贸易额可能是英国的40%和中国的45%左右。尽管我得出的这一数据并不算太高，只是一个大概估计，但它表明，即使印度的对外贸易额没有英国和中国的高，但也并非微不足道。此外，由于印度出口的大部分是棉纺织品，从总体上看，印度棉纺织品在当时很可能是全球最重要的唯一的大宗商品。由于印度人及其他亚洲人是印度棉纺织品的主要出口商，他们在全球贸易体系中的作用非常重要。

然而，欧洲中心主义/崇欧主义怀疑论者仍对此持怀疑态度，因为他们坚信东印度公司统治印度洋地区的专制愿景，即“他们来了，他们看到了，他们征服了”。但正如众多的历史学家所揭示的那样，现实是东印度公司在印度外贸市场的渗透率非常有限，尤其是在古吉拉特、孟加拉国、科罗曼德和马拉巴尔海岸。阿辛·达斯·古普塔（印度史学家）认为，18世纪初，古吉拉特首府苏拉特的对外贸易只有12%左右掌握在欧洲人手中。[18]此外，根据乔治·里埃洛的记载，在该邦的纺织重镇阿穆达巴，“英国、荷兰、法国和葡萄牙商人，只是包括犹太人、阿拉伯人、米提雅人、波斯人、土耳其人、鞑靼人在内的众多商人群体中的一小部分。他们不仅从事棉纺织品贸易，而且还经营丝织品和靛蓝染料等”。[19]里埃洛指出，“孟加拉（到17世纪末，已成为印度最大的纺织品生产基地）的贸易状况也并没有什么不同，阿拉伯人、帕西人、土耳其人和阿比西尼亚人以及来自焦尔、达博和果阿的印度商人掌控了那里的商界”。[20]

据我们估计，在孟加拉的棉纺业中，英国的出口为它创造了5%～11%的就业机会，[21]这一数据并不是特别大。有间接证据表明，在

18世纪，“英国人惊讶地发现，加尔各答（属于当时的孟加拉）的棉布生产商，从与波斯、中亚和东南亚等地的亚洲内部贸易中赚取的白银，比他们从与欧洲人的贸易中赚取的还要多”。[22]接着，苏希尔·乔杜里（Sushil Chaudhury，印度历史学家）声称，在科罗曼德（在印度东南部）1747年生产的所有棉纺织品中，有三分之二是亚洲商人出口的，欧洲人的出口量仅占三分之一。[23]而普拉桑南·帕塔萨拉蒂则认为，英国和荷兰出口的棉纺织品占印度东南部生产总量的5%～11%。[24]

简言之，欧洲人既没有垄断印度的棉纺织品贸易，也没有控制该行业，相对于亚洲商人而言，他们一直在扮演着次要的角色。即便如此，在谈及亚洲的整体形势时，杨·德·弗里斯指出，几乎所有出口到欧洲的亚洲产品在亚洲也都享有巨大的市场。欧洲人对棉纺织品的需求在一定程度上促进了亚洲产业的发展，但这并不是其必然结果。[25]那么，在第一次经济全球化过程中，印度和其他亚洲商人如何才能与欧洲商人共存呢？在此我要谈一谈他们采取的一个最基本的策略，即“退出选项”。

印度商人的自治及“退出选项”

欧洲中心主义者认为，欧洲在1500年后能够在全球独树一帜、鹤立鸡群是因为它拥有着竞争性的多国体制，或沃勒斯坦所说的“欧洲世界经济体制”。这种体制为资金充裕的资本家提供了一种“退出选项”，使他们即使处于原东道国条件不利的情况下，也能够从一个经济体移至另一个经济体。[26]然而，自公元7世纪的非－欧－亚开始出现贸易区域化以来，非洲和亚洲贸易商在印度洋贸易体系中所采用的“退出选项”变得不再必要。尽管如此，在面对着心怀不轨的潜在统治者[27]或欧洲东印度公司垄断亚非贸易的企图时，印度和其他亚洲贸易商们仍可以利用该机制。

尽管欧洲人傲慢地宣称他们对印度洋的贸易有垄断权，但现实并非如此。当面对东印度公司的贸易垄断时，印度及其他亚洲贸易商找到了规避葡萄牙人贸易监管的办法。以重要商品胡椒贸易为例，葡萄牙人在印度海岸确实建立了许多据点，试图垄断该贸易。但到了16世纪末，印度统治者和商人为了规避葡萄牙人对科钦、奎隆、克兰加努尔、坎纳诺尔地区的控制，成功地将主要贸易线北移。[28]在与葡萄牙人的反复较量中，坎纳诺尔的莫普拉商人最终取得了优势，他们甚至还向葡萄牙人出售胡椒。值得注意的是，他们的贸易“是在没有取得葡萄牙人颁发的营业执照的情况下”进行的。[29]

在17世纪初，葡萄牙人在马拉巴尔海岸卡利卡特港的存在使亚洲贸易发生了转移，出现了一条从卡纳拉（位于马拉巴尔北部）到东南亚齐（目前是印尼的一个特别行政区）的新平行贸易线，此时葡萄牙人购买并出口的胡椒只占马拉巴尔地区贸易总量的10%，[30]占古吉拉特邦胡椒贸易量的5%。自葡萄牙人在1535年控制了印度洋的迪乌港后，古吉拉特邦的商人们很快就来到了孟加拉湾地区，在那里收购了大量的胡椒并将它们出口到整个印度洋地区，其胡椒出口量再次超过葡萄牙人。他们之所以能够向亚洲市场，尤其是向其本土市场、中国、波斯和奥斯曼帝国销售如此大量的胡椒，其中一个重要原因是他们在这些市场上拥有香料价格制定权。更广泛地讲，正如辛纳帕·阿拉萨拉特南（Sinnappah Arasaratnam，锡兰史学家）指出的，

> 对古吉拉特邦、果阿邦、马拉巴尔（喀拉拉邦）、霍尔木兹和马六甲等地的研究表明，在葡萄牙统治下，大部分贸易仍然是由印度人进行的。葡萄牙人从事的贸易只占印度洋贸易的极小一部分……虽然葡萄牙公司从刚登陆亚洲时就在一些重要市场上与亚洲商人展开了竞争，但从未掌握这些市场的贸易主动权，也不能将亚洲商人赶出这些市场……。实际上，它们也从未从亚洲商人的手中抢走大部分贸易份额。[31]

总的来说，可以用一个简单的事实来说明这一切，即在整个16世

纪，葡萄牙的海运量只占印度洋海运总量的6%。[32]

尽管荷兰人和英国人在印度洋贸易体系中比葡萄牙人强大，但他们也面临着类似的挑战和权力限制。因此，面对着英国东印度公司（EEIC）和荷兰东印度公司（VOC）试图主导印度洋贸易的企图，印度商人

> 为了生存，在他们最擅长的领域施展了全部贸易技能，并最终赢得了竞争，这当然是指与西方的阿拉伯和波斯的贸易方面……在17世纪80年代莫卧儿帝国与英国的冲突中，苏拉特商人在红海的贸易遭到了严重的破坏……然而，这种状况虽然持续了一个世纪，苏拉特商人在红海和波斯湾市场的主导地位仍未受欧洲公司的影响。[33]

此外，如果东印度公司用武力封锁印度及其他亚洲商人的海上运输线，印度商人及其他亚洲商人会通过陆路运送货物，这样，他们的贸易活动并不受海上封锁的影响，这是他们采取退出选项的一个典型案例。[34]正如勒内·巴伦德斯（René Barendse，荷兰科学家）所指出的，为了分散风险，古吉拉特邦的商人们经常分海、陆两路运输货物。[35]而且，海上运费也会随着陆路货运量的增减而波动，反之亦然。这证明了海、陆运输有一定的联系。[36]此外，在1757年以前，不管是荷兰人还是英国人都无法以武力取得对印度贸易的控制权。虽然在此以后，英国人对迈索尔和马拉塔等印度各邦进行了征服活动，但最终都没有能够取得实质性的胜利（我在第十二章将要对此进行解释）。[37]

在17世纪30年代，荷兰东印度公司试图通过向波斯出口印度棉纺织品来主导亚洲的棉纺织品贸易，这是荷兰东印度公司的竞争力远逊于印度商人的一个重要例证。虽然荷兰东印度公司想尽力控制亚洲的棉纺织品贸易，但事实上，它的市场占有率始终远远低于10%，而仅仅4%的利润率也难以实现盈亏平衡。但最重要的是，荷兰人在对如此低的利润感到不满

的同时，也对古吉拉特邦的商人的竞争力感到吃惊。为什么印度人能在波斯棉纺织品市场上战胜荷兰东印度公司？荷兰东印度公司的员工得出了最终结论，这不仅是因为印度人的运营成本较低，而且他们对波斯的市场有更深了解。[38]无论如何，在1645—1647年间，荷兰东印度公司向波斯出口的印度棉纺织品的数量年均不足100万码，这与印度人、亚美尼亚人和西亚穆斯林的出口数量相比简直有天壤之别。因此，到17世纪60年代初，荷兰东印度公司终止了印度与波斯中转港阿巴斯港（伊朗紧邻波斯湾的一个港口）之间的贸易（在印度棉纺织品被运到苏伊士、开罗和君士坦丁堡以前，该港是主要中转站）。

总的来说，波斯商人在与东印度公司的贸易中有一定的控制权。有间接证据表明，欧洲人与波斯人之间的贸易为逆差，所用的支付货币是来自新大陆的白银。此外，在17世纪初，荷兰东印度公司也开始从事印度与中东也门摩卡之间的印度棉纺织品贸易。然而，考虑到印度商人的竞争优势和有遭到莫卧儿王朝报复的可能性，荷兰东印度公司决定不诉诸武力以取得垄断贸易，这就使得它与中东贸易持续的时间更短。因此，即使到了18世纪后半期，亚洲商人仍然掌握着西亚贸易的主动权。[39]

英国东印度公司在实现贸易垄断的梦想方面也面临着类似的限制，这一点尤其表现在他们在整个印度洋市场上的竞争力被亚洲商人以较低的运营成本削弱上。事实上，早在1681年，英国东印度公司就终止了与东南亚班塔姆（印尼爪哇岛上的一个古国，中文称之为“万丹”）之间的贸易。从欧洲人对“亚洲港口（具有挑战性）市场和低价商品的大量抱怨，我们可以得出这样的结论，即欧洲贸易商在印度洋的贸易中一直处于破产边缘”。[40]荷兰东印度公司在1799年确实进行了破产清算。总之，欧洲人并未能从亚洲商人的手中抢走多少贸易份额；[41]而亚洲商人要么通过迂回包抄，要么通过降低价格，始终掌握着印度洋地区的贸易命脉。

是印度的结构性力量将欧洲人纳入了印度洋体系吗？

迄今为止的所有争论都指向了一个问题，那就是我们应该如何面对熟悉的欧洲中心主义和崇欧主义的观点，即欧洲人在1500—1800年将亚、非纳入了一个不断扩张的欧洲资本主义世界经济体系。值得注意的是，伊曼纽尔·沃勒斯坦声称，正是在1750年以后，欧洲才将所谓的自我建构和“独立”的亚洲经济体纳入新兴的西方资本主义世界经济体系中。[42]但是我认为，从某种意义上来讲，正是亚洲的生产商和贸易商，尤其是印度棉纺织品生产商和贸易商，将欧洲纳入了印度洋贸易体系，从而形成了1500年以后的第一次经济全球化，而这在很大程度上又是通过在非洲－欧亚大陆生产和销售印度棉纺织品而积累起来的印度结构性力量实现的。或者，更准确地说，是印度棉纺织品赋予印度商人的结构性力量促使东印度公司进入印度体系以及更广泛的印度洋体系。

这种“将欧洲纳入”的论调始于欧洲人要购买亚非产品却几乎无任何商品可以出售的观点，因此，正如我在第三章中所讲的，虽然东印度公司购买亚洲商品所需的大部分资金来自美洲白银，但为了弥补资金缺口，它不得不进入亚洲内部“国家的贸易”。关键是，东印度公司只有通过购买印度棉纺织品才能实现其目的，因为印度棉纺织品在整个印度洋贸易体系中有着通用货币的功能。他们首先用白银购买印度棉纺织品，然后再用印度棉纺织品兑换其他商品，最后才将所购买的商品销往欧洲、美洲以及亚洲其他国家。因此，当葡萄牙人怀揣着征服亚洲和垄断香料贸易的傲慢梦想首次抵达东南亚时，无情的现实使其幡然悔悟。这不仅是因为他们遇到了像来自科罗曼德海岸的古吉拉特邦的商人这样强劲的对手，[43]更重要的是，葡萄牙人很快意识到，想要购买香料首先必须得购买印度的棉纺织品，因为东南亚人除印度棉纺织品外不会接受其他任何交换条件。[44]这才是葡萄牙人向印度逐步渗透的原因。英国东印度公司和荷兰东印度公司也是如此。[45]正如申恩所指出的：

> 正是印度和阿拉伯商人的榜样作用，才使葡萄牙人、荷兰人和英国人认识到印度棉纺织品在东南亚贸易中的重要性……荷兰人和英国人最初在印度投资的唯一原因是为了在东南亚获得更高的收益以购买更多印度棉纺织品。[46]

荷兰东印度公司（总部设在巴达维亚，即今天印尼首都雅加达）本来打算只购买亚洲的香料，但在得悉东南亚人只接受用印度棉纺织品作为兑换物时，就分别于1606年和1610年在科罗曼德海岸设立了两家贸易站。[47]由于亚洲国家长期以来只接受印度棉纺织品作为交易物，因此，东印度公司就在贸易站内储备了一些印度棉纺织品。早在1612年，前荷属东印度总督亨德里克·布老威尔（Hendrik Brouwer）就把东印度科罗曼德海岸形容为“摩鹿加群岛（Moluccas or Maluku，有时被称为东印度群岛）及其周围岛屿的支撑力量，因为没有科罗曼德海岸的印度棉纺织品，就不会有摩鹿加群岛的贸易”。[48]因此，在1619年，扬·彼得斯佐恩·库恩（Jan Pieterszoon Coen，另一位荷属前东印度总督）说道：

> 我们可以用古吉拉特的棉纺织品换取苏门答腊海岸的胡椒和黄金，用里亚尔（银币，伊朗或其他阿拉伯国家的货币）和科罗曼德海岸的棉布兑换班塔姆的胡椒，也可以用中国的商品和黄金交换檀香木、胡椒和里亚尔，还可以用中国的商品赚取日本的白银，用科罗曼德海岸的棉布购买中国的香料、其他商品和黄金，也可以用苏拉特的棉布交换香料……诸如此类。[49]

此外，1648年时任荷兰东印度公司总督也声称，“进行跨国贸易并从中赚取利润是公司运作的灵魂，为此，我们必须小心从事，因为如果灵魂腐烂，整个身体就会被摧毁”。[50]

为采购印度棉纺织品，英国东印度公司继荷兰东印度公司后，在印度的许多棉纺织重镇建立了“贸易站”。于1613年，它们在科罗曼德东南海岸的默苏利珀德姆（Masulipatnam，印度安得拉邦的沿海城市）市建立了第一家贸易站。该市以卡拉姆卡里（Kalamkari）雕版印花棉纺织品而闻名；英国东印度公司还于17世纪初在印度西北部的棉纺织品重镇苏拉特建立了一家贸易站。同时，为了方便采购印度的棉纺织品，英国东印度公司还于1639年在印度的南部购买了一块土地，并在1644年建立了圣乔治堡（Fort St George，英国在印度建立的第一座堡垒），也就是后来马德拉斯港（Madras，现在的金奈市）。[51]同样，英国东印度公司在孟加拉建立了三个贸易站：第一个贸易站于1651年设立于胡格利（Hugli）；第二个贸易站在1668年设在达卡；第三个贸易站于1696年建立于加尔各答市的威廉堡镇。为了扩大印度棉纺织品的采购规模，英国东印度公司于1665年在孟买建立了一个贸易站。因此，虽然从西方中心主义视角，我们可以假定英国人从一开始就制定了一个使印度成为其“皇冠上明珠”的宏伟战略，但事实证明，它们占领印度只是一个意外，他们只是为了获得优质的印度棉纺织品。

总之，东印度公司是被印度棉纺织品吸引或拉入印度的。为了得到印度棉纺织品，东印度公司或者拿非洲商品如奴隶、象牙、黄金与印度商人进行交换，或以常常出口到欧洲的亚洲商品与之易货。简言之，来自印度棉纺织品的印度结构性力量，支撑了欧洲人在印度洋体系中的贸易地位。托梅·皮雷斯（Tomé Pires，也译作皮莱资，葡萄牙作家）在他的《东方志》（*Suma Oriental*，也有人译作《苏马东方》）一书中曾说过一句名言：“无论谁是马六甲的主人，他的手都扼住了威尼斯的咽喉。”[52]同样，我们也可以这样说，印度人的手扼住了爪哇和阿姆斯特丹的咽喉。因为，虽然欧洲中心主义者和崇欧主义者都认为荷兰殖民势力的自治据点建立在爪哇，但事实证明，荷兰东印度公司只能以印度棉纺织品在印度洋进行贸易。

事实上，由于存在着印度结构性力量，欧洲人并没有在印度洋地区实行帝国统治，而是与印度人建立了“伙伴关系”。在1757年以前，在印度洋地区倒是有一个帝国统治的例子，即荷兰东印度公司在刚进入亚洲时，曾在摩鹿加群岛和锡兰的香料小岛上实行过帝国统治，但这只是一个极个别的案例。为了控制摩鹿加的丁香、肉豆蔻皮和肉豆蔻以及锡兰的肉桂香料贸易市场，东印度公司在那里实施了高压统治。但即便如此，荷兰自治权的说法仍然是一个谬误，因为他们在爪哇岛不得不依赖于中国人（正如我在第二章中所讲述的）。而且，一般来讲，如果欧洲人想继续在印度洋贸易体系中存在，除了与非洲人和亚洲人合作抱团取暖外，别无选择。

值得注意的是，欧洲人全面融入亚—非经济的过程本来就不均衡。从第二章的论述我们可以看出，为了保持与中国和日本的贸易关系，荷兰人在政治上依附于这两个国家的皇帝。在印度，欧洲人是被印度结构性力量吸进来的，与印度的主动行为者形成了一种竞争合作关系；但相比之下，法国人和英国人则是在奥斯曼人的邀请下进入西亚的。[53]而且，欧洲人在19世纪以前并没有在奥斯曼帝国推行非正式的帝国主义，因为他们知道奥斯曼占据着上风。奥斯曼人在处理与欧洲人的关系时也像中国人一样，采用了分而治之的策略。因此，为了减轻威尼斯人和俄国人的威胁，奥斯曼人试图挑拨他们与法国人和英国人的关系。[54]

虽然崇欧主义正确地将研究重点放在了英国在19世纪强加给奥斯曼帝国的不平等条约、“领事裁判权”或“治外法权”上，但欧洲中心主义者，特别是崇欧主义者并没有注意到1800年前的情况正好与此相反。实际上，虽然奥斯曼人授予了英国人领事裁判权，赋予了英国东印度公司合法的贸易地位、治外法权和自由行动权，但英国人在那里基本上是被孤立的。尽管这是由于文化差异，而不像中国政府那样刻意制定政策的结果。实际上，英国人这种忍气吞声的状况与威尼斯人在1291年到1517年间为获得“南方（红海）航线”贸易特权而依附埃及人时的情况如出一辙。[55]

为制衡奥斯曼帝国，波斯萨法维帝国也采取了分而治之的战略。它曾利用英国东印度公司制衡奥斯曼帝国。为达到这个目的，萨法维帝国统治者沙阿·阿拔斯（Shah Abbas，即阿拔斯二世，萨法维王朝的第七任沙阿，他在位期间，萨法维曾一度中兴）在17世纪初非常欢迎欧洲商人到波斯做生意。在1622年，他授予英国东印度公司以波斯贸易许可权，因为“为了避开其死敌奥斯曼帝国对萨法维的陆路封锁，他还希望英国人通过好望角将波斯的丝绸运往欧洲。为筹备与奥斯曼帝国的战争，他还试图引进英国先进的军事技术”。[56]因此，我们可以得出这样的结论，即欧洲人在西亚的存在并非“武力”胁迫的结果，而是应西亚统治者之邀“融入”进来的。这既增加了东印度公司的贸易机会，也符合西亚统治者的竞争利益。

有些学者之所以反对我的观点，可能是因为他们认为我否定了欧洲为获取利益而“融入”亚洲贸易体系的主动性。欧洲中心主义者，如罗伯茨和弗里斯等，以及崇欧主义者也可能持有这样的看法。然而，实际上欧洲人并非像“融合论”所说的那样，是在盛情难却的情况下才进入印度洋贸易体系的。他们渴望加入印度洋贸易体系，是为了扩大贸易范围、赚取更多的利润。我的观点是，如果欧洲人想要提高商业利润，除了融入印度洋贸易体系外，他们别无选择。因为他们没有足够的军事力量和后勤保障来实现其垄断印度洋贸易体系的愿望。[57]事实上，在很大程度上可以说，他们高度依赖于亚洲统治者和亚洲商人，且必须在亚洲体系的规则和印度结构性力量的逻辑下运作。因此，我同意安德烈·冈德·弗兰克的观点，他认为

> 本来就没有什么“欧洲世界经济”与“印度洋世界经济”之分。如果有的话，是后者“融入”了前者，而非相反……对这个问题的唯一的“回答”是要明白欧洲和亚洲……在很久以前就是同一个全球经济体（即第一次经济全球化）的组成部分，正是有了它们的共同参与才塑造了它们“各自”的命运。[58]

但是毫无疑问，欧洲人是这个融入过程中的受益者。因为在融入过

程中，欧洲人在亚洲、非洲地区的力量逐渐变得强大起来，就像一只在另一个鸟巢中被哺育长大的杜鹃一样。他们在19世纪通过正式和非正式的帝国形式，成为该地区的重要参与者（正如我将在第十三章中指出的）。

总之，对印度棉纺织品的追求是东印度公司参与亚洲贸易的唯一重要的推动力。这表明印度棉纺织品的结构性力量将大西洋、印度洋和太平洋贸易体系紧密地联系在了一起，进而塑造了第一次经济全球化。然而，本节对印度结构性力量的讨论只是冰山一角，我将在本书的第三至第五部分对其进行深入的探讨。但目前的问题是，如果欧洲人被纳入印度洋贸易体系，那么在欧洲中心主义和崇欧主义的“欧洲人主导全球经济”的假设下，我们该如何理解印度与欧洲的关系？

伙伴关系/交织关系和竞争合作：印欧关系的核心运作方式

欧洲人发现他们根本无法控制印度人，只能与其建立“伙伴关系”，而这种关系是建立在它们各自行为者之间错综复杂的关系之上的。有两点值得我们注意：第一，伙伴关系并不意味着关系亲密。从本质上来讲，这种关系属于竞争－合作性质，因此可以将欧印关系称之为“竞争性伙伴”或“竞争性联盟”关系；第二，在以上关系中，欧洲人常常以新合伙人的身份出现。因为从某种意义来讲，他们这种伙伴关系并不平等。因为无论欧洲人是否存在，亚洲人都可以继续进行贸易；而如果没有亚洲人的帮助，欧洲人就无法单独完成交易。此外，由于印度棉纺织品在全球市场上拥有霸权地位，印度人由此享有了结构性优势地位，因此，欧洲人发现他们除了按照印度人既定的规则和结构进行贸易外别无选择。但是，正如我在后文将要解释的，到了18世纪后半期，双方的地位越来越平等了。

然而，针对印、欧之间关系，批判性崇欧主义人士和印度民族主义者联合声称，印度人与欧洲人建立起来的“伙伴”关系，不过是一些印度人的“买办”和“通敌”行径，是以牺牲“印度民族”利益为代价，为英国东印度公司和荷兰东印度公司的帝国利益服务的。当然，“通敌”这个词的负面政治含义可以追溯到法国维希政府与纳粹之间的合作，因此，在此概念中，印度作为欧洲的合作伙伴并没有话语权。但是，我同意坦贾·比勒（Tanja Bührer，伯尔尼大学历史学教授）及其合著者的观点，他们认为，在形容印欧关系时用“cooperation”（合作）比用“collaboration”（协作）更合适，因为合作与协作不同，它为印度的主动行为者留下的想象空间较大。[59]下面我从六个方面来反驳崇欧主义关于17和18世纪欧洲在世界经济中占主导地位和印度人只是买办者或通敌者的观点。

第一，崇欧主义者观点的假设前提有问题，他们认为欧洲人主导了印欧贸易，印度人所能做的只能是融入欧洲主导的全球经济，争抢“帝国”餐桌上掉下来的面包屑。但正如我们前文所讨论的，在19世纪中期以前，情况正好与此相反。蒂尔森卡·罗伊总结道：

> 我们必须知道，印欧贸易是多么依赖于亚洲商人……他们不仅充当了欧洲人在印度的代理人……而且作为主要行为者……（还控制了印度境内）所有商队的贸易以及商品销售市场，就连内河贸易也在印度商人的控制下。[60]

的确，在英国东印度公司刚到印度时发现，它如果想在古吉拉特邦贸易界立足，就不得不“屈从”于莫卧儿皇帝，这对它来讲是莫大的耻辱，[61]但是，在1707年后，随着莫卧儿帝国的衰落，英国东印度公司逐渐取得了与印度各邦平等的贸易地位，变成了印度的主动行为者的强劲竞争对手，它的强议价能力比其在莫卧儿王朝鼎盛时期（1526—1707年）更强。正如卡维·亚兹达尼（Kaveh Yazdani，德国奥斯纳布吕克大学助理教授）所言，当时印度的一些地区，如古吉拉特邦，比以往任何时候都涣散，这就给英国人与印度贵族、商人、酋长和少数民族（如帕西人）等各阶层以合作之机。在南印度，英国东印度公司还与一些有权势的大地主

（印语称之为“波利加”和“扎明达尔”）及其他阶层统治者合作，击败了迈索尔王国（位于印度南部卡纳塔克邦，我在第十二章将对此进行论述）。因此，英国东印度公司不仅与印度南部各邦建立了平等的关系，尤其是从18世纪中期开始，也开始与印度西北部（古吉拉特）、东部（孟加拉）的各邦平起平坐。[62]

第二，由公司、货币兑换商、银行家、掮客、村首脑和生产者组成的印度贸易网，并没有因为“占主导地位”的英国商人的到来而活跃起来。因为在英国东印度公司到来以前，这些贸易网已经存续了好几个世纪（正如我在第三章和第四章所解释的，也请见下一节）。

第三，为方便起见，在印度经商的外国人不得不雇用一名当地人做经纪人。这些经纪人被崇欧主义者和印度民族主义者称为“洋人的买办”。在科罗曼德和马拉巴尔，他们被称为杜巴什（dubash），而在孟加拉则叫作达德尼（dadni）。但“洋人的买办”这一叫法忽略了一点，即掮客是因为对当地的情况熟悉、精通外语以及与生产商和市场有广泛的联系才获得代理权的，这些正是东印度公司所缺的。此外，经纪人有时会“与很多分包商串通一气，以次等商品冒充优质商品欺骗东印度公司。但事实上，这些掮客也是在一定的压力下才欺骗委托人的。”[63]

掮客还通过担任东印度公司的瓦克尔（Wakīls，意为代理）获得东印度公司赋予的“荒谬”自主权。此外，瓦克尔还必须向莫卧儿地方当局负责。由于在印度做生意的欧洲商人经常在印度银行家那里融资，因此掮客一旦发现他们有走人逃避债务之嫌时，就有责任向莫卧儿地方当局告发。印度史学家阿辛·达斯·古普塔列举了一个令人印象深刻的例子：苏拉特邦总督海德·奎利·汗（Haider Quali Khan）在得悉英国人阴谋封锁港口，并且雇用了一名帕西族人作掮客的消息后，他发出威胁，说如果英国人再继续封锁港口，他将“枪杀城内所有的帕西人”。[64]印度银行家和地方当局就是通过控制瓦克尔的这种方式来行使对东印度公司的管辖权的。

第四，实际上，掮客和外国商人是互相依存的。但必须注意的是，掮客有权选择为谁而工作，如果他对雇主不满意，也可以辞职再找其他雇主。正如阿辛·达斯·古普塔所总结的那样，“自由选择权……是莫卧儿时代的特征，在莫卧儿王朝，不可能出现那种依附性买办”。[65]相反，所有的这一切都是“结构性依存”的反映。

第五，东印度公司依赖于印度的萨拉夫（Sarrāfs）或什罗夫（Shroffs，二者都是银行）。印度的银行家们在东印度公司的对外贸易中扮演的是典型的中介角色，他们将银锭铸成硬币，并通过垄断铸币和货币兑换获得巨额利润。关键是，他们有权根据硬币的含银量的不同确定货币的兑换率，因此，“硬币的种类越多，在兑换时就越需要更多的信息和信任”。[66]银行家们在这方面拥有如此渊博的专业知识，以至于苏拉特工厂的负责人托马斯·罗特（Thomas Rolt）在谈到他们时说：“他们绝对是该领域的世界顶尖的艺术大师。”[67]由于在印度有许多这样的货币系统，银行提供的中介服务被证明既是至关重要的又是有利可图的。而且，由于信息并不总是具有充分性，这样就容易导致银行的资信出现问题，因此，印度的银行家们有时会拒绝接受来自异地的硬币，在这种情况下，欧洲商人们就会感到束手无策。同样，一旦有些银行发行的硬币出现贬值，市场就会拒绝接受这些硬币，东印度公司也会彻底陷入困境。正如一位公司职员所哀叹的那样，英国东印度公司的业务基本上被“底层的印度掮客和萨拉夫控制……人们普遍认为他们主宰着公司的命运，垄断着公司的销售。他们往往随心所欲地管理公司的事务”。[68]正如乔杜里所言，“公司职员们从实践中了解到，印度的萨拉夫……除了从事熟练的贵金属交易外还拥有相当大的财政权力”。[69]事实上，萨拉夫的主要作用是为欧洲商人们提供融资（hundīs，译作“亨迪斯”，一种类似于汇票的金融工具）和信贷。正如我在第四章所陈述，葡萄牙人就特别依赖达曼和迪乌银行家的融资，英国东印度公司和荷兰东印度公司也是一样。

第六，也是最后一点。需要注意的是，印度人和欧洲人建立的合作伙伴关系的最明显标志是资源共享。因此，印度的富豪们将大量资金借给了东印度公司。事实上，有些印度人如穆拉·阿卜杜勒·加富尔（Mulla Abdul Ghafur）、尚蒂达斯·扎弗里（Shantidas Zaveri）、哈吉·穆罕默德·扎希德·贝吉（Haji Mohammad Zahid Beg）和维尔吉·沃拉（Virji Vora）等不仅富可敌国，[70]而且手中还掌握着有很大的权力和丰富的资源，甚至连荷兰东印度公司和英国东印度公司也依赖于他们的资本，而且还无法对他们施加任何影响。[71]由于维尔吉是如此的强大，以至于英国人在他们的记载中曾多次提到他，戈卡尔（全名为Gopal Krishna Gokhale，译作戈帕尔·克里什纳·戈卡尔，印度独立运动人士）曾经写道："在英国人的记载中曾多次提到维尔吉，这反映了他们沮丧、愤怒和钦佩的复杂心态。如果没有他的帮助与合作，英国人在苏拉特将举步维艰。"[72]

资源共享的好处表现在三个方面。第一，欧洲人和亚洲商人合作对双方都有利。例如，葡萄牙人船只上装载的亚洲商人的货物往往比葡萄牙商人的货物还要多。造成这种情况的一个重要原因是，印度商人认为，用葡萄牙人的船装运货物比用自己的船只（还得出资给船只配备武器）更划算。也就是说，他们向葡萄牙人支付一些卡塔兹（葡萄牙护照）的费用要比武装自己的船只便宜得多。[73]另外，需要注意的是，欧洲人了解到印度人的船只性能优于他们的船只，因为印度人的船只是用柚木建造的，而他们的船只是由橡木或松木建造的，柚木船只更经久耐用。[74]荷兰人和英国人也像葡萄牙人一样以各种方式与亚洲人合作，包括相互雇用船员，甚至租用整艘船舶。[75]

第二，资源共享能够弥补欧洲人的不足。正如我在前文谈到掮客时所指出的，欧洲人在印度存在的主要困难在于对当地的情况缺乏了解和不懂当地的语言。布罗代尔曾说过：

> 在坎大哈……有一位印度商人把西班牙旅行者当成了葡萄牙人，于是就主动上前为其提供服务，因为正如他所讲的，"因为你们不懂当地的语言，除非您请人当向导，否则肯定会遇到困难"。

> 随着时间的推移，帮助、合作、共谋、共存、共生——所有这些都变得非常的必要。[76]

第三，荷兰人和英国人发现，除了与印度商人和当地的统治者友好合作外别无选择。[77]实际上，荷兰东印度公司（在1800年前，它是所有东印度公司中最重要的一家）发现，虽然在1700年以前，孟加拉为其提供了超过1/3的亚洲货物，但是，事实是

> 它既没有获得任何贸易特权，也没有政治权力可言。因此，公司只是在现有的印度权力架构中运作，并没有对其体制造成任何影响。它对孟加拉经济的唯一影响是对其货物需求量的增加。[78]

总之，所有这些都表明，虽然葡萄牙人、英国人和荷兰人在进行贸易时都依赖于印度人，只有通过与印度主动行为者的竞争与合作，他们才能在印度洋贸易体系中维持商业存在。因此，现在的问题就变成了要确定这些印度商人到底是谁，他们在哪里运营，以及其成功的秘诀是什么。

注释

[1] Peer Vries,《私人信函》(August 2017)。另见Vries (2002: 89–90)。

[2] Roberts (1985: 272, 276).

[3] Beckert (2015: 54).

[4] Parthasarathi (2011: 116).

[5] 例如, van Leur (1955: 212, 235), Perlin (1983: 55–6), Braudel (1992: 509), Maskiell (2002: 32), Balachandran and Subrahmanyam (2005: 29)，Chaudhury和Morineau (2007b)。

[6] Machado (2009a: 175).

[7] Das Gupta (2001: 59).

[8] Parthasarathi (2005: 1).

[9] Machado (2009a: 167).

[10]　Pearson (1998: 48).

[11]　转口数据源于Wadsworth 和de Lacy Mann (1931: 160)。

[12]　转口数据源于Calculated from Wadsworth，de Lacy Mann (1931: 138) 和 Chaudhuri (2006: 540–5)。

[13]　我推算的印度及其他亚洲商人出口的印度棉纺织品数量如下：8900万码（1600—1650年），9700万码（1700年），1.01亿码（1750年）和9300万码（1800年）。英国人分销的印度棉纺织品数量为：300万码（1600—1650年）、600万码（1690—1710年）、1100万码（1745—1755年）和2400万码（1795—1805年）。

[14]　我推算的所有欧洲人出口的印度棉纺织品数量如下：700万码（1600—1650年）、1500万码（1690—1710年）、2700万码（1745—1755年）和4300万码（1795—1805年）。

[15]　Roy (2013: 75–6).

[16]　Maddison (2007: 379)；参见Parthasarathi (2005)。

[17]　Zhang Shizhi (2020: ch. 2).

[18]　Das Gupta (2001: 193)，也见Wink (1988: 65)。

[19]　Riello (2009b: 324–5).

[20]　同上，(325)。

[21]　关于孟加拉生产数据，见乔杜里（1995a）；关于英国人出口量，见Prakash（1985:242-4）。

[22]　Goldstone (2008: 128).

[23]　Chaudhury (1995b: 210)

[24]　Parthasarathi (2005: 14)。在此，我们重要的是要认识到，尽管我假定的是印度生产总量的约8%用于出口（见附录1），但在这些特定的地区，其出口数据应该远远高于这一比例。

[25]　de Vries (2010: 729).

[26]　Wallerstein (1974: 348, ch. 3), North and Thomas (1973), Jones (1981), Giddens (1985), Collins (1985) and Vries (2015).

[27]　McNeill (1982: 51–4) and Gordon (2008: 145).

[28]　Wink (1988: 58), Arasaratnam (1987: 104) and Meilink-Roelofsz (1962:

121, 171, 240, 243, 247).

[29] Arasaratnam (1987: 102).

[30] Meilink-Roelofsz (1962: 137–72), Curtin (1984: 144) and Balachandran and Subrahmanyam (2005: 29).

[31] Arasaratnam (1987: 124, 126)，另见Balachandran and Subrahmanyam (2005: 29)。

[32] van Leur (1955: 212).

[33] Arasaratnam (1987: 110).

[34] Dale (1994: 48)，并参见Riello (2013: 23)。

[35] Barendse (2002: 245).

[36] Chaudhuri (1985: 172).

[37] Sharman (2019: ch. 2) and Yazdani (2017).

[38] Van Santen (1991: 88–9).

[39] Yazdani (2017: 430).

[40] Chaudhuri (2006: 212).

[41] Arasaratnam (1987: 124–6).

[42] Wallerstein (1987, 1989: ch. 3).

[43] Levi (2016: 1) and Riello (2009b: 315).

[44] Hall (1996: 118), Pomeranz and Topik (2006: 233), Levi (2016: 1) and Riello (2009b: 315).

[45] Irwin and Brett (1970) and Chaudhuri (2006: 208–9).

[46] Sen (1962: 93, 94).

[47] Davidson (2012: 8).

[48] 引用自Prakash (2007: 184)。

[49] 引用自Anievas and Nişancioğlu (2015: 145)。

[50] Prakash (2007: 182).

[51] Dobbin (1996: 136).

[52] Abu-Lughod (1989: 291)，引自Pires。

[53] Masters (1989: 75–6).

[54] Anievas and Nişancioğlu (2015: 113–17).

[55] Abu-Lughod (1989: 108) and Braudel (1992: 132).

[56] Pearson (1991: 100).

[57] Hobson (2004: 144–8) and Sharman (2019: ch. 2).

[58] Frank (1998: 335–6).

[59] Bührer *et al.* (2017).

[60] Roy (2012: 97).

[61] Phillips and Sharman (2015: 149–56).

[62] Yazdani (2017: chs. 2 and 3).

[63] Roy (2012: 100).

[64] Das Gupta (2001: 126).

[65] 同上。

[66] Roy (2012: 98).

[67] Chaudhuri (2006: 175)，引自Thomas Rolt。

[68] Yazdani (2017: 408)，引自Boothby。

[69] Chaudhuri (2006: 175).

[70] 见Yazdani (2017: 422–8)。

[71] Gokhale (1979: ch. 7), Curtin (1984: 175), Marshall (1987: 287), Stein (1985: 6, 21), Van Santen (1991: 92), Braudel (1992: 489–90) and Dobbin (1996: chs. 4, 6).

[72] Gokhale (1979: 137).

[73] Curtin (1984: 144–8, 159–67).

[74] Yazdani (2017: 260) and Machado (2014: ch. 2).

[75] Marshall (1987: 280, 283, 287, 292–3).

[76] Braudel (1992: 489).

[77] Wolf (1982:240).

[78] de Zwart (2016: 20).

第六章　越过西方中心主义边界：印度商业金融资本家

引言

尽管我已经在前五章探讨了第一次经济全球化的多元文化起源问题，但我们仍不能忽视一个事实，即无论是学界专业人士（尤其是国际政治经济学和国际关系领域）还是非专业人士都认为，在构建1500年后的第一次经济全球化过程中，是欧洲人发挥了关键作用，而非印度人和亚洲人。因为这一观念在他们的脑海中已根深蒂固，不易在短时间内改变。著名的历史学家斯蒂芬·戴尔（Stephen Dale，美国俄亥俄州立大学历史学家）指出，“在当今学术界，几乎无人知晓印度贸易网的规模和影响力，因为在近代早期对欧亚商业史的研究中，存在根深蒂固的欧洲中心主义偏见”。[1]然而，他也提到，缺乏资料和数据是导致对印度贸易网研究不足的另一个原因。这也是为什么历史学家会采用现有英国东印度公司的档案数据的原因。

在第五章中，我已对此进行了解释。同样，研究亚洲商人行为的先驱克劳德·马尔科维茨（Claude Markovits，法国国家科学研究中心高级研究员）认为，强调欧洲人主导第一次经济全球化只是欧洲中心主义和崇欧主义的幻觉。他断言道：“在1750—1905年，欧洲帝国主义在亚洲进行的大规模扩张……吸引了经济史学家的注意力，以至于他们忽视了亚洲商业网所展现出的活力。”[2]在前四章的基础上，本章试图揭示陆路商队在亚洲商业网中所展现出的活力。

长期以来，欧洲中心主义的观点认为，在公元1500年后，陆路商队路线，即连接印度莫卧儿王国、波斯、奥斯曼帝国、中亚、中国和俄罗斯的路线，就像众所周知的牛轭湖一样渐渐被孤立，甚至连国际贸易的主航道都绕它而过，被强大的东印度公司改道到了公海。我们常常想象到的亚洲人从事远途陆路贸易的情景是，小商贩背着背包，包里装着少量廉价的奢侈品，去遥远的市场以高价出售，再买少量的外国奢侈品返回国内出售。不管何时，人们都认为他们是在边缘和阴暗的地方工作，而这些地方正是掩藏在大型股份制公司东印度公司现代化的贸易活动的耀眼光芒背后的。请注意，我在第三章和第四章讨论印度的海上贸易活动时曾提到过该问题；但在第十三章，我将对这个问题进行更全面的探讨。

当然，在过去的40年里，许多历史学家已经挑战了这种欧洲中心主义观点，而我在本章也引用了他们的一些观点。然而，我也对他们的观点提出了疑问，其原因是，它仍然禁锢着许多国际政治经济学人士、国际关系学学者以及历史社会学家的思维。在欧洲中心主义和崇欧主义的边界之外，我们发现，沿着陆路商路仍然存在着重要的印度商人贸易网，而且这些贸易网并不“落后”于欧洲主流贸易网。正如我在第五章中所陈述的，这种情况确实存在。然而，本章的任务不仅仅是让人们重新认识到在第一次经济全球化过程中，印度及其他亚洲商人从事的陆路贸易的重要性，更重要的是，我认为他们不单纯是前现代的传统商人，他们还从事了许多现代资本主义贸易活动。

在第一次经济全球化时期，有两个著名的印度陆路贸易网，分别是木尔坦（Multānīs，今巴基斯坦市属县）贸易网以及18世纪中期以后在木尔坦旁边兴起的希卡布尔（Shīkārpūris，巴基斯坦城市）贸易网（详见第十三章）。由于在第一次经济全球化时期的大部分时间里，木尔坦人主导着陆路运输线，而且木尔坦人也是其他重要的对外贸易集团（例如卡奇、瓦尼亚以及纳图科泰—切蒂亚人贸易集团）商业运作的典范，[3]因此本章将重点介绍木尔坦人的国际贸易运作方法及其贸易网络。本章分为两节，讨论了各相关核心问题。在“1500年后‘木尔坦星云’（Multānī Nebular）陆路贸易网的兴起与发展”一节中，我将讨论木尔坦人的贸易范围，以及在东印度公司企图垄断亚洲贸易的情况下，它如何扩大贸易规模。在该节中，我还将讲述不同地区的统治者是如何促进木尔坦人经济活动的，同时也以事实驳斥了人们所熟知的欧洲中心主义的东方专制论调。在“木尔坦商人是小商贩还是大型商业金融资本家？”一节中，我将讨论为何木尔坦商人既非大型商业、金融资本家，又非简单、传统的“小商贩”这一问题。

1500年后“木尔坦星云”陆路贸易网的兴起与发展

正如上文所述，虽然印度商人并没有形成一个统一跨区域的陆路贸易组织，但大部分印度商人都集聚在印度西北部的信德省（Sindh，现位于巴基斯坦的东南部）和旁遮普省（Punjab，巴基斯坦人口最多的省份）。这并不足以为奇，因为在该地区有许多通道可以直接通往北部和西部的陆路贸易线。[4]

主要的陆路运输线起点是博兰山口（Bolān Pass），然后途经开伯尔山口（Khyber）、拉合尔（Lahore）、木尔坦、喀布尔，并直达坎大哈。这些地方都是主要的商品集散地。此外，经过戈马尔山口通道（Gumal Pass，巴基斯坦西北部的一条通道）可以通往阿富汗的加兹尼（Ghazini）；经过木尔坦以北的桑加尔山口通道（Sanghar Pass，位于巴基斯坦境内）可以直达坎大哈。北部有一条直接向北穿过蒙古国的哈拉和林，直接到达到中国新疆叶尔羌（Yarqand）的陆路运输线。“来自拉达克（Ladakh，现属印控克什米尔）、中国西藏及其他地区以及印度的贸易线与通往中国新疆喀什的其他贸易线路在期尔羌交汇。从喀什出发，有一条向北通往乌兹别克斯坦撒马尔罕（Samarqand）和布哈拉（Bukhara）的陆路贸易线。”[5]撒马尔罕也是一个主要的商品集散地，它位于波斯－印度－中国的主要贸易路线上。然而，应该指出的是，印度的棉纺织品在被运往陆路贸易路线前，必须途经印度的许多地方。例如，虽然孟加拉国与进入中国西藏和云南，以及缅甸的东北陆路通道直接相连，但它也与西部的陆路贸易线间接相通，因为孟加拉的纺织品必须先运往古吉拉特，然后才能被出口到海外。

由旁遮普省卡特里族组成的木尔坦人来自位于印度西北部的信德省和旁遮普省之间的木尔坦镇，该镇历史悠久，其历史甚至可以追溯至公元前。自公元1000年后期开始，木尔坦人就已开始与波斯进行棉纺织品贸易，逐渐成为重要的棉纺织品生产重镇。在德里苏丹国统治期间，木尔坦的印度卡特里社区崛起，该社区的商人们从事了大量翻越喜马拉雅山的贸易，成为德里贵族的代理人和银行家。在16世纪，木尔坦人的贸易网得到了进一步的发展，“他们在中亚、萨法维波斯帝国、沙俄和奥斯曼帝国建立了很多定居点”。[6]据斯科特·C.列维（Scott·C·Levi，俄亥俄州立大学中亚史教授）称，到17世纪中期，大约有3.5万名木尔坦商人遍布在这片广袤的地区，其中最大的木尔坦人社区位于波斯的伊斯法罕（约有1万～1.5万人）。[7]到18世纪初，木尔坦人的贸易活动范围进一步扩大，遍布中亚和西亚地区。在阿富汗、中亚、波斯甚至俄罗斯部分地区的主要城镇和乡村也有其定居点。[8]正是因为这个原因，我把木尔坦商人的商业活动遍布亚洲的情况称之为“木尔坦星云”。

那么，在东印度公司企图垄断亚洲贸易的情况下，木尔坦人是如何扩大他们的贸易规模的？他们扩大贸易规模的方式主要有两个，本节将讨论第一个，另一个留待下一节论述。首先，葡萄牙人以及后来的英国人、荷兰人和西亚穆斯林，为购买印度商品带来了大量白银，这对木尔坦人扩大贸易规模无疑是非常重要的，因为它有助于培育印度各主要贸易中心的资本市场。柯蒂·乔杜里的话反映了当时的情况，他说“在1682年，苏拉特的货币供应非常充足，银行利率从平常的9%降至6%。毫无疑问，欧洲公司从新大陆进口的白银对木尔坦人扩大贸易规模具有一定的推动作用”。[9]我在第三章也曾经谈到过该问题。印度在1540年开始使用银币，同时要求经营者用白银纳税，使大量的欧洲白银流入印度市场，这反过来又刺激了印度的生产规模，而生产规模的扩大又需要大量的外国白银。[10]因此，印度和中国经济的发展依赖于欧洲的白银和黄金，这同时也解释了19世纪20年代以前的三个世纪里，欧洲在与亚洲主要经济体的贸易中出现结构性赤字的原因。

然而，尽管欧洲白银的流入促进了印度的历史资本主义的发展，但我们也应注意到，印度的商业资本巨头，如卡奇人和木尔坦人也积累了大量的资本。其实，早在13世纪，木尔坦人的公司就拥有雄厚的资本，以至于“人们将木尔坦人……归类为原始投资资本家，他们是贾加特·塞思（Jagat Seth）家族的‘世界银行’以及17、18世纪其他大商行的前身”。[11]特别值得注意的是，木尔坦人为长期从事国际贸易的大公司提供的融资是通过印度寺庙里筹集的。[12]实际上，到18世纪初，他们每年筹集的资金额就达约400万英镑，是荷兰东印度公司总资产价值的两倍。据巴伦德斯称，这与阿姆斯特丹银行的总资产相当。[13]正如卡维·亚兹达尼所言，“据荷兰东印度公司的文献记载，古吉拉特邦的寺庙小镇沃德讷格尔（Vadnagar）是富裕的纳加尔人（Nagar）居住的地方，也是‘整个王国的清算银行’”。[14]由于木尔坦人的筹资行为是在欧洲中心主义所谓的“非理性”的伊斯兰教和印度教的教义下进行的，因此，马克斯·韦伯（Max Weber）认为他们的筹资行为缺乏理性（Zweckrational），但他的观点掩盖了宗教与经济活动之间的共构性联系。在欧洲中心主义者看来，卡奇人的（来自古吉拉特邦的）筹资行为就合适得多。

宗教与历史资本主义之间的联系在卡奇人的戈斯瓦米寺院（Goswami monasteries）中表现得最为明显。卡奇大约有40座这样的寺院，到18世纪末，寺院变成了银行，并以签发亨迪斯（汇票）的方式发行信用票据。[15]卡奇人的寺院就像亚美尼亚的圣殿一样，积累了大量的资本，以供外贸企业借贷。寺院的资本是通过教徒捐赠、财产继承、鸦片贸易、银行业务和土地出租等行为的逐渐积累起来的。[16]此外，著名的寺院德尼亚纳加尔－尼马尔加（Dnyanagar Nirmalgar）是印度的中央银行和所有寺院的清算中心。更为重要的是，“‘寺院’从发放的短、长期贷款中取得了不菲的收益，而且寺院银行体系深深地嵌入了更广泛的印度洋贸易中”。[17]因此，那些谴责亚洲宗教“非理性”的声音应该停止了！

亚洲国家是压迫商业的东方专制政权吗？

欧洲中心主义者也许会说，寺院的一切努力都是徒劳的，因为包括莫卧儿帝国在内的所有东方专制国家都会对这种融资行为进行压制。但是，从16世纪的木尔坦人以及18世纪中期以后的木尔坦人、希卡布尔人贸易兴盛的第二个原因来看，他们的观点是站不住脚的。为了刺激经济的发展，增加国库收入，亚洲统治者特别希望与印度商人进行交易，引进印度的资本。而且，为了发展农业生产，增加国库收入，实现农业经济货币化，外国统治者也需要向农民提供贷款，因此，他们也非常重视印度商人提供的融资服务。[18]此外，为了经济安全，印度商人还在欧亚大陆的部分地区充当统治者的契约包税人，并向统治者提供贷款以资助他们的军事行动。这也意味着，这样的做法并非欧洲所独有。因为亚洲统治者与欧洲政府当局一样，他们知道，如果到期不能按时偿还贷款或对货物征收过高的关税，印度商人就会出走他国并撤回他们的服务。在下一章，我将对此展开讨论。

萨法维波斯帝国（1501—1722年）、莫卧儿帝国（1526—1707/1858年）、乌兹别克汗国，尤其是布哈拉汗国（1533—1785年）和奥斯曼帝国（1517年征服埃及后，开罗成为通往红海的咽喉要道）的建立，为印度的对外贸易提供了有利的环境。[19]据斯蒂芬·戴尔称，在16—18世纪，这些国家处于一个区域性的“伊斯兰和平”（Pax Islamica）时期。虽然他的说法有些夸张（因为在这一时期也时常爆发战争，尤其在波斯人与奥斯曼人之间），但他强调这些国家之间在外贸领域仍存在着合作的观点还是正确的。[20]它们之间的合作体现在多个方面，首先，“相互告知对方商队的情况，确保彼此商队在对方的领土上得到适当的保护。[21]为保护印度商人的安全，它们还成立了商路警察（Radhars）。正如古尔查兰·达斯（Gurcharan Das，印度作家）所讲的：

> 伟大的莫卧儿帝国皇帝阿克巴大帝（Akbar，莫卧儿帝国的第三位皇帝）对抢劫商队的阿富汗人从不心慈手软……位于布哈拉的乌兹别克汗国在政府中设立了一个名叫“印度扈从”（Yasavul-i-Hindowan）的官职，其职责是为印度商人提供服务，帮助其追讨欠款。萨法维波斯帝国……也对印度商人及其商队提供了同样的保护。[22]

其次，上述国家的统治者在商路沿线建立了许多大型的驿站（Caravanserai），供印度及其他亚洲国家的商人休息。后来，有些驿站逐渐发展成为市场，而那些位于重要贸易商路上的驿站也发展成为拥有集市的农村城镇。[23]戴尔指出：

> 在16世纪末和17世纪，印度北部、伊朗以及图兰（位于中亚，波斯的东北边境地区）等地区贸易路线的稳定与商路驿站的修建为该地区的贸易创造了特别有利的条件。[24]

最后，为了促进对外贸易的发展，这些国家保持了不超过5%的极低的进口关税水平。正如我在第七章的最后一节将解释的，由于该地区保持了较低的关税税率，采取了自由放任的贸易政策且让相对自由的市场经济占主导地位，我们可以得出这样一个合理的结论：斯密式的经济增长在亚洲部分地区占据了主导地位。

木尔坦商人是小商贩还是大型商业金融资本家？

关于木尔坦人的贸易活动和商业习惯这个重要问题，欧洲中心主义者认为，商人们（包括木尔坦人在内的大多数亚洲商人）的经营规模都很小，只是“小商贩”。虽然这一观点最初由雅各布·范·勒尔（Jakob van Leur）和尼尔斯·史汀斯高（Niels Steensgaard）提出，[25]但进一步发展完善它的是尼尔斯·史汀斯高。由于缺乏原始的贸易数据（主要是因为印度人对贸易特别保密，稍后我会解释），史汀斯高的数据来自一本最近出土的由亚美尼亚商人霍凡尼斯（Hovannes）撰写记载他在1682—1693年间的活动和贸易情况的日记。[26]史汀斯高认为，霍凡尼斯就是一名标准的小商贩。

然而，对于霍凡尼斯是不是一名小商贩这个问题还是存在疑惑的。虽然在最初时，他从事的大部分交易的规模确实不是很大，因为他必须亲自押送货物前往目的地与买方进行交易。但正如菲利普·科廷（Philip Curtin，约翰斯·霍普金斯大学名誉教授，非洲和大西洋奴隶贸易历史学家）所言，像霍凡尼斯这样的商人都是这样进行贸易的：

> 亚美尼亚人就是这样从一个世纪或更早之前开始这样的商贩贸易的，商人必须亲自随货同行。但现在情况不同了，他们不再需要随货同行，只须在新朱尔法城（New Julfa，1606年由波斯国王沙阿·阿拔斯一世建立的亚美尼亚商人社区）将货物交给承运人即可。[27]

总之，亚洲大部分地区商业模式都是资本主义债权人与商务代理人相分离的，这不属于小商贩经营模式。亚美尼亚人在进行贸易时，也像木尔坦商人一样以家族企业为基本经营单位，并不是单兵作战。他们通常与资本代理人订立齐拉德合作伙伴关系合同（Qirād Partnership Contrats，是投资者与代理人之间的一种资金安排），用亨迪斯或其他形式的汇票与客户进行结算，信用对他们来说就像“王国的硬币”一样重要。此外，为了具有最优经济理性判断水平，亚美尼亚商人在从事国际贸易前也都接受过严格的培训。值得一提的是，他们之所以能够在印度市场上战胜英国人和荷兰人，部分原因是他们（和印度商人）的经营成本较低。[28]

通过以上论述，我们可以看出，亚美尼亚商人并不是小商贩，他们不仅在第一次经济全球化中扮演了重要的角色，而且也发展成了一个……像西欧竞争对手一样成熟的贸易组织。[29]正如我将要在下文中所要阐述的，木尔坦商人也是如此。相较于亚美尼亚商人，木尔坦商人更加高效，因为他们是经营规模较大的大商人，可以“招募更多的代理人”，从而实现规模扩张。[30]在下文中，我将进一步阐述这一点，并提出六个理由来进一步驳斥“小商贩命题”，以构建木尔坦人贸易网络的场景。

第一，史汀斯高对范·勒尔有关亚洲商人们经营的商品都是价值极高的奢侈品的观点显然是不正确的。虽然木尔坦人出口宝石，但他们也出口靛蓝染料、香料（和胡椒）、糖、大米和印度奴隶。[31]但实际上，他们主要出口面向大众的日常（粗糙）棉纺织品，而不是奢侈品。

第二，史汀斯高声称，与亚洲相比，欧洲的贸易优势在于它能够通过定期与委托人交流来收集消费者的需求信息。[32]但实际上，印度商人之所以能够取得成功，其最重要原因之一是那些居住在海外的印度人与本国的机构保持着密切的联系。他们无论身在何处，都会向国内机构传递当地市场和消费者需求偏好方面的准确信息。而且，如前所述，印度贸易商之所以能够把贸易做得如此成功，部分原因在于印度生产商对市场具有较高的适应性和敏感性，他们能够根据市场和消费者需求的变化对生产进行调整。事实上，市场信息的传递是如此重要，以至于商人始终将“信任”和“保密”两个词挂在嘴边。与此相反，在18世纪的大部分时间里，英国人之所以难以打开非洲棉纺织品销售市场，其中一个重要的原因是他们缺乏对非洲消费者不断变化的品味和需求信息的准确把握（正如我在第三章中指出的那样）。

恰亚·戈斯瓦米（Chhaya Goswami，印度孟买索马利亚文理商学院的助理教授）总结道，印度商人公司践行了费尔南德·布罗代尔的格言，即“见多识广比训练有素更重要”。

据悉，这些商人一直重视信息的及时搜集和保密工作。[33]大卫·沃什布鲁克的观点也十分有意义，他认为，“基于（印度）家庭、血缘和种族社区组织产生的‘信任’度，可能比现代资本主义的普遍规律下实际可能获得的任何东西都重要，至少最近爆发的全球性金融危机已经证明了这一点”。[34]

不能将木尔坦家族看作纯粹小商贩的第三个原因是，他们平均在国外生活了7～8年。的确，史汀斯高根据对霍凡尼斯日记的分析，认为他在海外居住了10多年。但是，木尔坦人为什么长期滞留海外呢？其重要原因是，他们运往海外市场的棉纺织品数量巨大，如果不定居海外，就必须抛售货物，那样棉纺织品的价格就会大幅缩水。如前所述，木尔坦的达拉（*dallāls*，掮客）、巴卡尔（*baqqals*，批发商）除进行贸易外，还向居住国的农民提供贷款，为当地的统治者提供融资。由于他们的借贷利率往往高达100%，有时甚至在200%～300%（年利率）之间，[35]他们靠放贷积累起来的财富远比从事棉纺织品贸易赚取的利润多得多。正如斯科特·列维所言，“木尔坦人都是训练有素的金融专家，他们会利用待在海外的一切时间寻找商机，保持自己的资本增值”。[36]简言之，木尔坦人既做贸易又搞借贷的唯一目的是实现利润最大化。木尔坦商业资本家这样做的目的并不仅仅是增加自己的收入，而是为了在返回印度后，除偿还向贷款机构借的款项外，还可以用剩余的资金创办自己的企业。

否认木尔坦家族是小贩论的第四个原因是，由于印度人陆路贸易规模庞大，他们的商队在穿越阿富汗时，阿富汗的波文达人（Powindahs，即阿富汗的戈奇人）还为他们提供了全程保护。在波文达人中，最著名的是洛哈尼人（Lohānīs）、纳西里人（Nasīrīs）和尼雅兹人（Niyāzīs）。总的来说，印度人的商队活动组织得非常严密。此外，波文达人的职责并不仅仅保护印度商队的安全，因为他们中的很多人本身就是商人。事实上，他们也从印度购买奴隶和靛蓝染料销往西亚，然后再在西亚购买马匹和水果出口到印度。[37]他们中的有些人甚至还是专业商人，他们也与合作伙伴签订各种伊斯兰教的齐拉德或者盈亏分摊（*mudāraba*）合同，[38]同时还参与了印度商品的营销贩卖活动，从中赚取了不菲的利润，以至于16世纪初莫卧儿王朝的统治者巴伯尔声称，“许多喀布尔商人甚至连赚300%～400%利润都不满足”。[39]

否认木尔坦家族是小贩论的第五个原因是，木尔坦人在进行贸易时并不是各自为政的，而是以家庭为单位组成公司，这有利于成员间的相互协作，其他的印度商人群体也是如此。如果欧洲中心主义认为这种公司是“前现代”的产物，那么值得注意的是，在整个19世纪，很多英国公司都是以家庭为基础的家族式企业。因为公司具有不稳定性，所以为避免它破产，法律规定投资人应承担无限连带责任。[40]此外，虽然现在的塔塔集团是英国（可能是作者笔误，它应该是印度最大的集团公司之一。——译者注）最大的集团公司，但它“仍然是一家‘家族企业’，它较高的资本积累率仍然受到宗教认可的税收特权保护：其主要‘控股公司’（塔塔子公司）的大部分股票主要由塔塔家族的成员、亲属或慈善信托基金持有”。[41]令人震惊的是，在标准普尔500强上榜的美国公司中，95%的都是家族企业；而在德国，这一比例高达80%。[42]

印度家族企业之所以能够保证其经济的安全平稳运行，不仅是因为木尔坦人在与其他商业公司的经济往来中特别注重“信誉”，而且还由于他们特别注重子女的教育。他们的子女在很小的时候，就接受了高强度的学徒式诚信培训。对他们进行的培训项目主要有：会计技巧、各种亨迪斯的分类及运用、贷款利率的计算方法、国内外法律惯例及商业团体在传递信息时密码的使用技巧等。[43]在公司的经营中，即使只有一个人欺骗了客户，也会给公司带来灭顶之灾，因为这种事情一旦发生，就会被传得满城风雨。更重要的是，史汀斯高等人认为，英国东印度公司是股份制公司正式的“高级”组织形态，而印度家族企业则是以社群为基础的公司的非正式“低级”组织形式。他还对二者进行了全面的比较。但是，蒂尔森卡·罗伊则指出，“我们不应该夸大二者的差异。正式和非正式公司这种简单对比可能会误导我们，让我们忽视社群公司的优势……和股份制公司的劣势”。[44]而且，正如他所解释的，英国东印度公司的业务特别容易受到纠纷的影响。[45]

第六点，史汀斯高认为“一般的印度企业都是在小贩层面上运作的，没有任何资料表明公司内部存在着协调性治理机构，亚美尼亚人、土耳其人、波斯人和印度人没有像富格尔、克兰菲尔德和特里普斯……或英国东印度公司这样的企业”。[46]然而，正如蒂姆伯格在谈到18和19世纪的“伟大的（印度）企业”时所指出的，它们“在许多方面都可以与欧洲人（主要是犹太人）的家族公司如罗斯柴尔德、门德尔松……布莱赫罗德、沃伯格等相媲美”。[47]而且，从目前的讨论可以明显看出，印度企业内部都建立有“全面协调性治理机构”。此外，正如我在第五章中所指出的，印度有一些就连东印度公司也经常向他们借款的大富豪，如阿卜杜勒·加富尔、维尔吉·沃拉等，[48]而且正如乔杜里和莫里诺所说的那样，也有一些经营规模巨大的企业家，“其多样化、广泛地经营……的确能与欧洲的美第奇、富格尔或特里普斯家族公司相提并论”。[49]戴尔得出的结论也同样值得注意：“居住于伊斯法罕和阿斯特拉罕社群里的成功的木尔坦商人，似乎具有吉诺·卢萨托（Gino Luzatto）笔下意大利文艺复兴城市中的‘伟大商人’的创业精神，也从事着类似的广泛经济活动。”[50]卡维·亚兹达尼对此进行了补充，他说：“17、18世纪南亚的商人阶层，包括个体商人、货币兑换商、公司和拥有大型商业网络的家族，是全世界最富有的商业群体之一。”[51]正如勒内·巴伦德斯所总结的：

> 阿姆斯特丹的那些商人们在资本主义经营策略方面并没有什么东西可以传授给他们的印度同行，比如在（偶尔）倾销—控制市场……或复杂的金融技巧方面。孟加拉的贾加特·塞思、苏拉特和新德里的塔拉瓦德、普纳的迪克西特/巴特瓦尔丹、苏拉特的穆拉·阿里和切拉比，以及果阿的马哈马斯等家族企业，都是印度颇负盛名的大公司，可以与当时欧洲最大的跨国公司相媲美。[52]

结论

本章和最后四章揭示了欧洲中心主义“大爆炸理论”的第二步，或者说叙述了我们所熟悉的有瑕疵的“西方扩张”叙事。事实上，印度人或者说南亚人对第一次经济全球化的创建和发展过程作出了重要的贡献。对迷恋欧洲中心论的人而言，欧洲公司在印度洋贸易体系中的作用对人类历史而言也是一个巨大的进步。然而，在1750年以前，东印度公司已经发现，它们根本就不可能实现其“垄断”帝国贸易的梦想。正如我们看到的，他们并未能从亚洲商人手中抢走大部分贸易。[53]然而，出于同种原因，罗兹·默菲（Rhoads Murphey，美国历史学家）的观点则有些偏执，他声称，亚洲在1500年以后的“几个世纪里发生的所有历史事件，基本上都没有受欧洲人存在的影响，就好像他们从未光顾过那里一样”。[54]事实上，在第一次经济全球化过程中，欧洲人的确发挥了重要的作用，尤其是在向美洲贩卖黑人奴隶和在全球分配新世界的白银方面。他们所提供的这些服务培育了印度洋体系中的贸易和生产。杰森·沙曼（Jason Sharman，剑桥大学政治学教授）得出的结论更为准确，他认为，“在近代早期，欧洲人并没有强大的现代化海、陆军，那么，它是如何统治印度洋和亚洲的呢？最直接的答案是，欧洲人就像19世纪末以前并没有统治非洲一样，并没有统治印度洋和亚洲”。[55]因为，如果他们能够与亚洲人和谐共处，对双方都有利。因此，虽然欧洲中心主义者和崇欧主义人士持有的欧洲垄断了亚洲贸易的观点并不正确，但同样，那些认为亚洲人垄断了亚洲贸易的说法也是错误的。

因此，我们对欧洲中心主义学者约翰·M.罗伯茨、大卫·兰德斯、尼尔·弗格森以及国际关系学学者海德利·布尔和亚当·沃森等对欧洲殖民者所作的一般性辩护提出疑问。他们相信1500年后西方统治亚洲的观点并不是欧洲中心主义的产物，而是历史事实的一种反映。然而，本章和后四章的研究结果表明，这种“写实的现实主义”会演变或蜕化为一种欧洲中心主义的偏见，或者是安尼埃瓦斯和尼昂西奥卢所称的“欧洲中心现实主义”。[56]

因为如果历史记载是以西方为中心的，那是因为它选择了“欧洲中心这一事实”，而忽略了我所揭示的现实情况。这就引出了一个问题，即我提出的第一次经济全球化存在于1500年至1800年的观点是否能经得起欧洲中心主义和国际关系学学者的批评。他们坚持认为，如果在1945年后没有出现美国治下的和平（Pax Americana），1828年以后出现的那种欧洲人主导全球经济的状况还会持续下去。

注释

[1] Dale (1994: 3).

[2] Markovits (2000: 22).

[3] 尤见: Ray (1995: 525–6), Dobbin (1996: 143ff) and Goswami (2016)。

[4] 关于陆路贸易线的完整讨论，见Dale (1994: 49–55), Barendse (2002: 201–2) and Levi (2016: 97–101)。

[5] Alam (1994: 203).

[6] Aslanian (2011: 221).

[7] Dale (1994: 66–7) and Levi (2016: 54, 145).

[8] Washbrook (2007: 97) and Levi (2016: 135–8).

[9] Chaudhuri (2006: 159).

[10] Haider (1996) and Moovsi (1987).

[11] Levi (2016: 34).

[12] Goswami (2016: 59–62).

[13] Barendse (2009: 726).

[14] Yazdani (2017: 419).

[15] Goswami (2016: 15).

[16] 同上, (61)。

[17] 同上, (62)。

[18] Levi (2016:38-9, 53).

[19] Dale (1994: 30–41), Alam (1994), Das (2015) and Levi (2016: ch. 2).

[20] Dale (1994).

[21] Alam (1994: 215).

[22] Das (2016: xvii).

[23] Dale (1994: 41).

[24] Dale (1994: 41)；另见Levi (2016: chs. 2–4)。

[25] van Leur (1955) and Steensgaard (1974).

[26] 见Steensgaard (1974: ch. 1)。

[27] Curtin (1984: 196).

[28] Aslanian (2011: 221–3).

[29] Masters (1989: 83–4)，另见Curtin (1984: 182–206)。

[30] Aslanian (2011: 224).

[31] Alam (1994: 206) and Levi (2016: 89).

[32] Steensgaard (1974: 57–8)。尽管如此，范·勒尔坚持认为，欧洲的贸易的增长速度不如亚洲。

[33] Goswami (2016: 171–2).

[34] Washbrook (2020: 147).

[35] Levi (2016: 73–4, 133).

[36] 同上，(72)。

[37] 同上，(109)。

[38] Dale (1994: 65–6).

[39] 引用在Levi (2016: 10)。

[40] Arrighi 等，(2003: 287)。

[41] Washbrook (2020: 147).

[42] Timberg (2014: 99).

[43] Levi (2016: 64).

[44] Roy (2012: 120).

[45] 同上，(121)。

[46] Steensgaard (1974: 30).

[47] Timberg (2014: 32).

[48] 见Yazdani (2017: 422–8)。

[49] Chaudhury and Morineau (2007b: 3–4).

[50] Dale (1994: 134).

[51] Yazdani (2019: 5).

[52] Arasaratnam (1987: 124–6).

[53] Arasaratnam (1987: 124–6).

[54] Murphey (1977: 13). Cf. Braudel (1992: 489, 496), Hodgson (1993: 99–100), Goldstone (2000: 181) and Das Gupta (2001: 79).

[55] Sharman (2019: 64).

[56] Anievas and Nişancioğlu (2015: 93).

第二部分

什么是第一次经济全球化（1500—约1850年）的全球性？

第七章　驳斥欧洲中心主义对第一次经济全球化的否认（一）：揭开全球经济结构属性之面纱

引言

在本书的第二至六章，我强调了非西方的主动行为者、印度结构性力量与欧洲人一起在第一次经济全球化过程中扮演了重要角色。在本章中，我将绕过这些细节，为我提出的在1500—1850年存在经济全球化的观点提供有力的证据。本章揭示了第一次经济全球化的众多“结构属性”，把其中两个最重要属性“历史资本主义”和“非洲－印度全球性棉花驱动力”，留待第八章和第十四章探讨。尽管如此，绝大多数国际关系（IR）和国际政治经济学（IPE）学者对1850年以前，甚至1945年以前是否存在经济全球化持怀疑态度。

有的学者甚至认为这个问题根本就不值得探讨。因此，为证明我的观点，本章审视了两种最严格和最全面的批判性评价标准，即大卫·赫尔德（David Held，英国政治学家）和他的合著者提出的转型主义评判标准，以及凯文·奥罗克（Kevin O'Rourke，爱尔兰经济学家）、杰弗瑞·威廉姆森（Jeffrey Williamson，美国经济学教授）提出的新古典主义自由经济批评标准。根据他们的标准，要想宣布全球化和全球经济的存在就必须满足各项指标要求。根据这些指标的要求，他们根本就不承认在1828年以前（甚至1945年以前）存在着经济全球化。我从两个方面对他们的标准进行了驳斥。第一，我认为他们是基于欧洲中心主义而设置的标准；第二，我在非欧洲中心主义的框架内对他们的指标进行了重新编排，证明在1500年至1850年之间存在着经济全球化。

本章共包括三节，第一节是“关于全球化历史的各种理论？反对1828年以前存在经济全球化的理由”。简要概述了转型主义者和奥罗克、威廉姆森（O&W）的批判性评价标准。第二节和第三节分别为“非历史性的欧洲中心主义时间二元论（一）：1828年以前全球经济流动/过程的缺失及在之后的存在？”和“非历史性的欧洲中心主义时间二元论（二）：1828年以前关税保护主义、战争和非理性制度的存在及其在这以后的消失？”我在这两节中对两种非历史的欧洲中心主义时间二元论进行了驳斥。因为他们把1828年前后（奥罗克与威廉姆森）和1945年前后（转型主义批判者）这两个时间节点严格区分了开来。在第二节，我揭示了1500—1850年以及1850年以后全球经济流动的连续性。在第三节，我探讨了战争、更自由的贸易和经济理性制度等方面的连续性。

关于全球化历史的各种理论？
反对 1828 年以前存在经济全球化的理由

在本章中，我将对以上两个学派的许多历史主张提出疑问。因此，有必要首先对这两个学派在试图否定19世纪（如果不是20世纪中期）以前存在经济全球化时所使用的概念进行简要的总结。

转型主义批评理论

大卫·赫尔德及其合著者在《全球转型》（*Global Transformations*）

这本重要著作中，提出了最广泛的全球化模式以及所谓的“转型主义”的全球化进路。他们认为，在认定（深度的）全球经济和全球化是否存在时，主要看它是否与四个重要的阈值概念“高度”契合。这四个阈值指的是：（1）“广度”，即贸易的商品能够满足全球大多数人需要的程度；（2）“强度”或商品流动的规律性；（3）“速度”或商品的流动速度；（4）“影响”程度或贸易全球流动导致社会变革的程度。[1]他们给出了五个重要的历史性原因，来解释为什么在1945年以前不可能存在“深度”的经济全球化。[2]

第一，他们认为，全球经济是在欧洲超级主动行为者和结构性力量的支持下逐渐形成的，而1850至1945年这一阶段是西方主导全球经济的原始全球化阶段。因此，他们声称，“无论是在广度还是强度上，全球的经济都是在欧洲帝国主义列强……于19世纪晚期扩张的推动下形成的”。[3]

第二，虽然他们都承认在1500年后存在着洲际贸易流动，但由于缺乏足够的“广度”，这些贸易流被视为相对不太重要。他们给出的理由是，当时交易的绝大多数商品都是奢侈品，只面向精英阶层；而精英阶层只占全球人口的一小部分，最多10%。换言之，只有交易的商品是大众消费品且规模足够大时，才能认定它属于影响面广、有意义的全球贸易。对此，他们还指出，在1945年以前不存在着全球性的信贷或金融制度。此外，由于欧洲人交易的商品属于非竞争性商品，也就是说并非他们自己生产的商品，因此，并不存在全球性的贸易竞争。尽管他们认为在1500年以后，美洲和亚洲的贸易“融入”了欧洲，使贸易的广度有所上升，但是，贸易的广度还是太低，并不符合全球贸易的要求。

下面，让我们讲述其他三个原因。

第三，他们认为，贸易流动的强度太低，不符合贸易全球化的要求，因为它们只是在某些地区流动。第四，由于当时的货物是通过骆驼、马、牛、速度较慢的帆船或穆斯林的独桅帆船运输的，货物流通速度比较慢，因此，当时的贸易并不能被称为全球化贸易。第五，也就是最后一点，他们认为，当时的贸易无论是在广度、强度还是速度方面都有缺陷，贸易流动对社会变革的影响非常有限。[4]

奥罗克与威廉姆森的新古典主义自由经济批评理论

奥罗克与威廉姆森判断经济全球化的方法在很大程度上与转型主义相吻合，因为他们也给全球化设置了“门槛”，尽管从表面看来它关注的范围更窄，而且与转型主义不同的是它主要采用了定量分析法来测量全球化程度的高低。二者的另一个重要的区别是在全球化年代的界定上，因为奥罗克与威廉姆森声称全球化诞生于1828年而不是1945年。他们声称自己是世界上唯一对全球化进行界定的历史学家。[5]但具有讽刺意味的是，与奥罗克与威廉姆森进行过辩论的学者丹尼斯·弗林和阿图罗·吉拉德斯声称，“很失望……我们还没发现有学者对‘全球化’一词给予可操作的界定”。[6]但奥罗克与威廉姆森的意思是，全球化的唯一可行的定义应该可以量化这种全球化的“影响”，而这在弗林和吉拉德斯的所给出的概念中是不存在的。此外，正如我在第六章中所述，奥罗克与威廉姆森批评了那些像我在第二至第五章中所讲的那样以洲际贸易量来衡量经济全球化重要性的学者，他们声称

> 衡量全球经济一体化最糟糕的方式是只衡量……市场贸易量的变化，因为它是由每个贸易区域内供求状况决定的，而供求状况又与不断变化的运输成本、贸易垄断、战争禁运、关税或配额无关，也就是说，它与世界市场一体化无关。[7]

最重要的是，奥罗克和威廉姆森认为大宗“商品价格趋同性”（CPC）是经济全球化的唯一标志。因此，他们断言“正在发生的经济全球化的唯一无可辩驳的证据是，国际商品价格分散度正在下降，或者说大宗商品价格正在趋同”。[8]他们认为，价格趋同之所以重要，是因为它揭示了贸易对社会所产生的变革性影响。实际上，虽然奥罗克和威廉姆森也

同意赫尔德等人提出的影响力是全球化的重要因素的观点，但上述结论是他们从大宗商品价格趋同的变化能“诱导国内资源重新分配，使贸易能够对产出规模、收入分配、绝对生活水平或生活质量等重要因素产生影响”的作用中解读出来的。[9]或者，换句话说，“只有当贸易取代了当地生产时，生产要素才会重组，才会导致整个经济分配发生变化”。[10]与转型主义者的观点相类似，奥罗克和威廉姆森认为，在1500年至1828年之间并不存在着经济全球化。他们给出的原因如下：第一，由于贸易壁垒甚多、贸易法规过严，产品的“交易成本”并没有明显下降；第二，运输成本没有降低；第三，国际军事冲突异常激烈。[11]正是这些原因的存在，导致在1828年以前根本就不存在“大宗商品价格趋同”这一衡量经济全球化的重要标准。总的来讲，正是有了商品价格趋势这一可量化的经济全球化的概念，杨·德·弗里斯才宣称它是一种界定经济全球化的“硬”概念，而不是像弗林和吉拉德斯提出的“软”概念，因为后者不可量化。[12]

最后，我在奥罗克和威廉姆森的观点中发现了它与转型主义的相同之处，即他们都认为在1800年以前的洲际贸易中，几乎所有的商品都是非竞争性奢侈品，属于垄断性商品。[13]这就使我们不得不面对他们之前的观点，即这种贸易影响力较小，因为它对欧洲各国本国生产的产品既没有替代性和挑战性，也不具有明显的竞争性，即使这种贸易达到鼎盛，最多也只能对全球10%的人口产生影响。所有这些都意味着，无论这一时期的洲际贸易多么活跃（他们认为1500—1800年世界贸易的年增长率为1.06%，[14]转换为整个时期的增长就是25倍，[15]所以这一时期的贸易增长也并非无关紧要），它并不能给社会带来变革性的影响。正如奥罗克和威廉姆森所言，“有大量证据表明，在商业时代，欧洲的洲际贸易非常繁荣，但几乎没有证据表明贸易壁垒和大宗商品的价格正在下降……问题是，这一贸易繁荣现象究竟是由于市场经济一体化，还是仅仅由于各国的供需变化引起的？”[16]他们的结论是“自哥伦布发现新大陆以来，经济全球化就一直在发展，但……迄今为止，引人注目的变化发生在19世纪……

只有到了19世纪初，经济全球化才变得具有经济学层面的意义（即影响力），而且这种变化也来得非常迅猛”。[17]

非历史性的欧洲中心主义时间二元论（一）：1828年以前全球经济流动/过程的缺失及在之后的存在？

在本节中，我对19世纪以前并不存在经济全球化的观点提出了质疑，并主要针对二元论进行了批评。二元论是一种欧洲中心主义的历史观，它将经济全球化的时间节点划分为1828年以前和以后两个截然不同的时期。这种论调认为1828年以前的跨洲贸易管制更严、垄断性和非竞争性更强，贸易的主要商品为奢侈品，而1828年以后的贸易更自由放任、更具“自由贸易性”和竞争性。我认为这种划分忽略了1828年前后以市场为基础的显著连续性，即日常商品交易的非垄断性。

第一次经济全球化中的“大宗商品价格趋同”：夸大了东印度公司的贸易实力？

作为新古典主义分析经济学本体论的代表，奥罗克和威廉姆森的分析方法存在着一些问题。首先，他们将商品价格趋同作为衡量经济全球化的唯一标准，这种方法过于单一。在与世界著名的历史学家弗林和吉拉德斯的辩论中（后者的观点如我在第二章和第三章中所解释的），奥罗克和威廉姆森声称，全球经济和经济全球化出现于1571年之后。而且，他们还坚称，“在哥伦布探索新大陆以后的三个世纪里，没有证据表明世界商品的价格出现了趋同化……而且，‘弗林和吉拉德斯无法对我们的证据或推论提出疑问’”。[18]然而，弗林和吉拉德斯也指出了一种明显的例外，即全球白银流动。据他们论文所言，全球白银流动在经历了1700年的价格趋同后就开始出现了价格背离，并在1750年再次出现了趋同。[19]由于他们的建议比较中肯，奥罗克和威廉姆森倒也没有提出什么异议。其他学者也证实了这一观点。

然而，对于大宗商品和其他重要贸易商品的价格趋同问题，弗林和吉拉德斯保持了沉默。即使在2008年对奥罗克和威廉姆森的回复中，他们也没有重新强调其对全球化所下的“无法度量”的定义，[20]即全球化出现于1571年。当“所有人口稠密大陆上的人们都开始交换产品……其价值足以对他们所有的贸易伙伴产生持久性的影响”。[21]然而，对于奥罗克和威廉姆森的商品价格趋同的分析方法，也有其他学者提出了质疑。

正如我们在给全球化这一现象下定义时可以预先确定它的出现日期一样，衡量大宗商品价格趋同的方法也是如此。奥罗克和威廉姆森所采用的方法仅基于商品的亚洲初始采购价和欧洲最终销售价格之间的“加成率”，但这种方法存在问题，因为它仅局限于衡量商品在两个不同市场之间的价格差异。如果我们想要了解发生在许多市场的大宗商品的价格趋同（这对全球化分析很重要），那么最好方法是找出它们之间的“变异系数”（CoV）。[22]然而，这样得出的只是需求冲击函数的趋同。奥罗克和威廉姆森认为，它不能作为判断全球化的标准。因此，为了解决这个问题，我们可以采用第三种方法，即测量商品在多个市场之间的价格“标准偏差”。[23]克拉斯·伦贝克（Klas Rönnbäck，瑞典哥德堡大学经济历史学教授）就是通过调查变异系数和标准偏差这两个方法来考虑商品价格趋同的，而皮姆·德·兹瓦特（Pim de Zwart，荷兰瓦格宁根大学与研究中心助理教授），他在考察商品价格趋同时使用了以上三种方法。

伦贝克在调查了11种全球重要大宗商品后，认为有9种商品在哥伦布探索新大陆之后的三个世纪里表现出了价格趋同。[24]然而，他也指出，在上述的三个世纪中，受欧洲各国关税税率差异的影响，商品价格趋同情况整体呈现下降趋势。伦贝克得出的结论是，“奥罗克和威廉姆森所采用的衡量全球化的方法是正确的，因为贸易保护主义政策和战争经常阻碍商品市场一体化的实现，但他本人的研究结果也表明……，尽管如此，市场一体化的潜力已在许多洲际贸易中得到了体现”。[25]伦贝克的分析比奥罗克和威廉姆森的分析更具合理性，因为他们考虑到了从美洲进口到欧洲的商品价格趋同，而奥罗克和威廉姆森则没有考虑到这一点。他们只考虑了亚洲或欧洲运输成本降低这一因素。[26]

皮姆·德·兹瓦特在其重要著作《全球化与大分流的殖民起源》（*Globalization and the Colonial Origins of the Great Divergence*）中，对价格趋同问题进行了进一步的分析。然而，他唯一的局限性是忽略了欧洲与美洲之间的贸易，而把研究重点放在了荷兰东印度公司与亚、欧的贸易，特别是它与南亚、东南亚的孟加拉国、锡兰、爪哇及其南非殖民地开普敦的贸易上。经对16种全球性大宗贸易商品进行调查，他得出了在1600至1800年之间，“有充分的证据表明它们的价格是趋同的，因此，欧亚商品市场正处于一体化过程中”的结论。[27]

然而，在调查过程中，他谨慎地将这16种商品分成了四类，这也反映了荷兰东印度公司在不同地区市场上的实力。最后，他得出的结论是，在垄断性商品肉桂、肉豆蔻皮和肉豆蔻的贸易中，由于荷兰东印度公司在锡兰和摩鹿加占有了重要的市场和政治权力，并没有出现商品价格趋同的现象。但在大多数亚洲市场上，大宗商品的价格出现了趋同化，这是因为许多亚洲商人以及其他欧洲公司实力强大，荷兰人不得不与他们进行价格谈判。因此，早在1800年以前，铜、胡椒、瓷器、硝石、丝绸、糖、茶叶、纺织品、锡和丁香等商品的价格就已经趋同。[28]更为重要的是，价格趋同的商品往往也是销量最大的产品。这使德·兹瓦特得出了商品价格总体趋同这样的结论。[29]

总的来说，奥罗克和威廉姆森的分析无意中夸大了东印度公司的垄断实力，陷入了欧洲中心主义的误区。因为其他研究者的分析表明，由于全球市场和亚非贸易体系的存在，东印度公司在抬高欧洲商品价格方面的效果并不像奥罗克和威廉姆森想象的那样理想。还有另一个问题（正如我在下一节中解释的），即使有的学者在测量价格趋势时使用了“加成率”“变异系数”和“标准偏差”，但他们忽略了走私对价格的影响。在欧洲市场上，那些通过非正式渠道进口的商品的价格要低于从正规渠道进口的商品的价格，[30]这就意味着商品价格的实际差距要比奥罗克和威廉姆森假设的低得多。然而，无论采用哪种分析方法，我们似乎都可以得出这样一个结论：与奥罗克和威廉姆森的“加成率”分析方法相比，其他分析都认为，在第一次经济全球化过程中，大宗商品的价格存在着趋同的可能性。但话又说回来，即使大宗商品的价格确实出现了价格趋同的情况，关键是其是否能像奥罗克和威廉姆森所假设的那样能够作为衡量全球化的标准，然后，我们是否又能够得出其他形式的全球经济流动也会对经济全球化产生“影响”的结论。

关于殖民地“奢侈品”贸易的欧洲中心主义谬误：商品价格趋同是衡量全球一体化的标准吗？

转型主义者与奥罗克和威廉姆森提出的第二个重要观点是，19世纪以前的洲际（殖民地）贸易仅仅是“奢侈品”贸易。但在本节中，我认为，这两种方法论都是欧洲中心主义有关“奢侈品理论”的谬误。[31]这是众多文献中常见的观点之一。关键在于，从13世纪起，日常的大宗商品贸易至少占了非洲、欧洲和亚洲贸易的50 %以上，[32]这就彻底否定了上述观点。导致出现这种情况的部分原因是，为了保持船舶平衡，船舶需要装载压舱货物，而低价值、大宗散装货物是压舱物的首选。当然，如本文第五章和第六章中所述，经陆路贸易的印度棉纺织品在当时的贸易中也占有很重要的地位。但具体而言，奥罗克和威廉姆森认为，在欧洲与亚洲和美洲进行的贸易中，主要从事三类“奢侈品”贸易：一是亚洲的香料贸易（胡椒、肉豆蔻皮、肉豆蔻、肉桂和丁香）；二是亚洲与美洲的“成瘾性货物贸易”（茶、咖啡、糖和烟草）；[33]三是亚洲布匹（生丝、丝绸和棉纺织品）和中国瓷器贸易。在此，我们需要注意五个问题。

第一，值得注意的是，从16世纪初至17世纪60年代，胡椒一直是欧洲人的主要进口商品，但须指出，在此之前，他们已经通过埃及和威尼斯从亚洲进口这种商品了。这主要是因为，胡椒从一开始就是一种大众消费品。然而，在1664—1699年期间，黑胡椒仅占英国进口亚洲商品总额的13%。而到了1700—1760年期间，随着印度棉纺织品的大量进入，黑胡椒的进口比例降至年均5%。[34]事实上，在1660—1760年，印度棉纺织品占英国东印度公司亚洲进口总量的65%。[35]而在1761—1799年，这一比例仍高达42%。[36]此外，荷兰进口商品的情况也与之类似。

虽然欧洲中心主义者认为印度棉纺织品是奢侈品，但在17世纪最后1/3的时间里，正是这种价格低廉的粗棉布引发了欧洲的“棉印花布热潮”（Calico Craze）。[37]贝弗利·莱米尔认为，到18世纪初，印度的棉印花布服装流行于欧洲社会各个阶层，并不再是精英阶层的专利（详见下节）。[38]尽管英国政府于1701年颁布的《关税法案》以及1721年颁布、1722年实施的《消费税法案》（也称《印花布法案》）几乎使印度花布在英国的销售价格翻了一番，《消费税法案》也禁止英国商人销售该商品，但猖獗的走私活动确保了进口的持续，并在英国社会各阶层得以销售（稍后会谈到这一点）。由于英国社会各界对印度棉纺织品需求强烈，英国政府于1774年不得不废除《消费税法案》，[39]但仍然对它进行关税管理。总之，在1500—1850年期间，欧洲从亚洲进口的两种大宗商品（即17世纪中期以前的胡椒和17世纪70年代以后的印度棉纺织品）都属于大众日常消费品，而并非奢侈品。[40]

第二，假设欧洲人从除印度以外的其余亚洲国家和美洲进口的产品属于昂贵的奢侈品，也同样存在着问题。当然，这些商品在刚上市时价格极高，在当时说它是奢侈品并不会有人提出异议。但在随后的三个世纪，它们的价格大幅度下降，甚至连一般的穷人也都能消费得起，[41]这时再说它是奢侈品就有问题了。在这一时期，欧洲咖啡的价格也呈大幅度下降之势，其价格从1710年的每磅1 ~ 37英镑下降至1800年的每磅45便士，[42]这主要是因为激烈的生产竞争孕育了欧洲的消费市场（在下节将会解释）。

1652年，伦敦出现了第一家咖啡馆（由土耳其商人创办），随后咖啡馆就迅速遍布英国和整个欧洲。[43]同样，茶叶起初也是奢侈品，但到了18世纪初，中国的廉价武夷红茶的大量进口满足了穷人的消费需求。[44]有趣的是，英国东印度公司认为，早在1705年，“茶叶就成了英国大众消费品”。[45]此外，到1750年，武夷茶占英国茶叶消费总量的66%，[46]而到了18世纪90年代，英国人用家庭收入的约7%购买武夷茶。[47]事实上，到18世纪末，66%的英国人每天消费半品脱茶（与今天的消费状况大致相同）。[48]茶叶在荷兰的消费情况也与此类。1715/1718年至1785/1749年，[49]武夷茶在阿姆斯特丹的销售价格下跌了90%，从每磅6～14英镑跌至70便士。[50]糖的价格也急剧下降，从1600年的每磅33便士降至1800年的8便士，因此，在18世纪，糖也成了贫困家庭的主要消费品。[51]糖的价格下降幅度如此之大并不让人感到奇怪，因为在泡制红茶时需要加入糖以增加茶的甜味，因此，随着茶叶进口量的扩大，糖的需求量也随之增加。

卡洛尔·沙马斯（Carole Shammas，美国历史学家）认为，“杂货”产品（即明茨谈到的“成瘾性食品/货物”）如“糖、咖啡因饮料（茶和咖啡）以及烟草早在1800年以前就成了大众消费品”。[52]在17世纪后期，杂货品的进口额占欧洲进口总额的17%；到18世纪70年代，这一比例上升至33%。而且，由于它的价格下降幅度较大，这些数字给人们留下了深刻的印象。沙马斯将大众消费品定义为每天至少有25%的人消费一次的商品。基于此，她认为以下物品在1650—1750年这段时间里成了大众消费品：烟草（17世纪50年代）、糖（1700年以前）和茶叶（18世纪20年代）。[53]此外，我们还可以加上咖啡。17世纪60年代，荷兰东印度公司开始从海外进口少量的咖啡，在1690年后进口量大增；到18世纪30年代末，“茶叶和咖啡已占荷兰东印度公司在阿姆斯特丹市场上货物销售额的近1/4（24.9%），仅次于丝绸和棉纺织品（占28.3%）”。[54]安妮·麦克坎茨（Anne McCants，麻省理工学院历史学教授）指出，到1740年，茶叶和咖啡的销售收入比1669年高出了1312倍。她由此得出如下结论，即到18世纪50年代，咖啡已成为荷兰人的日常消费品。[55]

第三，人们普遍认为，中国的瓷器、丝绸以及印度的丝绸是奢侈品，只有高收入人群才消费得起。但他们却忽略了一点，即当时欧洲进口的丝绸制品主要是印度的丝绸“手帕”（它比现在使用的手帕要大得多，当时佩戴手帕是一种时尚）。正如我将在第四点所解释的，即使最贫困的家庭也消费得起。此外，通过查阅孤儿院档案中的资产清单，麦克坎茨发现当时即使最贫困的家庭也买得起中国的瓷器和（荷兰的）代夫特陶器。[56]总之，她得出结论，“早在17世纪末的最后几十年里，西欧对茶、咖啡、糖、烟草、瓷器、丝绸和棉纺织品的消费开始急剧增加；而在18世纪的大部分时间里，这种势头有增无减”。[57]

总之，杨·德·弗里斯得出的结论是，奥罗克、威廉姆森和转型主义者所提出的奢侈品理论完全是“错误的”。[58]这反过来又揭示了奥罗克与威廉姆森理论的论证逻辑中存在的重大缺陷。在注意到了美洲和亚洲商品的价格下降后，德·弗里斯认为，商品价格趋同并不是衡量全球一体化的最重要标准。因为正如我们所看到的，虽然在16世纪，许多进口产品（尽管并非全部）的价格高到只有富裕的精英阶层才能消费得起，但此后商品价格一直下降，以至于中低收入阶层也能消费。他认为，造成这种现象的重要原因并非商品价格的趋同，而是产品价格的下降。因此，“对消费者而言，如果商品价格合适，他们就会去消费，至于价格是否趋同显然是他们考虑的次要因素”。[59]这就意味着，转型主义者与奥罗克和威廉姆森关于亚洲、美洲与欧洲的贸易只服务于富裕的消费者，缺乏足够的广度和影响力的假设是不正确的。因为根据他们对全球化的界定，只有当贸易服务于中、低收入阶层，且具有足够的“广泛性”和“影响力”时，才能称得上“全球化”。麦克坎茨进一步强调了这一观点，她指出，“我们忍不住会相信，如果没有‘奢侈品’涓涓细流般地从亚洲流入欧洲的刺激，欧洲就不可能发生消费革命（这对欧洲经济发展很重要）”。[60]这就引出了关于奥罗克和威廉姆森奢侈品理论的第四个问题。

对于以上讨论，奥罗克和威廉姆森也可能会回应说，从1685年开始，英国和法国对从殖民地进口的商品大幅度地提高关税（以及消费税），导致了商品价格超出了中、底层消费者的承受范围。这正是为什么奥罗克和威廉姆森认为商品价格趋同只有在自由贸易的情况下才会出现，以及为什么在1828年以前，尤其是在英国，只有富裕的精英阶层才消费得起进口奢侈品。然而，所有的讨论似乎都在刻意回避一个问题，那就是大量的殖民地产品被走私贩卖到欧洲，尤其是英国。这些产品之所以被走私到英国，是因为英国政府为了增加财政收入和发动帝国主义战争，在1684年后开始征收高额的进口关税（和消费税）（如第二章所述，我在第九章和第十二章中也会有所提及）。被课以重税的商品，也是走私最严重的商品，包括烟草、巧克力、咖啡、白兰地、朗姆酒、丝绸和棉纺织品等，尤其是茶叶。但重要的是，我们需要正视印度这个庞然大物。

针对这个问题，我的论证难点在于印度棉纺织品及丝织品的进口。因为英国在1722—1774年禁止进口印度棉纺织品，而且在整个18世纪，都在禁止进口印度丝织品。下面我将对此进行逐一论述。显然，正如英国下议院于1784年撰写的走私调查报告中所记载的那样，在1721/1722年实施《印花布法案》后，大量的印度棉纺织品被走私到英国。[61]印度棉纺织品的走私途径很多，其中有两条途径最为重要。一条途径是由英国东印度公司通过各种方法走私到英国的；另一条途径则来自荷兰。由于荷兰政府对印度棉纺织品采取自由放任的贸易政策，这就为许多善于投机取巧的荷兰商人提供了将印度棉纺织品走私到英国的机会。他们从印度低价购入棉纺织品，然后再高价走私到英国。印度棉纺织品在英国国内也有其独特的流通渠道。一条是非常活跃的二手市场，在这些市场里有专门出售的印度棉纺织品零售店；另一条流通渠道则是大规模的赤裸裸的盗窃。[62]因此，威廉·法雷尔（William Farrell）得出了“即使两项印花布法案生效后，棉纺织品仍大量流入英国国内市场”的结论。[63]虽然有些学者认为“几乎没有证据表明任何穿违禁布料制作的服装的人在英国都会被罚款或起诉”，[64]但贝弗利·莱米尔却列举了一些证据，尽管证据不够充分，但足以说明还是有人因此被起诉、监禁或罚款。[65]此外，也有一些穿印度棉布服装的妇女被袭击或被杀害的例子。[66]这主要是由于当时英国抵制印度棉纺织品的气氛较浓，而这些产品的进口又威胁到了毛纺业或丝绸业工人的生存。

丝绸手帕的贸易情况也与此类似。在18世纪初，丝绸手帕成了一种时尚的大宗商品。英国人想佩戴丝绸手帕，要么购买二手物品，要么从黑市（货物由窃贼或走私者提供）采购。[67]而英国东印度公司的船只走私印度丝绸手帕，是印度手帕“流落”到社会各阶层的主要途径。法雷尔总结道，印度手帕贸易的成功以及英国东印度公司在供应手帕方面所起的作用，支持了“英国新的消费形式是通过亚洲贸易创造出来的”这一观点。[68]因此，可以说，亚洲丝绸和印度棉纺织品的普及化已经实现了，即使再多的禁令，即使有禁令或暴力，也无法将其遏止。

然而，在18世纪英国的殖民进口过程中，走私情况相当普遍，茶叶、朗姆酒、香料和烟草都是最著名的走私产品。英国约有1/3的所谓合法进口的茶叶和烟草都是通过走私途径进入的。[69]转口贸易是烟草进入英国的主要渠道。转口商先将烟草转卖到国外，并获得本国税务机关的“退税”（原来所缴关税的总和），然后再设法经苏格兰、敦刻尔克、奥斯坦德、英吉利群岛和曼恩岛等将烟草走私回英格兰。[70]值得注意的是，茶叶也是通过这种转口贸易方式进入英国的。转口商在获得出口退税后，再从丹麦、瑞典或间接通过荷兰、法国或爱尔兰走私回英国。[71]从整个讨论过程来看，苏珊·诺斯（Susan North）的观点一语中的：

> 英国全社会都在走私，税收人员对此也感到束手无策，因为海关人员发现自己成为社区里的另类。为了自身的安全，他们不得不对各种欺诈行为视而不见……18世纪80年代，英国政府开始反思其对进口税的态度。将近一个世纪的预防走私的努力彻底失败了，而禁止进口（1721/1722—1774年禁止印度棉纺织品与丝绸织品，整个

18世纪禁止丝绸织品）和提高关税只能增加外国商品的吸引力。[72]

所有这些都意味着，无论官方采取什么样的限制措施，走私都使殖民地商品进入了寻常百姓家。

通过上述讨论，我们可以得出如下结论：奥罗克和威廉姆森只关注进口商品的正式价格，忽视了它们在二手市场或黑市上的非正式价格，而这种非真实价格对来自亚洲和美洲的商品的价格产生了重要影响。当然，走私者和窃贼所贩卖商品的价格数据并没有保留下来。但是，只通过正式销售价格看棉纺织品在英国市场上的最终销售价与从亚洲和美洲进口的价格的差价，就会夸大实际价格差。我们得出的结论是，在18世纪，这些进口商品并不是奢侈品，它们的价格也并非贫困消费者无法承担的。此外，时尚是推动人们消费的动力，印度棉纺织品已从富人的专有产品，变成了中、低收入群体皆有福享受的大众消费品。由于1604年英国禁止奢侈法（在旧的社会等级制度下，只允许富有精英阶层穿戴时尚服饰）的废除，为棉、丝织品尤其是丝绸手帕的社会平民化铺平了道路。这反过来也遵循了诺贝特·埃利亚斯（Norbert Elias，德国社会学家，其代表作为《文明的进程》）的“文明进程”模式：下层社会模仿上流社会的时尚做法。[73]所有这些都表明，这些商品的进口（尤其是纺织品的进口）对欧洲社会产生了革命性的影响，[74]因为它们是英国18世纪“消费革命”（在19世纪，这场革命开展得更为猛烈）的重要组成部分。[75]。此外，我将在第九章提到的“产消者”观点也与此有关，该观点认为，妇女们之所以进入劳动力市场部分是为了赚钱以满足她们购买新潮棉制服装的愿望。[76]

所有这些都对罗克与威廉姆森的奢侈品理论提出了第五个也是最后一个挑战。他们认为17、18世纪全球贸易的繁荣是“盈余收入”的增加带来的，[77]但是“盈余收入”指的是富裕阶层收入的增加，因此，它存在的问题是只关注了“盈余收入”的变化，而忽视了中、低阶层收入的增加（虽然走私、盗窃和二手零售商店所售服饰的价格对他们收入的增加也起着一定的作用）。奥罗克与威廉姆森在构建奢侈品理论模型时应该把这一因素考虑进去。因此，正如安妮·麦克坎茨所指出的，奥罗克与威廉姆森

> 将欧洲进口需求的增加仅归因为富人收入增加的刺激作用，而先天地排除了人们消费品位的变化或其他群体收入增加的影响。由此，他们得出了一个显而易见的结论，即工人及其他人（但不包括土地所有者或向他们提供商品的城市商人）生活水平的变化，“对欧洲进口需求的影响微乎其微”。[78]

简言之，奥罗克和威廉姆森的模型就是这个意思，因为他们在构建模型时只考虑了富人的收入，这就自然而然排除了一般消费者购买这些进口商品的可能性。反过来，这也意味着，奥罗克和威廉姆从一开始就轻率地排除了在1828年以前存在全球化的可能性。

关于“非竞争性垄断”商品被进口到欧洲的欧洲中心主义谬误：欧洲贸易是衡量全球贸易的标准吗？

转型主义者（尤其是奥罗克和威廉姆森）提出的第三个重要观点是，欧洲进口的商品就像欧洲出口到亚洲的商品（除了白银的转口贸易之外）一样缺乏竞争力。相应的，批评者的推断是，“垄断性商品”的进出口贸易表明洲际贸易缺乏市场竞争，这就意味着它们不具有（按照奥罗克和威廉姆森理论）“使生产要素重组从而导致整个经济分配发生变化”的能力。

这就引出了一个最直接的问题，那就是印度棉纺织品作为欧洲的主要进口商品，显然与欧洲各国纺织品生产商，特别是英国的纺织品生产商生产的产品存在着竞争，这也是英国政府对它征收高额关税和消费税的原因。至于有人反驳说，印度棉纺织品在18世纪的大部分时间里（如果不是全部的话）都是被禁止销售的，我建议读者们回顾前一节关于棉纺织品在英国通过走私、二手零售店以及偷窃进行流通的讨论。然而，正如我将

在第十章中所陈述的，正是印度棉纺织品主导的全球市场给英国棉花、丝绸和毛纺产业带来的挑战，导致兰开夏郡的生产商和英国发明家们频繁地仿制印度的棉纺织品，这又反过来促进了英国经济向工业资本主义转变。在此过程中，英国的比较优势也发生了从毛纺织品向棉纺织品的根本性转变。而且，正如我在前文所解释的，在全球经济发展不平衡与发展过程互相交织的背景下，非洲和印度的全球性棉花驱动力在一定程度上刺激了英国以棉纺织品为基础的工业化的发展。因此，如果以促进“生产要素重组从而导致整个经济分配发生变化”的能力为标准来衡量欧洲进口产品的影响的话，我想不出来在过去的五百年里还有什么进口商品能比印度棉纺织品对英国产生更巨大的变革性影响。此外，正如我在第三至六章中所论述的，印度棉纺织品是将第一次经济全球化进程编织在一起的重要大宗商品，为全球经济一体化作出了贡献，但奥罗克和威廉姆森声称这一进程并不存在。

由于荷兰在生产代夫特陶器时直接模仿了中国瓷器，[79]因此，这是欧洲人仿制亚洲人产品的又一个例证。但是，他们在仿制过程中进行了各种创新，导致了亚洲产品“本土化”，这种情况不仅出现在欧洲，也出现在世界其他地方。[80]这种模仿现象当时在英国相当普遍，这反过来又促使英国人借鉴了许多非欧洲思想、制度和技术，我将在第十章、第十二章及其他章节中对此进行论述。[81]这反过来又意味着，大宗商品价格趋同的“影响”并不是判断全球经济如何塑造和重塑社会（尤其是英国）的唯一的甚至是主要的标准。

但现在我们需要注意的问题是，其他进口商品是否都没有竞争力，它们是否无论对欧洲/英国的经济，还是对第一次经济全球化的发展都无关紧要。像转型主义者和奥罗克以及威廉姆森那样的欧洲中心主义者存在的问题是，他们观点过于狭隘，过于以“欧洲为中心”，因此这意味着他们无法从定性的角度来看待印度棉纺织品贸易体系、中国瓷器以及中国和印度的丝织品进口对英国、荷兰生产商造成的重大“竞争性影响”。因为当我们打开我们的镜头观察全球场景时，一幅完全不同以往的画面就会浮现在我们的眼前。所以，尽管欧洲进口的许多商品（虽然不是全部）的确并非欧洲制造，但它们却产自世界其他有竞争力的地区。

重要的是，我在上一节谈到，商品价格的下降在很大程度上是商品的全球竞争所致。因此，中国台湾、爪哇和西印度群岛等多个蔗糖生产和出口中心的竞争，导致了阿姆斯特丹市场上蔗糖价格下降和全球蔗糖价格的趋同；[82]咖啡也开始受到全球竞争的影响。咖啡最初产于西亚的摩卡，后来荷兰人将咖啡树幼苗移植到爪哇，爪哇就成了世界上主要的咖啡生产基地。到18世纪30年代，欧洲进口的咖啡约有75%来自东南亚，只有25%来自摩卡。但是从18世纪20年代起，欧洲人开始从法属留尼汪岛（Réunion，印度洋西部马斯克林群岛中的火山岛）和西印度群岛进口咖啡，因此，到18世纪50年代，欧洲从亚洲进口的咖啡只占其进口总额的1/4；[83]提及瓷器，我们很自然地就会想起中国，但后来日本、荷兰和英国也开始生产瓷器。茶叶主要产自中国（在19世纪20年代后，印度才成为最大的竞争对手），这意味着在第一次经济全球化的大部分时间里，它都是一种垄断性产品。然而，如前所述，在18世纪，在广州经营的各个欧洲公司之间的竞争变得非常激烈，以至于它们在欧洲销售的武夷茶的价格大幅度下降。[84]那么纺织品生产情况又怎样呢？

生丝产自于西亚（安纳托利亚半岛，又叫小亚细亚半岛）、印度和中国；丝织品则主要生产在印度、中国、西亚的许多地区，以及包括意大利、法国和英国等国在内的许多欧洲国家。

棉纺织品主要来自印度、中国（1760—1830年出口南京棉布）、东南亚、非洲、西亚（特别是安纳托利亚半岛）、北非（埃及）以及欧洲许多国家。安纳托利亚、伊兹密尔（土耳其第三大城市）塞萨洛尼基（属于奥斯曼帝国，现在希腊第二大城市）、印度、美洲和西印度群岛等都出口原棉；在18世纪，爪哇的靛蓝染料与印度的靛蓝染料竞争激烈，后来又与西印度群岛的靛蓝染料展开竞争。

最后，虽然摩鹿加群岛的肉豆蔻皮、肉豆蔻和锡兰的肉桂这三种香料对市场形成了垄断，使香料成了垄断性商品，但它们属于佐证了非欧洲中心主义规则的例外情况，因为在17世纪60年代以后甚至以前，胡椒这种日常消费品的销量更大。因此，虽然在1620年上述三种香料和胡椒的贸易额占荷兰贸易总额的75%，但到1670年这一数字下降到了33%，到1700年更是下降至23%；[85]而上述“三大”垄断性香料的占比肯定低于这一数字，因为这些数字里包含胡椒的销售量。[86]需要注意的是，胡椒并不属于垄断性产品，因为在马拉巴尔（位于印度西南海岸）和东南亚（爪哇和苏门答腊岛）都有大量的胡椒生产。尽管荷兰人主宰了东南亚的胡椒贸易，然而，正如我在第五章中所述，荷兰东印度公司就像其前任葡萄牙东印度公司一样，并未能主导印度马拉巴尔邦的胡椒贸易。[87]同样需要注意的是，在17世纪中期，荷兰东印度公司为了抬高丁香在欧洲市场上的价格，竟然伐掉了摩鹿加群岛上的许多丁香树。这导致欧洲商人转而从巴西采购更便宜的丁香替代品。[88]后来，在18世纪70年代，英国人和法国人将摩鹿加群岛上的丁香幼苗偷运至东非和东南亚，于是，这些地区也开始生产丁香。虽然这场竞争在19世纪初才真正开始，但由于这些产品具有可替代性，荷兰丁香的价格涨幅从18世纪中期的25倍下降至1800年的10倍。[89]这实际上意味着，在18世纪末以后，只有四种产品属于垄断性产品，即肉豆蔻皮、肉豆蔻、肉桂和中国茶叶（尽管如上所述，从19世纪20年代起，印度茶叶开始与之抗衡），其余产品在世界各地都有多个竞争性生产地点。

总之，由于全球性竞争的存在，一些商品的价格开始接近全球价格，并在阿姆斯特丹商品交易所进行了交易。格拉曼（Kristof Glamann，丹麦史学家）在谈到阿姆斯特丹商品交易所时指出：

> 在北欧这个最重要的市场上，殖民地商品的年度价格反映了全球贸易的状况。这是由早期沿海地区零星的货物交换演变而来的新兴事物。现在我们已经看到了一个由庞大的贸易网连接在一起的有

> 规律的运输流……国际分工的雏形已经呈现……正如达德利·诺思（Dudley North，英国经济学家）在1691年出版的《贸易论》中所说的："就贸易而言，整个世界就像一个国家或一个民族，而国家就像一个人一样。"[90]

因此，总体来讲，大多数重要产品是否来自欧洲倒并不重要，因为它们不仅来自世界各地，而且已经进入了竞争激烈的全球和欧洲市场。我们需要提醒自己，在考虑全球化时，应重点关注广泛的全球经济（欧洲只是其中的一部分），以及竞争性市场关系是否在全球范围内存在，而不仅限于欧洲市场内部。

总之，欧洲进口的大部分商品来自竞争激烈的亚洲市场。欧洲公司在亚洲市场上相互竞争，同时也与许多亚洲商人及生产商展开竞争。在第二至第六章中我曾对此进行过讨论。因此，竞争性替代商品的存在会影响亚洲商品在欧洲市场上的销售价格，限制了贸易公司（如东印度公司）的"定价（加价）权"。[91]简而言之，事实证明，"只有从独家垄断国内市场这个意义上来看，东印度公司才算得上是垄断公司"，[92]即便如此，它们也面临着来自其他欧洲市场的竞争。[93]这就自然而然地使我们想起了奥罗克与威廉姆森夸大东印度公司的贸易实力的观点。全球竞争的存在也影响到了商品价格，皮姆·德·兹瓦特由此得出了如下结论：

> 因此，很明显，无论欧洲市场在现代早期是否完全一体化，亚洲大宗商品在阿姆斯特丹交易市场上的价格（除三种垄断性香料外），都受到其他城市以及欧洲以外其他洲（即亚洲和美洲）同类商品价格的影响。[94]

但需要说明的是，在这里，我的论点不是全球供求关系的变化促进了大宗商品的价格趋同，而是进入欧洲的大宗商品都属于竞争性而不是非竞争性商品。

关于价格管制以及欧洲公司对市场供求关系贸易垄断的双重欧洲中心主义谬误

由于转型主义者与奥罗克和威廉姆森错误地假设所有交易商品在本质上是非竞争性的和垄断性的，因此，从逻辑上，他们认为缺乏竞争的供求市场使得价格具有垄断性或受控性。在这里，人们嗅到了旧欧洲中心主义所谓的东方专制主义论调，并发现了欧洲中心主义/崇欧主义夸大东印度公司超级垄断实力的前提是不同的市场参与者及国家控制了商品的价格。转型主义者与奥罗克和威廉姆森夸大了东印度公司的实力，低估了亚洲主要国家的力量，这成了崇欧主义或欧洲中心主义最大的谬误之一。正是因为有亚洲国家的存在，供求竞争法则才得到了维护，即使东印度公司尽了最大的努力，但仍无法抗拒它（如我在第二至第六章所述）。稍后我将对此进行论述。

关于东印度公司，马六甲的例子证明了我的观点是正确的。据说1511年后，葡萄牙人和荷兰人分别控制了马六甲。有一些学者认为，欧洲的东印度公司垄断了亚洲的贸易。然而，事实证明，即使在东南亚贸易市场，葡萄牙人和荷兰人也操纵不了市场价格。菲利普·柯廷（Phillip Curtin）提到了在马六甲的外国客商与东道国商人之间出现的“集体议价”制度。他引用16世纪著名的葡萄牙药剂师托梅·皮雷斯的话：“价格谈判的过程‘有条不紊，虽然没有偏袒进港的商人，但也没有使他们感到不快，因为马六甲的交易规则和商品的价格是透明的。’”[95]此外，柯廷指出，“当葡萄牙商人（在马六甲的）试图操纵价格时，亚洲商人们就会提出一些附加条件，这证明了供求法则仍然在起作用”。[96]由于葡萄牙进口商只与当地少数的出口商（10～20人）讨价还价，这种议价制度虽算不上“完全竞争”，但仍远未达到对价格进行“管制”或“垄断”的程度。总之，如路易斯·托马斯（Luis Thomaz）在谈到马六甲的贸易习惯时所指出的，“大部分商品的价格是由（近似的）供求规律决定的”。[97]而马六甲的进口关税始终保持在较低的水平（最高可能为5%），也说明了这一点。在下一节，我将继续讨论此问题。

更重要的是，上述的马六甲案例反映了1500年前后印度洋贸易体系的普遍情况。但是，自那时以后，供求竞争更加适用于亚洲市场。欧洲人之所以无法主导亚洲的贸易，正是因为商品存在着全球价格，这些价格是由供求规律决定的，这再次彰显了第一次经济全球化力量的强大。的确，正如约翰·威尔斯（John Wills）所言，“欧洲人在亚洲人统治的港口和市场进行贸易，在那里，它们无法排除或扭曲亚洲人与欧洲人的竞争，价格（主要）是由市场力量决定的”。[98]我在第二至第五章已经对此进行了讨论。

欧洲中心主义之所以将欧洲与亚洲的贸易定性为垄断贸易，是因为它夸大了东印度公司在印度洋贸易体系中的作用。因为这种观点不仅魔术般地消除了欧洲人面临的来自亚洲商人的竞争因素，而且还掩盖了在竞争游戏中亚洲人往往是胜利者这一事实。下述事实更能说明这一点：强大的亚洲商人维尔吉·沃拉和阿卜杜勒·加富尔为了降低欧洲人某些产品的销售价格，有时也会违反供求规律向印度市场倾销某些商品。然而，这些基本上都属于非欧洲中心规则［即“大部分亚洲产品或市场从未受到（持续的）垄断或其他任何方式的控制”］的例外。[99]如果供求竞争规律的存在是经济全球化的标志，那么在1500—1850年这一时期就应该存在着经济全球化，我将在下一节快结束时对此予以回应。但所有这些都被转型主义者、奥罗克和威廉姆森的观点所掩盖了，因为他们相信欧洲中心主义的双重谬误：东方专制国家和东印度公司垄断了亚洲贸易。

这反过来意味着，转型主义者以及奥罗克和威廉姆森一直在错误的地方寻找1500—1850年的经济全球化痕迹。因为世界上其他地方与全球经济的融合程度甚至超过了欧洲，这意味着将欧洲贸易作为衡量经济全球化的标准会掩盖经济全球化程度进一步加深这一事实。总之，我在这一节中利用转型主义者、奥罗克和威廉姆森的阈值标准证明了欧洲与其他国家的联系不仅广泛和亲密，而且以各种方式对欧洲及非欧洲社会产生了重大变革性的影响。此外，我还对奥罗克以及威廉姆森界定的大宗商品价格趋同这一概念的广泛“影响”进行了讨论。

非历史性的欧洲中心主义时间二元论（二）：1828年以前关税保护主义、战争和非理性制度的存在及其在这以后的消失？

在讨论了欧洲从亚洲和美洲进口的大宗商品的贸易性质等众多问题后，我现在开始考虑转型主义者以及奥罗克和威廉姆森批评理论的第二部分。这涉及他们关于各种制度和技术因素如何在1828年（奥罗克和威廉姆森）或1945年（转型主义）后进一步（加深）经济全球化的观点。奥罗克和威廉姆森认为，商品价格趋同事实上只是有利于降低“交易成本”的影响全球经济一体化的各种变量组合的一个表征。正如我在第一节中所指出的，他们辩称，由于政府在1500—1828年间监管过严，尤其是进口关税和运输成本过高，致使全球经济一体化无法实现，而帝国主义战争的爆发使得这一问题更加复杂。他们还认为，在19世纪，这一切几乎在一夜之间发生了变化：首先是在1815年后，欧洲出现了“百年和平”；其次，在1828年后，世界贸易自由化程度加深；第三，海洋运输成本降低。总的来说，正是这些因素的相互作用，才使得整个世界历史性地步入了全球化时期。

正如上一节所述，我通过批判性地质疑转型主义者以及奥罗克和威廉姆森的观点，旨在表明可以用非欧洲中心主义的方法揭示出经济全球化是如何在1500年以后而不是1828年或1945年以后出现的。而且，我想通过讨论能显著降低交易成本的各种因素来强调我的观点。奇怪的是，转型主义者以及奥罗克和威廉姆森都忽视了这些因素。这就使我们再一次想起欧洲中心主义时间二元论。该理论认为，1828年前后两个时期是两极对立的，在1828年以前那个时期国际贸易更受国家管制、战争更频繁，而在1828年以后的国际贸易更放任、战争较少。

关于1828年以前的关税保护主义与1828年以后的自由贸易的欧洲中心主义谬误

奥罗克和威廉姆森提出的第一个重要观点是，正是1828年以后在英国兴起的贸易自由化，以及随后欧洲向“自由贸易”的迅速转变，推动了19世纪的全球经济一体化。然而，我认为将1828年以前的贸易保护主义与其后的自由贸易截然分开的观点是欧洲中心主义的一个谬误。我之所以这样讲有很多原因，其中最重要的是它掩盖了非西方世界的真实贸易状况。虽然在1860—1685年欧洲对进口商品保持了较高的关税水平，但引人注目的是大部分非西方国家的低关税。

不过，这并不是说非西方国家没有贸易法规和贸易限制，在18世纪下半期，非西方国家也有很多贸易法规和贸易限制，例如，日本限制铸币外流，中国制定有只准欧洲商人在广州港从事贸易的法规，以及海达尔·阿里与提普·苏丹父子在迈索尔王国推行的重商主义。但正如我在第二章中所指出的，在1684年以后，中国进口商品的平均关税税率约为6%。此外，中亚、萨法维波斯和奥斯曼帝国进口的印度商品的平均关税税率在3%～5%之间，这与莫卧儿帝国的平均进口关税水平相当。[100]一般来讲，奥斯曼帝国的关税水平最低，它主要依靠土地税来维持国家的财政支出，[101]这种情况与莫卧儿帝国以及中国一样。那么亚洲主要国家之外的贸易中心的情况又如何呢？

我在此仅举几个例子。在亚丁、霍尔木兹、卡利卡特、马六甲、亚齐、班塔姆和望加锡等亚洲港口城市，关税作为政府吸引外贸战略的一部分，通常都保持在较低的水平。因为那里的统治者敏锐地意识到，如果对商品课税过高，就会受到商人们的“撤出威胁”。[102]中亚乌兹别克汗国、萨法维波斯、奥斯曼帝国和莫卧儿帝国的统治者也是如此。[103]正如威廉·麦克尼尔（William H. McNeill，美国历史学家）所言，

> 亚洲的统治者……根本无法控制商人们的行为……商业行为利

国利民，现在，商人们在陆路商线或海上航线找到了若干个避难港（地），以防自己的货物被征收惩罚性关税或被抢劫，而当地的统治者也已经懂得了不能过度对进口货物征税。[104]

迈克尔·皮尔逊（Michael Pearson）正确地指出，许多亚洲港口城市的统治者认为，“更加开放的自由贸易是鼓励贸易的关键，而自由贸易市场不应受任何政治制度或政治因素的干扰”。[105]同样地，乔杜里认为，“印度洋贸易体系……无论在何种意义上都属于自由贸易市场”。[106]

虽然亚洲市场上还存在着许多贸易监管或限制，但大多数学者认为，在1500—1850年，更加自由的贸易（平均关税约为5%）是亚洲市场的常态，[107]这种贸易姿态与我之前论述的亚洲市场受供求规律影响的观点相辅相成。所有这些都颠覆了标准的欧洲中心主义的概念，即亚洲主要国家只不过是向对贸易和商人征税的东方专制国家。同样需要注意的是，在1789年以前，新成立的美利坚合众国为了增加联邦政府的收入采取了较低关税水平的贸易保护主义，[108]而（北）大西洋贸易体系的关税水平也与此类似。奇怪且极具讽刺意味的是，威廉姆森非常清楚我所讲的这一切。因为正如他和他的合著者大卫·克林斯密斯（David Clingingsmith，美国凯斯西储大学经济学教授）所说的那样，尽管英国保护了当地的纺织品生产商，但“议会仍然将（北大西洋）贸易体系看作一个具有竞争力的自由贸易区。此外，巨大的印度洋市场也是一个自由贸易区，而且几个世纪以来，印度一直在主导着这个市场”。[109]

然而，最具讽刺意味的是，在第一次经济全球化期间，欧洲采取了贸易保护主义政策，而亚洲和非洲则没有。正如我在第二章所叙述的那样，自1684年以后，英国的贸易保护主义程度越来越高。在1684年以前，英国的平均关税率仅为5%，这可能与亚洲相当。但此后，英国的关税水平逐步攀升。[110]

在漫长的工业化阶段（1700—1850年），英国的平均关税水平可能比亚洲高6倍；而在19世纪上半期，它的平均关税水平则比亚洲高出约8倍。因此，奥罗克和威廉姆森的理论存在的第一个问题是，它将欧洲的经验普遍化，而事实证明它只是一种区域性的贸易保护主义例外。当然，这并没有改变以下观点，即根据奥罗克和威廉姆森的逻辑，关税保护主义在一定程度上延缓了欧洲融入第一次经济全球化的进程。但是，由于亚洲和美洲商品在这一时期继续合法或非法地进入欧洲，因此不应过分夸大关税对商品进口的影响。按照奥罗克和威廉姆森的逻辑，世界上大多数国家在这一时期都实行了更加自由的贸易政策，这就意味着经济一体化在这些国家和地区至少得到了一定程度的发展。因此，当我们将欧洲贸易局限于地区而不将其普遍化时，就会出现更广泛的全球一体化进程。这也打破了奥罗克和威廉姆森的时间二元论，即1828年以前属于全球贸易保护主义阶段，此后属于贸易自由化阶段。

进一步研究奥罗克和威廉姆森的理论可以揭示其第二个问题，即欧洲在1828年后转向贸易自由化的观点。这引发了对欧洲中心主义时间二元论的再次关注。具有讽刺意味的是，他们的观点得到了国际关系学和国际政治经济学界提出霸权经济稳定性理论的学者们的支持，他们声称是英国引导了欧洲贸易自由化。[111]但是，直到1860年英、法签订了《柯布登－舍瓦利埃条约》（Cobden-Chevalier Treaty）以后，欧洲才开始走向了自由贸易。此外，这一时期的欧洲贸易自由化之所以引人注目，是因为它非常短暂，只持续了大约20年，然后欧洲便回到了适度的贸易保护主义阶段。而且，这一时期并非自由贸易时期，因为它介于欧洲的高度保护主义时期和适度的贸易保护主义时期（进口关税约为11%）之间，属于趋向更自由贸易的间歇期（所有进口产品的关税平均约为8%）。此外，值得注意的是，英国非但没有推动欧洲转向更自由的贸易，反而在这方面几乎没有采取什么行动。[112]

然而，即使英国政府在促进欧洲更自由贸易化方面做得很少，但我们之前的认识告诉我们，从1825年开始，它逐步放开了贸易管制。到1846

年，英国已经完全实现了贸易自由化，这已经成了人们的共识。[113]下面我们将讨论奥罗克和威廉姆森理论存在的第三个问题。虽然英国的平均关税税率（即所有进口商品的平均关税税率）在17世纪末和18世纪已经上升至非常高的水平，但是在此后漫长的自由化过程中，它的关税率并没有呈下降趋势。相反，在1846年废除《谷物法》（The Corn Laws）时，它达到了顶峰。事实证明，在18世纪90年代以后，英国的关税税率“变得更高，影响也更大……实际上构成了一个新的（超级贸易保护主义）体系”。[114]

因此，尽管英国的平均关税税率在1715—1795年期间已经高达25%，[115]但在1796—1845年却跃升至40%。更具体地讲，英国平均关税税率从1801—1810年的37%升至1811—1820年的44%，然后在1821—1830年的十年间再次飙升至50%的高位。[116]

尽管19世纪30年代进口关税的平均税率有所下降，但奥罗克和威廉姆森所讲的自此以后英国的关税水平呈直线下降趋势仍存在着问题。因为就在废除《谷物法》前夕（1841—1845年），英国的进口关税仍高达33%，这比美国1930年臭名昭著的《斯姆特－霍利关税法》（Smoot-Hawley Tariff Act，该法案被普遍认为是有史以来最具保护主义色彩的法案之一）规定的关税还高70%[117]。而且，正如我在第二章中所指出的，它们也高于沙俄工业化阶段（1880—1913年）的平均关税水平（沙俄通常被认为是欧洲工业化国家中关税保护主义程度最高的国家）。[118]值得注意的是，虽然奥罗克和威廉姆森以早在1825年约有1100项关税法案被废除为由支持其贸易自由化观点，但他们却忽略了直到1840年仍有1146多项商品被征收关税的事实。[119]同时，如果不是爱尔兰突然发生马铃薯大饥荒，英国也不可能在1846年废除《谷物法》。

总之，虽然奥罗克和威廉姆森利用新古典贸易理论赫克歇尔—俄林（Heckscher-Ohlin）的贸易制度变迁模型（该模型利用了“生产要素”对国际贸易的原因进行了分析），对英国贸易管制制度产生的原因进行了分析，但我认为，除了阻止玉米/谷物、棉纺织品和钢铁这些生产和阶层要素在其中发挥了重要作用的进口商品以外，以税收来支持帝国主义战争也是促使英国在1685—1846年不断加强贸易保护的重要驱动力（正如我在第九章和第二章中所解释的）。

这就引出了与奥罗克和威廉姆森理论密切相关的第四个问题：即使是1846年也不是英国贸易自由化的转折点。在1846—1860年期间，英国的平均关税仍高达20%（这与1930年6月的《斯姆特－霍利关税法》规定的关税水平接近），在1861—1880年期间，它的平均关税水平降至10%的适度水平，直到1881—1913年才最终降至6%的低点。[120]然而，公平地说，这些关税属于纯财政收入关税，主要适用于从殖民地进口的产品，因为这些产品都是它的殖民地制造的，所以，英国政府并没有理由对它们采取关税保护措施。这似乎印证了奥罗克和威廉姆森的观点，但矛盾之处在于，这些税率并不符合他们提出的在1828年以后全球实现了经济一体化的观点，因为那些高关税的课税对象是日常消费品，因此会对工人阶级的消费产生不利的影响。让我们回顾转型主义以及奥罗克和威廉姆森的观点，他们都认为，只有社会各阶层都能从进口商品中受益时，才能认定存在着全球经济一体化。这里的主要悖论是，由于欧洲大多数国家在约1880年以后重新采取了适度的贸易保护主义政策，英国反而成了奥罗克、威廉姆森以及转型主义理论的最佳案例。

那么，我们应该如何看待奥罗克和威廉姆森提出的在1565—1828年全球属于自给自足的经济模式，而在1828—1936年属于开放经济模式的观点呢？[121]事实是，直到20世纪80年代，西方才出现了更加自由的贸易模式，但即使是在那时，在农产品进口上仍然存在各种贸易壁垒，因此，奥罗克和威廉姆森所构建的1828年以前为保护主义，此后为自由贸易的时间二元论结构，应该被重新建构为1828年以前为欧洲超级贸易保护主义，19世纪80年代至20世纪80年代为中高度贸易保护主义，而在1500年至1900年，低关税则是亚洲贸易的常态。这一点很重要，因为它颠覆了奥罗克和威廉姆森理论的部分主要观点。让我们重新回顾一下他们的观点，在奥罗克和威廉姆森看来，减少贸易壁垒与全球一体化之间有着重要的因果关系，但区域间的贸易关系并不是必要条件。这就意味着，正如我在前文中所提到的，欧洲虽然与亚洲、美洲贸易关系密切，但仍然保持着贸易保护主义，因此，按照奥罗克和威廉姆森的逻辑，欧洲在整个19世纪，甚至到20世纪80年代一直处于全球经济一体化之外。这也意味着，由于奥罗克和威廉姆森过分关注欧洲贸易，所以他们才认为更普遍的贸易全球化不可能发生在19世纪。但实际情况并非如此，我认为本章和第二至第五章中所描述的“贸易联系的影响力”可能比“是否存在贸易壁垒”更适合作为衡量全球经济一体化的标准。

关于1815年前的帝国主义战争与1815年后的和平的欧洲中心主义谬误

让我们回顾一下奥罗克和威廉姆森的第二个重要观点。他们认为，在1828年以前，亚洲、美洲和欧洲的贸易之所以不属于经济一体化的范畴，而在此后才属于，是因为在1815年以前国际军事冲突在世界上占主导地位，而从1815年到1914年，国际局势一直处于相对稳定的状态。然而，欧洲中心主义的时间二元论所存在的问题再次凸显出来。实际情况是，在1815年以后，帝国主义战争不仅没有平息，而且范围比以前更大了。在此期间，英国卷入了多次战争，包括阿比西尼亚（埃塞俄比亚）、阿富汗、阿根廷、阿善提帝国（加纳）、巴西、缅甸、加拿大、锡兰、中国、埃及、牙买加、日本、新西兰、尼日利亚、北美、奥斯曼帝国、波斯湾、南非、祖鲁王国和桑给巴尔的战争。这还不包括驻扎在印度的英国东印度公司参与的众多战争。虽然在1815年后，英帝国在殖民战争上的投入相对较少，其他欧洲帝国也是如此，但这在很大程度上是因为英国能够利用印度军队与敌国作战，[122]更重要的是，英国还用印度纳税人的钱来供养印度的军队。因此，我们不禁会问，如果没有印度军队作为英帝国扩张的急先锋，英国会有多大的军事负担。这就需要我们更深入地了解英帝国在全球扩张的军费开支。

根据非常粗略的计算，英国的军费开支可能会从占1870年至1913年国民收入的3.1%上升到8%或9%左右，[123]这可能会使英国纳税人的总税负增加60%至75%，这一数额显然巨大。相比之下，它也可能高于英国漫长工业化阶段（1715—1850年）的军费开支占国民收入总值7.5%的比例（D1）。值得注意的是，由于英国的军费开支是欧洲各大国在工业化阶段平均军费开支的两倍，因此它无疑是欧洲工业化过程中军事化程度最高的国家。[124]此外，这一数字可能略高于英国在1914年至1980年的平均军费开支，包括两次世界大战在内（我在第九章中将对此进行讨论）。

然而，学界最普遍的观点是，印度军队及其纳税人不仅承担了英国在亚洲进行军事扩张的费用，而且还（直接或间接地）为欧洲1815年至1914年的相对和平付出了代价。也就是说，欧洲帝国主义将其战争外包给了非西方国家。因此，如果以狭隘的欧洲视角来看，在1815年以后，欧洲从表面上看来处于和平时期。欧洲中心主义的谬误在于将欧洲在非西方国家发动的帝国战争化为了乌有，同样的情况也发生在1945年后的冷战时期，因为美、苏为维持西方世界的内部和平，将所有的战争引向了第三世界。

因此，奥罗克和威廉姆森欧洲中心主义理论的错误在于它将1815年至1914年和1945年以后西方内部维持和平的经验普遍化了，以至于忽视了这两个时期的帝国主义战争或者新帝国战争从未间断这一事实。所有这些都意味着，如果在1500—2000年全球不处于和平时期，那么按照奥罗克和威廉姆森的逻辑，19世纪或20世纪就不可能存在全球经济一体化。因此，我的观点很简单，即不能将国际和平视为推动经济全球化的重要因素。因为就在奥罗克和威廉姆森宣称全球化已经开始之时，非西方世界里的帝国主义战争在19世纪就一直没有间断过。

对关于运输成本问题以及亚洲"非理性"经济制度的欧洲中心主义假设的质疑

最后，奥罗克和威廉姆森提出的第三个可能会导致1828年后出现全球一体化的因果变量是运输成本的降低。当然，与1828年以前相比，1828年以后的货物的运输成本下降了许多。但是，当我们谈及这个问题时，似乎再次嗅到了非历史的欧洲中心主义时间二元论的气息。

因为奥罗克和威廉姆森继罗素·梅纳德（Russell Menard，明尼苏达大学历史学名誉教授）之后所寻找的"运输革命"是指从根本上缩短"距离的暴政"，即在1869年以后出现的蒸汽船、电报和苏伊士运河等技术革命。如果从这个角度来看，在1830年以前全球确实没有出现过运输革命。不过，我们发现，在17和18世纪，运输成本的确下降了，这主要是由于货物包装的改进、航程的缩短以及船员规模的减小等技术进步所致。[125]

在本节，我引用了罗素·梅纳德的论点来支持我的观点。他认为，由于种种因素的存在，美洲殖民地的烟草运费成本从1620年的每磅3便士骤降至1750年的每磅不到0.5便士。[126]梅纳德也以图示的方法描述了18世纪美国大米进口运费大幅下降的情况，但他也指出，在此期间，糖的运输成本一直保持稳定。[127]此外，他还声称，从美洲进口货物的运输成本也有所下降，从15世纪80年代到17世纪20年代，总的运费指数年下降幅度达到了1.2%。然而，在奥罗克和威廉姆森的论证中，并没有提到这些情况，因为他们并没有将运输成本作为运输革命的一项直接功能加以论证。尽管如此，运输成本下降是一个重要事实，至于是什么原因导致的倒无关紧要。因为它进一步加剧了全球经济一体化的进程。需要注意的是，它并没有创造出第二次经济全球化。因为它只是反映了19世纪下半叶出现的第二次经济全球化，无论在广度、强度还是在速度上都超过了第一次经济全球化这一事实。或者，如皮姆·德·兹瓦特所言，"在19世纪，全球化已进入了一个新阶段，尽管它看起来具有革命性，但并没有对以前的全球化产生革命性的影响"。[128]

然而，令人特别惊讶的是，像奥罗克和威廉姆森这样的新古典贸易主义经济学家会不考虑制度创新降低交易成本的问题。经济学家道格拉斯·诺思（Douglas North，美国经济学家，诺贝尔经济学奖得主）最初提出了制度变迁理论，[129]此后由达隆·阿齐默鲁（Daron Acemoglu，美国经济学家，麻省理工学院教授）对其进一步发展。[130]虽然第一次经济全球化并不像第二次经济全球化那样有一个统一的领导机构，但是我认为，自1500年后全球出现了各种经济制度，并不需要一个统一的制度来领导全球化进程。有些人认为，亚洲和非洲在19世纪以前并不存在着理性的经济制度，这反映了转型主义和奥罗克和威廉姆森理论中的欧洲中心主义观点。但正如我在第八章中所指出的，在整个非西方社会，有许多支持全球贸易的理性经济制度。正如柯蒂·乔杜里所说的，众多的小型港口和陆路商业中心就像

> 阀门一样调节着欧亚大陆之间的跨区域贸易。它们提供各种商业服务，如提供签订合同和保证未来交付货物的贸易经纪人服务，设立货物即时交易市场，提供信贷、汇票等银行结算服务。在码头上，有制糖厂、造船厂和航运站；在陆路商线上有运送货物的骡马、饲料和马厩等。商业中提供各种必要服务，以确保货物的运输和交付。[131]

所有这些都表明，在第一次经济全球化发展过程中，存在着很多理性的经济制度，它们通过降低“交易成本”的方式实现了全球经济一体化。

结论

本章以转型主义者以及奥罗克和威廉姆森理论否认第一次经济全球化的标准来论证第一次经济全球化的存在。我将他们的标准放到非欧洲中

心主义历史社会学的框架内，发现了这一矛盾的结果。此外，我认为转型主义者给经济全球化下的最终定义，除了商品高速流动这一标准外，其他标准都适用于第一次经济全球化。也就是说，经济全球化

> 是社会关系和商品交易空间组织机构的转变过程……可以用广度、强度和影响来衡量，其推动了洲际或区域间的商品流动，以及行动、互动关系和贯彻权力的网络。[132]

此外，虽然在19世纪70年代以前，国际商品流动的速度并不快，但在70年代以后，全球化的进程明显加快。

这反过来又意味着，我赞成弗林和吉拉德斯给全球化下的定义："当所有人口稠密的大陆都开始持续地进行商品交换（即强度加强），并直接或间接地与其他大陆上的人们建立起深厚、持久的联系（即广度加强）时，全球化就开始了。"[133]他们认为，全球贸易是全球化的一个核心方面，即当"所有人口稠密的大陆开始不断地进行产品交换，且其交换足以对它的所有贸易伙伴产生持久的影响（即影响变广）"时，这一定义就完整了。[134]所有这些都直接承接了转型主义学派衡量全球化概念的标准——广度和强度，但并不包括速度。

支撑着奥罗克和威廉姆森理论以及转型主义学派的欧洲中心主义还有一个共性问题。它将全球化的起源定位于19世纪或1945/1973年以后，这反映了欧洲中心主义的固有观念，因为这一时期正是西方将要主导或正在主导全球经济的时期。因此，他们相信只有西方才有足够的实力创造经济全球化这一说法。但是，正如我在第二至第六章中所言，在1500年后，非西方行动者是第一次经济全球化的重要推动力。此外，第二次经济全球化在很大程度上（尽管不完全）是在非西方的影响和压力下促成的。

注释

[1] Held等人，(1999: 16–27)。

[2] 同上，(414–35)。

[3] 同上，(41, 418–24), 我认同其观点。

[4] 同上，(79, 153, 154, 161, 178, 417, 419–20, 423, 433)。

[5] O’Rourke and Williamson (2004: 109).

[6] Flynn and Giráldez (2006: 232).

[7] O’Rourke and Williamson (2004: 110).

[8] 同上，(2002a: 26)，我认同其观点。

[9] 同上。

[10] 同上，(2004: 116).

[11] 同上，(2002b: 426, 428, 2004: 109)。

[12] de Vries (2010).

[13] O’Rourke and Williamson (2002b: 423; 2004: 115–16).

[14] 同上，(2002b: 422, 2004: 110)。

[15] See also de Vries (2010: 718).

[16] O’Rourke and Williamson (2002b: 428, 2004: 111)

[17] 同上，(2004: 109)。

[18] 同上，(113)。

[19] Flynn and Giráldez (1995a, 1995b, 2004, 2008)；另见von Glahn (2003: 197, 200) and de Zwart (2016: 117)。

[20] Flynn and Giráldez (2008: 368).

[21] Flynn and Giráldez (2006: 235 and 2008: 369).

[22] Rönnbäck (2009: 100–1).

[23] 有关方法的全部讨论，请见Rönnbäck (2009: 98–107) and de Zwart (2016: 34–8)。

[24] Rönnbäck (2009: 108).

[25] 同上，(114)。

[26] 同上，(97)。

[27]　de Zwart (2016: 195).

[28]　同上, (45-51)。

[29]　同上, (49)。

[30]　关于茶叶的价格，见Nierstrasz (2015)；关于棉纺织品的价格，见McCants (2008)。

[31]　例如, Wallerstein (1974: 42, 333), Menard (1991: 229) and Wolf (1982: 32)。

[32]　Barendse (2002: 198–9), Chaudhuri (1985: ch. 9), Curtin (1984: 119–20, 134), Wink (1988: 44) and Frank (1998: 94–5).

[33]　Mintz (1986).

[34]　据Chaudhuri（2006:529-30）计算。

[35]　同上, (540-5)。

[36]　摘自Bowen (2007)。

[37]　Inikori (2002: 430–51), de Vries (2003: 65) and Lemire (2009).

[38]　Lemire (1992: 56–76, 89–108), But see Riello (2009b: 344–5).

[39]　McCants (2007: 460).

[40]　但见Styles (2000: 136–40)。

[41]　Rönnbäck (2009: 108).

[42]　Hersh and Voth (2009: 10).

[43]　Mintz (1986: 111).

[44]　Nierstrasz (2015)；另见Mintz (1986: 110–19)。

[45]　引用自Nierstrasz (2015: 263)。

[46]　McCants (2007: 443).

[47]　Hersh and Voth (2009: 3).

[48]　Cole (1958: 401–3).

[49]　de Vries (2010: 721–2).

[50]　Hersh and Voth (2009: 10)；另见Cole (1958)。

[51]　Hersh and Voth (2009: 9).

[52]　Shammas (1993: 178) and Hersh and Voth (2009).

[53]　另见Shammas (1993); McCants (2007: 444) and Mintz (1986: ch. 3)。

[54] McCants (2008: 176)；另见Shammas (1993)。

[55] McCants (2008: 178, 179).

[56] McCants (2007: 455–60).

[57] 同上，(460)。另见de Vries (2008: ch. 4)。

[58] de Vries (2010: 725, 2008: 154–64, 181–5).

[59] 同上，(2010: 722)。

[60] McCants (2007: 438).

[61] 见Farrell (2016)。

[62] Lemire (2011: ch. 3).

[63] Farrell (2016: 275);另见Kwass (2014: chs. 2 and 4)。

[64] Riello (2013: 121).

[65] Lemire (2011: 58–62).

[66] 同上，(ch. 3)。

[67] Farrell (2016).

[68] 同上，(293)。

[69] 参照Mui and Mui (1975), Cole (1958) and Nash (1982)。

[70] Nash (1982: 361–2).

[71] Bowen (2002) and Mui and Mui (1975).

[72] North (2008: 101).

[73] Berg (2004: 99).

[74] de Vries (2008: ch. 4).

[75] McKendrick (1982).

[76] Lemire (2011: ch. 3) and de Vries (2008).

[77] O'Rourke and Williamson (2002b: 433–4, 2002a: 109).

[78] McCants (2007: 440).

[79] Finlay (1998), Styles (2000), de Zwart (2016: 61) and McCants (2007).

[80] Gerritsen and McDowall (2012).

[81] Hobson (2004: chs. 5–9).

[82] de Zwart (2016: 65) and Rönnbäck (2009: 108–9).

[83] de Vries (2010: 721).

[84]　Nierstrasz (2015).

[85]　Curtin (1984: 154).

[86]　不幸的是，我在文献中找不到有关荷兰东印度公司贸易中胡椒和香料的详细讨论。

[87]　de Zwart (2016: 68).

[88]　Glamann (1958: 97–101).

[89]　de Zwart (2016: 64).

[90]　Glamann (1974: 451–2).

[91]　de Vries (2010: 722).

[92]　同上, (725)。

[93]　de Zwart (2016: 59).

[94]　同上, (62)。

[95]　Curtin (1984: 133)，引自Pires。

[96]　Curtin (1984: 134).

[97]　Thomaz (1993: 72)

[98]　Wills (1993: 134).

[99]　Van Santen (1991: 88).

[100]　另见Yazdani (2017: 487) 和Pearson (1991: 56, 97)。

[101]　Parthasarathi (2011: 131–3).

[102]　Pearson (1991: 70–1).

[103]　Wink (1988: 57).

[104]　McNeill (1982: 53–4).

[105]　Pearson (1991: 74).

[106]　Chaudhuri (1985: 224).

[107]　Balachandran and Subrahmanyam (2005: 30) and de Zwart (2016: 74).

[108]　Hobson (1997: 150–1).

[109]　Clingingsmith and Williamson (2005: 212, n. 5).

[110]　Davis (1966).

[111]　Krasner (1976) and Gilpin (1981: 135, 1987).

[112]　Hobson (1997: 200–1) and Lacher and Germann (2012).

[113] O’Rourke and Williamson (2002a: 40).

[114] Imlah (1958: 115).

[115] 计算数据源自O’Brien (1988: 9)。

[116] 计算数据源自Imlah (1958: 121)。

[117] 见美国商务部（1975: 888）。请注意，此数据指的是所有进口商品的平均关税，是衡量关税率高低的重要指标。

[118] Gerschenkron (1962).

[119] Imlah (1958: 148) and Davis (1966: 310–11).

[120] 根据Imlah (1958), O’Brien (1991) 和Mitchell (2011)提供的数据计算得出。

[121] O’Rourke and Williamson (2002a: 40–4).

[122] Washbrook (1990: 480–1) and Yazdani (2017: 566–7).

[123] 我基于以下数据进行了计算。1859年，印度政府的国防军费开支是英国军费开支的1/2（Richards 2012: 427；Mitchell 2011: 588）。到1876年，二者的军费开支大体相当。根据这些数据，我计算出英国的国防军费（D1）为3.1%。如果印度军队代表英帝国作战，那么英国的军费开支可能会从国民收入的3.1%（1870—1913年）升至5%或6%左右。请注意，D1指的是普通和非正常军费开支。然而，由于印度军队的薪酬远低于英国军队，因此也需要将这一差异考虑在内。如果英国士兵的薪酬与俄罗斯士兵的薪酬相同，那么英国的军费开支将减少40%，即占1903—2013年国民收入的1.3%（Hobson 1993: 488–93）。由于印度的工资可能会低于俄罗斯的工资，因此如果我们将这一因素考虑在内，假如英国纳税人的税收负担增加50%（而不是40%），那么英国最终的军费开支将从国民收入的5%或6%增加至8%或9%左右。

[124] Hobson (1993).

[125] Glamann (1974: 452–3).

[126] Menard (1991: 254).

[127] 同上，(264–9)。

[128] de Zwart (2016: 197).

[129] North (1991), North and Thomas (1973).

[130] Acemoglu等，(2005)。

[131] Chaudhuri (1985: 181).

[132] Held *et al.* (1999: 16).

[133] Flynn and Giráldez (2008: 369, and see 2006: 235).

[134] Flynn and Giráldez (2006: 235).

第八章　驳斥欧洲中心主义对第一次经济全球化的否认（二）：揭开全球性历史资本主义之面纱

引言

经过对第七章的论述，一些人可能会认同在19世纪现代资本主义到来之前已经存在经济全球化，但这个观点却不能说服大部分西方马克思主义者。多数西方马克思主义者认为，只有现代工业资本主义出现在欧洲和以后的美洲，并基于西方资本主义生产关系向外传播、在经济和文化上改造世界之后，才能说出现了经济全球化。因此，“经济全球化”这个概念是无法建立在农业生产基础之上的。此外，大多数西方马克思主义者也认为商业资本主义从根本上来说并不重要，也就是说，它是由资本主义生产的社会关系决定的产物，从而被发配到了无足轻重的“流通领域”。然而，西方马克思主义者坚信现代资本主义是经济全球化或全球化经济产生的重要前提，原因是只有资本主义生产方式（MOP）才能通过“其外部必然性驱动力”对世界经济产生“全球性的影响”。他们认为，由于当时全球并不处于现代工业资本主义阶段，因此在1850年以前并不存在资本主义生产方式这样的重要驱动力。从以上论述可以得出结论：19世纪中期以前，不可能存在经济全球化，即使存在全球商业联系，这些联系也不属于真正的资本主义生产关系，只是农业生产关系。

对于西方马克思主义者对第一次经济全球化的否定，我将从两个方面进行回应。第一，本章认为西方马克思主义者没有认识到1500—1850年这一时期属于“历史资本主义”阶段。第二，我在第十四章总结了第一次经济全球化的一个重要结构性特征，即与印度结构性力量相关的非洲－印度全球性棉花驱动力。更重要的是，我认为第一次经济全球化及其历史资本主义基础在一定程度上具有现代资本主义的属性，这种早期的经济全球化很可能符合西方马克思主义的“全球化”标准。当然，西方马克思主义者也可能不同意这个观点，因为他们认为在1800年以前，世界经济是建立在农业生产和有限的全球商业贸易联系的基础上的。在此我要特别（尽管并非排他性地）讨论混合式的历史资本主义生产模式，因为全球大宗商品都是在这种生产模式下生产出来的。

本章分为四节。第一节是“走出西方马克思主义概念的迷宫（一）：对现代资本主义概念的界定”。在这一节中，我对“西方马克思主义”的各种概念，尤其是资本主义及其生产方式的概念进行了梳理和界定。第二节为“走出西方马克思主义概念的迷宫（二）：对历史资本主义概念的界定”，在这一节中，我对历史资本主义概念进行了阐述。第三节为“历史资本主义的第一层架构：部分现代资本主义/部分农业社会生产关系和前工业化技术”，重点介绍了主要的全球贸易商品是如何在历史资本主义生产方式下进行生产的。最后一节为“历史资本主义的第二层架构：现代理性资本主义经济制度”，揭示了历史资本主义的理性的商业、金融制度在全球贸易中的作用。如果没有这些制度，贸易全球化就不可能存在。在最后一节，我对全球贸易进行了简短的总结，并通过对第二至第七章重要内容的简单回顾来完成对全球性历史资本主义的分析。

走出西方马克思主义概念的迷宫（一）：对现代资本主义概念的界定

我接下来的任务并不是要否定西方马克思主义对资本主义的分析，而是要对现代资本主义这一复杂的概念进行重新界定。在对此概念进行界定时，我借鉴了许多现代学者的观点，包括贾伊鲁斯·巴纳吉（Jairus Banaji）、马克西姆·罗丁森（Maxime Rodinson）、费尔南德·布罗代尔、亚历克斯·阿尼瓦斯、克雷姆·尼桑乔格鲁、塞巴斯蒂安·里奥（Sébastien Rioux）、热纳维芙·勒巴伦（Genevieve Le Baron）和彼得·韦罗夫舍克（Peter Verovšek）等人的观点，并借鉴卡尔·马克思理论的有益成分。

“西方马克思主义”对资本主义生产方式的简化

尽管“西方马克思主义”对资本主义和经济全球化的界定非常准确，但这种准确性却成了它（除其欧洲中心论外）最大的缺陷之一。正如我将在第十章中所要阐述的，我认为西方马克思主义方法论（尤其是政治马克思主义）存在的问题，并不是像新韦伯学派所抱怨的那样，即他们构建的“经济基础－上层建筑”模式过于简单，[1]而是存在于它对生产方式下的四重简化定义的问题。因为西方马克思主义的政治经济学认为，现代资本主义的基本定义体现在它的社会生产关系上，而其社会生产关系又体现在自由雇佣劳动与资本的关系中。尽管我将在下一节中对现代资本主义社会生产关系这一狭隘定义提出疑问，但在本节中，我想先讨论我对资本主义进行的复杂界定。我认为，（历史的和现代的）资本主义的概念主要有四个重要的组成部分：

1.生产力：技术。

2.复杂的社会生产关系。

3.理性的经济制度。

4.贸易全球化。

下面，我将讨论第1、第3、第4点，而将第2点留待下一节讨论。

现代西方马克思主义的第一个局限性在于，它淡化了（如果不是排除了的话）机械化技术在界定现代工业资本主义及其形成过程中所发挥的作用。其实，我在上大学的时候，格里·科恩（Gerry Cohen）就出版了《为马克思辩护》（*Defense of Marx*）一书，他在书中强调了技术/生产力在现代资本主义发展过程中的重要作用。[2]然而，从那时起，“生产力”一词似乎逐渐地从西方马克思主义的概念中消失了。实际上，技术或者生产资料、生产力不仅是决定生产方式的重要因素，对卡尔·马克思来说，它与生产关系同等重要。事实上，马克思在他1859年出版的名著《〈政治经济学批判〉序言》中曾断言，生产力（技术）决定着社会关系（生产关系），[3]他在《共产党宣言》中也提出了同样的观点。[4]现代西方马克思主义对资本主义所下的定义所存在的第二个局限在于，它没有将资本主义理性的经济制度和法律制度考虑在内，而这些制度对资本主义乃至全球的贸易至关重要，在后文，我将对此进行详细讨论。虽然读者可能认为我受到了韦伯学派的影响，但实际上，我更赞同费尔南德·布罗代尔和马克西姆·罗丁森的观点，他们非常重视理性的资本主义经济制度在历史资本主义和现代资本主义形成过程中所起的作用。韦伯学派认为，理性的经济制度不仅产生于欧洲，而且与现代资本主义有密切联系。然而，我认为，许多重要的理性经济制度是由印度人和西亚穆斯林首创的（其中很大一部分很可能是在约公元1000年后被意大利人复制或借鉴的）。此外，他们设计这些理性制度不仅是为了促进全球贸易的发展，也是为了保证贷款和信贷的顺利进行。需要注意的是，全球性历史资本主义的发展并不仅仅依靠非西方国家所推行的力度并不太大的重商主义和小商贩。暂居在外国的印度商人通过向居住国的生产商和政府发放贷款获得的收入比他们经营印度棉纺织品获得的收入高得多。在东非，他们向非洲人和葡萄牙人提供住房抵押贷款；而在中亚，他们为当地农民提供生产信贷，然后依靠在市场上出售这些农产品获取收益。

现代西方马克思主义对资本主义所下定义的第三个局限是，它忽视了与历史资本主义和现代资本主义同样重要的贸易全球化。在谈到这个问题时，我已预见到西方马克思主义的回答，他们可能会说我只强调全球贸易而忽视了其他，意味着我已经误入了已不复存在的“新密斯式马克思主义”的泥沼。罗伯特·布伦纳（Robert Brenner，加州大学洛杉矶分校的历史学教授）也会这样认为。但重要的是，我的观点不仅与布罗代尔、罗丁森和巴纳吉的观点相一致，而且也非常符合卡尔·马克思理论的核心。因此，尽管大多数西方马克思主义者普遍否认世界或全球性贸易与英国工业资本主义崛起有必然的因果关系（具有讽刺意味的是，沃勒斯坦也这样认为）[5]，但同样具有讽刺意味的是，马克思也支持这种观点。正如他在《资本论》第一卷中所言：

> 商品生产、商品流通以及更为发达的商品流通形式——商业，是（资本）产生的历史基础。而资本的现代史可以追溯至16世纪的世界性商业和世界性市场的产生。[6]

或者，正如非正统的西方马克思主义国际关系学/国际政治经济学学者伯拉克·坦塞尔所指出的，“世界市场本身构成了（资本主义）生产方式的基础”。[7]

然而，西方马克思主义者可能会引用马克思的著名论断，即商业资本在“原始工业化”阶段中的地位并没有导致英国现代工业资本主义的产生。该观点出自《资本论》第三卷中的一段著名论述。在谈及“原始工业化观点”时，马克思认为

> 在原始工业化阶段，商人们对生产活动有直接的支配权……无论这块垫脚石在历史上的作用有多大，它本身并不能推翻（封建社会）旧的生产方式，而只是在保留旧生产方式的前提下对工人的生产活动予以控制。17世纪英国服装制造商的行为就证明了这一点，

> 他们是通过把棉花卖给纺织工人，并向他们回购布匹的方式来控制工人的生产活动的。[8]

诚然，亚历克斯·阿尼瓦斯和克雷姆·尼桑乔格鲁在马克思的《资本论》第一卷中发现了马克思的关于商业资本主义原始工业化与工业资本主义兴起之间存在着某种联系的论断，[9]但这并不是我在此要讨论的问题。我认为，无论是在英国、印度还是在中国，原始工业化至少从17世纪起就已经存在（如我在第十一章所述），原始工业化与现代资本主义的兴起之间并没有任何联系。我在本节中试图确立的观点是，马克思的贸易全球化在现代工业资本主义的形成及发展过程中发挥着重要的建构性作用的看法，与我将其视为全球性历史资本主义的基本组成部分的观点基本相同。

正如前文所示，我的直觉是，罗伯特·布伦纳的开创性的马克思主义政治经济学观点与现代西方马克思主义理论是我要质询的同一层次的问题。因为他和以前的莫里斯·多布（Maurice Dobb，剑桥大学经济学家）一样，[10]都注重对市场赖以存在的生产关系的研究，而忽视了马克思提出的生产方式，[11]因此，他们对国内及全球的经济的分析就演变成了一种极度简化的阶级论。而且，在此过程中，我们也陷入了二元论的概念中。据此概念，贸易从根本上被归入“次要”的非资本主义“流通领域”，就如生产力被认为是阶级关系的“附带现象”一样，也就是说，只有生产关系才能作为判断资本主义的重要标准。本书同意莱昂纳多·马尔克斯（Leonardo Marques）的观点：

> 与其生硬地将资本主义的不同领域分割开来，以选择其中某个特征来界定资本主义，不如把“生产、分配、交换、消费等商品形式联系起来，系统地对其进行界定”。[12]

正如法国马克思主义者马克西姆·罗丁森在他的折中的资本主义概

念中所强调的，“像许多教条的马克思主义者那样，仅仅根据某个特定的定义（即生产关系）来解决问题，实在是太轻松了”。[13]

“西方马克思主义”对资本主义的社会生产关系的简化

在本节，我要谈一下最具争议性的问题，即我们应该如何界定资本主义的生产关系。如果西方马克思主义的政治学派仅仅按照我前文所述的生产关系的定义来界定资本主义，那么它就会简化这些关系，认为它们是纯粹基于自由雇佣劳动（和资本）而产生的关系。有趣的是，这一定义与亚当·斯密的定义不谋而合。斯密认为，非自由劳动与现代资本主义的生产关系不可同日而语，因为它不仅效率低下，而且与自由主义格格不入。[14]

塞巴斯蒂安·里奥、热纳维芙·勒巴伦和彼得·韦罗夫舍克在他们最近发表的一篇重要文章中指出，近几十年来，非自由劳动（强迫劳动和奴役劳动）的情况在经济全球化过程中已变得非常普遍。[15]如果按照亚当·斯密和西方马克思主义政治学派对资本主义的定义，即认为资本主义是建立在自由雇佣劳动的基础之上的，那么很显然就会出现相反的情况。事实上，无论是亚当·斯密、自由主义者还是马克思主义者都认为，非自由/强迫劳动是前现代生产实践的一个特征，它注定会随着资本主义的灭亡而消失。[16]因此，西方马克思主义者和新斯密式自由主义者认为，只能用特殊的外部因素来解释非自由劳动在当代泛滥的原因，例如个别资本家的贪婪，而这些因素与资本主义制度又毫无关系。正如里奥等人所言，这就使得西方马克思主义对生产关系的定义从本质上变成了“新斯密主义”。[17]

有趣的是，布伦纳和伍德竟然也追随着莫里斯·多布的步伐，忽视了马克思提出的生产方式的概念，只关注生产关系，然后再对这些生产关系进行提炼概括，得出了生产关系“本质”上是自由雇佣劳动（和资本）关系的悖论。[18]这反过来又揭示了另一种悖论，即这一简化的观点有效地消解了非自由劳动在资本主义生产过程中的作用，反驳了布伦纳提出的沃勒斯坦的观点代表了一种“新斯密式马克思主义”这一说法。[19]

不过，我的目的并不是迷失在马克思主义的各个学派对生产关系概念的争论中，而是要阐明我的观点，即将现代资本主义的生产关系建立在简单的自由雇佣劳动的基础上，这种观点有些太过于简化，在理论上也不够充分。因为在“对历史的复杂性进行理论上澄清时，新密斯式主义会受到其对资本主义解释能力的限制”。[20]一旦我们考虑到包含自由劳动和非自由劳动这样一个更复杂、混合的社会生产关系的概念时，一个纷繁复杂的资本主义世界就会在当代和历史上呈现出来。然而，这会导致一些西方马克思主义者声称加勒比海殖民地对奴隶劳动的剥削具有现代资本主义的性质，[21]但我反对这种说法，因为加勒比海的生产力具有特殊性，其生产过程也没有技术积累，我稍后将会对此进行详细的解释。请参阅我在第一章末尾给出的现代资本主义定义。

我认为，现代资本主义是一个由理性经济制度支撑的遍布全球的贸易体系。在该贸易体系中，不断发展的机械化生产技术（技术积累）被运用到生产过程中，并由此形成了由部分非自由雇佣劳动和部分自由雇佣劳动组成的复杂的社会关系，以生产适应国内外市场需求的产品。我们需要注意这个定义带来的一个重要后果。因为在英国工业化以前，没有机械化生产技术和生产技术积累，所以并不存在现代资本主义。看起来要假设现代资本主义在1500年后存在于欧洲，只有打造一个高度简化的定义才可行。然而，我认为，在现代资本主义之前可能存在（历史）资本主义。

走出西方马克思主义概念的迷宫（二）：对历史资本主义概念的界定

在兼具创新性和折中性的马克思主义历史学家贾伊鲁斯·巴纳吉在其开创性著作《历史即理论》（*Theory as History*）中，提出了“历史资本主义”的概念。[22]此外，费尔南德·布罗代尔在他的许多著作中也涉及此问题，引起了人们的共鸣，尽管他并未对其进行准确的界定。总之，我将在以上学者的研究的基础上，进一步发展他们的观点。

我将历史资本主义界定为一个由理性经济制度支持的遍布全球的贸易体系。在这个体系中，非机械化生产技术（不需要持续升级）被运用到生产过程中，由此形成了由部分强迫劳动、部分自由雇佣劳动、部分雇佣劳动（未完全脱离土地）和部分农业/家庭劳动（它们在不同程度上为国内和全球市场生产）组成的复杂的社会关系。准确来说，我认为历史资本主义介于前现代（农业）生产与现代资本主义生产之间。

西方马克思主义存在的直接问题是，对具有连续性的生产方式进行了简化、僵化的描述，掩盖了历史资本主义社会形态的复杂性和混合性。因为这种具有全球性质的社会形态既不属于现代资本主义，也不属于封建主义。因此，如果现代资本主义与前现代社会的生产关系/生产方式之间存在清晰的界限，我们就无法解释这种复杂、处于“中间地带”的社会形态的性质。此外，由于这种社会形态至少持续了400年，我们既不能认为它只是历史上的短暂偏差，也不能认为它是现代资本主义的必经阶段。因为我相信，如果没有英国的工业转型使全球经济发生了根本性的中断，这种复杂的社会形态很可能还会持续更长时间。因此，我赞同安德烈·冈德·弗兰克的观点，

> 即从一种生产“方式”发展到另一种生产方式的过程并非一帆风顺，但在任何一个“社会”中，无论是过去还是现在，各种生产关系都广泛地交织在一起，更不用说在整个国际社会了。许多不同的生产关系已经向世界市场“交付”了具有竞争力的产品。[23]

所有这些都意味着，西方马克思主义对生产方式的界定过于单一和僵化，无法捕捉历史资本主义这一漫长的中间阶段。

我对历史资本主义的界定为巴纳吉的历史资本主义分析提供了依据，同时也对保罗·斯威齐（Paul. M. Sweezy）关于封建主义向资本主义

过渡的初步分析进行了补充。因此，伯拉克·坦塞尔指出，巴纳吉把占有工人的自由雇佣劳动视为现代资本主义的基本特征是存在问题的，因为资本主义对劳动者的剥削可以采取其他形式，包括奴隶制、佃农制、强迫劳动和殖民地奴隶劳动。[24]

此外，斯威齐最初指出，以市场交换为目的的生产与包括奴隶制、农奴制、独立个体经营者和自由雇佣劳动在内的各种社会生产关系是相适应的。[25]也就是说，将总体的社会生产关系分离出来，或者将其简化为一个个单独要素，如农民/农奴或自由雇佣劳动，来作为生产方式和更广泛经济的唯一的、决定性的组成部分，是无法应对如此复杂的问题的。

然而，如果认为我在著名的“过渡辩论”（是20世纪70年代末至20世纪80年代初，西方马克思主义历史学家之间关于资本主义起源的一次重大辩论，由于它由布伦纳于1976年发表的期刊文章所引起，也称作“布伦纳辩论”）中站在斯威齐和弗兰克一边反对多布，那就大错特错了。我对弗兰克的上述引文的后续主张持怀疑态度。他以非常轻蔑的方式，或者说用西方马克思主义术语中的“资产阶级”方式断言：

> 在我们意识到世界贸易的主导地位时，与“生产方式”相关的讨论就变得无关紧要：相反，它只会分散人们关注真正问题的注意力，而所有这些（马克思主义）讨论都在试图回避对历史资本主义的整体性分析。[26]

在我看来，他们对生产方式概念的讨论似乎离题太远，使我们陷入了新斯密式马克思主义概念简化的死胡同。因为，将生产方式缩减为全球贸易，与将全球贸易简化为生产方式都是有问题的。更具体地说，我认为全球贸易与生产关系都是历史资本主义的重要组成部分，而生产关系中的一部分属于现代资本主义生产关系。此外，正如我将在第十一章和第十二章中所论述的，全球贸易在英国从历史资本主义向现代资本主义的转变过程中发挥了极其重要的（尽管是间接的）作用。说间接，其意思是全球贸易并没有刺激中国和印度这两个主要经济体的工业化发展。

对于西方马克思主义者对以上观点的否定，我有必要在此作出回应，而他们的观点在艾伦·梅克辛斯·伍德（Ellen Meiksins Wood，美国历史学家）的著作《资本主义的起源》（*The Origin of Capitalism*）中得到了清晰阐释。[27]然而，伍德的观点也受到了许多学者的批评，其中巴纳吉的批评最为尖锐。[28]总的说来，伍德声称在现代资本主义出现以前，长途贸易与生产是分离的，不需要竞争，也没有资本主义。

这使我想起了凯文·奥罗克和杰弗瑞·威廉姆森对第一次经济全球化所作的新古典主义经济学批评。但正如我在第七章所论述的，全球贸易体系中的竞争就像工厂和作坊为获得商品的交换价值而进行的生产竞争一样普遍。巴纳吉恰如其分地指出，“在伍德的理论框架中，采矿、造船、纺织、家庭工业、生产外包和甘蔗种植园等都被忽略了”。[29]实际上，这些都存在，并且在某种程度上可以说全球商品的生产是在现代资本主义生产关系下进行的，我将在下一节详细解释这一点。

在理解历史资本主义时，我们需要“通过媒介”分析法在全球贸易与理性经济制度之间寻找平衡点，并将部分现代生产关系（自由雇佣劳动和强迫劳动）和部分前现代（农户）生产关系相结合。我认为，现代全球贸易和部分现代的资本主义生产关系并不是两个相互排斥的事物，它们之间存在着各种联系。因此，图8.1描述了历史资本主义的三个主要组成部分之间的关系，虽然它们在某种程度上是相互独立的，但也相互影响、相互重叠。综上所述，我完全赞成阿尼瓦斯和尼桑乔格鲁的非正统的西方马克思主义观点。他们认为，对资本主义的各个历史阶段进行讨论似乎比单纯地谈论资本主义更有意义……资本主义历史是一部复杂的多元史，不能将其简化为任何一种单一的资本主义形态或社会关系。[30]

最后，值得注意的是，马克思在《路易·波拿巴的雾月十八日》中对资本主义的分析给人留下了深刻的印象。在我看来，这也是他对资本主义分析得最为透彻的一部著作。他在分析社会历史事件时揭示了资本主

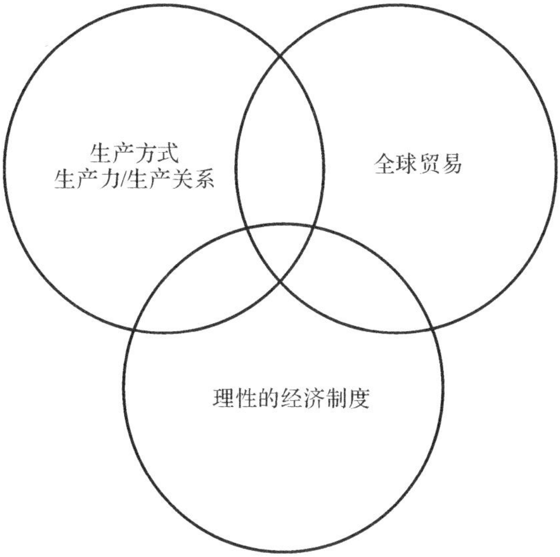

图 8.1　全球性历史资本主义的三个主要组成部分的重叠关系

义社会内部矛盾的复杂性。他运用非常微妙的方法分析了“社会的决定因素”。[31]因此，我们可以把马克思在《德意志意识形态》[32]中提出的生产方式理解为一种在实践中难以实现的理想的特定社会历史形态。而西方马克思主义犯的严重错误在于，将理想的生产力模式当作衡量跨越任何时空社会形态的僵化、唯一的标准，以揭示社会的本质属性。在此过程中，它们忽视了历史资本主义阶段的存在。因此，企图使用西方马克思主义方法揭开全球性历史资本主义的真相，无疑是将一枚方形概念之钉钉进一个圆形的社会墙洞里，这并不太契合。因为我们要从混沌的世界里区分不同发展阶段的社会性质，这需要复杂的分析、判断能力。当然，马克思正如他在《路易·波拿巴的雾月十八日》中所言，已经做好了完成好这项任务的准备。

全球性历史资本主义的三层架构

图8.2为第一次经济全球化过程中历史资本主义示意图。首先我想消

除一下大家的误解，我绘制该图的目的并非构建一个“经济基础—上层建筑模型”，在其中，生产方式是因果基础，而经济制度和世界贸易则从本体论上被降到了经济基础的范畴。正如前文所述，为获得商品的全球交换价值而进行的生产促成了现代资本主义和农业生产关系的形成，反之亦然。这就意味着社会生产关系与世界贸易存在着某种联系，但这种联系并不是简单的和单向的，因为它比西方马克思主义的研究方法更具偶然性和多元性。因此，在图8.2中，从顶部的全球性历史资本主义推动力有两个箭头指向底部生产方式，而从底部向顶部有三个箭头。接下来，我将详细讲述历史资本主义的前两层架构，然后在本章的结论部分对第三层架构进行简要分析，因为我在第二至第七章已经对其进行了详细介绍。

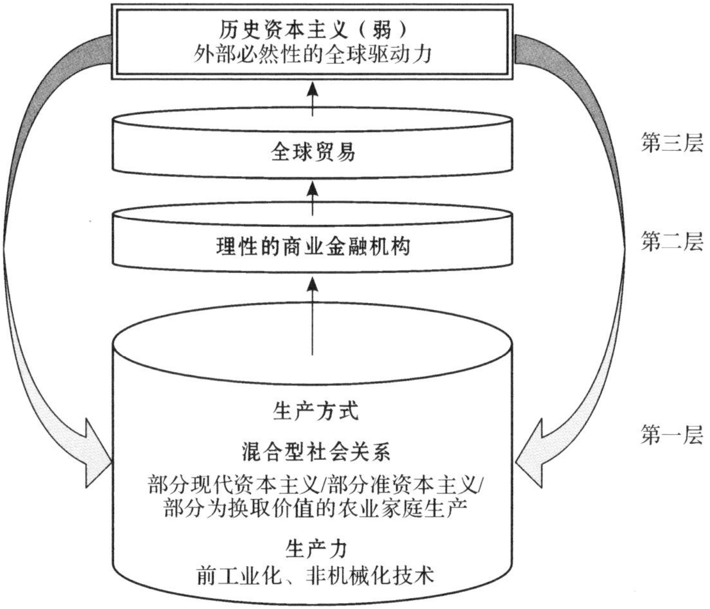

图 8.2　全球性历史资本主义的三层架构

历史资本主义的第一层架构：部分现代资本主义 / 部分农业社会生产关系和前工业化技术

在本部分，我将详细揭示第一次经济全球化过程中的大部分全球性大宗贸易商品在现代资本主义社会关系或混合关系下（其中包括前现代农业生产形式）下的生产方式。然而，正如我们在第七章中所了解的，对全球化持怀疑态度的人认为，以下有关大宗商品交易的讨论并不符合全球化的标准，因为这些商品大多属于“奢侈品”，其全球的消费数量有限。所以，这种贸易并不能满足全球化所要求的广度和强度。然而，正如我在第七章中详细解释的，全球性大宗贸易商品主要指那些中、低收入家庭都能消费得起的日用品，比如中国的瓷器以及中国和印度的丝绸、棉纺织品就属于这类商品。

上述论述重申了我在第七章中提到的“历史资本主义：混合社会关系”的观点，即全球贸易在前工业化时期必须具备足够的强度和广度才符合“全球化”的条件。

新大陆奴隶生产的产品：原棉、烟草、糖、可可、咖啡、朗姆酒和靛蓝染料

虽然加勒比海地区的商品和原材料是奴隶劳动生产的，但我认为当时的社会制度是建立在历史资本主义（尽管它确实非常接近现代资本主义），而非现代资本主义制度的基础上。我之所以这样说并不是因为种植园主或工厂主采用了强迫劳动而非自由雇佣劳动，而是因为在英国开始工业化之前，加勒比海地区并没有经历系统的机械化技术积累过程。我稍后将会对此加以解释。此外，加勒比海地区的棉纺织生产和兰开夏郡的棉纺织生产非常相似。当然，尽管奴隶们生产的产品被销往世界各地，但他们所受的剥削是最为残酷的，其生产而得的利润则被英国（而非加勒比）用于资本积累或投资。我很快就会对这一点进行讨论。巴纳吉对马克思观点的讨论值得我们注意：

> 马克思写道，在生产烟草、棉花和蔗糖的英国殖民地，殖民者的行为“就像资本家的行为一样，受资产阶级生产动机的驱使，生产自己所需要的产品”，他将这些种植园称为“商业投机”企业，并认为它们“存在着资本主义生产方式，虽然可能只是表明如此……这些企业由资本家经营，强迫奴隶劳动”。他认为，剥削奴隶劳动是资本主义的“制度的一个重要特征”，它受“剩余价值”驱动。[33]

非正统的西方马克思主义者阿尼瓦斯和尼桑乔格鲁对加勒比海的种植园也作出了类似的描述：

> 显然，市场竞争迫使（加勒比海地区的）种植园按照的资本主义再生产的规则进行经营……（而）利润最大化是种植园主经营的主要目标……更为重要的是，有证据表明，随着奴隶种植园彻底地融入世界市场，种植园的平均利润率和生产标准化操作呈现出急剧趋同的趋势，这与我们对在资本主义市场上经营的企业的预期一致。[34]

让我们重新回顾一下巴纳吉对马克思主义观点的讨论。巴纳吉补充说：“大西洋贸易体系的建立既是欧洲或欧亚大陆发展资本主义的‘前提条件’，**也是资本主义资本原始积累的表现形式**。”[35]西方马克思主义者莱昂纳多·马尔克斯的观点同样值得我们关注，他与菲利普·麦克迈克尔（Philip McMichael）一样，对奴隶制如何“成为16世纪至19世纪全球资本主义经济的一部分”感兴趣。他认为，历史资本化主义的发展史本质上是一部资本主义奴隶制历史。[36]最后，杰夫·艾利（Geoff Eley，德国历史学家）对这一观点进行了升华，他声称，大西洋奴隶制使“第一批大规模的、高度组织化的现代无产阶级从事资本主义一体化大生产成为可能”。[37]

正如我在第九章中解释的那样，尽管大多数西方马克思主义者和自由主义者低估了大西洋殖民地对刺激英国资本主义工业化的作用，但值得注意的是，马克思本人并不认同这个观点。正如他所说，“世界贸易是（英国）进行大规模工业化的必要条件……新大陆的奴隶制则是经济范畴内最重要的问题”。[38]他补充道，“欧洲雇佣工人的隐形奴隶制是建立在新大陆的纯粹、简单的奴隶制基础上的”。[39]当然，马克思在其《资本论》第一卷第31章中提出了一个著名的重要论断，他尖锐地指出，

> 美洲金银的发现，对土著居民的种族灭绝，对奴隶的奴役以及对矿工生命的蔑视……都标志着资本主义生产时代黎明的到来。这种田园诗般的发展过程是资本原始积累的主要动力……这种力量正是旧社会孕育新社会的肥沃土壤。[40]

如果我们要举出一个用来说明依靠暴力将工人从土地上赶走，为雇主利益工作（就像“资本原始积累”那样）的最佳案例，那就是被贩卖到新大陆的非洲奴隶了（正如我在第四章所述）。

就像自由雇佣劳动制度使劳动力成为商品一样，在奴隶制下，奴隶也像商品一样被自由买卖。正如我在前文中所述，这两种劳动形式都与现代资本主义制度相容。此外，当我们深入研究加勒比海地区制糖厂的生产方式时，我们更能体会到它与兰开夏郡的棉织厂的生产方式几乎是相同的。

基于对大西洋制糖厂和美洲种植园的研究，西德尼·明茨（Sidney Mintz，美国人类学家）对“威廉姆斯命题”进行了回应，并表达了他的重要观点：

> 按技能和工作进行的专业化分工，按年龄、性别和条件进行的劳动分工（划分为长白班工、轮班工和班组工），再加上对守时和

> 守纪的强调，这些都是工业生产而非农业生产的特征……甘蔗种植园作为一种农业和工业形式结合的非同寻常产物，正在逐渐被人们所认可。我认为，它可能是17世纪最接近工业生产的生产形式。[41]

事实上，明茨认为加勒比海地区的制糖厂很可能就是英国工业革命时期工厂的前身，甚至是英国工厂的典范。有趣的是，他与蒂莫西·米切尔（Timothy Mitchell，哥伦比亚大学教授）的观点不谋而合。米切尔认为，“自从米歇尔·福柯（Michel Foucault）出版了《规训与惩罚》一书以来，我们开始认识到，很多在欧洲现代社会出现的重要的社会组织和文化生产形式，如雇佣劳动和工厂制度，都是在米歇尔·福柯所研究的北部欧洲之外首先发展起来的”。[42]

非洲奴隶所受到的人身束缚和残酷剥削，正是一个多世纪后在“黑暗撒旦”的英国棉纺织厂时代劳作的妇女和儿童劳工所遭受的痛苦的真实写照。在谈到加勒比海地区的情况时，当代评论员W. L. 马蒂森（W. L. Mathieson）告诉我们：

> 在甘蔗收获季节，工厂高速运转，对劳动力的需求巨大……周六晚上至周一早上是工人们唯一可以休息的时间。除此之外，该厂的25名男女工人日夜轮班工作，有的是白班，有的是夜班，他们每隔两三天就会倒班。[43]

英国棉纺厂的工人也是如此。他们（其中10岁以下的儿童占相当大的比例）每天都被关在工厂里，一天工作11～16个小时，每周工作6天，只有周日才能休息。值得一提的是，尽管英国政府在19世纪就制定了各种工厂法案，禁止雇用童工，但雇用童工的现象仍然屡禁不止。这是因为检查局没有实质权力，并且在整个英格兰北部只有四名检查员，这就意味着当检查员来检查时，工厂主会想尽各种办法把童工藏起来。其中一个最典型的例子是，当工厂主得知检查员即将要来检查的消息后，竟然把童工们藏在像棺材一样污秽的“厕所”里。

就工作环境而言，英国的棉纺织厂与殖民地的工厂有明显的相似之处。它们共有四个共同特征，即温度高、噪声大、危险性强、工作强度大。巴巴多斯殖民者托马斯·泰伦（Thomas Tryon）对制造糖厂的工作条件作过如下描述：

> 他们在噪声隆隆的环境中工作，工作繁重而忙碌………在炎热的天气里，仆人们（即奴隶们）夜以继日地站在闷热的厂房里。面前放着六七个大铜炉，炉火熊熊，他们用沉重的勺子把甘蔗沫撇掉，直到糖水完全干净为止。[44]

当然，兰开夏郡棉纺厂的工作环境同样也是酷热难耐，噪声震耳欲聋，工作极其繁重，这些情况都有详细记录。[45]

长期超负荷工作会威胁到奴隶的人身安全，马蒂森以加勒比海制糖厂为例，对这种情况进行了描述：“那些手持软管给锅炉加水的奴隶，在疲劳或半睡眠状态下，手指很容易被夹在滚筒里，为了保住性命，他们不得不在身边放一把斧头，随时准备砍断手臂。这也解释了工厂里为什么有那么多伤残奴隶。”[46]弗里德里希·恩格斯在其影响深远的著作《英国工人阶级状况》中，简明扼要地列举了兰开夏郡纺织厂在短短的六周内发生的各种悲剧：

> 在1843年6月12日至8月3日期间，《曼彻斯特卫报》报道了以下几起严重事故……6月12日，一名男孩因手被滚轮压碎，破伤风死亡。6月16日，萨德尔沃斯的一名青年因手被滚轮夹住而死亡，情景惨不忍睹……7月24日，奥尔德姆的一名女孩死亡，死后带子缠绕了她的身体50圈，浑身上下没有一块完整骨头。[47]

接着，他在同一页上继续写道：“无论是谁，一旦被轧棉机的带子缠住，都会以闪电般的速度被卷起来，甩向天花板，然后再重重地摔到地上，其力道之大，以至于受害者骨骼尽断，绝气身亡。”[48]总之，以上两类工厂不仅工作条件十分恶劣，而且工厂主从劳动者身上都榨取了极高的剩余价值。此外，这两类行业生产出来的产品都面向能够给工厂主带来超额利润的世界市场。

就其现代特征而言，在加勒比海地区的制糖业中，管理权往往与所有权和投资权相分离，这正是现代企业的明显标志。理查德·德雷顿（Richard Drayton，英国历史学家）甚至认为，加勒比海制糖业界之所以“处于资本主义文明的前沿”，是因为除了具有资本和技术密集度，以及面向广阔的世界市场的特点外，它还拥有庞大的劳动力市场、高度专业化的管理团队，以及严格的工作纪律。[49]詹姆斯·普理查德（James Pritchard）的观点也与此类似，他认为

> 加勒比海制糖业在劳动形式、劳动纪律、企业组织形式、劳动单位的可调换性、时间觉醒意识（由于农作物快速腐烂而萌生）、生产与消费相分离、奴隶与工具相分离，以及剩余价值最大化等方面，是英国工业革命之前人类企业中工业化程度最高的行业。[50]

以上论述强有力地支撑了明茨的观点，即加勒比海的制糖厂为兰开夏郡纺织厂及其他工厂树立了榜样，至少可以称得上是它们的先驱。

以上讨论表明，加勒比海地区的奴隶制生产符合现代资本主义的生产特征。这在很大程度上是因为工厂主从奴隶身上榨取的很大一部分利润被投资于英国国内，从而推动了兰开夏郡以棉纺织品为基础的工业革命的发展。[51]加勒比海地区的奴隶生产是区分历史资本主义与现代资本主义的试金石。虽然我在第九章中认为加勒比海地区的生产有助于英国的工业化，但我仍认为它是历史资本主义而非现代资本主义。因此，尽管强迫劳动和榨取剩余价值是现代资本主义的重要特征，但正如我在前文中所言，问题的关键在于，在英国工业革命以前，加勒比海地区的生产并没有经历机械化技术的积累过程。

在此，我借鉴了斯图尔特·施瓦茨（Stuart Schwartz，耶鲁大学历史学家）的重要著作中的优秀成果，他指出，加勒比制糖厂并不注重机械化技术更新，更多的是非机械化人工操作。因此，由此推断，制糖厂并没有像现代（西方）资本主义那样依靠技术替代手段降低生产成本。[52]换句话说，在1750年以前，加勒比地区的制糖厂并不是通过提高“资本的有机构成”来增加效益的。值得注意的是，在1750年后，制糖厂对标准的木制立式三辊筒式破碎机进行了技术革新，将它改制成了铁制机器，最后才装上蒸汽机将其改造成卧式（全机械化）破碎机。[53]同样重要的是，这些技术是英国工业化时期发明的，也是从英国进口的。

所有这些都证实了我的观点，因为所有这些技术进步都是英国工业革命的结果，而非加勒比生产商创造的（虽然黑人奴隶对有些发明创造也作出了一些贡献）。所以，加勒比海地区的生产最终反映了历史资本主义而非现代资本主义生产方式。正如施瓦茨所指出的，埃里克·威廉姆斯在谈到甘蔗种植园时说，“封建主义和资本主义的罪恶皆汇聚于此，没有半点儿道德可言”，[54]西德尼·明茨也提到了这一点。[55]不过，正如我在前文中所解释的，除了这一点不同外，加勒比制糖厂与兰开夏郡棉纺厂的组织机构几乎完全相同。这意味着，现代资本主义与历史资本主义之间的界限并不那么清晰。

荷兰的香料贸易：肉豆蔻皮、肉豆蔻、肉桂、糖和丁香

肉豆蔻皮、肉豆蔻和丁香这三种香料都生长在班达群岛（位于摩鹿加群岛），而肉桂则被种植于锡兰。以上这四种香料都在荷兰帝国的控制之下。由于荷兰东印度公司严重依赖于非洲奴隶为其生产，新大陆上历史资本主义的情形同样也适用于这四种香料的生产。因为在荷兰对班达人进行种族灭绝以后，荷兰东印度公司征用了很多奴隶，并对他们进行了残酷的剥削。这种做法和新大陆上的生产几乎如出一辙。[56]此外，值得注意的是，在1840年以后，桑给巴尔成了全球丁香的生产中心，非洲奴隶在那里受到的是阿曼苏丹国殖民者的剥削。[57]所有这些都说明我提出的历史资本主义存在于上述四种重要的全球大宗商品生产中的观点的正确性。那么，爪哇制糖业的生产又属于何种性质呢？

我在第二章中提到，荷兰人在制糖方面得到了中国居民的帮助，这些中国居民在荷兰人到达爪哇岛以前就已移居于此。我注意到，在1740年荷兰人对中国人进行大屠杀以前，爪哇共有84家制糖厂，其中78家由中国人所有。此外，我还注意到，在那次大屠杀以后，中国人仍拥有大多数的糖厂，因为荷兰人发现他们除了依赖中国人外别无选择，于是又设法吸引更多的中国人来此经营。[58]众所周知，爪哇糖是一种重要的全球大宗贸易商品，关键是这些中国工厂都采取了雇佣劳动制。据长冈信治郎（Nagaoka Shinjiro）称，每家制糖厂至少雇用了200多名员工。华人们将这些工厂称之为“公司”，华人社区就是建立在这些“公司”或“工厂”的基础之上的。这种情况在东南亚的中国企业中屡见不鲜，比如1777年至1784年间的加里曼丹岛（婆罗洲）——也就是兰芳共和国的锡和黄金开采业。然而，正如罗杰·奈特（Roger Knight）指出的，这些工厂只是采用了粗糙的前工业化技术，[59]这就是我将其称为部分现代、部分前工业化的历史资本主义工厂的原因。

中国主要的全球贸易大宗产品：瓷器、丝绸和棉纺织品、茶叶和蔗糖[60]

中国茶叶　虽然中国的瓷器和丝织品贸易历史悠久，但直到18世纪和19世纪，茶叶才在欧洲流行开来，尤其是廉价的武夷茶（正如我在第七章中所讲的）。人们普遍认为，中国茶叶是农产品，与资本主义生产没有什么关系。例如，佩尔·弗里斯声称，虽然在印度和锡兰，茶叶主要在种植园里生产，但在中国，每个家庭的小块土地上都种茶叶。[61]但有证据表明，中国有些农民专门种植茶叶，并将采摘后的茶叶卖给工厂和茶商；有些农民在茶厂当雇佣工人。张仕之认为，史料和二手中文文献表明，中国的茶叶是由雇佣工人在工厂生产出来的。他指出，中国在明代时就开始生产茶叶；而到了清代，茶叶生产得到了快速发展。特别值得一提的是，福建是中国的茶叶生产中心，广受欢迎的武夷茶就产于此。正如孔诰烽所讲的，“福建群山叠翠……是18世纪中国的主要产茶区之一。广州的茶叶批发商在此采购茶叶，并在茶叶产地附近的集镇或城市上设立茶叶加工车间对其加工，然后再将加工好的茶叶运往广州卖给公行，最后由公行卖给英国东印度公司（运往英国）”。[62]

虽然在中文文献中，并没有记载茶厂建立的最早时间，但公平地说，至少从18世纪中期起，中国的茶厂就一直在经营。[63]档案资料表明，采用雇佣劳动制的茶厂出现于1762年：

> 1762年，石在江西做茶叶生意，他向地主梁圣启租了一座茶山，并雇用邓和周为他工作。他们就工作期限和报酬达成了协议。工作期限为4～7月，报酬为每人四两白银（略高于1英镑）。[64]

庄国土（Zhuang Guotu，厦门大学教授）认为，在这一时期，茶厂雇佣的工人都是自由雇佣劳动者，雇佣关系和劳动分工的出现对中国茶叶生产的进一步发展作出了重要的贡献。[65]值得注意的是，有很多记载表明，清代茶叶的生产量非常大。

> 大多数茶厂都建在偏远的山区……在乌宁县，有一千多家茶厂。每个茶厂都雇有几十至数百名茶工，全县茶叶工人的总数超过了一万人。[66]

值得注意的是，庄国土认为乌宁县并不是福建省的主要产茶区，在崇安县等地，工人和茶厂的数量甚至更多。[67]

随着时间的推移，我们发现，广东仅在1838年就出口了30万担武夷茶（9000吨），约占当年中国茶叶出口总量的75%，[68]但福建的茶叶生产仍然非常重要。张仕之从对李龙潜（Li Longqian）的文献的研究中注意到，在1840年第一次鸦片战争前夕，中国的茶叶生产呈现出高度商业化和专业化的特点。[69]在此期间，广东也出现了茶叶加工业，商人在该地投资建立了很多茶叶加工厂，他们从其他地区购进生茶，在此加工后再卖给外商。一名外国商人观察并记录了当时广东的茶厂情况，他这样写道：

> 在海南岛（广东省）的加工茶厂里，妇女和儿童们正忙着从红茶中捡发黄和发棕的叶子……工人们干这项工作，每人每天可以获得60枚铜币的报酬……厂房都是宽敞的两层楼，一楼有着各种制茶工具和红茶，二楼有数百名妇女和儿童对茶叶作分拣。[70]

李龙潜总结说，茶叶生产的分工和专业化已经高度发达。因为茶叶生产需要经过五六道工序，且上下游工作必须默契衔接。

因此，我们有充分的理由来修正标准的欧洲中心主义和传统的对中国的看法，即茶叶生产只是一种在中国家庭内部进行的前现代农业活动。因为在这一时期，中国的茶叶生产在很大程度上基于历史资本主义的工厂体系，雇的是兼职或全职雇佣工人。而且，茶叶加工生产的目的是获得商品的交换价值，它面向的是国内外市场。然而，关键是，没有迹象表明工厂主会把利润用于生产技术的升级或机械化技术的改进上。那么，茶叶的互补性产品蔗糖的生产又属于什么性质呢？

中国的蔗糖生产　根据马宗达、徐涤新和吴承明的研究，中国的蔗糖生产在明清时期已经得到了很大的发展，[71]而且在第一次经济全球化时期，蔗糖一直都是一种重要的出口产品。[72]当时，中国的蔗糖生产中心主要在台湾、福建、广东和广西。荷兰人在殖民中国台湾期间，促进了当地蔗糖业的发展，并将大部分蔗糖出口到波斯和西欧。到1662年，中国蔗糖出口量从113吨增加至514吨，其中，台湾的出口量约占中国蔗糖出口总量的50%。1684年，清政府将荷兰东印度公司逐出台湾后，蔗糖的产量出现了指数级增长。到1697年，平均年产量跃升至3万吨，到1799年达到5.2万吨。但制糖业生产的社会关系又是怎样的呢？

18世纪初，黄叔璥（Huang Shujing，清首任巡台御史）在他的《台海使槎录》一书中收集了有关甘蔗生产的资料，他写道：

> 由于3月份多雨，很容易种植甘蔗……在10月之前，制糖厂的老板需要安装生产设备并雇佣工人……其中包括2名制糖工、2名煮糖工、2名榨汁工、2名牛长、7名收割工、1名饲料收集工（牛饲料）和1名门卫（看牛人）。这些工人的工资每月总计60～70两白银（20～23英镑）。[73]

陈学文（Chen Xuewen，华中科技大学教授）认为，这段话透露了两条重要信息。[74]第一，很明显，台湾的制糖业已经出现了分工。有趣的是，根据徐涤新和吴承明的估计，这种特殊的作坊/工厂每年生产总值至少为2000两白银（约合670英镑），这表明它的生产水平已经非常高；[75]第二，虽然我们尚不清楚工厂的工人是专业熟练工还是临时工，但总体而言，其生产关系非常接近现代资本主义的生产关系。

清朝中期中国大陆的制糖业也同样值得注意。根据冼剑民和谭棣华的说法，广东的制糖业在清朝时期得到了迅速发展，吸引了大量商业资本和金融资本。随着制糖"作坊"或"工厂"的建立，种植甘蔗的农户、制糖的小贩以及农民成为雇佣工人。根据一份特别档案记载，"在乾隆年间（1736—1795年），一名姓杨的商人建立了一个制糖厂，雇用了许多工人，工人们每周领取固定工资"。[76]这种现象在当时的广东非常普遍，所有这些都表明当时存在着现代资本主义的生产关系。然而，由于工厂主缺乏机械技术创新和技术积累的动力，中国制糖业更符合历史资本主义而非现代资本主义的范畴。

中国的丝绸织品　虽然中国的棉纺厂最早出现于19世纪80年代（几个世纪前就建立的为皇室和宫廷生产奢侈棉纺织品的大型国有作坊或工厂中使用的手动织布机除外），但是，在19世纪末以前，工厂生产、雇佣劳动和强迫劳动对中国纺织业来说并不陌生。与棉纺制造业不同，丝织机械价格昂贵，丝纺和织造工艺相对复杂，因此，丝织业属于资本密集型产业，这也是丝绸工厂或作坊很早就在中国发展起来的原因。大型、精密、复杂的丝绸织布机需要2～3名工人同时操作，单个家庭难以提供如此多的劳动力（见第十一章）。

由于在生产时需要在同一个房间里放置若干台“机器”，因此开设工厂就成了一种普遍的现象。事实上，无论是在官方还是在民间，丝织厂在很早的时候起就已存在。虽然中国的丝绸生产可以追溯至公元前，但丝绸工厂似乎在元代时才出现。赵康（Chao Kang）指出，“在1356—1367年期间，曾有一位元朝作家在他的作品中最早引用了某家私营丝绸厂作为案例”。[77]在明代，这种丝绸厂迅速发展起来，尤其是在长江下游的大城市，仅雇工就有数千人之多。[78]值得注意的是，丝绸厂的工人们领取的是日薪。随着工厂规模的扩大，为防止生产商垄断市场，清政府颁布了一部反垄断法，规定每家工厂最多不能超过100台织机。然而，当该法令在17世纪末被废除时，有些丝绸工厂甚至拥有多达500～600台织机（其规模可以与19世纪兰开夏郡的许多棉纺厂相媲美）。在明、清时期，政府设立了大型国有企业织造局，它的工人都是服徭役（强迫劳动）的农民。在明朝的大部分时间和清朝的部分时间里，织造局垄断了丝织行业。然而，在1711年，强迫劳动制度终于被废除，雇佣劳动成了主流。[79]

然而，如果你认为丝织品只在工厂生产，那就大错特错了，因为在当时的农村，丝织手工业也很发达。在谈到19世纪末的丝织业时，徐英男（Xu Yingnan）指出：

> 虽然最先进的手工缫丝法早在19世纪就出现了，但机械化缫丝仍属于资本和劳动密集型，其生产成本往往高于手工缫丝。工厂缫丝在均匀性和柔韧度上都强于普遍的手工缫丝，这就意味着工厂缫丝在出口市场上完全取代了手工缫丝，因为进口商对丝线的匀称度要求比较高，而匀称度又必须用机械化织布机才能实现。然而，

在国内市场，如中国市场上，对丝线的匀称度和质量要求并不那么严格，因此为了降低生产成本，织工们继续采用手工缫丝，这为手工缫丝业提供了生存空间，这种情况一直持续到第二次世界大战前。[80]

有趣的是，正如我将要在第十三章提到的，在19世纪80年代以后，中国棉纺织业的生产情况也是如此（印度的情况也与此相似）。总之，在1711年以后，中国丝绸业生产是农村家庭生产和工厂/作坊生产的结合体，参与生产的人员既包括兼职和全职的雇佣工人，也包括村民。这反过来也说明，现代和前现代资本主义生产关系在当时同时存在，而且，历史资本主义下的高度成熟的前工业的非机械化纺织技术也与此并存。

中国的棉纺织品（南京棉布）　在第一次经济全球化期间，中国的棉纺织品或“南京棉布”在1760—1830年间成为中国重要的出口产品。有趣的是，关于棉纺织品的产地有些混乱。有许多作家认为，之所以将中国棉纺织品称为“南京棉布”，是因为它们主要产自南京（位于长江三角洲的江苏省）。而在英语中，英国人将中国的“南京”称之为“Nanking”。然而，实际上，中国的棉纺织品主要产自江苏的苏州和松江。[81]

正如我将要在第十一章中详细讨论的那样，在工业化之前，棉纱和织布生产在中国（和印度）是由家庭进行的，而印花、染色、压光和后续处理工序则在拥有临时雇佣工人或永久自由雇佣工人的车间或工厂中完成。

我认为，当时中国和印度的棉纺制造业在性质上属于历史资本主义阶段，是现代资本主义和农业资本主义的混合体，主要采用的是非机械化生产技术。而即使是中国和印度的农村工业，在性质上也属于历史资本主义，因为农民进行生产的目的，在一定程度上是为了获得棉纺织品的使用价值和交换价值。他们的原材料也主要来自市场。正如我将在第十一章中提到的，在18世纪和19世纪，中国的大部分棉纺织品产自江南地区（位于长江下游三角洲），并且其生产量之大似乎令人难以置信，超过了20世纪20年代以前的印度和19世纪50年代以前的英国的产出量。综上所述，中国（和印度）棉纺织品的出口建立在现代资本主义和封建农业家庭混合社会关系的基础上，它主要采用的是非机械化生产技术，这再次表明历史资本主义存在于中国的棉纺织品生产中。

中国的瓷器 最后让我们谈一下中国的瓷器。中国瓷器是一种众所周知的全球性大宗商品，尤其在第一次经济全球化时期。它被出口到中亚、中东、非洲、欧洲、朝鲜、日本和菲律宾，并在菲律宾经西班牙—马尼拉大帆船运送至新大陆。[82]虽然中国各地都生产瓷器，但其主要产地是浙江龙泉，这里盛产“青瓷”。在第一次经济全球化期间，青瓷”被江西景德镇的“青花瓷”所取代（值得注意的是，青花瓷的制作风格源于西亚伊斯兰教国家，景德镇陶工早在14世纪早期就开始生产青花瓷）。[83]景德镇也因其常年炉火不断、杵声不绝而被誉为“终年雷电之都”。[84]罗伯特·芬雷（Robert Finlay）指出：

> 由于元政府的大力扶持，到16世纪元朝末年时，景德镇已成为世界上最大的瓷器生产基地，它拥有1000多个窑炉和7万多名工人，并且在生产过程中采用了现代化的流水线作业。复杂的劳动分工使得景德镇陶瓷产量大幅增加，并提高了质量。[85]

根据玛克辛·伯格的说法：

> 在17世纪后期，政府对瓷都景德镇进行了重建，并对其工厂和车间进行了重组，从而提高了生产规模和生产效率。工厂内部被划分为若干部门，甚至连雕画室都有明确的分工……据说在这座人口达100万的城镇中，有800座窑炉和三四千家工厂。[86]

此外，在谈到景德镇窑厂高度复杂的劳动分工时，我想补充一点，景德镇最大的瓷窑被称为“龙窑”，它长55米，宽9米，非常庞大。

东印度公司的到来推动了海外市场对中国陶瓷的需求，而在1571年后新大陆白银的流入又进一步促进了中国陶瓷业的发展。在17世纪末，荷兰东印度公司从中国进口了100万件瓷器；而从18世纪初到19世纪初，它从中国进口了4300万件瓷器，进口量大幅提高。此外，其他国家的东印度公司也从中国购买了3000万件瓷器，包括英国、法国、瑞典和丹麦的东印度公司。[87]到18世纪中期，中国瓷器的年产量可能达到6000万件。[88]

传统观点认为，大部分景德镇陶瓷厂是国营的，并不具备资本主义性质。[89]然而，一些著名的修正主义者对此提出了质疑。罗伯特·芬雷指出，“皇家瓷窑只占景德镇瓷窑的极小部分”，[90]而安妮·格里森（Anne Gerritsen，英国沃里克大学历史学教授）则认为，在清朝时，皇家瓷窑的总产量不到景德镇总产量的1%。[91]此外，费伟恺（Albert Feuerwerker，美国密歇根大学历史教授）告诉我们，“即使苏州、杭州和南京的御用丝绸厂和景德镇的皇家陶瓷厂名声显赫，但绝大多数的制造企业和贸易公司都是私营的。”[92]

然而，根据邓刚的说法，由于工人在农村拥有土地，农业是他们的主要收入来源，因此他们并不是无地的自由雇佣劳动者。当然，在国有工厂和作坊中，有很大一部分工人是军人和服徭役的农民。但在1711年以后，他们从在军营劳动或服徭役的劳动者变成了自由雇佣劳动者。在谈到景德镇瓷器业的生产状况时，格里森得出如下结论：“在中国历史资本主义的崛起过程中，劳动特别是雇佣劳动占主导地位的情况非常明显。”[93]总之，清代近乎流水线的生产流程、类似现代工业规模的高大窑炉、发达的劳动分工和自由雇佣劳动者的存在，以及面向市场（当地、全国乃至全球）的大规模生产，意味着该行业在一定程度上走向了现代资本主义的发展道路。

基于以上论述，我们可以得出如下结论：绝大多数全球性大宗贸易商品是在现代资本主义生产关系和前工业化农业生产关系的共同作用下生产出来的，这就满足了第一次经济全球化中历史资本主义的第一个衡量标准。此外，虽然有些生产技术也非常复杂，但它们属于非机械化技术，因此，在生产性质上它们仍属于前工业或历史资本主义。[94]

历史资本主义的第二层架构：现代理性资本主义经济制度

无论是历史资本主义还是现代资本主义，都属于资本主义的第二个发展阶段，而且，这些经济制度的理性制度是实现贸易全球化的关键所在。我对此进行讨论是因为学者们认为理性经济制度是现代资本主义的典型特征，正如马克斯·韦伯最初所主张的那样。[95]在这个问题上，我同意费尔南德·布罗代尔、马克西姆·罗丁森、珍妮特·阿布－卢戈德和马歇尔·霍奇森的观点。他们认为早在19世纪以前，非西方世界就存在各种形式的理性经济制度。[96]而这些理性经济制度都属于历史资本主义的范畴，这进一步证明了我的观点，即在1500年至1850年期间存在着经济全球化。为了进一步说明这一点，我将重点讨论印度/南亚和伊斯兰教的商业金融制度，这是因为它们在整个印度洋体系中占据了主导地位（有关中国理性经济制度将在第十一章讨论）。接下来，我将对以上地区的“集市经济”进行讨论。

伊斯兰教国家的理性经济制度

虽然遗憾的是，在本书中我对伊斯兰教国家的关注远并不如预期，但值得注意的是，在公元1000年前，伊斯兰教国家很可能就形成了世界规模最大的洲际贸易网，[97]这主要是因为这些国家建立了有利于资本家和准资本家的理性经济制度。值得一提的是，在欧洲尚处于中世纪时，伊斯兰教国家的商人们已经在进行着遥远的洲际贸易了。

实际上，正如我在本书的其他章节中所论述的，穆斯林是非洲－欧亚区域经济一体化进程的主要推动者。在约650—1500年间，他们将非洲、亚洲和欧洲联系在了一起，加强了这些地区之间的相互依赖关系。[98]而麦加这个伊斯兰教的发源地，实际上是伊斯兰教国家的重要的洲际贸易中心之一。

然而，欧洲中心主义者却并不认可这种观点，他们坚持认为导致伊斯兰教国家国际贸易“缺失”的重要原因在于伊斯兰教禁止金融机构或个人发放高利贷或有息贷款（在伊斯兰教中被称为“Riba”）。然而，这是欧洲中心主义者的双重标准，因为天主教也存在着类似的禁令，但他们却选择无视。但这并非最重要的，最关键的问题在于，欧洲中心主义者否认伊斯兰教国家存在国际贸易的观点在各个方面都有问题。因为最具讽刺意味的是，穆斯林商人找到了各种巧妙的方法规避了高利贷禁令，尤其是制定了各种支持国际贸易的理性制度。[99]正如亚伯拉罕·乌多维奇（Abraham Udovitch，普林斯顿大学教授）所解释的那样：

> 伊斯兰教教法对贸易、交换及生活等其他领域的限制，不可避免地与某些商业实践相冲突，这就催生了一种被称为海亚尔（hiyal，意为法律技巧）的特殊法律文书。在这些文书中，律师们利用法律技巧，试图缩小违法行为的范围，使某些行为在形式上合法，但实际上却规避了法律的规定。[100]

海亚尔法律文书主要有三种形式，其中以沙伊巴尼（Shaybānī）和奥萨马（al-Khassāf）为代表的哈乃斐法学派（Hanafī School）所写的海亚尔文书主要专注于商事案件。例如，该学派认为，为规避宗教的高利贷禁令，当事人可以将付款期限延迟几个月；或者当事人可以寻找投资人对其贸易进行齐拉德投资，这样一来，投资者可以从获得与贷款利息相同的投资回报中获益，而交易方也可以得到资金支持。[101]而且，正如贝内迪克特·克勒（Benedikt Koehler）所指出的，无论如何，宗教的高利贷禁令只适用于贷款，不适用于投资，因为贷款人发放高利贷的目的是获得高额利息，而“不管借款人是否盈利，投资者……都需要分担企业的风险”。[102]

值得注意的是，依赖银行（霍拉达尔或萨拉夫）进行融资和结算是伊斯兰教国家生产和贸易中的常见现象。设立于“集市”（bazaars）中的霍拉达尔是洲际贸易的重要渠道，它们与当今的银行一样，为企业办理资金转移业务，[103]这与西方人对集市的印象大不相同。在西方人的印象中，亚洲的集市交易是“传统”的商业模式的代表。据说，小商小贩们和贫穷的农民消费者居住在集市中，每到开市日，他们都在嘈杂的环境中进行讨价还价交易。但事实证明，在集市交易中，有许多现代资本主义的做法，包括“在当地货币市场上，银行以本票、汇票（苏夫塔亚和亨迪斯）或其他形式为从事长途批发或远期贸易的商人们提供融资”。[104]

据托马斯·蒂姆伯格（Thomas Timberg）称，从事跨区域集市贸易的重要参与者主要是巴格达的犹太人、古吉拉特的印度人和穆斯林、亚美尼亚人、希腊人、伊朗人、中国人和葡萄牙人。[105]此外，印度洋贸易体系中的驿站（*funduqs*）也快速发展起来，外国商人经常光顾这些驿站。[106]这些驿站是经官方许可建立的，收取的交易税也很低，类似于中亚至西亚陆路贸易路线上的驿站（我在第六章有所介绍）。

让我们再重新返回对伊斯兰教国家的银行的讨论上来。值得注意的是，这些银行也发行“即期汇票”、“远期汇票”（*suftaja*，苏夫塔贾）等“支付命令”（哈瓦拉，*hawāla*）信用票据：“票据的左上角记载的是要支付的金额（大写），左下角是票据出具的日期及付款人的姓名。”[107]伊斯兰教国家的银行除了发行汇票和信用票据外，还可以与个人投资者合伙设立齐拉德或盈亏分摊合伙企业，这很可能是后来意大利康曼达（*Commenda*）或柯立甘萨（*Collegantzia*）合伙企业的前身。[108]这种合作模式的基本原理是，投资者提供资金给代理人（通常是交易商），代理人利用这笔资金进行交易，双方按约定的比例分享（投资者获得的实际上是其投资所得利息）。[109]一般情况下，投资者投入的资金占周转资金的绝大部分（比如75%），而交易商投入的资金只很小的一部分（比如

25%），交易所得的利润由双方共享。这种方式将想投资于生产但缺乏生产能力的资本持有者与有生产能力但资本不足的交易商联系在一起。齐拉德合伙企业主要投资于国际贸易或工业生产（*mufāwada*）领域。[110]

需要指出的是，这些合作模式并不是什么不可告人的秘密，因为先知穆罕默德本人就曾经是一位齐拉德商人，他的首任妻子哈蒂嘉（Khadija）是一位富商，而她所属的古莱什部族（Quraysh tribe）就是通过陆路贸易和开设银行起家的。[111]

总之，马克西姆·罗丁森对以上讨论进行了精准的总结，他认为，“穆斯林帝国的商人们的行为完全符合韦伯的资本主义判断标准。他们从不会错过任何一次赚钱的机会，经常以货币来计算支出、收入和利润。”[112]值得注意的是，这一观点最初是阿布德·拉赫曼·伊本·赫勒敦（Abd al-Rahmān Ibn Khaldūn，突尼斯历史学家）在他有着重大影响的著作《历史绪论》（*Muqaddimah*，又称《伊本·赫勒敦绪论》）中提出的。有趣的是，尽管该书写于14世纪，但其中的许多观点超前于18世纪的苏格兰政治经济学家亚当·斯密。[113]

印度/南亚的理性经济制度

与上述伊斯兰教经济制度相比，印度针对非洲－欧亚贸易制定了一套理性经济制度。正如勒内·巴伦德斯所指出的，“如果从古吉拉特邦的商人的固定资本投资来看，似乎没有理由称他们为资本家……但是，如果我们看一下他们复杂的信贷和保险制度、理性化的账簿以及他们操纵市场的方法，称他们为资本家是最恰当不过的”。[114]我在前文中提到，金融资本家是现代资本主义和历史资本主义的重要特征。此外，从事长途贸易的印度班加拉人（*Banjāras*）得到了巴尼亚商人社团（*Banias*）的支持。该社团是由达拉人（*dallāls*，掮客）、巴卡尔人（*baqqals*，批发商）和萨拉夫人（*sarrāfs*，银行家和货币兑换商）等不同的商人群体组成。[115]

请注意，“*sarrāf*”一词在英语中为“*shroff*”（什罗夫）。达拉人从农民手中收购大量的低值大宗商品（主要是棉花和谷物），然后再将它们卖给各地区的批发商；巴卡尔人不仅从事谷物批发，而且还像达拉人一样向农民提供贷款，让他们购买种子和牲畜，当农民的庄稼成熟后，他们会回购部分农产品抵充贷款和利息，然后将这些农产品运到批发市场上销售。[116]正如我在第六章中所述，巴尼亚人以这种方式积累了大量的资源和资本，并为洲际贸易商提供了大量的资金，他们拥有的资源和资本量甚至远远超过了17、18世纪荷兰和英国的东印度公司。[117]此外，印度的巴尼亚人的公司与整个印度洋贸易体系的巴尼亚人的公司保持着密切的联系，他们的贸易活动遍及波斯湾、也门、东非的桑给巴尔以及中亚和东南亚等地。[118]需要强调的是，巴尼亚人的复式记账法符合马克斯·韦伯对现代资本主义的定义，这一点尤为重要。

印度萨拉夫银行除了从事储蓄业务外，还以较高的利率向商人提供贷款，这是现代银行金融的特征之一。[119]阿穆达巴的萨拉夫银行在这方面表现尤为突出。它可以出具重要的汇兑工具汇票，即印度语中的亨迪斯。亨迪斯的作用与伊斯兰教国家的银行出具的苏夫塔贾或哈瓦拉非常接近。有趣的是，亨迪斯比哈瓦拉的出现早了好几个世纪，甚至可以追溯到公元1000年的早期。[120]它的直接功能是："人们（包括商人）无须冒险携带大量现金，只需要把钱存入萨拉夫或其他银行，就可以收到一张银行的付款命令，或者亨迪斯持票人只需向另一家银行提示此命令或亨迪斯，就可以得到票据下的款项。"[121]因此，使用亨迪斯非常安全。正如斯科特·列维所讲的：

> 亨迪斯是一种完全可以出售的支付工具，这意味着公司可以对其买卖，并将其作为一种可转让的媒介，在远距离的多个金融机构之间转移大量财富。当事人在交易中使用亨迪斯也非常安全，这意味着即使亨迪斯被遗失或偷盗，持有者也不会遭受经济损失。相反，亨迪斯的签发人仍可以确认其票面金额的存在，并最终将票面

款项全额付给正当持票人。[122]

亨迪斯与印度棉纺织品具有共同的特点，即覆盖了整个印度洋贸易体系。[123]

从11世纪起，印度耆那人成了银行界的佼佼者，到17世纪，耆那人和巴尼亚人已经建立起了规模空前的信贷网。事实上，该信贷网向东南通过马六甲海峡，把印度与班塔姆、亚齐以及菲律宾联系了起来，向西通过霍尔木兹海峡，与伊拉克的巴士拉和也门的摩卡连接在了一起，同时为莫卧儿帝国、萨法维王朝和奥斯曼帝国的商人们提供了融资服务。[124]正如拉贾特·坎塔·雷所指出的，到17世纪，最初旨在支持长途贸易的跨地区资金转移到亨迪斯网络

> 现在已变成一个由各种金融工具组成的信贷网，为苏拉特和阿格拉的银行家们筹集长途贸易资金。那些资金不足的商人们可以在印度任何一个主要的商业中心或在印度洋贸易体系的任何一个有古吉拉特人金融机构的港口筹集资金。筹集资金的方法是提前向苏拉特的巴尼亚银行申请开立一张亨迪斯，并向开票银行支付相应的利息。[125]

除此之外，萨拉夫人还为商人们提供亨迪斯贴现业务，并向他们收取贴息费、保险费和转汇费。[126]最富有的萨拉夫人被称为塞思（Seths）。其中，17世纪和18世纪的马尔瓦·贾加特的塞思家族银行最为著名。

在印度，被称为沙阿–古玛什塔（*shah-gumāshtā*，债权人代理人）的合伙机构与伊斯兰教的齐拉德/盈亏分摊合伙企业十分相似。按照规定，沙阿给代理人提供资金，代理人从事非洲–欧亚贸易活动。沙阿–古玛什塔就像齐拉德的伙伴企业一样，为国际贸易商定期地提供大量的资金。[127]虽然我在第六章中详细讨论了木尔坦商人，但在此有必要指出

> 木尔坦人的贸易活动与普通小商贩的贸易活动几乎没有什么共同之处，小商贩往往是贱买、远运、贵卖，即使在返程贸易时也是如此。而木尔坦人从事的贸易活动则与此不同，他们都是训练有素的金融专家，会在国外寻找一切投资机会，以使自己的投资变得有利可图。一旦从某个企业中收回投资，他们就会将资金再投资到其他企业中。对木尔坦人而言，从事商品买卖就是为了获得第一桶金，一旦有了资本，他就会放弃商品买卖转而从事利润丰厚的借贷交易，这种情况并不罕见。[128]

简言之，木尔坦商人是商业金融资本家，他们将贸易与借贷相结合，以实现利润最大化为目的。正如我在第六章中所指出的，包括亚美尼亚人（我还要加上犹太人）在内的重要的跨大陆经济侨民都利用了这些商业金融机构的融资。总之，费尔南德·布罗代尔的重要主张似乎一语中的：

> 我们……可以挑战欧洲中心主义者心目中传统的亚洲商人形象……在他们的想象中，亚洲商人只是高级小商贩，卖一些香料、胡椒、珍珠、香水、药品和钻石等奢侈品。然而，现实情况则与此大相径庭。无论是在埃及还是日本，无论何地，我们都能找到真正的资本家、批发商、贸易商，以及为他们提供服务的数以千计的附随人员，如收取佣金的代理商、经纪人、货币兑换商和银行家等。他们在交易技巧、把握交易时机以及建立商业信誉方面，与西方商人不相上下。[129]

最后，值得注意的是，在印度和西亚，各种理性的跨区域制度随处可见。这些制度反过来又促进了公元600—1500年的非洲－欧亚区域经济一体化，以及1500—1850年的第一次经济全球化的发展。

柯蒂·乔杜里解释说，任何一个参与印度洋贸易体系的外国商人都可以获得以下四项重要的商业和法律服务。[130]第一，他们可以在提供价格透明度和持续供应的“现货”或“期货”市场上进行海运货物交易。为了最大限度地降低价格波动带来的风险，从事远途贸易的商人常常通过经纪人进行交易。他们会向经纪人提供一份货物清单，并在交易季节来临之前将货物交付给客户。这种做法“本质上是一种期货交易，它有利于避免因市场快速变化所带来的投机风险”。[131]第二，正如我前文所阐释的，商人们可以向金融机构申请融资。第三，商人们可以通过银行进行结算，依靠追账公司追讨债务，或委托调研机构调查客户的信誉，必要时也可以诉诸法律。第四，商人们可以通过货运代理人租船订舱。为了分散海难或海盗等海上风险，经营奢侈品和昂贵商品的商人，往往会采取分批装运的方式，这就为租船订舱的市场提供了生存空间。

值得注意的是，乔杜里认为这些服务很可能在大约8世纪之后出现。这进一步证明了我的观点，即在第一次经济全球化以及此前的非洲－欧亚区域化一体化时期，跨大陆的理性制度与以上提到的分散的、区域性制度是并存的。

结论

如图8.2所示，在历史资本主义的第三层架构中，贸易全球化是其中的一部分。然而，由于我在第二至第七章中对此已进行了详细的讨论，就不在此赘述了。在本书的第一部分，我阐述了国际贸易在第一次经济全球化过程中扮演的重要角色。在第三到五章，我特别关注了印度的全球超级商品链和生产链以及它们对“十二角”（十二边）印度棉纺织品贸易体系的支持。这一体系与十六边全球性大西洋白银/黄金交易体系一起将世界各地联系了起来。正如我在前文所讲述的，它们以不同的方式促进了全球大宗商品（如中国的瓷器、茶叶、棉纺织品、丝绸织品）的流动。此外，印度棉纺织品的出口使加勒比海地区的奴隶生产成为可能，并导致了原棉、烟草、糖、可可、咖啡、朗姆酒和靛蓝染料的产生，因为印度棉纺织品最初在资助购买非洲奴隶方面发挥了重要作用。同样的情况也适用于那些被贩往北美的奴隶。大约在1793年后，奴隶们开始在美国南部种植棉花，这进一步推动了英国工业革命的发展（我将在第九章中详细讨论）。由于印度的棉纺织生产包含了复杂的生产关系（正如我在第十一章中所解释的），它为寻找世界贸易与历史上资本主义生产之间的联系提供了重要的线索。

总之，第一部分主要论述的是印度结构性力量如何在创造和培育第一次经济全球化中发挥关键作用。反过来，它的重要性又在本书的第三至第五部分得到了进一步的体现。在这三个部分中，我讨论了非洲－印度全球性棉花驱动力在推动英国工业化和随后的第二次经济全球化过程中所发挥的重要作用。在这里，我想强调西方马克思主义在界定资本主义时存在的最后一个问题，即它过于简单化，并忽略了历史资本主义的其他经济成分。特别是在第一次经济全球化过程中，金融资本家像今天一样在推动全球生产和贸易方面发挥了重要作用。这反过来又凸显了理性经济制度在更广泛的层面上扮演的重要角色，也就是说，如果没有理性的经济制度，就不可能存在全球化生产和贸易。因此，由于历史资本主义在一定程度上具有现代性，我们不能像西方马克思主义那样将其视为“全球性”的对立物而对其不屑一顾。

我打算通过回答一系列重要的问题来结束本章的讨论。首先，历史资本主义是前现代时期的现象吗？答案是否定的，因为它在某些方面具有现代资本主义的特点，尤其是在金融、理性经济制度以及使第一次经济全球化贸易商品得以生产的社会生产关系方面；第二，历史资本主义是封建主义与现代资本主义之间的“短暂”历史阶段，并且会不可避免地走向现代资本主义吗？答案是否定的，因为正如我在第十一和第十二章中所论述的，它并没有推动中国或印度的棉纺织品或钢铁生产走向机械化。由于中国和印度的原棉和煤炭工业化生产受生态环境的严重制约，即使面临着全球化或国际化的较大压力，这种情况也不太可能发生。无论如何，商人资本家都会对此感到“心满意足”，他们认为无须通过工厂生产来取代家庭棉纺织生产，因为他们从中获得了巨大的利润，而且这两个国家的国内政治环境也有利于历史资本主义的发展。第三，如果没有历史资本主义，现代资本主义经济可能会出现吗？或许可能。如果没有印度的结构性力量和对第一次经济全球化至关重要的非洲－印度棉花驱动力，英国的棉纺织产业肯定不会实现工业化。而且，由于棉纺织品在英国工业化中居于核心地位，工业化又是第二次经济全球化的重要组成部分，这两种经济现象的出现至少会被推迟。因此，本书的第三部分主要讨论的是英国向现代工业资本主义过渡的全球经济起源的一部分，这进而又促使第四部分对其进行进一步的探讨。在本书的第四部分，我主要讲述了为什么英国能实现工业化，而中国和印度则不能。

注释

[1] Giddens (1985) and Mann (1986).

[2] Cohen (1980).

[3] Marx (1859/1977: 389) 和Cohen (1980)。另见Davidson (2012)。

[4] Marx and Engels (1848/1977: 85).

[5] 关于这一点，请见Hobson (2012: 236–42)。

[6] Marx (1867/1954: 145).

[7] Tansel (2015b: 85).

[8] Marx (1867/1959: 334).

[9] Anievas and Nişancioğlu (2015: 171).

[10] Dobb (1959).

[11] Brenner (1977, 1982).

[12] Dale Tomich引自Marques (2020: 75)。

[13] Rodinson (2007: 33).

[14] Smith (1776/1937: 364–5).

[15] Rioux 等 (2019)，另见LeBaron and Ayers (2013) and Rioux (2013)。

[16] Smith (1776/1937), Schumpeter (1943/2010), Dobb (1959) and Anderson (1974).

[17] Rioux 等，(2019: 14)。

[18] Dobb (1959).

[19] Brenner (1977)，另见Rioux 等 (2019: 14)。

[20] Rioux *et al.* (2019: 13).

[21] Williams (1944/1964), Mintz (1986), McMichael (1991), Tomich (2004), Eley (2007), Blackburn (2010), Rioux (2013), Anievas and Nişancioğlu (2015), Rioux *et al.* (2019) and Marques (2020).

[22] Banaji (2010).

[23] Frank (1998: 331).

[24] Banaji (2010: 359), LeBaron and Ayers (2013)等。(2019) and Tansel (2015b: 83).

[25] Sweezy in Sweezy and Dobb (1950: 134–57).

[26] Frank (1998: 332).

[27] Wood (2002)

[28] Banaji (2018: 145).

[29] 同上，(145–6)。

[30] Anievas and Nişancioğlu (2015: 9) and see also Yazdani and Menon (2020).

[31] Marx (1852/2009).

[32] Marx and Engels (1846/2011).

[33] Banaji (2010: 67).

[34] Anievas and Nişancioğlu (2015: 161).

[35] Banaji (2018: 149)，黑体字为原文标注。

[36] Marques (2020) and McMichael (1991).

[37] Eley (2007: 165).

[38] Marx (1846/1975: 95).

[39] 同上，(1867/1954: 711)。

[40] 同上，(703)。

[41]　Mintz (1986: 47, 48).

[42]　Mitchell (2000: 3).

[43]　同上，(2000: 3)。

[44]　Mintz (1986: 47–8)，引自Thomas Tryon。

[45]　Gaskell (1833) and Engels (1952).

[46]　Mintz (1986: 50)，引自Mathieson。

[47]　Engels (1952: 165).

[48]　同上，(165, 149–67)，另见Gaskell (1833: 202–9, 244–66)。

[49]　Drayton (2002: 102).

[50]　Crowley (2016: 404)，引自James Pritchard。

[51]　另见Rioux (2013)。

[52]　Schwartz (2004b).

[53]　Mazumdar (1998: 340–6).

[54]　Schwartz (2004b: 5)，引自Williams。

[55]　Mintz (1986: 60).

[56]　Anievas and Nişancioğlu (2015: 238–40).

[57]　Cooper (1977: 156–70).

[58]　Shinjiro (1960/1983: 107).

[59]　Knight (2014: esp. 63–92).

[60]　以下讨论和引用的所有中文资料和档案信息均由张仕之提供和翻译，深表感谢。

[61]　Vries (2013: 176).

[62]　Hung (2001: 496)，另见Zeng (1993)。

[63]　Peng (1982: 19).

[64]　出自《简阳地名录》，由Zhuang (1999: 153)引用。

[65]　Zhuang (1999: 153).

[66]　Peng (1982: 19)，引自Jiang；另见Zhuang (1999: 148)。

[67]　Zhuang (1999: 148).

[68]　Zeng (1993: 54).

[69]　Li (1983: 411–13).

[70] Li (1983: 412)，引自于齐。

[71] Mazumdar (1998) and Xu and Wu (2003).

[72] Mazumdar (1998: ch. 2).

[73] Zhang (2020: ch. 3)，引自Huang Shujing, *Taihai Shicha Lu*, Vol. 3, p. 10。

[74] Chen (1991: 33).

[75] Xu and Wu (2003: 366).

[76] Xian and Tan (1994: 94).

[77] Chao (1977: 29).

[78] 同上，(29–30)。

[79] Zhang (2020: ch. 3).

[80] Xu (2011: 27).

[81] Chao (1977: 50) and Fan (2016: 105–6).

[82] Kerr and Wood (2004), Finlay (2010) and Zhao (2013).

[83] Finlay (1998: 152–7).

[84] Hsu (1988: 140).

[85] Finlay (1998: 156).

[86] Berg (2004: 118).

[87] Finlay (1998: 168).

[88] Gerritsen (2020: 312).

[89] 例如，请见Xing (2000)。

[90] Finlay (2010: 23)。

[91] Gerritsen (2020: 311–12).

[92] Feuerwerker (1984: 305).

[93] Gerritsen (2020: 314) and Hsu (1988: 138–9).

[94] 请注意，至少在1400年以前，中国的钢铁业和失败了的苎麻纺织业中就使用了机械化技术。

[95] Weber (1922/1978).

[96] Abu-Lughod (1989), Braudel (1992), Hodgson (1993) and Rodinson (2007).

[97] 例如Hodgson (1993), Rodinson (2007: ch. 3), Chaudhuri (1985), Wink (1988, 1990), Abu-Lughod (1989), Bentley (1996), Hobson (2004: ch. 2), Koehler

(2014), Finlay (2010: ch. 5) and Beaujard (2019).

[98] Hobson (2004: ch. 2).

[99] 尤见Rodinson (2007: 65–78)。

[100] Udovitch (1970: 11).

[101] Goitein (1967: 197–9) and Udovitch (1970: 80).

[102] Koehler (2014: 125).

[103] 同上 (111–12) and Thompson (2011: ch. 4)。

[104] Ray (1995: 452).

[105] Timberg (2014: 19).

[106] Koehler (2014: 129–33).

[107] Abu-Lughod (1989: 223).

[108] Udovitch (1962), Goody (1996: 58), Markovits (2000: ch. 5) and Hobson (2004: 119–20).

[109] Koehler (2014: 123–8).

[110] Goitein (1967: 362–7) and Udovitch (1970: ch. 6).

[111] Rodinson (2007: 29–30).

[112] 同上，(59–60)。

[113] Ibn Khaldūn (1377/1958).

[114] Barendse (2002: 180).

[115] 关于更全面的讨论，请见Gokhale (1979: ch. 6), Mehta (1991: ch. 3) and Habib (1960, 1990)。

[116] Levi (2016: 38).

[117] Goody (1996: 128).

[118] Barendse (2002: 181), Ray (1995), Dobbin (1996), Markovits (2000) and Levi (2016).

[119] 有关印度信贷的更多信息，请参见Barendse (2002: 182–7)。

[120] Thompson (2011: 96–7).

[121] Parthasarathi (2011: 63).

[122] Levi (2016: 37).

[123] Das Gupta (2001); 另见 Levi (2016: 36–8)。

[124] Ray (1995: 462).

[125] 同上。

[126] Machado (2014: 66).

[127] Markovits (2000: 157–64).

[128] Levi (2016: 72–3).

[129] Braudel (1992: 486).

[130] Chaudhuri (1985: 197–200).

[131] 同上，(198)。

第三部分

现代工业资本主义形成过程中的帝国和第一次经济全球化（1500—1800年）

第九章　全球性的大西洋
生产驱动力与英国资本的帝国性质的原始积累

引言

本章是本书第三部分两章中的第一章，将从总体上揭示第一次经济全球化与英国的后发性的主动行为者如何推动英国向现代工业资本主义过渡。我的观点是，大西洋殖民体系、全球性的大西洋贸易体系和黑奴生产体系直接（通过经济驱动）或间接（通过财政—军事驱动）地推动了英国工业的大转型。然而，有两点值得注意。第一，我没有把大西洋体系的贡献与帝国的贡献合并起来。因为非洲对英国工业转型的贡献在一定程度上来讲属于“非帝国”性质。原因是直到1884年柏林会议后，非洲才完全沦为欧洲的殖民地。我在第十章提出的大西洋消费驱动力与此相关。此外，北美独立于1776年，它独立的时间是在它成为英国原棉供应地以前。第二，其他非西方国家对英国工业转型的贡献与帝国无关。我在第十章以较长的篇幅对其进行了讨论。

我认为，来自外部的全球性因素，无论是帝国性质的还是非帝国性质的，用它们来解释工业化都是必要但不充分的，因为英国国内的推动因素也很重要。事实上，还有很多帝国，包括法国、西班牙、葡萄牙、荷兰和中国等，都没能实现向初步的工业化转型。因此，在解释工业化时，不仅应考虑英国成为帝国这一事实，还应将其管理帝国的方式考虑在内。此外，在对英国机构进行分析时，我采用了亚历克斯·阿尼瓦斯和克雷姆·尼桑乔格鲁等人提出的全球经济发展“不平衡与融合发展”（UCD）理论框架，并运用了历史社会学方法进行分析。[1]为弥补“不平衡与融合发展”理论的不足，我在本章将其放在英国工业化兴起的背景下进行考虑，这更具深远意义。因为西方马克思主义者认为，英帝国主义和西方世界的经济发展的不平衡与融合发展状况始于英国工业化以后而非以前。将全球经济发展不平衡与融合发展视为英国工业化之前的情况，导致了欧洲中心主义大爆炸理论的逆转。这也使我能够避免陷入欧洲中心主义“叉分分析”法的陷阱。[2]欧洲中心主义者在采用该方法分析英国工业转型的原因时，只根据“内在逻辑”关注英国的国内因素及其因果关系，而将外部因素和帝国进程排除在外。

艾伦·梅克辛斯·伍德（Ellen Meiksins Wood，美国历史学家）对西方马克思主义者的观点的批评具有一定的代表性。她说：“我们不能通过援引帝国主义对‘原始积累’的贡献来解释资本主义的崛起，也不能过分强调资本主义起源对资本主义兴起的决定性作用。”[3]由于欧洲中心主义者只关注英国内部的阶级斗争，他们忽视了所有非西方的和帝国主义的因素对英国工业转型的推动作用。这一观点也被罗伯特·布伦纳所接受。[4]在这里就出现了三个颇具讽刺意味的观点：

第一，布伦纳的导师卡尔·马克思发现，西方大西洋殖民体系是英国进行资本原始积累的重要工具。[5]第二，布伦纳被证明犯了他指责伊曼纽尔·沃勒斯坦所犯的那种“新斯密主义马克思主义”错误。[6]因为斯密坚持认为，帝国主义在促进大都市经济的发展方面毫无帮助。[7]第三，尽管有很多人认为布伦纳与沃勒斯坦的观点大相径庭，但事实证明，由于他们都认同大爆炸理论及其内在的逻辑，他们的观点有惊人的相似之处，即都是基于欧洲中心主义。[8]然而，幸运的是，有一小部分非欧洲中心主义的西方马克思主义学者，如埃里克·威廉姆斯、安德烈·冈德·弗兰克、詹姆斯·布劳特、罗宾·布莱克本，以及亚历克斯·阿尼瓦斯和克雷姆·尼桑乔格鲁等，在解释英国资本主义兴起的原因时，也考虑了大西洋帝国的作用。[9]

总之，我对大爆炸理论的颠覆反映在古尔明德·班布拉的主张中。他说，“现代性本身并不会产生一个相互联系的世界，但它本身是全球相互联系的产物”。[10]而且，“由于现代资本主义生产关系是通过殖民地经济和军事暴力创造和维持的，因此殖民扩张先于现代资本主义”。[11]此外，虽然印度洋贸易体系的作用因其与大西洋贸易体系联系过于紧密而不幸被忽视，但达隆·阿齐默鲁及其合著者认为，美洲/加勒比海殖民地与欧洲的经济发展之间有着密切联系。换句话说，“1500年至1850年间欧洲的崛起在很大程度上意味着（全球性的大西洋贸易体系之内的）大西洋欧洲的兴起，但其性质与公元1500年以前欧洲经济增长的性质截然不同”。[12]

本章共分四节。第一节为“英国工业化的‘全球性的大西洋/黑奴生产驱动因素’（一）：向兰开夏郡供应原棉”。在该节中，我重点阐述了黑奴在向兰开夏郡供应廉价优质原棉中发挥的重要作用。所有的论述都在我在第三章中给定的“全球性的大西洋体系”的概念框架内进行。第二节为“全球性的大西洋/黑奴生产驱动因素（二）：加勒比海地区对英国工业化的总投入”。在该节中，我试图量化加勒比海奴隶生产对英国工业化的总投入。所有这些都进一步深化了最初由埃里克·威廉姆斯提出的观点。第三节为“英国工业化的帝国－军事驱动因素：帝国－军事债务乘数”。该节重点介绍了英国工业化的另一个重要的全球性的大西洋驱动因素，具体地说就是“帝国－军事债务乘数”。在该节中，我量化了帝国军事促进英国经济投资的数额。最后一节为“英国工业化的帝国－军事及全球性的大西洋驱动因素：金融机构和钢铁革命”。在该节中，我分析了帝国战争和大西洋市场对英国钢铁工业化产生的积极影响。而在结论部分，为了估算出帝国的收益，我对所有与殖民地有关的投入进行了汇总。

英国工业化的“全球性大西洋 / 黑奴生产驱动因素”（一）：向兰开夏郡供应原棉

正如我在第三章所详细解释的，大西洋三角贸易体系实际上嵌入了十六角（十六边形）全球白银交易体系和十二角（十二边形）印度棉纺织品贸易体系（ICTTS）。加勒比海地区和美洲的非洲奴隶贸易以及非洲消费者/产消者也与此相关（见图9.1）。在看图9.1时，我们也可以按照数字的顺序来观察，就像前几章的图一样。

如图9.1所示，在公元1500年之后的三个世纪里，全球性的大西洋贸易体系是基于印度棉纺织品贸易体系逐步发展起来的。因此，在最开始时，全球性的大西洋贸易体系只是英国（和法国）为了以棉纺织品换取非洲奴隶而向非洲转口印度棉纺织品的一种手段。英国在非洲用棉纺织品购买奴隶后，再以海运的方式经过大西洋航线将奴隶贩卖到加勒比海地区。非洲奴隶被贩卖到美洲后，种植园主强迫他们在种植园里种植棉花，而他们生产的原棉又被殖民者出口到兰开夏郡。然而，在整个18世纪和19世纪初，为了防止印度棉纺织品冲击本国市场，推动棉纺织产业工业化，英国政府采取了大量贸易保护措施。到19世纪20年代，大西洋体系已经转变为由英国制造的棉纺织品主导的贸易体系（如我在第十章中所论述的）。但我在本节关注的重点是新大陆的奴隶生产体系以及其对兰开夏郡棉纺织厂的原棉出口。

在本章中，除了引用卡尔·马克思关于大西洋殖民地对英国工业化投入的影响的各种论述外，我还注意到马克思的观点是正确的，他断言道：

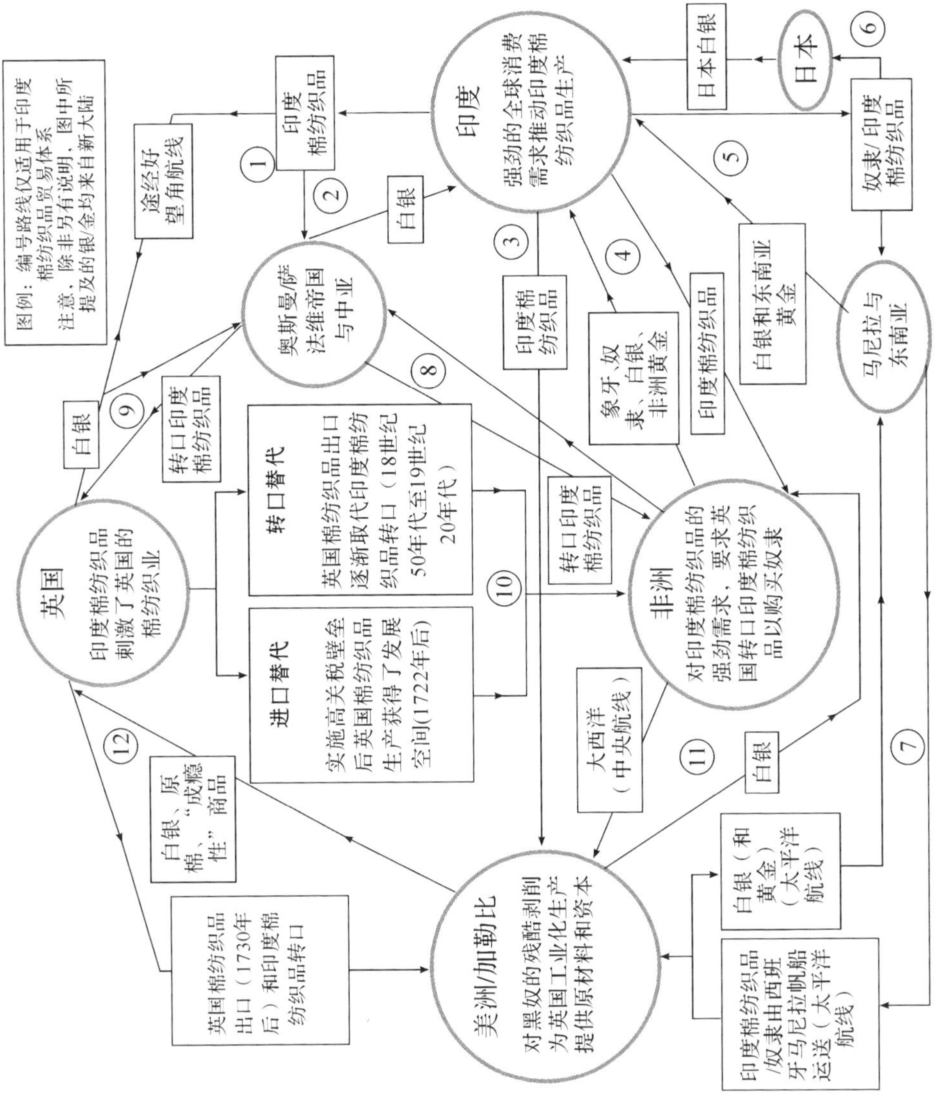

图 9.1　英国棉纺织产业工业化的“全球性的大西洋生产驱动因素”

> 没有奴隶制就没有棉花；没有棉花就没有现代工业；殖民地创造了世界贸易（或者更准确地说，它们孕育了第一次经济全球化贸易体系）；世界贸易是（英国）进行机械化大生产的必要条件……因此，奴隶制是一个最重要的经济发展阶段。[13]

在19世纪，全球十二边形印度棉纺织品贸易体系演变为由英国棉纺织品主导的贸易体系，这在很大程度上要归功于原棉的生产者——黑人奴隶，他们最初是在加勒比海地区种植棉花的；随后在1793年前后，在美国生产原棉。需要指出的是，在18世纪，他们也在奥斯曼帝国进行原棉生产。[14]原棉生产始于17世纪20年代的巴巴多斯，后来牙买加于1670年也开始种植棉花。然而，到了18世纪70年代，由于加勒比海地区的棉花生产无法满足英国棉纺织业迅速增长的需要，该地区棉花的价格变得越来越昂贵。此外，加勒比海原棉与印度原棉之间的价格差也变得越来越大。到18世纪90年代，印度原棉的价格约为加勒比海原棉价格的20%，[15]这自然提高了印度原棉的全球竞争力。另外，海地在1791年的革命也对该地区棉花的生产产生了重大的影响（该革命大约发生在巴士拉第一次大规模非洲奴隶起义以后约9个世纪）。因此在1790年，圣多明各向英国出口的棉花还不到英国棉花进口量的1/4；而在大约四年以后，这一比例下降至不到5%。[16]

然而，就在此时，情况发生了转变。北美开始大量向兰开夏郡供应原棉，满足了该郡对原棉快速增长的需求。但具有讽刺意味的是，英国人竟然没有预料到这一点。虽然北美在19世纪上半期向兰开夏郡大量出口棉花纯属偶然，但直到英帝国结束了它在北美的统治后，美国才获得了原棉出口的自由，这也颇具讽刺意味。因为英国一直把北美的棉花视为羊毛产品出口的竞争对手，所以其在殖民北美时期，禁止北美种植原棉。然而，就在兰开夏郡高地沐浴在明媚阳光的背后，却隐藏着土著“印第安人”的悲剧。因为种植棉花需要大量的土地，美国政府颁布法令，强制印第安人从原居住地搬迁至指定地区。大量的切诺基人（属于印第安民族）因此流离失所。[17]在美国政府颁布的法案中，最臭名昭著的要数1830年的《印第安迁移法案》（Indian Removal Act）。由此可以看出，英国的棉纺织产业工业化是建立在强制剥夺印第安人的土地的基础上的。

对于兰开夏郡的棉纺织品生产商来说，通过剥夺土著居民而获得的资本原始积累纯属偶然。我这样说的原因主要有三个。

首先，美国人培育出了一种被称为“陆地棉”（Gossypium Hirsutum）的“长绒棉”新品种，将其与长绒海岛棉（Gossypium Barbadense）一起种植。[18]此外，从19世纪20年代开始，美国人开始种植墨西哥陆地棉，从而大幅度提高了棉花产量和生产力。重要的是，这两种长绒棉比加勒比海短绒棉更适用于英国人在18世纪60—80年代发明的新纺纱机的生产。需要说明的是，在加勒比海地区的种植园中，美国人同时种植长绒棉和短绒棉两种品种。然而，正如威廉姆斯最初指出的那样，长绒棉的产量远远不能满足英国不断增长的英国工业生产需求。[19]

正如我将在第十章中所指出的那样，用“陆地棉”和“海岛棉”纺出的棉纱具有足够的抗拉强度，能够满足英国新型动力织机对经纱的需求，同时也可以纺出中高支棉纱，生产出更复杂的棉纺织品。短绒棉则没有这种功能，因为它的抗拉强度较弱。如此，就牵一发而动全身了。正如我在第十一章中论述的那样，中国和印度之所以没有选择推行棉纺织产业工业化，其原因之一是它们只种植短绒棉。而且，这种棉可能是世界上棉绒最短的棉。换言之，如果印度和中国想要推行棉纺织业工业化，将会受到劣质短绒棉的严重制约。因此，对于兰开夏郡来说，在阿克莱特水力纺纱机（1769年）、克朗普顿骡机（1779年）和卡特赖特动力织布机（1785年）进入工厂的同时，美国新的长绒棉品种的问世也是个巧合。

其次，对兰开夏郡的制造商来说，伊莱·惠特尼（Eli Whitney）发明了新型轧棉机（也被称之为“棉花锯”）是第二件幸运的事情。为了去除原棉中的棉籽，需要使用轧棉机，而伊莱·惠特尼发明的轧棉机使轧棉效率提高了50倍。“只有到那个时候，美国南方各州大量种植陆地棉，并将其出口到英国，这一梦想才变为了现实。”[20]

再次，北美种植园园主对黑人奴隶进行的科学管理对兰开夏郡来说也是非常偶然的。特别是在1800年至1860年间，黑人奴隶采摘棉花的速度比原来提高了4倍。有些学者将此归功于奴隶们的集体劳动，[21]并认为这种现象在加勒比海地区的甘蔗种植园里曾经就出现过。一位当时的观察家解释说，这些黑奴劳工“在田野里排列成行，劳动精准度极高，就像受过训练的军事组织一样”。[22]实际上，即使在1860年以前，为了提高生产效率，种植园主们已经开始对奴隶进行科学管理。在制定工作制度的时候，他们基于“效率最大化原则”。根据这一制度，效率最高的奴隶被安排在最前排，而其他人必须跟上他们的工作节奏。这与亚当·斯密的观点正好相反，[23]事实证明，与使用雇佣自由劳动者的农场相比，使用黑人奴隶劳工的生产效率要高40%。[24]

这三个偶然因素使原棉的生产成本大幅度下降，原棉价格从1796/1800年到1846/1850年下降了64%，这使得兰开夏郡几乎成了19世纪全球棉纺织产业的霸主。[25]然而，值得注意的是，正如我在第十三章中所论述的，19世纪时兰开夏郡的棉纺织品生产量并没有超过中国。早在19世纪20年代，加勒比海地区向兰开夏郡棉纺织厂供给的原棉的价格只比印度原棉的价格略高一点儿，[26]但之后它的价格一直在下降，这对英国有利，因为它增强了兰开夏郡在面对来自印度的进口和转口棉纺织品时的竞争力。因此，在18世纪末，随着加勒比海地区棉花供应量的减少，北美的棉花供应量逐渐增大了。1805年后，美国向英国供应的原棉的数量已经超过加勒比海地区。在19世纪20年代，美国向英国出口的原棉占英国原棉进口总量的75%。[27]因此，如果没有美国供应优质原棉，兰开夏郡要维持如此高的国内生产和出口水平是极其困难的。[28]因此，大西洋西岸丰富的棉花供应对兰开夏郡棉纺织业的成功至关重要。[29]在1784—1856年间，英国85%至98%的原棉都来自美洲和加勒比海地区，[30]“英国制造商正是依靠这种方法战胜了强大的竞争对手印度。”[31]总的来说，这一切对兰开夏郡来说都是意外之喜，但对美洲印第安人和外来的黑人奴隶来说则是一场悲剧。

虽然大西洋奴隶生产体系的资金最初主要来自印度棉纺织品，但是在19世纪20年代，这种情况发生了有利于英国的变化。因为在那时，英国棉纺织品的出口量终于超过对印度棉纺织品的转口量，满足了非洲和美国消费者的需求。因此，虽然在18世纪上半期，英国向非洲出口棉纺织品仅占其转口印度花布的10%（如我在第三章中解释的），但此后这种情况发生了变化，到19世纪30年代，英国向非洲转口的印度棉纺织品的数量仅占其本国纺织品出口总量的9%，到19世纪40年代仅占4%。[32]即便如此，正如我将在第十三章中所阐释的，印度商人仍然在东非继续销售印度棉纺织品。

然而，由于美国在种植棉花以前已经完全独立，北美对英国的棉花供应并不完全隶属“帝国”因素，因此有的学者认为大西洋的殖民地并没有推动英国工业革命的发展。[33]然而，这种观点忽略了一个更为重要的事实，即在1793年前后，无论是在加勒比海还是在北美，种植园主在向英国供给原棉时都对黑人奴隶进行了残酷的剥削。因此，通过引用玛拉奇·波斯莱思韦特（Malachy Postlethwayt）关于英国贸易的著名论断，我们可以得出这样的结论：英国的工业化是“建立在非洲基础之上的大西洋商业和英国海军力量的宏伟上层建筑”。[34]值得注意的是，即使美国在1865年颁布了《解放奴隶法案》以后，在南方的棉花种植园里，强迫黑人罪犯劳动的情况仍然非常严重。[35]

一个反事实的思维实验：如果没有黑人奴隶制，英国会出现棉纺织产业工业化吗？

在本节中，我将进行一次反事实的思维实验。在18世纪，殖民者从非洲贩卖了大量的黑人奴隶至加勒比海和美洲地区，这一事实非常清楚。

以下数字可以展示当时奴隶贸易的规模：在1800年，英国的人口约为1000万，[36]而在18世纪，仅英国人就向美洲贩运了255万～290万奴隶，我在第三章已经提到过这一数据。然而，如果没有非洲奴隶贸易，或者非洲奴隶贸易规模较小的话，英国在加勒比海和北美地区的历史将会有所不同，但关键是，这可能会对兰开夏郡的命运产生负面影响。

1492年是决定性的年份，此后不久，欧洲人清醒地意识到他们无法依靠美洲土著居民印第安人在种植园、制糖厂和矿山工作，因为许多印第安人要么死于欧洲传来的疾病，要么被欧洲人杀害。在某些地区，印第安人的死亡率竟高达90%。[37]当然，为了弥补劳动力短缺，从非洲进口黑人奴隶是一种解决方案，因为他们天然具有对欧洲疾病的抵抗力。然而，如果奴隶贸易规模太小，仍很难弥补劳动力缺口。此外，欧洲人也不太可能采取类似于英国于1833年废除奴隶制后所采取的方式，即通过输出英国劳工或使用中国和印度契约劳工来弥补这一缺口。值得注意的是，非洲黑人劳动力对推动美洲的发展非常重要，因为在16世纪，非洲奴隶生产的产品占美洲出口总量的一半；在17世纪，这一比例就上升至69%；到18世纪则超过了80%。[38]

但可以确定的是，为了避免对黑奴的依赖，英国人可以从其他地方采购原棉，特别是从印度或埃及。毕竟，在1861年以后，印度一度成了兰开夏郡的一个主要原棉供应商。但正如我在前文中所述，英国的新型纺织机械如水力纺纱机、骡机和动力织布机更适用于长绒棉生产，这意味着购买印度原棉并非长远之计，因为它属于短绒棉。此外还存在着像英国人抱怨的“生长周期短，不易清洗，掺杂有泥块、树叶和石子”等问题。[39]这也是英国人在1865年后放弃采购印度原棉的原因。为了解决美国内战导致的原棉供应短缺问题（被称为“兰开夏郡棉荒”），英国人开始从印度进口原棉，但仅仅坚持了四年。正如我将在第十三章中所论述的，尽管一些后殖民主义者和西方马克思主义者声称，英国对印度的棉纺织业进行了去工业化，并使其成为19世纪下半叶兰开夏郡的原棉供应商，但事实并非如此。实际上，英国制造商对埃及的优质长绒棉更感兴趣。尽管在19世纪70年代，美国恢复了原棉供应后，英国从埃及进口的原棉的数量并没有下降，但埃及的长绒棉永远无法替代美国的长绒棉，因为其生产规模根本就无法与美国相提并论。此外，如前文中所述，印度的原棉也不可能长期替代美国的长绒棉，因为它试图通过引进美国长绒棉来提高其原棉质量的“棉花改良计划”（Cotton Improvement Program，1865—1875年）并没有取得成功。[40]然而，有趣的是，在原棉生产方面，埃及是证明奴隶制存在的一种特殊的反事实案例：因为在1860—1877年，埃及的原棉是黑人奴隶（以及土耳其服徭役的劳工）进行生产的，通过西亚奴隶贸易，每年从非洲贩卖到埃及棉花种植园里的黑奴数量就达2.5万～3万。[41]所有这些都意味着，如果没有黑人奴隶生产的原棉，兰开夏郡的命运将会非常悲惨。

我进行的反事实思维实验的最后一个要点在于，如果新大陆奴隶贸易的规模过小，可能难以激起18世纪的英国纺织机械发明家和生产者在非洲市场上以英国棉纺织品取代印度棉纺织品的强烈愿望。因为，如前所述，印度棉纺织品是殖民者在非洲市场上购买奴隶的主要交易货币，而正是因为这一点，才促使英国发明家在兰开夏郡进行了许多纺织机械的创造发明，实现了棉纺织产业机械化，从而使英国摆脱了对印度棉纺织品转口贸易的依赖（正如我在第十章中所阐述的）。这意味着，如果没有大西洋奴隶贸易，英国制造商根本不可能选择将棉纺织产业工业化。然而，我们需要对这种说法进行进一步说明。因为英国制造商在作为非洲－印度贸易的学徒的过程中了解到印度棉纺织品在全球市场上的销售情况之后，也有着与印度结构性力量对抗的驱动力，而这将会受到帝国力量的支持。

然而，虽然加勒比海地区对兰开夏郡的原棉供应在18世纪下半叶达到了全盛时期，但是，我们还要认识到，西印度群岛蔗糖的产量也很大，同时也生产包括朗姆酒、烟草和咖啡在内的其他消费类“成瘾性商品”。现在，为考虑大西洋殖民地对英国工业化的总体投入，我将对其进行量化处理。

“全球性的大西洋 / 黑奴生产驱动因素”（二）：加勒比海地区对英国工业化的总投入

本节试图对卡尔·马克思提出的两个观点进行发展和量化。他的第一个观点载于他1846年写给帕维尔·瓦西里耶维奇·安年科夫（Pavel Vasilyevich Annenkov，俄罗斯文学批评家）的信中，他写道：

> 自由和奴隶制是对立的……我们讨论的不是间接奴隶制，即英国无产阶级讲的奴隶制，而是直接奴隶制，也就是苏里南、巴西和美国南部各州的黑人种族奴隶制。直接奴隶制和机械、信贷等一样，是当今工业社会的支柱。[42]

马克思在《资本论》第一卷的第三十一章中提出了他的第二个观点，他认为，“殖民地为欧洲新兴制造业提供了市场。欧洲殖民者通过对市场的垄断增加了资本积累，他们掠夺、奴役和杀戮域外人民来夺取财富，这些财富被运回欧洲后再次变成为资本”。[43]埃里克·威廉姆斯在他的经典著作《资本主义与奴隶制》中运用了马克思的这一富有洞察力的观点，对英国工业化的大西洋起源进行了全面阐述。[44]下面的讨论进一步深化了“威廉姆斯命题”，表明加勒比海殖民地，特别是奴隶制生产所创造的利润对英国工业化的形成和发展作出了重大贡献。[45]现在，我将首先对英国工业化的“大西洋的（黑人奴隶）生产驱动因素”进行量化处理。

量化黑奴对英国资本主义的帝国性质的原始积累的贡献

围绕威廉姆斯命题的关于黑人奴隶制经济利益的辩论经常被简化为英国从奴隶贸易中获得的利润问题。批评家，尤其是自由派批评家，嘲讽奴隶贸易对英国工业化所做的贡献。[46]罗杰·安斯蒂（Roger Anstey）的观点最具有代表性，他认为，在1761—1807年，奴隶贸易平均每年创造的利润仅为11.5万英镑，相当于英国国民收入的0.11%，是微不足道的。因此他得出以下的结论：奴隶贸易的利润“占比较小”，它的贡献“足以让奴隶贸易在资助英国工业革命方面至关重要的神话破灭”。[47]虽然我们找到了奴隶贸易创造更高利润的数据，[48]但事实仍然是，如果我们仅关注奴隶贸易带来的利润，就掩盖了殖民地奴隶生产及相关贸易创造的更高利润。在本节，我将基于奴隶贸易的背景对该问题进行讨论。

表9.1概述了我所进行的各种计算，以估算有利于推动英国工业投资的与大西洋奴隶生产和贸易有关的各种经济收益。为使文本工整起见，我在附录2中对相关资料的详细情况和数据来源进行了说明。请注意，我在表中还列举了帝国－军事债务乘数的数据，我将在下一节讨论这个数据。

表9.1　英国工业化过程中源自大西洋的利润和收入占英国国内投资的百分比（固定资本形成总值）

单位：%

1	2	3	4	5
年份	基于奴隶的总利润	帝国－军事债务乘数	2、3列汇总	第4列占钢铁、棉纺织产业固定投资总额加上相关交通基础设施的百分比
1770	18	19	37	64
1760—1820	约20	31*	51	136
1760—1820	约20	18**	38	80

注：所有计算的数据来源和解释见附录 2。

* 英国所有与帝国战争有关的年度平均值。

** 计算包括了英国参与的所有帝国战争，但仅包括法国战争（1793—1815 年）支出的25%，因为帝国因素不是主要的推动因素。

第2列显示的是英国从奴隶生产和贸易中获得的利润。据我估计，这些利润大约占英国经济投资的18%～20%。因此，与安斯蒂将此利润视为无关紧要且“占比较小”的观点相反，我认为，这些利润虽然占英国国民收入的比例不大，却十分重要。[49]它们为英国的两大支柱产业棉花和钢铁（1760—1820年）提供高达53%的资金支持。这反过来又引出了一个问题，即这些来自殖民地的利润是否有可能流入这些行业？在这里，我将重点讨论棉纺织产业。

虽然我们可能永远也搞不清这些殖民地利润是通过何种国内途径为英国经济提供融资的，但我们知道“三角贸易”和加勒比海殖民生产体系都与利物浦有关。许多英国经济史学家在试图解释为什么大多数棉纺厂都位于兰开夏郡（以曼彻斯特及其周边地区为中心）时，列举了诸如煤炭价格低廉、工资水平低下、土地价格便宜、水力发电有保障等因素，[50]这些因素显然都很重要。但特别奇怪的是，他们却忽略了兰开夏郡与利物浦港的距离较近这一点，而利物浦港又直接连接着西非贩奴中心和重要的棉纺织品消费市场拉各斯港。当然，利物浦也是直接与美国或加勒比海棉花种植园和棉纺织市场相连的最后一站。[51]事实上，正如埃里克·威廉姆斯所指出的那样，“曼彻斯特的发展与利物浦的发展密切相关，利物浦是曼彻斯特通往海洋和世界市场的出口（通过所谓的三角贸易体系）。利物浦从奴隶贸易中积累的资本（以及从奴隶生产和相关贸易中获得的利润）源源不断地流入英国内陆，为曼彻斯特的经济增添了活力”。[52]此外，许多来自加勒比海地区的种植园主也都居住在利物浦及其周边地区。

当然，利物浦港也是大西洋殖民地的原棉和兰开夏郡的棉纺织品的集散地。里埃洛在他的作品中列举了威廉·法扎克利（William Fazackerly）和塞缪尔·图切特（Samuel Touchet）爵士的例子，说他们既开设棉纺厂，也拥有与非洲进行贸易的贸易公司。图切特是一名利物浦商人，他主要从事非洲与西印度群岛之间的贸易，同时也在曼彻斯特开设制造蓝白格棉布的工厂。值得注意的是，在刘易斯·保罗（Lewis Paul）和约翰·怀亚特（John Wyatt）初次研制棉纺机（尽管失败了）时，他给予了大量的资金支持。[53]此外，埃里克·威廉姆斯在他的著作中还提到了希伯特家族（Hibberts）。该家族在牙买加经营甘蔗种植园，也向皇家非洲公司出口蓝白条格棉布和仿制印花棉布，以供其购买黑人奴隶。[54]罗宾·布莱克本指出，参与大西洋奴隶贸易的重要商人有20多位，其中大部分人居住在兰开夏郡。[55]其中，有一位特别著名的棉纺织品制造商名叫塞缪尔·格雷格（Samuel Greg），他与处于被斯文·贝克特称为“战争资本主义”阶段的殖民地有着深厚的渊源。[56]他的纺纱厂（即位于曼彻斯特南部的采石场河岸纺纱厂）的部分资金来自他在加勒比海地区经营的制糖厂。贝克特在著作中写道：

> 格雷格的叔叔罗伯特和纳撒尼尔·海德（Nathaniel Hyde）……也向采石场河岸纺纱厂（Quarry Bank Mill）投入了大量的建设资金，他们既是纺织品制造商、西印度群岛种植园园主，也是贸易商。格雷格的妻子汉娜·莱特博迪（Hannah Lightbody）出生于奴隶贸易世家，而他嫂子的家人已从奴隶贸易改行为向非洲出口印度棉布。[57]

因此，大西洋殖民地的大部分利润都流入了兰开夏郡的棉纺织厂，而那些投资美洲棉花种植园的商人们又向兰开夏郡的棉纺织厂提供了原棉，这一假设是可信的。但无论如何，曼彻斯特的棉纺厂所生产的商品主要销往非洲，这是事实。因此，我在第四章中讨论了黑人“产消者”在英国棉纺织产业技术工业化中发挥的重要作用。在第十章，我在讨论全球性的大西洋消费驱动力时也会对此有所涉猎。不过，目前我想进一步讨论的是大西洋殖民地在推动英国现代化方面所起的间接作用。

英国工业化的帝国－军事驱动因素：帝国－军事债务乘数

在本节，我想讨论帝国地缘财政对英国工业化的影响。具体而言，我想量化“帝国－军事债务乘数”对英国经济的回报，这反映了我的一贯的主张，即帝国战争对英国经济的增长具有积极的影响。在这个过程中，我揭示了西方马克思主义和新韦伯主义研究方法的另外一个盲区。虽然马克思主义者和新韦伯主义者都非常重视战争在推动欧洲资本主义发展中的作用，但他们在研究方法上却将英国的战争与帝国的政治经济以及资本主义的发展分割开了。这主要是因为他们的研究假设相同，即欧洲内部地缘政治的“无序”竞争促使了欧洲资本主义的崛起。[58]相比之下，我认为虽然战争在英国工业化兴起中起到了很大的作用，且大部分战争的确发生在欧洲国家之间，但在对英国工业化兴起的原因进行分析时，我们应重点关注其帝国背景。[59]因此，从这个角度来看，马克思主义者和新韦伯主义者又一次默认了欧洲中心主义的“叉分分析”法，他们将英国工业化兴起的原因一分为二，只关注其欧洲背景，而将其帝国背景排除在外。

帝国－军事债务乘数指的是为支付英帝国战争期间的特别军事开支，伦敦金融中心（City of London）通过各种途径筹集资金，将资金贷给国家，并从国家获得可观的利息，然后，再将部分资金重新投资到经济建设的整个过程。它与英国的“强制工业化”密切相关，因为国家通过从累退征收的税收中支付利息给投资者，其实质是将低收入群体手中的财富重新分配给城市的富裕投资阶层。投资阶层在得到利息后，再把部分资金重新投入英国的经济建设中。

然而，在我对这种特殊贡献进行量化之前，有必要提到另一个与亚当·斯密相关的自由主义式的反事实观点：斯密认为，将资金投入帝国战争只会破坏国内经济的发展，因为纳税人的钱被“浪费”了。[60]因为，这些资金本可以被投入国内更具成效的领域中。[61]自由主义反事实的主要支持者之一杰弗瑞·威廉姆森这样说道：

> 为什么在19世纪20年代以前的60年里，英国的经济增长如此缓慢？一种答案可能是，因为当时并没有发生传统的工业革命。另一个更有说服力的答案是：因为英国试图同时推进工业化和进行昂贵的战争，而它并没有足够的资源同时这样做。[62]

他接着说，如果英国没有发动战争，那么在1761年至1820年期间，它的经济增长率可能会提高30%（或年增长率提高0.6%），这个数字相当可观。[63]正是因为这个原因，在计算加勒比海制糖厂的利润时，罗伯特·托马斯对“威廉姆斯命题”提出了著名的批判，并且在计算利润时扣除了帝国保护殖民地的全部费用。因此，托马斯的观点与威廉姆森的逻辑一致，他认为，“如果西印度群岛不属于英帝国，英国1773年的收入至少会高出60万英镑。看来……亚当·斯密的观点是正确的，至少对于种植甘蔗的殖民地来说，它们‘只亏不赚’”。[64]

自由主义反事实思维存在的问题是，它建立在简单的二元结构基础上，即帝国军费开支与国内经济增长之间存在零和关系，也就是说你不能同时拥有它们。但我的观点是，两者之间存在正和博弈关系，也就是说帝国的军费开支刺激了英国工业化的发展。在本节中，我将重点讨论“帝国－军事债务乘数”如何间接给英国的经济带来了好处。然而，在此之前，有必要先探讨一下帝国的军费开支规模。

量化英帝国军费开支的实际成本

谈到漫长的18世纪（1688—1815年），我们首先要注意到，英国为了帝国主义利益参与了许多战争。英国和法国为了争夺帝国和世界贸易霸权断断续续战斗了100多年，因此历史上将这一时期称为“第二次百年战争”。[65]当然，其中一些战争，如奥地利王位继承战，以及拿破仑战争，主要是众多国家为争夺欧洲霸权而进行的。然而事实是，即使在这些情况下，英国也非常关心它的殖民利益。正如朱利安·戈恩所讲的，英国在西班牙王位继承问题上“担心波旁王储登上西班牙王位会使法国继承西班牙在西印度群岛和北美的统治权，进而威胁到英国在该群岛和北美的财产和贸易利益”。[66]因此，英国和法国为争夺在西印度群岛和北美的霸权进行了战争。战争结束后，法国被迫将直布罗陀、梅诺卡岛、加拿大的新斯科舍省、纽芬兰岛和哈得逊湾海军基地割让给了英国。奥地利王位继承战的部分战争也发生在北美。此外，在拿破仑战争中，英国向法国宣战主要是为了争夺大西洋殖民和贸易霸权。[67]因为随着帝国世界的开放（主要是大西洋），欧洲主要帝国之间的扩张和贸易竞争常常发展成为军事冲突，而英国是最热衷于战争的国家。

事实上，根据朱利安·戈恩提供的数据，在1706—1759年，英国在海外只增加了4个殖民地，然而，随着不断扩张，到1760—1814年期间，英国的海外殖民地增加了43个，其中，在1793—1815年间，它从法国手中夺取的殖民地最多。[68]

表9.2显示了英国参与的主要帝国战争所付出的实际成本。显然，这些成本之高是史无前例的。在18世纪上半叶，英国真正的军事负担，即军事开支占国民收入的百分比，大约是1860—1913年期间的三倍。而在18世纪下半叶，它的军事支出则是这一时期的六倍多。为了更清楚地说明这些支出的特殊性，我进行了一些计算，发现英国的帝国军事负担（D1）大约是法国、德国、意大利和俄国工业化时期的2倍。它的D2大约是法国、德国和意大利工业化时期的3倍，俄罗斯工业化时期的2倍。[69]最后我计算出，在1914—1980年（当然包括两次世界大战），英国的D1和D2分别为7.8%和12%，而在1715—1850年，这两个数字分别为7.5%和13.5%。同样值得注意的是，正如我在第二章解释的，在1760—1815年，英国的D2是中国的13倍。

表9.2　1689–1815年英国发动或参与的主要帝国战争和与帝国有关的战争费用

重要战争	年份	D1	D2
九年战争（和威廉王之战）	1689—1697	10.9	11.7
西班牙王位继承战（即安妮女王之战）	1702—1713	9.5	12.5
奥地利王位继承战和詹金斯之战	1740—1748	9.6	13.3
七年战争	1756—1763	14.6	19.1
美国独立战争	1776—1784	12.5	18.5
法国革命战争/拿破仑战争	1793—1815	16.1	24.5

来源和注释：

军费支出：Mitchell(2011:578—80，587—90)。

国民收入：Weiss and Hobson（1995:130）对此进行了解释。

D1= 普通军费支出加上非临时军费支出额占国民收入的百分比。

D2 = D1 加上非常军费开支的利息支出（由国债提供资金）占国民收入的百分比。

量化英国的帝国－军事支出的经济效益

如前所述，在1689—1815年期间，为了给那些旷日持久且代价高昂的帝国主义战争提供融资，英国政府不得不寻求伦敦金融中心的支持。英国的帝国－军事债务乘数是在有效的“强制储蓄”计划基础上发展起来的，类似于沙俄（或苏联）的“强制储蓄”或“强制工业化”战略。[70]当时，俄罗斯的情况是这样的：在19世纪下半期，资产阶级的力量还很弱小，为了推动工业化，政府像其他资本主义国家一样对经济进行了强行干预。由于俄罗斯实行的是封建专制统治制度，这使得它能够向低收入群体征收高额的累退税，然后将税收投资到经济中，以强行推动工业化。[71]

英国在推行工业化战略期间间接地实施了高度集权的“强制工业化”战略，因为它向底层社会征收了高额的累退税。然而，与沙俄不同的是，英国将这些税收以国债利息的形式重新分配给伦敦金融中心的那些腰缠万贯的金融资本家（因此，政府对经济的干预是“间接的”）。金融资本家在得到这些利息后再投资到国内经济建设中，从而推动了英国工业化和经济的增长。此外，正如我在本书的其他章节中所主张的，英国的战略意图在某些方面要比沙俄更明显。由于沙俄只推行了部分工业化，英国工业化战略实施的效果肯定要比俄国好得多。[72]然而，对于那些认为英国是通过民主方式推行工业化的读者来说，佩尔·弗里斯的断言是正确的，他断言道：

> 仅以普选权和发言权来解释大不列颠政府的民主过于幼稚、单纯，该国政府并未赋予工人阶级以普选权和发言权。国债是财富再分配的工具，它只会使富人变得更富。[73]

至关重要的是，虽然工人阶级创造的大部分剩余价值都被英国政府用来支付国债利息，但他们并没有发言权，他们的选举权是在工业化（1700—1846年）以后才获得的。[74]

和前一节一样，我在本节仅汇报调研结果，关于其数据来源和计算过程，请见附录2。

请读者们和我一起重新回顾一下表9.1，表中表明，英国在1770年以战争名义筹集的可用于英国经济再投资的资金总额约占固定资本形成总值（GFCF）的19%。然而，有充分的证据表明，伦敦金融中心并没有为制造业提供固定资产融资。这是否意味着该中心的金融家们没有找到为英国工业化融资的途径呢？波斯坦（Postan，英国历史学家）认为，虽然英国制造业从非正式信贷结构获得了一些融资，但它所需要的资金主要靠自筹。[75]到18世纪末，国有银行和伦敦金融中心才开始为制造业提供流动资金，但仍然拒绝提供固定资金。[76]那么，这与棉纺织产业的融资有什么关系？人们普遍认为，尽管英国的棉纺厂在最初筹建时的一些资金源自大西洋殖民地奴隶创造的利润，但它们经营所产生的利润主要用来扩大固定资本投资（机械、建筑等）。然而，事实证明，企业最需要的是购买原材料或在海外市场营销产品所需要的“流动”（或“运营”）资金。[77]据估计，企业所需要的流动资金远远高于其对固定资本投资的成本，可能高达300%。[78]

重要的是，正如哈德森和伊尼科里所指出的，金融机构（尤其是伦敦金融中心）为棉纺企业提供了大部分流动资金。[79]因此，如果英国棉纺织品行业在1770年的流动资金约为120万英镑，那么伦敦金融中心从其战争贷款所得的利息中拿出的投资大约为80万英镑，约占棉纺织行业流动资金的2/3。当然，这并不意味着伦敦金融中心会将战争贷款所得的全部利息都投入该行业，因为它还将一些资金投资到了伦敦市属或区域银行中。[80]这样，棉纺织品制造商既可以将他们经营的利润或从大西洋奴隶生产和贸易中获得的利润用于固定资本投资，也可以从城市银行或乡村银行获得融资（在后文我将对此进行解释）进行扩大再生产。换言之，如果兰开夏郡的企业家必须自筹流动资金，他们就没有资金用于固定资本投资。正如伊尼科里所讲，“金融机构……间接地为制造业的固定资本提供了资金”。而对工业生产进行这样的投资是金融机构的重要功能之一。[81]但是，我在前文中提到的“强制储蓄”又是怎么回事呢？要想回答这个问题，我们需要知道从城里流入企业的资金中有多少来自穷人的口袋。现在，我将开始进行前文提到的第二项计算。

为偿还伦敦金融中心债权人的巨额战争贷款，英国政府试图通过对低收入群体征税的方法来筹集大部分资金。为此，从1685年开始，英国政府开始向低收入群体征收累退间接税（即关税和消费税），在1715—1850年间，该税收的总额平均每年占中央政府税收总额的66%。[82]此外，在这一时期，英国低收入群体的实际税收负担（指以上两种税）年均占国民收入的9.5%，高于同一时期的任何其他欧洲国家，包括沙俄（8%）和德国（2.5%）。因此，高额累退税对英国低收入群体的影响比其他任何欧洲国家都要严重。[83]值得注意的是，在18世纪和19世纪上半期，英国低收入群体的税收增长速度超过了他们的收入增长速度；[84]而在沙俄，农民的收入增幅超过了他们的实际的税收负担。[85]正如我在第二章中所论述的，与英国的一般贫穷纳税人相比，中国农民的境况要好得多。

根据我的计算，在1770年，大约有2.5%的英国国民收入从低收入群体重新分配给伦敦金融中心的富人投资者。如果把中产阶级也算上的话，这一数字将会升至国民收入的2.9%左右。当然，这是一个相当大的数字，因为英国在1770年的战争支出仅占国民收入的3.9 %（D1）。因此，有充分的证据支持我的观点，即在18世纪，英国实施了强制储蓄和强制工业化措施。

但是，我仍需要对帝国－军事债务乘数进行第三项计算，因为1770年并不具有代表性。如果我们将其放在1760—1820年的广泛背景下考虑，英国以战争名义筹集的可用于再投资的资金总额从1770年占固定资本形成总值的19%上升至年均占固定资本形成总值的31%。这相当于英国平均国民收入的2%。如果我们将上述资金再加上大西洋地区可供投资的利润，我在上一节中估计它约占固定资本形成总值的20%，这一数字将会升至50%。此外，因为到1815年为止，英国发行的国债已累计高达国民收入的

180%，所以帝国－军事债务乘数一直持续到大约1850年。[86]这意味着，直到19世纪中期，英国政府支付的利息一直都很高，在1815年至1850年间占年均国民收入的7.6%。换句话说，可再投资的资金占固定资本形成总值的23%或国民收入的2.1%。

此外，英国政府通过“强制储蓄”措施，从低收入阶层重新分配给伦敦金融中心的货币总额，在1815—1850年占国民收入的4.5%，占工薪阶层和中产阶层国民收入的5.3%。需要注意的是，如果按实际价值计算，这个数字大约是1770年本已经很高的可用于再投资的资金总额的2倍。此外，在1815—1850年英国政府每年将国民收入的4.4%（以均值计算）用于军费开支，这一数字在历史上算非常高了。这进一步证明了我提出的英国实施“强制工业化”的观点。[87]

然而，我还需要进行最后一次计算。因为可能有人会反对我说，耗资巨大的拿破仑战争主要是欧洲国家为了维持欧洲内部势力均衡而进行的战争，与帝国利益无关。这种说法意味着我在之前的计算中夸大了帝国的军事财政支出。[88]但正如我在前文提到的，拿破仑战争是英国参加的主要战争之一，通过此次战争，英国从法国手中夺取了对大西洋殖民地的控制权。假设英国在法国大革命和拿破仑战争期间只有25%的军事开支与帝国扩张有关，我计算得出，在1761—1815年间，英国可用于再投资的资金从年均占固定资本形成总值的31%左右降至18%。而在1760—1850年间，这一数字为20%。所有这些都意味着，如果我们再加上加勒比殖民地的再投资利润（我估计在1760—1820年间约占固定资本形成总额的20%），英国可用于再投资的资金仍占其固定资本形成总值的38%。因此，所有来自大西洋殖民地的可用于英国经济再投资的资金约占全球固定资本形成总值的38%～51%。根据这一重要数据，我得出了殖民地在推动英国工业化方面发挥了非常重要的作用的结论。

在结束这场复杂的讨论以前，我们不妨探讨一下佩尔·弗里斯对以下观点的反事实批评：英国政府的“帝国－军事凯恩斯主义”政策在“经济大萧条”时刺激了经济的增长。为此，他断言，“从普通的消费者手里拿到钱，然后再把它投入军队中，这无法促进消费需求和经济增长”。[89]但我的观点恰恰是基于强制储蓄会削弱总需求、促进投资和经济增长这一判断。[90]因为英国政府从无任何存款的贫穷消费者身上征收的累退税为伦敦金融中心提供了投资资金，我在本章的结论中将会再次提到这一点。此外，如果我们认为军费开支必然会阻碍经济的发展，而国内民用支出一定会产生截然相反的后果，那就有问题了。当然，更高的民用支出是否会比帝国－军事债务乘数带来的投资率更高，这一点值得商榷。我在本章末尾的结论中将会再讨论该问题。

总之，由以上讨论可以得出如下结论：虽然许多经济史学家认为，英国政府不像沙皇专制政府那样通过直接投资干预经济，这一观点是正确的，但他们忽略了一点，即英国通过帝国的军国主义财政政策推动了大量私人投资。如果英国没有发动或参与那么多战争，私人投资也不可能如火如荼。[91]即便如此，这也并非军事支出给英国经济带来的唯一好处，因为它使英国经济在许多方面都得到了质的提高。

英国工业化的帝国－军事及全球性的大西洋驱动因素：金融机构和钢铁革命

我们不应该从奴隶制所得利润中扣除军费开支的第二个主要原因是，奴隶制和帝国战争对英国的核心金融机构的崛起和钢铁产业的工业化产生了各种附带性影响。我将在第十二章与中国的钢铁产业比较中进一步阐述该观点。

英国钢铁革命的帝国－军事起源

在本节，我将重点讨论强大的军事需求所带来的各种附带性经济利益，而不是那些由帝国－军事债务乘数所带来的利益。根据米切尔提供的数据，[92]我计算出，在1770—1800年间，英国每年在军事装备上的投资为100万英镑，大约相当于钢铁、棉纺织产业的固定资本存量和运河、码头和港口全部修建资金的总和。此外，英国政府对海军舰艇建设的投资也远远高于它对钢铁和棉纺织产业的投资。在18世纪上半期，英国对海军舰队的全部投资为西莱丁地区（West Riding，是近代英国三大毛纺织中心之一）243家毛纺织厂固定资本总额的5倍。[93]此外，帝国海军建设与经济的发展也存在着密切的关系。海军建设促进了造船业的发展，而造船业反过来又使煤炭开采、化工、炼铁和机械工程等行业得到了极大的提升。而且，英国皇家海军的建立，既保证了帝国的贸易安全，也为伦敦金融中心的金融家们提供了良好的运营环境。[94]

当然，如上一节所述，传统的自由主义反事实观点强调了军事支出的机会成本。他们认为，把军费开支直接投资于经济建设可能会获得更大的经济效益，但是对钢铁和棉花这些战略性物资进行投资（前者主要用于武器和海军装备制造，后者用于军队服装制作），其工业化经济战略意义也同样重大。关键是由于资本主义世界发生了经济大萧条（也称凯恩斯大萧条，在一定程度上可以说是由政府为支付帝国战争而向低收入阶层征收极高的累退税引起的），从大西洋殖民地流入的资金根本就不可能自动地流入私营企业（即使它会进一步推动18世纪兴起的“消费革命”）。然而，针对弗里斯对该观点的批评，[95]我认为，虽然强大的军事需求所带来的各种附带经济利益很重要，但它们肯定不是技术和体制创新的唯一来源（我将在第十章论证）。由于篇幅所限，我在此仅举了几个典型案例。

战争对铁制武器的需求极大地促进了钢铁制造业的发展。[96]正如埃里克·霍布斯鲍姆（Eric Hobsbawm，英国史学家）所指出的，“战争无疑需要大量的钢铁，像威尔金森、沃克斯和卡伦这样的钢铁公司之所以能有如此大的规模，部分要归功于英国政府与它们签订的舰炮合同，而新南威尔士钢铁制造业的发展也主要依赖于战争”。[97]有趣的是，在18世纪末和19世纪初的英法战争中起决定作用的著名的“卡伦炮”，就是“由高性能铸铁制造而成的。据说，这种铸铁首先由卡伦公司应用在枪支制造上（卡伦枪由此而得名）”。[98]此外，前所未有的军事需求刺激了工业技术的创新。像亚伯拉罕·达比一世（Abraham Darby I）于1709年发明的“焦炭炼铁法”（紧随着威廉王之战和安妮女王之战的发生），詹姆斯·瓦特（James Watt）于1776年发明的蒸汽机（紧随着七年战争的爆发），亨利·科特（Henry Cort）在1784年发明“普德林炼铁法”（紧随着美国独立战争和英荷战争等帝国主义冲突），在某种程度上可以说是为了满足战争需求而进行的发明创造。[99]

亨利·科特最初是一位“醉心于提高英国产品质量”的海军军火供应商。他发现他的焦煤冶炼锻铁工艺可以提高铁的产量，因此为该发明申请了专利。他在1782年与英国皇家海军签订了一份锻铁供应合同，规定1784年年底交货。[100]与其同样齐名的发明还有贝塞麦的转炉炼钢法。他进行该项发明的部分目的是降低军用器械的钢材成本。[101]贝塞麦在他的回忆录中写道，他曾与拿破仑三世讨论过生产钢铁以改进铁炮性能的问题，该次谈话“点燃了21世纪载入史册的最伟大的革命之火，因为在我独自乘马车从文森赶往巴黎的那天晚上，我下定决心尽我所能提高制造枪支用的铁（实际上是钢）的质量”。[102]另一项发明的先驱是亨利·莫兹利（Henry Maudslay），他在伍利奇兵工厂的时候就开始进行创造发明，后来一直与皇家海军签订枪炮加工合同。[103]同样相关的还有约翰·威尔金森（John Wilkinson）发明的炮筒镗床，该机床是一种能够给大炮炮筒镗孔的新型机械。[104]此外，来自西印度殖民地贸易的资金也有助于博尔顿（英国早期的船舶和蒸汽机设计制造商）和瓦特公司的发明创造。[105]

特别需要指出的是，英国的钢铁工业化是“国家主导的扩张……和工业组织躬身实践的结果”，到18世纪末，不断增长的国家需求已经将庞大的伯明翰钢铁工业中心变成了政府的工厂。“整个英格兰中部的冶金界都投入到军需品的生产中。”[106]尽管战争不是推动英国钢铁工业发展的唯一因素，但它无疑是最重要的，并且自15世纪以来一直如此。[107]我们之所以这样说，是因为大西洋市场对推动英国钢铁工业的发展也非常重要。

英国钢铁革命的全球性的大西洋驱动因素

大西洋奴隶贸易体系对棉纺织品的需求不仅推动了英国棉纺织产业工业化的发展（正如我将在第十章中所阐述的），而且对后续产业也产生了重大影响，尤其是刺激了英国钢铁产业的工业化。[108]除了棉纺织厂需要大量的机械设备外，棉纺织产品的进出口贸易也需要相应的配套基础设施，如码头、港口、仓库、公路、运河和铁路等。因此，为了向棉纺厂供应设备，在曼彻斯特及其周边地区出现了许多铸铁厂。同样重要的是，该地区还出现了许多造船厂，它们主要为那些从事奴隶贸易以及与非洲、美洲进行纺织品和其他商品贸易的商人们建造船只。当然，这些造船厂都需要大量的铁来制造锚、锁链、钩环、螺栓、钉子和压舱物等物件。[109]另外，在1750年以后，向非洲出口枪支的贸易变得日益活跃，这推动了伯明翰地区钢铁工业的发展。[110]在那时，奴隶运输船上也装上了卡伦公司制造的枪支，以迎合在拿破仑战争期间对枪支的旺盛需求。在当时，英国商船在大西洋航行时，也配备了武器以应对外来威胁。

总之，钢铁市场的规模非常巨大。据伊尼科里的说法，这个市场可能和政府军事采购合同要求的市场一样大，甚至更大。[111]无论如何，著名学者拉尔夫·戴维斯在他对英国贸易的研究中得出了结论，即“美洲对铁器和铜器的需求规模如此之大，肯定对18世纪英国这些行业的发展作出了很大贡献”。[112]

英国核心金融机构的帝国—军事起源

帝国战争也催生了一些英国的核心金融机构。在这个问题上，我赞同马克思的观点，即帝国主义和帝国战争是滋生英国公共信贷机构的“温床”，因此，“公共债务变成了原始积累的最有力杠杆之一……它催生了股份制公司、各种有价证券的交易和套利行为，总之，它催生了证券交易所和现代银行制度”。[113]当然，这些都让我们把注意力放到英国所扮演的角色上。人们常说沙皇俄国、德国和奥匈帝国等欧洲大陆工业国家是后工业化时期国家干预经济的典范，[114]德国银行在推动工业化过程中发挥了至关重要的作用。尽管德国在工业化方面取得了成功，但奥匈帝国和沙皇俄国的成效却相对较差。虽然人们在谈起“自由放任”资本主义时，都以英国为例，[115]但事实证明，英国政府采取的是对经济高度干预的贸易保护主义政策（正如我将在第十章和第十一章中所述）。此外，与沙俄政府笨拙的运作方式相比（如前所述），英国政府对经济的干预质量非常高。

在英、法两大帝国进行威廉王战争期间，英国政府发起了“金融革命”，并于1694年设立了英格兰银行（Bank Of England）。为了满足日益增长且仅靠税收无法满足的帝国军费支出的需要，英国政府通过该行发行了国债。[116]此外，在拿破仑战争期间（该战争涉及英帝国的部分利益），为了销售战时债券，英国政府于1802年设立了伦敦证券交易所。[117]英格兰银行和伦敦证券交易所的设立引发了一系列连锁反应，银行如雨后春笋般地涌现于英国各地。总的来讲，英国发动或参与的帝国战争有助于巩固“城市银行、英格兰银行和财政部之间的关系”。[118]因此，尽管自由派学者道格拉斯·诺思在研究国际经济中正确认识到了战争在建立和培育英国金融机构方面所起的重要作用，[119]但他却忽视了帝国背景的重要性。

大西洋黑奴生产与英国金融资本的帝国性质的原始积累

然而，我们对该问题的研究不应止步于此。因为奴隶制也促进了英国的核心金融机构的发展，尤其是金融资本的兴起。由于大西洋贸易体系的贸易和生产从时间和距离上考量具有较高的风险和挑战，英国政府需要建立一个完善的银行体系。正如伊尼科里所言，“在17、18世纪，由于大西洋体系有着距离遥远的问题，英国在欧洲以外地区的扩张使得信贷成为贸易之必不可少的一环……而这样的贸易对资本的投入远远超出了贸易商的承受能力”。[120]具体而言，由于运输距离太过遥远，英国公司需要在海外派驻代理人，监督货物的买卖并确保顺利收汇。特别重要的是，在17、18世纪，商人们在交易中开始使用了汇票。首先，当商人们在大西洋上运输货物遭遇海盗时，使用汇票可以将其风险降至最低。[121]其次，使用汇票的商人们无须携带大量的现金和贵金属，而可以将它们投资于其他地方，避免长期闲置。

尽管英国政府成立英格兰银行是为了满足国家紧急军事贷款需求（前面我已经解释过），但该银行还有另一个核心功能，那就是发行用于大西洋奴隶贸易结算的票据。于是，票据贴现成为伦敦金融中心的重要业务。此时，私人银行如雨后春笋般涌现了出来，票据贴现自然成了它们的一项业务，伦敦清算所也应运而生。在这种结算体系下，私人银行和乡村银行的作用得到充分发挥，因为它们可以通过票据清算所快速处理被拒付的票据。请注意，当票据持有人在票据到期日前有资金需求时，可以将票据卖给付款行，预先获得票据下的款项，这就是票据贴现。在这种情况下，贴现行会将票面金额减去未到期的银行利息后将剩余款项付给票据持有人。此外，公司债券的发行也为各种信贷机构提供了投资机会，其中英国东印度公司、南海公司和皇家非洲公司发行的债券占了大部分，这些总部位于大西洋地区的公司“为扩大伦敦信贷市场的规模作出了巨大贡献”。[122]

奴隶贸易商和奴隶主对资金的大量需求是英国金融服务业兴起和发展的一个重要原因。

他们在非洲、加勒比海或美洲地区建立种植园，购买奴隶并安排奴隶生产，这些都需要大量资金，而信贷是取得这些资金的途径。在谈到银行时，伊尼科里说，“对在新大陆出售奴隶而获得的汇票进行贴现是它们的主要信贷来源”。这些信贷工具为利物浦、伦敦和布里斯托尔的银行提供了大量的业务。此外，正如伊尼科里所指出的，“对于银行，特别是在18世纪下半叶发展起来的区域性银行……例如兰开夏郡的银行，其主要业务之一（即使不是全部）是对票据进行贴现”。[123]同样需要注意的是，根据埃里克·威廉姆斯的观点，英国的银行，尤其是巴克莱银行和劳埃德银行，是依赖于美洲和西印度殖民地的利润而发展起来的，而这些利润又是在英国皇家海军的保护下才获得的。[124]

此外，海运保险市场是支撑大西洋奴隶贸易体系的另一项重要服务。该市场也为汇票市场提供了支持。在海运保险市场上，投保人可以对奴隶运输船上的“货物”（即奴隶）和汇票投保。[125]劳埃德兄弟在伦敦保险市场的中心的劳埃德咖啡馆向过往的客商推销保险，满足了这些需求。保险就是从该咖啡馆发展起来的。[126]在18世纪，随着大西洋商业和跨大西洋奴隶贸易的迅速增长，风险也变得越来越大，因此，保险变得至关重要。这进一步扩大了信贷市场规模，促进了保险公司和经纪人等专业保险服务的发展。到18世纪90年代，仅奴隶贸易的保险额就占据了整个保险市场的63%。[127]这大大促进了以劳埃德保险公司为中心的伦敦保险市场的发展。特别值得注意的是，据伊尼科里称，与奴隶贸易、大西洋贸易和生产有关的所有商业票据的年度交易额，比英国政府为帝国战争筹集资金而发行的政府证券的交易额还要高。[128]我在结论中会再次提到这一点。

总之，伦敦资本市场、英格兰银行以及更广泛意义上的英国国民经济，是在漫长的18世纪的帝国战争（其中许多都是为争夺美洲殖民地而进行的战争）、殖民地奴隶生产和大西洋贸易的背景下发展起来的。这些因素加上英国信贷和保险机构的相关利润，形成了一个炽热的大熔炉。所有这些都证实了我在前文提到的马克思的观点，即殖民制度以及与其相关的海上贸易和帝国主义战争是滋生英国公共信贷的“温床”。鉴于此，我得出如下结论，即否定所有这些历史事实的“自由主义反事实观点”，实际上是在洗白或删改英国工业化的黑历史，其目的是掩盖帝国所扮演的多重角色和对黑人奴隶的残酷剥削历史。

结论：对大西洋殖民地利益的最终估算

在我总结本章的各种定量计算以前，首先要梳理一下迄今为止本书对主动行为者的讨论。实际上，从1500年开始，大西洋就形成了一个“全球性的大西洋体系”，其中十二边形（十二角）的印度棉纺织贸易体系是其基本框架，而十六边形（十六角）的新大陆全球白银交易体系又嵌入其中。这就意味着英国人建立大西洋殖民地是由印度纺织品生产者和商人为主的全球性主动行为者，以及非洲产消者和非洲黑人奴隶贩子支撑起来的（我在本书的第三至第五章对此有所论述）。此外，如本章所述，虽然黑人奴隶的生产（其中大部分购买奴隶的资金来自印度棉纺织品的销售或转口）对英国经济的成功至关重要，但我们也不能忽视英国全球性主动行为者的作用。首先，英国人将非洲奴隶出口到新大陆，并在那里建立了新的全球生产体系。此外，与帝国相关的利益也并不完全是推动英国经济发展的外因，因为英国国内对帝国军国主义和黑人奴隶制的挑战的反应也非常重要。

值得注意的是，英国建立了欧洲乃至全球最高效的财政官僚机构（正如我在第二章中所讨论的），正是有了该机构才使得英国政府能够向低收入群体征收较高的消费税。此税收再加上非常高的关税收入，支撑起了英国的“强制储蓄”机制。此外，英国政府还对国债的发行、英格兰银行和证券交易所的创建，以及帝国战争贷款进行了监督。正是这四项业务促进了伦敦金融中心在18世纪和19世纪上半叶的发展。需要特别注意的是，这一切并没有发生在英国的最大对手法国身上。原因是法国财政官僚机构的效率要比英国低得多，它根本无法像英国的官僚机构那样向国民征收如此高的税收。[129]因此，能够推行（间接的）强制工业化并为耗费高昂的帝国战争打下坚实的财政基础的是实行君主立宪制度的英国（尽管对人民是专制的），而不是封建专制的法国。此外，正如我在第十二章中所讨论的那样，这一观点也适用于中国与英国的对比（参见第二章）。那么，我们如何估算（尽管是近似的）帝国因素给英国工业化带来的好处呢？

在这里，我总结一下本章中我做的所有定量。正如我在附录2中所解释的，我估计大约有4.5%～5.0%的国民收入通过各种帝国途径被重新投资到英国的经济建设中。然而，这也引出了一个问题，即这些投资到底会对英国的经济增长产生何种实质性影响。正如我在前文所陈述的，杰弗瑞·威廉姆森认为，如果没有拿破仑战争的爆发，英国在这一时期的经济增长率可能会高达30%以上。也就是说，英国国民收入的年均增长率因战争而下降了0.6%。然而，据我的分析，英国在大西洋殖民地的投入以及维护这些殖民地的费用，使其年均经济增长率提高了大约0.6%。需要注意的是，这个数据是按照威廉姆森的计算方法得出的。[130]由于它占英国国民收入年均增长率2%（1760—1820年）的近1/3，[131]因此这就证实了殖民地的活动对英国的工业化发展起到了巨大推动作用。

然而，这些投资都是大西洋殖民地及其相关活动产生的利润。这就意味着，在第一次工业革命时期（1760—1820年），与海外殖民地相关的收入约占英国国民收入的15%。[132]用芭芭拉·索洛（Barbara Solow）的话来说，这一数字可以称得上“比例巨大”。有趣的是，她把这句话用在了大西洋奴隶贸易所产生的利润对英国经济的影响上了。据她估计，奴隶贸易产生的利润仅相当于英国总投资的8%和国民收入的0.54%。[133]然而，与我的观点相反的自由主义者可能会问，既然非帝国因素的收入对英国国民经济的贡献率（85%）远远高于帝国因素的收入（15%），为什么我们要关注来自帝国扩张的收入？[134]对此，我给出两个回答。

首先，帝国因素的收入占英国国民收入15%这一数据确实无法完全解释它对英国工业化的推动作用。但不论从哪个角度来看，这一数据都是相当可观的。此外，它也并非大西洋殖民地和与帝国相关的活动对英国工业化所作的全部贡献。例如，我并没有量化帝国战争以及非洲奴隶生产和贸易产生的利润对钢铁工业技术的发展所带来的附带性影响。或者说，我没有量化全球性的大西洋消费驱动力对棉纺织产业技术革命的影响（这是第十章的主题）。最后，但同样重要的是，由于消费革命或勤劳革命是在加勒比海奴隶生产的“成瘾性”商品的推动下进行的，我们如何衡量消费革命或勤劳革命对英国工业革命的推动作用？[135]因为正如理查德·德雷顿所指出的，“发生在帝国中心（即英国）的……‘勤劳革命’，是建立在对外围国家的劳动剥削的基础上的，而它造成的影响仍然存在”。[136]所有这些都意味着15%这一数据大大低估了殖民地以及大西洋体系下非帝国因素的收入对英国经济可能产生的影响。这意味着15%这一数据应该是帝国因素的收入占英国国民收入的最低值。

我对自由派的反事实观点的第二个回答是，工业化之所以发生在英国，部分原因是殖民地和与之相关的帝国军事开支对英国国民经济产生了附带性影响。[137]此外，在英国的殖民过程中，由于英国在实现工业化之前跨大西洋的英帝国就已经存在，并且最终也融入了工业化进程中，因此，我在本章提出的观点颠覆了欧洲中心主义的大爆炸理论。

值得注意的是，反事实的自由主义批评者还认为，大多数欧洲国家在实现工业化时并没有进行殖民扩张，因此帝国主义与工业化基本上没什么关系。[138]但是，英帝国的政治、经济和军国主义财政政策，以及经济全球化趋势，在促进其核心工业技术发展方面发挥了重要的作用，而且这些技术随后被后起的欧洲大陆国家仿效。无论这些国家是不是帝国主义强国，都间接地受益于英帝国的技术。最后需要指出的是，推动英国棉纺织产业重大技术创新的关键因素可能就是我在前文提到的全球性的大西洋消费驱动力，这也是我现在要考虑的问题。

注释

[1] Anievas and Nişancioğlu (2015), Matin (2013) and Rosenberg (2006, 2008).

[2] Go (2016: 89–92, 104–10).

[3] Wood (2002: 148).

[4] Brenner (1977: 67).

[5] Marx (1867/1954: chs. 31 and 33).

[6] Brenner (1977).

[7] 关于这一点，请见Hobson (2012: ch. 2)。

[8] 关于Wallerstein's and Brenner's Eurocentrism, 请见Frank (1998: 29–31), Hobson (2012: 236–40), Bhambra (2007: 4–5, ch. 6, 2014: 50–7, 68–70), Tansel (2015a) and Anievas and Nişancioğlu (2015: ch. 2)。

[9] Williams (1944/1964), Blaut (1993), Frank (1998), Blackburn (2010) and Anievas and Nişancioğlu (2015); 另见Eley (2007)。

[10] Bhambra (2014: 142).

[11] 同上，(56)。

[12] Acemoglu 等，(2005: 546–7)。

[13] Marx (1846/1975: 95)，另见在第八章中引用的马克思的观点。

[14] Wadsworth and de Lacy Mann (1931: 183–5).

[15] Broadberry and Gupta (2009).

[16] Beckert (2015: 96).

[17] Riello (2013: 203–9).

[18] 同上（258）。

[19] Williams (1944/1964: 70).

[20] Chao (1977: 76).

[21] Fogel (1989).

[22] Frederick Law Olmstead cited in Riello (2013: 258).

[23] Smith (1776/1937: 364–5).

[24] Riello (2013: 258) and Metzer (1975).

[25] Blackburn (2010: 555) and Inikori (2002: 368).

[26] Broadberry and Gupta (2009).

[27] Inikori (2002: ch. 8).

[28] Pomeranz (2000: 54–5, 276–8).

[29] Farnie (1979: 82–3).

[30] Inikori (2002: 372–4).

[31] Blackburn (2010: 555).

[32] Blackburn (2010: 555).

[33] 例如，Vries (2013: 262)。

[34] Postlethwayt cited in Williams (1944/1964: 52).

[35] LeBaron (2012).

[36] Flynn and Giráldez (2008: 380).

[37] Crosby (1972: ch. 2)。或者正如James Blaut (1993: 184)指出的那样，说“美国人没有被征服，他们染上了疾病”似乎更公平。

[38] Inikori (2002: 196–7).

[39] Earle (1926: 527).

[40] Earle (1926) and Harnetty (1970).

[41] Baer (1967) and Cuno (2009).

[42] Marx (1846/1975: 95)，我关注的重点。

[43] Marx (1867/1954: 705).

[44] Williams (1944/1964).

[45] 另见Engerman and Genovese (1975), Solow and Engerman (1987), Solow (1991) and Inikori and Engerman (1992)的讨论。

[46] Engerman (1972) and Thomas (1968).

[47] Anstey (1975: 24).

[48] Engerman (1972: 440) and Esteban (2001: 60).

[49] 参见Solow (1985: 105)。

[50] Crafts and Wolf (2012) and Allen (2009).

[51] 尤见，Beckert (2015: 212–24)。

[52] Williams (1944/1964: 68)；参见：Wadsworth and de Lacy Mann (1931: 211)。

[53]　Riello (2013: 152).

[54]　Williams (1944/1964: 70–1, 88–9).

[55]　Blackburn (2010: 547–50).

[56]　Beckert (2015).

[57]　同上，(60)。

[58]　包括Wallerstein (1974), Anderson (1974), Tilly (1990), Brenner (1977, 1982), Giddens (1985), Collins (1985), Ferguson (2011) and Vries (2013, 2015)等文献。

[59]　特见Satia (2018)。

[60]　Smith (1776/1937: 580–3, 592–3).

[61]　最值得注意的是，Vries (2013: 261–2), McCloskey (2010), Mokyr (2009), Williamson (1984), Engerman (1972: 442) and Thomas (1968: 34)。

[62]　Williamson (1984: 689).

[63]　同上，(702)；另见Mokyr (2009) and McCloskey (2010)。

[64]　Thomas (1968: 38)。另见See also Vries (2013: 261)。

[65]　Sheridan (1969: 13).

[66]　Go (2011: 35).

[67]　Blackburn (2010: 568–72).

[68]　Go (2011: 31).

[69]　关于这些比率的复杂完整计算请见Hobson (1997: 284–90)。

[70]　Gerschenkron (1962: 17, 20, 119–42) and von Laue (1963)；参阅Trotsky (1906/2010:42–51)。

[71]　请注意，Trotsky (1906/2010)认为，沙皇推行强制工业化是出于军事原因；而Gerschenkron则认为，其主要目的是赶上英国。请参见后者关于可能的军事冲动之模糊想法［Gerschenkron (1962:360–1)］。

[72]　Weiss and Hobson (1995: ch. 4) and Hobson (1997: chs. 3–4).

[73]　Vries (2015: 233).

[74]　男性在1918年获得普选权，全国普选权（包括所有女性）开始于1928年。

[75]　Postan (1935).

[76] Shapiro (1967).

[77] Blackburn (2010: 532).

[78] Chapman (1972/2006: ch. 3).

[79] Inikori (2002: 315, 316–17) and Hudson (1986).

[80] Chapman (1972/2006: ch. 3).

[81] Inikori (2002: 316–17).

[82] 有关这一财政制度背后社会因素的精彩讨论，请见Mathias and O’Brien (1976), O’Brien (1988) and Ashworth (2017: ch. 5)。

[83] Mathias and O’Brien (1976: 616–21), O’Brien (1989: 345–56), Williamson (1984: 699–700), Beckett and Turner (1990: 391–6) and Hobson (1997: chs. 2 and 4).

[84] Beckett and Turner (1990: 388–91).

[85] Crisp (1991: 257–8).

[86] 尽管这一数字高得惊人，但它低于文件提供的标准数据（即1815年国民收入的226% ~ 260%），该数据来源于《英国议会文件集》。但由于该数据在报告技术上存在误差，我通过汇总每年累积的中央政府赤字重新计算出了这一数据。

[87] 直到1850年之后，利息支出才大幅下降，年均为国民收入的2.6%（1850—1913年），是以前（1815—1850年）的1/3。

[88] 见Holsti (1991: 86–7)的讨论。

[89] Vries (2015: 213).

[90] 另见Crafts (1987: 247) and O’Brien (1989: 376–7)。

[91] 参阅 John (1955: 340–1), McNeill (1982: 210–11), O’Brien (1989: 354–5, 1991: 22–3), Beckett and Turner (1990: 387) and Rodger (2010: 9–11)。

[92] Mitchell (2011: 579–80).

[93] Brewer (1989: 34)；另见Rodger (2010: 13–16)。

[94] Brewer (1989) and O’Brien (1989, 1991).

[95] Vries (2015: 316).

[96] Ashworth (2017: 168–72), McNeill (1982: 211–12), Sen (1984) and Mumford (1934).

[97] Hobsbawm (1969: 34) and Inikori (2002: 453).

[98]　Wertime (1961: 171).

[99]　Mumford (1934: 163), McNeill (1982: 175, 177) and Sen (1984: 104–11).

[100]　Smiles (1863: 114). 还要注意的是，反射炉是17世纪为满足帝国的军事的需要而采用的(约翰，1955：330)。

[101]　Mumford (1934: 91) and Sen (1984: 73).

[102]　Henry Bessemer cited in Wagner (2008: 361–2).

[103]　Hobsbawm (1969: 34).

[104]　Smiles (1863: 90) and McNeill (1982: 212).

[105]　Lord (1923: 113).

[106]　Satia (2018: 5).

[107]　Wertime (1961: ch. 2).

[108]　本段源自Inikori (2002: 451–72)。

[109]　Williams (1944/1964: 84).

[110]　同上，（82）。

[111]　Inikori (2002: 459).

[112]　Inikori (2002: 457)，引自于Davis。

[113]　Marx (1867/1959: 706)

[114]　Gerschenkron (1962).

[115]　Deane (1965), Landes (1998), Mokyr (2009) and McCloskey (2010).

[116]　Dickson (1967: 9–12), Brewer (1989: 207–8), Inikori (2002: 321–2) and Vries (2015: 318–19).

[117]　O’Brien (1989: 349–50, 1991: 29).

[118]　Dickson (1967: 9–12) and Brewer (1989: 207–8).

[119]　North (1991: 33).

[120]　Inikori (2002: 322).

[121]　Price (1991: 283).

[122]　Inikori (2002: 321).

[123]　同上，（226）。

[124]　Williams (1944/1964: 98–102)；另见Inikori (2002: ch. 7)。

[125]　Price (1991: 289–90).

[126] Williams (1944/1964: 104–5).

[127] Inikori (2002: 361).

[128] 同上。

[129] Mathias and O'Brien (1976).

[130] 参见Williamson(1984: 701)中表4的注释。

[131] 我使用了Deane和Cole (1969)的增长率数据，该数据高于最近修订的数据，如Crafts (1987)。该数据对我的观点提供了支持。

[132] 我在计算该数据时注意到，在此时期，富裕阶层投资者的平均储蓄约占全部储蓄的30%，因此我将4.5% 乘以3.3，最终得出的数字约为15%。

[133] Solow (1985: 106, 105). 由于可用于再投资的资金只是该数据的1/4至1/3之间，这一数据可能被高估了。

[134] 例如参见，McCloskey (2010: 222, 229) 和Vries (2013: 261–2)。

[135] McKendrick 等，(1982), Brewer and Porter (1993) and de Vries (2008)。

[136] Drayton (2002: 103).

[137] Ashworth (2017: 117).

[138] 例如，McCloskey (2010: 223–4) 和O'Brien (1982)。

第十章　全球经济发展不平衡与融合发展中的全球性的大西洋消费驱动力与英国后发的主动行为者

引言

虽然我在《西方文明的东方起源》（*The Eastern Origins of Western Civilisation*）一书的第九章中用4页篇幅来讲述英国借鉴中国的思想和技术，以实现钢铁和棉纺织产业的工业化，但在本章中，我将以非中国中心论为出发点，进一步深化我的观点。在本章，我将重点关注印度和非洲的主动行为的产消者，以及他们给英国棉纺织产业带来的挑战和影响，因此，我将在上一章的基础上，重点研究全球性的大西洋消费驱动力。在全球经济发展不平衡与融合发展（UCD）的背景下，我将对我之前基于“中国中心论”的分析进行修正，将英国的后发的主动行为者考虑在内。正如我在第一章中所阐述的，我在2004年的专著中没有对英国的主动行为者给予足够的关注，该问题是加州学派研究的盲区。所有这些，都促使我通过揭示第一次经济全球化和全球经济发展不平衡与融合发展的背景在推动英国经济转型中的重要作用，再次颠覆欧洲中心主义大爆炸理论和西方扩张叙事。需要注意的是，我之所以将研究重点放在棉花和钢铁行业，是因为它们是英国工业化的两大支柱，而我关注资本主义工业化起源的原因是，它是第二次经济全球化的重要经济基础。

著名的加州学派修正主义者彭慕兰在他的里程碑式著作《大分流》中指出，中国与欧洲在经济上出现“大分流”（他指的是英国在工业化上超过中国）的重要原因是英国不仅发明了蒸汽机，还获得了廉价的煤炭（再加之新大陆的原棉）。虽然彭慕兰讲的原因虽然很重要，但这并不是导致第二次“棉花大分流”和第二次“钢铁大分流”的真正原因。毕竟，中国和印度在棉纺织产业上已引领世界半个世纪之久，在钢铁生产上也领先了世界两千多年。当然，蒸汽机的发明有助于解释英国在19世纪20年代和30年代以后生产大量钢铁和棉纺织品的原因，但并不足以说明中西方之间为何会出现第二次大分流。

由于我认为无论是在英国还是在其他国家，棉花和钢铁行业的工业化都有其非常重要的前期基础。因此，我们需要知道在蒸汽机进入英国棉纺厂和钢铁厂以前，是什么力量推动了英国的工业化进程。这又使我想起了朱利安·戈恩提出的后殖民“行动者网络理论”。[1]通过该理论，我发现有一个跨越欧洲中心主义边界的相互联系的网络将西方与非西方行动者联系在了一起。

我想说的是，英国的工业化部分源自印度结构性力量，而这种力量主要来自印度的棉纺织品。因为它不仅主导了全球市场，而且还成为一种可在全球贸易体系中兑换任何商品的通用货币。由于非洲消费者或产消者对印度棉纺织品的需求旺盛，以至于想购买非洲奴隶和象牙的欧洲人和西亚人，不得不首先用新大陆的白银购买印度棉纺织品（我在第三章和第四章中曾对此进行过解释）。就像我在第五章中所阐述的，正是印度棉纺织品赋予印度商人的这种结构性力量，反过来又迫使东印度公司自进入印度洋贸易体系以来一直与印度人进行谈判和竞争性合作。此外，正是由于印度结构性力量的存在，英国人才开始寻找与印度开展竞争的方法，尤其是在非洲市场上。通过反复探索，他们最终找到了能与印度棉纺织品竞争的方案，即实现棉纺织产业的机械化，并进一步实现经济工业化。就这样，英国人最终于19世纪颠覆了印度的结构性力量。

本章共分五节。第一节重点分析了英国作为后发国家，在全球经济发展不平衡与融合发展的背景下采取的经济干预政策对棉花和钢铁产业发展所起的作用，其中包括保护主义、进口替代工业化（ISI）和转口替代工业化（RSI）政策，它们为英国棉花（和钢铁）产业的发展提供了重要的空间。第二节是“英国棉纺织产业工业化的全球性的大西洋消费驱动力”。在该节，我重点关注了大西洋奴隶贸易体系，尤其是非洲消费者对印度棉纺织品的需求。第三节和第四节分别为“‘非洲－印度全球性棉花驱动力之必然性’（一）：棉纺织业印染和整理的机械化过程中的全球性的大西洋消费驱动力”以及“‘非洲－印度全球性棉花驱动力之必然性’（二）：纺织机械化过程中的全球性的大西洋消费驱动力”。在这两节中，我将重点讨论英国的“非洲－印度学徒制度”，以及“非洲－印度棉花驱动力之必然性”是如何通过全球性的大西洋消费体系推动了英国在印染、整理以及后续棉纺和织造方面的技术创新的。重要的是，我还讨论了由于英国对印度棉纺织品的仿制以及对其制造工艺的吸收与发展，造成的全球经济发展不平衡与融合发展。最后一节为“英国如何实现钢铁产业工业化？全球经济发展不平衡与融合发展背景下的英国后发的主动行为者”。在本节中，我将英国的发展成就放置在全球钢铁长期发展和全球经济发展不平衡与融合发展的双重背景下，讨论了英国工业革命的另一个重要支柱——钢铁产业。该节认为，英国发明家在推动钢铁生产工业化过程中，可能从印度或中国的发明中找到了灵感。当然，推动英国发展的主动行为者在这一过程中也发挥了重要的作用。总之，鉴于全球性的大西洋奴隶贸易体系既是英国钢铁革命的驱动因素之一，又是棉纺织产业工业革命的核心驱动因素，本章的观点与第九章的观点相辅相成。

后发国家英国与工业化的全球性的大西洋消费驱动力

在本节，我首先要讨论的是英国政府在经济发展中的重要作用。英国政府对经济的干预为英国棉纺织产业工业化技术的创新奠定了基础，而这种技术创新是在大西洋消费者需求的推动下进行的。然而，有大量文献表明，英国是“自由放任工业化”的典范。[2]正如亚历山大·格申克龙（Alexander Gerschenkron，俄裔美国经济史学家）和列昂·托洛茨基（Leon Trotsky，苏联理论家）所指出的，这与英国的“后发优势”有关。[3]因为只有后发国家为了赶上先发国家才需要政府干预经济。但在棉花和钢铁产业方面，英国是后发者，第二次大分流在一定程度上是在国家强有力的干预下形成的，这与全球经济发展不平衡与融合发展的“后发”理论相吻合。虽然正如我在第九章中所详细阐述的，英国政府对经济的大量干预是推行帝国军国主义财政政策中的无意或间接结果，但也有直接干预的成分。其表现形式为政府对关键的棉纺织和钢铁行业采取了“幼稚产业保护”政策。[4]值得一提的是，在全球经济发展不平衡与融合发展的背景下，英国东印度公司大量进口了工艺先进的印度棉纺织品，这对英国经济的发展构成了威胁。正如在本书第一部分所解释的，这种威胁在17世纪70年代英国出现“棉印花布热潮”时就已经出现了。当时，英国消费者很快喜欢上了印度的棉纺织品。

尽管如此，作为旁观者，我们必须认识到，在英国市场上销售的印度棉纺织品实际上并不是原汁原味的，因为这些商品必须经“本土化”后才能满足英国人的消费需求。为此，英国东印度公司发挥了重要的作用。为了销售这些印度棉纺织品，它们对其进行了重新包装和促销。[5]简言之，棉印花布热潮在一定程度上可以说是英国东印度公司引起的。

正如玛克辛·伯格所指出的，为了将印度棉纺织品推销给消费者，代理商首先必须了解消费者的消费品位。而且，为实现印度棉纺织品的“本土化”或英国“本地化”，[6]英国东印度公司必须对“产品进行创新”，并设法推销。[7]具有讽刺意味的是，英国消费者购买的那些具有“异国情调”的印度棉纺织品实际上是英国东印度公司重新设计的。因此，虽然英国东印度公司是从1643年开始在英国销售印度棉纺织品的，但从17世纪60年代起，它就开始向印度生产商以自己设计的花型和规格下订单。[8]不过几个世纪以来，印度纺织品生产商在实践中已形成了这样的生产习惯，即印度商人首先将非洲和亚洲消费者的需求偏好变化信息反馈给他们，他们再根据这些信息不断调整生产以满足消费者的需求（正如我在本书第一部分所讨论的）。由于印度棉纺织品在英国的消费者中，尤其是在各阶层妇女中越来越受欢迎，因此进口商通过规避奢侈品消费法（指价格低于法律所规定的奢侈品标准）将其推广给更多的人群（我在第七章中谈到过）。[9]正如贝弗利·莱米尔所说的，棉纺织品确实已成了“时尚的宠儿”。[10]

英国政府向保护主义的独特转变：进口替代工业化、出口导向工业化和转口替代工业化政策相结合

英国消费者对印度棉纺织品的需求（“棉印花布热潮”）是非常强烈的。到了17世纪90年代，为了自身的利益，英国毛纺和丝绸利益集团向英政府提出了强烈抗议，要求它采取措施限制印度棉纺织品的进口。[11]正如大卫·沃什布鲁克所言，即使到1750年时，“西欧各国仍对印度的经济实力感到恐惧，以至于纷纷采取了关税壁垒措施”。[12]为了应对印度印花布的威胁，英国政府提高了进口关税。然而，需要注意的是，英国政府对印布棉纺织品加征关税是为了保护本国的毛纺及丝绸行业，而英国的棉纺业直到18世纪最初才真正兴起，因此，本书认为，需要对英国保护棉纺织产业与后发理论完全一致这一观点进行限定。

在1685年，英政府对印度棉纺织品征收的进口关税税率为17.5%。到1690年，其税率提高到了27.5%。然而，在1701年，英国政府却下令禁止印度印花布和平纹布（使用细纱制作）的进口。尽管如此，商人们仍然被允许进口印度的白坯布。为满足日益增长的消费需求，英国商人大量进口印度的白坯布。而且，印染商们只需将这些白坯布进行抬版印花，就可以在国内外市场上销售，从而推动了英国棉布印染业的发展。在1701年英政府颁布《棉布法案》后，消费者对由本国印染商印制的印度印花布的需求快速增长。例如，在1717年，英国印染商印制的印度花布达到了700万码；而到1718年至1720年，数量增至1000万码。[13]正如爱德华·贝恩斯（Edward Baines，英国历史学家）指出的，

> 如果英国议会在1700年没有制定《棉布法案》禁止英国商人从印度、波斯和中国进口物美价廉的印花棉布，英国的棉布印花技术在相当长的一段时间里就不可能取得成功……该法案旨在保护英国的毛纺和丝绸制造业免受印度进口棉布的冲击，然而它也同时刺激和促进了英国本土印染业的发展。这是因为当时的英国人已经习惯于穿印度的轧光印花棉布制成的服装，但是，在英国政府限制进口印度印花布后，人们只能购买本国印染的印度棉布了。[14]

但是，由于印度的白坯布在英国的毛纺和丝绸市场占领了主导地位，英国的毛纺和丝绸制造商们纷纷向政府投诉，这促使英议会于1721年颁布了一项关税法案。根据该法案，英国对印度印花布加征关税，并加收高额的消费税，总税额高达82%（消费税直到1831年才被废除）。在1722年12月25日，英国议会又颁布了该法案的实施细则，允许进口商从英国转口售卖印度印花棉布，但禁止英国印染商对印度的白坯布进行加工印染后在国内市场销售。这个规定一直持续到1774年。因此，英国的进口替代工业化真正开始于1722年。虽然我在第七章也提到了英国消费者通过各种途径购买走私的印度棉纺织品，但那并非主流。即便在1774年以后，英国政府取消了对进口印度平纹布的限制，但直到1787年，对其征收的关税仍然非常高。所有这些都意味着英国生产商要想在国内外市场上销售棉纺织品，除自我研发纺织技术外别无选择。

很显然，英国实施的进口替代工业化战略不同于一般意义上的进口替代工业化战略，因为通常情况下，进口替代工业化意味着与国际贸易脱钩。而英国的进口替代工业化战略具有独创性，它实质上是一种特殊形式的出口导向型工业化战略，甚至优于二战以后东亚国家实施的国家主导型工业化战略。[15]尤其重要的是转口替代工业化战略的发展，[16]在这种情况下，政府允许英国棉纺织制造商从事印度棉纺织品的转口贸易。根据规定，只要生产商在进口印度棉布后再转口到其他国家和地区，就可以向海关申请退回其已缴纳的进口关税。这种转口贸易极其重要，因为为了购买非洲奴隶，英国商人们必须将棉纺织品转口到非洲。这些奴隶被卖到加勒比海地区的棉种植园，从事种植活动，满足了兰开夏郡的原棉需求。但最重要的是，英议会于1721年和1722年颁布的法案，不仅促进了英国棉纺织业的发展，而且最终使得本国的棉纺织品在全球市场上赶上并超过了印度棉纺织品。

英国对上述战略的实施直接导致了兰开夏郡制造商在非洲和美洲市场上以自己的产品替代了转口的印度印花布（即转口替代的工业化）。[17]此外，英国人在做“非洲人－印度人的学徒”期间就了解到，除了非洲，其他国家或地区对印度棉纺织品的需求也相当旺盛，因此，他们将目光瞄向了这些市场（后文我将对此进行解释）。实际上，取代亚、非市场上的印度棉纺织品已成为英国棉纺织业发展的主要动力。总之，英国政府对经济的干预反映了在全球经济不平衡与融合发展背景下，英国后发的主动行为者的一个重要特征。

以反事实的历史驳斥自由主义者的反事实观点

但是，自由主义者对任何涉及英国资本主义全球化、帝国扩张或国家干预主义起源的观点的批评，总是以各种反事实（比如机会成本）为前提，认为如果人们能够充分把握这些前提，就会获得更优的效果。这样一来，我在本书中提到的所有推动英国工业化的全球性的非欧洲需求驱动因素或国家干预主义的基础，在自由主义的批评中都会奇迹般地被否定（正如我在第九章的结论中所指出的）。因此，我所提出的大西洋消费者/产消者需求是英国工业化重要驱动因素的观点，遭到了自由主义反事实者的批评。他们认为，通过促进国内投资和刺激需求，再加上自由贸易政策，可以实现更优的经济效果。这使我们想起了大卫·李嘉图（David Ricardo）理论的逻辑核心，[18]他认为，如果英国人专注于生产他们具有“比较优势”的毛纺织品，然后自由地从印度进口棉纺织品，生活会更好。

针对以上观点，我以自己的反事实主义立场对其进行反驳。因为如果英国根据比较优势选择了所谓的最优的贸易自由，那么它的棉纺织品市场很快就会被蜂拥而来的优质印度棉纺织品淹没，英国很可能就不会有后来的棉纺织产业工业化。此外，由于全球市场对毛纺织品的需求并不大，如果英国不对印度棉纺织品实施进口限制，英国的毛纺织业将面临灭顶之灾。此外，生产商盲目地扩大毛纺织品生产也会带来很多的问题。再者，由于英国的毛纺织品并不像棉纺织品那样在全球有竞争对手，所以也没有必要进行羊毛产业工业化。而且，英国毛纺产业向来以保守著称。[19]即使英国实现了毛纺产业工业化，但由于印度棉纺织品在国内外市场上享有盛誉，在竞争中它也丝毫不会占任何优势地位。

总之，由于英国实施了进口替代工业化战略并对幼稚产业进行了保护，英国生产商才得以发展自己的棉纺织业，正如历史所证明的，棉花成了未来之王，而羊毛则成了过去。简言之，英国通过进口替代工业化和转口替代工业化措施，将其“比较优势”从次优的羊毛纺织品转向了最优的棉纺织品。[20]换言之，如果英国在1684年而不是1846年后转向更自由的贸易，英国生产商将继续错误地将资源配置到其具有比较劣势的羊毛纺织品领域，这将会导致工业化的完全丧失或减缓。

有趣的是，奥斯曼帝国采取的贸易措施更符合亚当·斯密的绝对优势理论：“如果某国能以比我们自己生产的产品更便宜的价格向我们提供产品，我们最好用我们具有绝对优势的产品与其进行交换。”[21]正如帕塔萨拉蒂所言：

> 缺乏对制造业的保护反映了奥斯曼帝国的经济理念，这与17世纪和19世纪英国的中央集权体制截然不同……这让人想起了亚当·斯密的理论，即国家的目的是以合理的价格购买充足的生活必需品，而不是考虑商品的产地。[22]

在最开始时，印度棉纺织品的进口确实推动了奥斯曼帝国棉纺织业的发展，因为许多生产商都一直在仿制印度的棉纺织品。但是，由于在19世纪英国具有竞争优势的棉纺织品大量地进入奥斯曼帝国，这给其未受保护的棉纺织业带来了灭顶之灾。[23]

但是，我认为英国在棉纺织品工业化方面取得的成功并非仅仅靠进口替代工业化和转口替代工业化战略。因为其他国家也采取了贸易保护主义措施，但效果并不理想。虽然法国政府于1686年颁布了一项禁止进口印度印花布的法令，[24]但它非但没有促进，反而阻碍了法国棉纺织产业的发展。[25]本尼特·布朗逊（Bennet Bronson）很好地阐述了我的观点，他认为，关键是在英国政府实施了关税壁垒后，英国的发明家和生产商们

> 并未感到满足……而是逐渐摒弃了过时、低效的生产方式，并且启动了一项重大且长期的研发计划。他们深入研究了印度的织造、印花和染色工艺。起初，他们循序渐进地学习，然后逐步加快了学习步伐……经过20年的非凡创新，到1785年，他们已经完成了棉纺织品工业革命所需要的大多数重要发明创造。[26]

因此，英国资本家和投资者的行为就构成了促进英国发展的主动行为者的另一个维度。在解释工业化时，我们也需要把它考虑在内。

然而，我提出的观点是，在1776年或1783年以前，北美和加勒比海帝国殖民地市场是英国生产的一个重要推动因素，这与亚当·斯密的自

由贸易理论并不相符。因为斯密认为，英国对殖民地的“垄断贸易”从本质上而言只是次优选择，而与欧洲大陆国家的自由贸易则需要快速提高劳动生产率，而这会推动工业化的迅速发展。[27]但事实却是，这些大西洋市场促进了18世纪英国棉纺织产业工业化的发展，而与此同时，由于英国对欧洲大陆国家实施了高关税保护措施，这些国家对棉纺织品的需求下降了。[28]自由主义反事实的批评存在的最后一个问题是，在18世纪70年代和80年代，英国一旦出现了重大的纺织技术创新，国内对纺织品的需求即使达到最大化，也无法吸收迅速增长的棉纺织品生产规模，在下一节中，我将对此进行论述。

英国棉纺织产业工业化的“全球性的大西洋消费驱动力”

正如我们在资料中所读到的，传统的欧洲中心主义者在谈及英国棉纺织产业工业化时，根本不考虑其全球化和大西洋区域化背景。他们认为，棉纺织产业工业化完全是英国本国的事情，是由大量的纺织技术发明引起的。这也是欧洲中心主义的内在逻辑，是欧洲中心主义大爆炸理论或西方扩张叙事的首要步骤。他们认为这些发明使英国生产了大量的纺织品，并在世界各地开拓了很多市场。简言之，他们认为英国的生产能力创造了全球市场。但问题是，在英国开展棉纺织产业工业化之前，亚洲和非洲市场对印度棉纺织品的需求已经存在了好几个世纪（正如我在第三至第六章中所阐述的），而英国的棉纺织技术也是从亚洲和非洲学来的。最重要的是，是全球市场发现了英国，而不是英国人开拓了全球市场。正如贝弗利·莱米尔所言，

> 在西方人吹嘘其工业胜利的标志性（即欧洲中心主义）历史时，不应掩盖棉纺织品起源于印度，也不应该否定印度制造商在向全球消费者提供棉纺织品方面所作出的贡献。几个世纪以来，印度

商人一直在开拓全球（或亚、非）市场，印度棉纺织品也为其后继者（英国）设定了产品质量标准。[29]

或者正如普拉桑南·帕塔萨拉蒂所言，欧洲人面临的主要挑战“并不是拉动需求，因为需求已经大量存在，而是要使它所生产的产品的质量达到东方人的标准。[30]里洛很好地阐述了这一核心观点：“棉纺织品之所以成了一种全球性大宗商品，并不是因为它在英国已经实现了生产机械化和工业化；相反，英国之所以实现了生产机械化和工业化，是因为棉纺织品已经是一种全球性大宗商品。”[31]因此，这意味着我们需要颠覆欧洲中心主义大爆炸理论，指出先有全球对棉纺织品的需求市场，然后才出现了英国棉纺织产业的工业化。

然而值得注意的是，在向新大陆出口棉纺织品方面，欧洲与印度的情况略有不同。因为印度人并没有独立地将其商品出口到美洲，相反，欧洲人在1571年后开始或通过西班牙马尼拉帆船或从欧洲（最初通过西班牙的加的斯港）将印度棉纺织品转口至美洲。当然，我在第四章也谈到了葡萄牙人通过开普敦航线将印度棉纺织品出口到巴西的情况。然而，即使在1730年以后，英国人在将自己生产的棉纺织品出口到美洲时，仍然面临着来自印度棉纺织品的竞争（这些棉纺织品在非洲奴隶贸易市场上也有大量需求）。

所有这一切都意味着，当我们在全球化背景下考察英国棉纺织产业的工业化时，需要认识到印度的生产主动行为者以及商业主动行为者的作用，因为他们与非洲和非洲－加勒比海地区的主动的产消者之间存在着错综复杂的关系。这些主动行为者对棉纺织品的需求不仅推动了印度棉纺织业的发展（正如我在第三章和第四章中所解释的），而且也刺激了美洲的棉花生产和英国的工业革命。我的重要观点是，“全球性的大西洋消费者/产消者驱动因素”刺激了技术创新，导致了英国棉纺织产业工业化。这样，我的观点就和埃里克·威廉姆斯的最初主张一致了，即“棉都（即曼彻斯特）发展的第一个推动因素来自非洲和西印度市场”。[32]

全球性的大西洋消费驱动力的特殊性

在本节，我揭示了英国棉纺织品行业工业化的“全球性的大西洋消费驱动力”。这一因素既包括英国的“转口替代工业化”，也包括我在下一节将讨论的英国作为非洲－印度人的学徒。反过来，这构成了英国棉纺织产业机械化产生的背景，我将在以下两节中详细讨论。正如我在第三章中所解释的，英国的棉纺织产业工业化基于大西洋贸易体系，既非纯粹由欧洲人创造的“白色大西洋”贸易体系，也非后殖民主义者所认为的纯粹的“黑色大西洋”贸易体系。相反，它是一个黑褐色的大西洋贸易体系，或者更准确地说，是一个“全球性的大西洋”贸易体系（见图10.1），因为印度棉纺织品在欧洲人购买非洲奴隶的过程中起着至关重要的作用。

在1760年，英国棉纺织品的出口量已占其生产总量的1/3；到18世纪70年代，这一比例跃升至近40%。[33]然而，英国生产商要想出口他们的棉纺织品，必须模仿印度的印花棉布，才能满足刁钻的非洲产消者和英国本土消费者消费的品味。由于棉格子布是英国的主打产品，也是颇受非洲消费者喜爱的商品，因此伊尼科里因此得出结论说，“由于……英国出口的产品主要是棉格子布，可以断定，他们最初开发该产品是为了满足非洲人的消费需求的”。[34]在1750年至1802年间，英国生产的棉纺织品主要出口到非洲，其次是新大陆的种植园（销售给非洲奴隶）。正如史丹利·查普曼（Stanley Chapman，英国翻译家）所言，“直到18世纪中叶，英国在棉纺织产业上取得成功的关键在于其精心培育的国内外市场，而不是先进的生产技术”。[35]

至关重要的是，大西洋的这些市场占据了18世纪英国棉纺织品出口总量的大部分，约为70%。[36]在1700年，大西洋市场占英国出口总额的15%；但到1770年，这一数字达到了70%。[37]同样，虽然英国工业出口总额在近70年间增长了150%以上，但国内需求仅增长了14%。[38]事实上，

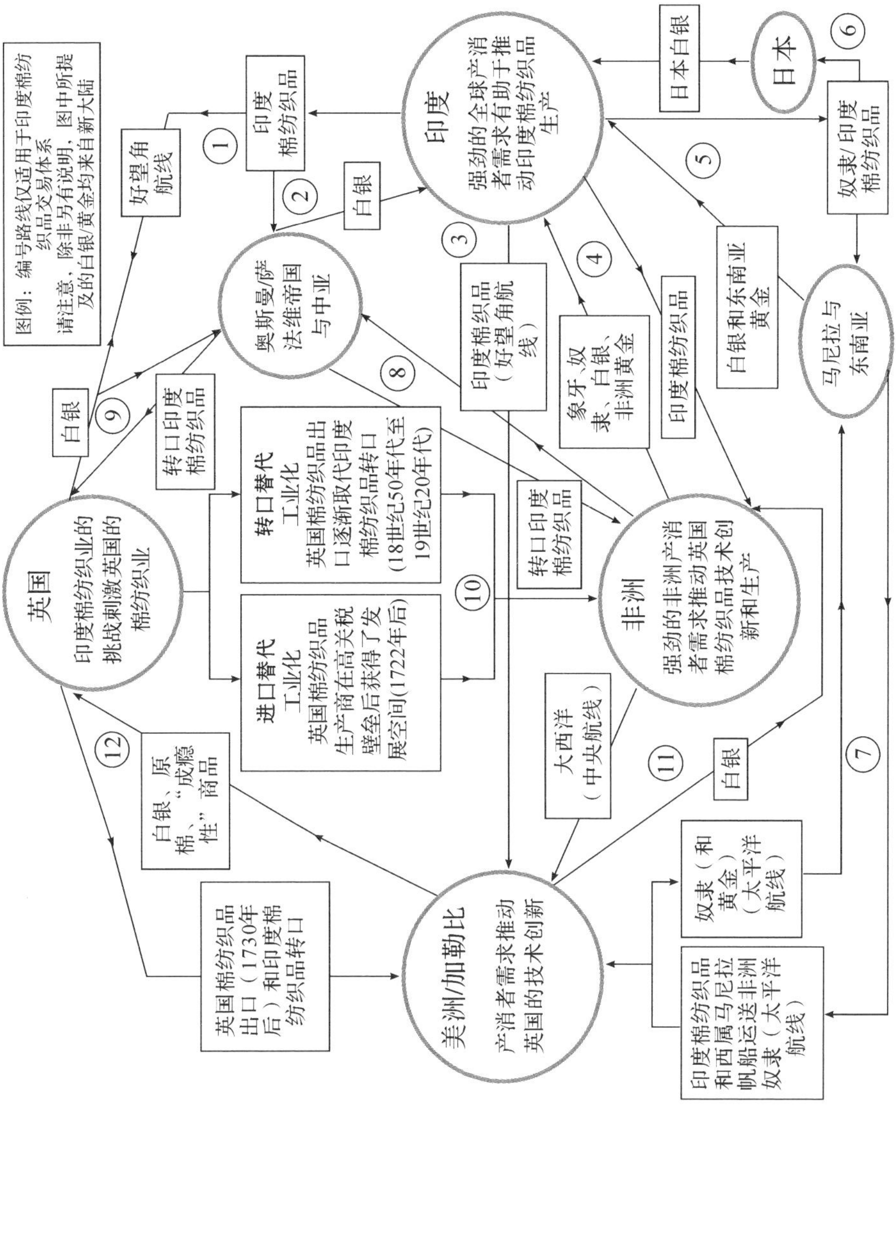

图 10.1　英国棉纺织产业工业化的“全球性的大西洋消费驱动力”

据迪恩和科尔称，“18世纪的贸易扩张几乎可以完全归功于殖民（大西洋）贸易的增长”，并且“可开发的国际市场（特别是大西洋贸易体系）的存在可能是启动工业化进程和相关实际收入增长的关键”。[39]正如我在第九章中所指出的，由于18世纪欧洲对棉纺织品的需求下降了，大西洋市场不仅拯救了兰开夏郡的棉纺织业，而且还刺激了英国的技术创新。因此，到1750年，英国约有60%的布料出口到非洲；而到1769年，这一比例占兰开夏郡棉纺织品生产总量的近75%。[40]

但是，科林·怀特（Colin White）重申了传统的自由—内因主义的观点，否定了外部市场对国内经济发展的推动作用，他认为我们应该

> 重点关注内部经济而非外部经济……一般情况下，相较于内部经济，外部经济的市场规模并不大……即使在最有利的情况下，外部经济对一国经济的发展也不起决定性作用，充其量只能起辅助性作用。[41]

然而，怀特的观点也存在着问题。虽然在1760年英国国内对棉纺织品的需求量占棉纺织品生产总量的67%，国外需求量占33%，但随着英国棉纺织产业工业化的发展，其棉纺织品生产量迅速增长，对外出口量也越来越大。因此，到1800年，英国棉纺织品的出口量占了其棉纺织品生产总量的61%，而国内市场消费量则降至39%。[42]简言之，正如我在上一节中所论述的，18世纪末，随着阿克莱特水力纺纱机、克朗普顿骡机和卡特赖特动力织布机的运用，英国的棉纺织品产量不断增长，以至于英国国内市场无法消化这些产品了。

总之，到19世纪初，兰开夏郡纺织业与大西洋市场的联系远比它与国内其他经济部门的联系紧密得多。[43]虽然随着亚洲市场的兴起和欧洲市场的恢复，大西洋市场的份额在19世纪有所下降，但英国“对欧洲其他地区的出口并未缓解市场对棉纺织品需求的压力。而这种大西洋市场和迅速增长的亚洲市场的需求压力最终导致了19世纪30年代的纺织机械化（通过

蒸汽机的应用）”。[44]然而，关键是大西洋市场的需求加上印度棉纺织品的竞争压力，促使英国生产商和发明家将棉纺织产业工业化，并成功地以英国棉纺织品贸易体系取代了十二边形印度棉纺织品贸易体系，在以下两节中，我将进一步论述这一点。

“非洲—印度全球性棉花驱动力之必然性”（一）：棉纺织品印染和整理的机械化过程中的全球性的大西洋消费驱动力

在本节中，我以埃里克·威廉姆斯和约瑟夫·伊尼科里（Joseph Inikori，尼日利亚伊巴丹大学历史学教授）的观点（他们认为大西洋市场对棉纺织品的需求是推动兰开夏郡棉纺织产业工业化的决定性因素）为基础展开论述。我认为，非洲消费者对印度棉制服装的需求偏好，促使英国人为了赶上和击败他们的竞争对手印度而进行了技术创新，并最终导致了英国工业革命的发生。在进行本节讨论以前，我们需要先回顾一下英国的“印度学徒制”，因为正是有了此种制度，英国的各种技术发明才成为可能。

英国在染色、印染和整理方面做印度人的学徒

有趣的是，早在1777年，阿贝·雷纳尔主教（Bishop Abbé Raynal）就声称

> 如果萨克森和其他欧洲国家能制造出精美的瓷器，如果巴伦西亚制造的丝绸好于中国，如果瑞士能仿制孟加拉的平纹细布和印花棉布，如果英国和法国能制造出高雅的印花亚麻布，如果世界上出现了那么多前所未闻的东西，我们难道不应该感谢我们最好的艺术家印度人吗？[45]

因为普拉桑南·帕塔萨拉蒂和乔治·里埃洛认为，英国人做非洲人

的学徒早于英国东印度公司做印度人的学徒，而英国东印度公司做学徒始于17世纪初，荷兰东印度公司做学徒也是如此。[46]

具有讽刺意味的是，这种学徒的出现纯属偶然。因为欧洲入侵者对帝国的权力和荣耀充满了傲慢和自我，所以他们并没预料到在抵达印度洋地区后，除了向印度棉纺师拜师学艺外别无选择，而且他们很快就接受了这一现实。正如我在第五章中所述，英国东印度公司和荷兰东印度公司在抵达印度洋地区后很快了解到，该地区的经济体接受的主要货币除了从美洲掠夺而来的黄金和白银外，还有印度棉纺织品，就像之前统治该地区的葡萄牙人一样。这解释了为什么这两家东印度公司能在印度市场占据（不同程度的）一席之地，并对亚洲国家间的贸易产生影响。在殖民印度的200年间（1600—1800年），英国始终在向印度学习棉纺织品生产技术。此外，这种学徒制是全球经济发展不平衡与融合发展过程中的重要组成部分，在这个过程中，英国人借鉴和学习了更先进的印度思想和技术。

然而，许多历史学家认为“英国向印度学习”的可能性不大。他们认为，印度人对他们的棉纺织生产技术非常保守（正如我在第六章中所讨论的），这也是他们没有将棉纺织技术编纂成册的原因之一。因此，我们很难找到历史学家们所期望的关于这方面的丰富的书面证据/档案/资料也就不足为奇了。事实上，正是由于缺乏对印度知识的记录，导致海伦纽斯·斯科特（Helenius Scott）博士在自己的著作中对此表示了遗憾，并在1792年设法将一个印度印染样本送回英国供工程师们进一步研究。然而，虽然欧洲人在1500年以前对印度文明并不感兴趣，但此后情况发生了变化，尤其在1650年左右，“自欧洲人‘发现’远东（印度）以来，印度产品就开始因其奢华、稀有以及其独特的工艺技术而备受称誉”。[47]

值得注意的是，耶稣会一直被认为在向欧洲传播中华文明方面发挥着重要作用，而此时他们也开始向欧洲传播印度文化，他们将大量的印度文本翻译成英文。例如，为协助欧洲进行公历改革，利玛窦（Matteo Ricci，著名的意大利传教士）对印度的天文学进行了专门研究。欧洲人对印度的数学也表现出了相当大的兴趣，[48]因为印度的数学研究领先了欧洲一千多年。实际上，早在欧洲文艺复兴时期，这些数学知识就通过西亚穆斯林间接地传播到了欧洲。[49]随着时间的推移，越来越多的欧洲人，尤其是英国人，前往印度探寻其秘密。其中一个重要原因是除了乌兹钢外，英国人对印度棉纺织品的印花、染色和整理技术也非常感兴趣。

毫无疑问，印度的染色、印花和整理技术都远远领先于英国。特别是经过几个世纪的研究，印度人发明的防止织物串色的“抗染技术”。此外，为了防止纺织品在反复洗涤时褪色，他们还发明了固定颜色用的媒染剂。[50]在英国，这些发明是具有革命性的，因此英国人对它们表现出极大的兴趣，这并不足为奇。正如海伦纽斯·斯科特博士在给约瑟夫·班克斯（Joseph Banks）爵士（英国皇家学会主席）写的信中所说，“几年来，我一直在关注印度人的棉布染色工艺，并且我相信他们已经发现了一种令人羡慕的使棉纺织品永不褪色的特殊染料”。[51]

印度的印花、染色和整理技术通过多种途径传播到欧洲，让欧洲人学习了这些技术。[52]第一条途径是17世纪末和18世纪旅居在印度的欧洲旅行者所撰写的大量文本的出版。这些文本包括让－巴蒂斯特·塔弗尼尔（1667年）、[53]乔治·罗克斯（Georges Roques，约1680年）、尼古拉·德·比尤利（Nicolas de Beaulieu，约1734年）[54]以及以后的艾德华·贝恩斯（1835年）等人所写的著作。[55]本尼特·布朗逊认为，总体而言，那些在国内的英国人可以通过这种途径更多地了解印度的技术。[56]

印度棉纺织品生产技术向欧洲传播的第二条重要的途径是由亚美尼亚人传至欧洲。大约在16世纪，印度的棉纺织品知识被传播到萨法维波斯和奥斯曼帝国，并被当地的亚美尼亚人所珍藏。早期欧洲的印花技术来自地中海东部的染料商和印花商，同时，棉纺织品生产技术也来自印度。另外，亚美尼亚人约翰·奥尔琴（Johann Althen）通过法国将“茜草染料”或“土耳其红”染料传至英国。[57]同样值得一提的是，让－克劳德·弗拉查特（Jean-Claude Flachat）是第一个在欧洲建立土耳其红染料厂的人。

从那时起，他的土耳其红染料制作技术传遍了欧洲，尤其是英国。[58]此外，英国的印花技术最初是由胡格诺派（Hugenot，是法国新教的一个派别）移民从法国带到英国的，据悉他们很可能是从亚美尼亚印花商那里学到了这项技术。[59]当然，通过现场学习比从书本上学习更为直接。最后，媒染剂的发现对技术产生了革命性影响，英国的印花商在生产中很快就学会了使用这种染料。[60]

在讨论了英国做印度人的学徒以后，我现在想将它与“非洲－印度的棉花驱动力”以及大西洋消费者对印度棉纺织品的需求如何刺激印花、染色和整理以及棉纺机械化方面的技术创新结合起来。总之，正是因为如我们看到的，“庞大且不断扩张的大西洋市场推动了生产商在降低生产成本和提高产品质量方面的技术创新：这些技术创新提高了整个行业的生产效率，并为英国在棉织业中取得成功提供了‘学习’机会”。[61]因此，非洲产消者的需求与英国棉纺织产业的发展之间存在着紧密的联系。正如帕塔萨拉蒂所指出的那样，在“西非市场”上，大部分英国棉花制造商都是印度师傅教出来的学徒。[62]

英国人面临的重要问题是，他们生产的“粗斜纹棉布”（一种棉麻混纺布料）的质量不如印度的棉纺织品。因为印度棉纺织品颜色鲜艳，即使经过多次洗涤后也光泽依旧。这吸引了非洲普通的消费者、富裕的非洲精英和非洲奴隶贩子，他们把穿戴印度棉纺织品看作地位或威望的象征。这使得英国制造商非常恼火。[63]此外，印布棉纺织品比英国棉布颜色鲜艳、不易褪色且质地柔软。这在很大程度上解释了为什么仿制的印花、染色和整理工艺成为推动英国棉纺织产业工业化发展的主要因素。然而，如果认为英国工业化只是印度知识传播的结果，那就大错特错了。在棉纺织产业工业化的过程中，英国的主动行为在各方面都有重大的影响力，这又是为什么呢？

非洲—印度全球性棉花驱动力之必然性：棉纺织的印染和整理的机械化

传统观点认为，英国棉纺织产业的工业化是由“少数发明家”发明的众多纺织技术推动的。也就是说，那些发明纺织技术并使棉纺织产业得以规模化的少数技术先驱们，成了英国孩童们争相学习的榜样：“在技术领域，从来没有这么多的人对他们如此感激。”理查德·阿克莱特是唯一一位通过发明纺纱机起家的英国发明家，他也因此成了人们心目中为发明不怕牺牲的英雄。[64]斯文·贝克特曾写道，

> 约翰·凯伊（John Kay，发明了飞梭）和詹姆斯·哈格里夫斯（James Hargreaves，发明了珍妮纺纱机）被暴民赶出了他们的发明地兰开夏郡，他们的发明并没有给他们带来财富。在失去了专利保护后，他们过着非常贫困的生活。当哈格里夫斯于1778年在诺丁汉去世时，他只留下了一项由英国皇家艺术和制造商促进协会颁发的奖项，而他的孩子们则过着一贫如洗的生活。[65]

理查德·阿克莱特对此补充说，“哈格里夫斯的专利被（法官）残酷地宣告无效，致使他在郁郁寡欢和巨大痛苦中撒手人寰”。[66]与哈格里夫斯相比，世界著名的骡机（纺纱机）发明家塞缪尔·克朗普顿的命运也没好到哪里去，在去世前他仍然是一贫如洗。然而，更令人沮丧的是，由于这些发明出现在棉纺织产业工业化的晚期，因此众多发明家的英雄叙事既无法概括英国棉纺织产业工业化的整个进程，也无法标志着它的开始。因为英国在棉纺织产业工业化开始之初是想通过使用媒染剂和模仿印度棉纺织品改进染绘技术（尤其是印花、染色和整理技术），以便在大西洋市场上（尤其在非洲）与印度的棉纺织品开展竞争。[67]接下来，我将转而讨论英国的主动行为者为进行棉纺织产业的大规模生产对印度生产工艺的改进。

首先需要注意的是，与印度的小型印染作坊相比，英国印染厂的规

模比较大，雇员的数量可达数百人。这一点至关重要，因为它使得印染业的资本密集度更高。正如我在第十一章中所指出的，这当然是马克思主义者强调的资本原始积累的一种形式。而英国人之所以要建立如此多的大型印染厂，也许是因为他们更喜欢印制与印度花布不同花型的棉纺织品。正如约翰·欧文（John Irwin）所讲的那样，“欧洲人喜欢印度花布，并不是因为它设计精美，而是因为价格便宜、质量过硬（尤其是式样更新且颜色鲜艳）”。[68]英国人和印度人在棉纺织品花型设计上的最大不同在于，印度人喜欢蓝底白花图案，而英国人则喜欢白底蓝花图案。正如里埃洛所言，在蓝底上印花更容易，因为“在印度，将白坯布染成‘蓝布’时，使用的是一种叫作靛蓝防染的工艺，工人们首先使靛蓝染料在115华氏度的高温下发酵，然后将白坯布放入染缸内染色”。[69]但这种工艺并不适用于“白底印花”布，因为工人在给白坯布印花前，需要先在印花部分之外的部位涂蜡，以防止花型以外的部位粘上染料。为此，英国人发明了一种新工艺，即在染缸中倒入冷水，添加适量的硫酸铁，再将靛蓝染料放入溶解。这种工艺的优点在于它克服了印度工艺中靛蓝染料发酵易损坏打蜡部位的缺点。正如里埃洛所解释的，英国蜡染是一种节省劳动力的工艺，或者如我稍后所讲的，它是一种“劳动力替代”工艺，与印度的将蜡涂在布料上（蜡染法）的劳动密集型工艺形成了鲜明对比。

英国人还发明了用靛蓝染料印花的方法。在印花过程中，还需要用生石灰、钾碱和雌黄等原料。“这种工艺被称为‘英国蓝’……在使用该工艺印花时，一个花型上可以有几种颜色，此技术一出现，就被一致认为比印度的靛蓝蜡染技术先进”。因为印度的蜡染工艺只能同时用几种颜色染色，而不是印花。[70]尽管如此，英国人花了整整一个世纪（18世纪）的时间，才将他们的染色技术提升到与印度染色技术相媲美的水平。[71]即便如此，19世纪初的德国植物学家本杰明·海恩（Benjamin Heyne）仍在报告中写道，科罗曼德的染色法对欧洲人而言仍具有借鉴意义。[72]虽然英国人最终通过使用廉价的氯解决了棉纺织品漂白问题，但由于各种原因，该问题对棉纺织业来说仍然是一个巨大的挑战。[73]

英国人在改进印染技术的过程中把科学与印染实践结合了起来。布朗森指出，尽管印度人的纺织技术已经达到了较高的水平，但“他们并没有将科学技术运用于他们代代相传的染整实践中”。[74]事实上，人们普遍认为，是英国人而不是印度人将现代化学应用到了染色、印花和整理工艺中。例如，他们还设法研发了系统、精确测量色牢度的程序。[75]此外，与印度人不同的是，英国人还将有关的知识编纂成文，并运用科学原理进一步发展了棉纺织技术。[76]英国人这样做的好处是为欧洲生产商创建一个“开放性技术”共享库。在第十一章中，我将会再次谈到这个话题。

英国人面临的另一个挑战是如何提高印花效率。在印度，印花属于劳动密集型行业，如果英国想与印度展开竞争，唯一办法就是提高劳动生产率。然而，需要注意的是，印度人在印花时除了有劳动力优势外，他们还使用了印花效率更高的木版以及木版—金属版印花。最初，英国人也使用木版印花，但为了加快印花速度，他们进行了技术创新。在743年，他们发明了三色木制滚筒印花机，该机于1754年被铜版印花机所取代。这些印花机比印度的木版印花机机型大，印花效率也更高。在1783年，普雷斯顿（位于兰开夏郡）的工程师托马斯·贝尔（Thomas Bell）发明了雕版滚筒印花机，能够印出一花六色的图案，进一步加快了印花速度。所有的这些发明都使棉纺织品印花技术发生了革命性的飞跃。[77]因此，过去印度印花师傅花14天才能印出一幅7米长的花布。到1851年，英国人用机器每天可以印约5600 ~ 14000码。[78]此外，英国的滚筒印刷生产效率至少是印度木版印花的20倍。在1750年，英国每年能生产出50万码花布。而到了1796年，这一数字上升到了1000万码，到1830年更是上升至8600万码。[79]

总之，印度棉纺织品的出口和非洲消费者对棉纺织品的需求偏好是经济全球化的外部驱动力。在全球经济发展不平衡与综合发展的背景下，英国人对此作出了回应。在英国政府实施关税壁垒后，为了发展棉纺织产业，生产商开始模仿或“借鉴”印度的印花、染色和整理技术。

实际上，正如米歇尔·马斯基尔（Michelle Maskiell）所指出的，“18世纪初，在英国颁布棉布进口禁令并且在生产上模仿印度染布技术后，英国制造商将从殖民地获得的部分资金投资于印度棉纺织品进口替代品的生产中”。[80]正如斯文·贝克特所指出的：

> 从16世纪到18世纪，亚洲仍然是棉纺织技术，尤其是印花技术的重要发源地，就像几个世纪以前的中国纺车和卧式脚踏织布机一样。随着欧洲对全球棉纺织产业统治的加强，欧洲人学习亚洲棉纺织品生产技术的步伐也随之加快。[81]

然而，为了实现棉纺织生产的飞跃，推动英国发展的主动行为者需要借鉴亚洲的技术。

尽管如此，兰开夏郡的生产商最终还是未能生产出一种既适合于印制色彩鲜艳花型，又经久耐用、耐洗的纯棉面料。因为如果英国人无法生产出纯棉面料，他们在印花、染色和整理技术方面所取得的所有令人印象深刻的革命性进步都将毫无意义，所以生产商就在棉纱生产上展开了竞争，从而导致了棉纺业的全面工业化。

“非洲–印度全球性棉花驱动力之必然性”（二）：纺织机械化过程中的全球性的大西洋消费驱动力

在经济史上，关于为何在英国棉纺织产业工业化过程中会出现那么多著名的纺织技术发明，存在着两种截然不同的观点。一种观点认为，纺纱与织布之间是“挑战和应对”关系，这也是传统的主流观点。这种观点认为，英国工业革命完全是英国内生的（如欧洲中心主义者所主张的），纺纱技术的发明和织布技术的发明具有不均衡性，二者应该保持一致。也就是说，随着时间的推移，纺纱技术或织布技术的瓶颈将会被突破，技术创新最终会使生产效率达到最佳状态。[82]因此，虽然在最开始时五台纺纱机同时生产棉纱才能供得上一个织工织布，而在1733年约翰·凯伊发明飞梭后，这种不平衡加剧了，因此需要提高纺纱速度，结果导致了哈格里夫斯的珍妮纺纱机（1767年）和阿克莱特（1769年）的水力纺纱机的问世。所有这些都意味着，在排除外部或全球压力的情况下，这一观点与大卫·兰德斯（David Landes，哈佛大学知名历史学家）关于英国工业革命是“自发”的技术变革的观点相吻合。[83]或者说，它符合欧洲中心主义的“内在逻辑”。相比之下，另一种观点认为，英国棉纺织品面临的挑战来自具有竞争性的印度棉纺织品这一外部因素，而印度棉纺织品带来的竞争反过来刺激了英国棉纺织产业的技术进步。[84]该观点从全球角度，强调了“外部因素”的作用。

然而，持第二种观点的学者在解释英国纺纱和织布技术创新的动因时又分为两派。其中一派是里埃洛所讲的“定量论者”，[85]他们通过定量的方法对此进行了分析。大多数学者都属于这一派，包括非欧洲中心的修正主义者和欧洲中心主义者。

他们认为，英国之所以要进行纺织技术革新，主要是为了降低生产成本，尤其是劳动力成本，因为印度的工资水平比英国的工资水平低40%~85%。为了在与廉价的印度棉纺织品的竞争中取得优势，英国就必须提高劳动生产率，进行技术创新。[86]因此，兰开夏郡的制造商面临着如何通过技术革新降低生产成本、消除与印度的工资差距造成的价格劣势的重要挑战。另一派是“定性论者”，他们采用定性的方法对英国纺织技术创新的动因进行分析。他们认为，为了提高棉纱质量，生产出比印度棉纺织品更具有竞争力的产品，进而在全球市场上与印度棉纺织品竞争，英国必须进行技术创新。因为只有纯棉纺织品才会保持鲜艳而不褪色。印度棉纺织品之所以受全球消费者的喜爱，主要是因为它们颜色鲜艳。而且现在回想起来，印度当时的印花、染色和整理技术确实比纺纱和织布技术更强大。

由于传统的内生挑战与应对模式与这种状况存在一致性，我当然不会否认这种观点，但我更强调“非洲－印度棉花驱动力”这一外生挑战与应对模式的重要性。而且，我认为，定量论者与定性论者之间的争论毫无意义，因为他们都承认全球驱动力对英国纺织技术创新的影响，这与英国技术创新同等重要。然而，尽管我试图在更广泛的全球背景下客观地看待英国棉纺技术创新的动因，但我并不像加州学派有些学者那样否定推动英国发展的主动行为者的作用。接下来，我将首先介绍英国人如何应对印度棉纺织品带来的“质的挑战”，然后再讨论他们如何应对印度棉纺织品带来的“量的挑战”，最终得出英国实现了棉纺织产业工业化的结论。

英国的劳动力替代工业化（一）：生产更优质的棉纱并与印度棉纺织品展开竞争

在18世纪50年代，英国生产商面临的挑战是，他们无法生产出用活性染料印花的纯棉布。因此，尽管英国通过技术创新使其印花技术赶上了印度，并在18世纪80年代实现了印花技术的第二次大分流，但实际上，直到18世纪中期，兰开夏郡仍在生产棉麻混纺布。这些“粗斜纹棉布”或“曼彻斯特棉布”，通常被称为印度轧光印花棉布，因为英国人在制作这些棉布时采用了印度人的特殊加工工艺，但其质量却远不及印度的纯棉纺织品。[87]

在生产棉布的过程中，英国棉纺织品制造商面临的第一个重要挑战是英国纺纱工人的技术水平较低。正如里埃洛所指出的，“生产具有足够抗拉强度的棉纱的困难在于它的粗细均匀度，而欧洲人似乎并不能像印度人那样轻而易举地做到”。[88]在制造棉布时，需要用坚固的纱线作为经纱（经纱必须坚固，因为在织布时，它作底纱用，是纵向的，不太结实的纬纱得靠它织在一起）。正是因为英国纺织工人不像他们的中国和印度同行那样具备足够的经纱生产技术，所以直到18世纪60年代，织工们都不得不使用劣质的亚麻线作为经纱，用棉线作纬纱织布（这就出现了棉麻混纺布）。[89]为了缩小与印度棉纱制造技术的差距，英国的发明家们开始了一场发明竞赛，旨在通过机器生产取代低技能的纺纱工人。由于用英国人发明的新机器可以生产出用活性染料印花且永不褪色的纯棉布，因此我认为，英国人发明新机器的目的是替代而不是节省劳动力。从更广泛的意义上来讲，这使英国实现了“劳动力替代棉纺织产业工业化”。

为了与印度棉纺织品的质量相媲美，大约在18世纪60年代，英国人研发出了以较低成本生产更优质棉纱的技术。直到那时，兰开夏郡生产的棉纺织品才有资格在美洲，尤其是在非洲与印度的棉纺织品一决高下。[90]因此，正如玛克辛·伯格所言，“在该行业关键的技术和组织变革期间，发明家、制造商和商家首先考虑的是他们的产品的质量……而早期的英国棉纺织品制造商面临的挑战是印度棉纺织品的时尚设计和优良品质”。[91]事实上，罗伯特·凯伊（Robert Kay）在谈到他父亲（约翰·凯伊）发明的飞梭时提到：“棉纱的质量……似乎占据了重要的地位。因为梭子线轴上的纬纱根数越多，穿梭的次数就越少，纬纱穿过经纱的路径越直接，织出的织物也就越均匀。”[92]此外，怀特和保罗发明机器（1738年）的初衷是“提高棉纱的质量，而不是增加纱锭的数量”。[93]

理查德·阿克莱特发明的水力纺纱机（1769年）堪称纺纱机发明上的真正的革命性突破，因为它可以生产出更纯的、更结实的棉纱作棉纺织品的经纱。这种纱线的强度尤其重要，因为动力织布机所需的经纱的张力高于手工织布机。正如查普曼和沙萨尼所指出的，“纺织印花技术的发展，推动了阿克莱特的技术创新”。[94]塞缪尔·克朗普顿发明骡机纺纱机（1779年）的原因也与此相同。克朗普顿之所以将他的发明称之为骡机，是因为它兼有水力纺纱机和珍妮纺纱机的优点，能生产出可以与优质印度棉纱相竞争的优质棉纱（著名的“平纹布”就是由这种棉纱织造的）。这一发明不仅使大规模生产成为可能，而且也大大提高了棉纱的质量。该项发明是如此成功，以至于到了18世纪80年代，英国生产的高支纱的质量开始赶上了印度低支纱的质量。虽然直到19世纪末，英国生产的高支纱仍然比不上印度达卡的高支纱的质量，但有趣的是，达卡的织工却开始使用从英国进口的棉纱织布，这并不是因为它的质量好于印度棉纱，而是因为它的价格更低廉。[95]

由于大量发明的出现，英国纺织厂的织工们终于不再需要依赖亚麻线作经纱，从而为以优质的纯棉纺织品取代混纺织品铺平了道路。正如我在第九章中所阐述的，一旦优质的美洲长绒棉进入生产领域（最初是高原棉，在19世纪20年代以后是墨西哥棉），英国的棉纺织业就会发生翻天覆地的变化。正是因为英国纺织工人用美洲长绒棉通过骡机生产出了既细又坚韧的纱线，可以作经纱，英国才能够生产出与印度棉纺织品在质量上相抗衡的纯棉纺织品。[96]因此，到18世纪70年代，英国人实现了生产颜色鲜艳、色牢度强的纯棉纺织品的梦想。

值得注意的是，当时的人们认为，这些发明，尤其是骡机的发明，是英国实现棉纺织产业工业化的关键。正如玛克辛·伯格所言，“在1812年，审核克朗普顿专利申请的委员会曾声称，‘骡机的发明可能是导致工业中心从历史悠久的东方转移到西方的重要原因之一’”。此外，她还提到了《塞缪尔·克朗普顿回忆录》中记载的一件事情，即著名的纺织品制造商塞缪尔·奥尔德诺（Samuel Oldknow）通过“模仿印度的优质面料为英国纺织业开辟了新的生产领域。而这种面料用的经纱，只有骡机才能纺织得出来”。最后，她引用商人们对英国贸易委员会的话说，“正是他们（发明家）对发明的孜孜追求，才使得英国建立起了一个完全可以与孟加拉国纺织业相媲美的制造业”。[97]

英国的劳动力替代工业化（二）：为打破印度棉纺织品对全球市场的垄断而进行的生产竞赛

然而，如果说生产数量和生产效率无关紧要，那是有问题的。因为对于棉纺织业工业化来说，提高劳动生产率至关重要。无论是欧洲中心主义还是非欧洲中心主义定量论者都普遍认为，要想缩小英国工人与印度纺织工人之间“工资”上的差距，就必须提高劳动生产率。但是，至少有三个理由说明这个观点存在问题。第一，史丹利·查普曼指出，许多棉纺厂的工厂主面临的问题并不是用机器取代工人，而是首先要找到会操作机器的工人。特别是在19世纪30年代以前，工厂通常建在偏远的农村，由于监管严格、要求苛刻，人们对这些工厂的工作并没有太大的兴趣。同时，在18世纪下半叶，棉纺织品产业对熟练工人的需求也很大。为了吸引劳动力，工厂主必须设法提高工人的工资。[98]因此，在工业化初期，提高工人的工资是在新机器问世以后才出现的，而不是在它们被发明出来以前。这表明，“提高工资节约劳动”是合理的，但并不是刺激纺纱技术发明的关键因素。彭慕兰曾声称：“如果说工业革命的缔造者主要是为了节约昂贵的劳动力，这种观点并不对，因为他们事先并没有意识到这一点。”[99]此外，他还引用克莉斯汀·麦克莱奥德（Christine Macleod）《18世纪英国专利权人调查报告》中的结论。该报告指出，大多数发明家进行发明创造的动机是为了节约资金和提高产品质量，而不是为了节约劳动力。报告还声称，在进行发明创造之前，只有不足4%的发明家考虑到了节约劳动力。[100]第二，柯蒂·乔杜里和普拉桑南·帕塔萨拉蒂对工资差异论提出了质疑，他们认为18世纪的英国和印度工人的实际工资水平差别不大。[101]我下面再说一下第三个理由。

从17世纪初开始，英国制造商在向印度人学习的过程中就意识到全球棉纺织品市场规模巨大，于是从那时起，他们就开始从事全球棉纺织品的贸易活动。但是，英国生产商在扩大贸易规模方面遇到的障碍不是工人工资过高，而是工人的数量有限。因此，无论是定性论者还是定量论者都忽略了一点，那就是，即使英国纺纱工人在纺制纯棉经纱上没有技术障碍，他们的工资水平与印度工人的工资水平相差不大，但由于印度拥有丰富的劳动力资源和相对较高的产出水平比，英国的棉纺织品仍然无法与印度抗衡。据记载，在1833年，英国有约1200家棉纺厂，雇用了大约22万名雇员，[102]相比之下，早在1800年，印度棉纺厂工人的人数就高达630万，[103]占英国总人口的66%。同样值得注意的是，当时中国可能有2500

万～2600万纺织工人。[104]由于中国在1750年的棉纺织品生产量大约是印度的四倍，因此，印度大约有600万纺织工人（在生产率水平大致相同的基础上），这个数字有一定可信度。[105]

斯文·贝克特认为，中国和印度的纺织工人数量巨大，这一事实反映在以下数据上："在1750年，中国纺织工人的数量是1800年英国纺织工人人数的420倍，而印度纺织工人的人数和这也差不多。"[106]虽然对印度来讲这种说法有些夸张（如前所述），但不管怎么说，19世纪30年代印度纺织工人的数量和19世纪80年代中国纺织工人的数量依然大大超过了英国棉纺织产业工业化时期的工人数量。

因此，英国发明家们面临的挑战并不是要开发节省劳动力的技术，而是要创造可以替代劳动力的技术，从而生产出大量的棉纺织品来满足国内需求，只有这样，英国才有希望应对来自印度棉纺织品的挑战。而英国发明家们发明珍妮纺纱机、水力纺纱机，尤其是骡机的主要目的是迎合大西洋和殖民地市场的需求。总而言之，实现劳动力替代工业化是发明家们发明新型纺纱机和织布机的重要原因之一，这一过程也使得英国走向了现代工业资本主义道路。

虽然珍妮纺纱机和阿克莱特的水力纺纱机提高了纺纱速度，但骡机最终通过增加纱锭的数量从根本上提高了纺纱的效率。1825年，英国工程师理查德·罗伯茨（Richard Roberts）发明的"自动骡机"使纺纱技术达到了顶峰，它可以同时驱动1320个纺锤。这些发明的结果是使棉纱的生产量取得了革命性的提高。在1780年，使用克朗普顿发明的骡机每生产100磅80支的棉纱需要2000个工时（"Woman" Hours，计量单位，指的是一名妇女在一小时内完成的理想工作量），而生产同样数量等量的棉纱使用走锭纺纱机仅需要1000个工时。到1795年，蒸汽动力骡机出现，纺100磅80支的棉纱只需要300个工时；而到1825年，出现了自动骡机，生产上述棉纱仅需要135个工时。[107]在短短的四五十年间，英国的纺纱效率提高了340倍。此外，织布技术的进步也推动了纺纱技术的发展。值得注意的是，虽然在1785年，埃德蒙·卡特赖特（Edmund Cartwright）发明了水力织布机；但直到19世纪40年代初，布洛（Bullough）和肯沃西（Kenworthy）才将其改进为全自动织布机。[108]最后，随着19世纪30年代蒸汽机在纺织业中的运用，大约在1840年以后，英国与印度之间出现了第二次棉纺织品大分流。但正如我在第十三章中所讲的，印度和中国仍然是纺织品的重要生产国，并且在19世纪的大部分时间里，中国的生产量仍然高于英国工业化的生产量。那么，英国工业革命的第二个核心支柱——钢铁行业如何呢？

英国如何实现钢铁产业工业化？
全球经济发展不平衡与融合发展背景下的英国后发的主动行为者

在本部分，我将在全球钢铁工业发展背景下，重点关注第二次钢铁大分流，即印度、中国和英国及其他欧洲国家之间的钢铁大分流。对于英国的钢铁产业工业化，我有两点看法。首先，在全球发展不平衡和融合发展的背景下，我们将继续探讨英国后发的主动行为者的作用；其次，我们应关注英国向中国和印度学习钢铁生产技术的情况。

全球制铁技术的漫长发展史（公元前512年至公元1850年）：从早发者中国和印度到后发者英国

中国人在公元前512年左右开始生产铁，在公元前2世纪开始冶炼钢，[109]与此同时，印度在公元500年左右生产的乌兹钢也引起了世人的关注，[110]然而，至今为止，我们尚不清楚为什么印度人将生产的钢称之为“乌兹钢”。有趣的是，印度议员沙希·塔鲁尔（Shashi Tharoor）认为，乌兹钢一词源于印度坎那达语中的“ukku”，它在英语中被错误地读作“wook”，并被错拼成了“wootz”。[111]中国的钢铁生产，确实历史非常悠久。它在公元前就已经开始生产锻铁和铸铁。值得一提的是，在1078

年（宋代），中国的铁产量就已经达到了大约12.5万吨。而相比之下，在7个世纪后的1788年，英国的铁产量仅为7.6万吨。由此可见，二者在钢铁生产规模上存在着明显的差距。[112]

虽然一些专家对中国的铁的生产量表示怀疑，但并没有人否认中国在钢铁生产上与英国相比具有巨大的优势。[113]因此，不能说英国人本来就在钢铁的生产技术上更胜一筹，因为印度和中国在之前的两千年里就已经开创了钢铁生产的先河。此外，我认为英国的钢铁业是在中国和印度钢铁生产技术的基础上发展起来的。然而，我也反对蔑视英国钢铁制造业成就的观点，因为英国人在钢铁生产上确实显示出了强大的后发优势。在19世纪，英国将中国和印度的早期的钢铁冶炼技术推向了一个新高度。

尽管人们普遍认为中国的铁产量在1400年以后有所下降，但客观地讲，中国的铁产量并没有下降多少，只是增速比1078年之前有所减缓。因此，随着时间的推移，我们发现到20世纪初，中国的“生铁”年生产量大约为17万吨。[114]同样值得注意的是，18世纪，印度约有1万座炼钢炉，每年能生产20万吨钢铁。然而，印度的思想家达兰帕尔（Dharampal）认为，即使是在1840年时，印度生产的钢铁也与英国的钢铁一样质优价廉。[115]无论如何，事实是到1820年，英国的钢铁产量已达到年产40万吨铁，而到了1870年更是飙升至600万吨，[116]从而实现了与亚洲钢铁生产的第二次大分流。但问题的关键是，英国人是凭自己的实力取得了这些前无古人的成就，还是依靠从中国和印度早期生产商那里学来的技术取得的？如果是后者，这就引出了另外一个问题，即英国仅仅是“接受”中国和印度的技术，还是在中国和印度的技术的基础上有所发展？在2004年的著作中，我支持前一种观点，即英国人凭自己的实力在钢铁冶炼方面取得了独步天下的成绩；但在本书中，我支持后一种观点。

传统欧洲中心主义观点认为，在炼铁方面，亚伯拉罕·达比一世在1709年发明的以焦炭代替木炭的焦炭炼铁法是一项重要的发明。[117]该发明大大降低了冶炼成本，提高了铸铁产量。因为焦炭具有燃点高、适应高炉冶炼的特点，在强大的鼓风机的吹动下，能够降低环境污染。值得注意的是，焦炭是一种相对纯净的煤炭，经过焙烧过程已除去了硫黄等杂质，几乎是纯碳物质。然而，更确切地说，虽然这项发明对英国极为重要，但并不具有“独创性”，因为中国人早在两千多年前就已经在使用高炉进行焦炭炼铁了。[118]

在14世纪以前，中国人在运用高炉炼铁时大多使用煤炭而不是焦炭，那是因为他们在很早的时候就发现了往煤炭里添加石灰石以解决硫污染的方法。科罗拉多丹佛大学历史学教授葛平德（Peter Golas）认为，“现在看来，毫无疑问，早在汉朝（公元前206年至公元220年）末年，甚至可能更早的时候，中国人就在工厂和家庭中使用煤炭了”。[119]此外，在中国北部地区，特别是陕西，煤炭资源非常丰富。并且在宋代时，为了防止大规模砍伐森林，几乎所有的冶炼厂都开始使用煤炭炼铁。[120]因此，可以说中国在焦炭炼铁技术方面比亚伯拉罕·达比一世的所谓的“独创性发明”早了整整7个世纪。此外，在宋朝的四川地区，还出现了大型燃煤熔炉（6～9米高），中国内陆许多大型的冶炼厂都使用这种高炉进行炼钢。[121]值得注意的是，使用这种高炉进行炼钢需要大量的人力和物力，一些工厂甚至拥有超过1000名工人。[122]例如，在江苏北部有个叫李国卿（Li-kuo chien，音译）的富豪，他经营了36家冶炼厂，员工达到3600人。尽管这些工厂的经营方式与现代（尤其是西方）资本主义生产方式并不完全相同，但在某种程度上有相似之处。[123]

众所周知，蒸汽机并非中国发明，但汉学家李约瑟（Joseph Needham）认为中国的双杆动力风箱与蒸汽机的工作原理有相似之处，至今无法确定詹姆斯·瓦特的蒸汽机是否从中国的风箱获得了灵感或是对其的模仿。[124]尽管英国发明家约翰·斯密顿（John Smeaton）在18世纪60年代发明了水力风箱，但事实证明这项发明并不能被视为一项技术创新。因为在18世纪早期，为了使焦炭或煤炭燃烧得更充分以提高高炉温度，中国已经发明了类似的技术。[125]更具体地说，中国人在公元前4世纪就发明了双筒间歇性鼓风皮囊，并于公元前2世纪发明了双筒或单筒持续性鼓风皮囊。东汉南阳太守杜诗（Tu Shih）在公元31年发明了水排，使水力鼓风技术达到了顶峰。（见图10.2）。[126]

然而，毋庸置疑的是，蒸汽机的性能要远远优于中国的皮囊和风箱，它对提高钢铁生产能力起到了积极的作用。正是在这种背景下，19世纪的第二次钢铁大分流和第二次棉纺织品大分流得以形成。蒸汽机的发明只能通过科学和推动英国发展的主动行为者的作用来充分解释，这一点将在第十一章中进行详细探讨。

在英国的钢铁革命中，还有另一项著名的创新，即亨利·科特于1784年发明的“搅炼工艺”。这种工艺通过除去熔融铸铁中的碳，将铸铁转化为锻铁。这一工艺超越了早期的吹炼工艺，使英国的钢铁生产发生了根本性的变化。

然而，长期以来，中国一直都在生产锻铁，其中四川是主产地（唐

图 10.2　中国炼铁用的鼓风工具水排（插图来自王祯，《农书》，1313 年）

纳德·瓦格纳认为，“搅炼炉”最早出现于四川）。在生产锻铁的过程中，工人们会添加非常重要的熔化剂二氧化硅，因为它可以软化铁矿石中不易熔化的脉石，使其形成软炉渣。但是，瓦格纳认为，“亨利·科特于1784年申请的‘搅炼工艺’专利与中国四川潮炉（搅拌熔炼炉）的冶炼工艺有许多相同之处”。[127]如图10.3所示，为了使杂质从铁水中分离出来，这两种工艺都需要搅拌铁水，并降低铸铁的含碳量（即脱碳）。然而，它们的区别在于，亨利·科特对中国的冶炼工艺进行了改进，使用了更大的搅拌床、更粗的搅辊，并提高了生产量。

值得一提的是，西方人通常都将铸铁的发明归功于鲁珀特王子，并且在1760年，专利机构授予给他该项发明的专利。虽然这项发明对19世纪的英国非常重要，但它并非英国人的创新。中国人至少从在公元前3世纪就已经开始生产铸铁，[128]并且有许多日常劳动工具和普通生活用品是由铸铁制造的，这一点不容忽视。[129]

最后，需要补充一点，作为一个典型的后发国家，英国对铁制品的进口征收了很高的关税。[130]仅在18世纪上半期，进口关税就提高了5倍。这种后发国家战略促成了钢铁生产的进口替代工业化，为英国的企业家、发明家和“钢铁制品生产商提供了实验和创新的空间，特别是在熔炼和精炼中以煤炭代替木炭方面”。[131]同样，与棉纺织产业一样，英国政府也制定了出口促进政策来支持铁制品产业。根据规定，铁制品的出口商会从其进口原材料所缴的关税中获得一定比例的退税。[132]

全球炼钢技术的漫长发展史（公元前2世纪至公元1850年）：从早发者中国和印度到后发者英国

随着英国钢铁生产的迅猛发展，英国与中国和印度钢铁工业之间出现了第二次大分流。在19世纪50年代，英国的冶炼技术发展得非常快，到19世纪末，钢产量就达到了130万吨，而中国和印度的钢产量在当时都不足10万吨。但直到1740年，英国人才将锻铁（即熟铁）棒浸入碳中加热

图 10.3　科特的搅炼工艺（1784 年）和中国古代的搅炼工艺（公元 1 世纪）

注：底部右侧图为双杆风箱图，源自宋应星的《天工开物》（1637/2017 年）

7天，使少量的碳进入锻铁中（“熟铁碳化”），从而生产出了碳钢。这种“渗碳过程”与中国公元5世纪左右的冶炼工艺完全相同。[133]虽然本杰明·亨茨曼（Benjamin Huntsman）在1740年发明的“坩埚炼钢法”（即在小型坩埚中将铁熔化成钢）使英国的炼钢技术向前迈进了重要的一步，但这一工艺与中国古代的炼钢工艺有些相似，并且与印度的乌兹钢生产工艺也有些相似。[134]而且，这种炼钢工艺的缺点也与中国和印度的炼钢工艺相似，即生产量太小。

然而，虽然随着西门子－马丁平炉炼钢法和贝塞麦转炉炼钢法的出现，英国的钢铁生产在19世纪50年代获得了飞速发展，但是直到托马斯·吉尔克里斯特（Thomas Gilchrist）发现往转炉中吹入空气并加入生石灰可以使钢材脱磷时，英国人才终于实现了制造既结实又不易折断的钢材的梦想。[135]但是，正如之前提到的，中国人在2000年以前就已经发明了将生石灰作为造渣剂的技术。此外，在公元6世纪左右，中国人还发明了比该技术更先进的“灌钢工艺”。在这种工艺中，锻铁和铸铁被混合在一起高温煅烧，以平衡它们的碳含量，或者说是使“铸铁脱碳”，因为钢的含碳量介于锻铁与铸铁之间。[136]由于西门子－马丁平炉工艺能够将两种铁熔化在一起，而且产量巨大，因此，这一发明是炼钢史上的一项重大技术突破。正是这项技术的出现，导致了19世纪下半叶钢铁生产的第二次大分流。

关于这些发明与早期中国的发明是否有关，目前还是一个谜。我稍后会再次探讨这个问题。然而，毫无疑问的是，英国对印度的乌兹钢情有独钟。自公元500年以来，乌兹钢的价格一直是全球所有钢材中最贵的。它外形优美，花纹呈结晶状，用它制造的“大马士革剑”因其吹毛断发的利刃而备受赞誉。需要注意的是，这里的“大马士革”并非叙利亚的大马士革城，而是印度语“damascene”的音译，意为“结晶状花纹”。

为了了解乌兹钢的制造工艺，许多杰出的英国专家进行了研究，其中包括乔治·皮尔森（George Pearson）、大卫·穆希特（David

Mushet）、罗伯特·穆希特（Robert Mushet）、迈克尔·法拉第（Michael Faraday）和詹姆斯·斯托达特（James Stodart）、约翰·霍兰德（John Holland）、约西亚·希思（Josiah Heath）、亨利·威尔金森（Henry Wilkinson）和亨利·贝斯梅尔（Henry Bessemer）等人。[137]这些专家的名字看起来就像是钢铁界的名人榜。值得注意的是，冶金学家约翰·珀西（John Percy）在他1864年出版的冶金学著作中提到了大卫·穆希特的“开创性”炼钢工艺，并在书的结尾嘲讽道：“令人奇怪的是，穆希特的工艺在理论和实践上与古代印度乌兹钢的炼钢工艺并没有什么不同，他们在冶炼铸钢的过程中都使用了锻铁，我根本看不出来它们二者的制造工艺有什么不同。”[138]此外，尼克希斯·古哈（Nikhiles Guha）教授在谈及乌兹钢生产工艺比欧洲钢生产工艺更先进时表示：“虽然欧洲专利机构将可锻铁熔化成铸钢的功劳归于大卫·穆希特，并于1800年授予他发明专利，但他的制造工艺与印度西南部迈索尔地区乌兹钢的制造工艺非常相似。”[139]这让我们想起了詹姆斯·斯托达特说过的一句非常著名的话：“25年的实践证明，我的观点是正确的。客观地说，乌兹钢的性能远远优于欧洲最好的铸钢的性能……它是制造外科手术器械的绝佳材料，是无价之宝。”[140]当代重要的冶金学家M. H. C. 朗德林（M. H. C. Landrin）也表示，“看到亚洲乌兹钢的制造工艺……使人想到现代冶金学家发明的高炉炼钢，而高炉炼钢工艺只不过是……戈尔康达（Golconda）（印度最好的钢就生产于此）炼钢工艺的翻版”。[141]

最后，颇具影响力的冶金学家斯里尼瓦桑（Srinivasan）和兰加纳坦（Ranganathan）指出：“1740年谢菲尔德冶金学家本杰明·亨茨曼发明的坩埚炼钢生产工艺很可能是受到了17世纪和18世纪初欧洲旅行者所描述的印度坩埚炼钢工艺的启示。”[142]此外，有许多著名的冶金学家也发表了类似的观点。[143]综上所述，我们有理由得出如下结论：欧洲的冶金学家是通过分析和研究乌兹钢，发现了碳在钢材中的作用的。

结论：英国是在全球经济发展不平衡与融合发展的背景下模仿了中国和印度的技术吗？

论述至此，我想通过对英国工业化全球背景的讨论来结束本章。就英国的棉纺织产业革命而言，乔治·里埃洛声称，

> 人们似乎忽视了一个重要事实，那就是欧洲人并非突然间掌握了棉纺织品的生产和销售技术。即使当时欧洲人掌握了棉纺织品的生产技术，也并非他们的技术创新。实际上，从16世纪开始，他们就一直在向中国和印度学习，并最终使欧洲成为……世界上先进的棉纺织品生产基地之一。[144]

威廉·阿什沃斯（William Ashworth）指出："模仿创新是一种推翻亚洲技术垄断的方式，而且最为重要的是，这种模仿往往是在禁令和关税的保护下进行的。"[145]此外，班纳特·布朗森指出："博学的史学家爱德华·贝恩斯（Edward Baines）认为，印度印花布制造商在推动18世纪晚期的技术创新方面发挥了重要的作用，并引发了英国的工业革命。"[146]他进一步指出："可怜的印度纺织工人无意间奠定了英国和荷兰殖民帝国的工业化基础，[147]从而塑造了世界历史的进程。"虽然这种说法并没什么不妥，但也许换另一种说法更为确切，即可怜的印度纺织工人无意间奠定了英国棉纺织产业工业化的基础，从而塑造了世界历史的进程。但是英国的钢铁生产技术又是从何而来的呢？

虽然英国的发明家很可能从印度乌兹钢的制造工艺中学到了很多东西，但问题是，他们是否也借鉴了中国的思想和炼钢技术，或从中受到了启发？这就不得而知了，因为并没有史料对此加以佐证。正因如此，历史学家们就默认了欧洲中心主义的观点，即所有的炼钢工艺都是英国人发明的。而且，我们面临的现实问题是

> 如果我们想从英国发明家的作品中找到中国发明对他们的发明有些许影响，将会大失所望：西方的作家和发明家们无耻地沆瀣一气……而且，我们可以肯定的是，他们在自己的作品中往往毫无顾忌地把一切发明窃为己有。[148]

约翰·斯泰尔斯（John Styles）持有的观点与他们不同，他认为

> 私人企业家、政府和爱国团体作出了巨大的努力。那些最初建立企业的人们的目的只是简单地仿制外国产品，并且并不认为复制和模仿外国技术是不光彩的事情。他们不像现代企业家那样重视发明的独创性。[149]

进一步完善了传播理论的阿伦·巴拉（Arun Bala，新加坡国立大学历史学教授）认为，早期的技术和工艺（比如中国的）在一定的文化背景下会传播到有兴趣了解它们的国家（比如英国），并且很快被这些国家采纳，进而被应用于更高的目标（比如工业化时代的英国）。[150]研究发现，在英国推行钢铁工业化的过程中（1650—1780年），很多发明家和启蒙哲学家对中国的事情表现出极大的兴趣，[151]并引进了大量的与中国文明相关的书籍进行广泛的阅读。[152]同时，中国的很多技术在这一时期都被传播到了欧洲，这反过来又促进了英国农业革命的发展，例如，中国著名的农业发明旋转式风力脱粒机和曲面铁板犁等也传入了欧洲。[153]

当然，这些并不能证明英国的钢铁发明家们一定借鉴了中国的思想和技术。

但可以肯定的是，印度和中国早在大约两千年前就开始炼钢。英国人的工作并非从一张白纸开始，他们的钢铁发展之路与印度人和中国人开拓的道路有相似之处。值得注意的是，就算英国的钢铁发明家们在全球经济发展不平衡与融合发展的背景下模仿了中国人的发明，他们也对这些技术进行了进一步的改进，并实现了钢铁产业工业化。因此，虽然推动英国

发展的主动行为者在工业化过程中发挥了重要的作用，但我并不认可工业化诞生于“全球化过程”的观点。我认为，第一次经济全球化为英国工业化的发展提供了肥沃的土壤。此外，在全球化背景下，尽管中国和印度都存在着历史资本主义，但正如我将在第十一章和第十二章所论述的，它们都没有自发地走向资本主义的道路。

注释

[1] Go (2016: 131–9).

[2] 例如Landes (1969, 1998), Mokyr (2009), McCloskey (2010); and Ferguson (2011)。

[3] Gerschenkron (1962) and Trotsky (1906/2010: 42–51).

[4] Wadsworth and de Lacy Mann (1931: 118, 144), O’Brien (1989: 364, 1991: 27–8), Inikori (2002: 149–55), Chang (2002: ch. 2), Ashworth (2017), Parthasarathi (2011: 125–31), Beckert (2015: 47) and Vries (2013, 2015).

[5] Styles (2000).

[6] 分别参见 Prestholdt (2008) and Berg (2009: 395)。

[7] Styles (2000) and Berg (2009).

[8] Irwin and Brett (1970), Chapman (1972/2006: 15) and Styles (2000).

[9] Parthasarathi (2011: 37)

[10] Lemire (1990, 2009, 2011: ch. 3).

[11] Parthasarathi (2011: 125–31), Chaudhuri (2006: 278–9, 294) and Inikori (2002: 431–3).

[12] Washbrook (2007: 87–8).

[13] Chaudhuri (2006: 296–7); 参阅Inikori (2002: 432)。

[14] Baines (1835/1966: 259).

[15] Chang (2002: 22).

[16] Inikori (2002: chs. 2 and 9, and especially 149–55) and Riello (2013: 147–51).

[17] Parthasarathi (2011: 94).

[18] Ricardo (1819: ch. 6).

[19] Grinin and Korotayev (2015: 67).

[20] Wadsworth and de Lacy Mann (1931: 144), Inikori (2002: 484), Chang (2002: ch. 2), Parthasarathi (2011: 125–31) and Riello (2013: 147).

[21] Smith (1776/1937: 424).

[22] Parthasarathi (2011: 131).

[23] Gekas (2007).

[24] Parthasarathi (2011: 133).

[25] Ashworth (2017: 100).

[26] Bronson (1982/3: 4–5).

[27] Smith (1776/1937: 563；另见558–60, 561–2, 564–79)。

[28] Davis (1962) and Inikori (2002: 447–9).

[29] Lemire (2009: 226).

[30] Parthasarathi (2011: 90)，我关注的重点。

[31] Riello (2013: 149).

[32] Williams (1944/1964: 68, 68–73).

[33] Inikori (2002: 435).

[34] 同上，（437）。

[35] Chapman (1972/2006: 16).

[36] Deane and Cole (1969: 185) and Inikori (2002: 149, 450).

[37] Blackburn (2010: 518–27).

[38] Deane and Cole (1969: 78).

[39] 同上，(34, 312, also 281)。另见：Inikori (2002), Du Bois (1946/2015), Williams (1944/1964) and Rodney (1972/2012).

[40] Parthasarathi (2011: 134).

[41] White (2011: 234–5).

[42] Deane and Cole (1969: 187) and Inikori (2002: 436).

[43] Farnie (1979: 56–61) and Inikori (2002: 436).

[44] Inikori (2002: 448).

[45] Raynal (1777: 295).

[46]　Parthasarathi (2011: ch. 4) and Riello (2013: ch. 5).

[47]　Bronson (1986: 27).

[48]　Bala (2006), Joseph (1992) and Raju (2007).

[49]　Hobson (2004: 173–83), Goody (2004), Ghazanfar (2006), Al-Rodhan (2012) and Al-Hassani (2015).

[50]　Baber (1996: 61), Bronson (1982/3: 3) and Mukund (1992: 2059–60).

[51]　Scott(1790–1801/1983:264–5).

[52]　Wadsworth and de Lacy Mann (1931: 124–8), Parthasarathi (2011: 90–5) and Riello (2013: ch. 8).

[53]　Tavernier (1667/1889).

[54]　Riello (2013: 167).

[55]　Baines (1835/1966: ch. 12).

[56]　Bronson (1986: 28).

[57]　Parthasarathi (2011: 91).

[58]　Riello (2013: 178–9).

[59]　Ashworth (2017: 157).

[60]　Chapman (1972/2006: 11).

[61]　Riello (2013: 150).

[62]　Parthasarathi (2011: 134).

[63]　Wadsworth and de Lacy Mann (1931: 151), Thornton (1998: 50–2), Northrup (2009: ch. 4), Machado (2009a, 2009b, 2014: 135–6), Riello (2009a: 266–7) and Parthasarathi (2011: 92–5).

[64]　Baines (1835/1966: ch. 9).

[65]　Beckert (2015: 68).

[66]　Arkwright cited in Baines (1835/1966: 161).

[67]　Mukund (1992), Parthasarathi (2011: chs. 2 and 4) and Riello (2013: 176).

[68]　Irwin (1959: 57).

[69]　Riello (2013: 176).

[70]　同上，（178）。

[71]　Ashworth (2017: 161).

[72] Heyne in Yazdani (2017: 186).

[73] Ashworth (2017: 163).

[74] Bronson (1982/1983) (无具体页码)。

[75] Riello (2013: 182–3).

[76] Mukund (1992) and Chaudhuri (2006: 275–6).

[77] Chapman and Chassagne (1981) and Berg (2009: 409–11).

[78] Riello (2013: 179–81).

[79] Broadberry 等，(2015)。然而，值得注意的是，滚筒印刷成本非常高，因此在19世纪主要采用雕版印花，Ashworth (2017: 160)。

[80] Maskiell (2002: 36).

[81] Beckert (2015: 50).

[82] 例如，Deane (1965: 88–90), Landes (1969: 84), Hobsbawm (1969: 42–3) and Kindleberger (1996: 132)。

[83] Landes (1969: 39).

[84] 关于这两种观点精彩的讨论，Parthasarathi (2011: 98–114)。

[85] Riello (2013: 214–16).

[86] 请参阅，Elvin (1973), Wolf (1982: 270–1), Frank (1998: 286–94, 300–14), Chaudhuri (2006: 273), Broadberry and Gupta (2009), Allen (2009) and Beckert (2015: 64–5)。

[87] Berg (2009: 405)；另见Parthasarathi (2011: 94, 96–7) and Riello (2013: 152)。

[88] Riello (2013: 225).

[89] Chao (1977: 67).

[90] Parthasarathi (2011: 97–8).

[91] Berg (2009: 391)，我关注的重点。

[92] Griffiths et al. (2008: 636–7).

[93] Chao (1977: 65).

[94] Chapman and Chassagne (1981: 38).

[95] Mukund (1992: 2058).

[96] Parthasarathi (2011: 98).

[97]　Berg (2009: 405, 407).

[98]　Chapman (1972/2006: ch. 5).

[99]　Pomeranz (2000: 52).

[100]　MacLeod (1988: 158–81).

[101]　Chaudhuri (1974) and Parthasarathi (2011: 37–46).

[102]　Chapman (1972/2006: 60). 请注意，虽然据Farnie (1979:24)估计，在1801年，英国有24.2万纺织工人，而到了1831年，这一数字上升至42.7万，但这其中包括了手工织工。

[103]　Twomey (1983: 54).

[104]　Li (1998)指出，仅在长江三角洲（该地区是中国最重要的棉纺织品生产区），就有350万成年织工，但Pomeranz (2000: 332)认为这一数字过于保守。据Xu和Wu (2003: 313)估计，在1840年，该地区45%的人都在从事棉纺织品生产，约有3420万户。如果每户有1.5人参与棉纺织品生产（儿童和老人被当作0.5个人），就可以计算出参与棉纺织品生产的总人数为5130万。然而，假如工人们每天只生产半日（Xu1992：215-16），就可以最终得出从事棉纺织品生产的人数为2500万或2600万（成年人）这一数字。感谢张仕之的上述计算。另外，请参见Zhang (2020: ch. 3)。

[105]　关于中国和印度生产力水平大致相当这一观点，请参见Riello (2013: 75–6)。

[106]　Beckert (2015: 80).

[107]　Broadberry and Gupta (2009: 298).

[108]　Griffiths *et al.* (2008) and Parthasarathi (2011: 95).

[109]　Needham (1964) and Wagner (2008: 83–4).

[110]　Bronson (1986).

[111]　Tharoor (2017: 32).

[112]　Hartwell (1966: 32–3).

[113]　例如，Golas (1999: 169–70, esp. n. 495)。

[114]　Xing (2000: 418).

[115]　Dharampal (1983: 213–51).

[116]　Fry and Willis (2015: 38, 45).

[117] Deane (1965: 129), Landes (1969: 95) and Braudel (1992: 553–5).

[118] Wertime (1961: 49), Hartwell (1966: 55–7) and Wagner (2008: 318).

[119] Golas (1999: 193)；另请见Needham (1964: 19)。

[120] Hartwell (1966: 54), Golas (1999: 195–6), Wagner (2008: 3–4) and Parthasarathi (2011: 162–4).

[121] Wagner (2008: ch. 2).

[122] Hartwell (1966: 45–8) and Wagner (2008: 305–11).

[123] Hartwell (1966: 44–51).

[124] 关于此观点，请见Needham (1970: 136–202)，Needham *et al.* (1986: 544–68) and Pomeranz (2000: 61–2)。另见Deng (2004)。

[125] Needham (1964: 47).

[126] 同上，(1970: 119)。

[127] Wagner (2008: 30, and see 30–4).

[128] 同上，(167, 359–61)。

[129] 详情请见Hobson (2004: 52)。

[130] Davis (1966: 315–16) and Brewer (1989: 166).

[131] Parthasarathi (2011: 169).

[132] O'Brien (1989: 364; 1991: 27–8).

[133] Needham (1964: 9–11) and Wagner (2008: 66–8).

[134] Wagner (2008: 261–4) and Srinivasan and Ranganathan (2014: 3, 39).

[135] Fry and Willis (2015: 102).

[136] Needham (1964: 10–11, 26–31, 1970: 109), Wagner (2008: 255–67) and Lox (2009: 377).

[137] Pearson (1795), Mushet (1805, 1840/2011), Stodart (1818), Faraday (1819), Stodart and Faraday (1822), Holland (1833) and Wilkinson (1837, 1841: 196–237).

[138] Percy (1864: 776–8, 778).

[139] Yazdani引自于Guha (2017: 194)。

[140] Stodart (1818: 570–1).

[141] Landrin (1868: 41).

[142] Srinivasan and Ranganathan (2014: 3).

[143]　参见Yazdani (2017: 192–3)有关讨论。

[144]　Riello (2009b: 310).

[145]　Ashworth (2017: 103)，我关注的重点。

[146]　Bronson (1986: 27).

[147]　Sen (1962: 92).

[148]　Bray (1984: 571).

[149]　Styles (2000: 130–1).

[150]　Bala (2006: 50).

[151]　Bray (1984: 569) and Clarke (1997).

[152]　Needham (1970: 174), Lach and Kley (1993: 1890) and Clarke (1997).

[153]　Bray (1984: 366–79, 553–5, 558–9, 581–3).

第四部分

1600—1800年的第二次大分流：全球化背景下的不同“发展架构”

第十一章 为什么棉纺织产业工业化发端于英国而非中国和印度

引言

第四部分共包括两章，主要从总体上考察彭慕兰所讲的“大分流”。如前文所述，我更愿意称之为“第二次大分流”。本章是该部分的第一章，主要讲述棉纺织产业的第二次大分流。棉纺织产业的第一次大分流始于公元1000年，到了13世纪，中国和印度的棉纺织品生产迅速发展。而东西方的在铁生产上的第一次大分流可以追溯至公元前5世纪初的中国，钢生产上的第一次大分流在公元前2世纪的中国也有所肇端。[1]当然，到了公元500年，中国和印度的钢铁生产已遥遥领先于欧洲，出现了钢铁生产的第一次大分流。我在本章主要论述棉纺织产业的第二次大分流，而钢铁产业的第二次大分流将在第十二章讨论。

我在本章遇到的难题和第十二章类似，也是历史社会学和全球经济史上最具有挑战性的问题之一：“李约瑟难题”或“李约瑟之问”，即“工业革命为什么没有发生在2000多年来在科技领域一直领先的近代中国（在一定程度上还有印度），而是发生在英国？”[2]尽管70多年前不朽的

“李约瑟学术大厦”并没有建立在欧洲中心主义的基础之上，但他本人对该问题的回答却出人意料地基于欧洲中心观点。因为李约瑟关注的是（东方专制式的）中国国家与水利有关的官僚体系，其诞生是为了维护集中化的灌溉系统，它在本质上是重农抑商的。相比之下，欧洲封建贵族的统治更有利于资本主义的发展，特别是由于欧洲内部存在大量社会冲突，使“权力和自由”得以兴盛发展。[3]然而，许多非欧洲中心主义者认为，李约瑟之问从一开始就预设了欧洲中心主义的基础，因为它要求我们指出英国“存在理性”，而中国“缺乏理性”。[4]但在本章和第十二章中，我提出了一个避免陷入欧洲中心主义的解决方案，以回答李约瑟之问。

通过对英国与中/印的比较分析（见图11.1和图12.1），我发现尽管它们之间存在着“惊人的相似”，但“发展架构”并不完全相同。值得注意的是，尽管加州学派对中国和英国经济体制、全球贸易和（第二次）大分流有独到的见解，但令人惊讶的是，这个学派对它们的生产方式却了解甚少。在本章，我希望通过分析它们的生产力和生产关系来解释为什么英国走上了现代资本主义发展道路，而中国和印度却仍然停滞不前，并以此来回应那些西方马克思主义批评者。同时，该研究也填补了加州学派的研究空白。虽然生产关系是我研究的重点之一，但我的研究范围远不止于此。我更喜欢对它们复杂的“发展架构”进行研究，因为它涉及国家与生产关系、生产方式、帝国、战争、税收以及认识建构等多个因素。而且，正如我在第八章中所论述的，我对生产方式的界定方法相对折中，与正统的马克思主义者有所不同。

我还将中国、印度和英国这三个国家置于全球和区域背景下，具体考察第一次经济全球化以及地缘政治给它们带来的压力和机遇。同时，我还引用彭慕兰的生态环境差异理论对它们的棉花和煤炭生态环境进行分析。在本章中，我主要讨论它们的棉花生态环境；而在第十二章，我将论述它们的煤炭生态环境。需要注意的是，虽然我在本章中也提及印度，但重点是关注其生产方式和生产关系。稍后，在第十二章中，我将详细介绍

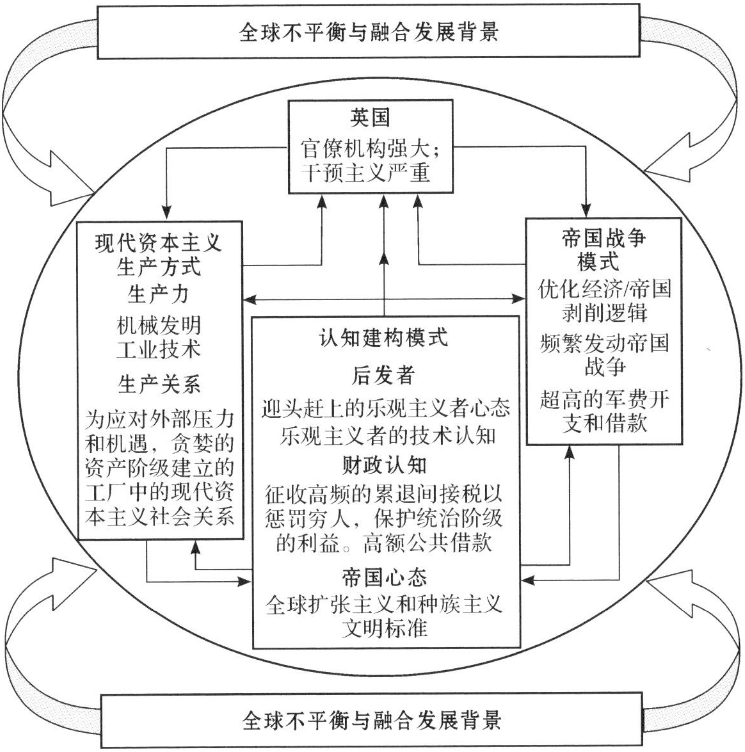

图 11.1　全球经济发展不平衡背景下英国和中国的“发展架构”

1750年后印度迈索尔邦的钢铁生产。

然而，对于我采用的比较历史社会学的分析方法，历史学家古尔明德·班布拉尖锐地指出，比较的方法存在着一些问题，它总是将国家之间的复杂联系悬置起来，这提醒我要注意英国、中国和印度三国之间的内在联系。[5]因此，大部分加州学派学者忽视了中国与英国在生态环境上的差异，将研究重点放在了它们之间“惊人的相似之处”上，[6]但我还是在试图研究它们之间的生态环境差异。我认为，由于中国与英国所处的国际环境和所面临的国际压力不同，政府采取的政策也会有所不同，因此，我将重点研究它们一种多维空间式的发展架构。

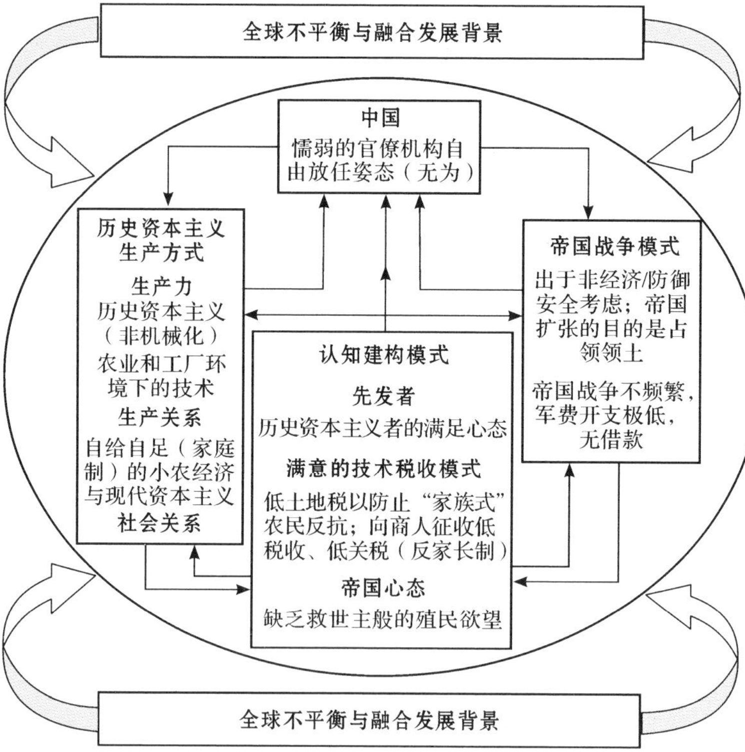

图 11.1（续）

我在两个方面对“李约瑟之问”进行了回答：首先，中国和印度之所以没有走上棉纺织产业工业化道路，是由它们的发展架构，尤其是生产体系和阶级关系的性质决定的；其次，由于中国和印度都没有国际地缘政治、帝国经济和全球经济的压力，加上它们都属于“随遇而安的历史资本主义社会”，因此缺乏实现工业化的愿望和需要。因此，正如我在第八章中指出的，原始工业化和历史资本主义并不会必然导致现代工业资本主义（参见第十四章）。此外，我在本章中重点关注的是第一次经济全球化在棉纺织产业大分流中所起的作用；在下一章，我将从国际地缘政治、帝国因素和财政因素等方面分析它们之间的第二次钢铁产业大分流。

相比较而言，英国之所以成为“积极向上的工业资本主义社会”有两个主要原因，一是为了应对来自全球经济和帝国地缘政治的巨大外部压力；二是由英国特殊的社会关系所产生的特定阶级关系所决定的。与欧洲其他国家尤其是法国相比，英国之所以首先实现了工业化，并不仅仅是因为面临着巨大的外部压力，而是因为推动它发展的主动行为者在工业化过程中发挥了重要的作用。而加州学派则忽视了这一点。另外，根据我对历史的了解，经济全球化在英国工业化之前就存在，这进一步否定了欧洲中心主义大爆炸理论。

本章共分四节。前两节对标准的欧洲中心主义观点（即中国缺乏发展资本主义工业化的先决条件——理性制度和理性文化）提出了挑战。第一节为“中国缺乏企业、财产权和理性经济制度吗？”该节重点考察中国“历史资本主义”的特征，并通过与英国进行对比，发现两国在经济制度、工业财产权和企业家精神方面有相似之处，这与加州学派的观点相一致。

第二节为“中国（和印度）在棉纺织产业上缺乏技术创新吗？”，该节讨论了中国的技术创新能力，指出中国在科技水平上曾领先世界两千多年，虽然在清代时期这方面有所欠缺。我认为，中国人本来能够把水力/机械的大型苎麻纺纱机改造成纺棉机，从而实现棉纺织产业工业化，但由于小农家庭生产的自给自足性，以及原棉生产规模的局限性，中国并没有选择走棉纺织产业工业化道路。印度的情况也与此类似，它的劣质的短绒棉更利于家庭式小作坊生产，不利于棉纺机械大规模生产。针对“欧洲中心主义的亚洲家庭生产体系阻碍了中国和印度现代资本主义的发展”这一观点，我在第三节“为什么印度和中国都没有实现棉纺织产业工业化？全球经济发展不平衡与融合发展背景下不同的阶级关系和生产方式”，讨论了中国和印度没有实现棉纺织产业工业化的三个原因，这与阶级－社会、国家－社会关系，以及它们在全球棉纺织生产体系中的地位有关。最后，我在第四节“为什么英国实现了基于棉纺织产业的工业化：被誉为

‘积极向上的’英国棉纺织产业资本家”中，讨论了英国棉纺织产业工业化，认为在全球经济发展不平衡的背景下，英国这样一个资产阶级和封建贵族并存的国家，存在着一套等级更森严的阶级体系。为了提高利润，英国资产阶级必须在缺乏竞争力的棉纺织产业上实现机械化大生产，以应对印度棉纺织品对全球市场的控制。

中国缺乏企业、财产权和理性经济制度吗?

欧洲中心主义者认为，中国和印度先于英国实现工业化的可能性不大，因为亚洲并不存在企业、理性经济制度和财产权。由于我在第八章的最后一节中揭示了印度存在的多种理性经济制度，我在本节将通过讨论中国的历史资本主义来考虑这一重要问题。通过探讨中国的历史资本主义，我同意加州学派提出的“中国与英国存在着‘惊人相似之处’”的观点。

因为现代意义的法律制度乃在经济上采取理性态度、奉行自由主义的西方国家所创，所以欧洲中心主义者认为，东方国家的经济制度是专制主义的产物。然而，即使在欧洲推行自由贸易的情况下，人们也越来越认识到东方传统法律制度的重要性。[7]修正主义者根据史料发现，中国早就存在各种与商业、合同和财产权有关的传统法律制度。[8]事实上，据亚当·斯密的说法，[9]中国国内的贸易额规模相当于整个欧洲国家间的贸易规模，这意味着，中国肯定存在着某种形式的合同和财产权制度。濮德培认为，中国当时的情况与欧洲文艺复兴时期的状况基本上相同，

> 尽管普通中国人没有法律保障……受传说中的东方专制统治，但他们确实生活在一个日益发达的农商社会中。在这种社会中，实体法与非正式程序法并存，这与现代早期的欧洲并没有多大的不同。[10]

经过历代发展，到清朝时，中国并没有发展成为一个阻碍经济发展

或对其他国家进行经济掠夺的国家，而是成了一个致力商业经济稳定，并倾向于自由贸易的国家。正如曾小萍（Madeleine Zelin，哥伦比亚大学中国研究系主任）所言："清朝的经济政策相对温和，既不限制资本和人员的流动，也不限制商人和制造商的创业热情……清朝对制造业和商业的税收制度也相对温和。"[11]在第二章的结尾，我也对此予以了证实。

学者们认为，在中国的农业和商业的发展过程中，书面合同具有同等地位。罗森塔尔和黄斌（Bin Wong）指出，在过去30年出土的大量私人契约表明，中国在清代时承认土地私有化，[12]并且地方官员有权监督当事人履行合同和地契。曾小萍教授对清初四川自贡盐业的深入研究也具有启发意义。她揭示了当时商人筹集资本、研发技术、占领市场和建立商业组织的情况。她特别指出，

> 自贡的投资者成功地将手工作坊转变为大型工业企业……证明了长期以来人们所持有的中国社会架构差、现代银行缺乏以及儒家文化对商业的偏见阻碍了工业的发展的观点是错误的。[13]

中国银行业的案例也颇具启发意义。虽然著名的史学家伊懋可（Mark Elvin）重点强调了18世纪（北部）山西省银行的例子，[14]但并没有否认南方出现了许多"本地银行"（钱庄）以及经办新大陆白银进口业务的"钱庄"的事实。此外，南方当地的钱庄也"开始经营商业信贷业务，并在大型延期付款贸易中以铜币取代了白银"。[15]黄斌指出，"本土银行"（账局、票号和钱庄）所办理的吸收存款和发放贷款业务是现代银行的主要业务。"中国第一家账局似乎是一名山西商人于1736年在张家口创办的，他投资了4万两白银（约为1.3万英镑）……旨在为大江南北的晋商提供地区间的汇兑便利"。[16]此后，钱庄开始遍布中国的江南地区。

彭慕兰指出，中国的家族企业已经存在了很多世纪，有些企业还属于股份制企业，它们不仅筹集到了大量资金和股本，而且还实现了垂直经营。此外，有的公司的雇员人数甚至达到3000～5000名，这就"使它们

步入了前工业化时期世界上最大的公司之列，当然这也表明，中国的企业家们有筹集资金和管理任何前工业化或早期工业化企业的能力”。[17]我还在第六章和第八章中指出，有许多印度的巴尼亚家族企业也在从事大规模的洲际贸易。此外，上述企业在经营过程中还受商业合伙和其他理性制度的约束，包括复式账簿制度、商业合伙关系（在印度语中叫沙阿－古玛什塔）以及汇票使用规范等。我在前文中还提到，（为了向洲际贸易公司提供资金），印度的寺庙公开吸收公众存款，它们的筹资规模甚至可以与阿姆斯特丹的银行相媲美。[18]最后值得一提的是，印度的贷款利率不仅与16世纪和17世纪的英国相当，而且保险公司收取的国际货物运输保险费也非常低，这就给跨国贸易企业提供了支持。[19]然而，所有这些都被欧洲中心主义所忽略了，因为在他们看来，与欧洲所谓的正式的经济制度相比，亚洲的经济制度从本质上来讲基本上都是“非正式的”。但我要重申的是，经阿夫纳·格雷夫（Avner Greif，斯坦福大学经济学教授）研究表明，欧洲的许多支持贸易的制度从本质上来讲也是非正式的。

以上论述表明，在第一次经济全球化时期，历史资本主义既存在于中国的清代，也存在于印度。因为正如我在第八章中所言，历史资本主义在中国和印度都存在，因为各种贸易都离不开理性制度的支持，而大宗商品贸易是在混合社会关系（部分现代资本主义关系、部分农业关系）下生产的。

中国（和印度）在棉纺织产业上缺乏技术创新吗？

欧洲中心主义思想家认为，中国人和印度人仍然缺乏技术创新能力，这也解释了他们为何一直保持家庭棉纺织生产体系而没有实现工业化。因为在这两个国家中，中国的技术创新能力相对较强，所以我在本节将重点对它进行讨论。我认为，中国在历史资本主义时期，棉纺织技术与家庭生产体系之间确实存在着某种关系，在很大程度上可以说是后者催生了前者，而不是相反。

中国大型苎麻纺纱机惊人的但并未发挥出来的工业潜力

伊懋可在他的开创性著作《中国历史的模式》（*The Pattern of The Chinese Past*）一书中指出，中国人早在13世纪就发明了一种用大麻和苎麻（一种灌木植物）进行纺纱的“大型苎麻纺纱机”，但这种纺纱机可能只流行了一个世纪。图11.2展示了大型苎麻纺纱机，最早载于王祯著名的百科全书《农书》（1313年）和宋应星的《天工开物》（1637年）中。重要的是，这台纺纱机是水力驱动的机械，而且它与理查德·阿克莱特发明的水力纺纱机有某些共同特征。

王祯在他的著名的百科全书《农书》中声称，这台13世纪的大型苎麻纺纱机能在24小时内能纺出130磅麻线。[20]由于它比理查德·罗伯茨于1825年发明的自动骡机的生产效率高7倍，其生产水平确实令人惊讶。虽然这一数据似乎令人难以置信，但遗憾的是，这是目前我们能找到的唯一证据。

然而，即使这一数字只是王祯估计的1/6，仍然会给人留下深刻的印象。这就意味着，正如伊懋可所言，如果将这台纺纱机改造成棉纺机，那么中国的纺织产业工业化有可能“比西方早400多年”。[21]重要的是，正如迪特·库恩（Dieter Kuhn，德国汉学家）所指出的，

> 早在13世纪，中国的纺织技术人员就发明了工业用纺纱机（类似于水力纺纱机和珍妮纺纱机）……事实上，就性能而言，即使是珍妮纺纱机，其质量也无法与大型苎麻纺纱机的质量相提并论。[22]

尽管中国的大型苎麻纺纱机与阿克莱特的水力纺纱机非常相似，但要想将其改装成纺纱机，还需要对其关键部位进行改进。具体来说，需要增加一个牵引杆。[23]中国的纺纱机之所以没有牵引杆，是因为苎麻纺纱需要加捻，而棉花纺纱需要抽拉。然而，增加一个牵引杆不仅在技术上是

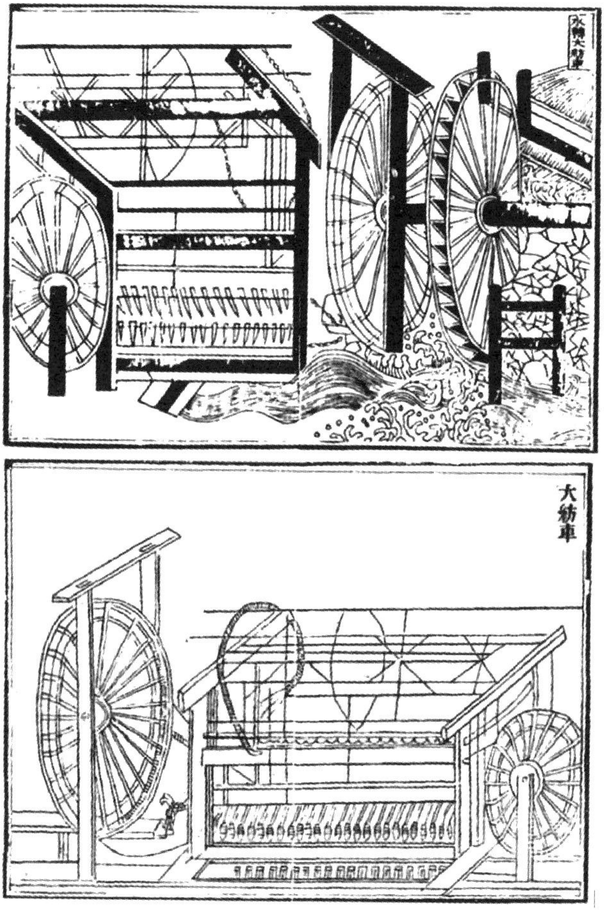

图 11.2　中国水力驱动的大型纺纱机[王祯，《农书》，1313 年。库恩转载（1988：227，228）]。另见伊懋可（1973：196）和库恩（1988：230）图书中的插图

可行的，而且如果中国人愿意，他们完全可以做到，因为他们对纺纱机的原理非常熟悉，我稍后将会对此进行解释。虽然人们普遍认为，在20世纪以前，苎麻纺纱机并没有被改造成棉纱纺纱机，但中国经济史学家李伯重（Li Bozhong）认为，在18世纪时它就已经被改进了。[24]但对他这一说法，我无法找到任何证据证明改进后的棉纱机在第二次世界大战以前就已经存在。因此，问题的关键是，为什么在20世纪以前苎麻纺纱机没有被改造成棉纱纺纱机？

继前面提到的反事实主张以后，伊懋可继续称

> 在14世纪，这些技术改造并不是中国技术无法达到的。中国之所以没有制造出棉纱机，可能是因为它们逐渐不再被使用，甚至最终退出了历史舞台。因此，我们不得不得出这样的结论：至少在纺织品方面，由于中国的科学技术发展速度较快，在此之后阻碍中国技术进步的原因并不是科技人员缺乏精益求精的精神，而是缺乏推动发明和创新的资金和智力支持。[25]

但正如我在后文中将解释的那样，中国的创新精神一直延续到公元1700年左右。此外，由于在14世纪后棉纺织品逐渐流行并取代了麻织品，大型苎麻纺纱机便退出了历史舞台。[26]虽然后来它被改装成了棉纺机，但那是在1937年至1945年第二次世界大战期间发生的事情。[27]因此，问题的关键在于，将苎麻纺纱机改造成棉纺机以实现工业化是否超出了20世纪前中国人的技术能力。

乔尔·莫基尔（Joel Mokyr，美国西北大学著名的经济史学家）教授对此予以断然否定，

他说，“很难相信如此有创意的中国人竟然连如此简单的装置（牵引杆）都发明不出来。但如果它被发明出来，总不能连任何迹象都没有”。[28]事实是，中国人确实使用过牵引杆，虽然当时是在五锭纺纱机上使用的，也就是用手持牵引杆抽出五支粗纱。[29]那么，为什么中国人没有

将牵引杆安装在大型水力纺纱机上呢？赵康的观点与莫基尔不同，他把伊懋可的观点推进了一步：

> 对比莫基尔和伊懋可的观点，我们很容易得出这样的结论：只要给中国的大纺车（苎麻纺纱机）加一个牵引杆，就可以变成珍妮纺车（或水力纺纱机）。而且，这种机器的制造技术非常简单。因此，令人费解的是，在长达600年的时间里，竟然没有一个中国人有这种想法，这简直不可思议。[30]

在发现中国很早就有手持式抽纱牵引杆后，赵康接着说：

> 事实证明，中国在1637年以前就有制造珍妮纺纱机的所有关键部件（机械化牵引杆除外）。因此，我们得出如下结论，即中国棉纺业淘汰了大型多锭苎麻纺纱机的原因并非在于它在技术上存在着缺陷。[31]

虽然赵康和迪特·库恩都认为中国没有出现棉纺机的“非技术原因”与它的家庭小规模生产体系有关（我稍后会解释），但我们还需要考虑它所处的全球经济化背景及其本土原棉质量较差的原因，下面我将讨论这个问题。

为什么大型苎麻纺纱机没有被改造成棉纺机（一）：生态环境带来的挑战

大型苎麻纺纱机不太可能被改造成机械化棉纺机的第一个原因是重大的生态灾难，尤其是中国的原棉质量非常差。中国的棉花属于短绒棉，它的纤维长度远远短于美国的陆地棉和埃及的海岛棉。此外，就捻曲度而言，海岛棉平均每英寸可以拥有300个捻，印度短绒棉平均每英寸150个捻，而中国棉平均每英寸只有66个捻。需要注意的是，纤维捻曲度个数越多，棉纱的质量越好。除了上述两个缺陷外，中国棉花的纤维弹性也很差。[32]总的来讲，中国原棉的质量差强人意，不太适合机械化纺纱机和动力织布机生产。相比之下，英国人非常幸运，因为在他们将水力纺纱机、骡机和动力织布机等机械化纺织设备投放到兰开夏郡棉纺厂的同时，美国的陆地长绒棉从1793年开始上市，墨西哥棉在1820年后也大量生产。充足的长绒棉产量确保了英国的原棉供给，因为机械化纺织设备需要大量弹性强、韧度好的原棉（正如我在第九章和第十章中所讨论的）。

然而，可能会有人认为，在18世纪下半叶大量印度原棉进入中国的情况下，[33]这是促进中国棉纺织机械化和工业化发展的千载难逢的好时机。但正如前文所述，印度原棉也存在与中国原棉一样的棉花纤维短、抗拉强度低的问题。赵康曾经指出，除了特殊的达卡棉外，“印度棉花的品质不及中国长江流域产的某些棉花，但对手工纺纱来说已经足够了，因为手工纺纱只能生产出比较粗的低支纱”。[34]这反过来也表明，印度纺纱师在使用短绒棉制造经纱方面的技术已炉火纯青。此外，虽然中国人在19世纪80年代已经能够进行机械化棉纺织品生产，但工厂也只能生产低支纱（即粗纱）。但是，为了能生产出20支以上的中高支纱，中国人在1898年就依赖从美国进口的长绒棉，并于1919年成立了中国植棉改良推广委员会以改良本国的棉花品种。[35]值得注意的是，到20世纪70年代初，中国已重新成为世界头号棉花生产国，同时也开始大量进口优质的美国棉花。相比之下，早在19世纪早期，英国人就能用从美国进口的原棉生产出100支纱。最后，原棉的缺陷有助于解释为何早在13世纪中国农民联合起来使用（机械化）大型苎麻水力纱机纺制麻线，而在个人家庭中却采用手工纺制棉纱。所有这些都意味着，家庭生产体系并不能阻碍棉纺机械化的发展，因为它的存在一定程度上是由中国国内原棉的缺陷造成的。

为什么大型苎麻纺纱机没有被改造成棉纺机（二）：家庭生产体系的性质

正如赵康和迪特尔·库恩所言，中国没有将苎麻水力纱机改装成水力纺纱机的第二个原因是，与英国的棉纺织品外包体系一样，中国的家庭生产体系首先考虑的是如何降低生产成本，减少纺织工人的数量，而不是追求工人数量的增加。[36]因此，很多家庭手工作坊都不愿意将大型苎麻水力纱机改造成水力纺纱机，一方面，这是因为改造成水力纺纱机对个体家庭来说成本过高；另一方面，将大型苎麻水力纱机改造为水力棉花纺纱机需要三名工人同时操作，这对于家庭作坊来说是一种奢侈，相信任何一个中国家庭都难以做到。这也解释了为什么中国人在13世纪发明了大型轧棉机后不久就选择弃用它，因为一个家庭无法同时腾出三个人去操作它。

下述事实或许更能说明这一点。在中国，75%的丝织品生产，尤其是高档丝织品的生产都是在大型作坊或工厂中进行的，这是因为丝织品生产需要高度资本密集型的机械（尽管非机械化），同时需要三名织工同时操作。因此，或许有人会问，在中国为什么不能像生产丝织品那样，采用工厂生产模式取代家庭棉纺织品生产模式。正如我之前所解释的，家庭棉纺织品生产对中国来说非常重要，并且规模巨大，因此进行机械化大生产和技术创新并不必要，也不可取。此外，为了维持农村的稳定，政府也将维持家庭棉纺织品生产体系定为基本国策。尽管早在13、14世纪，元代就把这一政策确立为基本国策，但到了清代，它变得更加重要。然而，在前文中我也提到，在清代长江三角洲下游的松江等地确实出现过棉织厂，但这些厂主要从事染色、整理和压光等后道工序，而不是纺纱和织布。当然，在清代也存在主要生产高档棉纺织品的国有棉纺织厂，但由于中国原棉属于短绒棉，其生产效率非常低下。[37]

但是，如果对各种观点汇总一下，我们会发现，印度也存在着与中国类似的影响棉纺织产业机械化的因素。在印度，织布工所操作的机器无疑要比中国的机器简陋得多，但他们却能以高超的技术，尤其是纺纱技术来弥补这方面的不足。因为印度棉纺织品的产量大得惊人，且在享有巨大的国内市场的同时也主导着非—欧—亚市场，所以正如我在第三至第五章中所讲的那样，它既不需要也不希望发展工业技术。此外，因为即使更先进的纺纱机也无法生产出他们所需要的高支纱，所以技术高超的达卡纺纱工根本不会用除了最原始的纺纱设备以外的其他设备来生产印度平纹细布。[38]在他们接受了手摇纺花车把棉花纺成粗纱（也就是既粗又便宜）很久之后，达卡的穆斯林依然使用在一片片中空的贝壳上缠绕着竹针的设备来纺纱。[39]在印度，家庭生产体系也与中国一样占主导地位，生产商也需要考虑生产成本，也不愿意进行技术创新，但是，印度也并非一点创新都没有。[40]

虽然欧洲中心主义者会认为，家庭生产制度从根本上阻碍了印度的棉纺织产业工业化，但是，在短绒棉存在着天然缺陷和具有规模巨大且技术高超的劳动力的双重背景下，将印度生产棉纺织品的家庭视为一种理性和最优的历史资本主义生产单位似乎更为合适。因为，它不仅满足了国内市场的需求，巩固了印度对全球棉纺织品市场的统治，而且还赋予了印度商人组织塑造第一次经济全球化的结构性力量。由此，让我们想起了一句俚语：我们为什么要自找麻烦呢？

中国人普遍缺乏技术创造力吗？

最后，还有一个更普遍的技术创造力问题。这是一个使我们在探索过程中费尽周折的问题。毫无疑问，英国工业革命的驱动力之一是当时兴起的一种新机械主义世界观，[41]也就是戈德斯通所称的“创新文化”。[42]该文化在启蒙运动时期的许多学术团体的观点中都有明显的体现。其中，最具代表性的社团是月光社（Lunar Society），其成员包括马修·博尔顿（Matthew Boulton）、约西亚·威治伍德（Josiah Wedgwood）、约瑟夫·普利斯特里（Joseph Priestley）和詹姆斯·瓦特等。用威治伍德的话说，该社团的座右铭是“用奇迹震撼世界”“制造不会犯错的机器”，或者用普利斯特里的话说是“通过技术创新将天堂带回人间”。[43]然而，虽然佩尔·弗里斯列举了许多发明以表明英国人的发明能力远远超过了中国人，[44]但如果将这些发明放在全球发明的历史长河中，这种说法就显得苍白无力了。正如李约瑟和他的同事们所言，几千年来，中国的技术创新不仅领先英国，也领先于世界。[45]我稍后将会再谈到这一点。

值得注意的是，中国既有学会，也出版了许多百科全书式的著作，其中最著名的著作要数王祯的《农书》（出版于1313年）和宋应星的《天工开物》（出版于1637年）。当然，它们都得益于中国的印刷术。[46]但是，大卫·兰德斯并不认可这一观点，他认为中国从未“发生”过印刷革命。[47]但正如我在《西方文明的东方起源》一书的第八章中所讲的，[48]大约在1040年，北宋的毕昇发明了世界上第一台活字印刷机。由此看来，中国的活字印刷术比德国人古腾堡（Gutenberg）的活字印刷术早了整整半个世纪。至关重要的是，到15世纪末期，中国出版的书籍比其他所有国家出版的图书的总量还要多。同样值得注意的是，早在公元978年，中国就有一家图书馆，藏书超过了8万册，这相当于当时一些伊斯兰教国家的主要图书馆藏书总量的1/5。[49]这一早期成就得益于9世纪初中国的雕版印刷术。现存的世界上第一本印刷书籍出现于公元868年。从公元950年开始，中国印刷书籍的数量逐渐多了起来，随着1040年毕昇发明的活字印刷术的出现，中国的印刷术进一步发展了起来。

让我们重新回到前文的论述，特别值得注意的是，弗里斯列举的许多重要的“英国发明”，实际上是中国人在几个世纪以前，甚至是几千年以前发明的，例如焦炭炼铁、无烟煤炼铁、熟铁冶炼、钢渗碳处理工艺、坩埚炼钢工艺（还有要加上各种熔剂的使用方法，如石灰石和二氧化硅）、双缸风箱、双动单缸风箱、水力风箱、矿井排水技术（加上可以钻深4800英尺的矿井钻头）、播种机、脱粒机、曲辕犁、苎麻水力纺纱机和轧棉机等，其中，很多发明都在后来的英国钢铁革命和农业革命中发挥了重要的作用。此外，英国这些发明有些是借鉴了中国的设计理念，有些很可能是从1650年至1800年中国流入欧洲的书籍中抄袭而来的（我在第十章中曾提及过）。

伊懋可认为，中国在14世纪以后进入了一个“高水平均衡陷阱”，这一被广泛接受的观点忽略了中国在1300年至1700年间的创新的数量与900年至1300年间的创新数量基本持平这一点。而在1700年至1900年这一关键时期，中国的创新数量出现了明显的下降，[50]而与此同时，英国的创新数量却在不断上升。因此，第二次技术大分流出现于18世纪。英国狂热的发明氛围促进了工业的发展，并形成了一种温室技术效应，从而使英国最终在1700年至1850年之间通过机械化跨越至工业化。正如我在第十章中所阐述的，虽然英国的一些发明创造是模仿或借鉴非西方国家的，但很明显，这些技术都是经推动英国发展的主动行为者的改进后才被用于工业生产中的。

然而，在谈到中西方工业发展过程中的另一个转折点时，林毅夫（Lin Justin）重申了李约瑟的观点："近代中国之所以落后于西方，是因为它没有把基于经验的发明转化为基于实验和科学的创新，而17世纪欧洲的科学革命就做到了这一点。"[51]尽管印度在科学技术上也领先了欧洲好几个世纪，但它落后于西方的原因也与中国相同。[52]虽然这种解释在许多关键领域有一定的道理，尤其是像瓦特的蒸汽机这样的领域，[53]但在有些领域就不那么有说服力。

正如英国经济史学家反复论证的那样，英国重要的纺织技术发明者大多都没有渊博的知识。戈德斯通、玛格丽特·雅各布和乔尔·莫基尔认为，在英国的发明中，起重要作用的是启蒙运动时期的"（技术）创新文化"。[54]他们发现，英国人与印度人对待知识传播的态度明显不同。英国人善于传播知识，以使更多的人获得"扩散利益"，而正如我在本书第一部分所阐述的，印度对知识比较保守。[55]总之，在1700年以后，中国的发明速度明显下降，而与此同时，英国人在知识传播的态度和机械化发明方面都出现了"重大飞跃"。但是，我们也需要考虑阶级关系、国家-社会关系以及生产方式是否也对棉纺织产业革命产生了重大的影响。

为什么印度和中国都没有实现棉纺织产业工业化？全球经济发展不平衡与融合发展背景下不同的阶级关系和生产方式

在20世纪80年代，许多学者提出了如下观点：在棉纺织产业领域，英国在工业化之前属于以“外包加工”和“家庭生产”方式为主的“原始工业”阶段，也就是我所说的家庭生产体系。人们进行纺织品生产的目的，不仅仅是为了生存或获得使用价值，也是为了通过外包加工的方式获得市场的交换价值。美国学者富兰克林·门德尔斯（Franklin Mendels）将这一外包加工形式称之为“原始工业化”或者“前工业化”。[56]尽管许多学者认为他的观点是一种进化论，即原始工业化阶段会自然而然、不可避免地演变到工业化阶段，[57]但更公平地说，原始工业化的倡导者也强调了国际帝国政治－经济因素在演变中的重要性，我很快会对此进行陈述。在本节和下一节中，我将对英国、印度和中国的棉纺织行业进行对比分析。我认为，导致英国（而非印度和中国）棉纺织产业工业化的因素有两个：第一，特定的阶级关系；第二，在经济发展不平衡与融合发展背景下，来自经济全球化的压力。

印度和中国的棉纺织产业的商业资本家：“随遇而安的历史资本主义者”

欧洲中心主义认为，印度和中国的经济是建立在东方专制基础上的自给自足的小农经济。马克思在亚细亚生产方式下的概念（AMP）中也认同了这一点。[58]然而，当我们谈到弗兰克·佩林（Frank Perlin）关于印度存在着原始资本主义（棉纺织业）生产体系的观点时，情况就变得复杂起来，我们认为中国的情况也是如此。尽管佩林对原始资本主义/原始工业化会自然而然地演变为工业化的观点持强烈的批评态度，但他仍然认为，在前工业化时期，欧洲与印度的经济体系非常相似。[59]历史修正主义者进一步证实了他的观点，他们证明印度农村生产体系与商业市场体系之间有着紧密的联系，而商业市场体系又与全球贸易体系相关联。[60]我的观点是，尽管中国、印度和英国这三个历史资本主义国家在原始工业化和商业推动力方面有相似之处，但是，由于一定的原因，中国和印度的情况与英国相反，它们都不会发展为现代工业资本主义国家。因为正如我在第八章和第十四章中所讲的那样，历史资本主义并非必然会发展为现代资本主义。在这个问题上，我同意马克思的观点，即“外包加工”体系并不是通向现代工业资本主义的必由道路。[61]我之所以同意他的观点，是因为中国和印度的原始工业化都没有发展成为现代工业资本主义。

要想了解其中的原因，我认为首先需要考虑的是中国和印度的“阶级关系”。特别值得注意的是，印度和中国的棉纺织工人大多都拥有生产资料，[62]稍后会详细讨论这一点。此外，家庭生产体系是历史资本主义生产体系的一部分。在该体系中，染色、印花、轧光和整理等后续工序通常在印度和中国城镇的工厂或车间里进行，这些工厂或车间里雇用的都是全职或兼职的自由劳动者（这在第八章有过讨论）。唯一例外的是，中国有少数生产豪华棉纺织品的国有工厂，我在本书的第二部分对此有过论述。

印度史学家罗梅什·杜特（Romesh Dutt）声称：“在印度有永佃农，只要他们按时交纳地租，地主就不能随便赶他们走，他们就对土地有永久的可继承使用权。”[63]此外，虽然塔潘·雷乔杜里（Tapan Raychaudhuri）认为“只有欧洲公司才有雇佣劳动者”，[64]但他却忽视了“在欧洲公司出现以前，在印度城镇的制造业中就已开始使用雇佣劳动者了。在16—18世纪，印度富裕的工匠们都雇有帮手……帮手的工资一般都很低，尽管如此，雇佣工人的人数仍供大于求”。[65]此外，在德里苏丹国统治时期的印度，统治者就建立了许多卡哈纳斯（印度语，意为工厂或作坊），雇用了大量的工匠和手工艺人。一些富裕的工匠在19世纪晚期也建立了使用手工织布机和动力织布机的卡哈纳斯，而在这些工厂里工作的工人基本上都是自由劳动者或他们的家庭成员（在第十三章中将对此进行讨论）。总之，正如希琳·穆维西所言，“在17世纪的印度城镇和市场上，以及在帝国和贵族的机构中，用货币支付工资已成为主流。因此，‘劳动力商品化’实际上是一种普遍现象”。[66]

因此，如果把印度棉纺织产业看作纯粹的家庭生产体系，就忽略了该产业中存在的复杂的劳动分工、各种生产关系和不同的生产环节。在印度的棉纺织品生产关系中，既有现代资本主义生产关系，也有以农业和家庭为基础的历史资本主义生产关系。此外，印度棉纺织产业高度发达的劳动分工也呈现出跨越时空的特点，例如“将阿穆达巴生产的布送到罗奇漂白，然后再使用萨克吉罗的染料和帕坦的木版印刷术在色隆印花”。[67]尽管印度实行的是家庭棉纺织品生产体系，但在生产棉纺织品时，各个村庄之间也存在着高度的专业化的分工。

许多中国和印度棉纺织品生产者不仅拥有生产资料，而且相对于他们的同行英国行商资本家来说，他们拥有更大的经营自主权；[68]不过，那些因为负债而成为不自由的劳动者的印度农民的自主权则被大大削弱了。[69]在印度的农村，行商要与个体生产者打交道，必须通过中间商。正如我在第四章中所指出的，那些向工厂传递外国消费者需求信息的印度经纪商是中间商。[70]所有这些都有助于加强印度生产商的影响力，相对于英国同行来说，他们对行商或经纪商的依附性较小。[71]相反，欧洲的外包商

> 在进行棉纺织品外包业务时，经常雇用代理人或中间人，并根据当地的情况授予他们不同的权力。他们可能是欧洲外包商的雇员，仅根据委托行事并收取固定佣金；也可能是独立的交易商。但是，这种中间商制度非但没有减弱，反而加强了生产商对外包商的依赖，也压缩了生产商的盈利空间，因为中间商会把他们的价格压得更低。[72]

为了确保达达尼制（外包加工体系）的正常运转，印度的行商资本家通常会向生产商预付定金。[73]而在英国和欧洲其他地区的情况则与此不同，那里的商业资本家往往预先向生产商提供原材料，并以计件的方式

向生产商支付加工费，加工出来的产品最终归商业资本家所有。[74]仅此一点，英国农民就无法与印度农民竞争。[75]因为英国的商业资本家与中国和印度的行商不同，他们会介入生产的全过程。尽管如此，卡维·亚兹达尼指出，在某些情况下，商业资本家向生产商预先提供的是原材料而不是定金。此外，他声称在19世纪初的迈索尔，达达尼制“通常被认为更类似于英国的外包加工制”。[76]即便如此，印度的生产商“也不会严格地履行合同，虽然他们会严格按照合同生产商品，但商品被生产出来以后，生产商可能会把预付款退给订货商而把产品卖给其他人”。[77]因此，亚兹达尼通过对印度纺织重镇古吉拉特的深入研究后指出，“一些古吉拉特邦的生产商同时在为几个采购商生产。这使得他们在价格谈判上有了一定的回旋余地，同时也提高了他们的议价能力”。[78]尽管有的生产商不向订货商交货，但如果有经纪商出价更高，他们会将预付款退还给订货商而把货物卖给经纪商。然而，“也有生产商在收到订货商的预付款后既拒绝交货又不退还预付款的情况，这将使经纪人和订货商处于尴尬的境地”。[79]正因如此，为预防印度生产商违约，英国东印度公司在向印度生产商提供原材料时会附带一些严格条件。[80]

由于印度织工能够像中国织工一样在“自由”市场上出售他们的产品，这进一步提高了他们的经营自主性，也反驳了关于中国和印度属于自给自足的亚细亚生产方式的观点——远距离行商的存在就说明了这一点。最后，印花工、染布工和整理工也独立于印度的商业资本家。正如乔治·里埃洛所言，这种棉纺织业的“离心生产体系”与向心和集中的工厂生产体系格格不入。[81]因此，对于印度人和中国人而言，虽然他们对工厂并不陌生，甚至可以说很熟悉，但是，至少在19世纪中期以前，他们的阶级关系以及国家－社会关系的特殊性阻碍了他们的棉纺织业的工业化发展。因为那时，雇佣工人被安排在中国和印度的新型作坊，以及卡哈纳斯（小作坊）里，我在第十三章将对此进行论述。

虽然中国也存在着具有重要意义的原始工业的外包加工制度，但是，许多农民仍在这种外包体系之外进行手工业生产，松江地区的农民就是如此。松江是上海的一个区，位于长江三角洲下游地区，是中国最重要的棉纺织品生产基地（我稍后将会论及该问题），[82]但是，它的大多数棉纺织品（大约80%）都是在农村家庭中生产的，其中许多家庭的生产都游离于外包加工体系之外，而且与英国同行相比，他们更独立于商业资本家。中国的棉纺织品生产体系的情况与印度类似，而与英国的生产体系形成鲜明对比。当商人向家庭生产商订货时，往往会先预付定金而不是提供原材料，而且不会干预生产商的生产。[83]正如佩尔·弗里斯所言，“中国清代流行的家庭工业生产体系可以被称为考夫曼体系（Kaufsystem），在集中化的协调、融资和资本积累方面，该体系的重要性远远不及（欧洲的）外包体系”。[84]大多数农民进行家庭手工业的目的是获得棉纺织品的交换价值，但是，有一部分农民尽管经常独立于外包体系之外，到当地市场买卖棉纺织品，但他们进行生产的主要目的是获得商品的使用价值。[85]他们会把他们生产的20%的棉纺织品拿到市场上出售，其余自用。[86]总的来讲，到1840年，中国生产的棉纺织品至少有53%属于内销。[87]这是中国历史资本主义的另一个特点。

然而，由于印度和中国的农民相对于英国农民而言有更大的经营自主权，因此可以说，亚洲的商业资本家更有理由转变为工业资本家，以摆脱棉纺织手工业生产家庭体系。但是，印度和中国都没有发展成为完全以棉纺织产业为基础的工业化国家。造成这种情况的原因有很多，其中有三个值得我们关注的原因。

第一，为了应对环境的冲击，也为了抓住机遇，印度的纺织工人会定期在全国各地流动。大卫·沃什布鲁克解释说，孟加拉和南印度三角洲的洪水消退后留下的肥沃土壤有利于棉花的生长，而在热带季风性气候的旱季，许多地方都无法种植棉花，这就刺激了纺织工人们的“流动”。此外，由于在18世纪和19世纪，印度是一个独立松散的南亚国家间联合体，因此，如果一个成员国税收负担太重以至于农民无法忍受，而其他成员国的税收负担较轻，农民们就会流向其他国家。[88]同样，如果一个成员国发生政治动荡，农民们就会向“政局稳定的国家流动”。因此，印度纺织工人的高度流动性与工厂工人的固定性、向心性是矛盾的。

第二，经过了几个世纪的发展，印度形成了复杂的专业劳动分工。正如我之前提到的，这种高度分散“离心”的劳动分工体系削弱了具有向心性和以集中为特点的棉纺织业工厂生产体系。[89]中国的情况也是如此。

第三，印度和中国在欧洲人到来之前就已经开始以外包加工的方式生产棉纺织品，并且能够保证行商资本家的货源和利润。这个原因与第二个原因有一定的联系。与英国形成鲜明对比的是，中国和印度在棉纺织产业方面在世界上处于领先地位，并且在技术上没有竞争对手。而且在19世纪以前，它们一直都是全球棉纺织产业的生产中心。

由于存在着第二和第三个原因，中、印两国的大型行商在与家庭生产商进行的交易中不仅赚取了丰厚的利润，还积累了大量的资本，并占据了本国的市场。而所有这些都要归功于从事长途贸易的商人们所使用的交通运输体系。

在印度，班加拉人（长途国内贸易商）通过牛将棉纺织品运往全国各地销售。[90]根据伊凡·哈比卜（Irfan Habib，印度史学家）的说法，早在17世纪，每年大约有40万班加拉人驱赶着900多万头牛，将大约8.21亿吨货物运往全国各地。这一壮举的伟大之处在于，班加拉人运载的货物量相当于两个世纪后1882年铁路运输量的1/3。[91]而在中国，我们发现位于长江三角洲的松江和苏州（有“东方威尼斯”之称），不仅拥有“便于交流和销售的纵横交错的运河和狭窄水道”，[92]还通过京杭大运河与中国北部连接。值得注意的是，江南地区的棉纺织品产量巨大，据权威机构称，在1620年，该地区棉纺织品的生产总量约为13亿至17亿码；[93]到18世纪中期，它的年产量增至20亿码左右。[94]这一产量不仅相当于（甚至超过）整个19世纪印度的年均国内生产总值，而且也超过了19世纪50年代早期英国的棉纺织品生产总量，这一事实表明中国棉纺织品的生产规模大得惊人。

然而，欧洲中心主义者可能会认为，中国根本不可能生产这么多棉纺织品，因为中国是家庭手工业占主导地位，资本匮乏，这种特殊的社会形态阻碍了其工业化的发展。但是，最重要的行商们（客商）为购买棉布向中国的棉纺织品家庭生产商投入了大量资本，尤其是在生产重镇松江。在这些巨商中，陕商实力强大，但最著名的要数徽州商人和安徽商人。巨商们在资本市场上有较强的融资能力，[95]每次至少投资1万两白银（约为3000英镑），购买5万多匹棉布（相当于200多万码）。[96]这一数量大致相当于17世纪中期英国东印度公司每年进口到英国的全部棉纺织品。值得注意的是，虽然塞缪尔·格雷格（因开设斯泰尔棉纺厂而著名）在18世纪80年代曾指出，英国棉纺厂的平均固定资本额为3000英镑；但到1805年，英国棉纺厂的平均固定资本额才达到了5000英镑。[97]

如果一名巨商每次出资购买200万码棉布听起来有些不可思议，那么请记住，它还不到1750年中国棉纺织品生产总量的0.05%。有历史记载表明，有位中国巨商一次就花了10万～20万两（3万～6万英镑）白银购买棉纺织品。[98]将这一数字换算成棉纺织品的数量，相当于他一次购买了2000万～4000万码棉布，占中国棉纺织品生产总量的0.5%。4000万码这一数字是18世纪50年代所有欧洲公司从印度进口到欧洲的棉纺织品年均总量的4倍，这一事实凸显了中国商人的惊人购买力。而且，这还只是一个中国商人购买的！

虽然中国商人在明朝时成立了交易中介机构（牙行），但到了清代，为了赚取更多的利润，他们设立了布庄。

布庄里设有储存棉布的仓库，也有棉布加工车间，如染坊等。商人在当地招聘手艺人对棉布进行再加工，然后再销往其他地区。在清朝中期，位于长江下游江南的苏州府成为全国棉纺织品的交易中心，那里有很多手工作坊，雇员超过2万人。[99]“雇用了数百名工人的工厂也屡见不鲜……（以至于）工人与工厂主之间的阶级冲突成为城市生活的新模式”。[100]此外，在18、19世纪，大型公司（布号）在松江棉纺织业的发展过程中发挥了至关重要的作用。[101]此外，还有很多行商（如黄埔商人）在苏州府从事规模经营。[102]

总之，正如赵康所说，“就融资而言，投资于染色、轧光等加工厂的商业资本也应该同样会青睐纺纱厂和织布厂。由于丝织技术很容易被模仿来制作棉纺织品，因此，那种中国经营者因缺乏创业精神而没有建立工厂的说法同样令人难以置信”。[103]而且，值得注意的是，正如我在第八章中所提到的，在中国，工厂和大小作坊随处可见。所有这些都表明历史资本主义曾经存在于中国的棉纺织行业。

总之，客观地讲，中国和印度的经济并不缺乏资本。[104]而且很明显，中国和印度的棉纺织产业的行商资本家既不缺乏资本，也不缺乏企业家精神。[105]伊懋可曾说过，中国商人的手中不仅集聚有大量的资本，而且在过去一千年的大部分时间里，中国的经济充满着创业活力。[106]

或许有人会提出，著名的陕商只有区区3000人，只占中国总人口的0.001%，不足以推动棉纺织产业工业革命。[107]但是，在1800年时，中国只有900家纺织厂，而到了1830年则增加至1200多家，在18世纪末，英国棉纺织企业的总数要远少于这个数量。此外，由于英国企业家的数量在英国人口中所占的比例与中国的大致相同，因此中国的这一数字足以启动其工业化进程。考虑到中国棉纺织品的巨大生产规模给商人们带来的丰厚利润，说他们不愿意选择棉纺织工业机械化似乎更为贴切。鉴于我在之前提到的，在13世纪时，中国的大型苎麻水力大纺纱机在全球处于领先地位，这意味着如果商人们想进行棉纺织产业工业革命，这在中国并非不可能。

因此，中国和印度商人是“随遇而安的历史资本家”，因为他们不需要也不希望通过棉纺织产业的机械化来促进生产。此外，正如我在下一节中将要论述的，商人与家庭生产者之间的关系在中国和印度远非在英国那样简单和具有隶属性。而且，中、印两国所处的特定的全球经济环境对它们的发展也同样重要。由于印度棉纺织品主导了全球的出口市场，而中国棉纺织品则拥有巨大的国内市场，他们根本没有必要像英国那样通过劳动力替代技术来提高生产量。因为中国的棉纺织品产业的商人可以从巨大的国内市场上获得巨额利润，所以他们认为没有必要改变家庭生产制度。[108]此外，中国和印度庞大的劳动力规模使家庭生产制度成为一种理性的选择。但现在面临的问题是，进行资本原始积累和强迫农民放弃土地在中国和印度是否可行？我的观点是，这种做法一是绝对不可取，二是在技术上也没有必要。下文将以中国为例来阐述我的观点。

在中国进行资本原始积累是必要和可行的吗?

中国与英国的情况明显不同（下一节我将主要谈英国的情况）。邓刚指出，“1949年以前，在中国陕西关中平原等地并没有地主”。[109]此外，邓刚还认为，“在清末以前，约有70%的中国农民为自耕农。在剩下30%的人中，地主不超过3%，其余27%的人是佃农”。[110]具有讽刺意味的是，邓刚无意间强化了卡尔·马克思的观点，即东方专制与亚细亚生产方式相结合是中国社会的主要形态，农业集体生产和松散的隶属关系是它的重要特征。从邓刚提供的数据中可以明显看出，许多农民都享有相对甚至绝对的人身自由权，这表明中国农民的自主权要明显大于英国农民的自主权，使得中国不可能像英国那样通过圈地运动进行资本原始积累。

正如我在第二章中所阐述的，清政府在农村推行的是“家长式农业制度”，[111]其目的是通过这种下级对上级的服从制度以维护它的统治，[112]这与英国形成了鲜明的对比。因此，中国农民对土地所有权的控制程度远远强于英国农民。然而，在对待商人问题上，清政府持有的却是反家长式的“有管理的自由放任”态度。[113]因为，正如我在第二章中所阐述的，清政府要想实现更自由的贸易，不仅需要对国际贸易进行大规模的干预，而且还需要干预其他行业，包括采矿业、金属制造业、丝绸生产、豪华棉纺织品生产、瓷器制造、粮食分销、造船业，以及为驻扎在西北地区的部队提供军需而进行的以盐券交换粮食的贸易等。[114]有趣的是，在17世纪80年代以后，清朝政府对与日本的铜贸易进行了严格的监管，这就进一步印证了我的观点，因为当时中国的货币是以铜铸造的。[115]总体而言，国家并不想取代私人市场，只是干预那些市场失灵、宫廷有特别要求或个别商人试图扭曲市场价格以损害消费者利益的领域，[116]其中有许多领域（尽管不是全部）符合亚当·斯密的自由贸易主张。同样值得注意的是，国有企业与私营企业相比相形见绌。

因为当时中国没有那种希望圈地的占主导地位的农民阶层，这就像那些通过棉纺织品外包生产制依然可以获得丰厚利润的商人不想建立纺织厂一样，所以中国缺乏进行原始积累的阶级动力。而且，即使农民和商人都希望进行原始积累，中国政府也不太可能强制推行剥夺农民土地的政策，因为中国毕竟是个农业社会。事实上，正如宋汉理（Harriet Zurndorfer，荷兰莱顿大学教授）所指出的，“无论棉布制造业有多大的生产潜力，中国政府都会鼓励家庭生产”。[117]同样值得注意的是，正如我在文中所提及的，中国的家庭生产这一传统可以追溯至更早的元明时期。当时，政府在向全国推广棉纺织生产的过程中发挥了关键的作用。[118]此外，由于元政府规定中国人必须穿棉布服装，这在一定程度上也推动了中国棉纺织业的发展。简言之，从中国人开始种植棉花时起，国家与农村家庭生产就紧密地联系在了一起。所有这些都意味着当英国政府与地主和新兴资产阶级（棉纺织产业资本家）勾结起来侵犯农民的利益以进行资本原始积累时，中国的情况则正好与此相反。但这反过来又引出了另外一个问题，即中国的工业化是否像最初由马克思提出的那样，是国家－社会关系阻碍了中国的工业资本主义的发展，所以必须以马克思主义者所设想的大规模强制剥夺农民的土地来实现？

在欧洲背景下，这种论证逻辑是，英国政府强行驱赶农民离开了土地，使他们变成了无地的自由雇佣劳动者，为了谋生，他们不得不到城镇的工厂里工作。这对当时的英国来讲虽然是必要的，但它忽略了一点，即中国早在宋朝时期就已经拥有了非常高的城市化水平，与此同时，中国的棉花行业也开始成为一个关键“产业”。[119]戈德斯通指出，在1500年，世界上最大的四个顶尖城市都在中国，总共容纳了大约120万人口。而在1800年，中国有三座城市跻身世界前十大城市之列，人口总计约为230万。[120]更重要的是，根据美国汉学家施坚雅（William Skinner）的粗略估计，在1843年，中国大约有2100万城市人口。[121]值得注意的是，印度在莫卧儿王朝时期约有2200万人居住在城市；而在1801年，它的城市人口高达2700万人。[122]此外，正如我在前文所阐述的，在这些城市中，“熟练工人、非熟练工人以及家政服务人员拿的都是货币工资”。[123]

我在第十章中曾提到，在1833年，英国棉纺厂的雇佣工人的人数仅有22万，不到中国总人口的0.05%。这意味着在很大程度上，中国没有必要为进行广泛的资本原始积累而驱使农民离开土地，因为在城镇中居住的人口足以满足棉纺厂的需要，特别是在非常重要的长江下游地区，城镇人口已远远超过了英国工业化时期的工人人数，印度的情况也是如此。此外，正如前所述，仅在长江下游的苏州，棉纺织品加工厂就雇用了大约2万名全职或兼职工人。[124]值得注意的是，在明清时期，江南地区城镇规模的扩大也吸收了一部分农村剩余人口，农村移民的涌入为棉纺织品加工业和丝绸制造业提供了劳动力。[125]

有趣的是，佩尔·弗里斯对清代工人的重要性持否定态度，声称他们可能只占劳动力的5%。[126]但有两个数字与此相反：首先，当时在中国大约有2000万城镇人口，如前所述，这些城镇人口可以提供的劳动力远远超过英国现有的劳动力；其次，在1800年，中国劳动力的5%至少有750万人，而英国所有的工人加起来也不过150万。[127]总之，我认为，如果中国有工业化的意愿，家庭生产制度根本无法阻碍其发展。

为什么英国实现了基于棉纺织产业的工业化：被誉为“积极向上的”英国棉纺织产业资本家

如前所述，我们发现，在英国的外包体系中，商业资本家与棉纺织工业之间存在着更为直接的控制与被控制关系，这与中国和印度的情况形成了鲜明对比，棉纺织厂的工人就像马克思所说的那样，成了雇佣劳动者。[128]乔治·里埃洛指出，欧洲的情况与印度和中国的情况截然不同，商业资本家与家庭生产者之间有着比较严格的等级关系，即使在棉纺织品的加工整理阶段（染色、印花、热压、轧光和包装），他们的关系也是如此。里埃洛还呼应了著名经济历史学家西德尼·波拉德（Sidney Pollard）的观点，指出英国商人不仅是（原始）资本家，还是官僚资本主义者和管理资本主义者。[129]正如我在前文中所提到的，与中国和印度棉纺织品外包生产体系形成鲜明对比的是，英国的商业资本家通过为纺织品生产者提供原材料直接控制了整个生产过程。的确，印度商人有时也向纺织工提供原材料，但这种情况很罕见。此外，中国商人偶尔也会向家庭生产者提供原材料，但仅发生在他们向生产者提供优质的长绒棉的情况下。于尔根·施伦博姆（Jürgen Schlumbohm，德国历史学家）解释说，因为英国棉纺织产业资本家拥有生产资料，所以他们有权决定工厂是否生产、生产什么、如何生产以及生产多少。[130]此外，商业资本家对生产资料的投资意味着他们加强了对纺织工人的剥削。虽然这是英国实现工业化的必由之路，但这还远远不够。

如前所述，卡尔·马克思以非凡的洞察力正确地指出，英国的原始工业化并不会自然地演变成工业资本主义，[131]然而，正如我在第八章中所述，马克思在他的《资本论》第一卷中对此进行了限定。我认为，他之所以这样做有三个理由：第一，与门德尔斯和查普曼的观点相反，[132]那种断言商业资本家在原始工业化时期积累的利润为棉纺织产业机械化生产奠定了基础的观点有些言过其实。因为我们知道，正如我在第九章中所指出的，英国的棉纺织品制造商既从伦敦金融中心拆借资金，也从银行贷款。而他们从伦敦金融中心拆借的资金大部分都被用于工厂的“运营”，这就有助于他们释放一些资金用于固定资产投资。我在第九章中还指出，商人们也从黑色大西洋奴隶贸易中赚取了大量的金钱，这些资金也被用于扩大再生产。第二，并非所有商人出身的工厂主都与纺织品外包生产体系有关，例如：

> 理查德·阿克莱特的第一个合伙人约翰·斯迈利（John Smalley）曾经是一名“酒类经销商兼画家”，而理查德·阿克莱特本人曾经是一名理发师、假发制造商、毛发商和酒馆老板。我们还可以找到很多这样的例子，那些棉纺织品制造商可能曾经是杂货商、推销员、马贩子和税务官，也可能是旅店的少掌柜或银行家的儿子。[133]

第三，至少在欧洲大陆上，有一些原始工业化的地区并没有演变成工业资本主义。[134]客观地讲，马克思主义学者彼得·克里特（Peter Kriedte）也承认这一点。[135]那么，如果在“原始资本主义”内部没有推动其成为工业资本主义的动力，是什么原因导致其演变为工业资本主义呢？尤其重要的是，英国的棉纺织品外包生产体系是在全球经济发展不平衡的背景下形成的。门德尔斯和克里特认为，英国的原始工业化被工业化取代的原因是从事棉纺织品外包生产的农民在进行棉纺织品生产的同时也从事农业活动，这就导致他们难以生产出足够的棉纺织品。然而，中国和印度的许多棉纺织生产者在进行棉纺织品生产的同时也从事农业活动，但他们的生产量仍然很大，这主要是因为这两个国家的劳动力规模庞大。事实上，印度棉纺织品的生产量在19世纪40年代以前就已经超过了英国，也就是说远远超过了英国棉纺织产业工业化时期的水平，而中国在19世纪的大部分时间里都高于英国，只是到20世纪初才被英国超越。

正如我在第十章中所阐述的，英国棉纺织业的劳动力规模很小，可能最多只占印度的4%，中国的1.5%。在生产规模上，英国根本无法与中国和印度相抗衡。我还指出，英国的纺纱工人与中国和印度的纺纱工人不同，他们没有手工制造经纱的技术。正是由于这个原因，英国发明了水力纺纱机和骡机等新型纺纱机器。机器的发明反过来又要求进行工厂化大生产，因为机器体积太大，不可能像“珍妮”手摇纺纱机那样在家庭中使用（请注意，“珍妮纺纱机”虽提高了纺纱效率，但并不能用它来生产经纱，只能生产纬纱）。尽管中国也有工厂，并且有些工厂的规模可能比英国工厂的规模还大，[136]但这些工厂并不像英国的工厂那么集中，技术机械化程度也没有那么高，劳动纪律也没有那么严明。因此，中国也没有进行大规模棉纺织品生产。

反过来，正是因为家庭棉纺织品生产规模比较小，英国才有必要通过圈地运动进行资本原始积累。因此，一个失去土地的无产阶级诞生了，他们为英国的棉纺厂和炼钢厂提供了廉价的劳动力。在一个广阔的全球化背景下，英国的国家－社会关系在圈地运动中起到了决定性作用。在英国，存在着贵族和商业/工业/金融资产阶级阶层。由于英国进行帝国战争亟需大量的资金（正如我在第九章和第十二章中所述），而资产阶级又能满足其需求，因而获取了特权。于是，迫使农民离开土地去城镇中去为资产阶级工作，正符合贵族们进行私有化和圈用公地的欲望。这个由贵族和资产阶级主导的国家乐见其成。

正如马克思早先所指出的，英国议会在促进所谓高尚的圈地运动战略和满足棉纺织品制造商需求方面发挥了重要的支持作用。[137]并非巧合的是，在18世纪和19世纪初，在帝国战争和工业需求的推动下，圈地运动的速度也随之加快。

总之，在1727年至1845年间，英国议会共制定了1385项圈地法案，圈地面积达177万英亩或2760平方英里，相当于20个现在的谢菲尔德市的面积。[138]值得注意的是，这些圈地主要发生在棉纺织产业工业化（以及钢铁产业工业化）的发源地——英格兰北部。

圈地运动反过来又受英国面临的全球经济环境的影响。正如施伦博姆所言，对于“在政治和军事上最成功的英国而言，在原始工业化阶段建立起来的‘对海外殖民地的实际垄断’是它将原始工业化带入工业革命的最重要前提条件之一”。[139]正如我在第十章中所阐述的，“大西洋消费驱动力”是英国步入工业化的关键因素。在那一章中，我提出的主要观点是，英国的商业资本家们非常清楚印度棉纺织品主导下的大西洋市场的巨大规模，为了在未来的市场竞争中掌握主动权，他们变得非常热衷于开发这些市场。

最典型的例子要数塞缪尔·格雷格，他于1783年创建了一家著名的棉纺厂（位于曼彻斯特郊区的采石场河岸纺纱厂）。正如斯文·贝克特所言，格雷格“亲身体会到棉纺织品市场……正在非洲海岸和美洲迅速扩大”，[140]这主要是因为他不仅在他的多米尼加岛上的甘蔗种植园里拥有数百名奴隶，而且还将布料出口到西印度群岛及其他地区。[141]因此，由于棉纺织品外包生产体系限制了英国的产出水平（与中国和印度形成了鲜明的对比），为满足大西洋奴隶贸易体系对棉纺织品的旺盛需求，英国需要通过技术创新来提高棉纺织品的产量。正如我在第九章和第十章中所阐述的，这种需求在18世纪占英国对外贸易额的绝大部分。要满足这种需求，就需要进行工厂化大生产，正如E. P .汤普森和恩格斯所言，[142]严酷的纪律、暴力和胁迫、肉体和性暴力，以及枯燥强制的生产过程，是资本主义生产关系的主要运作方式。

在这里，我们需要特别注意的是，正是这种主从阶级关系的极端等级结构促使了英国超集中的、向心性的工厂生产体系的形成。在中国和印度，农民生产者更加独立的地位是维持其具有离心性和非机械化特点的棉纺织生产的一个重要因素。[143]即使是在1870年以后印度的半机械化纺织厂卡哈纳斯里，纪律也没有英国工厂的严格（我将在第十三章中将论述）。[144]同样值得注意的是，中国和印度的生产商采用的都是历史资本主义时期的生产技术，而相比之下，英国人很快掌握了完全机械化的工业技术。虽然英国发明家在发明这些技术时的初衷是“劳动力替代”，而非“劳动力节约”（如我在第十章中的论述），但在20世纪，越来越多通过增加资本有机构成来降低劳动力成本的技术成为现代西方资本主义的重要组成部分。

相比之下，中国和印度在很大程度上是因为人口多的原因，走上了杉原薰（Kaoru Sugihara）教授所说的“勤劳”革命的道路，在这场革命中，技术革新在很大程度上反而是“增加了劳动力”（用蒂尔森卡·罗伊的话来讲），我将在第十三章中对此进行讨论。请注意，英国的“勤劳革命”与中国和印度的“勤劳”革命相差甚远，它指的是劳动者更加努力工作以消费更多的新产品。由于中国和印度纺纱工人技术高超，因此就技术上而言，并没有必要走棉纺织业的机械化道路。首先，中国和印度不可能动摇它们国家－社会关系以及历史资本主义发展架构的基础；其次，商业资本家不愿意开展工业化。就中国和印度的技术创新能力而言，开展工业化并没有任何“问题”。而且，根据前文的讨论，我相信如果中国人想进行工业革命，他们完全有能力把大型水力苎麻纺纱机改造成棉纺机。事实上，中国人在第二次世界大战期间发明的两纺锤纺车和三纺锤的纺车就证明了这一点。最后，我决定将本章的结论放到下一章的结尾，因为我在第十二章主要讨论为什么英国实现了钢铁产业工业化，而中国和印度却没有。将这两章的结论放在一起，有助于完善我对第二次大分流的论述。

注释

[1]　Needham (1964).

[2]　Needham (1969: 16).

[3]　同上，(211)。

[4]　Bray (1999: 162–8)，并参阅Hobson (2004: 295–300)。

[5]　Bhambra (2014).

[6]　Goldstone（2000、2002、2008）是个例外，它对国内因素尤其是英国科技革命的作用进行了研究。

[7]　Greif (2006).

[8]　Rosenthal and Bin Wong (2011: ch. 3) and Perdue (2004).

[9]　Smith (1776/1937: 645). See also Rosenthal and Bin Wong (2011: 79, 93) and Millar (2017: 109).

[10] Perdue (2004: 56).

[11] Zelin (2005: xv).

[12] Rosenthal and Bin Wong (2011: ch. 3).

[13] Zelin (2005: xv).

[14] Elvin (1973: 296–7).

[15] Ray (1995: 463).

[16] Bin Wong (2002: 451–2)，另见Rosenthal and Bin Wong (2011: ch. 5)。

[17] Pomeranz (2000: 168).

[18] Barendse (2009: 726) and Yazdani (2017: 419).

[19] Habib (1960: 10–12).

[20] Kuhn (1988: 228), Chao (1977: 59) and Elvin (1973: 195)，引自于Wáng Zh ē n (1313: ch. 22)。

[21] Elvin (1973: 198, 194)。另见Mokyr (1990: 212–13, 218–19)。

[22] Kuhn (1988: 224)。另请见Kuhn (1988: 225–36) 和 Elvin (1973: 194–9) 对苎麻纺纱机的完整描述。一般参见Chao (1977: 56–68) and Zurndorfer (2009: 51)。

[23] Chao (1977: ch. 3) and Kuhn (1988: 224).

[24] Li (2009: 389).

[25] Elvin (1973: 199).

[26] Kuhn (1988: 236).

[27] Chao (1977: 69) and Kuhn (1988: 224, 236).

[28] Mokyr (1990: 221).

[29] 见 Kuhn (1988: 222) and Chao (1977: 68)中的手持牵引杆图。

[30] Chao (1977: 67).

[31] 同上(68)，我认同他的观点。

[32] 同上, (24)。

[33] Bowen (2009).

[34] Chao (1977: 103).

[35] 同上，(24–7, 261–2)。

[36] 同上(ch.3)和Kuhn (1988: 225, 235–6)。也见Mazumdar (1998: 187–8)。

[37] Zurndorfer (2009: 54) and Beckert (2015: 19).

[38]　Mukund (1992: 2058).

[39]　Baber (1996: 58).

[40]　同上，(62)。

[41]　Jacob (1997), Mokyr (1990, 2002, 2009) and Goldstone (2002, 2008: chs. 7–8 and 162–72).

[42]　Goldstone (2008: 134–5).

[43]　见Uglow (2003) 和Finlay (2010: 291)。

[44]　Vries (2013: 308–10)；也见Mokyr (1990: 224)。

[45]　Needham (1970)对其介绍得最为透彻。

[46]　感谢卡维・亚兹达尼给予我提示。

[47]　Landes (1998: 51).

[48]　Hobson (2004: 183–6).

[49]　Goldstone (2008: 141–2).

[50]　同上，(122)。

[51]　Lin (1995: 276).

[52]　见Parthasarathi (2011: ch. 7), Bala (2006), Raju (2007)和Yazdani (2017)。

[53]　Goldstone (2008: 155–60).

[54]　Jacob (1997) and Mokyr (2002, 2009).

[55]　感谢Andrew Linklater的独到见解。

[56]　Mendels (1972)和Kreidte 等，(1981)。

[57]　Perlin (1983).

[58]　Marx (1969)，也见Anderson (1974:462–549)和O'Leary (1989)的精彩评论。

[59]　Perlin (1983)，也见Mukund (1992)。

[60]　例如，Grover (1994)。

[61]　Marx (1867/1959: 334).

[62]　Dutt (1916: 518) and Deng (2012a: 35).

[63]　Dutt (1916: 518).

[64]　Raychaudhuri (1982: 287).

[65]　Vanina (2004: 103)，也见Mehta (1991: 121) and Yazdani (2019: 9–10)。

[66] Moovsi (2011: 246)，也见de Zwart (2016: 184–5).

[67] Vanina (2004: 8).

[68] Riello (2013: 61–70)，但见But see Beckert (2015: 20)。

[69] Vanina (2004: 91–3) and Anievas and Nişancioğlu (2015: 241).

[70] Machado (2014: 143, 146).

[71] Parthasarathi (2011: 40).

[72] Schlumbohm (1981: 103).

[73] Chaudhuri (2006: 253–6).

[74] Washbrook (2020).

[75] Beckert (2015: ch. 2).

[76] Yazdani (2017: 190).

[77] Riello (2013: 63).

[78] Yazdani (2017: 365).

[79] Machado (2014: 146) and Yazdani (2019: 12).

[80] Dutt (1906).

[81] Riello (2013: 63–8).

[82] Li (1998).

[83] Zurndorfer (2009: 59).

[84] Vries (2013: 217).

[85] Chao (1977: ch. 2).

[86] 非常感谢Kent Deng的建议 (私人信函, 21/09/2018)。

[87] Xu and Wu (2003: 331) and Zurndorfer (2009: 61).

[88] Washbrook (2007: 93–5).

[89] 见Riello (2013: 66–7)。

[90] Grover (1994) and Washbrook (1988: 66, 2007: 97).

[91] Habib (1990: 376–7).

[92] Zurndorfer (2009: 49).

[93] 分别见 Li (2000: 39–40) and Xu and Wu (2003: 170–3)。

[94] Pomeranz (2000: 330).

[95] Bin Wong (2002: 451–2) and Rosenthal and Bin Wong (2011: ch. 5).

[96]　Zurndorfer (2009: 59).

[97]　Rodger (2010: 10).

[98]　Fan (2016: 120)，也见Zhang (2020: ch. 3)。

[99]　Fan (1990: 160–79).

[100]　Hung (2001: 495–6).

[101]　Li (1998, 2009) and Zhang (2020: ch. 3).

[102]　Chao (1977: 51–2) and Zhang (2020: ch. 3).

[103]　Chao (1977: 32).

[104]　Lippit (1987: 240–1) and Pomeranz (2000: 180, ch. 4).

[105]　Dobbin (1996: chs. 2–3).

[106]　Elvin (1973: ch. 12 and 286–9, 299–301).

[107]　是Kent Deng告知我的 (私人信件, 04/01/2019)。

[108]　Zhang (2020: ch. 3).

[109]　Deng (2012a: 102).

[110]　同上，(35)。

[111]　Vries (2010: 746, 2013: 361).

[112]　Bin Wong (1997).

[113]　见Zhang (2020)。

[114]　Bin Wong (2002: 456).

[115]　Dunstan (1992).

[116]　Zhang (2020: ch. 3).

[117]　Zurndorfer (2009: 57).

[118]　同上(44–9), Chao (1977: 19–22), Riello (2013: 68) and Zhang (2020: ch. 3)。

[119]　Elvin (1973: 175–6) and Skinner (1977).

[120]　Goldstone (2008: 84).

[121]　Skinner (1977).

[122]　Broadberry et al. (2015: 67).

[123]　Moovsi (2011: 246).

[124]　Zhang (2020: ch. 3).

[125] Wu (2004: 108–110).

[126] Vries (2013: 218).

[127] 英国数据源于Broadberry等，(2013)。

[128] Banaji (2018: 156–7).

[129] Riello (2013: 67).

[130] Schlumbohm (1981: 103).

[131] Marx (1867/1959: esp. 334–5).

[132] Mendels (1972: 244) and Chapman (1972/2006: 11).

[133] Shapiro (1967: 176).

[134] Riello (2013: 64–5).

[135] Kriedte (1981a: 135).

[136] de Zwart (2016: 184) and Beckert (2015: 19).

[137] Marx (1867/1954: 671–95).

[138] 数据源于Mooers (1991: 167), Deane和Cole (1969: 272)。

[139] Schlumbohm (1981: 131); 也见Kriedte (1981b: 35–6)。

[140] Beckert (2015: 62).

[141] 同上，(2015: 56–63)。

[142] Engels (1952) and Thompson (1965).

[143] Riello (2013: 63–8).

[144] Haynes (2012).

第十二章　为什么钢铁工业化肇始于英国而非中国和印度（迈索尔）

引言

除棉纺织产业外，钢铁产业是英国工业革命的另一个主要支柱。在本章中，我试图以比较分析法来解释为何英国实现了钢铁工业化，而中国和印度没有。请注意，本章关注的重点是迈索尔苏丹国（存在于1399年至1947年，位于印度次大陆西南部，1947年被并入印度联邦）的钢铁工业化，因为在18世纪印度的各邦中，迈索尔最具有进行钢铁工业化的潜力。欧洲中心主义坚持认为，只有英国才有足够多的理性的主动行为者来实现从原始工业化向钢铁工业化的转变。修正主义或非欧洲中心主义加州学派从根本上袒护东方，他们试图通过关注东方和西方的“惊人相似性”，以“偶然性”（机缘巧合或厄运）或全球经济的变化来解释东、西方出现的“巨大理性分歧”。虽然我们不应该忽视东西方之间的惊人相似性，但在本章中，我更多关注的是它们的“惊人差异性”。虽然我强调了东西方在帝国扩张和地缘政治上存在的重大差异和令人惊讶的相似之处，但是由于各个国家的国内因素和属性也起着非常重要的作用，因此，帝国扩张和地缘政治对各国的钢铁产业工业化只是一种必要但不充分的因素。因为正如我在第一章倒数第二节所解释的，如果不关注国家－社会关系这种国内属性，我们就无法解释为何会出现第二次大分流。当然，与迈索尔苏丹国和清朝的中国相比，英国还有一个“惊人的差异”，那就是政府的权力更大、效率更高。在本章中，我将按图11.1（英国与中国）和图12.1（英国与迈索尔苏丹国）所示对本章的论题进行论述。

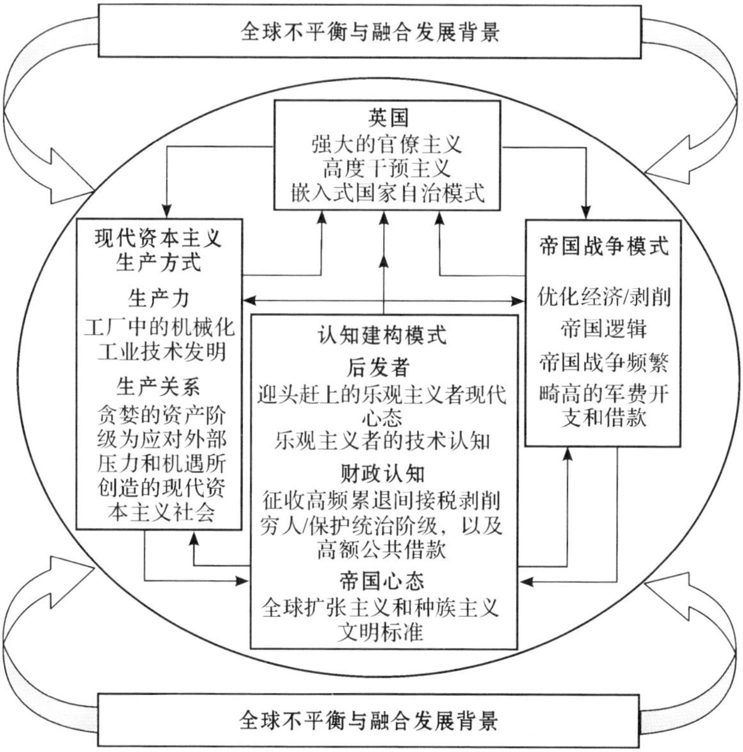

图 12.1　全球发展不平衡背景下英国和迈索尔苏丹国的“发展架构”

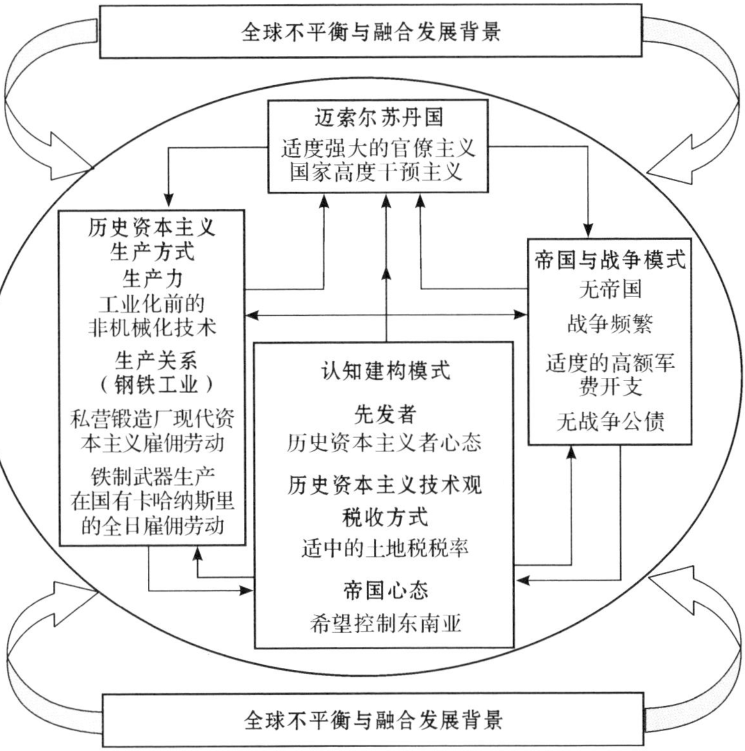

图 12.1（续）

鉴于第十一章已为本章作了铺垫，接下来我将简单概述一下本章的内容。本章共包括五节。第一节为“中国与英国（一）：英格兰北部与中国南部之间的偶然性生态差异”。本节发展了彭慕兰的著名观点，即英国之所以实现了钢铁工业化，是因为它易于获得廉价的煤炭，而且它发明的蒸汽机可以将深井中的积水排出。相比之下，中国南方缺乏煤炭，并且矿井浅且旱（含硫量大、含灰分高）。然而，正如我在第十章中所解释的，这些因素只是工业化的必要条件，而不是充分条件。因此，在“中国与英国（二）：帝国的‘不同’模式抑或‘欧亚之间的惊人相似性’？”一节中，我认为，虽然中国和英国都进行了扩张，但英国积累了大量的财富来推动工业化（尽管彭慕兰还强调了大西洋殖民地给英国带来的经济利益）。此外，英国参与了耗资巨大的帝国战争，但这些战争也以特定方式刺激了英国经济的发展（我在第九章已谈到）。这就引出了第三节“欧洲与东亚/东南亚多国体系之间的不同战争模式”，该节认为，虽然英国和中国都属于多国体系，但它们在国家行为的表现形式和发动战争的频率上有很大的区别，其结果导致了现代工业资本主义地缘政治－军事驱动力出现在了欧洲而非东亚和东南亚。这反过来又对第四节“中国与英国之间的财政差距”进行了铺垫，该节认为，极低的军费开支和税收，削弱了中国实现工业化的能力。此外，清政府对国际贸易过度放任的态度是阻碍它实现钢铁工业化的重要因素。

最后一节是“为什么印度没有实现钢铁产业工业化”。在本节，我重点分析了印度迈索尔的钢铁工业化。在我看来，有一点特别有趣，那就是尽管迈索尔苏丹国是一个军事化国家，属于印度内部地缘政治竞争多国体系的一部分，但它并没有实现钢铁工业军事工业化。此外，迈索尔的军事开支也相当高，虽然远低于英国的实际支出水平，但肯定要比当时的中国高得多。这表明，相比英国与中国的军费支出差异，英国与迈索尔之间的军费开支差距要小得多。但是，由于提普苏丹（Tipu Sultan）在与英国的战争中阵亡，迈索尔苏丹国并没有发展成为帝国。与此相反，我从另外一个角度考察了英国与迈索尔之间产生第二次钢铁大分流的原因。我认为，国家－社会关系、经济干预模式、印度多国竞争性制度和地缘政治等方面的差异，以及煤炭资源的生态限制，共同促使英国与迈索尔苏丹国之间产生了第二次钢铁大分流。

中国与英国（一）：英格兰北部与中国南部之间的偶然性生态差异

正如我在第十章中所解释的，中国在钢铁生产上长期领先英国。然而，直到19世纪，英国才最终超过了中国，这就引发了一个非常明显的问题，即为什么中国没有实现钢铁产业工业化？早在公元初，中国人就开始使用煤、焦炭、助溶剂和机械化风箱进行炼铁，1078年中国生产的铁比英国在1788年时的还要多。然而，通常认为，在14世纪之后，中国的钢铁工业逐渐衰落，为19世纪的英国钢铁工业的崛起铺平了道路。但彭慕兰的观点与此不同，他认为在1420年以后，中国的工业向南迁移，在广东、福建、云南和湖南等地出现了新的钢铁冶炼中心，中国的工业出现了所谓的“回光返照”现象。[1]此次产业转移大约发生在公元1100年至1400年间。由于北方发生了战乱和自然灾害，如蒙古人的进攻、洪水和瘟疫等，导致了产业转移。但事实证明，这种产业转移给中国的钢铁工业化造成了致命的打击。

彭慕兰认为，南方冶炼厂在炼铁时使用的是木炭而不是煤炭，这是因为煤炭主要产自北方，无法南运，而南方的产煤量只占全国的1.8%。他还指出，尽管位于长江下游三角洲的江苏徐州和宿县有煤矿，但问题是在18世纪时，采煤的都是穷人和失业者，他们挖的矿井既小又浅。因此，彭慕兰得出的结论是，中国钢铁工业存在的问题不在于技术创新不足，而是煤矿分布极不合理。他认为，英国的钢铁产业能够获得充足廉价的煤炭供应，这更凸显了中国南方冶炼厂煤炭供应不足的问题。由于煤炭是炼钢的必不可少的条件，因此英国实现了钢铁产业工业化，而中国在1400年以后对木炭的严重依赖不利于其钢铁产业工业化的发展。

既然深层矿井大多位于北方，政府本可以考虑通过大运河把煤炭运往南方，然而问题是，中国人为什么没有在北方挖掘更多的运河，然后通过大运河将北方的煤矿与南方的冶炼厂联系起来。而且，长江下游的棉纺织厂也一直依赖于北方的原棉供应，这种运输方式是有先例可循的。毕竟，中国人在过去是最擅长于修建运河的，仅在两宋时期，中国就修建了5万多公里运河，而英国在运河建设的全盛时期（1750—1858年）也只修建了6000公里的运河。公元984年，名不见经传的中国工程师乔维岳（Qiao Weiyue）发明了船闸，比英国著名工程师詹姆斯·布林德利

（James Brindley）的发明早了将近800年。[2]然而，彭慕兰却认为，就当时中国人的技术而言这是无法实现的，因为在北方煤矿与江南之间有山脉阻隔，他认为，“如果没有现代化的建筑设备和机动车辆，无论投入多少资金都无法解决北煤南运问题”。[3]还有一种观点认为，虽然北方冶炼厂曾在炼钢时使用煤炭，但南迁的冶炼厂在1400年以后使用的是木材或木炭，这导致中国失去了发明蒸汽机的可能性。

然而，普拉桑南·帕塔萨拉蒂根据葛平德教授的开拓性研究成果指出，[4]在1400年以后，中国北方仍有冶炼厂在使用煤炭炼钢，只不过规模不大。最为重要的是，每年有约15万吨煤炭经长江从湖南运至汉口，然后再从汉口运到南京和上海。而且到19世纪，中国的煤炭产量可能达到年产200万吨左右，[5]这不禁使人对彭慕兰的观点产生了怀疑。然而，与英国的煤炭产量相比，中国的产量就相形见绌了。1855年，英国的煤炭产量约为6200万吨，[6]大约是中国煤炭产量的30倍。实际上，当时英国只有2100万人，而中国约有4.3亿人，这一数字给人们留下了深刻的印象。这也意味着，中国人均只有11磅煤，连取暖都难以满足，更不用说满足钢铁工业化所需的煤炭了。

有趣的是，帕塔萨拉蒂提出了一个看似合理的观点，即英国的煤炭产量之所以会如此之大，是政府鼓励煤炭开采的结果，而中国政府在这方面则无所作为。[7]这使我联想到前文中提到的中国政府是一个更加自由放任的政府的观点。这个观点与我在第二章中提到的英国政府是一个干预主义严重的激进政府的观点形成了对比。所有这些都突显了我在第九章和第十章中讨论的推动英国发展的主动行为者在英国工业化中的作用，尽管英国政府对经济持干预态度，但这些主动行为者的作用并不会因此而终结。

彭慕兰的核心观点是基于英国能获得廉价的煤炭。他声称，蒸汽机的动力来自煤炭，而英国的钢铁产业（以及棉纺织产业）的工业革命又依赖于蒸汽机提供的动力。他的观点得到了另一位加州学派学者杰克·戈德斯通的支持。[8]彭慕兰正确地指出，蒸汽机的发明源于生态偶然或机缘巧合，尤其是英国深层矿井煤层表面上的水需要用蒸汽机抽出来。他认为，相比之下，中国的生态环境就比较糟糕，因为中国南方煤矿的矿井既浅又干燥，因此也不需要用蒸汽机来抽水。这也是中国没有开展钢铁产业工业化的原因。[9]

然而，如果说英国人是需要从矿井中抽水才发明了蒸汽机的，那么，这种功能生态主义分析方法是有问题的。虽然需求是发明之母，但需求并不能解释孩子是如何出生的，哪个孩子会出生。值得注意的是，中国北部的矿井和英格兰北部的矿井一样深，煤炭一样会被淹没在水中。[10]重要的是，两个国家都找到了应对挑战方案，但应对方式各异，英国人为此发明了蒸汽机，而中国人则发明了液压风囊水泵（Hydraulic Bellows Pump）和龙骨水车（Square Pallet Chain Pump）。总之，龙生九子，各有不同。而且，由于英国的发明被证明对钢铁产业的工业化更有利，我们需要考虑推动英国发展的主动行为者对发明家起的促进作用，而不能以水淹矿井的生态事实来草率地结束我们的分析。此外，玛格丽特·雅各布（Margaret Jacob）、托比·胡弗（Toby Huff）和杰克·戈德斯通对此进行了补充，他们正确地指出，科学的兴起对詹姆斯·瓦特的开拓性发明起了非常大的作用，[11]这从另一个层面凸显了英国主动行为者的重要性。

总之，虽然在解释第二次钢铁大分流时，我们需要考虑生态偶然性的重要作用，但也需要将与推动英国发展的主动行为者有关的各种因素考虑在内。一般来说，我们需要考虑的重大问题是推动英国（而非中国）启动钢铁工业化的各种社会政治因素。在本章，我将重新讨论中国与英国的发展架构在军事压力和帝国、战争和税收模式方面的差异（见第十一章图11.1）。在下一节，我将基于第二章建立的框架，来解释为什么英国在1684年以后转向了高度贸易保护主义，而中国则转向了贸易自由化。

中国与英国（二）：帝国的“不同”模式抑或“欧亚之间的惊人相似性”？

研究中国大国政治的著名学者濮德培和王元康（Wang Yuan-kang）与新现实主义国际关系学派的逻辑一致，他们认为，中国清代和欧洲列强在帝国主义、战争和国家建设方面都表现出了“惊人的相似性”。[12]同样，被称为“文化现实主义者”的阿拉斯泰尔·伊恩·约翰斯顿（Alastair Iain Johnston，哈佛大学教授）也持有相似观点。[13]因此，正如濮德培所指出的，他们的观点与加州学派的观点有些相似之处。[14]的确，英帝国和中华帝国都采用了类似的统治模式，包括“间接统治”和“分而治之”。[15]正如我稍后所要解释的，在17世纪末和18世纪，中国北部与西部的各民族与清政府的军事冲突从来没有间断过。此外，我们可以将这种“惊人的相似性”和“同构视角”延伸到全球类似的等级概念的构建上。

当然，中国人和英国人都基于各自的文明标准有着“三个世界的概念”。按照中华文明标准，以象征中华文明的儒家文化为基础，可以把全球划分为两个区域。中国被视为“中央王国”，是世界的中心，属于优等区域（或“第一世界”），而“其他国家（地区）”则属于次等区域。次等区域又可以分为两个区域（即“第二世界”和“第三世界”）。“第二世界”国家（或地区）又包括“显性文明内部区域”和“显性文明外部区域”。“显性文明内部区域”国家主要指那些深受儒家文化影响且与中国距离较近的朝贡国，尤其是朝鲜、越南、日本和琉球岛（今天的冲绳）等；而“显性文明外部区域”国家，主要指那些受儒家文化影响不大的东南亚朝贡国。

除此之外，其他国家（地区）都属于“第三世界”或“野蛮区域”，包括中国北部和西部边境的游牧民族，主要包括女真人、满族人、蒙古诸部（如鞑靼人、准噶尔人）以及瓦剌诸部（如绰罗斯人、杜尔伯特人、科伊德人和土尔扈特人）。人们普遍认为，中国人与英国人的世界观非常地相似，因为中国的文明标准乍一看就会让人想起英国的文明标准。[16]英国人以类似的方式，将英国置于世界“文明中心”的顶端，将世界其他地区划分为内部“文明”区域（西欧属于“第一世界”）和外部“野蛮”区域。外部“野蛮”区域包括第二“野蛮”世界（中国、印度和中东等东方专制国家）和第三“未开化”世界（非洲、美洲、波利尼西亚和大洋洲的无政府国家）。[17]

但仔细观察后，我们会发现这种同构视角掩盖了中国与英帝国之间的许多重要差异。第一，中国的“世界观”实际上并不具有全球性，因为它的影响只波及了周边地区。由于中国与欧洲和美洲相距甚远，清政府对它们并没有产生太大兴趣。不过，正如我在第二章中提到的，在“野蛮的”欧洲东印度公司进入中国后，他们的意图受到清政府的怀疑，因此从1757年开始，清政府对他们在中国的行动进行了一些限制（类似荷兰人在1639年后在日本朝贡体系中遇到的情况）。

第二，中、英两国的“世界观”在对“他者”的建构上含义各异。由于中国人更倾向于与北方蒙古部落合作，对他们经常能一视同仁，[18]然而对处于“显性文明区域内部”的“野蛮”民族却不能平等对待，这是一种矛盾现象。实际上，在突厥等未被朝贡体系包括在内的民族，与汉族之间享有“平等的地位”。[19]所以在汉朝（公元前206—220年）、隋朝（581—618年）和唐朝（618—907年）时期，汉族人与他们强悍的（野蛮的）北部和西部游牧和半游牧民族建立了一种“兄弟般的关系”，也就是平等关系。[20]特别值得一提的是，汉朝采取了“和亲”（和平与友谊）政策来应对北部“强悍”的对手匈奴，并连续多年向匈奴进贡。[21]

第三，也是最重要的一点，只有当蒙古人南下中原时，汉政权才会将他们视为“野蛮的他者”。除此之外，通常情况下，汉族政权会以宽容的心态来处理汉族与异族（非汉人）之间的关系。[22]因此，当蒙古民族以及其他游牧、半游牧民族与中原汉族政权合作时，汉政权会采取包容态度，但当异族，尤其是蒙古族侵犯中原时，汉政权就会把他们视为“他者”，即具有侵略性质的野蛮人。[23]正如张峰（Zhang Feng）所言，“每当与他们的关系出现问题时，汉族官员就将‘夷狄之人本性难改’看作与他们不睦的根本原因”。[24]相比之下，英国人则持有不同的观点。无论哪个国家被英国视为“野蛮”民族，无论该国位于何处，英国都会拒绝与其合作，并认为在该国适合推广帝国的殖民主义。那么，这些不同的世界观对中国和英国的帝国模式有什么影响呢？

重要的是，虽然英国和中国都在17世纪开始了他们的帝国计划，但他们的逻辑或模式有着根本不同。首先，与英国人形成鲜明对比的是，中国人并没有以殖民和推广其文明为标准。当英国从海路上对世界各地进行大规模的帝国经济和文化扩张时，中国只是出于军事防御目的在陆路上进行了有限的战争。从本质上讲，中原王朝所进行的将游牧民族纳入版图的战争，是为了结束游牧民族对其北部和西部边境的长期骚扰和进攻。[25]值得注意的是，中原政权曾在不同的时期被毗邻的游牧民族征服和统治过。众所周知，北宋曾被女真族建立的金朝占领，蒙元政权也曾统一中国。当然，清军在1644年入关后，新的清朝统治者非常清楚中国东北边境面临的危险和挑战！

总之，中国的陆上帝国必然会引发一些问题。但是，中国作为一个爱好和平的国家，并不像美国那样推行帝国霸权（但是，乔治·布什总统曾在各种场合公开否认帝国霸权）。习近平主席曾在科尔伯基金会上提到，中国在历史上曾经长期是世界上最强大的国家之一，但没有留下殖民和侵略他国的记录。中国坚持走和平发展道路，这是对几千年来中华民族热爱和平的文化传统的继承和发扬。[26]

虽然种族认知在英帝国扩张过程中的作用要远远大于中国，但新兴资产阶级的需求在其中所起的作用也非同一般。中国与英帝国的对外模式之间的关键区别在于，英国进行扩张的目的是获得经济利益并推广其所谓的“文明”价值观，而中国的防卫则是基于自身的安全利益考虑，并不期望获得任何经济利益。[27]

佩尔·弗里斯引用了许多权威人士的观点来说明这一点，例如，约瑟夫·弗莱彻（Joseph Fletcher，汉名傅礼初）声称，“清政府并没有从其亚洲附属国身上得到任何经济利益。事实上，除了和平，清政府对它们别无所图”。[28]而达素彬（Sabine Dabringhaus，德国历史学家）也断言，“掠夺财富，在贸易中获利，或者希望异教徒归依，并不利于英国对殖民地的统治”。[29]事实上，中国人并没有为获得经济利益而去探索、控制和剥削其他民族的欲望，也没有在殖民领土上建造奴隶种植园并强迫奴隶劳动。[30]总之，正如黄斌所言，“我们从来没有从中国人的身上发现欧洲人那种为利益和权力而进行扩张的欲望”。[31]从本质上讲，中国的立场几乎背道而驰于英国的殖民计划，因为清政府不仅没有从游牧民族的领土上掠夺经济资源，反而还将许多财富赠予它们。[32]而英国由于从未遭到任何非西方国家的入侵，更不用说曾经被占领过，所以，其进行的帝国扩张并非出于安全考虑。

也有一些人可能会对我说，英帝国从殖民地获得贡品和中国通过建立中华朝贡体系获得贡品是一回事儿。然而，正如我在第二章中所讲的，这种观点误解了朝贡体系的性质和功能，因为附属国献上的贡品不但只具有象征性意义（而没有经济上的实际意义），[33]同时这也意味着中国政府要承受更大的损失。正如我在前文中所提到的，在与附属国进行的朝贡贸易与官方贸易中，清政府遭受了重大的经济损失，以至于在1684年终止了这一制度。[34]因此，正如我在第九章中所阐述的，殖民地经济既刺激了英国工业化的兴起，也为其19世纪的全球扩张提供了助力，因此，中国无法实现工业化的深层次原因之一是缺乏帝国性经济的推动。[35]

欧洲与东亚/东南亚多国体系之间的不同战争模式

我在第九章中强调，帝国战争和大西洋奴隶制度的双重需求是推动英国钢铁工业化发展的重要因素之一。尽管欧洲中心主义通过“叉分分析”法否定或粉饰了英国进行的帝国扩张和奴隶贸易，[36]但是许多学者认为英国是欧洲多国体系的一部分，处于无政府状态，并且在这个体系中，大国之间的地缘政治竞争是其经济发展的重要推动力。[37]具体而言，这里的经济是指“战争工业化”或“工业军事化”。[38]

在此背景下，欧洲中心主义最常见的做法是拿英国与中国进行对比，他们认为中国是一个孤立的“世界帝国”，不是多国体系或国际社会的一部分，与其他国家不存在推动经济发展的地缘政治争端，因此它“未能”发展到现代工业资本主义阶段。[39]虽然我认为帝国主义地缘政治是欧洲实现钢铁工业化的重要原因之一，但我的理由与欧洲中心主义的观点完全不同。

首先，正如我在第二章中所述，中国是北起俄罗斯南至印度尼西亚的多国朝贡体系的一部分。[40]在中华朝贡体系内部区域，存在着一个“亲密的”的国际社会圈（深受儒家文化影响）；而在中华朝贡体系的外部区域，则存在着一个“生疏的”国际社会圈（各种文化规范混杂其中）。然而，一些学者质疑是否真正存在这样的国际体系/国际社会圈。他们认为，在具有等级制度的中华朝贡体系治理区域，并不存在着主权国家。具有讽刺意味的是，无论欧洲中心主义者还是中国中心主义者，他们都夸大了等级森严的中华朝贡体系在该地区的连续性和中心性。因为中华朝贡体系的核心属性之一是所有的藩属国都保持主权完整，可以自主地制定内、外交政策。[41]

遗憾的是，由于篇幅所限，我无法详细地论证这一点，但从本质上说，中国的等级观念制度只适用于地位上的不平等，不适用于政治上的不平等。也就是说，各个藩属国必须向中国派遣使节，承认中国政府及其国内儒家等级社会关系的外部合法性，这种关系包括“夫妻关系、父子关系、兄妹关系、朋友关系和君臣关系”。[42]尽管如此，藩属国仍然乐意加入中国朝贡贸易体系，以示臣服，因为它们不仅可以从中获得经济利益（如第二章中所述），还可以得到中国政府的承认。中国皇帝对藩属国统治者的承认增强了后者在其国内统治的合法性。

总的来说，藩属国不仅可以根据自己的利益自主地制定内政和外交政策，[43]而且也可以“发表与中国政府不同的观点，或作为权宜之计表示完全同意，部分同意或默认”。[44]有趣的是，许多中国皇帝都认识到自己所宣称的文化优越感更多地是一种虚幻而非现实，这种情况并不少见。[45]需要指出的是，在中华朝贡体系中，藩属国与中国的关系有着大量的活动空间，这再次证明了中华朝贡体系是以中国为中心的观点是错误的。[46]中国中心主义（或者欧洲中心主义）存在的问题类似于日心说，即中国（或欧洲）是太阳，藩属国家是卫星，卫星在太阳的引力下围绕着太阳旋转。但这种向心力需要通过离心力来平衡，其中藩属国就是离心力，它们对中国的影响也相当大。[47]事实上，它们与中国形成了合作竞争关系，对中国产生了重要影响。此外，中国与藩属国之间也存在着极强的相互依赖性，不仅仅是藩属国依赖于中国。因此，宋念申（Song Nianshen，美国马里兰大学教授）提出的中国在前现代时期并没有单方面地创造东亚国家之间联系模式的观点是正确的，他认为“如果确实存在这样一种体系的话，那么，这个‘体系’就是由中国的中央政权与周边政权共同构建的一种制度机制”。[48]

然而，我们不应把这种相互依赖模式与纯粹合作模式混为一谈，因为中国与其藩属国之间的竞争合作关系非常重要。正如周方银（Zhou Fangyin，中国社会科学院副教授）所指出的那样，“我们不能简单地认为朝贡体系就是中央王国凭借武力向周边邻国发号施令”。[49]因为这种假设以“中国胁迫或征服了所有的藩属国，并负有维护该地区安全秩序的义务”为前提。周方银指出，中国与周边藩属国的冲突，有些是因边界受到骚扰，是藩属国单方面引发的边界骚扰。他还认为，周边国家骚扰中国边境是为了从中国获得更多利益。然而，他也认为，藩属国骚扰中国边境的原因很多。[50]关键是，无论它们采取何种方式，出于何种动机，中国政府通常会假装视而不见，并很少采取军事行动。然而，这种容忍态度常常被藩属国视为软弱可欺，进而得寸进尺；在忍无可忍的情况下，中国政府才会劳师远征以示惩戒，希望以此震慑藩属国，使其不敢再越雷池一步。最后，更为复杂的是，该地区不只存在中华朝贡体系这一个等级体系。因为如第二章中讲述的，该地区的情况要比中华朝贡体系内部的情况复杂得多，因为它包含了无数个相互重叠、纵横交错的“国际”等级体系。因此，中华朝贡体系和各种子朝贡体系以一种和谐的等级方式对该地区进行了垂直分割。例如，虽然越南是中国的藩属国，但它也有自己的藩属国老挝，而中国的头号藩属国朝鲜有藩属国对马。所有的藩属国也都向中国皇帝纳贡称臣（因此“和谐”等级观念得以形成）。但这些体系也通过竞争或竞争—合作的方式对该地区进行了水平分割。其中包括1603年以后日本“朝贡体系”，短暂的郑氏朝贡体系，以及东南亚的曼陀罗朝贡体系（在该体系中，最著名的要数满者伯夷朝贡体系）。虽然曼陀罗体系与中国的朝贡体系非常相似，但它并非中华朝贡体系的衍生品，因为它源自古印度的考底利耶王国。[51]

中国经济缺乏地缘政治竞争驱动力的主要原因并不是地缘关系比较简单，而是在中华朝贡体系内的国家都选择了“依附”中国或者随大流（*bandwagon*），而不是与中国对抗。[52]然而，“随大流”一词在这里用得并不准确，因为它意味着中国从朝贡体系中获得了大多数利益。实际上，尽管体系内各国家受益方式各异，但基本上都是利益均沾。最重要的是，和平共处是中华朝贡体系的主流。[53]关键是，当我们比较军事冲突比率（即冲突数量除以总年数）时，就会发现中国的军事冲突率明显低于英国和其他欧洲大国。康灿雄（David C. Kang，美国南加州大学国际关系与贸易学教授）对明、清两代（统计时间为1368—1841年，计473年）发生的战争进行了研究。他认为，中国在朝贡体系内只卷入了3场重要的战争：两次对越战争（1407—1428年；1788—1789年）、一次为保护朝鲜与日本进行的壬辰战争（1592—1598年）。[54]相比之下，在1300—1850年间仅英国与法国之间就发生了46次战争。

罗伯特·凯利（Robert Kelly，釜山国立大学政治学副教授）特别关注清朝时期的朝贡体系。他认为，中华朝贡体系内部靠“儒家思想得以长治久安”，与基督教世界的长期冲突形成了鲜明对比。因此，在1644—1839年，清朝的和平率为99.5%，而拉丁基督教世界的和平率仅为39%（在1648—1789年间共发生了92场战争）。[55]也就是说，中国只有在0.5%的时间里参与了朝贡体系内部的战争，而欧洲的这一比例为61%。总之，虽然濮德培、韦杰夫（Geoff Wade，澳大利亚历史学家）和王元康等人对上述观点表示了异议，[56]但是，中华朝贡体系地区仍以其各国之间的和平相处而著称，这与欧洲国家体系相比更为明显。[57]上述观点为乔瓦尼·阿锐吉的“东亚和平‘五百年’”的观点提供了素材。[58]因此，有理由认为，东亚多国体系及其嵌入的社会规范更为复杂，与粗糙不堪、竞争激烈的欧洲军国主义体系形成了鲜明对比。所有这些都表明，长期缺乏激烈的地缘政治竞争，会导致中国缺失钢铁工业化所需要的地缘政治驱动力。然而，我们的分析不能仅到此为止。

在第二章中，我曾指出“中国在历史上从未依靠武力治国”，但这一观点也存在一定的问题。[59]尽管中国对中华朝贡体系内的各国确实如此，但其与北部和西部边境游牧民族之间的冲突从未间断过。根据康灿雄的说法，在1368年到1841年间，这种战争占所有军事冲突的75%；而在清朝时期，这一比例高达90%。[60]濮培德指出，根据中国军事科学院的数据，从公元前770年至公元1912年，中原中央政权共卷入了3756场战争（相当于每年1.4场战争）。[61]然而，欧洲中心主义国际关系学学者却对这些冲突视而不见，因为他们认为，这些游牧民族并没有建立起自己的国家结构，不属于正式多国体系的一部分。基于这一点，中国在政治上的孤立的谬误被建构了起来，并在西方学术界存续了好几个世纪。那么，这与我提出的中国钢铁工业化缺乏地缘政治竞争驱动力的观点是否矛盾呢?

回答这个问题的关键在于，中国中原政权与游牧民族的“战争”基本上都是小规模战争。据邓刚称，在1125年至1644年，中原地区只遭受过

10次大规模的游牧民族入侵。[62]更重要的是，由于蒙古人主要依靠机动灵活的战马和弓箭作战，因此不需要工业化的武器来对付这样的军队。此外，即使中国使用了“早期发明的火器也无法对付来自草原或沙漠的游牧民族”。[63]有趣的是，肯尼斯·蔡斯（Kenneth Chase）将武器技术的创新追溯至南北朝时期，[64]而到了南宋与金朝对峙时期，武器发明创新的速度进一步加快，因为这一时期是中国军事的革命性创新真正开始的时期。的确，在明朝的创建过程中，中国陷入了战乱。但是，正如蔡斯指出的那样，

> 在1368年（明朝建立）以后，战场从中国南方的山谷转移到了尘土飞扬的北方平原以及广阔的蒙古草原和沙漠。然而，那种……以船舶争夺河流控制权，靠步兵攻城略地的战争基本上在1368年后从中国消失了。如果船只和步兵继续在战争中占据主导地位，那么火器在中国将会如何发展就可想而知了。[65]

因此，套用上一段最后一句话可以说，如果战舰和步兵继续主宰着战争，中国的钢铁工业会如何发展就可想而知了。然而，这里出现的反事实是，如果中华朝贡体系中的藩属国之间存在着重大的地缘政治竞争，由于它们的政体比游牧民族更先进，那么就可能会产生某种促进中国军事钢铁工业化的驱动力（虽然我在前文曾讨论过，在大约1400年以后，中国钢铁工业化面临着重大的生态限制）。

然而，有一个例外从另一方面证明了这一规则。准噶尔汗国位于中国西北部的准噶尔地区，因为统治者在发展农业生产的同时，也注重钢铁工业，[66]于是国力渐渐地强大起来。但是，由于其首领噶尔丹发动叛乱，于1760年被清军消灭了。这里的蹊跷之处在于，任何可能刺激中国钢铁行业工业化的潜在地缘政治竞争之窗，都在英国实现钢铁工业化的前夕被关闭了。因此，可以肯定地说，中国并没有卷入欧洲盛行的那种地缘政治竞争，而正是这种地缘政治竞争推动了英国军事化和工业化的发展。所有这

些都产生了一个更深层次的悖论。

正如我在第十章中所阐述的，中国人发明了各种冶炼钢铁的方法，其军事技术也领先于世界。最令人引以为豪的成就之一是他们发起了第一次重大的军事革命（约850—约1300年），在这个时期他们发明了火药（约850年）、第一把发射金属子弹的火枪（约1275年）以及第一门火炮（被称为“喷射器”，约1290年）。虽然李约瑟把中国人发明火炮的日期定于1290年，但也有学者认为这一日期可能更早，即在12世纪初。[67]此外，英国人在1327年发明的第一门大炮竟然与中国的火炮几乎一模一样，这可能并非巧合。[68]中国人还发明了其他军事技术，如火箭、多管火箭发射器、地雷、炸弹、手榴弹和火焰喷射器。[69]此外，为了抵御女真人的入侵，宋朝还于1132年建立了一支装备精良的庞大海军，拥有约20500艘战舰。[70]如果中国有野心的话，他们可以消灭欧洲的任何一个强国，甚至摧毁当时欧洲的全部海军力量。

但是，在13世纪之后，特别是14世纪以后，中国并没有在原有的军事技术上有所创新，于是欧洲人在借鉴了中国的军事技术后逐渐赶上了中国，[71]并于16世纪末超越了中国，领先于世界。[72]然而，14世纪以后，由于中国开始模仿起了欧洲的军事技术，这一情况就颠覆了原有的东西方文化传播模式，以至于人们需要很长的时间才感受到东西方之间的差距。[73]尽管中国的军事实力甚至到了18世纪仍能遏制欧洲的东印度公司，但它的军事技术却逐渐下降，以至于最终在1839—1842年的第一次鸦片战争中惨败于英国。[74]当然19世纪清朝的衰落也是中国战败的主要原因之一。[75]

这一切意味着，在欧洲军事力量飞速发展的关键时期（1550—1900年），尤其是在19世纪，中国之前领先欧洲的军事创新力因缺乏巨大的地缘政治压力而丧失。因此，根据许田波（Victoria Hui，美国圣母大学政治学系助理教授）对中国古代战国和近代早期欧洲的比较研究[76]（她借鉴了查尔斯·蒂利的观点[77]），我认为，英国走的是一条国家与现代工业资本主义相结合的“资本强制之路”，因为异常昂贵的战争成本要求英国政府与资产阶级建立非常密切的关系。与此相反，由于清政府发动的战争的成本较低，所以它并没有选择资本强制之路。[78]正如乔瓦尼·阿锐吉所总结的那样，“欧洲发展过程中的军国主义、工业主义和资本主义之间的典型协同效应推动了欧洲强国（以经济为目的）的无休止的海外领土扩张，而这种扩张反过来又维持了它们之间的协同效应。这种情况在东亚是看不到的”。[79]这里最大的悖论是，正是欧洲交战国，而不是东亚/东南亚相对和平的朝贡国，在很大程度上解释了为何钢铁产业会出现第二大分流。

最后，我曾在第二章阐述了在漫长的18世纪，英国的实际军事负担如何远远超过中国。然而，自由主义者直截了当地指出，高额军费开支会破坏或者至少会限制英国工业化的发展（我在第九章中对此进行了详细的评论），而中国的超低军费负担原本是有利于工业化发展的。然而，在这个问题上，我同意佩尔·弗里斯的观点，他指出，“战争对中国经济的刺激作用非常小，与英国相比更是如此，因此考虑它没有任何意义”。[80]而且，正如他在其他地方所言：“如果‘军事凯恩斯主义’这样的东西确实存在的话，在西欧找到它的概率肯定会很大。而在不具有英国式军国主义财政特征的中国，绝对难以觅到它的踪影”。[81]因为正如我在前文及第九章中所论述的，英国超高的军费开支在许多方面都支持了英国的工业化。

中国与英国之间的“财政差距”

正如我在第二章中所陈述的，在漫长的18世纪（1688—1815年），英国的税收无论是实际税收还是人均税收都远远超过了中国。对于我的自由派读者来说，这些论点似乎再次给他们提供了充足的理由来解释为什么中国应该实现工业化，为什么因帝国主义财政过度扩张而元气大伤的英国应该保持前工业化状态。但事实上，1712年康熙推行的“摊丁入亩”新政导致清政府在19世纪的衰落，这不仅不利于中国的工业化的实现，[82]而且也对地方财政产生了负面的连锁反应。[83]最重要的是，中国人均土地税

（约占中央政府财政的75%）在1620年至1770年间实际下降了50%，而在1753年至1908年间再次减半。[84]尽管英国在战争成本的下降和国债利息的大幅降低的情况下，大幅降低了税率，尤其是在1850年以后，但我们发现，在这一时期中英两国之间的人均税收差距进一步扩大。在1800年至1899年间，英国的人均税收负担是中国的6230%（分别为324克白银和5.2克白银）。[85]

虽然在欧洲人看来，中国是一个东方专制的官僚主义国家，而英国是一个宽松的守夜人国家（即服务型国家），但事实证明，英国政府的财政支出非常大，官僚机构异常臃肿。可以这样说，即使不说全球，英国肯定也是欧洲官僚机构最大、最集权的国家之一。[86]相对而言，中国的官僚机构只是因为懦弱无能而备受关注。在18世纪后期，英国官员的数量与人口之比为1∶1300，[87]而清朝的这一比率仅为1∶25万。[88]此外，根据邓刚的计算，中国这一比率仅为1∶100万。[89]由此看来，邓刚得出的结论是正确的，即清朝在19世纪衰落的原因是，规模小、支出低、占比低的官僚机构却奉行了儒家的善治原则（我在第二章中也谈到过）。[90]此外，正如费伟恺所言，“宽松的财政政策部分是由税收制度缺乏弹性造成的，这种制度对国家或经济的发展而言，并不总是可取的。但是，旧中国普遍支持轻徭薄赋的保守思想，而这种制度是建立在新儒家思想占主导地位的中华朝贡体系的基础上的，我们对此也应予以重视。”[91]

总之，中国的超低税收和支出制度无疑促进了经济的“斯密型增长”（Smithian Growth，指的是基于专业化分工实现的经济增长），这与17世纪和18世纪的历史资本主义的发展一致。[92]然而，关键是，它无法实现经济的“熊彼特式增长”（Schumpeterian Growth，指的是基于技术创新的经济增长），因为这种增长需要在国家的推动下建立新的社会结构。[93]尽管中国政府有能力推动历史资本主义的发展，但在很大程度上难以完成现代资本主义的使命，也许它根本就没有兴趣这样做。[94]或者，再次引用费伟恺的话说：“与早期现代欧洲的经济发展历史相比……中国对现代经济增长的贡献几乎是微乎其微”。[95]事实上，在这里用来与中国对比的国家正是英国。正如我在第九章和第十章中所解释的，英国的工业化是在国家的支持下实现的。

为什么印度没有实现钢铁产业的工业化

经过前几节的分析，我得出中国与英国的发展路径存在着差异的结论。在本节，我将把1761年至1799年迈索尔苏丹国纳入我的比较范围，以使得我的分析更丰富和引人入胜。虽然迈索尔苏丹国的发展情况与大清王朝不同，但与英国非常相似，它多次卷入多国体系内的战争，并试图在国家的主导下通过发展钢铁工业来增强军事实力。正如之前提到的，我之所以选择分析迈索尔的钢铁工业化，是因为在18世纪印度的诸邦中，它最有可能实现钢铁工业的革命。这样可以使我的比较更有说服力，因为在1792年左右，迈索尔和英国无论是在面积还是在人口数量上都没有明显差异。[96]在本节，我将按照我比较中国与英国的标准来分析英国与印度的钢铁工业化情况。

与欧洲相反的印度多国体系

欧洲中心主义学者常常将“印度”，或者更准确地说是“南亚”，与1526年至1858年间的莫卧儿帝国混为一谈。这是因为“印度”这个国家直到1947年才出现。由于他们把印度看作“东方专制”国家，或者用沃勒斯坦的话说是“世界帝国”，因此他们认为印度是一个单一制的国家体系。但是他们忽略了一点，即莫卧儿帝国经过莫卧儿－马拉塔战争（1680—1707年）和纳迪尔沙皇帝（Nādir Shāh，波斯皇帝，1736—1747年在位）的武力入侵后逐渐衰落，到18世纪中期时，印度已发展成为一个完全的多国体系。因此，目前的问题是应该如何对印度进行准确定性。

我之前提到清朝被嵌入在东亚/东南亚多国体系之中。我还认为，在朝贡体系时期，除清朝与游牧民族之间的战争外，各藩属国与中国之间没有地缘政治竞争，它们之间相对和平。因为正如我在前文中指出的，各藩属国采取的主要外交政策是“随大流”。与此相反，在1761年至1799年，取代印度沃迪亚王朝（1399—1761年）的信仰伊斯兰教的迈索尔苏丹国发现自己嵌入了一个地缘政治竞争激烈的印度多国体系，该体系与欧洲多国体系有一些相似之处。然而，这两个体系有一个重要的区别，即欧洲的一些国家联合起来抵抗试图统治欧洲各国的潜在的强大帝国。雄心勃勃的哈布斯堡家族和拿破仑·波拿巴（当然还有以后的阿道夫·希特勒）都是因为这种抵抗机制而失败的。然而，虽然欧洲国家体系的制衡结果符合沃尔茨的新现实主义（该理论又称结构现实主义，主要贡献者为肯尼思·沃尔茨，认为国际关系结构是由国际政治权力分配结果决定的，它影响着国家的行为。——译者注）和英国国际关系学派的标准逻辑，[97]但这两种理论都不能完全反映迈索尔苏丹国当时的情况。

当时的印度正处于被英国东印度公司殖民的过程中。当然，1757年，罗伯特·克莱夫（Robert Clive）在普拉西战役中率军击败了孟加拉国军队以后，英国东印度公司占领了孟加拉国。为了支持随后在印度进行的帝国军事行动，东印度公司从1765年开始向孟加拉国的农民征收土地税。卡维·亚兹达尼指出，

> 在18世纪60年代末到18世纪90年代，迈索尔是英国在亚洲的最大敌人，严重威胁着英国的殖民扩张。事实上，18世纪后期，迈索尔和马拉塔的军队在战场上与英军僵持不下，部分原因是他们雇用了很多欧洲的军事专家，招募了雇佣兵和士兵。[98]

沃什布鲁克指出，迈索尔苏丹国（以及佩什瓦统治下的马拉塔联邦和兰吉特·辛格领导的旁遮普邦）的反抗“让英国东印度公司感到非常害怕”。[99]普拉迪普·伯鲁阿（Pradeep Barua，美国内布拉斯加大学卡尼尔分校历史学教授）认为，英国东印度公司与迈索尔苏丹国的战争“标志着

英国开始对印度的帝国采取更为审慎的协调战略，其长期战略目标是彻底消除法国在印度的影响以及在印度存在的潜在威胁”。[100]此外，1799年迈索尔沦陷是“英国东印度公司……决定彻底征服印度次大陆最重要的原因之一”。[101]然而，英国东印度公司与迈索尔之间的冲突实质上是两个帝国当政者之间的斗争，因为迈索尔苏丹国的首领提普苏丹也有意统一印度次大陆。[102]值得一提的是，迈索尔的军队可能不是亚洲最强大的，但却是印度最强大的军队之一。[103]沃尔茨的新现实主义和国际关系学派认为，印度各邦应该联合起来抗击英国东印度公司的统治。

然而，事实证明，印度境内的一些实力强大的王国，如尼扎姆统治下的海得拉巴王国、安瓦鲁丁控制下的卡纳提克王国以及后来沦为殖民地的马拉塔王国竟与英国东印度公司结盟对抗迈索尔王国。英国东印度公司还得到了坎纳诺尔王国的国王（印度语称之为Bibi，“比比”），库格、科钦和坦焦尔三国的王公，马拉巴尔王国的首领以及阿瓦德的地方长官（印度语叫作Nawab，“纳瓦布”）的支持。

除此之外，也有一大批无国籍的民间人士援助英国，主要包括班加拉人（印度境内的远途贸易商）、各种商人，以及许多被提普苏丹疏远的迈索尔地方贵族。此外，如果迈索尔、海得拉巴和马拉塔三国联手，并与马拉塔王国和西迪斯王国的海军联合舰队配合，他们很有可能击败印度东印度公司。[104]如果真的发生这种情况，印度在随后的一个世纪里就不会沦为英国的殖民地，迈索尔苏丹国很可能在1799年后统治整个印度，并保持高度自治。尽管如此，我们也不能说迈索尔苏丹国是无辜的受害者，因为提普苏丹在帝国扩张上野心太大，激怒了印度其他邦国的统治者，那些受提普苏丹排斥的当地权贵反而帮助了英国侵略者。但是无论如何，我们似乎可以得出这样的结论：印度的国家体系与欧洲以及东亚和东南亚的多国家体系运作方式不同，倒是与中国古代战国时期的多国体系有些相似。在战国体系中，由于其他国家无法与秦国相抗衡，秦国最终陆续消灭了其他六国，建立了秦“帝国”。

当然，一些人可能会争辩说，力量制衡机制并非完全“不适用”于中国古代战国体系，而是秦国采取了“各个击破”策略消灭了其他六国，[105]18世纪末的英国东印度公司也是如此。当然，背叛印度的那些人都各怀鬼胎，有的人是为了对付迈索尔苏丹国，特别是提普苏丹，但最重要的还是英帝国的最高权力机构制定的策略得当。因此，我们应该牢记大卫・沃什布鲁克的尖锐观点：

> 虽然深受20世纪民族主义影响的印度历史学界难以接受这种事实，但有大量的证据表明，英国东印度公司所占领的包括迈索尔在内的南亚大部分地区是在叛国者的协助或支持下完成的。这些叛国组织经常“颠覆”本国政权……殖民主义者有一套自己的“本土”起源理论，他们宣扬印度和欧洲一样都是资本主义的一部分。从某种意义上说，英国殖民印度既是南亚地区自身发展的必然结果……也是由英国人和一些叛国者造成的。[106]

事实上，在18世纪末甚至是在整个19世纪，英国都没有能力独自建立自己的帝国，而是依靠各种非西方势力和印度内乱来实现其无法实现的目标。更具讽刺意味的是，英国还利用了印度的军队和税收来弥补其在军力和财力上的严重不足，这种策略在其殖民印度过程中起到了重要作用。[107]亚兹达尼认为，印度多国体系与欧洲多国体系的最后一个区别在于，印度各国之间的战争“并不像欧洲那样显眼，可以说印度多国体系在缓解类似的军事冲突和促进社会经济发展方面发挥了重要的作用”。[108]因为在18世纪末以前，各国之间的冲突主要以轻骑兵战争为基础。

然而，需要明确的是，为了抵抗英国的入侵（迈索尔与英国之间进行了四次战争，被称为英国－迈索尔战争，分别发生于1767—1769年、1780—1784年、1790—1792年、17981—799年），迈索尔的两位苏丹海德尔・阿里汗・巴哈杜尔（Haidar Ali Khan Bahadur，1761—1782年在位）及其儿子提普苏丹・法斯・阿里汗（Tipu Sultan Fath’Ali Khan，1782—

1799年在位）都为应对战争作了充分的准备。为此，他们实施了许多与英国相似但与清朝截然不同的政策，这也是我将迈索尔纳入本章讨论以丰富比较分析内容的原因。[109]但是，在英国与迈索尔看似“惊人相似”的政策背后，也存在许多细微的差异。我的首要任务是确定迈索尔与英国的军国主义财政的竞争的激烈程度。

迈索尔与英国之间的军事开支差距

在第二章，我论述了18世纪中国与英国在军事开支上的巨大差距，同时也解释了这种差距如何刺激了英国的钢铁产业工业化，但并没有促使中国作出类似的反应。那么，英国与迈索尔之间的军费开支对比又是如何呢？根据亚兹达尼的计算，在1792年以前，迈索尔的年均财政收入不会超过300万英镑，而在1792至1799年可能仅为年均100万英镑左右。[110]

假设迈索尔在1761年至1792年期间每年用于战争的费用约为200万英镑，在1792年至1799年期间每年大约有60万英镑，那么整个战争时期它的军费开支大概为年均170万英镑。由于缺乏实际数据，这只是我的粗略估计。在1761年至1799年期间英国的军费开支又是多少呢？

与第二章类似，在1761年至1799年期间英国的军费开支也可以分为两个部分计算：D1代表普通军费开支加上临时军费开支；D2指的是D1加上因临时军费支出而产生的国债利息。根据我的计算，英国在这个时期的D1支出为年均1100万英镑，D2支出为年均1900万英镑。这意味着英国的D1支出是迈索尔的6倍多，而D2支出是迈索尔的11倍。然而，正如我在第二章中所解释的那样，除了确定相对“实际”的军费支出以外，我们还需要了解它们的人均军费支出水平。

关于人均军费支出，我注意到这一时期英国（而非英格兰）的人口约为1000万，根据亚兹达尼的说法，迈索勒的人口约为600万。[111]根据这些数据，按人均年军费支出计算，迈索尔的人均年军费支出约为0至30英镑，而英国的人均军费支出约为1至10英镑（D1）和1至90英镑（D2）。

从这个角度来看，英国的人均军费支出大约是迈索尔3至4倍（D1）和6倍（D2）。尽管二者的差距很大，但显然比英国与清朝之间的差距小得多。然而，如同我在第二章中所讨论的那样，关键的数字是“实际”军费支出，即军费支出占国民收入的百分比。然而，遗憾的是，迈索尔这一时期的国民收入数据并没有被保存下来。因此，为了解英国与迈索尔实际军费开支的差异，我只能进行极其粗略的估算。

有许多学者声称，在18世纪90年代，迈索尔的税收收入占国民收入的40%。[112]但这个说法存在两个重要问题。首先，虽然我经常看到有人引用有关莫卧儿帝国和迈索尔的数据，但这些数据所依据的是远远超过前现代时期比例的1945年以后的欧洲国家的建制力（或官僚权力/影响力）。我怀疑这种说法是欧洲中心东方专制国家理论的支持者炮制的（尽管我认为并非总是如此）。其次，如果迈索尔的税收占国民收入40%左右的估算是正确的，那么这意味着在18世纪90年代，迈索尔的总国民收入只有250万英镑。这一数据低得实在令人难以置信，就像政府收入占产出的比例异常高得令人咋舌一样。所以，我只能对迈索尔的税收收入占国民收入的比例进行粗略估算。

尽管安格斯·麦迪森（Angus Maddison）计算出的国民收入的数据极为粗略，但它揭示了一些有用的信息。在1700年，印度的国民收入是英国的8倍，在1820年则为英国的3倍。1700年英国的国民收入约为5000万英镑，到1820年则约为3.16亿英镑。由此推算出，1700年印度的国民生产总值约为4亿英镑，而1820年则约为9.5亿英镑。在1800年左右，印度的总人口约为2亿。如果我们按人均计算印度的国民生产总值，以迈索尔为例（当时约有600万人口，是印度较富裕的经济体之一），1800年迈索尔的国民生产总值约为3000万英镑。

根据麦迪森的极为简略的估算，18世纪90年代迈索尔的总税收负担约为国民收入的9%（而非40%），而实际军费开支约为国民收入的5%或6%。相比之下，在1761年至1799年，英国的实际军费开支分别为10%

（D1）和17%（D2）。即便如此，从这些粗略数字来看，迈索尔的军事开支也相当大，大致与沙皇俄国（1860—1913年）的军费开支相当，而当时俄国的军费开支在欧洲是名列前茅的。[113]根据这一极其粗略的计算，迈索尔的军费开支约为英国D1的1/2、D2的1/3。基于以上论述，可以得出如下结论：即英国的军事开支很可能比迈索尔高得多。但是，与中国和英国之间的军费支出差距相比要小得多。

然而，虽然迈索尔的军费开支没有英国那么庞大，但我们仍然认为它的军费开支也很高，要了解其军费来源，就需要进入与我在比较中、英军费来源时所探讨的完全不同的领域。由于迈索尔没有实现工业化，这就意味着它的高额军费开支与工业现代化无关。正如我在第九章中所指出的，迈索尔最重要的军费来源与其制定的政策和措施有关。我的观点是，英国的国家政策及其对资本主义发展的“嵌入式自治”（Embedded Autonomy，嵌入式自治是指国家机关在具有自主性的同时，必须与市场适当连接，只有这样，国家机关才能担当起发展经济的“当家主政”与“助产者”角色。——译者注）姿态是推动其工业化发展的重要因素之一。相比之下，迈索尔采取了专制的“非嵌入式国家自治”姿态及完全自上而下的政策。虽然迈索尔采取的政策在某种程度上有助于历史资本主义的发展，但对工业化不利。

不同的国家干预模式：迈索尔式的“专制－世袭分离式国家自治”与英国式的“嵌入式自治”

海德尔·阿里汗和提普苏丹实施的中央集权战略让人想起了欧洲人采取的战略。正如亚兹达尼所言，“海德尔·阿里汗和提普苏丹通过镇压、罢免、解除武装、驱逐和没收财产等方式剥夺了地方权贵和世袭王公（如德什穆克家族、封建首领、高达贵族或帕特尔地主）的特权，将农业税收权收归中央”。[114]然而，在海德尔·阿里汗的统治时期，他并不是要消灭所有的权贵（在欧洲相当于贵族），他铲除的是那些威胁中央政权和进行巧取豪夺的贵族。而提普苏丹，他为了将税收大权收归中央政府，对这些作为社会中间阶层的贵族进行了清算。[115]因此，许多封建首领和世袭贵族被杀，世袭头衔被剥夺，他们的职位由中央所派的官员取代。尽管如此，一些封建贵族也进行了拼死抵抗，他们在第四次也就是最后一次英国—迈索尔战争中与英国联手，对提普苏丹进行了疯狂的报复，这场战争以提普的阵亡（1799年）和迈索尔的沦陷而告终。[116]

所有这些都标志着在南印度国家形成的历史上发生了一次重要的转变，迈索尔像英国一样走向了“军事财政主义”道路。[117]这一转变意味着以前的离心力发生了逆转，从而有利于向心型国家的形成。迈索尔发展工业化的方式乍一看与诺贝特·埃利亚斯生动描绘的当时的欧洲国家相似。[118]此外，迈索尔苏丹的目的与英国类似，都是为了增加国家收入以满足军事开支的需要。这反过来表明，迈索尔已经具备了发展资本主义现代化的重要先决条件。最后，值得注意的是，迈索尔可能是印度邦国中第一个按照欧洲模式建立常备军的国家，因为它注重步兵训练，并为士兵配备了燧发式步枪，这种情况在欧洲的现代化进程中也出现过。[119]

尽管英国与迈索尔有惊人的相似之处，但也存在着巨大的差异。由于迈索尔在国家形成过程中采取的是一种自上而下的强制性的国家干预模式，具有国家与经济之间的关系特殊和政治高度集权的特点，因此，我在第九章和第十章曾详细论述一个观点，即英国作为一个崇尚让小政府作为守夜人的自由放任的国家，有助于其工业化进程，而这是英国与迈索尔的根本差异。我认为这种观点是错误的，英国政府对经济有着严重干预，这表明了英国政府与迈索尔有一定的“趋同性”和“惊人的相似之处”。然而，重要的是要认识到英国与迈索尔在经济的干预模式上存在很大差异。我认为，英国政府奉行的干预主义是一种“嵌入式的自治”战略，本质上是资产阶级与封建贵族阶级妥协的结果。[120]也就是说，虽然英国资产阶级政府篡夺了封建贵族的军事、财政和行政大权，但仍在试图保护他们的利益。相比之下，迈索尔苏丹，尤其是提普苏丹采取的是一种自上而下强制脱嵌的野蛮的专制世袭战略，这种战略不利于对商人和“贵族”利益的保护。此外，由于他在侵犯商人和贵族的利益后没有给予任何补偿，最终把许多既得利益集团和位于社会中层的政治集团推向了自己的对立面，为他未来的战败埋下了伏笔，这对他来说是致命的。亚兹达尼指出，提普为了对国家进行控制，使整个国家都处于“恐怖状态”，这充分体现了迈索尔王国的专制性质，他还说道：“为了搜集信息和控制人们的言行，提普苏丹在所有的要塞、城镇、集市和重要官员的住宅都安插了间谍。”[121]

前现代专制国家的概念就像前现代东方专制国家的概念一样，更多的是建立在虚构而非事实的基础上（正如上文提到的迈索尔税收水平与国民收入的占比）。不过，正如大卫·沃什布鲁克所指出的那样，

> 在迈索尔的“军事财政主义”发展过程中，统治者声称对其领地内的所有资源都拥有所有权，这被称为“苏丹主义”。尽管他们难以控制新兴资产阶级及其后代控制的资源，但偶尔也会对他们的财产实行国有化或没收。特别是在军情危急的情况下，商业资本和昔日的“个人”财富经常面临被没收的风险。[122]

这就是英国与迈索尔苏丹国之间的一个最重要的区别。然而，这里有一个矛盾的地方，即英国对经济的嵌入式自治姿态反映了一种更强大的国家权力模式，无论是在经济、财政还是军事方面，它都比迈索尔自上而下的专制的国家权力模式更有效。那么，在经济领域，尤其是钢铁产业领域，这两种模式是如何发挥作用的呢？

重商主义国家的形成与迈索尔“自上而下”对经济的调控

在传统重商主义理论的指导下，海德尔·阿里汗和提普苏丹试图通过国家的干预来促进经济发展。

为了增强军事实力，他们建立了专门的官僚机构来促进钢铁工业的

发展。这种特殊形式的国家干预在《迈索尔税收条例》中有所体现。乍一看，这似乎表明英国与迈索尔苏丹国之间存在着“惊人相似之处”，并且似乎符合1685年以后在欧洲流行的重商主义经典理论。此外，虽然英国和迈索尔都是重商主义国家，但他们都试图促进对外贸易的发展（如前几章所讨论的英国）。因此迈索尔的苏丹们建立了约30个贸易公司（*Kothis*），除了印度（如卡奇）之外，还在海外设立了一些贸易机构，包括波斯湾（马斯喀特、霍尔木兹和吉达）。在迈索尔苏丹的统治下，经济完全服务于国家的军事需要，并采用了与英国重商主义完全不同的国有化路径。[123]当然，英国也通过发展经济来增强了其（帝国）财政和军事实力（正如第九章所论述）。然而，这种表面上的相似性忽略了一点，即英国支持本国经济的发展，并给予私人资本家以更大的经营自主权，而不是通过国有化直接征收他们的财产。[124]简而言之，英国政府根本不干预资本家对生产资料的所有权。

在第九章中，我特别强调了英格兰银行在战时经济中的重要性。提普也建立了中央银行，与此同时，古吉拉特邦的银行家们也把他们的银行搬迁至迈索尔，在那里继续从事金融业务。正如本书的第一部分所指出的，银行家们通常都是通过寺庙筹集资金，然后将资金投放于贸易和投资领域的。然而，从1694年开始，为了为帝国战争筹集资金，英国政府通过英格兰银行制定了大规模的贷款计划，并让伦敦金融中心参与其中，但迈索尔央行却没有通过发行公共债券来为战争筹集资金。迈索尔设立中央银行的主要目的是救济穷人，并在资本充足时向商人们提供少量投资资本。鉴于我手头上这方面的资料有限，无法作出更多评价。[125]但我们可以确定的是，迈索尔央行最终成为过于强调国家主义的重商主义理论的牺牲品。因为“这与‘银行是资本积累的工具’这一资本主义逻辑相矛盾，实际上，它与真正意义上的中央银行相距甚远，迈索尔中央银行这个名称只是一种误导而已”。[126]这比较恰当地反映了不同国家的干预模式与其经济之间的关系。

虽然迈索尔苏丹国干预经济的目的是控制经济，以增强军事实力并对抗英国东印度公司，但却出现了一个重要的悖论，即因为这种战略出现了一种“你推我拉”的局面。因此，国家对经济的干预对经济既有促进作用，也有阻碍作用。提普采取的切断英国东印度公司的供应线战略就是一个最典型的例子。然而，要实施这一战略，迈索尔军队就必须通过焦土政策对从贝鲁尔到塞林加帕坦的大片地区进行大规模破坏。[127]此外，由于担心英国人通过海路获得战略物资，提普还下令海军封锁港口，并严禁任何产品出口。出于同种原因，他还禁止对印度部分地区出口商品。最后，但同样重要的是，为了限制本国商人与英国人的交易，提普采取了国家垄断贸易措施。正如提普本人所说的：“我之所以禁止从卡纳蒂克出口亚麻布，是因为我知道英国人从事着大量的亚麻布生意，我不想让他们从中渔利。”[128]按照这种思路，他除了想赚取利润以满足军费开支外，还想使国家成为“商人主体”。[129]然而，这些措施都不利于本土商人阶层的顺利发展。因为这种双重悖论既减少了迈索尔的经济收入，也不利于本国实现现代化，同样也是英国入侵迈索尔的部分原因之一。

这种对经济进行垄断的战略有些扭曲和自相矛盾。虽然提普关注的主要经济问题是发展钢铁行业以确保战时武器供应，但这受到国有化计划的限制。

在1792年以前，提普共建立了10家国有兵工厂（Karkhanas），但是在1792年第三次英国－迈索尔战争失败后减少到7家。[130]《迈索尔税收条例》规定，为了制造大炮、枪支和火箭等武器，应优先发展钢铁工业。迈索尔比较擅长的一项军事技术是火箭制造，威廉·康格里夫（William Congreve，英国发明家、议员）爵士在1801年至1805年期间为英国研发的火箭就是在此基础上进行的。[131]但迈索尔的武器究竟是如何生产出来的呢？

由于迈索尔的经济既包含半工业化元素，也包含前工业化元素，亚兹达尼将其社会生产关系称之为“过渡性”生产方式。虽然我们对国有的卡哈纳斯的社会生产关系了解甚少，但在工厂里工作的大部分工人都是日薪工人。[132]正如我在第十一章中所提到的，印度的工厂中有许多这样的工人。提普还以发挥欧洲工匠技能为借口，强迫战俘在卡哈纳斯里劳动。最后，尽管有些武器的制造技术看起来很先进，但事实上，这些技术仍处于前工业化阶段。也许能够更清楚说明这一点的是英国当时最先进的武器制造工具，即同时能加工130个火枪筒的镗床，但它并不是由蒸汽机或水力提供动力的，而是由两头公牛驱动。[133]

然而，在迈索尔的钢铁行业中，私营锻造企业占主导地位。[134]有些人可能会认为，私营锻造厂处于原始工业化阶段，无法实现现代化。虽然这些企业雇用了劳动力，但这些劳动力并不符合马克思主义的“自由雇佣劳动者”的定义，因为他们主要从事的是农业劳动。然而，正如我在第八章中所解释的，自由雇佣劳动并不是评判历史资本主义生产关系或现代资本主义生产关系的唯一标准。此外，企业主将从剥削雇佣劳动中获得的利润的66%～80%收归己有，这表明它具有一定的现代资本主义特征。然而，尽管亚兹达尼认为迈索尔的经济正处于从原始工业化向现代工业化的过渡阶段，但由于企业主没有将获得的利润用于扩大再生产，[135]也许将这一阶段被称为“中间阶段”更为准确。因为在我看来，迈索尔并没有自发地走向工业现代化，而是停留在历史资本主义阶段。这在一定程度上是因为它们没有技术积累的原因。此外，需要特别注意的是，迈索尔生产的是锻铁而不是铸铁，部分原因可能是熔炉有问题。关键问题是，为什么迈索尔使用炼钢熔炉难以促进其钢铁工业的发展。

迈索尔（或印度）钢铁工业化所受到的生态限制

正如我在第十章所指出的，尽管在这一时期，印度乌兹钢的质量远远超过了欧洲，并一直保持到19世纪，[136]然而，印度的钢铁生产技术早在16世纪就已开始落后于英国。

根据尤金妮娅·凡妮娜（Eugenia Vanina，俄罗斯印度学家）的说法，印度的高炉类似于中世纪欧洲的狼炉（Stückofen），[137]尽管在印度西北部发现的一种比较特殊的卡提阿瓦熔炉更像后来欧洲的反射炉，但它很可能是一种舶来品。[138]即使如此，我们不应过分夸大该熔炉的重要性，因为正如亚兹达尼所指出的，一座卡提阿瓦熔炉每年只能生产大约17吨钢铁，而且整个印度或南亚所有的卡提阿瓦炉每年总共只能生产约100吨钢铁。[139]最重要的是，印度人在炼钢时是以木炭而不是煤炭作燃料的。这解释了为什么印度，特别是迈索尔，没有并且也不可能在全球钢铁工业化中扮演重要角色。另一个与此相关的问题是，与中国人和英国人不同，印度人在炼钢时不使用熔剂，因此大量钢铁被浪费在了熔炉中。

继彭慕兰之后，我在前文也提到，在1400年以后，中国南方的钢铁生产受到了煤炭供应不足的限制。由于煤矿主要分布在北方，而南方煤矿的规模都比较小，很难为南方的主导产业炼钢业提供足够的燃料来支持其工业化发展。迈索尔也面临着同样的问题，因为它位于印度的西南部，离印度东北部孟加拉的煤矿较远。[140]然而，还有一个更深层次的问题，虽然印度有一些煤矿能够生产出优质煤炭，尤其是产自布德万（距离今孟加拉国加尔各答约130英里）的煤炭，[141]但事实是，印度大部分煤矿生产的煤质量都较差，无法满足本国钢铁工业化的需要。[142]此外，迈索尔拥有丰富的木材资源，这意味着迈索尔人从没有认真去把煤炭当作一种能源来寻求，而提普试图从奥斯曼帝国进口煤炭来生产钢铁，最终也并未成功。[143]无论如何，印度的熔炉都无法使用焦炭或煤炭进行炼钢，这主要是因为他们没有机械化风箱系统。[144]

当然，这并不是说印度人没有生产高质量钢铁的能力。正如我在第十章中所述，欧洲人对印度的钢铁，尤其是乌兹钢非常喜爱。早在公元500年之后，乌兹钢就已经闻名于世。然而，问题在于，没有优质的煤炭供应，印度就无法实现钢铁产业的全面工业化。此外，在19世纪，昂贵的运输成本使得低效能木炭燃料在印度变得非常昂贵，导致印度钢铁产业的竞争力远远低于英国的钢铁产业。[145]总体而言，木材短缺限制了19世纪印度钢铁产业的发展，因为印度的炼钢业并没有像英国和中国明朝以前那样使用煤炭、焦炭以及机械化风箱。因此，印度的熔炉容量很小，按照现代标准来衡量，其总体产出水平仍然非常低。

以下事实就证明了这一点：迈索尔冶铁厂每年的产铁量约5吨至8.5吨，而早在1603年，英国的一般高炉每年的产铁量就达到了350吨至400吨。[146]正如我在第十章中所述，在18世纪末，整个印度大约有1万座熔炉，每年最多能生产约20万吨钢铁，[147]这接近1800年英国的生铁总产量。然而，在19世纪20年代，全球的钢铁生产出现了欧、亚之间的“第二次大分流”，并在此后二者之间的差距进一步扩大。到1850年，英国的钢铁产量是印度的10倍，在1885年达到了800多万吨。[148]值得注意的是，这一产量约为1850年印度钢铁总产量的40倍。考虑到印度的钢铁产量在19世纪有所下降，我们可能低估了英、印在1885年的差距。此外，在18世纪末，迈索尔钢铁的产量为4500吨至7200吨，[149]占英国1800年钢铁总产量的4%，占英国1885年钢铁总产量的0.1%。由于迈索尔的钢铁总产量在1792年以前与英国的大致相同，在1793—1799年与英格兰的大致相当，因此这一产出差距就更加引人注目了。总之，正如阿伦·比斯瓦斯（Arun Kumar Biswas，印度科学家）所言，

> 印度人坚持使用木炭炼钢，既不使用煤炭、熔剂和机械化风箱，也不开发高级耐火材料，所有这些都导致了19世纪印度钢铁工业的停滞和萎缩。[150]

我注意到，后来英帝国对印度采取的“恶意忽视”和“遏制”政策只能使印度的钢铁工业更加雪上加霜（我将在第十三章中解释）。

钢铁行业工业化所受到的社会认知限制

亚兹达尼认为，英国与迈索尔的钢铁产业存在重大差异，“尤其在机械工程、煤矿和牛顿力学领域”。[151]这些差距是英国实现钢铁工业

化的重要前提条件，而令人遗憾的是，印度在这些方面存在着“知识缺陷”。在本章中，我强调了在英国兴起的“机械观念”的重要性。这种观念于1700年后迅速发展，而与此同时，中国在钢铁技术方面领先千年的优势正在逐渐减弱。“知识的传播”对促进英国钢铁工业化的发展起了一定的促进作用，而这种传播主要是以印刷物为媒介，在学术团体如月光社、英国皇家协会等的推动下进行的。这种学术氛围促进了人们的思想交流，有利于知识的分享和传播，可以使更多的人从中受益。我在第十章中谈到，中国和印度的关于生产流程的手抄本和书籍涌入欧洲就属于这种情况。

亚兹达尼坚持认为，印度既没有知识传播机构，也没有高等教育机构和印刷机构。尽管印度的对外技术交流较少，但提普还是设法从国外引进了一些印刷设备。[152]当然，亚兹达尼也反复地指出，印度并不“缺乏”先进的知识，因为它在数学领域长期领先世界，并且领先欧洲几个世纪。[153]然而，普拉桑南·帕塔萨拉蒂则认为印度在知识交流方面做得也非常好，不只是欧洲这样。[154]但问题的关键是，印度是否与其他国家进行了先进技术、科学思想以及复杂的工程知识方面的交流，而这些科学技术是英国钢铁工业化所需的？事实上，在知识交流方面，英国人做得确实比印度人好。那么，我们该如何看待迈索尔的工业化发展前景呢？

最后，阿修科·申恩（Asok Sen，印度物理学家）认为，提普对经济的高度监管和自上而下的过度控制破坏了经济向工业现代化发展的潜力。他的观点可能与事实相符。[155]然而，亚兹达尼认为，由于英国东印度公司在1799年剥夺了迈索尔人的自治权，那就不能排除如果它不干预迈索尔的钢铁产业发展，迈索尔的钢铁工业过渡到现代化的可能性。此外，亚兹达尼还对凯特·布里特尔班（Kate Brittlebank，澳大利亚学者）将提普称为“前现代传统主义”代言人的观点提出了疑问。[156]虽然从整体来看，提普并不是一个纯粹意义上的现代主义者，但他制定的一些政策，如他对军队和官僚机构的改革，确实含有一些现代化因素。在他开设的钢铁厂和兵工厂里，也存在现代资本主义的生产关系。在此，我同意亚兹达尼的观点，他认为，“既不能从传统历史资本主义角度来理解提普的行为，也不能说提普的行为反映了现代统治者的思想。提普的思想处于既非传统历史资本主义也非现代资本主义的历史节点，也就是从传统历史资本主义向现代历史资本主义的过渡性阶段”。[157]我将此称为“中间”历史资本主义阶段。我认为“中间历史资本主义”终归是缺乏现代工业化的驱动力，因此在第十章中我曾解释过，印度的生产者和商人都是积极进取的历史资本主义者，但他们认为进行机械化生产没有必要。总之，我的结论是，迈索尔王国既非东方专制国家，也非传统的资本主义国家。尽管提普的改革并没有使迈索尔走向钢铁产业的工业化道路，但他确实进行了各种现代化改革的尝试。

结论

论述至此，我想将第十一章和第十二章放在一起总结。我已经对中国和印度最终没能实现工业化的问题进行了论证。所有的论证都指向了一个备受争议的欧洲中心论命题，即只有英国才有足够的理性制度使它走向现代资本主义工业化道路，这就得出了如下结论：英国是工业化成功的典范，而印度和中国则相反。然而，这种界定肯定是有问题的，因为它只看到了英国实现工业现代化的有利因素，而忽视了导致亚洲国家未能实现工业现代化的不利因素，这是纯粹的欧洲本体论观点。与此不同，加州学派则试图通过关注欧洲和亚洲主要经济体之间的“惊人的相似性”和引起全球经济变化的偶然性，来挑战欧洲中心主义对经济“大分流”的界定。但在我看来，他们所采用的对比分析法并没有真正地揭示出引起经济变化的社会内在因素，而其本体论又有矫枉过正之嫌，导致了他们无法合理地解释为什么只有英国实现了工业化。

因此，尽管我提到了中国、英国和印度这三个主要经济体之间的

“惊人相似性”，但也关注了它们之间的“惊人差异性”。其中最明显的区别是它们对经济的干预程度不同。英国采取了一种适度干预的“嵌入式国家自治”干预模式；中国采取了对经济过度自由放任的姿态（尽管有时候它也会偶尔对经济进行干预以克服市场失灵）；而迈索尔则走向了另一个极端，它采取的是一种极端的自上而下的干预政策。此外，中国、印度和英国在一些方面也存在着明显差异。这三个国家都没有将机械化生产技术广泛应用于棉花和钢铁产业。而且，它们在有用知识的传播和机械世界观方面也存在着分歧。然而，正如加州学派认为的那样，我们不能仅仅关注它们之间的内部差异，因为这可能会使我们陷入欧洲中心主义的误区。相反，我认为应该将它们复杂的“发展架构”纳入考虑范围，因为国内产业在一定程度上会受全球经济和国际地缘政治的影响。无论是印度还是中国的企业家和商业资本家都认为，没有必要将棉纺织品生产集中在使用替代劳动力的机械化纺织技术的工厂里。实际上，中国和印度在棉纺织品生产规模方面处于全球领先地位。与此相比，英国的棉纺织品生产商面对着全球经济发展不平衡与融合发展的挑战，如果不采用现代资本主义的生产方式，就无法与中国的生产水平和印度在全球棉纺织市场的主导地位相竞争。

同样，英国的地缘政治帝国主义是导致欧洲和亚洲在钢铁生产方面出现第二次大分流的重要原因之一。在地缘政治竞争如此激烈的欧洲多国体系中，地缘政治帝国主义推动了英国钢铁工业化的发展。相比之下，中国由于在东亚或东南亚地区没有竞争对手，并且在1368年后，它卷入的大多数冲突都不需要研发铁制武器，也未能从帝国扩张中获得任何经济利益，因此缺乏发展钢铁工业化的动力。

而处于印度多国家体系下的迈索尔，在面临着英国东印度公司强大的帝国军事威胁时，并没能获得该体系中的“权力平衡机制”的支持。其经济政策不仅未能促进钢铁工业化的发展，反而损害了大多数商人阶层和私营企业主的利益。因此，即使没有英帝国的入侵，迈索尔也很难自主实现钢铁工业化。而且，与英国不同的是，迈索尔也没有可获得经济利益的殖民地。最后，我认为，迈索尔和中国无法获得足够的优质廉价的煤炭，这明显限制了它们的钢铁工业化的发展，这就像中国和印度因原棉质量太差无法实现棉纺织产业工业化一样。

因此，在解释英国为何能超越处于历史资本主义发展阶段的中国和印度，在钢铁产业方面出现第二次大分流时，我们不仅要考虑这三个国家国内因素的重大差异，还需要考虑它们所处的不同的地缘经济、地缘政治和帝国背景。虽然我讨论了英国东印度公司在19世纪摧毁迈索尔钢铁工业化过程中的作用，但现在需要考虑的一个重要问题是，英帝国主义是否在19世纪摧毁了印度次大陆的经济命脉。

注释

[1]　见Pomeranz (2000: 62–8)。

[2]　Needham 等，(1971: 300–6, 344–78) and Tang (2018: 134–9)。

[3]　Pomeranz (2000: 184).

[4]　Golas (1999: 186–201).

[5]　同上, (196–7) and Parthasarathi (2011: 159–60, 162–4).

[6]　Deane and Cole (1969: 216); 参阅Mitchell (2011: 247)。

[7]　Parthasarathi (2011: 162–8).

[8]　Goldstone (2008: 129–32).

[9]　Pomeranz (2000: 59–68).

[10]　Hartwell (1966: 48) and Golas (1999: 186, 285–7, 336–51, 429–35).

[11]　Goldstone (2008: 132–4), Jacob (1997), Mokyr (1990, 2002) and Huff (2011: ch. 8).

[12]　Perdue (2005: ch. 15, 2015) and Wang (2011).

[13]　Johnston (1995).

[14]　Perdue (2005: 536–42).

[15]　Perdue (2005: ch. 9, 2017: 10), Lorge (2008: 166–7) and Phillips (2017).请注意，20%的蒙古男人被杀，40%死于天花，20%逃往俄罗斯和哈萨克地区。

[16] Dikötter (1997); 参阅Jacques (2012: 308–17)。

[17] 见Hobson (2004: ch. 10)。

[18] Zhang (2009: 555–6, 560–1), Zhang and Buzan (2012: 22) and Perdue (2015: 1006).

[19] Zhang and Buzan (2012: 22).

[20] Zhang (2009: 555–6).

[21] Zhou (2011: 148).

[22] Zhang and Buzan (2012: 22) and Zhang (2015: 210).

[23] Zhou (2011: 153).

[24] Zhang (2015: 211); 也见Perdue (2005: ch. 15)。

[25] Perdue (2005), Vries (2015: 397) and Arrighi (2007: 317–21).

[26] Zhao Suisheng (2015: 962)，引用习近平主席2014年3月在德国科尔伯基金会的演讲词。

[27] Perdue (2005: 328, 334–6) and Vries (2015: 397–401).

[28] Vries (2015: 397)，引自Fletcher cited。

[29] Vries (2015: 398)，引自Sabine Dabringhaus。

[30] Vries (2015: 86, 361, 399, 400).

[31] Bin Wong (2002: 455).

[32] Bin Wong (1997: 148).

[33] Martin-Fox (2003:76).

[34] Zhao (2013: 110–11) and Arrighi (2007: 324–5).

[35] 也见Bin Wong (2002)。

[36] 但见McNeill (1982: 143) and Arrighi (2007)。

[37] 例如，North and Thomas (1973), Wallerstein (1974), Jones (1981), Gilpin(1981), Giddens (1985), Collins (1985), Mann (1986), Tilly (1990), Landes (1998) and Arrighi (2007: 266–74)。

[38] Trotsky (1906/2010: 42–51), Mumford (1934), John (1955), McNeill (1982), Sen (1984), and Rodger (2010).

[39] 例如，Wallerstein (1974) and Jones (1981)。

[40] 也见Goldstone (2008: 100–2)。

[41]　Kang (2010: 37, 54) and Zhang and Buzan (2012: 15, 27); 参阅Arrighi等(2003:269–70)。

[42]　Zhang and Buzan (2012: 13).

[43]　Song (2012: 163–4) and Zhang (2009: 570, 563).

[44]　Zhang and Buzan (2012: 31) and Bin Wong (1997: 89).

[45]　Zhang (2009: 556–7).

[46]　Zhou (2011), Song (2012) and Zhang (2015).

[47]　Suzuki (2007).

[48]　Song (2012: 155).

[49]　Zhou (2011: 150).

[50]　Song (2012: 163–4).

[51]　见Grey (2001), Dellios (1996) and Manggala (2013)。

[52]　Kang (2010: ch. 5). “under-balancing”一词来自Kelly (2012: 419)。

[53]　Shambaugh (2004/5: 95).

[54]　然而，康灿雄（2010:90-1）也认为，在明朝时期，中国还卷入了8起小规模“战争”（发生在两个或多个国家之间，包括中国、朝鲜、越南和日本），清朝时期卷入了1起。

[55]　Kelly (2012).

[56]　Wade (2004), Perdue (2005: 548) and Wang (2011).

[57]　Kang (2010: chs. 1 and 5) and Kelly (2012).

[58]　Arrighi (2007: 316).

[59]　Shambaugh (2004/5: 95).

[60]　Kang (2010: 91).

[61]　Perdue (2015: 1004–5).

[62]　Deng (2012b: 340).

[63]　Chase (2008: 3) and Lorge (2008).

[64]　Chase (2008: 32).

[65]　同上，(35)。

[66]　Perdue (2017: 2, 11).

[67]　Chase (2008: 32).

[68] Needham 等，(1986: 572–9) and Hobson (2004: 186–8)。

[69] Needham 等，(1986), Hobson (2004: 58–61), Chase (2008: esp. ch. 2) and Lorge (2008: ch. 1)。

[70] Deng (1997: 70).

[71] Needham et al. (1986: 49, 47–50, 77, 455–65, 570–9), Hobson (2004: 186–8), Chase (2008: ch. 3) and Lorge (2008: ch. 1).

[72] Chase (2008: ch.3) and Lorge (2008: ch. 3).

[73] Chase (2008: 145–50).

[74] Goldstone (2008: 165).

[75] Sharman (2019: 141–2).

[76] Hui (2005: 207–11).

[77] Tilly (1990).

[78] 也见 Arrighi (2007: ch. 11)。

[79] Arrighi (2007: 335).

[80] Vries (2015: 314).

[81] 同上，(2013: 375)。

[82] Hung (2001: 502–5).

[83] Zelin (1984: especially 307–8).

[84] Feuerwerker (1984: 306–7).

[85] 数据来源于Bin Ma (2013: 489)。

[86] Brewer (1989: 127), Mann (1986) and Weiss and Hobson (1995: chs. 2–4).

[87] Weiss and Hobson (1995: 45).

[88] Vries (2015: 143).

[89] Deng (2012a: ch. 3).

[90] 同上，也见 Zelin (1984: 307–8)。

[91] Feuerwerker (1984: 308).

[92] Rosenthal and Bin Wong (2011: 205).

[93] Schumpeter (1943/2010).

[94] Perkins (1967: 487–8).

[95] Feuerwerker (1984: 322), 我认同其观点。

[96] Yazdani (2017: 118–20).

[97] Waltz (1979), Mearsheimer (2001) and Bull (1977)最为著名。

[98] Yazdani (2020: 37).

[99] Washbrook (2020: 138).

[100] Barua (2011: 27).

[101] 同上, (22). See also Hasan (1971)。

[102] Macdougall (2011: 299–300).

[103] Yazdani (2020).

[104] Yazdani (2019: 8, 17).

[105] Hui (2005: ch. 2).

[106] Washbrook (1988: 76).

[107] Roy (2011: 213–14).

[108] Yazdani (2019: 14)，认同其观点。

[109] 详细计算请见 (2017: 115–20)。

[110] Yazdani (2017: 227–9).

[111] 同上, (118)。

[112] 见Yazdani (2017: 228, and n. 487)的讨论。

[113] Hobson (1993).

[114] Yazdani (2017: 138–9).

[115] Washbrook (1988: 69) and Stein (1985: 401–2)

[116] Yazdani (2017).

[117] Stein (1985: 392–3, 401, 411).

[118] Elias (1939/1994).参见Linklater（2016），分析同样精彩。

[119] Yazdani (2017: 242, 248).

[120] For such a discussion of the British state's embedded autonomy in historical context, see Weiss and Hobson (1995: chs. 2–4). For the British state's continuing strong relationship with the aristocracy, see especially Haldén (2020).

[121] Yazdani (2017, 2019, 2020).

[122] Washbrook (1988: 75).

[123] Yazdani (2017, 2019, 2020).

[124] Weiss and Hobson (1995).

[125] 感谢Kaveh Yazdani在私人通信中提供了这一信息 (13/9/2019)。

[126] Yazdani (2017: 182).

[127] 同上，(172–3)。

[128] Yazdani（2017: 177），引自于提普。

[129] 同上, 170–84。

[130] Yazdani (2020: 23).

[131] Roy (2005) and Yazdani (2017: 251–4, 2020).

[132] 感谢Yazdani 私人信件中给我提供的信息 (13/9/2019)。

[133] Yazdani (2020: 24).

[134] Yazdani (2017: 212).

[135] 感谢Kaveh Yazdani对此提出的建议。

[136] 事实上，正如我在第十章中所提到的，不仅铸钢产自迈索尔，而且英国钢铁专家大卫·穆希特的炼钢技术很可能就是借鉴迈索尔的。

[137] Vanina (2004: 44–5).

[138] Biswas (1999: 296).

[139] Yazdani (2017: 471).

[140] 参阅Roy (2012: 194)。

[141] Parthasarathi (2011: 231).

[142] Singh (2006: 366–75).

[143] Parthasarathi (2011: 208) and Yazdani (2017: 290–1).

[144] Biswas(1999:298–300)。尽管如此，Biswas还指出，因为机械化风箱在与中国接壤的印度次大陆西北部使用，所以为什么没在印度普及开来仍然是个谜。

[145] Roy (2009).

[146] 同上;Yazdani (2017: 197)。

[147] Biswas (1999: 301).

[148] Deane and Cole (1969: 225).

[149] Yazdani (2020: 20).

[150] Yazdani (2019: 14–15).

[151] Yazdani (2019: 14–15).

[152] 同上, (15–16, 2017: 279–85)。

[153] Joseph (1992), Bala (2006) and Raju (2007).

[154] Parthasarathi (2011: 213–19).

[155] Sen (1977: 95).

[156] Brittlebank (1982).

[157] Yazdani (2017: 287).

第五部分

西方帝国主义的复兴与本土化：帝国阴影内外的亚洲人和非洲人

第十三章　第二次（现代资本主义）经济全球化的多元文化起源：揭开“多元文化接触区”的面纱，约1850—约1940年

引言

到19世纪中期，英国通过棉纺织产业工业化最终夺取了印度的棉纺织品生产者和商业资本家的结构性权力。兰开夏郡取代了印度在全球棉纺织品市场上的主导地位。正如我在第十章所解释的，在第一次经济全球化以前及期间，印度商业资本家创立的亚非市场对英国人来说是一件好事。因为他们无须辛苦开拓市场，只需要将兰开夏郡工厂用机器生产出来的廉价纺织品出口到这些市场，就能削弱印度棉纺织品的出口竞争力，并在这些市场上占有一席之地。此外，英国在1858年建立了自己的帝国后，将获得的结构性经济力量转化为帝国力量，并试图通过这种力量在印度乃至整个非西方世界发挥优势。当然，英国霸占世界市场是通过正式帝国主义和非正式帝国主义这两种手段实现的，而非正式帝国主义是在迫使其他国家签订“不平等（贸易）条约”的基础上建立起来的。此外，现代工业资本主义在英国和其他欧洲国家的建立显然是导致第一次经济全球化向第二次

经济全球化过渡的一个非常重要的因素。另外，由印度全球结构性力量所支撑的第一次经济全球化的多中心特征在第二次经济全球化中转化为欧洲帝国居于顶端、非西方国家排在下层的等级结构。

我撰写本章的目的既不是要否定欧洲帝国在19世纪统治亚洲和非洲这一观点，也不是要否认欧洲列强给许多非西方经济体及其人民造成的重大伤害。当然，我们需要批评欧洲中心主义者的致歉说辞，以及他们不可思议地将英帝国的扩张说成是善意传播文明的说法。同时，我们也要揭开英帝国的黑暗面。然而，在某种程度上，我们需要对帝国的扩张进行本地化分析，因为崇欧主义者认为，西方帝国扩张是一个“整体性计划”，旨在消除非西方国家主动行为的精神，从而将所有的非西方民族和社会都描绘成无助、被动的受害者。整个西方帝国体系就像一个大洋葱，外层是帝国主义通过胁迫和剥削得来的权益，内层是19世纪和20世纪非洲－欧亚协同的主动行为者和乏味的非西方主动行为者的日常行为。当然，已有大量关于西方帝国主义的文献，但问题是，有关外层的激烈辩论已经掩盖了它的内层内容。尽管文献的作者本意是好的，但他们描绘的印度是无助且缺乏主动行为能力的，这有一定的风险，因为这意味着崇欧主义者和印度民族主义者低估了印度人的国家意识和韧性，而将英帝国的统治自然化了。因此，这里的悖论在于，在揭示印度的主动行为者的作用的同时，又确认西方帝国统治的本地化以否认英帝国统治的自然性，两者之间存在着矛盾。

在这里，我们遇到了在19世纪第二次经济全球化过程中出现的悖论。具体来说，一方面，西方在非洲和亚洲地区的新兴主导地位创造了现代资本主义所需要的更强大、更具强制性的帝国全球性推动力，这种推动力有助于推动全球经济的发展。然而，与此同时，我们也观察到全球经济发展不平衡在此过程中加剧了。另一方面，崇欧主义忽视了阿拉伯人、印度人和中国人在第二次经济全球化过程中的重要作用。此外，需要指出的是，西方在全球的扩张势力远比欧洲中心主义或崇欧主义者所认为的不平衡得多。同时，有许多学者认为，19世纪兴起的第二次经济全球化是第一次经济全球化推动的结果，而第一次经济全球化是在西方力量与非西方力量的共同作用下实现的。因此，非西方力量的推动是非常重要的。如果没有非西方的力量的推动，不仅19世纪的西方帝国难以在亚洲和非洲的大部分地区扩张，而且也不可能出现第二次经济全球化。

本章共分三节。第一节为“英帝国主义与中国和印度棉纺织品生产的‘间断的连续性’”。在该节中，我揭示了在棉纺织品生产的关键领域，中国和印度工匠通过展现出持续的主动性和巨大的韧性，在面对英国进口产品和帝国扩张的情况下依然能成功地保持巨大的产能，并推翻了崇欧主义者关于中国和印度“去工业化的论题”。第二节和第三节分别为“多元文化接触区：西方帝国与第二次经济全球化形成过程中的错综复杂的主动行为关系”和“欧洲资本主义世界经济与亚洲集市经济体系的共生融合：第二次经济全球化的出现”。在这两节中，我论述了西方和亚洲对全球经济具有促进作用的各种“推拉因素”，揭示了非西方的与西方的主动行为者之间错综复杂的关系。这些因素在我所称作的“多元文化接触区”中得到具体体现，并最终促成了第二次经济全球化的产生。

英帝国主义与中国和印度棉纺织品生产的“间断的连续性”

在本节中，我主要讨论崇欧主义者和印度民族主义者关于英国的帝国主义使中国和印度棉纺织品生产去工业化的观点。他们声称，英国是通过推行帝国主义政策以不公平的手段使中国和印度的工业化受阻的。总体而言，虽然去工业化理论涵盖了非西方经济体的多个行业，但钢铁行业和棉纺织业尤为典型。我认为，在讨论印度和中国棉纺织品生产的背景时，我们需要对工业化理论进行完善和限定。换言之，该理论夸大了英帝国主义者的力量，低估了印度和中国棉纺织品生产商的主动性和韧性。虽然我们不否认英国给中国和印度造成的重大伤害，但不应该将他们让印度和中国棉纺织品生产商服从自己的愿望视为现实。在正式讨论此问题之前，我想首先简要回顾一下崇欧主义者和印度民族主义者提出的“英帝国主义使印度钢铁产业去工业化”的观点。

正如我在第十章中解释的那样，钢铁生产的“第一次大分流”大约发生在公元前500年至公元500年之间，当时中国和印度的钢铁产业领先于其他国家。由此引出的问题是：在钢铁生产的第二次大分流中，英国的钢铁产出水平（19世纪）令中国和印度相形见绌，这是因为英国通过帝国扩张的手段使中国和印度去工业化的吗？[1]换句话说，这种大分流是英国通过不公平的帝国主义手段造成的吗？我的观点是，在19世纪，英国对印度的钢铁工业实施了“恶意忽视”和“遏制”的双重殖民战略。尽管英国实施的第一种策略被视为强制性的帝国扩张政策，但更准确地说，它可以被视为强迫其他国家“购买英国商品”的策略。正如我在第九章中提到的，英国实施的帝国主义和军国主义政策刺激了其自身钢铁产业工业化发展，但由于印度在19世纪通过进口英国的钢铁武器来武装其军队，这在客观上也促进了英国的工业化进程，但它是以削弱印度自身潜在的钢铁工业化为代价的。同样的情况也发生在印度的大规模铁路建设中，在这一项目中，为了保证铁路建设的顺利进行，印度从英国进口了铁。[2]可以想象，如果英国没有推行这种帝国战略，印度的钢铁行业将会获得多少好处。

“帝国的遏制”战略是“恶性忽视”战略的另一方面，即英国政府要确保英国人获得在印度建立工厂的生产许可，或者要确保英国人而非印度人得到政府发放的钢铁生产财政补贴。这样的例子举不胜举，阿伦·比斯瓦斯记载了这样一个案例。在1774年，德尔·纳拉因·夏尔马（Inder Narain Sharma）先生向英国政府提出的在比尔宾县建立大型钢铁厂的申请被拒绝，然而，一些英国企业家却获得了生产许可。[3]事实上，英国制定的敌对或有偏见的帝国主义政策，在很大程度上阻止了19世纪印度潜在的钢铁革命。然而，尽管在当时特定的背景下，去工业化理论有一定的道理，但需要对它加以限定。正如我在第十二章中详细讨论的那样，虽然英国的帝国主义政策除了给印度带来了各种伤害以外，并没有给印度带来任何好处，但是，即使英国东印度公司没有殖民印度，印度（特别是迈索尔）也不可能自发地走向钢铁工业化的道路。那么，对印度至关重要的棉纺织业的工业化又如何呢？

卡尔·马克思恰如其分地总结了印度民族主义者以及崇欧主义者的关于英国棉纺织品对印度（和中国）的影响，他的总结与本廷克勋爵（Lord Bentinck）的观点不谋而合："英国棉纺织机械对印度造成了严重的影响。印度总督本廷克勋爵在1834年至1835年的年度报告中写道：'这种苦难在商业史上是无与伦比的，印度棉纺织工人的白骨几乎遍布了整个印度平原。'"[4]马克思认为，印度棉纺织手工工人的悲惨命运是由西方工业资本主义进行原始资本积累的目的决定的，而英帝国的欺骗和残暴断送了他们的未来。沙希·塔鲁尔在他最近的重要著作《可耻的帝国》（*Inglorious Empire*）中构建了一个零和博弈模型，指出任何企图削弱英国"致命影响"的观点都是在为英帝国辩护，这反映了去工业化理论的逻辑。但是，值得注意的是，我们对这些批评言论提出疑问，并不是为了"让英国摆脱道德谴责"。

我的观点是，尽管英国人为摧毁印度棉纺织业采取了各种卑劣手段，包括帝国主义封锁和经济遏制等，但最终都以失败而告终。导致其失败的主要原因有两个：首先，印度的棉纺织品生产商太多且过于分散（中国也是如此），以至于他们能够从笨拙的英帝国之网的缝隙中逃脱；其次，这些生产商远比崇欧主义者所认为的更具韧性。相比之下，英帝国之所以能够通过"遏制/恶意忽视"政策扼杀印度的钢铁产业，是因为有抱负的印度企业家要想建立钢铁厂，除了获得英国殖民者的许可外别无选择。

我在下文中论述的内容并不是为了掩盖英国统治者给印度带来的严重经济损失。我认为，崇欧主义构建的零和博弈概念存在问题，因为它掩盖了许多复杂的西方和非西方的主动行为者的关系，而这些关系不仅有利于英国的殖民统治，而且还能够抵消英国纺织品对印度纺织业带来的负面影响。罗兹·默菲在其著作中讲述了一个与此有关的故事。在20世纪50年代，有位记者去印度农村采访，他向乡下的纺织工问道："你觉得现在好，还是在英国人统治下好？"他们常常会回答（但不是大多数人）"英国人是谁？"[5]这种回答，并不意味着印度的主动行为者拥有完全的生产自主权，纺织工们可以随心所欲，因为事实是，印度的主动行为者必须在英帝国政策规定的某些约束条件下去运作。

当然，英国推行的帝国主义政策使它在纺织品竞争上比印度更具优势。在19世纪50年代，当英国商品开始进入印度的时候，英国殖民者迫使印度当局将进口商品的从价税定为5%左右（1859—1882年）。在19世纪80年代，英国商品进入印度达到高峰时，英国殖民者又强迫印度当局将纺织品进口关税降至零（1882—1894年）。即使在1894年以后，印度进口棉花仍然保持在极低水平的关税，而印度生产商则需要向英国殖民当局交消费税。[6]英国在这里采取的是种族主义的双重标准，即尽管在18世纪工业化的关键阶段，为了保护自身的不成熟产业，英国采取了高关税壁垒政策阻止印度棉纺织品的进入，但在19世纪末，当大量英国棉纺织品涌入印度的时候，英国却剥夺了印度的这种特权。这一切非常符合弗里德里希·李斯特（Friedrich List，德国保护不成熟产业理论创始人）最初提出的（帝国）自由贸易战略。根据该战略，领先国家往往会对曾经帮助自己的国家进行"釜底抽薪"。[7]

关键是，正如我在后文中将要解释的那样，如果在19世纪下半期，印度能够限制或禁止从英国进口棉纱和纺织品，那么它的棉纺织业可能会迅速发展。然而，印度民族主义者和崇欧主义者对此持有完全不同的观点。他们坚持认为，英国的棉纺织品贸易自由化的帝国政策破坏并摧毁了印度的棉纺织业。那么，问题是，罗米希·杜特（Romesh Dutt，印度经济史学家）得出的结论是否正确？他认为，"印度人民的创造力被（18世纪英国的）工业保护政策所扼杀，然后，在防止印度棉纺织业复兴的同时，又将自由贸易强加给它”。[8]

印度手工纺织业的间断的连续性

为了说明在1850年以后英国的棉纺织品从开始进入印度时逐渐从涓涓细流变为惊天海啸，以及印度国内的棉纺织产业的大转移，人们经常提到19世纪印度棉纺织部门的贸易数据。杰弗瑞·威廉姆森的报告中给出的“确切”贸易数据如下：

> 截至1833年，印度已成为棉纺织品净进口国，其棉纺织品进口量占国内市场份额的5%。从1800年到1833年，印度棉纺织品在本国市场的占有率下降了11%～12%……到1877年，英国棉纺织品占印度国内纺织品市场的份额已上升至58%～65%。在随后的3/4个世纪里，英国棉纺织品在印度国内市场的占有率继续上升，而印度棉纺织品在本国市场的份额下降了64%～72%。[9]

同样，罗米希·杜特将进口英国棉纺织品数量的增加与印度国内棉纺织品产量的下降混为一谈。[10]但问题在于，由于英国棉纺织品对印度国内棉纺织品的替代作用有限，他的观点可能只是一种错觉。因为民族主义的幻想建立在进口水平与国内产出之间的零和博弈的基础上，而事实证明，在整个19世纪印度的国内需求是显著增长的，这表明他的观点是错误的。[11]

图13.1显示了英国棉纺织品在19世纪下半期蚕食印度棉纺织品国内市场的情况。但该图也表明，英国棉纺织品并没有明显取代印度的本土产品，因为整个19世纪印度国内对棉纺织品的需求几乎翻了一番。因此，直到19世纪30年代，印度的棉纺织品总产出水平一直保持稳定状态，但在40年代略微下降了约6%，在50年代和60年代下降了约11%，然后在70年代出现了大幅度下滑，下降了约18%，在80年代下降了35%。之后，印度的棉纺织品的产量出现了明显回升（我稍后将进行解释）。因此，除了19世

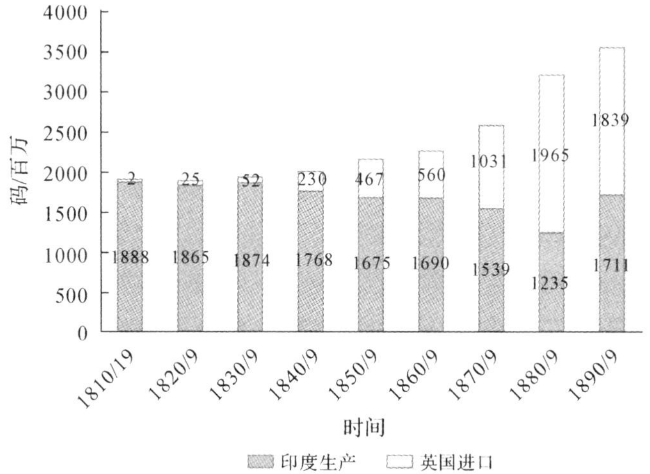

图 13.1　印度棉纺织品消费量：19 世纪印度国内棉纺织品生产量与英国机械制造的纺织品进口量之比。［数据来源：Broadberry 和 Gupta（2009：285）］

纪70年代和80年代这段特殊时期外，似乎可以说，印度许多地区主要依靠传统生产经验生产的棉纺织品的产量在19世纪基本上保持稳定。

让我们回顾一下之前提到的英帝国的“釜底抽薪”策略。可以确定的是，如果印度能够保护其国内市场免受英国棉纺织品的冲击（就像英国在18世纪保护其国内市场免受印度棉纺织品冲击那样），印度棉纺织品的生产规模很可能会翻倍。尽管贾瓦哈拉尔·尼赫鲁（Jawaharlal Nehru，印度独立后的第一任总理）和罗米希·杜特等印度民族主义者声称，是英国推行的殖民政策剥夺了印度应该从关税保护主义中获得的利益，并且对印度的棉纺织产业造成了损害，导致了印度去工业化。[12]但我持不同的观点。我认为，尽管英国的棉纺织品加上敌对的英帝国殖民政策（更自由的贸易）在很大程度上阻止了印度棉纺织产业的扩张，但这些原因并不足以解释印度的去工业化现象。而且，无论如何，正如我在第十一章中所陈述的，在18世纪或19世纪以前，印度并没有自发地走上棉纺织产业工业化的道路，因此使用“去工业化”一词显得不够恰当。

我们通过道格拉斯·海恩斯（Douglas Haynes，美国历史学教授）对印度最重要的棉纺织产区之一孟买（包括古吉拉特邦、马哈拉施特拉邦大部分地区、西北卡纳塔克邦和信德省）的深入研究，可以了解印度手工棉纺织业的情况。海恩斯在他的重要著作中指出，印度手工棉纺织业的生产状况如何在很大程度上取决于工匠们是否具有适应1850年以后国内外新经济形势的能力。有人声称，印度各地的经济形势发生了变化。[13]毋庸置疑的是，在19世纪，印度的手工纺纱业在整个南亚次大陆急剧地衰落，这引起了崇欧主义人士的高度关注，但它并不是零和博弈的局面，因为许多印度纺纱工人只是转行从事织布业，这也是印度手工织布业继续存在的原因之一。正如我在下一节中将要论述的，印度棉纺厂在1850年以后不仅发展了起来，而且不断发展壮大，到1914年，印度已经拥有了271家棉纺厂，26万名雇佣工人。[14]当时印度雇佣工人的数量比1833年时英国所有棉纺厂的工人的数量还要多，可见26万这一数字并非微不足道。然而，如果你认为棉纺厂就此取代了手工织布作坊，你就会再次落入零和分析的陷阱。事实证明，棉纺厂不仅没有取代手工织布作坊，反而促进了手工织布业的发展。[15]因为棉纺厂生产的廉价棉纱对手工织布业起到了促进作用。因此，海恩斯指出，“毫无疑问，孟买纺纱业的发展高度依赖于西印度织工对棉纱的需求”。[16]此外，即使是掌握了生产优质印度平纹细布技术的著名达卡织工，也开始采购英国棉纱，因为尽管英国棉纱质量不及达卡纱，但价格要便宜得多。[17]

正如我在第十一章中提到的，海恩斯特别强调了卡哈纳斯的发展，他认为，这些只拥有少量织机的小作坊虽然已经存在了许多世纪，但在其发展过程中，也存在着连续性和非连续性。这是因为富裕的织工在积累了一定的财富后经常会投资建立自己的生产车间，并从英国进口廉价的动力织布机。动力织布机与传统织布机的混合使用，提高了工人们的劳动效率和卡哈纳斯的产出水平。这些卡哈纳斯都位于城镇中，是海恩斯所说的“小城镇资本主义”的经济发展支柱。在这种资本主义发展模式中，生产由市场需求决定。此外，虽然卡哈纳斯使用了雇佣劳动力，但将其与纯粹的西方资本主义生产模式混为一谈是有问题的。因为卡哈纳斯主要是以传统的手工工艺为基础的，而且最为重要的是，大多数卡哈纳斯都是家族企业，

> 它们坚持传统手工制造业，并且劳动纪律涣散。工人们在很大程度上可以自己掌握自己的工作时间和工作节奏……换句话说，尽管卡哈纳斯引进了动力织布机（电力驱动），但仍然保留着许多传统手工生产的特点。[18]

当然，这与我在第八章和第十章中描述的英国工厂的生产环境形成了鲜明的对比。

重要的是，如前所述，新的卡哈纳斯是与印度的工厂同时发展的，这反过来打破了西方帝国主义消灭印度本土生产体系的设想。[19]在19世纪50年代以后，印度的棉纺织生产形成了一个高度混合的生产体系，其中既有部分机械化的卡哈纳斯，也有完全机械化的棉纺厂，还有传统的家庭手工业。需要特别注意的是，英国国内的棉纺织品市场基本上是统一的，而印度的棉纺织品市场则是高度分散和细分的。[20]这让印度工匠受益匪浅，因为他们可以专门生产工厂无法生产的某种纺织品。此外，从19世纪90年代末至20世纪20年代初，印度国内对棉纺织品的需求增加了40%～50%，手工棉纺织品的产量也随之增加。[21]同样重要的是，印度工厂生产量的增加取代的是部分进口的棉纺织品，而不是本土手工产品。[22]

最后需要注意的是，海恩斯提到的与卡哈纳斯有关的“小城镇资本主义”从未被西方资本主义所消灭。令人注目的是，即使是在20世纪末，也就是在印度重返金砖国家（BRICS）之际，多达88%的劳动力仍在“非正规企业”中工作。[23]所有这些都表明，西方资本主义经济全球化对印度的影响并不是单纯的西方化，实际上，印度的主动行为者根据当地的情况和传统，开辟了一条具有自己特色的自治道路。

补充一下，值得注意的是，印度南部的马德拉斯地区的情况与此类似。伊恩·文特（Ian Wendt）在他的著作中重点讨论了在19世纪下半期手工织布机的数量保持不变的情况。他还指出，虽然印度在棉纺织品生产中逐步引入了机械化，但是“棉花的清洗、纺纱、整经、织布和染色等工艺过程的机械化并非一蹴而就，它是一个局部、渐进的过程”。[24]虽然印度的机械化进程在19世纪得到进一步发展，但主要是指棉花清洗、纺纱和染色过程的机械化，而并没有取代手工织布机。

因此，塔鲁尔所声称的如果没有大英帝国，印度手工纺织工人“肯定能像现在一样占领某个细分市场”的观点，[25]只是对了一半。他所说的这种情况不仅适用于20世纪，也适用于19世纪下半叶。根据崇欧主义者和印度民族主义者的文献描述，我们可能会估计印度手工纺织工人的人数会大幅减少。然而，事实上，在1800年左右，印度大约有600万名手工织布工人，[26]到1900年增至1000万名左右，[27]并在随后的几十年持续增长，这与崇欧主义者和印度民族主义者的设想相反（即机械织布机取代了手工织布机）。事实证明，到了1935年，印度仍有大约1000万手工织布工人。[28]此外，正如蒂尔森卡·罗伊所作的陈述，在20世纪，印度开始使用一些来自欧洲的新型纺织设备，如飞梭、提花织机、多臂提花机和升降梭箱织机等。这相当于逆转了早期全球化时期东西方技术和工艺传播的流向。如此，“在1900年至1930年间，即使手工工人和手工织布机的数量没有变化，手工棉纺织品的产量却增加了”。[29]一位英国官员在他1935年的报告中指出，“机械纺织厂和手工织布厂使用雇佣工人的人数比例为1:5”。这不仅证明了手工织布业的连续性，也证明了他们相对于机械化棉纺厂更占主导地位。[30]

虽然塔鲁尔承认印度生产商和制造商在第一次世界大战后重新夺回了国内市场，但重要的是要认识到，那是通过各种复杂的主动行为而得以实现的。在这个过程中，印度人首先借鉴了欧洲的技术，然后进行本土化改造，这解释了印度的棉纺织品生产具有“非连续性”的特点。因为它表明了处于历史资本主义阶段的印度棉纺织生产通过杉原薰所谓的亚洲“勤劳革命”与现代资本主义生产过程有了部分的融合，在本章的最后一节中，我将重新讨论这个问题。[31]此外，为了加强对印度纺织工人的剥削，英国东印度公司虽然于18世纪以消除中间商的方式强行进入了印度的家庭棉纺织品生产体系，但事实上是，尽管他们尽了最大努力，仍未能阻止印度手工棉纺织业的快速发展。

在这里，我们有必要根据保罗·拜罗克（Paul Bairoch，瑞士经济史学家）提供的世界制造业的产出数据来回答后殖民主义者关于去工业化的问题。数据显示，印度和英国在世界制造业中的地位发生了逆转。在1750年，印度制造业的产出总额占世界制造业产出总量的25%，而到了1900年则急剧下降至2%，而英国的这一比例反而从1750年的2%上升至1880年的23%。[32]有趣的是，尽管崇欧主义者和印度民族主义者经常利用这些数据来证明英帝国对印度的经济掠夺，但拜罗克本人并未得出这样的结论。他认为，帝国主义没有对殖民地的经济造成破坏，也没有促进英国经济的发展。[33]这就意味着，我们在保罗·拜罗克的数据中找不到任何支持印度去工业化观点的数据。当然，拜罗克也认识到，在19世纪末以前，“第三世界”的大部分制造业都与棉纺织品生产有关，而印度就是一个明显的例子。

利用拜罗克的数据来支持印度棉纺织产业去工业化的观点存在两个关键问题。第一，根据他的统计，在1750年时，印度和中国的制造业产出额分别占世界制造业产出总额的25%和33%。然而，事实上，中国的棉纺织品产出额是印度的4倍。由于中国的产出数据很可能是一个上限估计值，所以印度制造业的产出额可能被高估了。如果真是这样的话，在整个19世纪，印度制造业产出额相对于世界制造业产出额的下降幅度就不会像拜罗克说的那么大。第二，即使我们不认同上述观点，拜罗克的数据代表了世界制造业产出的相对份额，但这仍然可能意味着，印度在世界制造业产出中所占份额的大幅下降只是崇欧主义者的错觉。事实上，在英国、欧洲和美国在工业化过程中，它们的棉纺织品占世界制造业产出额的比例大幅增加，而印度棉纺织品制造业产出所占份额是相对而不是绝对下降的。实际上，印度棉纺织品的产量除了在19世纪70年代和80年代有所下降外，一直保持稳定，并且之后还呈现上升的趋势。

当然，英国与印度之间的第二次棉纺织品产业大分流始于19世纪40年代。此外，在1810—1819年间，英国的棉纺织品的年出口量已经超过了印度在17和18世纪的年出口量，大约为1亿码（见附录1）。随着时间的推移，到1870年，英国向全球出口的棉纺织品达到了33亿码，到1900年增至60亿码，到第一次世界大战前夕更是达到了70亿码的峰值，[34]这一产量让印度棉纺织品的出口即使在19世纪前的顶峰时也相形见绌。然而，印度的棉纺织品的出口在20世纪上半期明显恢复，并在50年代超过了英国。[35]相应地，考虑到第一次经济全球化的影响力，我们可以预见棉纺织品生产的第三次大分流是必然的。这种趋势早在1933年日本成为全球最大的棉纺织生产国时就已经出现了，并在20世纪50年代印度成为全球的主要棉纺织品生产国和70年代之后中国的棉纺织品生产得到快速发展时得到巩固。[36]这种趋势反而有助于20世纪80年代英国棉纺织品制造业的去工业化，或者更准确地说是终结工业化。因为到那时，中国和印度已经恢复了它们在棉纺织品生产领域的全球领先地位。实际上，在第一次经济全球化期间甚至在此之前，中国和印度的棉纺织品生产一直都处于世界领先地位。在本节即将结束时，我总结一下我的观点。我认为，在1800年以后，印度的手工织布业逐渐从我们的视野中消失了，这并不是英帝国主义对棉纺织品进口的限制所致，倒更像是崇欧主义者和印度民族主义者的一厢情愿。

关于英国将印度变为兰开夏郡原棉供应商的错误观点

如前所述，棉纺织产业去工业化理论的另一个核心内容是，英帝国主义使印度从世界上主要的棉纺织品出口国变成了兰开夏郡的外围原棉供应商。[37]这种说法可以在1840年英国东印度公司的宣传中找到，即它“成功地将印度从棉纺织品制造国转变为原棉出口国”。[38]

的确，大约从19世纪20年代开始，英国成立了各种组织，其中最著名的（曼彻斯特）棉花供应协会成立于1860年。由于这些组织担心兰开夏郡过度依赖美国的原棉供应，会导致供应链中断，因此将印度原棉定为替代品以防不测。弗雷尼斯·罗根（Frenise Logan，美国学者）声称，“印度是英国‘原棉供应的希望’”。[39]事实证明，他们的担心并非空穴来风，在1861—1865年间，美国爆发了内战，导致美国原棉供应链中断，随之而来的是英国的“兰开夏郡棉花大短缺”。[40]

同样，在那四年期间，印度向兰开夏郡供应了大部分原棉，约占其消费总量的55%；[41]在1865年，埃及供应的原棉占兰开夏郡原棉消费总量的12%，而在1861年，这一数字仅为3%。[42]然而，印度只是暂时成为兰开夏郡的原棉供应国。到了19世纪70年代，随着廉价的美国原棉供应链的恢复，兰开夏郡迅速摆脱了对印度原棉的暂时依赖。到1875年，英国将印度变为其原棉供应国的希望破灭了。但是，为什么会发生这种与我们经常被灌输的历史相违背的情况呢?

正如我在第九章中所解释的，印度原棉属于短纤维棉，不适用于英国的机器大生产，因为棉纺机需要结实、高强度的长绒棉。尽管印度人曾多次尝试种植陆地长绒棉（尤其在1865—1875年），但由于气候和土壤等多种原因，最终都以失败而告终。[43]而且，正如我在第九章中所阐述的，在美国原棉供应不足的情况下，英国人对购买埃及的长绒棉更感兴趣。然而，事情在1861年出现了转机，美国内战爆发导致全球原棉供应短缺，价格翻了三倍，英国人不得不购买印度的短绒棉。[44]然而，这并不奇怪，许多印度农民也开始从种植粮食转向种植棉花，这是他们正常理性的反应。但令人头痛的是，虽然种植棉花增加了农民的收入，但英国殖民者却相应地提高了税收，因此，当原棉的价格从1865年开始下跌时，印度棉农便因高额税收陷入了困顿。[45]更糟糕的是，这些税收的很大一部分都被用于印度军队在亚洲进行的帝国扩张。总之，去工业化理论声称的在19世纪下半期印度已成为兰开夏郡原棉供应商的说法是错误的。更确切的说法应该是，在19世纪最后的1/3时间里，印度成了中国的主要原棉供应国，并于1880年在中国市场上以其棉纺织品取代了英国的纺织品。[46]

但是，以沙希·塔鲁尔为代表的崇欧主义者或印度民族主义者对此的回应是："如果让印度自己决定，为什么它不能像其他非殖民国家一样实现工业现代化？"[47]他接着指出，那种声称印度由于存在某种"本土缺陷"而"未能"实现现代化的观点是"荒谬的"。我完全同意民族主义者的假设，即印度在沦为英国的殖民地以前在经济上并不落后。正如我在第十一章中所指出的，由于印度在本质上是一个"随遇而安的历史资本主义社会"，在19世纪40年代以前，它的棉纺织品生产已经达到了相当高的水平，并与中国一道引领世界，因此，它没有必要实行工业现代化（尽管非常严重的生态问题限制了它实现工业化的可能性）。而且，它特定的"发展架构"似乎是专门为历史资本主义准备的。

崇欧主义者的回答，只会让我们陷入二元论的零和思维模式，我的观点虽然无意中让英帝国主义者摆脱了对印度人民犯下的无数罪行的道德枷锁，但我们完全可以在承认英国人对印度人民的剥削和胁迫的同时，强调印度人民的韧性和主动行为能力。关键在于，"这是一种片面的、在很大程度上罔顾英国殖民印度的历史观，它只注意到了印度社会的崩溃、衰败，甚至把印度社会看成是一座历史博物馆。其实，印度也有重建、变革和发展的过程，这些都反映出南亚人能够像英国天才一样的优秀。"[48]唉，赞美印度的成就，就不可避免地否定了崇欧主义的宿命论观点。而崇欧主义者忽视了印度机构的主动行为能力，一味地沉溺于在后殖民时代社会正义的法庭上控诉英国的暴行和剥削。

当然，英国人对印度进行经济剥削和残暴虏掠的例子举不胜举，尤其是在1857年的"兵变"事件中，一次就用大炮炸死了400名印度士兵，更不用说"维多利亚晚期的大屠杀"了。这场大屠杀是一起发生在维多利亚晚期的英国殖民政策失误而引起的大饥荒，在这次大饥荒中，约有1200

万～2900万印度人因饥饿而死。[49]因此，我不同意尼尔·弗格森的观点，他认为，在维多利亚时代，英国的资本和扩张给印度带来了繁荣。[50]印度民族主义者提出的著名的印度“财富外流理论”也与此相关。根据达达拜·瑙罗吉（Dadabhai Naoroj，他是该理论的创始人，印度民族解放运动早期的著名的活动家，不过，最具讽刺意味的是，他认为英帝国的统治给印度带来了安全和秩序）初步估计，在1835年至1872年期间，英国从印度以各种形式攫取的财富为平均每年为1300万英镑。[51]尽管该理论有些夸大事实，但引起了社会各界的广泛关注和讨论。[52]

然而，瑙罗吉很可能严重低估了印度“财富外流”过程中的隐形的一面。让我们重新回到前文对英国用印度纳税人的钱来资助它在亚洲扩张的急先锋印度军队的讨论。据我估计，在1870—1913年间，英国对印度军队的投资额大约每年为5000万～9000万英镑。此外，正如我在第七章中所提到的，如果印度纳税人的税收没有用来支持印度军队，英国人征收的税可能会增加60%～75%。[53]正如普拉迪普·伯鲁阿所指出的，“由英国控制的印度军队和税收确保了在印度（以及其他地区）爆发的战争不会给英国的公众舆论和纳税人带来伤害”。[54]然而，不幸的是，我们无法用“金钱”来衡量印度人的生命。更糟糕的是，在英国人每年佩戴红色罂粟花以纪念一战中逝去的白人的时候（这至少提醒人们不要忘记过去那段悲惨的历史），他们并没有铭记那些逝去的印度人。

然而，面对帝国主义在人性、政治、经济、金融、财政和经济方面的掠夺，最具讽刺意味的是，印度的棉纺织品生产商展现出了远超民族主义者和崇欧主义者所预期的令人印象深刻的韧性和适应性。事实是，“坚韧不拔的印度工匠们……向全世界展示了他们英勇顽强的技艺。他们的生命力历经了几个世纪的考验而持久不衰……毫不屈服于英国殖民者的压迫”。[55]

中国棉纺织产业的去工业化？

由于在过去的一千年中，中国的棉纺织生产技术一直领先于世界，我想在中国背景下去考察去工业化理论。我认为，英国的干预虽然对中国的经济和社会造成了一定的损害，但它制定的政策和对中国棉纺织品进口的限制，并未能导致中国棉纺织业“去工业化”。如果我们使用去工业化理论来分析中国的棉纺织业，就会发现英国的棉纱和纺织品对中国的市场影响并不大。在整个19世纪里，中国保持着惊人的棉纺织品生产水平，即使在该世纪最后的三分之一时间里，生产水平下降了约20%的情况下也是如此。由于缺乏19世纪中国棉纱生产水平的官方系统数据，我将对二手文献进行整理汇总。

如前文所述，直到19世纪30年代，英国棉纺织品的生产量和出口量才开始在世界上占据重要地位。虽然人们普遍认为英国与印度的棉纺织品生产的“大分流”（或我称之为的“第二次大分流”）始于19世纪40年代，但英国棉纺织品的生产量在整个19世纪从未超越过中国。事实上，中国与英国之间的第二次棉纺织品产业大分流始于20世纪初，这意味着在19世纪的95%的时间里，中国的棉纺织品的生产一直领先于英国。根据彭慕兰在其开创性著作中提供的数据，1750年中国的棉布的生产量约为60亿码；[56]而在70年以后，英国的棉布产量仅为4亿码。吴承明和徐涤新认为，1840年中国的棉布产量约为44亿码；[57]据张仕之估计，最低应该为50亿码。[58]然而，无论如何估计，这些数据都大大超过了英国1840年的18亿码的生产量。到1870—1880年，中国棉布的年产量约为75亿码，明显超过了1880年英国的53亿码。到1900年，中、英两国棉纺织品产量基本持平，都为约60亿码。尽管在1913年英国的棉布生产量达到了100亿码左右的峰值，[59]但在20世纪50年代，中国的棉纺织品生产量再次强势复苏，到20世纪70年代，中国重新夺回了1900年以前的世界头号棉纺织品生产强国的地位。综上所述，现在我们需要讨论的是中国今天的强势“回归”，而不是“崛起”（正如我将在第十四章中讨论的）。[60]

由于19世纪时中国棉纺织品的生产规模非常大，所以英国棉纺织品在中国的遭遇在许多方面都与在印度非常相似并不足为奇。中国和印度的家庭棉纺织生产体系在19世纪时都保持着相当高的生产水平，尽管在19世纪末，它们的生产量都出现了约20%的下降。然而，英国棉纺织品在中国和印度的遭遇也有一点不同之处，那就是在1871年至1880年，英国棉纺织品在中国的销售量仅占中国棉纺织品生产总量的14%左右。[61]导致出现这种情况的一个重要原因是中国人更喜欢本国生产的布料，他们认为本国生产的布料比兰开夏郡的精细布料更耐穿（即更粗糙）更便宜，而且在冬天也更暖和。[62]那么，外国棉纱在中国的销售情况又如何呢？

在1831年，中国从外国进口的机织棉纱仅占其棉纺织品生产总量的0.1%。[63]最初，为了使自己生产的布料的重量比英国的重，中国的手工织工们不得不依靠印度的短纤维、低支纱。[64]此外，在1880年以前，印度一直是中国主要的棉纱供应国。因此，英国使印度去工业化的观点在中国并不适用。值得注意的是，中国的情况与印度相似，如果将去工业化理论用于中国，可能会使人产生自相矛盾的错觉。虽然在19世纪末，随着外国机织棉纱进口量的增加，中国的纺纱业也像印度的纺纱业一样出现了衰退，[65]但这主要是因为棉纺织品生产者为了降低生产成本转而购买外国棉纱造成的。事实上，为了满足国内棉纺织品生产对棉纱的日益增长的需求，中国的棉纺织品生产者在大约1870年以后开始不断增加对外国机织棉纱的进口。实际上，用外国机织经纱和中国手织纬纱“织出来的棉布质量更好，足以与外国的布料相竞争”。[66]更关键的是，手工纺纱的速度跟不上手工织布的速度，这就成了中国棉纺织业发展的瓶颈，而从外国进口机织棉纱正是为了解决这个问题。所以，我们不应将中国的去工业化与棉纱进口联系在一起，因为正是外国棉纱的进口推动了19世纪末中国手工织布业生产规模的扩大。[67]更为重要的是，虽然中国人在19世纪80年代建立了自己的机械化棉纺厂，[68]但是手工织布业仍然迅速发展。到1936年时，进口的机织棉纱仅占中国机织棉纱的1%，徐新吾（Xu Xinwu，中国学者）

由此得出如下结论："显然，当时国产机织棉纱的生产量远远超过了进口棉纱的数量，因此，它们更有可能取代本土手工棉纱。"[69]

中国的手工织布工也像印度生产者一样，在生产过程中采用了包括飞梭、提花织布机和铁轮织布机等在内的各种西方技术，大大提高了劳动生产率，并生产出了更优质的布料。这使得中国有更多的可供出口的棉纺织品。[70]因此，虽然在19世纪30年代末，中国手工棉布（南京棉布）的出口基本上已经绝迹，但到19世纪50年代，棉布的出口开始复苏。在第一次世界大战期间，中国手工棉布的出口超过了它在1821年至1825年期间的峰值。[71]此外，研究发现，到20世纪30年代，中国河北生产的棉布约80%都是手工织造的。然而，生产者在生产时使用的是中国的机织棉纱和脚踏式提花织布机，这与印度当时的生产状况类似。[72]这也从另一个侧面揭示了英国与印度在棉纺织品生产上的"惊人的相似之处"。然而，其原因并不是崇欧主义者所说的那样。由于中国生产者的生产过程中既包含了历史资本主义的生产关系，也包含了现代工业资本主义的生产关系，因此中国与欧洲在棉纺织品生产上呈现出更多的惊人相似性。正是在这种相似性中所包含的各种错综复杂的主动行为关系和内部联系将中国与欧洲联结在了一起。因此，在面对外国产品竞争时，中国的手工制造业保持了自己的竞争力，[73]那些认为兰开夏郡的棉纱和纺织品征服了中国市场的观点是站不住脚的。费伟恺得出的结论与此相符：

> 一些当代中西方历史学家简单地指责自19世纪中期以来"外国竞争性"产品逐步"碾压"和"侵占"了中国农村手工棉纺织品市场。但事实证明，到20世纪30年代中期，中国市场上约有73%的布料（以直线码数计量）仍然是手工织造的。[74]

然而，这并不是说英国对中国经济进行的非正式的帝国干预并非出于恶意或出于好意，并且对中国的经济没有造成任何伤害（尽管有时容易夸大这种伤害）。[75]相反，我认为，崇欧主义者的去工业化理论并不适用于至关重要的中国棉纺织品业。虽然在前面的章节中，我已经从总体上阐明为何中国和印度的手工棉纺织工人及生产商能保持持续的生产弹性与主动性，但是现在我想通过研究西方和非西方力量在“多元文化接触区”相遇并结合起来推动第二次经济全球化的情况来对此进行进一步论述。

“多元文化接触区”：西方帝国与第二次经济全球化形成过程中的错综复杂的主动行为关系

崇欧主义者对第二次经济全球化过程中的帝国扩张的分析是在欧洲中心主义大爆炸理论和西方扩张叙事的框架下进行的，他们描绘了一幅激情四溢的画面：一股无法抗拒、毁灭性的西方资本主义海啸从欧洲大都市的中心喷薄而出，迅速淹没了外围的落后的亚洲经济体。在摧毁了这些经济体后，西方帝国主义开始努力将这些非西方国家从所谓的孤立倒退状态中拯救出来，以使它们能够融入由西方缔造的全球经济。然而，在此过程中，西方帝国主义对这些国家以资本主义的文明标准进行了重塑，并对它们进行了残酷的剥削。

但在本节中，我的观点是，在崇欧主义者大力宣扬欧洲超级主动行为者和强权的背后似乎隐藏着一幅看似平淡无奇的画面，即那些非西方经济体早已融入了更早期的第一次经济全球化过程中。同时，西方和非西方的主动行为者在“多元文化接触区”交织在一起，就像它们催生了第一次经济全球化一样，它们又催生了第二次经济全球化（正如我在本书第一部分所陈述的）。换句话说，第二次经济全球化是在西方和非西方的主动行为者的共同作用下产生和发展的，并且这些主动行为者之间的关系从本质上来讲是“竞争－合作关系”，而不仅仅是合作关系。特别是，正如我们将在本书中看到的那样，西方势力并没有进入印度洋地区的真空或处女地，而是与早就存在的处于“历史资本主义”阶段的非西方跨洲“集市经济”相互结合在了一起。

在某种程度上，崇欧主义者也关注了非西方的主动行为者在第二次经济全球化中的作用，认为他们是西方帝国主义的“买办”或“走狗”，为其主子卖命并领取相应的报酬。然而，正如我在第五章中所详细讨论的，将亚洲人视为欧洲帝国主义买办和叛徒的观点，既掩盖了这些经济性的主动行为者的性质，也抹杀了欧洲和亚洲的主动行为者之间的相互依存关系。我在第五章中提到，在欧洲人最初来到亚洲时，他们常常雇佣一些买办或代理人为他们服务。而在19世纪，当西方人试图通过第二次经济全球化来“巩固他们的统治地位”时，他们也经常这样做。正如我那一章中所阐述的，从17世纪初开始，由于贸易的需要，欧洲人在印度结构性力量的推动下，融入或被卷入了第一次经济全球化过程中。从那时起，欧洲的东印度公司获得了各种发展机会。同样，第一次经济全球化在很大程度上也为19世纪的第二次经济全球化的兴起与发展奠定了基础，因为亚洲人再次帮助欧洲人深入亚洲和非洲内陆。那么，西方和非西方的主动行为者之间的关系是如何建立起来的呢？在本节，我将重点介绍各种亚洲金融家、商业资本家和工业资本家。但我将会重点讨论一些最重要的资本家，以阐明我的观点。

错综复杂的帕西－英国主动行为者，1661—1940年

由于帕西人向英帝国提供了各种服务，崇欧主义者很可能会将帕西人视为印度买办的典范。但是，正如我在第五章中所阐明的，欧洲人来到印度后，他们面临的一个重要问题是对该地区一无所知。这也是他们不得不依赖各种非西方主动行为者或印度的“中间商”的原因之一。他们发现，如果没有这些“中间商”，他们将无法维持在印度的存在。此外，将帕西人说成是依靠英帝国主义“获得经济利益”的买办或合作者的观点忽略了一点，即在欧洲人来到印度之前，帕西人就已经凭借自己的力量富了起来。据说帕西人在公元8—10世纪从波斯来到印度，六七百年来，他们已经掌握了印度的语言，了解了当地的风土人情，同时也与印度人建立了广泛的联系。他们在这方面相对于英国人来说具有较大的优势。因此，当英国东印度公司来到以后，除了依赖他们，几乎别无选择。此外，在荷兰人和葡萄牙人来到印度后，除驻扎在马拉巴尔（印度西南海岸）的荷兰东印度公司雇用了犹太人作经纪人外，也主要依赖于帕西人。

迈克尔·皮尔逊的观点非常重要，他将经纪人分为许多种类，主要包括特殊经纪人和一般经纪人。特殊经纪人指的是那些在某个国家专门经营特殊商品的经纪人，而一般经纪人主要指的是在印度洋的对外贸易中扮演重要角色、经营一般商品的经纪人。关键在于，欧洲人发现，他们在进行跨印度洋国家间的贸易时，需要依靠一般经纪人；而在与印度国内商人进行交易时，则需要依赖特殊经纪人。由于欧洲人“不懂得当地的语言，很容易上当受骗”，因此，掌握当地语言技能的土著经纪人就具有了比较优势。[76]皮尔逊甚至声称，在许多方面，是非西方经纪人将印度洋各国的“世界经济”联系在了一起。[77]英国东印度公司于1665年在孟买建立了据点后，总部在古吉拉特的帕西人与英国人建立了牢固的互惠互利关系。正如多宾所指出的，“所有的欧洲东印度公司，都雇用帕西人担任经纪人，这种情况在1813年以后尤其普遍。帕西人代表他们的委托人向生产商提供担保和预付定金，从而保证了贸易的顺利进行”。[78]

崇欧主义的“买办/合作者论”存在的另一个问题是它忽略了这样一个事实，即帕西人之所以能够为欧洲帝国主义者提供大量的服务，是因为他们有自己的商业机构，能够以自己的名义独立进行交易活动。实际上，在英国人来到印度以前，他们就是独立的交易商。帕西人在印度对华鸦片贸易中扮演重要中间商的角色就是一个著名的例证。有趣的是，后殖民主义和马克思主义学者常常强调将印度生产的鸦片出口到中国是英国扭转与中国贸易逆差的主要手段，[79]我在2004年的专著中也提出了这一点。[80]尽管这种说法有许多事实依据，但是它并没有考虑到中国人和印度人的相对独立性，崇欧主义者似乎也抹杀了他们的作用。

在19世纪50年代的全球的鸦片贸易，大约50%由英国人进行，25%是由印度人进行，其余的25%是由中国人进行的。[81]信德省是当时印度的一个邦，它从英国东印度公司与印度资本家进行的鸦片贸易冲突中获得了不菲收益。当英国人试图垄断对中国的鸦片贸易时，印度人则通过改道信德省（今天的巴基斯坦）出口鸦片的方式进行反击。因此，该省就成了马尔瓦鸦片（Malwa opium，又叫白皮土）贸易的中心。仅在1838年，印度人就用2400头骆驼向中国贩运鸦片。然而，在这条通往北方的商路上，经营鸦片的主要贸易商和金融家并不是信德人，而是古吉拉特人和马尔瓦人。[82]虽然英国东印度公司在最开始时并没有成功阻止该省的鸦片贸易，但最终在1839年吞并了该省。然而，这并不意味着印度人会在鸦片贸易中罢手。

帕西人不仅成了现代工业资本家，还参与了大量的鸦片贸易。虽然马尔瓦人在19世纪经营的声名显赫的塔拉钱德—甘什亚姆达斯（Tarachand Ghanshyamdas）银行是以鸦片贸易起家的，[83]但是帕西人才是印度鸦片生产商与英国鸦片贩卖商之间的重要桥梁。詹姆塞吉·杰杰布霍伊（Jamsetjee Jejeebhoy）是一位非常著名的帕西商人，在马尔瓦鸦片贸易中与英国公司怡和洋行（Jardine Matheson）密切合作，赚取了丰厚的利润。[84]因此，我们并不能把帕西人定性为小商贩，他们实际上是大型贸易商。而且，帕西的大家族与中国也有经济往来，并从中赚取了大量的财富。[85]此外，19世纪时帕西人开始将他们的业务扩展到银行业和制造业领域，他们也像马尔瓦人家族一样变成了现代资本家。例如，他们持有欧洲人控股的孟买银行1/3的股份。同样重要的是，他们还对现代资本主义棉纺厂进行投资。

当然，只要是印度的一般民众，尤其是帕西人利用英国制造的机器来进行生产，对英国机器制造商和印度的棉纺织品生产商都是有利的，因此，英国人与印度人之间可谓有着“错综复杂的主动行为关系”。例如，印度的棉纺织工业借鉴了英国的关键工业技术，在19世纪后期催生了印度的工业企业家阶层。值得一提的是帕西人卡瓦斯吉·达瓦尔

（Kavasji Davar），他于1854年以股东协议的方式在孟买成立了一家股份公司——孟买纺织公司，这是印度本土第一家使用蒸汽机的棉纺织厂。马纳克斯·佩蒂特（Manakjs Petit）在1854年紧随其后，成立了东方纺织公司。[86]

但是，帕西人最著名的实业家要数贾姆希德吉·塔塔（Jamshedji Tata）。他于1869年在那格浦尔（印度中部城市）建立了一家棉纺厂，并在1877年在该市成立了皇后纺织厂。

最后，他在孟买创立了斯瓦代希棉纺厂（也被称为孟买棉纺厂），并与英国的棉纺织品制造商展开了竞争，它能生产出来纱支更细的棉纱。事实证明，他的产品在国外市场，特别是中国市场上很受欢迎。尤其重要的是，他对环锭纺纱技术进行了创新和改造。正如前文提及的，从1880年起，印度棉纱对中国的出口量就超过了英国。一提起塔塔，人们自然而然地会想到塔塔钢铁公司，塔塔已成为钢铁的代名词。因为在贾姆希德吉·塔塔去世不久（卒于1904年），他的儿子们就成立了一家名为塔塔的钢铁公司。据他的儿子们讲，自成立以来，塔塔公司就步入了现代发展阶段，其发展的巅峰是在2006年并购了英国钢铁公司巨头科鲁斯（Corus）。

综上所述，在本节中我们看到了英国人对英印关系的贡献。因为印度企业家将从英国进口的机器应用于棉纺织厂，这些机器反过来又促进了印度的棉纺织业的发展，抵御了英国纺织品对印度棉纺织业的冲击。这显示出英印之间具有明显的协同效应，并与崇欧主义二元论观点相悖。崇拜二元论观点认为英国与印度之间的关系是英帝国主义的强制统治与印度的被动、依附关系。

印度洋贸易体系的卡奇－阿曼－桑给巴尔－东非轴心：约1840—约1900/1939年

在第一次经济全球化和第二次经济全球化过程中，卡奇人、阿曼阿拉伯人和东非人建立了一个重要的贸易网。卡奇人来自卡奇地区，该地区位于古吉拉特邦的西北部，信德省海得拉巴以南约150英里（请注意，不要与南印度的海得拉巴混淆）。到19世纪初，东非和西亚的大部分国际贸易已从印度西部的苏拉特港向西北转移到了卡奇海湾地区。而这种引发贸易转移的动力可以追溯至16世纪中期，当时拉其普特（Rajput）王朝为增加政府税收，采取了许多刺激卡奇贸易发展的措施。此外，它还修建了造船厂和港口等基础设施。曼德维港是该地区最著名的港口。另外，为了筹集资金，拉其普特国王还让金融家担任官职。卡奇人的商业公司是由多个商业团体共同创建的，这些团体包括信印度教的巴蒂亚人、巴努沙利人、罗哈纳人以及新湿婆教（印度教的主要分支）的戈斯瓦米人建立的商业团体，还有信伊斯兰教的赫瓦贾人、波赫拉人和门蒙人建立的商业团体。他们像木尔坦商人一样，认为诚实、正直高于一切，这一点在荷兰东印度公司的记载中有所体现。[87]此外，如同我在第六章中所描述的木尔坦人一样，卡奇人不仅从事贸易，还从事货币借贷业务；由于他们也吸收存款，因此可以被称为真正的银行资本家。

卡奇人的贸易活动范围很广泛，从曼德维（印度西北部港口）、孟买、卡拉奇延伸至阿拉伯半岛的马斯喀特［阿曼首都，位于波斯湾河口，原属于哈德拉毛（今也门）］等阿拉伯地区。他们的活动范围向西南部还扩展至桑给巴尔和东南非等经济战略岛屿。尽管美国人和英国人在东非贸易中的作用越来越大，但总体来说，阿拉伯人和卡奇人仍然是西印度洋地区的主要贸易商。卡奇人具有的比较贸易优势之一是，他们像我在第四章中提到的古吉拉特的瓦尼亚商人一样，对非洲和西亚市场了如指掌。虽然卡奇人在18世纪末才抵达东非，但他们很快就在1840年取代瓦尼亚商人，成了该地区的最重要的贸易商。这在很大程度上是因为他们在桑给巴尔成立的阿曼—卡奇联盟发挥了作用（但正如我后文所解释的，这并不意味着瓦尼亚商人海外贸易活动的终结）。

18世纪，萨法维波斯帝国的衰落见证了哈德拉毛地区阿曼的崛起。

阿曼的苏丹哈曼德・本・赛义德（Hamad bin Seyyid，1785—1792年在位）在位期间，将进口税从9%下调至6.5%。

到18世纪末，马斯喀特成了波斯湾、红海和印度之间的重要中转港。至关重要的是，在苏丹本・艾哈曼德・赛义德・阿布・赛义德（Bin Aḥmad Saʿīd Āl Bū Saʿīdī）统治期间，阿曼对阿拉伯商人与卡奇商人进行了商业分工。阿拉伯商人负责货物运输，而卡奇商人则负责销售、仓储、采购和融资。[88]卡奇商人向曼德维出口了许多非洲和阿拉伯产品，然后再将各种原材料和产品，包括谷物、钢铁、珍珠，尤其是印度棉纺织品，反向出口至马斯喀特。到19世纪初，在马斯喀特港形成了一个大约有4000人的卡奇商人社区。[89]巴尼亚商人社区的分布范围更广，不仅出现在马斯喀特，还出现在巴林、沙迦和科威特等地。他们以这些社区为基地，在波斯湾贸易中成功地与犹太人和亚美尼亚商人展开了竞争。在阿曼，大约有三四家巴尼亚公司控制着阿曼与英国、日本和印度的棉纱和布匹贸易。[90]此外，阿曼的苏丹还在1790年至1803年间建造了大约50艘船，并命令阿拉伯商人随船前往孟加拉国采购印度的平纹细布（印度细纱棉布）和棉布服装，前往孟买和马拉巴尔采购木材和胡椒，以及去毛里求斯购买咖啡和棉花。

随着非洲内陆地区的开放，阿曼试图集中管理“从扎伊尔东部到印度洋的对外贸易，并把这片广袤地区划为转口贸易区”。[91]阿曼转口到桑给巴尔的主要商品是印度棉纺织品，即使在1811年，其转口的印度棉纺织品的质量也比英国曼彻斯特的好，而且价格也便宜1/2左右。卡奇商人使得阿曼阿拉伯商人能够以印度棉纺织品换取非洲的象牙和黑奴，他们还积极参与非洲内地商队的贸易中。正如前文提到的，印度洋贸易体系有一个特别重要的特点，即在苏丹本・艾哈曼德・赛义德・阿布・赛义德于1840年将阿曼的首都迁至桑给巴尔后，形成了一个阿曼－卡奇－桑给巴尔－东非贸易轴心。[92]由于阿曼人长期以来在航运业和银行业务上依赖于卡奇商人，[93]因此赛义德鼓励卡奇人在阿曼定居。此外，赛义德还积极推动非洲至整个印度洋地区的贸易。

在东南非，卡奇商人还充当着欧洲商人的经纪人，主要负责采购与销售美国的棉纺织品（美国棉布）。事实上，欧洲人和美国人都非常信任印度的巴尼亚商人，并经常寻求他们的帮忙和建议，希望与印度的卡奇商人建立起像葡萄牙人在占领印度迪乌、达曼和莫桑比克后与瓦尼亚商人那样（如第四章所述）的伙伴关系。这主要是因为印度商人通过长期的贸易实践，已在印度洋地区建立了一整套跨区域"集市经济"所需的基础架构，使贸易、中介和资金转移得以实现。卡奇商人在东南非贸易中的作用非常重要，以至于英国驻桑给巴尔的英国领事里格比上校抱怨说，印度人"几乎完全垄断了桑给巴尔的贸易。虽然有欧洲和其他国家的商人定居在那里，但他们出口的产品都是从印度商人那里采购的，而他们使用的进口商品也都是印度商人从国外购买的"。[94]的确，在19世纪30年代中期到19世纪50年代，来自新英格兰（特别是马萨诸塞州的塞勒姆）的美国机织棉纺织品（美国棉布）占东非纺织品进口总额的50%以上（新英格兰指美国东北部六州，包括缅因州、佛蒙特州、新罕布什尔州、马萨诸塞州，罗得岛州和康涅狄格州。——译者注）。[95]但是，随着美国内战（1861—1865年）的爆发，美国与东非的纺织品贸易受到了极大的影响，因此卡奇商人重新占领了东非市场，开始销售印度棉纺织品。[96]事实上，在1888年，印度棉纺织品在东非市场上的占有率比美国棉纺织品处于最高峰值时还高出30%。英国人在东非也面临着与印度类似的问题，英国官员托马斯·梅特卡夫（Thomas Metcalf）在给曼彻斯特商会的一封信中写道："印度棉纺织品已经对我们的产品造成了严重的威胁……印度新兴制造业现在生产的布料很薄，售价只相当于曼彻斯特和马萨诸塞州生产的更重、更耐穿的布料价格的一半多一点"。[97]考虑到英国纺织品通常都是由高支纱线制成的，这算是印度棉纺织品的一项了不起的成就了。然而，具有讽刺意味的是，印度棉纺织品要实现这一点需要依赖西方的技术。因此，在19世纪中期后的印度纺织厂引进了英国的技术，提高了他们的棉纺织品在东非市场上的占有率。

虽然西方商人渴望摆脱对卡奇商人的依赖，但他们在与古吉拉特邦的商人打交道的过程中确实受益匪浅。欧洲帝国主义者自从进入非洲以来，就一直依赖卡奇人，这表明印度结构性力量仍然是影响西方在西印度洋地区行动和贸易的重要因素。例如，卡奇商人在东非外汇市场的主导地位提高了他们的议价能力，但也损害了法国人和英国人的利益。正如恰亚·戈斯瓦米所讲的，卡奇人非常喜欢美国的黄金和印度的卢比。因此，他们可以以低于官方汇率的价格用英镑和法郎来进行交易。法国领事并不赞同卡奇人的做法，他说道："当伊布吉·希维吉（Ibji Shivji）……拒绝将法郎与黄金的汇率上调5个点时，我感到很无助。"[98]甚至桑给巴尔的阿曼苏丹也无法进行这项改革。英国人对此也感到束手无策，特别是在1873年至1874年，英镑与黄金汇率的变动给英国的进出口和收付汇造成了严重的损失。英国人要想避免损失，唯一办法是从孟买购买卢比，但这对英国而言颇具讽刺意味，它意味着"在强势的卢比和弱势的英国面前，英国领事最终站在了强势的一边"。[99]总之，印度人控制了包括汇票、贷款和抵押贷款在内的阿拉伯人和西方人都赖以生存的所有金融基础设施。令人惊讶的是，就连阿拉伯萨拉夫银行这样对金融极具敏感性并拥有七八百年历史的顶尖金融机构也依赖于卡奇人作金融代理人，这反过来又说明古吉拉特邦的人有极强的市场控制力。因此，虽然阿拉伯人、斯瓦希里人和欧洲人在东非都拥有种植园，但大约80%的种植园都被抵押给了卡奇人，这与自1750年以来瓦尼亚人掌握东非经济主导权的情况类似。

如上所述，即使欧洲人想实现其殖民非洲的帝国野心，在很大程度上也依赖于与卡奇人建立的相互依赖关系。在1884年的柏林会议上，非洲被欧洲列强瓜分，英国取得了东非保护国的地位。但是为了开发这片土地，英国人不得不依赖于印度的资本、贸易和服务。例如，1895年，当英国宣称自己是东非的保护国，并试图建造一条从乌干达到非洲东海岸的铁路时，印度人发挥了至关重要的作用。但是，尽管崇欧主义者和欧洲中心主义者都认为，这条铁路是英国资本家雇用印度契约劳工修建的，但他们却忽略了一点，即印度商人才是最重要的承包商，因为在乌干达和肯尼亚的大部分铁路建设与建筑业务的资金都来自卡奇商人。此外，自1903年以来，伊斯玛仪派（Ismailis，伊斯兰教中最有影响的支派之一，也是卡奇人的通称）对乌干达棉纺织产业的发展过程起到了关键作用。到1907年，棉花成了乌干达的主要出口产品，而孟买的纺织厂则是它最大的买家。[100]印度资本家不仅投资于乌干达的棉花生产，而且还将他们的轧棉厂从印度搬了过来，到1925年，印度人拥有了乌干达114家轧棉厂中的100家。

总的来讲，在20世纪的大部分时间里，古吉拉特邦的商人在东非的建设中发挥了重要的作用，特别是在莫桑比克、肯尼亚、坦桑尼亚和乌干达。然而，在20世纪70年代，在乌干达当时的总统伊迪·阿明（Idi Amin Dada）的白色恐怖下，他们被迫离开了乌干达。尽管如此，也有一些臭名昭著的商人与阿明狼狈为奸。然而，在约韦里·穆塞韦尼（Yoweri Museveni）总统上台后，为了振兴乌干达的经济，他废除了伊迪·阿明颁布的法案，并于20世纪末邀请印度商人重返乌干达。总之，“如果没有西印度某些社群的自愿参与，英国对东非的殖民统治将是一件非常艰难的事情”，而且“英国政府经调查发现，印度人对东非的形成至关重要，如果没有他们，东非的经济就不可能发展”。[101]

最后，需要注意的是，古吉拉特邦的商人不仅在东非帮助了欧洲帝国主义国家，而且与桑给巴尔的阿曼苏丹国也保持着亲密的联盟关系，正是这种关系的存在，使得卡奇商人像之前的瓦尼亚商人一样参与了东非的肮脏贸易，从黑檀木（黑奴贸易）和白象牙贸易中赚取了丰厚的利润。此外，这两种“黑暗”交易具有一定的互补性。

如前所述，卡奇人与主要在沿海进行贸易的欧洲人不同，他们还冒险深入非洲腹地进行贸易活动。在那里，他们主要用印度的棉纺织品换取当地的象牙。然而，象牙贸易与奴隶贸易又是并行不悖的，因为“几乎每一个非洲内地的商队都有数千名非洲搬运工，当这些搬运工完成搬运任务后，就被奴隶主当作奴隶卖掉了，因此，卡奇商人在向偷猎者提供融资的同时，也不得不向奴隶贩子提供资金”。[102]在这方面，他们再次延续了瓦尼亚商人以前所扮演的角色（正如我在第四章所陈述的）。此外，19世纪非洲东海岸的奴隶贸易是以桑给巴尔为中心进行的。[103]令人震惊的是（正如我在第四章所指出的），从1770年至19世纪末，大约有100万～200万奴隶被卖到桑给巴尔，其中有将近有一半被卖到桑给巴尔的丁香种植园，其余的被卖到海外，尤其是西亚地区。

在19世纪末，随着桑给巴尔开始衰落，古吉拉特人开始迁往非洲内陆。在那里，他们继续销售印度棉纺织品。正如之前提到的，他们的贸易活动遍及坦噶尼喀、肯尼亚、莫桑比克和乌干达。他们之所以能够取得成功，是因为他们具有超强的融资和贸易的能力，而这些能力恰恰是欧洲人所不具备的（我在本书第一部分曾经论述过）。他们既能够在东非开拓出自己的贸易范围，也能够在其他地区与欧洲人开展合作，因为欧洲人在集市经济中也依赖他们提供的融资和营销服务。

在英帝国阴影内外的纳图科泰切蒂亚人、信德沃基人、瓦尼亚人、木尔坦人和希卡布尔人

虽然我在前文中强调了帕西人，尤其是卡奇人在19—20世纪在印度洋体系中发挥的重要作用，但如果我们的讨论到此为止，就难免会给人造成一种错觉。因为还有其他印度贸易商队对印度洋贸易体系的发展作出了贡献，其中包括海运贸易商信德沃基人、纳图科泰切蒂亚人（NCs）和瓦尼亚人，以及往返于陆路商线上的木尔坦人和希卡布尔人。由于篇幅所限，本文无法对他们进行全面考察，但有几点需要总结。

来自南印度的纳图科泰切蒂亚人尤其值得我们关注。值得注意的是，“Chettiar”一词指的是大型商人或银行家。纳图科泰切蒂亚人像木尔坦人一样，并不是因为欧洲人的到来才开始发达起来的。早在11世纪，他们的商业活动就在印度寺庙以融资的方式开始了。[104]因此，借用多宾的一句话来说，当欧洲人来到印度时，纳图科泰切蒂亚人早就具有了“把握”商机的能力。而且，他们也像帕西人一样进行了大量的鸦片贸易，并与东方银行（成立于1845年）、渣打商业银行（成立于1853年），以及印度、澳大利亚、中国渣打银行（成立于1858年）紧密地合作，在马六甲海峡的建设中发挥了关键的金融作用。值得注意的是，纳图科泰切蒂亚人也是中国的鸦片贸易集团的主要融资商（见下文）。他们在印度银行体系占据重要地位，但在19世纪下半期，他们在东南亚又开拓了新的金融市场。

纳图科泰切蒂亚人发起的一项风险投资是在他们位于缅甸伊洛瓦底江下游三角洲的新基地向东南亚人提供的信贷融资。纳图科泰切蒂亚人在缅甸稻米产业的发展过程中起到了非常重要的作用，缅甸因此也成了世界上最大的稻米出口国。为了生产大米以向欧洲出口，英国人也来到了缅甸。因为随着1869年苏伊士运河的开通，向英国出口缅甸大米不仅成为可能，而且有利可图。因为在此以前，所有粮食的出口都必须绕道好望角，航程需要6个月，这就意味当大米被运到英国时已经腐烂了。与此同时，苏伊士运河的开通也导致了缅甸的印度和英国碾米厂的数量从1890年的52家增至1930年的613家。乔治·奥威尔（George Orwell，英国著名作家）认为，缅甸因为受到英国人的剥削，并没有得到充分发展。[105]然而，如果没有纳图科泰切蒂亚人向英国提供的融资，英国人永远无法在伊洛瓦底江下游三角洲地区开展这项庞大的事业。[106]

除纳图科泰切蒂亚人外，来自信德省海得拉巴的信德沃基人也在19世纪成为一个重要的贸易团体。大约在1840年，他们开始在印度销售“舶来品”，其中包括具有“异国情调”的东方丝绸等产品。然而，在1890年至1940年期间，他们在世界各地建立了许多分支机构，并向全球消费者销售他们的产品。[107]信德沃基人与瓦尼亚人之间也存在着一定的互补关系。因为在1840年左右，当信德沃基人被卡奇人赶出东非时，瓦尼亚人也迁移到红海南部的一些港口，并在那里做象牙、黄金和珍珠贸易。此外，他们在为当地商人提供银行服务和信贷方面也开始崭露头角。与19世纪欧美商人主导印度洋贸易并逐渐将亚洲商人边缘化的欧洲中心主义观点相比，事实上，“殖民统治的加强和工业资本主义的需求，没有造就海洋区域间的商品交易和商业史上的一次变革，更没有对亚洲商人的贸易网和商品交换造成致命的破坏”。[108]

行文至此，我们可以发现印度商业资本家在海外扮演着重要的角色。在第六章的结尾，提到了木尔坦人在1747年遭到波斯皇帝纳迪尔沙入侵后逃往希卡布尔的情况。为了继续从事陆路贸易，他们选择了与希卡布尔人合作，这种合作从18世纪中期一直持续到20世纪。

虽然我在第六章中已详细讨论了木尔坦商人，但在这里我们还是要简单介绍一下希卡布尔商人。希卡布尔人起初通过资助阿富汗杜兰尼政府（全称为Ahmad Shah Durrani，艾哈迈德·沙·杜兰尼，阿富汗历史上第一个统一独立王朝的创建者。——译者注）、农业和手工生产来谋生。在杜兰尼政权倒台后，希卡布尔人转而向北印度和中亚之间的商队提供贸易融资。后来，他们将主要精力放在布哈拉汗国（这是1500年至1920年间位于中亚的一个由乌兹别克人建立的封建王朝。——译者注）的商业和农业融资，尤其是费尔干纳盆地（Ferghana Valley，位于乌兹别克斯坦、塔吉克斯坦和吉尔吉斯斯坦三国的交界处）的开发融资。尽管苏联布尔什维克一直反对他们在该地区投资，但希卡布尔人还是设法维持并加强了他们对该地区的投资。此外，他们还扩展了对阿富汗、波斯和中国新疆的融资业务。最后，他们在20世纪迁往孟买，成为当地重要的银行家，并在自己的地盘上与古吉拉特邦的商人和马尔瓦商人竞争。[109]

中西方主动行为者间的错综复杂的竞争—合作关系

在本节的最后一部分，我们转而考察19世纪中国与西方的主动行为者之间的一些交织方式。在第二章中，我阐述了荷兰东印度公司在爪哇与当地的中国生产者、商人和契约包税人之间的合作关系。然而，到了19世纪，荷兰人仍然依赖于中国的金融家和商人。中国商人将大量的印度尼西亚商品运往新加坡，使其变成了一个富庶的中转港。拉贾特·坎塔·雷引用了20世纪初美国贸易代表的观点："正是中国人与荷兰东印度公司的贸易……才使新加坡成为世界上最大的原材料市场之一。"[110]

他接着指出，中国人还在新加坡开设了"钱庄"，逐渐取代了流动的汇款代理，这一过程于1886年最终完成。当时，大约有250家中国银行云集新加坡，为贸易商们办理汇款业务。到20世纪初，中国的民营银行逐渐演变为股份制银行。1903年成立的广益银行（Kwong Yik Bank）是新加坡的第一家股份制银行。此外，一些中国的投资者于1906年在新加坡成立了四海通银行（the Sze Hai Tong Bank），该行在曼谷和香港设有分行。值得注意的是，1906年，中国商会在新加坡成立，另外三家规模空前的中国公司也相继成立：东方联合保险公司（Eastern United Assurance Corporation）、和丰银行（Ho Hong Bank，成立于1917年）和中国商业银行（Chinese Commercial Bank，成立于1912年）。这三家企业都是中国人在新加坡成立的股份制企业。总之，中国人不仅具有与英国金融资本抗衡的能力，而且也愿意与其合作。然而，更广泛地说，中国人是爪哇－新加坡－暹罗－中国贸易轴心的主要参与者。

中国人和布吉人（印度尼西亚人）的商业网络强大，以至于英国人无法渗透其中。相反，英国人不得不坐下来与中国人、布吉人和其他亚洲商人进行谈判。虽然蒸汽船的出现削弱了布吉人的贸易实力，但由于中国人有着庞大的商业网络并拥有自己的蒸汽船，再加上他们的韧性，使他们在爪哇－新加坡－暹罗－中国贸易轴心中能够保持贸易实力。[111]事实证明，中国的商人和金融资本家善于利用现代西方的商业渠道，并以自己的方式与欧美人展开竞争。20世纪早期的南洋（东南亚）华人企业，如新加坡的和兴联合企业（Ho Hong Combine）和爪哇三宝垄的黄仲涵公司（Oei Tiong Ham Enterprise），成功地跨越了中西方商界。1917年，和兴银行在马来亚成立，其服务完全可以与西方银行竞争，并拥有从上海和香港延伸至伦敦和纽约的全球业务网。总之，在1941年以前，东南亚的绝大部分资本都归中国商人所有，甚至英国商人也从中国资本中受益。[112]

欧洲资本主义世界经济与亚洲集市经济体系的共生融合：第二次经济全球化的出现

在开始讲本节之前，我想首先回顾一下我上一节提到的西方和非西方的主动行为者如何共同创造了第二次经济全球化。在本书前文中，我揭示了崇欧主义的二元零和博弈理论框架，该理论的前提假设是西方资本主义通过强制性的资本帝国主义，将非洲和亚洲强行“纳入”全球经济轨道，从而实现了第二次经济全球化。用我在本书讨论过的术语来说，在崇欧主义的视角下，西方的扩张，也就是所谓的“帝国东扩”战略，是以非洲、亚洲经济和人民为直接代价的。然而，所有这些都掩盖了西方资本主义世界经济和跨区域印度洋集市经济体系是如何在多元文化接触区趋同，并一起创造了第二次经济全球化的。事实上，这两者并不是摩尼教式的生死对决关系。[113]

虽然欧洲中心主义者可能会将集市经济视为一种“传统的”“不文明的”社会经济形态，但实际情况表明，集市经济包含了我在第八章讲到的历史资本主义和现代资本主义因素。事实上，正如本书第一部分所述，集市经济不仅建立在资本主义金融网络的基础上，而且从根本上嵌入了广泛的贸易网络和混合生产网络，以至于西方资本家都喜欢与之合作。因此，我们不能把西方资本主义制度与亚洲集市经济的融合看作西方社会战胜亚洲社会的范例。[114]正如拉贾特·坎塔·雷所指出的，特别是中国人和印度人，

> 他们作为私人银行家、批发商和委托代理商，能够凭借自己经过验证的技术和营销渠道，独立地进行资本运作。事实证明，他们

完全能够依靠自己的技术和渠道在新的殖民环境中获得巨额回报，而西方公司也发现，如果他们能够利用中国人和印度人成熟的技术和营销渠道，不论是他们自己还是亚洲同行都会受益。[115]

此外，克里斯汀·多宾补充道，在1850年至1940年间，

从商人联合社区中心地位的确立，我们可以看到，西方商业和航运业的扩张是建立在中国和印度的资金、商业特长和侨民关系的基础上的。中国和印度的公司与西方的公司之间是一种既合作又竞争的关系……这些亚洲社群紧密地联合起来，不仅向努力开辟亚洲新兴市场的欧洲经济体提供融资，而且还发展了各自的营销网络，为本地生产商和贸易商提供信贷，并在当地投资加工业，从而把欧洲与亚洲紧密地联系了起来。[116]

崇欧主义二元论掩盖了19世纪和20世纪的欧洲人与亚洲人之间在全球有效劳动分工方面的互动。需要注意的是，许多亚洲公司的扩张是与欧洲资本协同进行的，当欧洲人向“热带地区”扩张时，它们也向低纬度地区转移。这就意味着两者的扩张并不是孤立的，而是有着内在联系。[117]因此，虽然欧洲资本帝国主义有时会取代亚洲贸易商和生产商在某一地区的活动，但后者更善于捕捉商机，适应能力更强，会寻找新的地区重新开展业务。此外，无论如何，在整个19世纪，亚洲国家内部的贸易仍然超过了东西方之间的贸易。[118]

崇欧主义的观点在世界体系理论（World System Theory）中得到了很好的体现，但这并非机偶然。世界体系理论认为，在被强行“纳入”资本主义世界经济体系后，印度和中国的经济地位发生了变化。印度变成了殖民地国家，在经济上处于“边缘化”地位，严重“依赖”于英国；而中国则变成了半殖民地国家，在经济上被“半边缘化”，面临着与印度类似的命运。然而，这一观点容易让人误以为亚洲人被人任意操纵，同时也忽略

了亚洲的主动行为者在经济全球化中的作用，从而过于崇拜西方超级主动行为者和结构性的帝国权力。与此相比，揭示西方与非西方主动行为者之间的相互联系，才凸显了帝国主义和第二次经济全球化的多元文化起源。正如大卫·沃什布鲁克恰如其分地指出的那样：

> 英帝国以及为帝国扩张作出巨大贡献的世界资本主义体系，在很大程度上依赖于外围国家的主动行为者。如果没有这些主动行为者，世界资本主义的力量将会比现在弱得多，或者会出现一种与现在完全不同的力量，从而导致世界秩序的根本性改变……正是因为英国人不需要亲自进行研发工作，也不需要支付任何研发费用，所以外围国家的主动行为者才变得如此重要。英国人充分挖掘了这些主动行为者的潜力，从而利用它们建立了一个新的世界帝国。这个帝国既有英国特色，又融入了印度因素，为世界资本主义体系的发展作出了巨大的贡献。[119]

在列举了英国与其他国家之间协同互利的例子后，让我们重新回到对印度棉纺织品的讨论。欧洲中心主义和崇欧主义的文献，强调了世界市场是在英国棉纺织品的冲击下建立起来的观点，但其忽略了一个事实：即英国人并没有创造这些市场。正如我在本书第一部分所阐述的，这些市场是由几个世纪前的印度人以及其他亚洲人共同创造的。事实上，这种市场的出现并非偶然，而是经过漫长的时间才逐渐发展起来的。因此，英国人所做的这一切都是为了取代已存在的由印度棉纺织品主导的全球市场，正如乔治·里埃洛所言，“西方（棉纺织品）生产商的部分成功在于……他们能够利用现有的交易网络，在全球范围内销售他们的产品”。[120]然而，西方人绝没有完全“取代”亚洲人，即使在短时间内有所取代，从历史进程的角度来看，这种取代也是非常短暂的（正如我在本章第一节中所解释的）。简而言之，崇欧主义本体论的核心/半边缘/边缘模式意味着它没有意识到多元文化接触区的存在，从而掩盖了亚洲人在塑造或推动欧洲经济扩张方面的许多方式，反之亦然。

崇欧主义的“欧洲将亚非融入一体化”构思存在的最后一个问题是，亚洲人并没有简单地复制西方的经济实践。我在本章第一节中结合中国和印度的棉纺织产业进行了讨论，来说明这一点。一般来说，乔瓦尼·阿锐吉及其合著者对东亚与19世纪现代西方资本主义推动力关系的论断，为我们分析除中日之外的亚洲市场提供了一个有用的结论。他们认为，

> 即使在欧洲推动力的作用下，东亚贸易体系的历史遗产并没有随着亚洲与西方的趋同而消失……虽然它们存在着一定的趋同，但那也是通过相互融合的过程实现的。正是通过这一融合，东亚贸易体系得以保留并最终恢复了其重要特征……在1945年以后，东亚经济的快速整合和扩张只能通过组合和重组那些像中国企业组建的那种非正式整合网络来实现，而不是美国的那些具有垂直和官僚管理结构的企业。[121]

杉原薰令人信服地指出，亚洲国家并没有简单地复制西方的工业革命，而是按照自己的现代资本主义模式逐渐发展起来，他将其称之为“亚洲勤劳革命”。[122]由于亚洲人口众多，资本家在组织生产时就可以雇用大量的工人，因此他们将资本主义生产技术也设计成了“劳动密集型”（或者用蒂尔森卡·罗伊的话说，是“劳动力增加型”[123]），而不是像西方那样设计成“劳动替代型”，[124]因此，我们不能简单地将亚洲的勤劳革命和早期欧洲的工业革命混为一谈。

此外，为了避免人们认为亚洲这种混合经济体系包含了某些“传统”经济的后遗症，我再次强调，中国、日本和印度的棉纺织品生产量在20世纪中期就超越了美国和英国。这就意味着“传统工业”与“现代工业”并不是对立的，而是“和谐共存的。事实证明，在某些情况下，传统工业也具有非常有效的生产方式或革新手段。许多传统的亚洲机构与制度

具有惊人的韧性，能够迅速适应新环境而不失去其本色”。[125]简言之，与崇欧主义不同，我们不能简单地用英帝国的行为或西方资本主义的世界经济逻辑来解读中国和印度的命运。但是，现在我们仍需要回答两个问题：第一，如何理解从第一次经济全球化向第二次经济全球化的转变；第二，这两种社会形态之间是否具有显著的连续性。

注释

[1] 例如Tharoor, (2017: 32–5)。

[2] Parthasarathi (2011: 251–8).

[3] Biswas (1999: 301).

[4] Marx (1867/1954: 406).

[5] Murphey (1977: 27).

[6] Dutt (1916: 336–52, 537–44).

[7] List (1841/1885: 368).

[8] Dutt (1906: 302).

[9] Williamson (201 1: 76–7).

[10] Dutt (1916: 344–5) .

[11] Twomey (1983: 46).

[12] Nehru (1947: 247–53) and Dutt (1916: 40–4, 518, 537–44).

[13] 例如, Roy (2012: 193–4) and Washbrook (2020)。

[14] Roy (2012: 190).

[15] Twomey (1983: 47).

[16] Haynes (2012: 49).

[17] Mukund (1992: 2058).

[18] Haynes (2012: 263).

[19] 同上，(93)。

[20] 同上，(1 10–18)。

[21] 同上，(97)。

[22] 同上，(109)。

[23] 也见Wendt (2009) and Haynes (2012: 303–13)。

[24] Wendt (2009: 21 1).

[25] Tharoor (2017: 8).

[26] Washbrook (1990: 489) and Twomey (1983).

[27] Roy (2012: 193).

[28] Ibid. (194).

[29] Ibid.

[30] Haynes (2012: 2).

[31] Bairoch (1982: 275, 296).

[32] 同上，(1982: 275, 296)。

[33] 同上，(1993: chs. 6–7)。

[34] Mitchell (2011: 356).

[35] Robson (1957: 358).

[36] Riello (2013: 294).

[37] 例如, Dutt (1906)。

[38] 引用在Wallerstein (1989: 150)。

[39] Logan (1958: 473).

[40] Earle (1926), Logan (1958) and Harnetty (1970).

[41] Logan (1958: 475–6).

[42] Earle (1926: 535).

[43] 同上，Harnetty (1970) and Riello (2013: 259–62)。

[44] Logan (1958) and Harnetty (1970).

[45] Dutt (1916).

[46] Chao (1977: 93–4) and Bowen (2009).

[47] Tharoor (2017: 34).也见Dutt (1906, 1916)。

[48] Washbrook (1990: 489).

[49] Davis (2001).

[50] Ferguson (2002).

[51] Naoroji (1901: 34).

[52] 见Cuenca Esteban (2001: 66–9)和Washbrook (2020)的讨论。

[53] 见第七章123, p. 195。

[54] Barua (2011: 40).

[55] Biswas (1999: 309–10).

[56] Pomeranz (2000: 330–6).

[57] Wu and Xu (2003: 330–1).

[58] Zhang (2020: ch. 3). 他认为，乾隆年间，湖北平均亩产原棉30斤（33磅）（Wu and Xu 2003: 210）。根据彭慕兰（2000: 330）提供的数据，这低于江南（中国最具生产力的地区）的平均亩产原棉39磅。此外，如果按照棉花种植面积在1840年以前不超过农业总产量的5%（Wu and Xu 2003: 211）计算，全国原棉总产量在1840年约为12亿磅（大约能织50亿码白坯布）。

[59] Robson (1957: 358) and Mitchell (2011: 355).

[60] 也见Zhang (2020)。

[61] Feuerwerker (1970).

[62] Murphey (1974: 27).

[63] Xu (1988: 34).

[64] Chao (1977: ch. 7).

[65] Morris (1963: 612).

[66] Feuerwerker (1970: 348).

[67] Arrighi 等，(2003: 294) and Chao (1977: 186)。

[68] Chao (1977: ch. 5).

[69] Xu (1988: 37), 我认同其观点。

[70] Chao (1977: 177–85).

[71] 同上，(82)。

[72] Murphey (1974: 29).

[73] Feuerwerker (1970: 374).

[74] 同上，(377)。

[75] Frank (2015: 269–75).

[76] Pearson (1988: 462).

[77] 同上，(472)。

[78] Dobbin (1996: 84).

[79] 例如，Arrighi 等，(2003: 291–3) and Frank (2015: 116–23)。

[80] Hobson (2004: 273).

[81] Dobbin (1996: 85).

[82] Markovits (2000: 39–43).

[83] Ray (1995: 500)，并参阅Timberg (2014: ch. 3)。

[84] Subramanian (2016: ch. 3).

[85] Dobbin (1996: ch. 4).

[86] 同上，(88–9)。

[87] 同上，(12)。

[88] 同上，(77–9)。

[89] Cooper (1977: 32) and Goswami (2016: 77–9, 84).

[90] Ray (1995: 540, 554).

[91] Dobbin (1996: 114).

[92] Machado (2009a: 178).

[93] Cooper (1977: 32).

[94] Goswami (2016: 181).

[95] 同上，(159–64, 175–6)。

[96] Prestholdt (2008: 72–8) and Machado (2014: 272).

[97] Goswami (2016: 168).

[98] 同上，(183)。

[99] 同上，(184)。

[100] Dobbin (1996: 122) and Markovits (2000: 16).

[101] Dobbin (1996: 122) and Markovits (2000: 16).

[102] Goswami (2016: 141).

[103] Nicolini (2012: ch. 5).

[104] Dobbin (1996: 133).

[105] Orwell (1929).

[106] Dobbin (1996: 139).也见Ray (1995: 529)。

[107] Markovits (2000: ch. 4).

[108] Machado (2014: 273).

[109] 特见Markovits (2000: ch. 3)。

[110] 引用在Ray (1995: 503)。

[111] Ray (1995: 502–21).

[112] 同上，(512–21)。

[113] 特见Washbrook (1990: 502) and Ray (1995: 552–3)。

[114] Ray (1995: 551–2).

[115] 同上，(553)，也见Markovits (2000: 22)。

[116] Dobbin (1996: 198, 199).

[117] Ray (1995: 454–5, 553).

[118] Frank (2015: 276–80).

[119] Washbrook (1990: 490).

[120] Riello (2013: 266)，我认同其观点。

[121] Arrighi等，(2003: 318–19)。

[122] Sugihara (2003).

[123] Roy (2004: 3242).

[124] Chandavarkar (1994: ch. 7).

[125] Murphey (1977: 29).

第十四章　全球经济从历史资本主义到现代资本主义的转变，约 1500—2020 年

引言

我写本章的目的并不是想简单地归纳本书的观点，而是要将它们放在我所确定的两次经济全球化的性质和关系中去分析它们。在第八章中，我反驳了一个常见的西方马克思主义的观点，即在1850年以前，由于存在着农业关系、前资本主义社会生产关系，以及“一个弱小的商业资本主义”，经济全球化是不可能存在的。我认为，第一次经济全球化和全球贸易体系是建立在社会关系错综复杂的历史资本主义基础之上的，这些社会关系中也包含有重要的现代资本主义因素。然而，正如我在第八章中所指出的，这仍然不能回答西方马克思主义者提出的问题。他们坚持认为，在1850年以前，并不存在着推动经济全球化的外部力量，也不存在着第一次经济全球化。因此，西方马克思主义者认为，“全球驱动力”以及全球经济发展不平衡和融合发展的存在，是转型主义者所说的经济全球化的重要“影响因素”。此外，考虑到以上因素是经济全球化定义的重要组成部分，因此，如果我要坚持自己的观点，即第一次经济全球化存在于1500年

至1850年，就需要证明它们的存在。

本章共包括两节内容。第一节为“超越欧洲中心主义观点，重新审视作为外部必然性的全球驱动力”。该节包括两部分内容。在第一部分中，我既阐述了西方马克思主义的欧洲中心主义观点，也为了反驳该观点，揭示了历史资本主义的第一次经济全球化，以及在全球经济发展不平衡与融合发展背景下，促进全球经济发展的非洲－印度全球性棉花驱动力，并基于以上讨论，总结出印度在全球棉纺织品市场上的主导地位所产生的结构性力量的作用。在第二部分，我讨论了推动历史资本主义与现代资本主义发展的驱动力之间的差异，指出前者不仅弱于后者，而且与后者有着质的不同，由此，我避免了落入罔顾历史事实去追溯现代资本主义的驱动力之具体属性的陷阱。总之，通过以上论述，我论证了我在第七章和第八章中提出的在1850年以前存在着第一次经济全球化的观点。这反过来又揭示了两种驱动力的不同性质和强度，同时也凸显了在过去500年中全球经济存在的多样性。

第二节为“揭开第一次经济全球化和第二次经济全球化连续性之面纱：11个跨时空的因素”。本节挑战了在国际政治经济学和国际关系学（更不用说其他学科）中普遍存在的非历史性假设，即在经济全球化的发展过程中，跨国主义直到1945年或1979年以后才出现，而在此之前流行的是国际化的重商主义的观点。在本节，我试图通过揭示这两次经济全球化之间存在的大量重要的连续性来挑战这种非历史性的时间二元论观点。然而，正如我认为存在着推动全球化发展的作为外部必然性的驱动力，我也不赞同在过去500年里全球经济或全球化呈现出单一形态的说法。这种观点从根本上来说是罔顾历史事实的，因为它意味着需要将目前的现代资本主义全球经济往前推到公元1500年。事实上，正如我在第一节中所讲的，第一次经济全球化与第二次经济全球化在组织属性上并不相同。此外，在这个过程中，我还揭示了第二次经济全球化的历史渊源，其深度要比迄今为止人们所认识到的要深刻得多。

超越欧洲中心主义观点，重新审视作为外部必然性的全球驱动力

本节实际上讨论了全球化的动力机制以及全球系统性经济变化和转型问题。本节的讨论是通过对西方马克思主义者观点的质疑展开的。他们认为，支撑现代全球经济崛起的关键因素是外部必然性带来的现代全球资本主义驱动力的出现，而这种驱动力反过来又促进了全球经济发展不平衡与融合发展这种独特的现代资本主义现象。

作为外部必然性的全球驱动力观点对欧洲中心主义的历史批评和反驳

新马克思主义国际关系学学者萨姆·阿什曼（Sam Ashman）坚持认为，到现代资本主义阶段才出现了作为外部必然性的全球驱动力。他声称，全球经济发展不平衡与融合发展理论

> 并不是关于资本主义初期或者向资本主义过渡时期的理论，而是关于资本主义“晚期”的发展理论，也就是说，关于也许在某个地方很早就存在着资本主义的发展理论。一旦资本存在于西北欧的某个角落，其他国家的发展可能就会（通过外部必然性的全球驱动力）而发生改变。[1]

然而，虽然英国的资本主义工业化在塑造第二次经济全球化中发挥了重要的作用，但忽视全球因素在“英国向第一次工业资本主义过渡”中的作用必然会让我们回到欧洲中心主义和崇欧主义的大爆炸理论。因为它假定了资本主义发展须按照工业化兴起（即第一步）、帝国全球化扩张以及按资本主义路线重塑世界（即第二步）这样一个特殊的、内生的英国“内在逻辑”。而我认为，非洲－印度全球性棉花驱动力在推动英国工业转型方面发挥了重要作用。

在众多具有独到见解的文章中，贾斯汀·罗森伯格（Justin Rosenberg，英国国际政治学者）提出了一个具有原创性和争议性的观

点，即全球经济发展不平衡与融合发展以及作为外部必然性的全球驱动力不仅在19世纪以前就已经存在，而且贯穿着整个人类的发展历史。[2]然而，萨姆·阿什曼和尼尔·戴维森（Neil Davidson，英国历史学家）认为，这需要一种超越历史的世界历史观，因此，我们应该将全球经济发展不平衡与融合发展以及作为外部必然性的全球驱动力这两种因素限制在现代全球资本主义时期。[3]由于罗森伯格是全球历史社会学的主要支持者，这种批评就显得尤为尖锐，因为他的研究方法威胁到了历史社会学的完整性。

重要的是，亚历克斯·阿尼瓦斯及其合著者克雷姆·尼桑乔格鲁在他们2015年的杰出著作中初步探讨了对全球经济发展不平衡和融合发展理论的历史维度以及作为外部必然性的全球驱动力问题，并将其发展成为一种成熟的理论和经验性的叙事。[4]他们在著作中描述了许多历史事件作为外部驱动力。他们声称，这些事件发生在我所界定的非洲－欧亚区域化时期（约600—1500年）和第一次经济全球化时期（约1500—1850年）。[5]然而，正如我在第一章中所指出的，他们所揭示的发生在1850年以前的许多全球性的外部驱动力，从本质上来讲主要是区域性的，而我所强调的发生在1500—1850年的外部驱动力具有全球性特征。在我看来，尽管这些区域性驱动力对于我们理解西方崛起极其重要，但揭示存在着全球性的驱动力才是最重要的，因为它是我论证第一次经济全球化存在的基础。然而，正如我在前文中提到对罗森伯格分析方法的批评一样，我面临的挑战是如何对全球经济发展不平衡与融合发展以及作为外部必然性的全球驱动力给出一个恰当的历史界定。如果没有这种界定，我提出的全球历史社会学研究方法的完整性同样会受到威胁。

“非洲－印度全球性棉花驱动力的外部必然性”和全球经济发展不平衡与融合发展的影响：全球性历史资本主义的一个关键属性

在本书的第一部分，我已经肯定了存在非洲－印度全球性棉花驱动力，现在关键的问题是要弄清楚它是如何与第一次经济全球化绑定或交织在一起的。首先，正如我在第三章和第五章中所解释的那样，印度棉纺织品之所以成为全球大宗贸易商品，部分是因为人们喜欢它，但最重要的原因是它成了全球商品交易的媒介，欧洲人想占领印度也是因为这个原因。我在第三章中提到，出口印度棉纺织品的商人除欧洲人外，主要是印度人和其他亚洲国家的人。该产品的出口导致了十二边形（十二角形）印度棉纺织品贸易体系的建立，该体系在大约1500—1571年间蔓延到了世界上所有的大陆。此外，印度棉纺织品贸易系统也嵌入了全球贵金属交易体系中，这为其带来了活力。而且，贵金属交易体系也依赖于十六边形的新大陆全球白银交易体系，它将印度棉纺织品与第一次经济全球化紧密地联系在了一起的。特别是在1600—1800年，大约有20%的新大陆白银流向印度（主要是其他国家购买印度棉纺织品的白银），这反过来又促进了印度经济货币化和资本化，推动了生产投资的增加，扩大了印度棉纺织品对全球的出口。

新大陆的白银供应与印度棉纺织品的生产和出口就这样形成了一个相互交织的生产、金融和商业全球循环圈，反映了在全球经济发展不平衡与融合发展背景下，印度棉纺织品和非洲－印度棉花驱动力的重要性和全球性。由于印度结构性力量组织和塑造了全球贸易体系，这反过来又反映了它对第一次经济全球化的重要性。然而，关键问题在于非洲－印度全球性棉花驱动力是如何促成了全球性历史资本主义向现代资本主义的转变，进而实现了第一次经济全球化向第二次经济全球化的过渡的。

正如我在第三、第四、第九和第十章中所解释的，英国人主要依靠转口至非洲的印度棉纺织品购买奴隶，然后再将这些奴隶贩卖至加勒比海地区和美国南部种植棉花。美洲棉花的种植为兰开夏郡的纺织厂提供了原材料。英国对印度棉纺品的依赖反映了印度的结构性力量。因此，挑战印度棉纺织业的主导地位就意味着挑战印度在第一次经济全球化中的结构性力量。

如图14.1所示，为了生产大量的优质棉纺织品以取代转口印度的棉纺织品，英国决定挑战印度在棉纺织业的主导地位，这一目标推动了兰开夏郡的棉纺织产业机械化发展。然而，在当时，英国人普遍采用手工织布机织布，生产条件较差，推行棉纺织业机械化大规模生产可能性并不大。为了克服这个问题，英国发明家相继发明了珍妮纺纱机、水力纺纱机、骡机和动力织布机。这些发明都是在印花机，特别是木制三辊印花机（1743年）出现后逐渐出现的。随着金属滚筒六辊雕花机（1783年）的出现，纺织技术逐渐成熟起来。最初，纺纱机和织布机都是由水力驱动的，但在19世纪30年代，蒸汽动力取代了水力，极大地提高了棉纺织品的生产量。而只有这样，英国的棉纺织品才有希望在大西洋市场上与印度棉纺织品展开竞争，并最终在几个世纪后击败印度棉纺织品，占领印度人和其他亚洲人

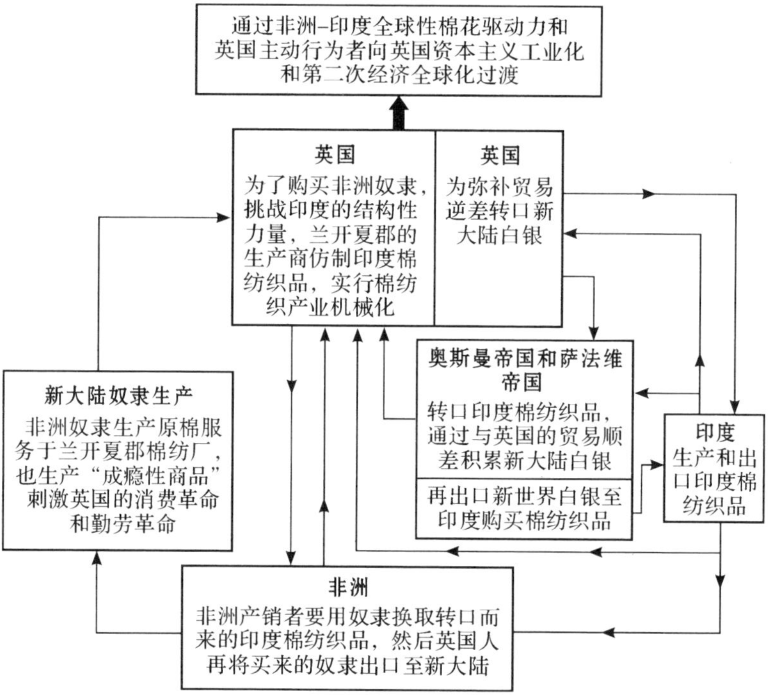

图 14.1　推动英国棉纺织产业工业化发展的非洲—印度全球性棉花驱动力简化示意图

创造的全球市场。简言之，为了应对印度棉纺织品带来的威胁，英国实现了棉纺织产业工业化。那么，我们如何把非洲－印度全球性棉花驱动力与后来的现代英国资本主义－帝国主义的全球驱动力联系起来呢？

图14.2展示了全球性历史资本主义与全球性现代资本主义之间的继承关系，以及非洲－印度全球性棉花驱动力的影响。最左边向上的虚线箭头暗示着从第一次经济全球化过渡到第二次经济全球化是偶然而非必然的。这主要是因为非洲－印度的全球性棉花驱动力与1850—1945年左右的英帝国以及随后的自由主义－帝国主义美国所拥有的现代全球资本主义驱动力有本质的差异。具体而言，我用"弱"来形容非洲－印度棉花驱动力，因为虽然英国人在全球经济发展不平衡与融合发展的背景下通过棉纺织产业机械化对此作出了反应，但这种反应并非必然的，因为没有其他国家或地区以这种方式应对印度棉纺织进口。就英国乃至其他西方国家而言，没有其他可行的或可以想象的方法来应对印度棉纺织品的竞争。

然而，为了与印度棉纺织品竞争，英国人不得不研发机械设备，而这需要主动行为者的非凡创造性和不懈努力才能达成。因此我们应该强调而不是忽视或弱化这一点。此外，无论如何，忽视西方主动行为者的作用只会使我们陷入东方崇拜的陷阱。这就意味着从历史资本主义向现代资本主义转变，就像从第一次经济全球化向第二次经济全球化转变一样，并非不可避免，而是更具偶然性。简而言之，非洲－印度的全球性棉花驱动力为随后众多的技术发明打开了空间，但我们只有考虑到英国后发的主动行为者的作用，才能解释出现这些发明创造的原因。总之，通过以上讨论，我们可以得出如下结论：在历史资本主义条件下，全球经济发展不平衡和融合发展的过程本身就是高度"不平衡的"，这也是我认为非洲－印度全球性驱动力"弱"的原因。

相比之下，在第二次经济全球化发展过程中，现代全球资本主义的必然性驱动力表现得更为强大、更有力。我的意思是，虽然全球经济发展不平衡与融合发展在第二次经济全球化时期相对于第一次经济全球化时

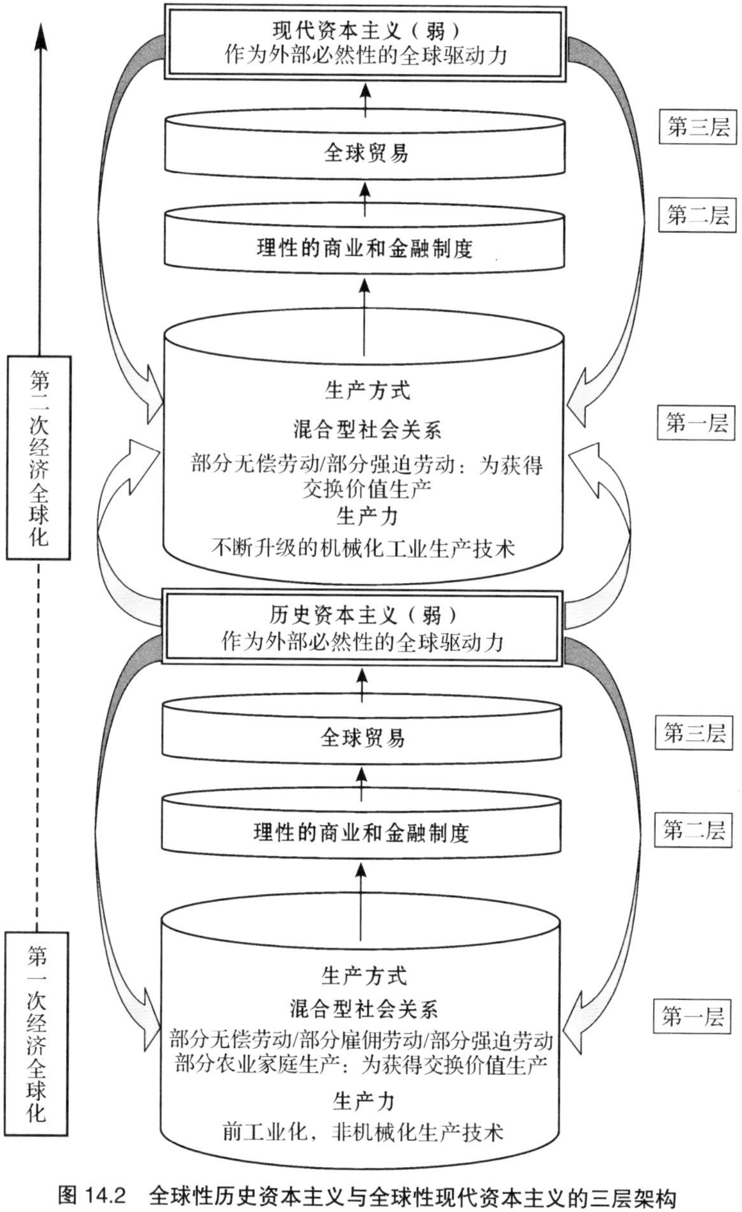

图 14.2　全球性历史资本主义与全球性现代资本主义的三层架构

期更为“均衡”，但远远没有达到崇欧主义者所设想的那么普遍。因此，正如我在第十三章中所解释的那样，尽管到20世纪，手工织布机仍然是中国和印度的重要纺织工具，但从大约1850年开始，西方和非西方的主动行为者就开始借鉴英国的新型纺织机器和蒸汽机，以提高本国或本地区的生产力。

这意味着，虽然现代资本主义的全球的必然性驱动力的确比历史资本主义时期的更强大，但在西方总体叙事中将其具体化或神化都是错误的。因为这样做不仅夸大了西方的力量和第二次经济全球化中的西方结构属性，还低估了非西方的行为者在第二次经济全球化过程中所起的作用以及他们对全球化的适应能力。

与此相关的是，全球化学者经常把新自由主义视为当代经济全球化的主流意识形态。事实上，这种意识形态也常常被认为是现代资本主义驱动力的一部分。尽管学者经常夸大现代全球资本主义的必然性驱动力的影响，但正如我在下一节所要讨论的那样，它与以前的非洲－印度全球性棉花驱动力有所不同。因为虽然印度结构性力量与非洲－印度全球性驱动力一起创造了东、西方的行为者都参与的经济全球化，但这种特殊驱动力并没有成为使全球都按非洲－印度文明规范行事的工具。此外，我们还需要从历史的角度来看待全球经济发展不平衡与融合发展的发展过程。

在第二次经济全球化过程中，非西方社会意识到它们的发展落后于英国，甚至后来的美国，因此转向现代资本主义变得非常必要。实际上，许多国家也在不同程度上通过不同方式实践了这一点。相比之下，在第一次经济全球化时期，世界各国都落后于中国和印度，尤其是在棉纺织和钢铁生产方面。然而，正如前文所述，这并没有促使世界各国开展工业化并与中国和印度展开竞争，而是推动英国发展的主动行为者首先开始向中国和印度学习。因此，我们既不能超越历史的发展阶段来看待全球的外部必然性驱动力，也不能将全球经济发展的不平衡和融合发展的过程割裂开来，因为随着时间的推移，它们会呈现出不同的形式和强度，并存于不同的层面，包括区域和全球。然而，我们也不能像西方马克思主义者那样，认为全球性的必然性驱动力直到1850年以后才出现。请参考图14.3。

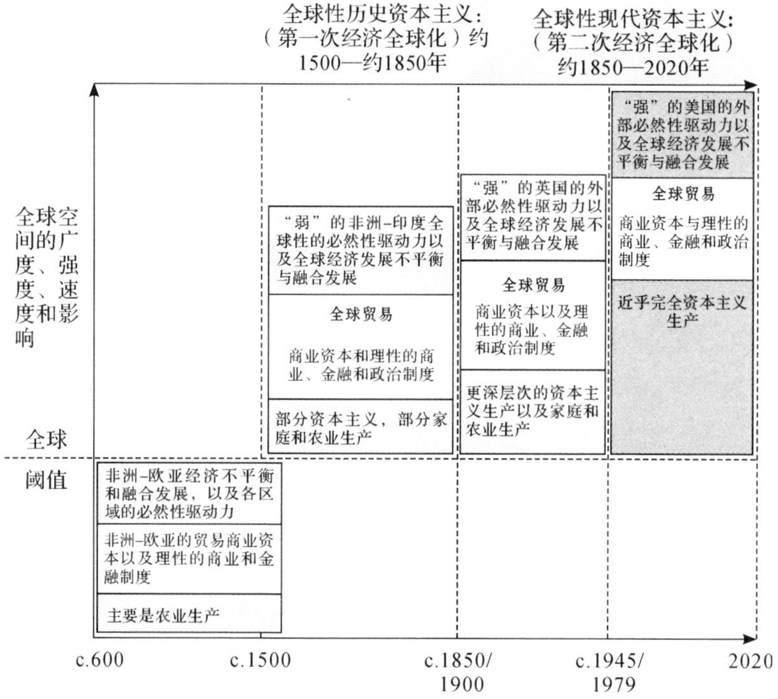

图 14.3　历史资本主义和现代资本主义的经济全球化

为了强调我的观点，有必要考虑一下我在前文中提出的各种反事实。重要的是，我们需要扪心自问，如果没有非洲－印度全球棉花驱动力，英国是否会实现基于棉纺织产业的工业化？答案可能是否定的。更具体地说，如果没有印度棉纺织品带来的挑战，英国很可能不会出现基于棉纺织产业的工业化，羊毛利益集团仍将是英国主要的服装生产商。而且，考虑到国内、外市场对羊毛的需求不足，他们也不会对羊毛产业进行机械化大生产。而且，英国的羊毛经纱的生产不需要像棉纱经纱生产那样采用机械化。

然而，正如我在第十章中所指出的，印度的棉纺织品行业因其技术保守而闻名，这意味着在该行业不可能发生根本性的技术变革。[6]此外，由于棉纺织产业机械化是英国工业化最重要的驱动力，如果英国在棉纺织品生产领域不采用机械化生产，将会对其工业化造成致命的打击。耐人寻味的是，如果英国人不把印度棉纺织品转口到非洲，就必须寻找其他的商品来购买他们迫切需要的奴隶。然而，非洲人对英国的产品似乎不感兴趣，无论是羊毛、钢铁还是武器，都无法弥补这一空白。而且，无论如何，一旦非洲人不用奴隶来交换印度棉纺织品，就动摇了兰开夏郡棉纺织产业工业化的基础。

另一方面，由于英国人需要把矿井中的煤炭表层的水排出来，他们发明了蒸汽机，进而引发了钢铁产业革命。然而，需要指出的是，如果英帝国本身对钢铁的需求不大，也不频繁发动殖民战争，那么就算这并不会完全消除英国开展钢铁产业工业化的动力，但肯定会减小其推动力。此外，由于印度棉纺织品给英国带来了巨大的经济利益，如果失去了全球性棉花驱动力，它的生存可能也会受到影响。正如我在前文中所解释的那样，英国17、18世纪的加勒比海殖民地是建立在印度棉纺织品的金融基础之上的。而且，正如我在第五章和第十三章中所阐述的那样，英国东印度公司之所以在17世纪进入印度，更多是出于对印度棉纺织品的需求，这是亚—非贸易逻辑和印度结构性力量，尤其是作为必然性的非洲－印度全球性驱动力共同作用的结果，而不仅仅是“官方首脑”的心血来潮。所有这些都表明，在帝国主义时代，全球因素、帝国以及在全球经济发展不平衡和融合发展背景下的非洲－印度棉花驱动力在推动英国棉花和钢铁产业工业化方面发挥了重要作用。

揭开第一次经济全球化和第二次经济全球化连续性之面纱：11个跨时空因素

如前所述，关于全球化和全球经济的现代理论，特别是国际关系学和国际政治经济学理论都假定，在1945年前后，世界上存在一个“巨大的（非历史的）时代鸿沟”。人们通常假设在1945年以前，国际交流是世界各民族国家之间的主流，而在此以后，全球化的跨国主义占了主导地位，跨国流动跨越了主权国家的边界。这一观念突出了世界历史变化与发展的非连续性。但问题是，这种观点将我们带入了我在第七章中讨论的非历史的欧洲中心主义时间二元论。该二元论认为，在1945年以前属于不完全全球化时期，而在1945年或1979年以后，则属于完全全球化时期。为了揭示第一次经济全球化的重要性，我在本章试图通过强调两次经济全球化之间的各种连续性来超越欧洲中心主义的时间二元性，同时也试图对第二次经济全球化是否自成一体和全然独特进行界定。

为了捕捉这两次经济全球化之间的连续性，我在图14.4画了11条像“毛细血管”一样的曲线，以前所未有的方式将它们联系在一起了。此外，在少数情况下，我们甚至可以将经济全球化追溯到非洲－欧亚区域化时期（约600—约1500年）。但是，正如我之前所解释的，这并不意味着这两次经济全球化采取了相同的形式。否则，当我们谈论起过去500年的全球经济时，不得不面临一种单一化的全球经济形式。

为了强调我的观点，即有两次经济全球化而非一次，我想在分析它们之间的连续性之前强调它们之间的重要的非连续性。迄今为止，我们发现这两次经济全球化之间的第一个重要区别在于各国实力的差异。因为在第一次经济全球化中，并没有哪个国家在实力上占主导地位，因此，第一次经济全球化中的力量是多中心的。[7]尽管中国和印度在第一次经济全球化中是两个最重要的“国家”经济体，但欧洲、非洲、美洲、日本和伊斯兰教中东的作用也不容忽视。并且，这些国家或地区都没有主导全球经济。此外，尽管我一直强调印度结构性力量的重要性，但这并不意味着我要构建一个等级森严的全球经济体系。虽然印度结构性力量可以使印度商人和金融资本家有效地建设金融、生产和商业基础设施，但包括欧洲人在内的其他国家的人也可以依赖这些基础设施参与第一次经济全球化发展过程中。而相比之下，第二次经济全球化的架构则见证了西方等级结构中力量的倾斜。首先，这体现在欧洲帝国在1492年以后的美洲，以及19世纪中叶以后的亚洲和非洲的地位上；接着是在1945年以后，美国接过了自由主义－帝国主义霸权的权杖。然而，随着当下印度和中国的崛起，我们现在正目睹第一次经济全球化时期多元力量中心的回归，这一过程被格里宁和科罗塔耶夫称为“大融合”。[8]

第一次经济全球化与第二次经济全球化之间的第二个重要区别实际上也构成了它们之间的“非连续性”，即第一次经济全球化基于历史资本主义（我在第八章讲到过），而第二次经济全球化基于现代资本主义。第一次经济全球化与第二次经济全球化的第三个重要区别是由全球化学者提出的，他们认为国际性和全球性机构或制度的不同是二者的重要区别。国际政治经济学学者认为，全球性机构是指二战后出现的联合国机构，像世界银行和国际货币基金组织就属于此类国际机构。然而，全球化学者指出，早在19世纪下半期，就出现了一些国际性机构，如国际电信联盟（1865年）、万国邮政联盟（1874年）和欧洲自由贸易协定（1860—约1880年）等。人们的共识是，国际或全球性机构是第二次经济全球化（我这样叫）的特征之一，而且同样重要的是，人们通常认为它们是西方的产物。而我认为，一些重要的现代机构和制度也是由非西方人塑造的，[9]欧洲中心主义者往往没有认识到这点。但是，在第一次经济全球化中，并不存在这样的全球性机构。

第一次经济全球化与第二次经济全球化之间的第四个重要区别是商品和信息在全球的流动速度不同。当然，第二次经济全球化的流动的速度要远远超过第一次经济全球化。从1869年苏伊士运河开通带来的交通革命开始，到19世纪70年代的蒸汽船和电报的发明，再到20世纪飞机和互联网的出现，全球商品和信息的流动速度达到了顶峰。显而易见的是，全球流动的加速将会对全球乃至各国产生迅猛的变革性影响。

第一次经济全球化与第二次经济全球化的第五个重要区别可能会涉及“全球化悖论”。除了“全球化是西方化”这一近乎普遍的共识外，现代全球化理论中第二种最常见的观点是，1945年以后与1648年至1945年之间是两个截然不同的时代。因为在1648年至1945年之间，“国际化和主权国家”占主导地位；而在1945年以后，“跨国经营和主权国家衰落”成为主流。[10]但最具讽刺意味或矛盾的是，随着第二次经济全球化的发展，主权国家的权力却在进一步扩大。因此，正如大前研一（Kenichi Ohmae，日本著名的管理学家）的著名论断所说，如果全球化指的是“无边界世界的开始”，[11]那么第一次经济全球化时期和公元600年至1850年的非洲－欧亚区域化时期也是如此，因为僵硬的边界并不是全球化的特征，所有的政治功能都可以跨越边界开展。例如，印度人常常担任许多亚洲国家的包税人。[12]

让主权国家成为当今卓越的政治形式的原因是第二次经济全球化时期的去殖民化浪潮。因为在第一次经济全球化时期，宗主国享有（帝国）主权，其下属殖民地只享有部分主权，形成了严格的等级制度。然而，非西方主动行为者的崛起成功地冲击了这一时期的帝国体系。[13]虽然在第一次经济全球化时期，主权国家出现在欧洲，而非主权国家遍布全球，受欧洲帝国统治，但在第二次经济全球化时期，去殖民化浪潮使这些被殖民的非主权国家变为主权国家。因此，我完全同意全球化学者的观点，即鉴于主权国家大量出现，1945年前后的情况截然不同。这也正是我分析这两次经济全球化之间的非连续性的重要原因。下面，我将谈谈这两次经济全球化之间的连续性。

揭示贯穿第一次、第二次经济全球化的11个跨越时空的重要因素

因为有11个跨越时空的因素像毛细血管一样把两次经济全球化联系在了一起，所以在本小节中，我将对它们进行单独分析。下面，我将按照图14.4中的顺序对它们进行讨论。

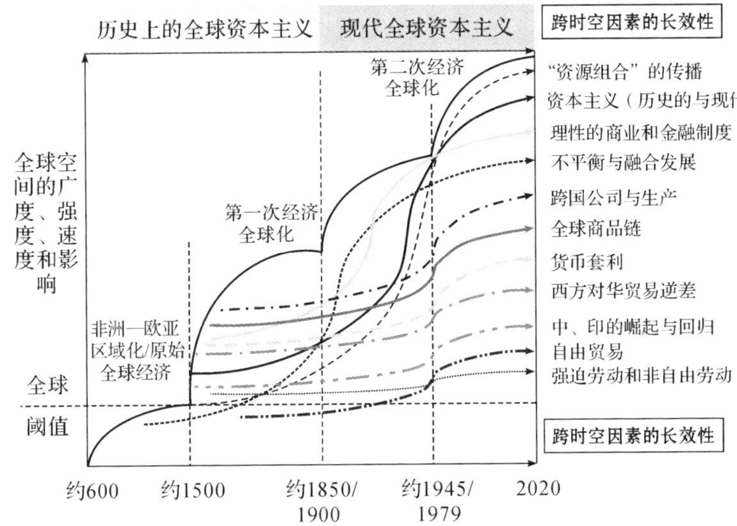

图 14.4　第一次经济全球化和第二次经济全球化之间的连续性

首先，欧洲中心主义分析认为，现代经济全球化的独有特征是"资源组合"（包括思想、制度和技术等）的显著扩散，尤其是从西方向东方传播。在第一次经济全球化时期，许多资源组合都是从非西方向西方扩散的，我在本书以及2004年的专著中曾多次详细论及这一点。此外，虽然我在本书中解释英国向资本主义工业化转型时曾试图纳入西方（后发）主动行为者这一因素，但与我在2004年著作中的观点不同，本书认为，英国工业化既非凭空产生，也非英国纯粹内生，而是在一定程度上由西方的主动行为者对非西方的资源组合进行模仿和改造的结果。在第二次经济全球化过程中，虽然资源自西向东扩散占了主导地位，但资源向全球扩散仍然是这两次经济全球化中的普遍现象。

与此相关的是，无论是左翼还是右翼的全球化学者都认为，新自由主义是当代全球经济的主流和普遍性的意识形态，[14]实际上是现代资本主义全球化的必然组成部分。虽然在第一次经济全球化时期确实不存在与此对等的普遍性的意识形态，但这并不意味着当时不存在对全球有影响力的意识形态和思想。因为没有任何一个国家被隔绝在灿烂辉煌的思想之外，像基督教、伊斯兰教和佛教那样的宗教跨越国界，重塑了世界各地的社会心态。[15]此外，科学、天文、数学、地理、哲学以及其他领域的各种思想也从伊斯兰教的中东、北非、印度和中国流向了欧洲，从而推动了欧洲文艺复兴和科学革命的发展。[16]

尽管新自由主义是第二次经济全球化时期的全球主流意识形态，但问题是，许多分析，包括欧洲中心主义和崇欧主义的分析，都将它与西方的同质化过程联系在了一起。[17]这必然会掩盖非西方的主动行为者对全球化影响的连续性。许多非欧洲中心主义学者通过考虑西方和非西方文化如何通过“异质性对话”，[18]来制造一种反映了全球“跨文化主义”的“文化融合”，进而质疑或挑战这种欧洲中心主义或崇欧主义叙事。[19]同时，也有学者正确地关注了西方文化如何在各国经受了非西方文化的过滤，与其以“驯化”“本土化”或（颠覆性的）“仿制化”的方式相结合，从而产生的不同混合结果。[20]这种情况在第一次经济全球化过程中也发生过。我在第十三章中提过一个例子，中国和印度在19世纪中期以后的棉纺织产业工业化中也将西方的生产流程“驯化”到了他们自己的生产过程中。总之，以上论述既挑战了总体性的全球“文明进程”的概念，[21]同时也指出了非西方主动行为者对全球化影响的连续性。

一个特别值得一提的例子是国际货币基金组织制定的结构性调整计划。据说西方国家制定该计划的目的是根据新自由主义西方文明标准，在文化上改造第三世界。尽管该计划毫无疑问包含着一定的合理成分，但是西方国家完全摧毁非西方文化，并按照纯粹的新自由主义路线对第三世界进行社会改造的设想，会使我们落入崇欧主义的陷阱。因为这种设想是西方企图将非西方国家及其文化禁锢在新自由主义帝国的牢笼中。更准确地说，西方企图将非西方国家和文化禁锢在新自由主义的帝国主义网络中，而非西方国家有时会以各种方式从网络的缝隙中逃出来。[22]

在本章的前两节中，我已经对第二到第四个贯穿第一次经济全球化和第二次经济全球化的重要因素进行了描述，因此我在这里将只对它们作简单介绍。贯穿第一次经济全球化和第二次经济全球化的第二个重要因素是资本主义。在大约1850年以前，全球处于历史资本主义阶段，而在此后便进入了日益增长的现代资本主义的阶段。可以明显看出，现代资本主义全球经济的发展在深度和强度上要比历史资本主义更进一步。贯穿第一次经济全球化和第二次经济全球化的第三个重要因素是理性的商业和金融制度。正如我在第八章中所阐述的，它们是历史资本主义和现代资本主义发展的第二个层次。贯穿第一次经济全球化和第二次经济全球化的第四个重要因素是全球经济发展的不平衡和融合发展，它是作为外部必然性的全球驱动力之一。正如我在上一节所解释的，虽然这些因素在第一次经济全球化和第二次经济全球化过程中表现出不同的特点，但它们并不是第二次经济全球化所独有的。我要再次引用皮姆·德·兹瓦特的话说，这意味着“在19世纪和20世纪，全球化已进入了一个新阶段，尽管它看起来具有革命性的特点，但并没有改变在此之前经济全球化就已经存在的事实”。[23]

贯穿第一次经济全球化和第二次经济全球化的第五个重要因素是跨国公司和跨国生产。现代国际政治经济学学者认为，跨国生产是在1979年后出现的一种独特的经济全球化现象，而跨国公司则是在1945年以后出现的。[24]虽然这里存在着一定的非连续性，但在第一次经济全球化时期就已经初步出现了跨国公司和跨国生产。欧洲的东印度公司就是在那时出现的，它可以被视为现代跨国公司的前身。[25]同样值得注意的是，当时所有的东印度公司都在印度采购印度棉纺织品。东印度公司采购印度棉纺织品的过程经历了四个阶段。

首先，东印度公司是对外直接投资股份公司，并以公司的全部资产承担有限责任。其次，在18世纪，为了满足国内消费者对印度进口棉纺织品的需求，英国东印度公司经常通过中间商与印度纺织品生产商签订合同，并在合同中明确具体要求。再次，英国东印度公司摆脱了印度当地的中间商，直接与生产商打交道。从1722年起，英国政府开始放松对印度棉纺织品的进口管制，允许本国商人进口印度的白坯布，并规定只要进口商再将印花后的白坯布转口到其他国家，就不算进口。然而，正如我在第六章中所述，印度的家族企业也是早期的全球化公司，它们向海外出口商品，主要经营印度棉纺织品。后来，它们还向外国生产者（主要是农业生产者）提供融资，并从中获得了可观的收益，而且它们还将这些收益汇回印度并投资于新公司。此外，这些商人们还能从印度金融商那里获得巨量融资，其融资规模不亚于欧洲最大银行向他们提供的融资（在第六章已经进行过论述）。最后，印度棉纺织品生产商从海外获得消费者需求信息，并根据这些信息为英国以及整个印度洋市场的消费者定制产品。非洲的土著中间商，比如帕塔马尔斯人和瓦尚巴齐人，将这一信息传递给居住在非洲的印度商人，后者又通过印度中间商将这些信息传递给印度生产商。此外，为了适应非洲消费者不断变化的需求，非洲当地的生产商经常会对进口的印度棉纺织品进行加工处理。虽然这与现在跨国公司的生产体系有明显不同，但却是其早期的生产形式。换言之，印度棉纺织品贸易体系构成了一条早期而广泛的全球生产链。

贯穿第一次经济全球化和第二次经济全球化的第六个重要因素是全球商品链。虽然它是第二次经济全球化后期的一个重要特征，但有迹象表明其在第一次经济全球化时期就已经存在。在第三章和第四章中，我详细讨论了全球“超级商品印度棉纺织品生产链”。到18世纪中期，印度棉纺织品已遍布全球，并形成了印度十二边形（或十二角形）棉纺织品贸易体系。除印度商人外，欧洲以及其他亚洲国家的商人也参与了印度棉纺织品贸易体系。此外，印度棉纺织品商品链并不是一条普通的商品链，因为它的独特之处在于有极高的可交换性，各贸易集团在进行商品交换时可以将其作为交换媒介。总的来说，迄今为止，世界上还没有任何其他全球大宗商品链能与之相提并论，无论是在生产规模上还是变革意义上。因为它不仅将第一次经济全球化紧密地联系在了一起，而且在推动英国向工业资本主义转变方面也发挥了至关重要的作用，而工业资本主义又是第二次经济全球化的重要组成部分。

接下来的三个贯穿第一次经济全球化和第二次经济全球化的重要因素与中国和印度有关。第七个重要因素是美国一直存在的贸易逆差。首先体现在20世纪70年代和80年代与日本的贸易逆差。尽管这种情况一直存在，但并未引起太多关注。特别是自2000年以来，美国与中国和西亚地区的贸易逆差进一步扩大。但这并不是第二次经济全球化所特有的现象，因为在第一次经济全球化时期，欧洲与印度、中国和西亚的贸易中出现过结构性赤字。第八个重要因素与第七个因素有重叠之处。这一因素涉及目前以美国国债形式流向中国、日本和西亚地区的美元流，这种情况与第一次经济全球化时期的美洲白银流向欧洲的债权国，特别是中国、印度和西亚伊斯兰教国家的情况类似。令人感到辛酸的是，当时美洲白银是以不同的币制形式在殖民地流通的，如西班牙的里克斯元、葡萄牙的皮阿斯特元和帕卡塔斯元。虽然货币投机或货币套利交易是第二次经济全球化的显著特征，但正如我在第三章中所阐述的，第一次经济全球化时期也存在套利现象。当时，金银的流动是全球性的，尤其是白银从拉丁美洲被开采，并流向欧洲、中国、西亚、东南亚、非洲和印度，然后一些黄金流向了欧洲或印度，从而形成了一个十六边形全球大西洋贸易体系。虽然白银和黄金的流动对第一次经济全球化至关重要，但无论是在流通广度还是强度上其都无法与现在相比。

贯穿第一次经济全球化和第二次经济全球化的第九个重要因素，指的是中国对全球经济发展的重要性。然而，需要注意的是，我们今天所看到的，与国际关系学和国际政治经济学的学者普遍认为的情况不同。实际上，中国并不是自1978年以后才重新崛起的，而只是重新返回到了第二次经济全球化的中心。[26]同样，我们也目睹了印度和日本的回归。因为在第一次经济全球化过程中，印度扮演了重要的角色，而日本则在大约1530年后开始变得对世界越来越重要。然而，欧洲中心主义者却掩盖了这一点。他们把欧洲的资本主义作为评判现代中国、印度和日本发展的标准。但他们忽略了一个基本事实，那就是中国、印度和日本是早发国家，而英国和欧洲大陆国家是后发国家。[27]此外，正如前面提到的，由于英国在第一次经济全球化过程中不仅从中国，而且还从西亚和印度借鉴了许多先进的思想、技术和制度，因此我们可以把中国或其他亚洲国家作为标准来作出英国是后发国家的判断。然而，在现实中，无论是以中国中心主义还是以亚洲中心主义的标准来取代欧洲中心主义的标准，都是不可行的。因为这样做并不比用欧洲中心主义的标准来衡量中国、日本和印度更加合理。

因此，我们要探讨“中国究竟是正在崛起还是回归”这个问题，这非常重要。那种中国自1978年以来正在“崛起”的观点属于欧洲中心主义的思维范畴。因为在欧洲中心主义看来，中国之所以有今天的成就，是简单模仿或向西方资本主义国家学习的结果，这让人不禁想起了马克思的名言，即“工业发达的（欧洲）国家只会向（非西方）欠发达国家展示它未来的形象”。[28]用马丁·雅克（Martin Jacques）的话来说，“欧洲中心主义思维认为，全球正趋向于西方化”。[29]

欧洲中心主义将中国描绘成一个“后发国家”，而对其早期的发展成就视而不见。在欧洲中心主义者看来，后发国家只是简单地复制了西方资本主义的发展进程，因此，谈论推动中国的主动行为者毫无意义。然而，现实情况是，中国的现代化发展道路蜿蜒曲折，并非简单地仿效西方。在经济繁荣的宋代（公元960年后），中国已经开始走向漫长的历史资本主义道路。在明末清初，中国成为第一次经济全球化的中心（即“走向全球1.0”）；后来在毛泽东的领导下，中国走上了社会主义发展道路，但受制于当时的国际环境，中国的开放程度并不高。然而，自从1978年以来，在邓小平的带领下，中国走上了更加开放的现代化道路，这使中国重新回到了第二次经济全球化舞台的中心（“走向全球2.0”）。因此，中国今天居于全球经济中心附近的位置，是连接第一次经济全球化和第二次经济全球化的关键因素。为了证实我的主张，有三点需要说明。

首先，欧洲中心主义者认为中国在2001年加入世界贸易组织标志着中国从毛泽东时代的高度贸易保护主义转向了更加开放的贸易自由化，这被视为中国效仿西方贸易的典型案例。但是，如果我们从非欧洲中心主义的全球历史社会学角度来看待中国的发展，可以发现中国在1661年至1683年只是短暂地实行了闭关锁国政策，而在1684年以后则走向了更加自由的贸易化（见第二章）。张仕之认为，中国的“有管理的（经济）自由主义”是中国经济发展在2001年后和1684年后的常态。[30]

其次，在中国的经济发展过程中，虽然存在着各种现代西方资本主义成分，但如果认为中国仅仅是在模仿或照搬西方的经济模式，就忽视了现代资本主义生产关系在1850年以前就存在于中国的瓷器、冶铁、制茶、棉花和丝织品等行业的事实。同样重要的是，中国目前与非洲和拉丁美洲的贷款项目都具有中国文化特色。那些不承认这一事实的学者通常都会接受西方新自由主义和华盛顿共识是第二次经济全球化时期的主流社会意识形态的观念。即使有人不承认“北京共识”的重要性，[31]但事实是，中国在其贷款项目中既没有附加任何经济条件，也没有将其作为向全世界传播中华文明的工具。[32]即使有某些附加条件，也是纯政治性的，具体而言，是要求借款国承认南沙群岛和台湾是中国领土的一部分。[33]这也是为什么非洲各国，尤其是拉丁美洲左翼政府如此热衷于与中国政府签订借贷项目，以作为西方金融及其新自由主义结构调整方案的最佳替代方案的原因。[34]因此，中国的贷款计划与西方资本主义的贷款计划并不相同。由此可见，有中国特色的经济全球化时代正在到来。[35]

最后，需要注意的是，随着中国和印度的回归，我们正在走向1500年以后的多元全球经济秩序，而这个秩序在1850年至约2008年间经历了一个相对短暂但足以改变世界历史的西方主导时期。这种现象在国际关系学学者提出的各种术语中都有所体现，比如向“多元世界”转变、[36]从“中心化全球主义”到“去中心化全球主义”[37]和“嵌入式多元主义”。[38]还有一个非常重要的术语是，“后西方世界经济多极化的兴起”。[39]但是，正如林莉莉在她的开创性的后殖民主义著作中不断提醒我们的那样，尽管整个世界被西方人想象中的以欧洲为中心的“威斯特伐利亚秩序”（即欧洲所谓的“自由秩序”）的喧嚣所淹没，但“多元世界”一直都存在。[40]总之，我想引用威廉·麦克尼尔在他的经典著作《西方的崛起》中的一段话来结束本话题的讨论，

> 中国（日本和印度）回归的提速并不是因为亚洲或非洲人民摆脱了欧洲的殖民统治，或者采用了西方先进的技术、思想和观点，而是因为它们根据自身的特点开辟了一条独特的发展道路。[41]

然而，矛盾的是，这让我们想起了彼得·卡岑斯坦（Peter Katzenstein，美国康奈尔大学国际关系学学者）提出的重要观点，即我们所看到的，并不是17世纪的中国的“回归”。历史的发展仿佛具有线性或者周期性的特点，但中国是在复杂多变的、西方主导了全球文明的背景下，进行了新旧的“重新组合”。[42]

贯穿第一次经济全球化和第二次经济全球化的第十个重要因素，是第九个因素的自然延伸，它揭示了欧洲中心主义全球化学者容易产生的另一种重大幻觉，即自由贸易。一般认为，在1648年至1945年这段所谓的国际化时期，重商主义与保护主义并存，而在1979年以后，全球经济日益趋向自由贸易化。但是，正如我在第七章中所详细阐述的，1945年以前，自由贸易在全球经济中占主导的观点只是欧洲中心主义者的幻觉。因为从1500年到大约1945年，西方国家普遍采取了中、高度的贸易保护主义，而非西方国家虽然也颁布了各种非关税贸易法规，但总体而言，它们采取的是更加自由的贸易政策。因此，当西方在20世纪70年代和80年代采取了更加自由的贸易政策时，我们可以说它正在“追赶”非西方国家在数百年前

的第一次经济全球化时期制定的自由贸易规范。从这个角度来看，桑卡兰·克里希纳（Sankaran Krishna，美国夏威夷大学政治学教授）的后殖民马克思主义（崇欧主义者）观点即“（西方）对弱小的国家和人民的政治强制和军事胁迫，总是凌驾于所谓的自由贸易之上”，[43]掩盖了自由贸易并非西方人创造的这一事实。

具有讽刺意味的是，英国人在自由贸易上竟然采用了双重标准。在1846年（颁布了《谷物法》）以后，一直采取高度保护主义的英国才慢慢赶上了非西方国家，但它却虚伪地宣称自己已经实行了“贸易自由化”，就像美国人在一个世纪以后所做的那样。所有这些都表明，在西方贸易保护主义盛行时，更加自由的贸易把第一、第二次经济全球化联系在了一起。

最后，让我们来谈谈贯穿第一次经济全球化和第二次经济全球化的第十一个重要因素，即强迫劳动和非自由劳动的连续性。同时，这也与欧洲中心主义者产生的重大幻觉有关。正如我在第八章中所阐述的，正统马克思主义，尤其是政治马克思主义，与斯密的自由贸易理论的假设前提一样，都是用自由雇佣劳动来定义现代资本主义的，因此，随着时空的推移，强迫劳动和非自由的劳动这种生产方式必然会消亡。[44]但是，正如许多权威人士，特别是尼古拉·菲利普斯、热纳维芙·勒巴伦和塞巴斯蒂安·里奥所指出的，随着新自由资本主义在全球的深化，过去的40年中强迫劳动现象反而有所增加了。[45]

在西方白人看来，黑人不仅应该为摆脱奴隶制而庆幸（因为在悠久的大西洋奴隶贸易中，在种植园或矿山里工作的黑奴的平均寿命只有7年），而且还应该感谢伟大的西方人道主义者，如亚伯拉罕·林肯和威廉·威尔伯福斯（William Wilberforce，1780—1825年担任英国国会议员）等仁慈地结束了这场惨绝人寰的人间悲剧。然而，不幸的是，他们不仅忽略了非西方契约劳工在1833年以后逐渐增多的事实，还忽视了即使在1865年以后，美国监狱仍然秘密地在向南方各州的棉花种植园输送黑人奴隶的情况，而且在那里工作的黑人囚犯的平均寿命也只有7年。[46]为了避免有人说这种不幸是旧奴隶制的后遗症，我们搜集了一些截至今日美国仍然存在奴隶制的证据，特别是在1995年，美国南部诸州的种植园主或企业主依然强迫监狱里的犯罪团伙戴着镣铐为他们劳动的证据。[47]这种情况与全球普遍存在的强迫劳动都是新自由主义者所倡导的自由竞争的结果。值得注意的是，随之而产生的欧洲中心主义话语，使我们想起了在第一次经济全球化过程中的科学种族主义的黑人劣等论。[48]

结论

经过长达十四章的论述，本书终于接近了尾声。正像阿查里亚和布赞所提倡的建立“全球国际关系”一样，[49]本书也呼吁建立全球政治经济新秩序。正如我在第一章中指出的，现行国际政治经济学和全球政治经济学的主流观点已经陷入了欧洲中心主义的泥潭，他们以狭隘的西方价值观来看待经济全球化。他们对南北关系的批判性分析就是一个很好的例证。他们认为一个有着超级主动行为能力的无所不能的北方（发达）中心国家正在支配着没有超级主动行为能力和被动的南方边缘国家。当然，我们并不否认自19世纪末以来北方逐渐占据优势的事实。然而，新全球政治经济学面临的挑战是揭示南方的主动行为者在全球化过程中的作用。如此，那些批评我关注非西方主动行为者的人认为，非西方主动行为者的出现反映的是自由自愿主义或自由多元主义的观点是错误的。

本书超越了简单的“主动行为即权力”这种思维方式，拓宽了学者们的研究视野（尚未深入研究发展中国家的主动行为者），包括研究发达国家机构与发展中国家机构之间的相互联系方式，以及这些方式在南北关系以及第二次经济全球化中的塑造作用。虽然中国、印度等经济大国在经济全球化过程中发挥了重要作用，但正如本书所阐述的，我们还需要从微观层面深入地研究发展中国家的主动行为者的日常。[50]此外，我们还需要更深入地研究发展中国家主动行为者之间的联系，而不能仅仅认为只有南北关系才是唯一重要的。

本书通过研究西方和非西方的主动行为者在经济全球化形成过程中的历史表现，进行了上述分析。我认为，按照本书中的研究思路，对在20世纪和21世纪初的经济全球化过程中发挥作用的东西方主动行为者继续进行研究是未来的研究课题。[51]

注释

[1] Ashman (2010: 184, 194), and see Davidson (2009: 18).

[2] 例如，Rosenberg (2006, 2008)。

[3] Ashman (2010) and Davidson (2009).

[4] Allinson and Anievas (2010).

[5] Anievas and Niancioğlu (2015).

[6] Grinin and Korotayev (2015: 67).

[7] See also Riello (2013) and Frank (1998).

[8] Grinin and Korotayev (2015).

[9] 见Lauren (1996) and Helleiner (2014)。

[10] 例如，Burton (1972), Camilleri and Falk (1993) and Strange (1996)。

[11] Ohmae (1990).

[12] Pomeranz and Topik (2006: 32–5).

[13] Crawford (2002), Hobson and Sharman (2005), Bowden (2009), Phillips and Sharman (2015), Reus-Smit (2013), Acharya (2018: ch. 3), Gopal (2019) and Mathieu (2020).

[14] Harvey (1991), Friedman (1999, 2005) and Wolf (2005).

[15] For a particularly sophisticated discussion, see Bayly (2002).

[16] Goonatilake (1998), Hobson (2004: ch. 8), Goody (2004), Bala (2006), Ghazanfar (2006), Raju (2007), Al-Rodhan (2012) and Al-Hassani (2015).

[17] 例如，Harvey (1991) and Krishna (2009)。

[18] Appadurai (1996).

[19] 分别参见Pieterse (2020) and Kraidy (2005)。

[20] 分别参见 Prestholdt (2008), Acharya (2018) and Bhabha (1994)。

[21] Linklater (2020: ch. 5).

[22] Broom (2010) and Seabrook (2010).

[23] de Zwart (2016: 197).

[24] Gereffi等，(2005)。

[25] Held等，(1999: 238–9) and Robins (2012)。

[26] 也见Jones等，(1993) and Zhang (2020)。

[27] Hobson (2004: chs. 3–4, 9, 11).

[28] Marx (1867/1954: 19).

[29] Jacques (2012: 564).

[30] Zhang (2020).

[31] Ramo (2004).

[32] Jacques (2012: ch. 10).

[33] O'Keefe (2018: 138–9).

[34] Ramo (2004), Jacques (2012) and O'Keefe (2018: ch. 6).

[35] Jacques (2012: 596–608).

[36] Acharya (2018).

[37] Buzan and Lawson (2015).

[38] Acharya and Buzan (2019).

[39] Stuenkel (2016).

[40] Ling (2014);也见Agathangelou and Ling (2009)。

[41] McNeill (1965: 878–9).

[42] Katzenstein (2012a, 2012b);也见 Jacques (2012: ch. 12)。

[43] Krishna (2009: 4).

[44] Rioux等，(2019)。

[45] Phillips等，(2014), LeBaron and Ayers (2013), Rioux (2013) and Rioux等，(2019)。

[46] LeBaron (2012).

[47] 同上，（243–4）。

[48]　也见Alexander (2012)。

[49]　Acharya and Buzan (2019).

[50]　Hobson and Seabrooke (2007).

[51]　但见Stuenkel (2016).

附录1　对印度棉纺织品17、18世纪贸易规模的估算

在本附录中，我将详细说明我在第五章讨论的17、18世纪印度棉纺织品的贸易背景、贸易规模的数据来源以及计算方法。由于缺乏足够的档案数据，在计算印度商人进行的海陆棉纺织品贸易规模时会感到非常困难，因此我不得不借助于演绎推理的方法进行计算。本附录的重点是计算印度棉纺织品的陆路贸易规模。在计算印度棉纺织品的贸易规模时，我用了两种方法：第一种方法是计算陆路托运货物所需骆驼数量；第二种方法是估算对外贸易规模占印度棉纺织品总产量的百分比。

在计算印度人的陆路棉纺织品贸易规模时，我们首先遇到的问题是数据不足，无论第一手文献还是第二手文献，都存在这个问题。即使能够找到一些数据，往往也都是单一年份的贸易规模数据。例如，1639年的荷兰人贸易报告报道说，在印度至波斯陆路商路上每年约有2万～2.5万头骆驼。[1]又如在17世纪60年代，在印度至波斯伊斯法罕商路上每年有2.5万～3万头骆驼。[2]值得注意的是，斯科特·列维计算出了后一条商路上骆驼数量的年度均值：

> 根据17世纪欧洲人的记载，在从坎大哈到伊斯法罕的陆路商路上，每年约有2.5万～3万头骆驼用于运送印度商品。如果以每头骆驼

平均运400多磅货物来计算，印度商人每年向伊朗市场供应的棉纺织品超过了5000吨。[3]

根据这些数据，他估算印度商人平均每年从印度运往伊斯法罕的布料为7200万码。[4]然而，如果我们假设在这条漫长的商路上每头骆驼托运的货物为450或500磅，[5]那么他估算的数据可能相对保守了。当然，这是在假设17世纪平均每年运送货物的骆驼的数量为2.5万～3万头的基础上估算的。

不过，在这个问题上，我赞成辛纳帕·阿拉萨拉特南的观点，即我们不能赋予偶然的发现以长期意义，除非经过相当长的时间验证。[6]根据现有的资料中，我们可以明显看出运往波斯（主要到其首都伊斯法罕）的骆驼的数量每年都有很大的变化，并且不同的观察者得出的数据也有所不同。

据某些观察者估计，在1634年，有800头骆驼（载重210万码棉布）被用于驮运印度棉布，[7]在1615年，骆驼的数量为3000头（载重约800万码），这是最低估值；也有观察者认为，由于战争爆发中断了海上航线，陆路商线的运输量可能会有所增加。据估计，在1634年，有1.2万～1.4万头骆驼（载重约3400万码）驮运货物。[8]而在1610年，大约有7000～8000头（载重为2000万码）。[9]此后，每年从印度到喀布尔商线上运送货物的骆驼约有1万～2万头。[10]到1615年，骆驼的数量增至每年2万头（载重为5900万码）。[11]正如我在前文提到的，到17世纪60年代，平均每年约有2.5万～3万头骆驼运送货物（载重6500万～7900万码，年均达7200万码）。

虽然以上估算非常粗略，印度棉纺织品的年均贸易量（200万～7200万码）差距极大，但由于商队路线是从印度到波斯，路途遥远，所以我们应该把途经阿富汗、中亚以及俄罗斯这些繁荣陆路市场的棉纺织品销售量考虑在内。根据当代的一项估计，到1813年为止，从中亚布哈拉到俄罗斯驮运印度棉纺织品的骆驼数量为4000～5000头（或载重约1100万～1300万码）。[12]因为印度木尔坦与俄罗斯之间的棉纺织品贸易早在1813年以前就达到了巅峰，这一点很重要，如果将这一数字考虑在内，印度棉纺织品的贸易总量大约在1400万～8400万码之间。虽然我们几乎可以肯定运往中亚的棉纺织品数量比销往俄罗斯的要多，但我认为在中亚的印度棉纺织品销量为1200万码。如果再加上这一数量，印度棉纺织品的年均贸易量将达到2600万～9600万码。

那么，海上贸易规模又如何？虽然有很多学者认为，海上贸易规模可能大于陆路贸易规模，[13]但也有学者认为，二者的贸易规模大致相当。[14]因此，如果印度棉纺织品的海上贸易规模与陆路贸易规模相当，那么印度人以及其他亚洲人（包括西亚穆斯林和亚美尼亚人）贩卖的印度棉纺织品总量就将达到年均5200万至1.92亿码。

假如1.92亿码是印度棉纺织品贸易规模的最高估值，5200万码是最低估值，我们可以取其中间值作合理估值，得出印度年均出口1.24亿码棉纺织品。不过，为了谨慎起见，我仍然假定印度棉纺织品年均出口总值为1亿码。但这一数据有多大的可信度呢？

一些学者认为，印度棉纺织品的出口量占其生产总量的4%～12%，其中间值为8%。然而，遗憾的是，目前没有足够的数据来证实这一点。[15]当然，全球消费者都非常喜欢印度棉纺织品，这是事实。由于印度棉纺织品在1500年以后成为全球最重要的贸易商品，并且全球大部分的人都穿印度棉纺织品，[16]因此，在印度棉纺织品的生产总量中，只有8%的棉纺织品被出口至世界各地，这一数据并不算太高。因为要让全球如此多的人都穿上印度棉布服装，印度出口的棉布数量不可能低于1亿码。如果一件棉布衬衫的重量约为1/4磅，与1码棉布的重量大致相同，那么1亿码棉布就能制作约1亿件衬衫。有趣的是，据说早在1602年，东南亚的人均印度棉布消费量为一平方米。[17]考虑到1700年全球约有6.5亿人，这意味着全球15%的人口都能穿上印度棉布服装。

如果印度棉纺织品的出口量占其生产总量的约8%，那么按照每年出口1亿码棉布计算，印度棉纺织品的生产总产量应为13亿码左右，这可信吗？根据布劳德伯利（Stephen Broadberry，牛津大学经济史学教授）和古普塔的估计，17世纪上半期印度每年约生产12亿码棉布供国内消费。如果再加上出口的1亿码，则印度棉纺织品的总生产量正好为13亿码棉布。这样，生产总量的8%约等于1亿码，这一结果与我的推测一致。他们进一步估计了印度棉纺织品的生产规模：1700年为14亿码，1751年为16亿码，1801年为17亿码。[18]虽然这些数字听起来令人难以置信，但值得注意的是，1751年印度16亿码的生产量只相当于中国当年棉纺织品生产总量的四分之一。[19]因此，在国内棉纺织品消费总量的基础上再加上供出口的8%，可以得出印度棉纺织品的出口量：1650年为9600万码、1700年为1.12亿码、1750年为1.28亿码和1801年为1.36亿码。

为了估算印度棉纺织品在亚洲的贸易规模，我将从生产总量中减去出口到欧洲的那部分，得出如下数据：8900万码（1600—1650年年均）、9700万码（1700年）、1.01亿码（1750年）和9300万码（1800年）。有趣的是，帕塔萨拉蒂认为，蒂尔森卡·罗伊提供的印度棉纺织品在1800年出口量仅为5000万码的数据，是“非常有问题的，很可能是完全错误的”。[20]那么，印度棉纺织品在欧洲的销售量估计是多少呢？

根据我的推算，印度出口到英国的棉纺织品数量分别为300万码（1600—1750年年均）、600万码（1690—1710年年均）、1100万码（1745—1755年年均）和2400万码（1795—1805年年均）。我的计算方法如下：首先，我通过查阅乔杜里、里埃洛和鲍恩的文献，获取了东印度公司进口印度棉纺织品的数据；[21]接着，根据沃兹沃斯和德·拉西·曼提供的1773—1780年英国向其他国家出口的印度棉纺织品的数据，我推算出了印度棉纺织品的年均转口量；[22]然后，我推算出英国参与亚洲国家内部贸易的贸易额是英国进口贸易额的二分之一，因为即使在18世纪90年代，英国东印度公司的贸易额也只相当于其进口印度棉纺织品额的一半。[23]此外，需要注意的是，当时与亚洲国家进行贸易最多的是荷兰东印度公司，而不是英国东印度公司。[24]

根据我的计算，欧洲从印度进口棉纺织品的年均贸易量分别为700万码（1600—1650年）、1500万码（1690—1710年）、2700万码（1745—1755年）和4300万码（1795—1805年）。我使用了以下方法进行估算：首先，我从里埃洛的文献中获取了欧洲公司从印度进口的棉纺织品数据；[25]然后，将这些公司的棉纺织品转口贸易量加入计算。据我估计，欧洲公司的棉纺织品转口贸易量是英国棉纺织品转口贸易量的两倍。最后，得出亚洲国家间的棉纺织品贸易额与欧洲棉纺织品进口贸易额相同的结论。需要注意的是，由于荷兰东印度公司是印度棉纺织品的主要经营者，以上结论可能有些夸张（荷兰东印度公司在亚洲的印度棉纺织品贸易量约比其1712年从印度进口到欧洲的棉纺织品贸易量低约四分之一）。[26]

注释

[1] 例如，Van Santen (1991: 90)。

[2] 例如，Riello (2009b: 326, 2013: 23, 75)。

[3] Levi (2016: 98).

[4] 计算如下：27500头骆驼乘以400等于1100万磅，1100万磅除以2200等于5000吨，5000吨乘以14400等于7200万码（因为每吨为14400码布）。

[5] 分别参见Steensgaard (2007: 68)和Dale (1994: 48)。

[6] Arasaratnam (1987: 95).

[7] 奇怪的是，史汀斯高引用了一个210万码棉布的数字，但是，大约5500头骆驼才能驮运这一重量，他竟写成了800头骆驼。

[8] Steele (1615/1824).

[9] Coverte (1612).

[10] Bābar cited in Levi (2016: 97–8, 145)

[11] Roe (1926: 446).

[12] Ullah (1843: 332).

[13]　Dale (1994: 46), Alam (1994: 213) and Steensgaard (2007: 69–71).

[14]　Barendse (2002: 245).

[15]　弗里斯（2013:276）认为，在1800年，印度棉纺织品的出口量占生产总量的4%～12%。杰弗瑞·威廉姆森（2011:76）声称，在1800年，“印度棉纺织品出口在国内棉纺织品市场中所占的比例大幅下降至6%～7%，比上半个世纪下降了20个百分点”。

[16]　Washbrook (2007: 90).

[17]　Reid (2009: 36–7).

[18]　Broadberry and Gupta (2009: 21).

[19]　Pomeranz (2000: 334).

[20]　见Parthasarathi (2005: 10–11)。

[21]　Chaudhuri (2006: 540–5), Bowen (2007) and Riello (2009a: 265).

[22]　Wadsworth and de Lacy Mann (1931: 162).

[23]　Riello (2009b: 324).

[24]　Chaudhuri (2006: 208–13) and Riello (2009b, 2013: 93–5).

[25]　Riello (2009a: 265).

[26]　Riello (2013: 95).

附录2　所有可能为英国工业投资提供资金的与大西洋殖民相关的活动所产生的收入规模的估算

为支持我在第九章中提出的与大西洋殖民相关的利润对英国工业化影响方面的数据，我将在本附录中解释其产生的背景和计算方法。

奴隶活动对英国工业投资的贡献

马克思主义历史学家罗宾·布莱克本整理了一些三角奴隶贸易对1770年英国工业化作出重要贡献的有用数据，[1]其中也包括了被安斯蒂低估的11.5万英镑的奴隶贸易利润。[2]

对奴隶贸易而言，1770年是一个非同寻常的年份。[3]根据谢里丹和沃德的估计，所有大西洋殖民地的奴隶生产以及相关贸易活动（包括佣金、经纪和保险收入）总计产生了430万英镑的利润。而托马斯则估计这一数据为280万英镑。[4]为了避免他人对我所假设的数据产生偏见，我采取了两者的中间值，即总利润为360万英镑。那么，关键问题是，这些利润对英国经济的发展会产生多大的影响。

布莱克本认为，由于这些利润属于那些既喜欢储蓄又有投资倾向的大种植园主，因此他们会将其利润的30%至50%投资于英国的经济。基于这一观点，他还指出，再投资的利润占英国国内经济建设资金的21%至55%，而这些利润都以“固定资本形成总额”的形式存在。[5]

然而，为了避免他人反对我的观点，我将这些种植园主的储蓄率设定得很低，仅占其利润总额的20%（相当于1770年英国平均储蓄率的两倍）。[6]这是因为英国的大种植园主在海外过着极度奢侈的生活，不可能把所有的利润都汇回国内。因此。根据我的计算，这些大种植园主会将70万英镑（即360万英镑的19%）投资于英国国内。根据费恩斯坦提供的数据，1770年英国固定资本形成总额为400万英镑。[7]这意味着，种植园主会将他们从奴隶生产中获得利润的18%投资（固定资本形成总额）于英国的经济建设。令人意外的是，这一数据与帕特里克·奥布莱恩提供的数据大致相符。[8]奥布莱恩的数据源自他那篇著名的论文，他指出，欧洲与外围国家进行的殖民贸易对欧洲总收入的贡献率仅为1%或2%，因此无法用来解释欧洲工业化兴起的原因。[9]

在第九章中，我进行的第二项计算是殖民地利润被投资于英国钢铁和棉纺织行业的百分比。在18世纪的最后几十年，英国每年对棉花和钢铁行业的固定资本投资额（包括机器和建筑）约为40万英镑，而钢铁和棉纺织品出口所依赖的运河、码头和港口所创造的利润是主要的资本来源之一，在1755年至1815年间，该项投资平均每年为28万英镑。[10]如果把所有的投资加起来，英国关键行业的固定资本投资额年均达到了110万英镑。

“帝国—军事债务乘数”对英国投资贡献的估算

要量化帝国—军事债务乘数，需要进行四项计算。首先，我注意到英国在1770年支付了约480万英镑的战争债券利息。由于20%的利息被支付给了荷兰债权人，因此最终支付给英国债权人的利息约为380万英镑。需要注意的是，我没有将从印度汇出的那部分用以偿还荷兰债权人的资金计入其中。[11]根据我之前的假设，在1770年，富裕投资者的储蓄率约为20%，这意味着约有80万英镑可用于再投资于英国经济，占固定资本形成总额的19%。

关于我在第九章提到的英国“强制储蓄”政策的计算结果又如何呢？在英国政府于1770年向伦敦金融中心支付的380万英镑的借贷利息中，约60%是向低收入阶层征收的累退税。这意味着约有230万英镑的利息被重新分配给富有的投资者阶层，约占国民收入的2.5%。此外，如果把工人阶级和中产阶级的累退税考虑在内，则向种植园主、金融贵族、士绅、大商人和制造商再分配的那部分利息，即60%这一比例可以增到70%左右，[12]这意味着约有270万英镑的国债利息可用以再分配，约占国民收入的2.9%。

最后，我在第九章的结论中指出，在英国国内的固定资本投资中，可能占英国国民收入4.5%～5.0%的资金都与殖民活动有关。具体而言，这些资金来自以下三个方面：首先，在1760年至1820年期间，约有2%的英国国民收入从帝国–军事债务乘数积累的资金中重新回流到投资中。其次，我注意到了伊尼科里的观点，他认为银行提供的信贷和保险服务带来的业务收入甚至比伦敦金融中心为英国提供的军费贷款更高。因此，大约有占国民收入的2%的资本（流动资本而非固定资本）流入英国国内经济中。这两项投资的总和相当于国民收入的4%。第三，在大西洋殖民地的利润和贸易收入中，可能有0.5%～1%的资金被重新投入英国经济建设之中。

注释

[1] Blackburn (2010: ch. 12).

[2] Anstey (1975).

[3] Blackburn (2010: 538).

[4] Ward (1978: 209), Sheridan (1969: 21) and Thomas (1968). 完整计算载于

Blackburn (2010: 531–42,特见541页)。

[5]　Blackburn (2010: 542).

[6]　Crafts (1987: 248).

[7]　Feinstein (1978: 40–1). Blackburn (2010: 540)也使用该数据。

[8]　O’Brien (1982: 5, 7).

[9]　同上，(1–18) and Bairoch (1993: chs. 6–7)。

[10]　根据Deane and Cole (1969: 262)的计算。

[11]　见Esteban (2001)。事实上，正如他所言，“如果没有自1757年以来印度转移过来的累积信贷，英国在法国战争期间陆战所需要的资金可能会受到影响”(Esteban 2001: 58)。

[12]　Blackburn (2010: 564).

参考文献

Abu-Lughod, Janet L. (1989) Before European Hegemony, Oxford: Oxford University Press.

Acemoglu, Daron, Simon Johnson, and James Robinson (2005) 'The Rise of Europe: Atlantic Trade, Institutional Change, and Economic Growth', American Economic Review 95(3): 546–79.

Acharya, Amitav (2018) Constructing Global Order, Cambridge: Cambridge University Press.

Acharya, Amitav, and Barry Buzan (2019) The Making of Global International Relations, Cambridge: Cambridge University Press.

Adelman, Jeremy (2017) 'What Is Global History Now?', Aeon. Posted at: https://aeon.co/essays/is-global-history-still-possible-or-has-it-had-its-moment

Adelman, Jeremy (2019) Empire and the Social Sciences, London: Bloomsbury.

Adenaike, Carolyn Keyes (2016) 'West African textiles, 1500–1800', in Maureen Fennell Mazzaoui (ed.), Textiles: Production, Trade and Demand, Aldershot: Varorium, 250–62.

Agathangelou, Anna, and L. H. M. Ling (2009) Transforming World Politics, London: Routledge.

Alam, Muzafar (1994) 'Trade, State Policy and Regional Change: Aspethe Chinese tribute system of Mughal-Uzbek Commercial Relations, c.1550–1750', Journal of the Economic and Social History of the Orient 37(3): 200–27.

Al-Djazairi, S. E. (2017) The Myth of Islamic Barbarism and Its Aims, Bursa: MSBN Books.

Alejandro, Audrey (2019) Western Dominance in International Relations?, London: Routledge.

Alexander, Michelle (2012) The New Jim Crow, New York: The New Press.

Al-Hassani, Salim (2015) 1001 Inventions, Washington, DC: National Geographic.

Allen, Robert C. (2009) The British Industrial Revolution in Global Perspective, Cambridge: Cambridge University Press.

Allen, Richard B. (2010) 'Satisfying the "Want for Labouring People": European Slave Trading in the Indian Ocean, 1500–1850', Journal of World History 21(1): 45–73.

Allinson, Jamie, and Alexander Anievas (2010) 'Approaching "the international": Beyond Political Marxism', in Anievas (ed.), 197–214.

Al-Rodhan, Nayef R. F. (2012) The Role of the Arab-Islamic World in the Rise of the West, Houndmills: Palgrave.

Amin, Samir (1989) Eurocentrism, London: Zed.

Anderson, Perry (1974) Lineages of the Absolutist State, London: Verso.

Anievas, Alexander (ed.) (2010) Marxism and World Politics, London: Routledge.

Anievas, Alexander, and Kerem Nişancioğlu (2015) How the West Came to Rule, London: Pluto.

Anievas, Alexander, Nivi Manchanda, and Robbie Shilliam (eds.) (2015) Race and Racism in International Relations, London: Routledge.

Anstey, Roger (1975) 'The volume and profitability of the British slave trade, 1761–1807', in Engerman and Genovese (eds.), 3–31.

Appadurai, Arjun (1996) Modernity at Large, Minneapolis: University of Minnesota Press.

Arasaratnam, Sinnappah (1987) 'India and the Indian Ocean in the seventeenth century', in Das Gupta and Pearson (eds.), India and the Indian Ocean 1500–1800, Oxford: Oxford University Press, 94–130.

Arrighi, Giovanni (1994) The Long Twentieth Century, London: Verso.

Arrighi, Giovanni (2007) Adam Smith in Beijing, New York: Verso.

Arrighi, Giovanni, Takeshi Hamashita, and Mark Selden (eds.) (2003) The Resurgence of East Asia, London: Routledge.

Arrighi, Giovanni, Po-keung Hui, Ho-fung Hung, and Mark Selden (2003) 'Historical capitalism, east and west', in Arrighi, Hamashita, and Selden (eds.), 259–333.

Ashman, Sam (2010) 'Capitalism, uneven and combined development and the transhistoric', in Anievas (ed.), 183–96.

Ashworth, William J. (2017) The Industrial Revolution, London: Bloomsbury.

Aslanian, Debouh David (2011) From the Indian Ocean to the Mediterranean, Berkeley: University of California Press.

Atwell, William S. (1982) 'International Bullion Flows and the Chinese Economy', Past & Present 95: 68–90.

Austen, Ralph A. (1979) 'The trans-Saharan slave trade: A tentative census', in H. A. Gemery and J. S. Hogendorn (eds.), The Uncommon Market, New York: Academic Press, 23–76.

Baber, Zaheer (1996) The Science of Empire, Albany: State University of New York Press.

Baer, Gabriel (1967) 'Slavery in Nineteenth Century Egypt', Journal of African History 8(3): 417–41.

Baines, Edward (1835/1966) History of the Cotton Manufacture in Great Britain, London: Fisher, Fisher and Jackson.

Bairoch, Paul A. (1982) 'International Industrialization Levels from 1750 to 1980', Journal of European Economic History 11(2): 269–333.

Bairoch, Paul A. (1993) Economics and World History, Chicago: University of Chicago Press.

Bala, Arun (2006) The Dialogue of Civilizations in the Birth of Modern Science, Houndmills: Palgrave Macmillan.

Balachandran, G., and Sanjay Subrahmanyam (2005) 'On the history of globalization and India: Concepts, measures and debates', in Jackie Assayag and Chris

Fuller (eds.), Globalizing India, London: Anthem, 17–46.

Banaji, Jairus (2010) Theory as History, Delhi: Aakar Books.

Banaji, Jairus (2018) 'Globalising the History of Capital: Ways Forward', Historical Materialism 26(3): 143–66.

Baptist, Edward (2016) The Half Has Never Been Told, New York: Basic Books.

Barendse, René J. (2002) The Arabian Seas, Armonk: M. E. Sharpe.

Barendse, René J. (2009) Arabian Seas 1700–1763, Leiden: Brill.

Bartlett, Beatrice (1991) Monarchs and Ministers, Berkeley: University of California Press.

Barua, Pradeep P. (2011) 'Maritime Trade, Seapower and the Anglo-Mysore Wars, 1767–1799', The Historian 73(1): 22–40.

Bayly, Christopher (2002) '"Archaic" and "modern" globalization in the Eurasian and African Arena, c.1750–1850', in Hopkins (ed.), 47–73.

Beaujard, Philippe (2019) The Worlds of the Indian Ocean, Vol. II, Cambridge: Cambridge University Press.

Beckert, Sven (2015) Empire of Cotton, London: Penguin.

Beckett, J. V., and Michael Turner (1990) 'Taxation and Economic Growth in Eighteenth Century England', Economic History Review 43(3): 377–403.

Bell, Duncan (2019) Empire, Race and Global Justice, Cambridge: Cambridge University Press.

Benjamin, Thomas (2009) The Atlantic World, Cambridge: Cambridge University Press.

Bentley, Jerry H. (1996) 'Cross-Cultural Interaction and Periodization in World History', American Historical Review 101(3): 749–70.

Berg, Maxine (2004) 'In Pursuit of Luxury: Global History and British Consumer Goods in the Eighteenth Century', Past & Present 182: 85–142.

Berg, Maxine (2009) 'Quality, cotton and the global luxury trade', in Riello and Roy (eds.), 391–414.

Bernal, Martin (1991) Black Athena, I, London: Vintage.

Bhabha, Homi (1994) The Location of Culture, London: Routledge.

Bhambra, Gurminder K. (2007) Rethinking Modernity, Houndmills: Palgrave Macmillan.

Bhambra, Gurminder K. (2014) Connected Sociologies, London: Bloomsbury.

Bilgin, Pinar, and L. H. M. Ling (eds.) (2017) Asia in International Relations, New York: Routledge.

Biswas, Arun Kumar (1999) 'Minerals and metals in medieval India', in A. Rahman (ed.), History of Indian Science: Technology and Culture, AD 1000–1800, Oxford: Oxford University Press, 275–313.

Blackburn, Robin (2010) The Making of New World Slavery, London: Verso.

Blaney, David L., and Naeem Inayatullah (2010) Savage Economics, London: Routledge.

Blaney, David L., and Naeem Inayatullah (2021) Within, Against, and Beyond Liberalism, London: Rowman & Littlefield International.

Blaut, James M. (1993) The Colonizer's Model of the World, London: Guilford.

Bovill, E. W. (1933/2018) Caravans of the Old Sahara, London: Routledge.

Bowden, Brett (2009) The Empire of Civilization, Chicago: University of Chicago Press.

Bowden, Brett, and Leonard Seabrooke (eds.) (2006) Global Standards of Market Civilization, London: Routledge.

Bowen, H. V. (2002) '"So Alarming an Evil": Smuggling, Pilfering and the English East India Company, 1750–1810', International Journal of Maritime History 14(1): 1–31.

Bowen, H. V. (2007) East India Company: Trade and Domestic Financial Statistics, 1755–1838 [computer file]. Colchester: UK Data Archive [distributor]. SN: 5690. Posted at: http://dx.doi.org/10.5255/UKDA-SN-5690-1

Bowen, H. V. (2009) 'British exports of raw cotton from India to China during the late eighteenth and early nineteenth centuries', in Riello and Roy (eds.), 115–37.

Braudel, Fernand (1992) Civilization and Capitalism, 15th–18th Century, Ⅲ, Berkeley: University of California Press.

Bray, Francesca (1984) Science and Civilisation in China, VI(2), Cambridge: Cambridge University Press.

Bray, Francesca (1999) 'Towards a critical history of non-western technology', in Timothy Brook and Gregory Blue (eds.), China and Historical Capitalism, Cambridge: Cambridge University Press, 158–209.

Brenner, Robert (1977) 'The Origins of Capitalist Development: A Critique of Neo-Smithian Marxism', New Left Review 104: 25–92.

Brenner, Robert (1982) 'The Agrarian Roots of European Capitalism', Past & Present 97(Nov.): 16–113.

Brewer, John (1989) The Sinews of Power, London: Unwin Hyman.

Brewer, John, and Roy Porter (eds.) (1993) Consumption and the World of Goods, New York: Routledge.

Brittlebank, Kate (1982) Tipu Sultan's Search for Legitimacy, Delhi: Oxford University Press.

Broadberry, Stephen, and Bishnupriya Gupta (2009) 'Lancashire, India, and Shifting Competitive Advantage in Cotton Textiles, 1700–1850: The Neglected Role of Factor Prices', Economic History Review 62(2): 279–305.

Broadberry, Stephen, B. M. S. Campbell, and B. van Leeuwen (2013) 'When Did Britain Industrialise? The Sectoral Distribution of the Labour Force and Labour Productivity in Britain, 1381–1851', Explorations in Economic History 50(1): 16–27.

Broadberry, Stephen, Johann Custodis, and Bishnupriya Gupta (2015) 'India and the Great Divergence: An Anglo-Indian Comparison of GDP Per Capita, 1600–1871', Explorations in Economic History 55(C): 58–75.

Bronson, Bennet (1982/1983) 'An Industrial Miracle in a Golden Age: The 17th-Century Cloth Exports of India'. Posted at: http://iref.homestead.com/ textile.html

Bronson, Bennet (1986) 'The Making and Selling of Wootz, A Crucible Steel of India', Archeomaterials 1(1): 13–51.

Broome, André (2010) The Currency of Power, Houndmills: Palgrave Macmillan.

Bryant, Joseph (2006) 'The West and the Rest Revisited: Debating Capitalist Origins, European Colonialism, and the Advent of Modernity', Canadian Journal of Sociology 31(4): 403–44.

Bührer, Tanja, Flavio Eichmann, Stig Förster, and Benedikt Stuchey (eds.) (2017)

Cooperation and Empire, New York: Berghahn.

Bull, Hedley (1977) The Anarchical Society, Houndmills: Macmillan.

Bull, Hedley, and Adam Watson (eds.) (1984a) The Expansion of International Society, Oxford: Oxford University Press.

Bull, Hedley, and Adam Watson (1984b) 'Introduction', in Bull and Watson (eds.), 1–9.

Burton, John W. (1972) World Society, Cambridge: Cambridge University Press.

Buzan, Barry, and George Lawson (2015) The Global Transformation, Cambridge: Cambridge University Press.

Callahan, William (2012) 'Sino-Speak: Chinese Exceptionalism and the Politics of History', Journal of Asian Studies 71(1): 33–55.

Camilleri, Joseph A., and Jim Falk (1993) The End of Sovereignty?, Aldershot: Edward Elgar.

Campbell, Gwyn (ed.) (2004) The Structure of Slavery in Indian Ocean Africa and Asia, London: Frank Cass.

Chakrabarty, Dipesh (2000) Provincializing Europe, Princeton: Princeton University Press.

Chandavarkar, Rajnarayan (1994) The Origins of Industrial Capitalism in India, Cambridge: Cambridge University Press.

Chang, Ha-Joon (2002) Kicking Away the Ladder, London: Anthem.

Chao, Kang (1977) The Development of Cotton Textile Production in China, Cambridge: Harvard University Press.

Chapman, Stanley D. (1972/2006) The Cotton Industry in the Industrial Revolution, London: Macmillan.

Chapman, Stanley D., and Serge Chassagne (1981) European Textile Printers in the Eighteenth Century, London: Ashgate.

Chase, Kenneth (2008) Firearms: A Global History to 1700, Cambridge: Cambridge University Press.

Chase-Dunn, Christopher K. (1989) Global Formation, Oxford: Blackwell.

Chaudhuri, Kirti N. (1974) 'The Structure of Indian Textile Industry in the

Seventeenth and Eighteenth Centuries', Indian Economic and Social History Review 11(2–3): 127–82.

Chaudhuri, Kirti N. (1985) Trade and Civilisation in the Indian Ocean, Cambridge: Cambridge University Press.

Chaudhuri, Kirti N. (2006) The Trading World of Asia and the English East India Company 1660–1760, Cambridge: Cambridge University Press.

Chaudhury, Sushil (1995a) 'International Trade in Bengal Silk and the Comparative Role of Asians and Europeans, Circa 1700–1757', Modern Asian Studies 29(2): 373–86.

Chaudhury, Sushil (1995b) From Prosperity to Decline: Eighteenth Century Bengal, New Delhi: Manohar.

Chaudhury, Sushil, and Michel Morineau (eds.) (2007a) Merchants, Companies and Trade, Cambridge: Cambridge University Press.

Chaudhury, Sushil, and Michel Morineau (2007b) 'Introduction', in Chaudhury and Morineau (eds.), 1–18.

Chen, F. (1992) Study on Military Expenditure in the Qing Period (清代军费研究), Wuhan: Wuhan University Press.

Chen, Xuewen (1991) 'A Study of Sugar Production in Taiwan, Guangdong and Fujian During the Ming and Qing Periods'（论明清时期粤闽台的蔗糖业）, Journal of Social Science in Guangdong 6: 30–5.

Choi, Jung-Bong (2003) 'Mapping Japanese Imperialism onto Postcolonial Criticism', Social Identities: Journal for the Study of Race, Nation and Culture 9(3): 325–39.

Chowdhry, Geeta, and Sheila Nair (2004) Power, Postcolonialism and International Relations, London: Routledge.

Christian, David (2004) Maps of Time, Berkeley: University of California Press.

Clarence-Smith, William Gervase (2013) 'The economics of the Indian Ocean and Red Sea slave trades in the 19th century: An overview', in W. G. Clarence-Smith (ed.), The Economics of the Indian Ocean Slave Trade in the Nineteenth Century, London: Routledge, 1–21.

Clarke, J. J. (1997) Oriental Enlightenment, London: Routledge. Clingingsmith, David, and Jeffrey G. Williamson (2005) 'Deindustrialization in 18th and 19th Century India: Mughal Decline, Climate Shocks and British Industrial Ascent', Explorations in Economic History 45(3): 209–34.

Cohen, Benjamin J. (2008) International Political Economy: An Intellectual History, Princeton: Princeton University Press.

Cohen, Gerry A. (1980) Karl Marx's Theory of History, Oxford: Oxford University Press.

Cole, W. A. (1958) 'Trends in Eighteenth Century Smuggling', Economic History Review 10(3): 395–410.

Collins, Randall (1985) Weberian Sociological Theory, Cambridge: Cambridge University Press.

Cooper, Frederick (1977) Plantation Slavery on the East Coast of Africa, London: Yale University Press.

Coverte, Robert (1612) A True and Almost Incredible Report of an Englishman, London: Thomas Hall & Richard Redmer.

Cox, Robert W. (1987) Power, Production and World Order, New York: Columbia University Press.

Cox, Robert W. (1996) Approaches to World Order, Cambridge: Cambridge University Press.

Crafts, N. F. R. (1987) 'British Economic Growth, 1700–1850: Some Difficulties of Interpretation', Explorations in Economic History 24(3): 245–68.

Crafts, N. F. R., and Nikolaus Wolf (2012) 'The Location of the British Cotton Textiles Industry in 1838: A Quantitative Analysis', LSE Seminar Paper. Posted at: http://cep.lse.ac.uk/seminarpapers/13-01-12-NC.pdf

Crawford, Neta (2002) Argument and Change in World Politics, Cambridge: Cambridge University Press.

Crisp, Olga (1991) 'Russia', in Richard Sylla and Gianni Toniolo (eds.), Patterns of European Industrialisation, London: Routledge, 248–68.

Crosby, Alfred W. (1972) The Columbian Exchange, Westport: Greenwood Press.

Crowley, John E. (2016) 'Sugar Machines: Picturing Industrialized Slavery', American Historical Review 121(2): 403–36.

Cuno, Kenneth M. (2009) 'African Slaves in 19th-Century Rural Egypt', International Journal of Middle East Studies 41(2): 186–8.

Curtin, Philip D. (1984) Cross-Cultural Trade in World History, Cambridge: Cambridge University Press.

Dale, Stephen (1994) Indian Merchants and Eurasian Trade 1600–1750, Cambridge: Cambridge University Press.

Das, Gurcharan (2016) 'Introduction', in Scott Levi, Caravans, xi–xxxi.

Das Gupta, Ashin (2001) The World of the Indian Ocean Merchant, 1500–1800, New Delhi: Oxford University Press.

Das Gupta, Ashin, and M. N. Pearson (eds.) (1987) India and the Indian Ocean 1500–1800, Calcutta: Oxford University Press.

Datta, Karubaki (2008) 'Portuguese trade in Indian cotton textiles during the late eighteenth century', in S. Jeyaseela Stephen (ed.), The Indian Trade at the Asian Frontier, New Delhi: Gyan Publishing House, 281–94.

Davidson, Basil (1992) Africa in History, London: Orion.

Davidson, Lola Sharon (2012) 'Woven Webs: Trading Textiles Around the Indian Ocean', PORTAL 9(1): 1–21.

Davidson, Neil (2009) 'Putting the Nation Back into "the International"', Cambridge Review of International Affairs 22(1): 9–28.

Davis, Mike (2001) Late Victorian Holocausts, London: Verso.

Davis, Ralph (1962) 'English Foreign Trade, 1770–1774', Economic History Review 15(2): 285–303.

Davis, Ralph (1966) 'The Rise of Protection in England, 1689–1786', Economic History Review 19(2): 306–17.

Deane, Phyllis (1965) The First Industrial Revolution, Cambridge: Cambridge University Press.

Deane, Phyllis, and W. A. Cole (1969) British Economic Growth 1688–1959, Cambridge: Cambridge University Press.

Dellios, Rosita (1996) 'Mandalas of Security', Culture Mandala 2(1): 1–20.

Deng, Kent G. (1997) 'The Foreign Staple Trade of China in the Pre-Modern Era', International History Review 19(2): 253–85.

Deng, Kent G. (2004) 'Why Did the Chinese Never Develop a Steam Engine?', History of Technology 25: 151–71.

Deng, Kent G. (2008) 'Miracle or Mirage? Foreign Silver, China's Economy and Globalization from the Sixteenth to the Nineteenth Centuries', Pacific Economic Review 13(3): 320–58.

Deng, Kent G. (2012a) China's Political Economy in Modern Times, Abingdon: Routledge.

Deng, Kent G. (2012b) 'The continuation and efficiency of the Chinese fiscal state, 700 bc–ad 1911', in Yun-Casalilla and O'Brien (eds.), 335–52.

Dharampal (1983) Dharampal Collected Writings, I: Indian Science and Technology in the Eighteenth Century, Feira Alta: SIDH.

Dickson, Peter G. M. (1967) The Financial Revolution in England, London: St. Martin's Press.

Dikötter, Frank (1997) 'Racial discourse in China: Continuities and permutations', in Frank Dikötter (ed.), The Construction of Racial Identities, London: Hurst.

Dirlik, Arif (2007) Global Modernity, Boulder: Paradigm Publishers.

Dobb, Maurice (1959) Studies in the Development of Capitalism, London: Routledge & Kegan Paul.

Dobbin, Christine (1996) Asian Entrepreneurial Minorities, London: RoutledgeCurzon.

Drayton, Richard (2002) 'The collaboration of labour: Slaves, empires, and globalizations in the Atlantic World, c.1600–1850', in Hopkins (ed.), 98–114.

Du Bois, W. E. B. (1946/2015) The World and Africa, Mansfield Centre: Martino Publishing.

Duchesne, Ricardo (2012) The Uniqueness of Western Civilization, Leiden: Brill.

Duchesne, Ricardo (2016) 'The Underdevelopment of European Pride', Council of European Canadians. Posted at: www.eurocanadian.ca/2016/02/ underdevelopment-ofeuropean-pride.html

Dunne, Tim, and Chris Reus-Smit (eds.) (2017) The Globalization of International Society, Oxford: Oxford University Press.

Dunstan, Helen (1992) 'Safely Supplying with the Devil: The Qing State and Its Merchant Suppliers of Copper', Late Imperial China 13(2): 42–81.

Dutt, Romesh C. (1906) The Economic History of India Under Early British Rule, 2nd ed., London: Kegan Paul, Trench, Trübner & Co.

Dutt, Romesh C. (1916) The Economic History of India in the Victorian Age, 4th ed., London: Kegan Paul, Trench, Trübner & Co.

Duzgun, Eren (2018) 'Property, Geopolitics, and Eurocentrism: The "Great Divergence" and the Ottoman Empire', Review of Radical Political Economics 50(1): 24–43.

Earle, Edward Meade (1926) 'Egyptian Cotton and the American Civil War', Political Science Quarterly 41(4): 520–45.

Eley, Geoff (2007) 'Historicising the Global', History Workshop Journal 63: 154–88.

Elias, Norbert (1939/1994) The Civilizing Process, Oxford: Blackwell.

Eltis, David (2019) 'The Trans-Atlantic Slave Trade Data Base', Emory University. Posted at: www.slavevoyages.org/assessment/estimates

Elvin, Mark (1973) The Pattern of the Chinese Past, Stanford: Stanford University Press.

Engels, Friedrich (1952) The Condition of the Working-Class in England in 1844, London: Allen & Unwin.

Engerman, Stanley L. (1972) 'The Slave Trade and British Capital Formation in the Eighteenth Century: A Comment on the Williams Thesis', Business History Review 46(4): 430–43.

Engerman, Stanley L., and Eugene Genovese (eds.) (1975) Race and Slavery in the Western Hemisphere, Princeton: Princeton University Press.

Epstein, Charlotte (ed.) (2017) Against International Relations Norms, New York: Routledge.

Equiano, Olaudah (1789/2003) The Interesting Narrative and Other Writings, London: Penguin.

Esteban, Javier Cuenca (2001) 'The British Balance of Payments 1772–1820: Indian Transfers and War Finance', Economic History Review 54(1): 58–85.

Fage, J. D. (1969) 'Slavery and the Slave Trade in the Context of West African History', Journal of African History 10(3): 393–404.

Fage, J. D. (1995) A History of Africa, London: Routledge.

Fairbank, John K. (1942) 'Tributary Trade and China's Relations with the West', Far Eastern Quarterly 1(2): 129–49.

Fan, Jinming (2016) 'Anhui Merchants and the Jiangnan Cloth Industry During the Ming-Qing Dynasty', Journal of Historical Research in Anhui 2: 117–29.

Fan, Shuzhi (1990) The Discovery and Study on Cities and Towns in Jiangnan Region During the Ming and Qing Periods（明清江南市镇探微）, Shanghai: Fudan University Press.

Fanon, Frantz (1965/2001) The Wretched of the Earth, London: Penguin.

Faraday, Michael (1819) 'An Analysis of Wootz or Indian Steel', Quarterly Journal of Science, Literature and the Arts 14: 288–90.

Farnie, Douglas (1979) The English Cotton Industry and the World Market, 1815–1896, Oxford: Oxford University Press.

Farrell, William (2016) 'Smuggling Silks into Eighteenth-Century Britain: Geography, Perpetrators, and Consumers', Journal of British Studies 55(2): 268–94.

Feinstein, Charles H. (1978) 'Capital formation in Britain', in Peter Mathias and M. M. Postan (eds.), The Cambridge Economic History of Europe, Vol. VII, Cambridge: Cambridge University Press, 28–96.

Ferguson, Niall (2002) Empire, London: Allen Lane.

Ferguson, Niall (2011) Civilization, London: Allen Lane.

Feuerwerker, Albert (1970) 'Handicraft and Manufactured Cotton Textiles in China, 1871–1910', Journal of Economic History 30(2): 338–78.

Feuerwerker, Albert (1984) 'The State and Economy in Late Imperial China', Theory & Society 13(3): 297–326.

Finlay, Robert (1998) 'The Pilgrim Art: The Culture of Porcelain in World History', Journal of World History 9(2): 141–87.

Finlay, Robert (2010) The Pilgrim Art, Berkeley: University of California Press.

Flynn, Dennis O., and Arturo Giráldez (1994) 'China and the Manila Galleon', in Latham and Kawakatsu (eds.), 71–90.

Flynn, Dennis O., and Arturo Giráldez (1995a) 'Born with a "Silver Spoon": The Origins of World Trade in 1571', Journal of World History 6(2): 201–21.

Flynn, Dennis O., and Arturo Giráldez (1995b) 'Arbitrage, China, and World Trade in the Early Modern Period', Journal of the Economic and Social History of the Orient 38(4): 429–48.

Flynn, Dennis O., and Arturo Giráldez (2004) 'Path Dependence, Time Lags and the Birth of Globalisation: A Critique of O'Rourke and Williamson', European Review of Economic History 8: 81–108.

Flynn, Dennis O., and Arturo Giráldez (2006) 'Globalization began in 1571', in B. K. Gills and W. R. Thompson (eds.), 232–47.

Flynn, Dennis O., and Arturo Giráldez (2008) 'Born Again: Globalization's Sixteenth Century Origins (Asian/Global Versus European Dynamics)', Pacific Economic Review 13(3): 359–87.

Flynn, Dennis O., Arturo Giráldez, and Richard von Glahn (eds.) (2003) Global Connections and Monetary History, Aldershot: Ashgate.

Fogel, Robert W. (1989) Without Consent or Contract, New York: W. W. Norton.

Frank, Andre Gunder (1998) ReOrient, Berkeley: University of California Press.

Frank, Andre Gunder (2015) Reorienting the 19th Century, London: Paradigm Publishers.

Frank, Andre Gunder, and Barry K. Gills (eds.) (1996) The World System, London: Routledge.

Friedman, Thomas L. (1999) The Lexus and the Olive Tree, London: Harper Collins.

Friedman, Thomas L. (2005) The World Is Flat, London: Penguin.

Fry, Tony, and Anne-Marie Willis (2015) Steel: A Design, Cultural and Ecological

History, London: Bloomsbury

Fryer, Peter (1988) Black People in the British Empire, London: Pluto Press.

Fukuyama, Francis (1992) The End of History and the Last Man, London: Hamish Hamilton.

Gaastra, Femme S. (2007) 'Competition or collaboration? Relations between the Dutch East India Company and Indian merchants around 1680', in Chaudhury and Morineau (eds.), 189–201.

Gamble, Andrew (1995) 'The New Political Economy', Millennium 43(3): 516–30.

Gamble, Andrew, Anthony J. Payne, Ankie Hoogvelt, Michael Dietrich, and Michael Kenny (1996) 'Editorial: New Political Economy', New Political Economy 1(1): 5–11.

Gappah, Petina (2019) Out of Darkness, Shining Light, New York: Scribner.

Gaskell, Peter (1833) The Manufacturing Population of England, London: Baldwin and Cradock.

Gekas, Athanasios (2007) 'A global history of Ottoman cotton textiles 1600–1850', European University Institute, EUI Working Paper MWP No. 2007/30.

Gereffi, Gary, John Humphrey, and Timothy Sturgeon (2005) 'The Governance of Global Value Chains', Review of International Political Economy 12(1): 78–104.

Gernet, Jacques (1999) A History of Chinese Civilization, Cambridge: Cambridge University Press.

Gerritsen, Ann (2020) 'The view from early modern China: Capitalism and the Jingdezhen ceramics industry', in Yazdani and Menon (eds.), 306–26.

Gerritsen, Ann, and Stephen McDowall (2012) 'Material Culture and the Other: European Encounters with Chinese Porcelain, ca.1650–1800', Journal of World History 23(1): 87–113.

Gerschenkron, Alexander (1962) Economic Backwardness in Historical Perspective, Cambridge: Harvard University Press.

Ghazanfar, S. M. (2006) Islamic Civilization, Lanham: Scarecrow Press.

Giddens, Anthony (1985) The Nation-State and Violence, Cambridge: Polity.

Giddens, Anthony (1990) The Consequences of Modernity, Cambridge: Polity.

Gill, Stephen (1995) ‘Globalisation, Market Civilisation and Disciplinary Neoliberalism’, Millennium 24(3): 399–423.

Gills, Barry K., and William R. Thompson (eds.) (2006) Globalization and Global History, London: Routledge.

Gilpin, Robert (1981) War and Change in World Politics, Cambridge: Cambridge University Press.

Gilroy, Paul (1993) The Black Atlantic, London: Verso.

Glahn, Richard von (1996a) Fountain of Fortune, Berkeley: University of California Press.

Glahn, Richard von (1996b) ‘Myth and Reality of China’s Seventeenth Century Monetary Crisis’, Journal of Economic History 56(2): 429–54.

Glahn, Richard von (2003) ‘Money use in China and changing patterns of global trade in monetary metals, 1500–1800’, in Flynn, Giráldez, and von Glahn (eds.), 187–205.

Glamann, Kristof (1958) Dutch-Asiatic Trade 1620–1740, Copenhagen: Martinus Nijhoff’s Gavenhage.

Glamann, Kristof (1974) ‘European trade 1500–1750’, in Carlo M. Cipolla (ed.), The Sixteenth and Seventeenth Centuries (The Fontana History of Europe), Vol. 2, London: Fontana, 427–526.

Go, Julian (2011) Patterns of Empire, Cambridge: Cambridge University Press.

Go, Julian (2016) Postcolonial Thought and Social Theory, Oxford: Oxford University Press.

Go, Julian, and George Lawson (2017) ‘Introduction: For a global historical sociology’, in Julian Go and George Lawson (eds.), Global Historical Sociology, Cambridge: Cambridge University Press, 1–34.

Goitein, Shelomo Dov (1967) A Mediterranean Society, Vol. I, Berkeley: University of California Press.

Gokhale, Balkrishna Govind (1979) Surat in the Seventeenth Century, London: Curzon.

Golas, Peter J. (1999) Science and Civilisation in China, V(13) Cambridge: Cambridge University Press.

Goldstone, Jack A. (2000) 'The "Rise of the West" or Not? A Revision to Socio-EconomicHistory', Sociological Theory 18(2): 175–94.

Goldstone, Jack A. (2002) 'Efflorescences and Economic Growth in World History: Rethinking the "Rise of the West" and the Industrial Revolution', Journal of World History 13(2): 323–89.

Goldstone, Jack A. (2008) Why Europe? The Rise of the West in World History, 1500–1850, New York: McGraw Hill.

Goody, Jack (1996) The East in the West, Cambridge: Cambridge University Press.

Goody, Jack (2004) Islam in Europe, Cambridge: Polity.

Goonatilake, Susantha (1998) Toward a Global Science, New Delhi: Vistaar.

Gopal, Priyamvada (2019) Insurgent Empire, London: Verso.

Gordon, Murray (1989) Slavery in the Arab World, New York: New Amsterdam Books.

Gordon, Stewart (2008) When Asia Was the World, Philadelphia: Da Capo Press.

Goswami, Chhaya (2016) Globalization Before Its Time, London: Penguin.

Greif, Avner (2006) Institutions and the Path to the Modern Economy, Cambridge: Cambridge University Press.

Grey, Maggie (2001) 'Encountering the Mandala: The Mental and Political Cultures of Dependency', Culture Mandala 4(2): 1–13.

Griffiths, Trevor, Philip Hunt, and Patrick K. O'Brien (2008) 'Scottish, Irish, and Imperial Connections: Parliament, the Three Kingdoms, and the Mechanization of Cotton Spinning in Eighteenth-Century Britain', Economic History Review 61(3): 625–50.

Grinin, Leonid, and Andrey Korotayev (2015) Great Divergence and Great Convergence, London: Springer.

Grover, B. R. (1994) 'An integrated pattern of commercial life in rural society of North India during the seventeenth and eighteenth centuries', in Sanjay Subrahmanyam (ed.), Money and the Market in India 1100–1700, Delhi: Oxford University Press, 219–

55.

Gruffydd-Jones, Branwen (ed.) (2006) Decolonizing International Relations, Lanham: Rowman & Littlefield.

Habib, Irfan (1960) 'Banking in Mughal India', in Tapan Raychaudhuri (ed.), Contributions to Indian Economic History, Vol. I, Calcutta: Firma K. L. Mukhopadhyay, 1–20.

Habib, Irfan (1990) 'Merchant communities in pre-colonial India', in James D. Tracy (ed.), The Rise of Merchant Empires, Cambridge: Cambridge University Press, 371–99.

Haider, Najaf (1996) 'Precious Metal Flows and Currency Circulation in the Mughal Empire', Journal of the Economic and Social History of the Orient 39(3): 298–364.

Haldén, Peter (2020) Family Power, Cambridge: Cambridge University Press.

Hall, Kenneth R. (1996) 'The Textile Industry and Southeast Asia', Journal of the Economic and Social History of the Orient 39(2): 87–135.

Halperin, Sandra (2013) Re-envisioning Global Development, New York: Routledge.

Halperin, Sandra, and Ronen Palan (eds.) (2015) Legacies of Empire, Cambridge: Cambridge University Press.

Hamashita, Takeshi (1994) 'The tribute trade system and modern Asia', in Latham and Kawakatsu (eds.), 71–90.

Hamashita, Takeshi (2003a) 'Tribute and treaties: Maritime Asia and treaty port networks in the era of negotiation', in Arrighi, Hamashita, and Selden (eds.), 17–50.

Hamashita, Takeshi (2003b) 'Ryukyu Networks in Maritime Asia', Kyoto Review of Southeast Asia 3. Posted at: https://kyotoreview.org/issue-3-nations-and-stories/ryukyu-networks-in-maritime-asia/.

Harnetty, Peter (1970) 'The Cotton Improvement Program in India 1865–1875', Agricultural History 44(4): 379–92.

Harrison, Graham (2013) The African Presence, Manchester: Manchester University Press.

Hartwell, Robert M. (1966) 'Markets, Technology, and the Structure of Enterprise in the Development of the Eleventh-Century Chinese Iron and Steel Industry', Journal of Economic History 26(1): 29–58.

Harvey, David (1991) The Condition of Post-Modernity, Oxford: Blackwell.

Hasan, Mohibbul (1971) History of Tipu Sultan, Calcutta: The World Press.

Hay, Colin, and David Marsh (1999) 'Introduction: Towards a New (International) Political Economy', New Political Economy 4(1): 5–22.

Haynes, Douglas E. (2012) Small Town Capitalism in Western India, Cambridge: Cambridge University Press.

Held, David, Anthony McGrew, David Goldblatt, and Jonathan Perraton (1999) GlobalTransformations, Cambridge: Polity.

Helleiner, Eric (2014) Forgotten Foundations of Bretton Woods, Ithaca: Cornell University Press.

Helleiner, Eric (2015) 'Globalising the Classical Foundations of IPE Thought', Contextio Internacional 37(3): 975–1010.

Helleiner, Eric (2018) 'Sun Yat-Sen as a Pioneer of International Development', History of Political Economy 50(Supplement): 59–75.

Helleiner, Eric (2021) The Diverse Origins of Neomercantilist Ideology, Ithaca: Cornell University Press.

Helleiner, Eric, and Antulio Rosales (2017) 'Peripheral Thoughts for International Political Economy: Latin American Ideational Innovation and the Diffusion of the Nineteenth Century Free Trade Doctrine', International Studies Quarterly 61(4): 924–34.

Hersh, Jonathan, and Hans-Joachim Voth (2009) 'Sweet Diversity: Colonial Goods and the Rise of European Living Standards'. Posted at: https://papers.ssrn.com/sol3/papers.cfm?abstract_id=1402322.

Hobsbawm, Eric J. (1969) Industry and Empire, London: Weidenfeld & Nicolson.

Hobson, John M. (1993) 'The Military-Extraction Gap and the Wary Titan: The Fiscal-Sociology of British Defence Policy 1870–1913', Journal of European Economic History 22(3): 466–507.

Hobson, John M. (1997) The Wealth of States, Cambridge: Cambridge University

Press.

Hobson, John M. (2004) The Eastern Origins of Western Civilisation, Cambridge: Cambridge University Press.

Hobson, John M. (2012) The Eurocentric Conception of World Politics, Cambridge: Cambridge University Press.

Hobson, John M. (2013a) 'Part 1 – Revealing the Eurocentric Foundations of IPE: A Critical Historiography of the Discipline from the Classical to the Modern Era', Review of International Political Economy 20(5): 1024–54.

Hobson, John M. (2013b) 'Part 2 – Reconstructing the Non-Eurocentric Foundations of IPE: From Eurocentric "Open Economy Politics" to Inter-Civilizational Political Economy', Review of International Political Economy 20(5): 1055–81.

Hobson, John M., and Leonard Seabrooke (eds.) (2007) Everyday Politics of the World Economy, Cambridge: Cambridge University Press.

Hobson, John M., and J. C. Sharman (2005) 'The Enduring Place of Hierarchy in World Politics: Tracing the Social Logics of Hierarchy and Political Change', European Journal of International Relations 11(1): 63–98.

Hodgson, Marshall G. S. (1993) Rethinking World History, Cambridge: Cambridge University Press.

Holland, John (1833) A Treatise on the Progressive Improvement and Present State of the Manufactures of Metal II: Iron and Steel, London: Longman & Co.

Holsti, Kalevi J. (1991) Peace and War, Cambridge: Cambridge University Press.

Hoogvelt, Ankie (1997) Globalisation and the Postcolonial World, London: Macmillan.

Hopkins, A. G. (ed.) (2002) Globalization in World History, London: Pimlico.

Hsu, Wen-chin (1988) 'Social and Economic Factors in the Chinese Porcelain Industry in Jingdezhen During the Late Ming and Early Qing Period, ca. 1620–1683', Journal of the Royal Asiatic Society 120(1): 135–59.

Huang, Guosheng (1999) 'Historical Statues and Experience of the Opening and Customs Policy in the Early Qing Period'（清代前期开海设关的历史地位与经验教训）, Journal of Southeast Academic Research 6: 86–95.

Hudson, Pat (1986) The Genesis of Industrial Capital, Cambridge: Cambridge University Press.

Huff, Toby E. (2011) Intellectual Curiosity and the Scientific Revolution, Cambridge: Cambridge University Press.

Hui, Po-keung (1995) 'Overseas Chinese Business Networks: East Asian Economic Development in Historical Perspective', PhD thesis, Sociology Department, State University of New York at Binghamton, New York.

Hui, Victoria Tin-bor (2005) War and State Formation in Ancient China and Early Modern Europe, Cambridge: Cambridge University Press.

Hung, Ho-fung (2000) 'Maritime capitalism in seventeenth-century China: The rise and fall of Koxinga revisited', IROWS Working Paper No. 72, University of California, Riverside.

Hung, Ho-fung (2001) 'Imperial China and Capitalist Europe in the Eighteenth-Century Global Economy', Review 24(2): 473–513.

Hunwick, John, and Eve Troutt Powell (2002) The African Diaspora in the Mediterranean Lands of Islam, Princeton: Markus Wiener.

Ibn Khaldūn, Abd al-Rahmān (1377/1958) The Muqaddimah, New York: Pantheon.

Ikeda, Satoshi (1996) 'The History of the Capitalist World-System vs. the History of East-Southeast Asia', Review 19(1): 49–77.

Imlah, Albert H. (1958) Economic Elements in the Pax Britannica, Cambridge: Harvard University Press.

Inayatullah, Naeem, and David L. Blaney (2004) International Relations and the Problem of Difference, London: Routledge.

Inikori, Joseph E. (2002) Africans and the Industrial Revolution in England, Cambridge: Cambridge University Press.

Inikori, Joseph E. (2009) 'English versus Indian cotton textiles: The impact of imports on cotton textile production in West Africa', in Riello and Roy (eds.), 85–114.

Inikori, Joseph E. (2020) 'The first capitalist nation: The development of capitalism in England', in Yazdani and Menon (eds.), 251–76.

Inikori, Joseph E., and Stanley Engerman (eds.) (1992) The Atlantic Slave Trade, London: Duke University Press.

Irwin, John (1959) 'Indian Textile Trade in the Seventeenth Century: Foreign Influences', Journal of Indian Textile History 4: 57–64.

Irwin, John, and Katharine B. Brett (1970) Origins of Chintz, London: H. M. S. O.

Jacob, Margaret (1997) Scientific Culture and the Making of the Industrial West, Oxford: Oxford University Press.

Jacques, Martin (2012) When China Rules the World, London: Penguin.

Jansen, Marius (1992) China in the Tokugawa World, Cambridge: Harvard University Press.

Jayasuriya, Shihan de Silva, and Richard Pankhurst (eds.) (2003) The African Diaspora in the Indian Ocean, Asmara: African World Press.

John, A. H. (1955) 'War and the English Economy, 1700–63', Economic History Review 7(3): 329–44.

Johnson, Marion (1990) 'Anglo-African trade in the eighteenth century', Leiden: Centre for the History of European Expansion.

Johnston, Alistair Iain (1995) Cultural Realism, Princeton: Princeton University Press.

Jones, Eric L. (1981) The European Miracle, Cambridge: Cambridge University Press.

Jones, Eric L., Lionel Frost, and Colin White (1993) Coming Full Circle, London: Routledge.

Joseph, George Ghergevese (1992) The Crest of the Peacock, London: Penguin.

Kang, David C. (2010) East Asia Before the West, New York: Columbia University Press.

Kanth, Rajani K. (ed.) (2009) The Challenge of Eurocentrism, New York: Palgrave Macmillan.

Kapoor, Ilan (2008) The Postcolonial Politics of Development, London: Routledge.

Kasaba, Reşat (1993) 'Treaties and Friendships: British Imperialism, the Ottoman Empire, and China in the Nineteenth Century', Journal of World History 4(2): 215–41.

Katzenstein, Peter J. (ed.) (2012a) Sinicization and the Rise of China, New York: Routledge.

Katzenstein, Peter J. (2012b) 'China's rise: Rupture, return or recombination?', in Katzenstein (ed.), 1–37.

Kavalski, Emilian (2018) The Guanxi of Relational International Theory, London: Routledge.

Kelly, Robert E. (2012) 'A "Confucian Long Peace" in Pre-Western East Asia?', European Journal of International Relations 18(3): 407–30.

Keohane, Robert O. (2009) 'The Old IPE and the New', Review of International Political Economy 16(1): 34–46.

Kerr, Rose, and Nigel Wood (2004) Science and Civilisation in China, 5(12), Cambridge: Cambridge University Press.

Kindleberger, Charles P. (1996) World Economic Primacy, Oxford: Oxford University Press.

Klein, Herbert S. (1999) The Atlantic Slave Trade, Cambridge: Cambridge University Press.

Klein, Herbert S. (2004) 'The Atlantic slave trade to 1650', in Schwartz (ed.), 201–36.

Klein, Martin A. (1990) 'The Impact of the Atlantic Slave Trade on the Societies of the Western Sudan', Social Science History 14(2): 231–53.

Knight, G. Roger (2014) Sugar, Steam and Steel, Adelaide: University of Adelaide Press.

Kobayashi, Kazuo (2019) Indian Cotton Textiles in West Africa, Houndmills: Palgrave.

Koehler, Benedikt (2014) Early Islam and the Birth of Capitalism, London: Lexington Books.

Kolff, Dirk H. A. (1990) Naukar, Rajput & Sepoy, Cambridge: Cambridge University Press.

Kraidy, Marwan M. (2005) Hybridity, or the Cultural Logic of Globalization, Philadelphia: Temple University Press.

Krasner, Stephen D. (1976) 'State Power and the Structure of International Trade', World Politics 28(3): 317–47.

Kreidte, Peter, Hans Medick, and Jürgen Schlumbohm (1981) Industrialization Before Industrialization, Cambridge: Cambridge University Press.

Kriedte, Peter (1981a) 'Proto-industrialization between industrialization and de-industrialization', in Kriedte, Medick, and Schlumbohm, 135–60.

Kriedte, Peter (1981b) 'The origins, the Agrarian context, and the conditions in the world market', in Kriedte, Medick, and Schlumbohm, 12–37.

Kriger, Colleen E. (2005) 'Mapping the History of Cotton Textile Production in Pre-Colonial West Africa', African Economic History 33: 87–116.

Kriger, Colleen E. (2006) Cloth in West African History, Lanham: AltaMira Press.

Kriger, Colleen E. (2009) '"Guinea Cloth": Production and consumption of cotton textiles in West Africa before and during the Atlantic slave trade', in Riello and Parthasarathi (eds.), 105–26.

Krishna, Sankaran (2009) Globalization & Postcolonialism, Boulder: Rowman & Littlefield.

Kuhn, Dieter (1988) Science and Civilisation in China, V(9), Cambridge: Cambridge University Press.

Kwass, Michael (2014) Contraband, Cambridge: Harvard University Press.

Lach, Donald F., and Edwin J. Van Kley (1993) Asia in the Making of Europe, Vol. Ⅲ, Chicago: Chicago University Press.

Lacher, Hannes, and Julian Germann (2012) 'Before Hegemony: Britain, Free Trade, and Nineteenth-Century World Order Revisited', International Studies Review 14(1): 99–124.

Landes, David S. (1969) The Unbound Prometheus, Cambridge: Cambridge University Press.

Landes, David S. (1998) The Wealth and Poverty of Nations, London: Little, Brown and Co.

Landrin, M. H. C. (1868) A Treatise on Steel, London: Trübner & Co.

Larson, Pier (2007) 'African diasporas and the Atlantic', in Jorge Canizares-

Esguerra and Erik R. Seeman (eds.), The Atlantic in Global History, 1500– 2000, Upper Saddle River: Prentice Hall, 129–47.

Latham, A. J. H., and Heita Kawakatsu (eds.) (1994) Japanese Industrialization and the Asian Economy, London: Routledge.

Laue, Theodore H. von (1963) Sergei Witte and the Industrialization of Russia, New York: Columbia University Press.

Laue, Theodore H. von (1987) The World Revolution of Westernization, Oxford: Oxford University Press.

Lauren, Paul Gordon (1996) Power and Prejudice, Boulder: Westview Press.

Leander, Anna (2009) 'Why We Need Multiple Stories About the Global Political Economy', Review of International Political Economy 16(2): 321–28.

LeBaron, Genevieve (2012) 'Rethinking Prison Labor: Social Discipline and the State in Historical Perspective', Working USA: The Journal of Labor & Society 15: 327–51.

LeBaron, Genevieve, and Alison J. Ayers (2013) 'The Rise of a "New Slavery"? Understanding African Unfree Labour Through Neoliberalism', Third World Quarterly 34(5): 873–92.

Lee, John (1999) 'Trade and Economy in Preindustrial East Asia, c.1500–c.1800: East Asia in the Age of Global Integration', Journal of Asian Studies 58(1): 2–26.

Lemire, Beverly (1990) 'The Theft of Clothes and Popular Consumerism in Early Modern England', Journal of Social History 24(2): 255–76.

Lemire, Beverly (1992) Fashion's Favourite, Oxford: Oxford University Press.

Lemire, Beverly (2009) 'Revising the historical narrative: India, Europe, and the cotton trade, c.1300–1800', in Riello and Parthasarathi (eds.), 205–26.

Lemire, Beverly (2011) Cotton, New York: Berg.

Levathes, Louise E. (1994) When China Ruled the Seas, London: Simon & Schuster.

Levi, Scott (2016) Caravans: Punjabi Khatri Merchants on the Silk Road, London: Portfolio.

Li, Bozhong (1998) Agricultural Development in Jiangnan, 1620–1850,

Basingstoke: Palgrave Macmillan.

Li, Bozhong (2000) Early Industrialization in Jiangnan, 1550–1850 (江南早期的工业化1550–1850), Beijing: Social Sciences Academic Press.

Li, Bozhong (2009) 'Involution and Chinese cotton textile production: Songjiang in the late eighteenth and early nineteenth centuries', in Riello and Parthasarathi (eds.), 387–95.

Li, Longqian (1983) 'The sprouts of capitalism in various handicraft industries in Guangdong in the early Qing Dynasty', in A Collection of Articles on the Sprouts of Capitalism in China, Jiangsu: Jiangsu People's Publishing (Ming and Qing History Research Office, Nanjing University), 400–19.

Lieberman, Victor (2003) Strange Parallels, Cambridge: Cambridge University Press.

Lin, Justin Yifu (1995) 'The Needham Puzzle: Why the Industrial Revolution Did Not Originate in China', Economic Development and Cultural Change 43(2): 269–92.

Ling, L. H. M. (2002) Postcolonial International Relations, Houndmills: Palgrave Macmillan.

Ling, L. H. M. (2014) The Dao of World Politics, London: Routledge.

Linklater, Andrew (2016) Violence and Civilization in the Western States-Systems, Cambridge: Cambridge University Press.

Linklater, Andrew (2020) The Idea of Civilization in the Making of the Global Order, Bristol: Bristol University Press.

Lippit, Victor D. (1987) The Economic Development of China, Armonk: M.E. Sharpe.

List, Friedrich (1841/1885) The National System of Political Economy, London: Longmans, Green & Co.

Liu, T. (2009) 'An Estimation of China's GDP from 1600 to 1840', Economic Research Journal 10: 144–55.

Logan, Frenise A. (1958) 'India – Britain's Substitute for American Cotton, 1861–1865', Journal of Southern History 24(4): 472–80.

Long, David, and Brian C. Schmidt (eds.) (2005) Imperialism and Internationalism in the Discipline of International Relations, New York: State University of New York Press.

Lord, John (1923) Capital and Steam Power, London: P. S. King & Son.

Lorge, Peter A. (2008) The Asian Military Revolution, Cambridge: Cambridge University Press.

Lovejoy, Paul E. (1983) Transformations in Slavery, Cambridge: Cambridge University Press.

Lovejoy, Paul E. (1989) 'The Impact of the Atlantic Slave Trade on Africa: A Review of the Literature', Journal of African History 30(3): 365–94.

Lovejoy, Paul E. (2002) 'Islam, Slavery, and Political Transformation in West Africa: Constraints on the Trans-Atlantic Slave Trade', Outre-mers 89(336– 7): 247–82. DOI:10.3406/outre.2002.3992

Lox, William (2009) 'Bintie: The Wootz Steel in Ancient China', Indian Journal of History of Science 44(3): 369–88.

Ma, Debin (2013) 'State Capacity and Great Divergence, the Case of Qing China (1644–1911)', Eurasian Geography and Economics 54(5–6): 484–99.

Macdougall, Philip (2011) 'British Seapower and the Mysore Wars of the Eighteenth Century', Mariner's Mirror 97(4): 299–314.

Machado, Pedro (2009a) 'Awash in a sea of cloth: Gujarat, Africa, and the West Indian Ocean 1300–1800', in Riello and Parthasarathi (eds.), 161–79.

Machado, Pedro (2009b) 'Clothes of a new fashion: Indian Ocean networks of exchange and cloth zones of contact in Africa and India in the eighteenth and nineteenth centuries', in Riello and Roy (eds.), 53–84.

Machado, Pedro (2014) Ocean of Trade, Cambridge: Cambridge University Press.

MacLeod, Christine (1988) Inventing the Industrial Revolution, New York: Cambridge University Press.

Maddison, Angus (2007) Contours of the World Economy, 1–2030 AD, Oxford: Oxford University Press.

Malik, Kenan (1996) The Meaning of Race, New York: Palgrave.

Manggala, Pandu Utama (2013) 'The Mandala Culture of Anarchy: The Pre-

Colonial Southeast Asian International Society', Journal of ASEAN Studies 1(1): 1–13.

Mann, Michael (1986) The Sources of Social Power, Vol. I, Cambridge: Cambridge University Press.

Mantz, Felix (2019) 'Decolonizing the IPE Syllabus: Eurocentrism and the Coloniality of Knowledge in International Political Economy', Review of International Political Economy 26(6): 1361–78.

Markovits, Claude (2000) The Global World of Indian Merchants 1750–1946, Cambridge: Cambridge University Press.

Marks, Robert B. (1999) 'Maritime trade and the agro-ecology of South China, 1685–1850', in Dennis Flynn, Lionel Frost, and A. J. H. Latham (eds.), Pacific Centuries, London: Routledge, 85–109.

Marks, Robert B. (2002) The Origins of the Modern World, Lanham, MD: Rowman & Littlefield.

Marques, Leonardo (2020) 'New world slavery in the capitalist world-economy', in Yazdani and Menon (eds.), 71–94.

Marshall, P. J. (1987) 'Private British trade in the Indian Ocean before 1800', in Das Gupta and Pearson (eds.), 276–316.

Martin-Fox, Stuart (2003) A Short History of China and Southeast Asia, Crows Nest: Allen & Unwin.

Marx, Karl (1846/1975) 'Letter to Pavel Vasilyevich Annenkov', in Karl Marx and Frederick Engels (eds.), Collected Works, Vol. 38, New York: International Publishers, 95.

Marx, Karl (1852/2009) The Eighteenth Brumaire of Louis Bonaparte, Wokingham: Dodo Press.

Marx, Karl (1859/1977) 'Preface to the critique of political economy', in David McClellan (ed.), Karl Marx: Selected Writings, Oxford: Oxford University Press, 388–92.

Marx, Karl (1867/1954) Capital, Vol. I, London: Lawrence & Wishart.

Marx, Karl (1867/1959) Capital, Vol. Ⅲ, London: Lawrence & Wishart.

Marx, Karl (1969) Karl Marx on Colonialism and Modernization, edited by

Shlomo Avineri, New York: Anchor.

Marx, Karl, and Friedrich Engels (1846/2011) The German Ideology, Eastford, CT: Martino Fine Books.

Marx, Karl, and Friedrich Engels (1848/1977) The Communist Manifesto, Harmondsworth: Penguin.

Maskiell, Michelle (2002) ‘Consuming Kashmir: Shawls and Empires, 1500–2000’, Journal of World History 13(1): 27–65.

Masters, Bruce (1989) The Origins of Western Economic Dominance in the Middle East, New York: New York University Press.

Mathias, Peter, and Patrick K. O’Brien (1976) ‘Taxation in Britain and France, 1715–1810. A Comparison of the Social and Economic Incidence of Taxes Collected for the CentralGovernments’, Journal of European Economic History 5(3): 601–50.

Mathieu, Xavier (2020) Sovereignty and the Denial of International Equality, London: Routledge.

Matin, Kamran (2013) Recasting Iranian Modernity, London: Routledge.

Mazumdar, Sucheta (1998) Sugar and Society in China, London: Harvard University Press.

Mbeki, Linda, and Matthias van Rossum (2017) ‘Private Slave Trade in the Dutch Indian Ocean World: A Study into the Networks and Backgrounds of the Slavers and the Enslaved in South Asia and South Africa’, Slavery and Abolition 38(1): 95–116.

McCants, Anne E. C. (2007) ‘Exotic Goods, Popular Consumption, and the Standard of Living: Thinking About Globalization in the Early Modern World’, Journal of World History 18(4): 433–62.

McCants, Anne E. C. (2008) ‘Poor Consumers as Global Consumers: The Diffusion of Tea and Coffee Drinking in the Eighteenth Century’, Economic History Review 61(S1): 172–200.

McCarthy, Thomas (2009) Race, Empire, and the Idea of Human Development, Cambridge: Cambridge University Press.

McCloskey, Deirdre N. (2010) Bourgeois Dignity, Chicago: University of Chicago Press.

McEwan, Cheryl (2009) Postcolonialism and Development, London: Routledge.

McKendrick, Neil (1982) 'The consumer revolution of eighteenth-century England', in McKendrick, Brewer, and Plumb (eds.), 9–33.

McKendrick, Neil, John Brewer, and J. H. Plumb (eds.) (1982) The Birth of a Consumer Society, Indiana: Indiana University Press.

McMichael, Philip (1991) 'Slavery in Capitalism: The Rise and Demise of the U.S. Ante-Bellum Cotton Culture', Theory & Society 20(3): 321–49.

McNeill, William H. (1965) The Rise of the West, New York: Mentor.

McNeill, William H. (1982) The Pursuit of Power, Oxford: Blackwell.

Mearsheimer, John J. (2001) The Tragedy of Great Power Politics, New York: W. W. Norton.

Meek, Ronald L. (1976) Social Science and the Ignoble Savage, Cambridge: Cambridge University Press.

Mehta, Makrand (1991) Indian Merchants and Entrepreneurs in Historical Perspective, Delhi: Academic Foundation.

Meilink-Roelofsz, M. A. P. (1962) Asian Trade and European Influence in the Indonesian Archipelago Between 1500 and About 1630, The Hague: Martinus Nijhoff.

Menard, Russell R. (1991) 'Transport costs and long-range trade, 1300–1800: Was There a European "transport revolution" in the early modern era?', in J. D. Tracy (ed.), 228–75.

Mendels, Franklin F. (1972) 'Proto-Industrialization: The First Phase of the Industrialization Process', Journal of Economic History 32(1): 241–61.

Metzer, Jacob (1975) 'Rational Management, Modern Business Practices, and Economies of Scale in the Ante-Bellum Southern Plantations', Explorations in Economic History 12(2): 123–50.

Middleton, John (1992) The World of the Swahili, New Haven: Yale University Press.

Millar, Ashley Eva (2017) A Singular Case, Montréal: McGill-Queen's University Press.

Mintz, Sidney (1986) Sweetness and Power, London: Penguin.

Mitchell, B. R. (2011) British Historical Statistics, Cambridge: Cambridge University Press.

Mitchell, Timothy (2000) 'The stage of modernity', in T. Mitchell (ed.), Questions of Modernity, Minneapolis: University of Minnesota Press, 1–34.

Miyamoto, Matao, and Shikano Yoshiaki (2003) 'The emergence of the Tokugawa monetary system in East Asian perspective', in Flynn, Giráldez, and von Glahn (eds.), 169–86.

Mokyr, Joel (1990) The Lever of Riches, New York: Oxford University Press.

Mokyr, Joel (2002) The Gifts of Athena, Princeton: Princeton University Press.

Mokyr, Joel (2009) The Enlightened Economy, New Haven: Yale University Press.

Mooers, Colin (1991) The Making of Bourgeois Europe, London: Verso.

Moovsi, Shireen (1987) 'The Silver Influx, Money Supply, Prices and Revenue-Extraction in Mughal India', Journal of the Economic and Social History of the Orient 30(1): 47–94.

Moovsi, Shireen (2011) 'The World of Labour in Mughal India (c.1500–1750)', International Review of Social History 56(S19): 245–61.

Morris, Morris D. (1963) 'Towards a Reinterpretation of Nineteenth-Century Indian Economic History', Journal of Economic History 23(4): 606–18.

Moseley, K. P. (1992) 'Caravel and Caravan: West Africa and the World-Economies, ca. 900–1900 AD', Review 15(3): 523–55.

Mui, Hoh-Cheung, and Lorna H. Mui (1975) '"Trends in Eighteenth-Century Smuggling" Reconsidered', Economic History Review 28(1): 28–43.

Mukund, Kanakalatha (1992) 'Indian Textile Industry in 17th and 18th Centuries: Structure, Organisation and Responses', Economic & Political Weekly 27(38): 2057–65.

Mumford, Lewis (1934) Technics and Civilisation, London: Routledge.

Munck, Ronaldo, and Denis O'Hearn (eds.) (1999) Critical Development Theory, London: Zed.

Murphey, Rhoads (1974) 'The treaty ports and China's modernization', in Mark Elvin and George William Skinner (eds.), The Chinese City Between Two Worlds, Stanford: Stanford University Press, 17–72.

Murphey, Rhoads (1977) The Outsiders, Ann Arbor: University of Michigan Press.

Murphy, Craig. N. (2009) 'Do the Left-Out Matter?', New Political Economy 14(3): 357–65.

Murphy, Craig N., and Roger Tooze (eds.) (1991) The New International Political Economy, Boulder: Lynne Rienner.

Mushet, David (1805) 'Experiments on Wootz', Philosophical Transactions of the Royal Society of London 95: 163–75.

Mushet, David (1840/2011) Papers on Iron and Steel, Practical and Experimental, Cambridge: Cambridge University Press.

Naoroji, Dadabhai (1901) Poverty and Un-British Rule in India, London: Swan Sonnenschein.

Nash, Robert C. (1982) 'The English and Scottish Tobacco Trades in the Seventeenth and Eighteenth Centuries: Legal and Illegal Trade', Economic History Review 35(3): 354–72.

Needham, Joseph (1964) The Development of Iron and Steel Technology in China, Cambridge: W. Heffer & Sons.

Needham, Joseph (1969) The Grand Titration, London: George Allen & Unwin.

Needham, Joseph (1970) Clerks and Craftsmen in China and the West, Cambridge: Cambridge University Press.

Needham, Joseph, Wang Ling and Lu Gwei-Djen (1971) Science and Civilisation in China, Vol. IV(3), Cambridge: Cambridge University Press.

Needham, Joseph, Ho Ping-Yü, Lu Gwei-Djen, and Wang Ling (1986) Science and Civilisation in China, Vol. V(7), Cambridge: Cambridge University Press.

Nehru, Jawarhalal (1947) The Discovery of India, London: Meridian Books.

Nicolini, Beatrice (2012) The First Sultan of Zanzibar, Princeton: Markus Wiener.

Nierstrasz, Chris (2015) 'The popularization of tea: East India companies, private traders, smugglers and the consumption of tea', in M. Berg, F. Gottmann, H. Hodacs, and C. Nierstrasz (eds.), Goods from the East, 1600–1800, Houndmills: Palgrave Macmillan, 263–76.

North, Douglass C. (1991) 'Institutions, transaction costs, and the rise of merchant empires', in J. D. Tracy (ed.), 22–40.

North, Douglass C., and Robert P. Thomas (1973) The Rise of the Western World, Cambridge: Cambridge University Press.

North, Susan (2008) 'The Physical Manifestation of an Abstraction: A Pair of 1750s Waistcoat Shapes', Textile History 39(1): 92–104.

Northrup, David (1998) 'Vasco da Gama and Africa: An Era of Mutual Discovery, 1497–1800', Journal of World History 9(2): 189–211.

Northrup, David (2009) Africa's Discovery of Europe, Oxford: Oxford University Press.

Nunn, Nathan (2008) 'The Long-Term effects Chinese tribute system of Africa's Slave Trades', Quarterly Journal of Economics 123(1): 139–76.

O'Brien, Patrick K. (1982) 'European Economic Development: The Contribution of the Periphery', Economic History Review 35(1): 1–18.

O'Brien, Patrick K. (1988) 'The Political Economy of British Taxation, 1688–1815', Economic History Review 41(1): 1–32.

O'Brien, Patrick K. (1989) 'The Impact of the Revolutionary and Napoleonic Wars, 1793–1815, on the Long-Run Growth of the British Economy', Review 12(3): 335–87.

O'Brien, Patrick K. (1991) 'Power with profit: The state and the economy, 1688–1815', Institute of Historical Research Working Paper, Senate House, University of London, 1–43.

O'Brien, Robert, and Marc Williams (2004) Global Political Economy, Houndmills: Palgrave Macmillan.

Ohmae, Kenichi (1990) The Borderless World, London: Collins.

O'Keefe, Thomas A. (2018) Bush II, Obama, and the Decline of US Hegemony in the Western Hemisphere, London: Routledge.

O'Leary, Brendan (1989) The Asiatic Mode of Production, Oxford: Blackwell.

Oliver, Roland (1999) The African Experience, London: Weidenfeld & Nicolson.

O'Rourke, Kevin H., and Jeffrey G. Williamson (2002a) 'When Did Globalization Begin?', European Review of Economic History 6(1): 23–50.

O'Rourke, Kevin H., and Jeffrey G. Williamson (2002b) 'After Columbus: Explaining Europe's Overseas Trade Boom, 1500–1800', Journal of Economic History 62(2): 417–56.

O'Rourke, Kevin H., and Jeffrey G. Williamson (2004) 'Once More: When Did Globalization Begin?', European Review of Economic History 8(1): 109–117.

Orwell, George (1929) 'How a Nation Is Exploited: The British Empire in Burma', Le Progrès Civique. Posted at: www.orwellfoundation.com/the-orwell-foundation/orwell/essays-and-other-works/how-a-nation-is-explo ited-the-British-empire-in-Burma
Panikkar, Sardar K. M. (1959) Asia and Western Dominance, London: George Allen & Unwin.

Parthasarathi, Prasannan (2005) 'Cotton Textile Exports from the Indian Subcontinent, 1680–1780', GEHN Conference, University of Padova (17–19 November).

Parthasarathi, Prasannan (2011) Why Europe Grew Rich and Asia Did Not, Cambridge: Cambridge University Press.

Pasha, Mustapha Kamal (2006) 'Islam, "Soft" Orientalism and Hegemony: A Gramscian Rereading', Critical Review of International Social and Political Philosophy 8(4): 543–58.

Patterson, Orlando (1982) Slavery and Social Death, Cambridge: Harvard University Press.

Payne, Anthony J. (2006) 'The genealogy of new political economy', in Anthony J. Payne (ed.), Key Debates in New Political Economy, London: Routledge, 9–18.

Pearson, George (1795) 'Experiments and Observations to Investigate the Nature of a Kind of Steel, Manufactured at Bombay, and There Called Wootz', Philosophical Transactions of the Royal Society of London 85: 322–46.

Pearson, Michael N. (1988) 'Brokers in Western Indian Port Cities Their Role in Servicing Foreign Merchants', Modern Asian Studies 22(3): 455–72.

Pearson, Michael N. (1991) 'Merchants and states', in J. D. Tracy (ed.), 41–116.

Pearson, Michael N. (1998) Port Cities and Intruders, Baltimore: Johns Hopkins University Press.

Peng, Zeyi (1982) 'Characteristics of the Sprouts of Capitalism in the Tea Industry in the Early Qing Period (清代前期茶业资本主义萌芽的特点)', The Journal of Chinese Social andEconomic History 3: 15–25.

Percy, John (1864) Metallurgy, London: John Murray.

Perdue, Peter (2004) 'Constructing Chinese property rights: East and West', in Huri Islamoğlu (ed.), Constituting Modernity, London: I. B. Tauris, 35–68.

Perdue, Peter (2005) China Marches West, Cambridge: Belknap Press.

Perdue, Peter (2015) 'The Tenacious Tributary System', Journal of Contemporary China 24(96): 1002–14.

Perdue, Peter (2017) 'The expansion of the Qing dynasty of China and the Zunghar Mongol State', in Oxford Research Encyclopedia of Asian History. DOI: 10.1093/acrefore/9780190277727.013.7

Perkins, Dwight (1967) 'Government as an Obstacle to Industrialization: The Case of Nineteenth-Century China', Journal of Economic History 27(4): 478–92.

Perlin, Frank (1983) 'Proto-Industrialization and Pre-Colonial South Asia', Past & Present 98: 30–95.

Perry, Felton E. (2009) 'Kidnapping: An Underreported Aspect of African Agency During the Slave Trade Era (1440–1886)', Ufahamu: A Journal of African Studies 35(2). Posted at: https://escholarship.org/uc/item/8kf4m24x.

Persaud, Randolph B. (2001) Counter-Hegemony and Foreign Policy, New York: State University of New York Press.

Persaud, Randolph B. (2019) 'Killing the Third World: Civilisational Security as US Grand Strategy', Third World Quarterly 40(2): 266–83.

Phillips, Nicola (2005) Globalizing International Political Economy, Houndmills: Palgrave Macmillan.

Phillips, Nicola (2009) 'The Slow Death of Pluralism', Review of International Political Economy 16(1): 85–94.

Phillips, Andrew (2017) 'Making empires: Hierarchy, conquest and customization', in Ayşe Zarakol (ed.), 44–68.

Phillips, Andrew, and Jason C. Sharman (2015) International Order in Diversity,

Cambridge: Cambridge University Press.

Phillips, Nicola, Resmi Bhaskaran, Dev Nathan, and C. Upendranadh (2014) 'The Social Foundations of Global Production Networks: Towards a Global Political Economy of Child Labour', Third World Quarterly 35(3): 428–46. DOI: 10.1080/01436597.2014.893486

Pieterse, Jan Nederveen (1990) Empire and Emancipation, London: Pluto.

Pieterse, Jan Nederveen (2006) 'Oriental globalization: Past and present', in Gerard Delanty (ed.), Europe and Asia Beyond East and West, London: Routledge, 61–73.

Pieterse, Jan Nederveen (2020) Globalization and Culture, London: Rowman & Littlefield.

Polanyi, Karl (1944/2001) The Great Transformation, Boston: Beacon Press.

Pomeranz, Kenneth (2000) The Great Divergence, Princeton: Princeton University Press.

Pomeranz, Kenneth, and Stephen Topik (2006) The World that Trade Created, Armonk: M. E. Sharpe.

Ponting, Clive (2000) World History, London: Chatto & Windus.

Postan, M. M. (1935) 'Recent Trends in the Accumulation of Capital', Economic History Review 6(1): 1–12.

Power, Marcus (2003) Rethinking Development Geographies, London: Routledge.

Prakash, Om (1985) The Dutch East India Company and the Economy of Bengal, Princeton: Princeton University Press.

Prakash, Om (2007) 'The Portuguese and the Dutch in Asian maritime trade: A comparative analysis', in Chaudhury and Morineau (eds.), 175–88.

Prakash, Om (2009) 'The Dutch and the Indian Ocean textile trade', in Riello and Parthasarathi (eds.), 145–60.

Prestholdt, Jeremy (2004) 'On the Global Repercussions of East African Consumerism', American Historical Review 109(3): 755–81.

Prestholdt, Jeremy (2008) Domesticating the World, Berkeley: University of California Press.

Price, Jacob (1991) 'Transaction Costs: A Note on Merchant Credit and the Organization of Private Trade', in J. D. Tracy (ed.), 276–97.

Qian, Jiang (1985) 'The Inflows of America Silver to China Through the Hispanic Philippines, 1570—1760'（1570—1760年西属菲律宾流入中国的美洲白银）, Journal of Southeast Asian Affairs 3: 96–106.

Qin, Yaqing (2018) A Relational Theory of World Politics, Cambridge: Cambridge University Press.

Quirk, Joel, and David Richardson (2014) 'Europeans, Africans and the Atlantic World, 1450–1850', in Suzuki, Zhang, and Quirk (eds.), 138–58.

Raju, C. K. (2007) Cultural Foundations of Mathematics, Vol. X(4), New Delhi: Pearson Education.

Ramo, Joshua (2004) The Beijing Consensus, London: The Foreign Policy Centre.

Ravenstein, E. G. (2016) A Journal of the First Voyage of Vasco da Gama, 1497–1499, London: Routledge.

Ray, H. Prabha (2004) 'Far-flung fabrics – Indian textiles in ancient maritime trade', in R. Barnes (ed.), Textiles in Indian Ocean Societies, New York: Routledge, 17–37.

Ray, Rajat Kanta (1995) 'Asian Capital in the Age of European Domination: The Rise of the Bazaar, 1800—1914', Modern Asian Studies 29(3): 449–554.

Raychaudhuri, Tapan (1982) 'Non-agricultural production', in Tapan Raychaudhuri and Irfan Habib (eds.), The Cambridge Economic History of India, Vol. I, Cambridge: Cambridge University Press, 261–307.

Raynal, Abbé (1777) A Philosophical and Political History of the Settlements and Trade of the Europeans in the East and West Indies, London: T. Cadell.

Reader, John (1998) Africa: A Biography of the Continent, London: Penguin.

Reid, Anthony (2009) 'Southeast Asian consumption of Indian and British cotton cloth, 1600–1850', in Riello and Roy (eds.), 31–51.

Reus-Smit, Christian (2013) Individual Rights and the Making of the International System, Cambridge: Cambridge University Press.

Ricardo, David (1819) On the Principles of Political Economy and Taxation,

Georgetown: Joseph Milligan.

Richards, J. F. (2012) 'Fiscal states in Mughal and British India', in Yun-Casalilla and O'Brien (eds.), 410–41.

Riello, Giorgio (2009a) 'The globalization of cotton textiles: Indian cottons, Europe, and the Atlantic World, 1600–1800', in Riello and Parthasarathi (eds.), 261–87.

Riello, Giorgio (2009b) 'The Indian apprenticeship: The trade of Indian textiles and the making of European cottons', in Riello and Roy (eds.), 309–46.

Riello, Giorgio (2013) Cotton: The Fabric that Made the Modern World, Cambridge: Cambridge University Press.

Riello, Giorgio, and Prasannan Parthasarathi (eds.) (2009) The Spinning World, Oxford: Oxford University Press.

Riello, Giorgio, and Tirthankar Roy (eds.) (2009) How India Clothed the World, Leiden: Brill.

Rioux, Sébastien (2013) 'The Fiction of Economic Coercion: Political Marxism and the Separation of Theory and History', Historical Materialism 21(4): 92–128.

Rioux, Sébastien, Genevieve LeBaron, and Peter Verovšek (2019) 'Capitalism and Unfree Labor: A Review of Marxist Perspectives on Modern Slavery', Review of International PoliticalEconomy. DOI: 10.1080/09692290.2019.1650094

Roberts, John M. (1985) The Triumph of the West, London: BBC Books.

Roberts, John M., and Jonathan Joseph (2015) 'Beyond Flows, Fluids and Networks: Social Theory and the Fetishism of the Global Informational Economy', New Political Economy 20(1): 1–20. DOI: 10.1080/13563467.2013.861413

Robins, Nick (2012) The Corporation that Changed the World, London: Pluto.

Robinson, W. I. (2004) A Theory of Global Capitalism, Baltimore, MD: Johns Hopkins University Press.

Robson, Robert (1957) The Cotton Industry in Britain, London: Macmillan.

Rodger, N. A. M. (2010) 'War as an Economic Activity in the "Long" Eighteenth Century', International Journal of Maritime History 22(2): 1–18.

Rodinson, Maxime (2007) Islam and Capitalism, London: Saqi Essentials.

Rodney, Walter (1972/2012) How Europe Underdeveloped Africa, Oxford:

Pambazuka Press.

Rodzinski, Witold (1979) A History of China, Oxford: Pergamon Press.

Roe, Sir Thomas (1926) The Embassy of Sir Thomas Roe to India 1615–19, London: Oxford University Press.

Roepke, Howard G. (1956) Movements of the British Iron and Steel Industry 1720 to 1951, Urbana: University of Urbana Press.

Rönnbäck, Klas (2009) 'Integration of Global Commodity Markets in the Early Modern Era', European Review of Economic History 13: 95–120.

Rosenberg, Justin (2006) 'Why Is There No International Historical Sociology?', European Journal of International Relations 12(3): 307–40.

Rosenberg, Justin (2008) 'Uneven and Combined Development: The Social-Relational Substratum of "the International" ?', Cambridge Review of International Affairs 21(1): 77–112. Rosenthal, Jean-Laurent, and Roy Bin Wong (2011) Before and Beyond the Great Divergence, London: Harvard University Press.

Roy, Kaushik (2005) 'Rockets Under Haidar Ali and Tipu Sultan', Indian Journal of History and Science 40(4): 635–55.

Roy, Kaushik (2011) 'The Hybrid Military Establishment of the English East India Company in South Asia 1750–1849', Journal of Global History 6(2): 195–218.

Roy, Tirthankar (2004) 'Economic History: An Endangered Discipline?', Economic & Political Weekly 39(29): 3238–3243.

Roy, Tirthankar (2009) 'Did Globalisation Aid Industrial Development in Colonial India? A Study of Knowledge Transfer in Colonial India', Indian Economic and Social History Review 46(4): 579–613.

Roy, Tirthankar (2012) India in the World Economy, Cambridge: Cambridge University Press.

Roy, Tirthankar (2013) An Economic History of Early Modern India, London: Routledge.

Russell-Wood, A. J. R. (1998) The Portuguese Empire 1415–1808, Baltimore, MD: Johns Hopkins University Press.

Said, Edward W. (1978/2003) Orientalism, Harmondsworth: Penguin.

Said, Edward W. (1994) Culture & Imperialism, London: Vintage.

Said, Edward W. (2004) Power, Politics, and Culture, London: Bloomsbury.

Sajed, Alina (2013) Postcolonial Encounters in International Relations, New York: Routledge.

Sajed, Alina, and Naeem Inayatullah (2016) 'On the Perils of Lifting the Weight of Structures: An Engagement of Hobson's Critique of the Discipline of IR', Postcolonial Studies 19(2): 201–9.

Sajed, Alina, and Randolph B. Persaud (2018) Race, Gender and Culture in International Relations, London: Routledge.

Satia, Priya (2018) Empire of Guns, London: Duckworth Overlook.

Saurin, Julian (2006) 'International relations as the imperial illusion: Or, the need to decolonize IR', in Branwen Gruffydd-Jones (ed.), 23–42.

Schlumbohm, Jürgen (1981) 'Relations of production – Productive forces – Crises in proto-industrialization', in Kriedte, Medick, and Schlumbohm, 94–125.

Schottenhammer, Angela (2010) 'Characteristics of Qing China's maritime trade policies, Shunzhi through Qianlong reigns', in A. Schottenhammer (ed.), Trading Networks in Early Modern East Asia, Wiesbaden: Harrassowitz Verlag, 101–53.

Schumpeter, Joseph (1943/2010) Capitalism, Socialism and Democracy, London: Routledge.

Schwartz, Stuart B. (ed.) (2004a) Tropical Babylons, Chapel Hill: University of North Carolina Press.

Schwartz, Stuart B. (2004b) 'Introduction', in Schwartz (ed.), 1–26.

Scott, Helenius (1790–1801) 'Aspethe Chinese tribute system of Technology in Western India: Letters to Sir Joseph Banks', in Dharampal, 252–9.

Seabrooke, Leonard (2010) 'Bitter pills to swallow: Legitimacy gaps and social recognition of the IMF tax policy norms in East Asia', in S. Park and A. Vetterlein (eds.), Owning Development, Cambridge: Cambridge University Press, 137–59.

Segal, Ronald (2003) Islam's Black Slaves, London: Atlantic Books.

Selwyn, Benjamin (2015) 'Twenty-First-Century International Political Economy: AClass-Relational Perspective', European Journal of International Relations 21(3): 513–

37.

Sen, Asok (1977) 'A Pre-British Economic Formation in India of the Late Eighteenth Century: Tipu Sultan's Mysore', in Barun De (ed.), Perspectives in Social Sciences, Vol. I: Historical Dimensions, Calcutta: Oxford University Press, 46–108.

Sen, Gautam (1984) The Military Origins of Industrialisation and International Trade Rivalry, London: Frances Pinter.

Sen, S. P. (1962) 'The Role of Indian Textiles in Southeast Asian Trade in the Seventeenth Century', Journal of Southeast Asian History 3(2): 92–110.

Seth, Sanjay (ed.) (2013) Postcolonial Theory and International Relations, London: Routledge.

Shambaugh, David (2004/5) 'China Engages Asia: Reshaping the Regional Order', International Security 29(3): 64–99.

Shammas, Carole (1993) 'Changes in English and Anglo-American consumption from 1550 to 1800', in Brewer and Porter (eds.), 177–205.

Shapiro, Seymour (1967) Capital and the Cotton Industry in the Industrial Revolution, Ithaca: Cornell University Press.

Sharman, Jason C. (2019) Empires of the Weak, Princeton: Princeton University Press.

Sheridan, Richard B. (1969) 'The Plantation Revolution and the Industrial Revolution, 1625–1775', Caribbean Studies 9(3): 5–25.

Shilliam, Robbie (ed.) (2011) International Relations and Non-Western Thought, London: Routledge.

Shilliam, Robbie (2015) The Black Pacific, London: Bloomsbury.

Shilliam, Robbie (2018) Race and the Undeserving Poor, Newcastle-upon-Tyne: Agenda Publishing.

Singh, Abhay Kumar (2006) Modern World System and Indian Proto-Industrialization, Vol. I, New Delhi: Northern Book Centre.

Singh, J. P. (2017) Sweet Talk, Stanford: Stanford University Press.

Shinjiro, Nagaoka (1960/1983), 'Sugar Industry Production and the Chinese in Batavia During the 17th and 18th Centuries', (17, 18世纪巴达维亚的糖业与华侨)

Southeast Asian Studies 3: 108–9.

Skinner, G. William (1977) 'Regional urbanization in nineteenth century China', in G. William Skinner (ed.), The City in Late Imperial China, Stanford: Stanford University Press, 211–49.

Slater, David (2004) Geopolitics and the Post-Colonial, Oxford: Blackwell.

Smiles, Samuel (1863) Industrial Biography, London: John Murray.

Smith, Adam (1776/1937) The Wealth of Nations, New York: The Modern Library.

Smith, Cyril S. (1960) A History of Metallography, Chicago: University of Chicago Press.

Snow, Philip (1989) The Star Raft: China's Encounter with Africa, Ithaca: Cornell University Press.

Solow, Barbara L. (1985) 'Caribbean Slavery and British Growth: The Eric Williams Hypothesis', Journal of Development Economics 17(1–2): 99–115.

Solow, Barbara L. (ed.) (1991) Slavery and the Rise of the Atlantic System, Cambridge: Cambridge University Press.

Solow, Barbara L., and Stanley L. Engerman (eds.) (1987) British Capitalism & Caribbean Slavery, Cambridge: Cambridge University Press.

Song, Nianshen (2012) '"Tributary" from a Multilateral and Multilayered Perspective', Chinese Journal of International Politics 5(2): 155–82.

Song, Yingxing (1637/2017) Tiangong Kaiwu, Beijing: Foreign Languages Press.

Srinivasan, Sharda, and Srinivasa Ranganathan (2014) India's Legendary Wootz Steel, Himayatnagar, Hyderabad: Universities Press (India).

Steele, Richard (1615/1824) 'Journey of Richard Steel and John Crowther, from Ajmeer in India, to Ispahan in Persia, in the years 1615 and 1616', in Robert Kerr (ed.), A General History and Collection of Voyages and Travels, Vol. IX, Edinburgh and London, 206–19. Posted at: https://depts.washington.edu/ silkroad/texts/steel_crowther.html

Steensgaard, Niels (1974) The Asian Trade Revolution of the Seventeenth Century, Chicago: Chicago University Press.

Steensgaard, Niels (2007) 'The route through Quandahar: The significance of the overland trade from India to the West in the seventeenth century', in Chaudhury and Morineau (eds.), 55–73.

Stein, Burton (1985) 'State Formation and Economy Reconsidered: Part 1', Modern Asian Studies 19(3): 387–413.

Stodart, James (1818) 'A Brief Account of Wootz, or Indian Steel: Showing Its Fitness for Making Surgical Instruments, and Other Articles of Fine Cutlery', Asiatic Journal and Monthly Register 5: 570–1.

Stodart, James, and Michael Faraday (1822) 'On the Alloys of Steel', Philosophical Transactions of the Royal Society of London 112: 253–70.

Strange, Susan (1996) The Retreat of the State, Cambridge: Cambridge University Press.

Stuenkel, Oliver (2016) Post-Western World, Cambridge: Polity.

Styles, John (2000) 'Product Innovation in Early Modern London', Past & Present 168: 124–69.

Subrahmanyam, Sanjay (1997) 'Connected Histories: Notes Towards a Reconfiguration of Early Modern Eurasia', Modern Asian Studies 31(3): 735–62.

Subramanian, Lakshmi (2016) Three Merchants of Bombay, London: Portfolio.

Sugihara, Kaoru (2003) 'The East Asian path of economic development', in Arrighi, Hamashita, and Selden (eds.), 78–123.

Suzuki, Shogo (2007) 'The agency of subordinate polities: Western hegemony in the East Asian mirror', in Hobson and Seabrooke (eds.), 177–95.

Suzuki, Shogo (2014) 'Europe at the periphery of the Japanese world order', in Suzuki, Zhang, and Quirk (eds.), 76–93.

Suzuki, Shogo, Yongjin Zhang, and Joel Quirk (eds.) (2014) International Orders in the Early Modern World, London: Routledge.

Sweezy, Paul M., and Maurice Dobb (1950) 'The Transition from Feudalism to Capitalism', Science & Society 14(2): 134–67.

Tang, Jie (2018) 'The Chinese grand canal world heritage site: Living heritage in the 21st century', PhD thesis, Department of Landscape, University of Sheffield.

Tansel, Cemal Burak (2013) 'Breaking the Eurocentric Cage', Capital & Class

37(2): 299–307.

Tansel, Cemal Burak (2015a) 'Deafening Silence? Marxism, International Historical Sociology and the Spectre of Eurocentrism', European Journal of International Relations 21(1): 76–100.

Tansel, Cemal Burak (2015b) 'State formation and social change in modern Turkey', Unpublished PhD thesis, School of Politics and International Relations, University of Nottingham.

Tavernier, Jean Baptiste (1667/1889) Travels in India, London: Macmillan & Co.

Tharoor, Shashi (2017) Inglorious Empire, London: Penguin.

Thomas, Robert P. (1968) 'The Sugar Colonies of the Old Empire: Profit or Loss for Great Britain?', Economic History Review 21(1): 30–45.

Thomaz, Luis Filipe Ferreira Reis (1993) 'The Malay Sultanate of Melaka', in A. Reid (ed.), Southeast Asia in the Early Modern Era, Ithaca: Cornell University Press, 69–90.

Thompson, Edward P. (1965) The Making of the English Working Class, London: Victor Gollancz.

Thompson, Edwina A. (2011) Trust is the Coin of the Realm, Oxford: Oxford University Press.

Thornton, John K. (1998) Africa and Africans in the Making of the Atlantic World, 1400–1800, Cambridge: Cambridge University Press.

Thornton, John K. (2012) A Cultural History of the Atlantic World, 1250–1820, Cambridge: Cambridge University Press.

Tickner, Arlene B., and David L. Blaney (eds.) (2012) Thinking International Relations Differently, London: Routledge.

Tilly, Charles (1984) Big Structures, Large Processes and Huge Comparisons, New York: Russell Sage Foundation.

Tilly, Charles (1990) Coercion, Capital and European States, AD. 990–1990, Oxford: Blackwell.

Timberg, Thomas A. (2014) The Marwaris, Gurgaon: Portfolio.

Toby, Ronald P. (1984) State and Diplomacy in Early Modern Japan, Princeton:

Princeton University Press.

Toffler, Alvin (1980) The Third Wave, New York: Bantam.

Tomich, Dale W. (2004) Through the Prism of Slavery, Lanham: Rowman & Littlefield.

Tracy, James D. (ed.) (1991) The Political Economy of Merchant Empires, Cambridge: Cambridge University Press.

Trotsky, Leon (1906/2010) Results and Prospethe Chinese tribute system, Seattle: Red Letter Press.

Twomey, Michael J. (1983) 'Employment in Nineteenth Century Indian Textiles', Explorations in Economic History 20(1): 37–57.

Udovitch, Abraham L. (1962) 'At the Origins of the Western Commenda: Islam, Israel, Byzantium?', Speculum 37(2): 198–207.

Udovitch, Abraham L. (1970) Partnership and Profit in Medieval Islam, Princeton: Princeton University Press.

Uglow, Jenny (2003) The Lunar Men, London: Faber & Faber. Ullah, Mir Izzet (1843) 'Travels Beyond the Himalayas', Journal of the Royal Asiatic Society 7(2): 283–342.

United States Department of Commerce (1975) Historical Statistics of the United States, Washington: Government Printing Office.

van Leur, Jakob (1955) Indonesian Trade and Society, The Hague: W. van Hoeve.

Vanina, Eugenia (2004) Urban Crafts and Craftsmen in Medieval India, New Delhi: Munshiram Manoharlal Publishers.

Van Santen, H. W. (1991) 'Trade between Mughal India and the Middle East, and Mughal Monetary Policy, c.1600–1660', in Karl R. Haellquist (ed.), Asian Trade Routes, London: Curzon Press, 87–95.

Vernet, Thomas (2009) 'Slave trade and slavery on the Swahili Coast (1500–1750)', in B. A. Mirzai, I. M. Montana, and P. Lovejoy (eds.), Slavery, Islam and Diaspora, Trenton: Africa World Press, 37–76.

Vitalis, Robert (2015) White World Order, Black Power Politics, Ithaca: Cornell University Press.

Vries, Jan de (2003) 'Connecting Europe and Asia: A quantitative analysis of the Cape-route trade, 1497–1795', in Flynn, Giráldez, and von Glahn (eds.), 35–106.

Vries, Jan de (2008) The Industrious Revolution, Cambridge: Cambridge University Press.

Vries, Jan de (2010) 'The Limits of Globalization in the Early Modern World', Economic History Review 63(3): 710–33.

Vries, Peer (2002) 'Governing Growth: A Comparative Analysis of the State in the Rise of the West', Journal of World History 13(1): 67–138.

Vries, Peer (2010) 'The California School and Beyond: How to Study the Great Divergence', History Compass 8(7): 730–51.

Vries, Peer (2013) Escaping Poverty, Goettingen: V&R Unipress.

Vries, Peer (2015) State, Economy and the Great Divergence, London: Bloomsbury.

Wade, Geoff (2004) 'Ming China and Southeast Asia in the 15th century: A reappraisal', Asia Research Institute, Working Paper Series No. 28, NUS, 1–42.

Wadsworth, A.P., and Julia de Lacy Mann (1931) The Cotton Trade and Industrial Lancashire, 1600–1780, Manchester: Manchester University Press.

Wagner, Donald B. (2008) Science and Civilisation in China, Vol. 2, Cambridge: Cambridge University Press.

Wallerstein, Immanuel (1974) The Modern World-System, Vol. I, London: Academic Press.

Wallerstein, Immanuel (1980) The Modern World-System, Vol. II, Berkeley: University of California Press.

Wallerstein, Immanuel (1984) The Politics of the World-Economy, Cambridge: Cambridge University Press.

Wallerstein, Immanuel (1987) 'The incorporation of the Indian subcontinent into the capitalist world economy', in Satish Chandra (ed.), The Indian Ocean, New Delhi: Sage, 222–53.

Wallerstein, Immanuel (1989) The Modern World-System, Vol. Ⅲ, San Diego: Academic Press.

Wallerstein, Immanuel (1997) ‘Eurocentrism and Its Avatars: The Dilemmas of Social Science’, New Left Review I/226: 93–108.

Waltz, Kenneth N. (1979) Theory of International Politics, New York: McGraw Hill.

Walvin, James (1992) Black Ivory, London: HarperCollins.

Wang, Yuan-kang (2011) Harmony & War, New York: Columbia University Press.

Ward, J. R. (1978) ‘The Profitability of Sugar Planting in the British West Indies, 1650–1834’, Economic History Review 31(2): 197–213.

Washbrook, David (1988) ‘Progress and Problems: South Asian Economic and Social History, c.1720–1860’, Modern Asian Studies 22(1): 57–96.

Washbrook, David (1990) ‘South Asia, the World System, and World Capitalism’, Journal of Asian Studies 49(3): 479–508.

Washbrook, David (2007) ‘India in the Early Modern World Economy: Modes of Production, Reproduction and Exchange’, Journal of Global History 2(1): 87–111.

Washbrook, David (2020) ‘The Cambridge history of capitalism: India’, in Yazdani and Menon (eds.), 128–51.

Waters, Malcolm (1995) Globalization, London: Routledge.

Weber, Heloise (2015) ‘Is IPE Just Boring, or Committed to Problematic Meta-Theoretical Assumptions? A Critical Engagement with the Politics of Method’, Contexto Internacional 37(3): 913–44.

Weber, Max (1922/1978) Economy and Society, 2 vols, Berkeley: University of California Press.

Weiss, Linda, and John M. Hobson (1995) States and Economic Development, Cambridge: Polity.

Wendt, Ian C. (2009) ‘Four centuries of decline? Understanding the changing structure of theSouth Indian textile industry’, in Riello and Roy (eds.), 193–215.

Wertime, Theodore A. (1961) The Coming of the Age of Steel, Leiden: Brill.

Whatley, Warren (2017) ‘The Gun-Slave Hypothesis and the 18th Century British Slave Trade’, African Economic History Working Paper Series No. 35/2017, University of Michigan, 1–56. Posted at: www.aehnetwork.org/wp-content/uploads/2017/07/

AEHN-WP-35.pdf

White, Colin (2011) Understanding Economic Development, Cheltenham: Edward Elgar.

Wilkinson, Henry (1837) 'On the Cause of the External Pattern, or Watering of the Damascus Sword-Blades', Journal of the Royal Asiatic Society 7(4): 187–93.

Wilkinson, Henry (1841) Engines of War, London: Longman, Orme, Brown, Green and Longmans.

Williams, Eric (1944/1964) Capitalism and Slavery, London: Andre Deutsch.

Williamson, Jeffrey G. (1984) 'Why Was British Growth So Slow During the Industrial Revolution?', Journal of Economic History 44(3): 687–712.

Williamson, Jeffrey G. (2011) Trade and Poverty, Cambridge: Massachusetts Institute of Technology Press.

Wills, John E. (1993) 'Maritime Asia, 1500–1800: The Interactive Emergence of European Domination', American Historical Review 98(1): 83–105.

Wink, André (1988) '"Al-Hind": India and Indonesia in the Islamic WorldEconomy, c.700–1800 AD', Itinerario 12(1): 33–72.

Wink, André (1990) Al-Hind: The Making of the Indo-Islamic World, Vol. I, Leiden: Brill.

Wolf, Eric R. (1982) Europe and the People Without History, Berkeley: University of California Press.

Wolf, Martin (2005) Why Globalization Works, London: Yale Nota Bene.

Wolters, O. W. (1967) Early Indonesian Commerce, Ithaca: Cornell University Press.

Wong, Roy Bin (1997) China Transformed, Ithaca: Cornell University Press.

Wong, Roy Bin (2002) 'The Search for European Differences and Domination in the Early Modern World: A View from Asia', American Historical Review 107(2): 447–69.

Wood, Ellen Meiksins (2002) The Origin of Capitalism, London: Verso.

Wright, John (2007) The Trans-Saharan Slave Trade, London: Routledge.

Wu, Jianhu (2004) 'On the Changes of Occupational Structures of Population in the Jiangnan Areas During the Ming–Qing Times', Agricultural History of China 4: 105–10.

Xian, J., and L. Tan (1994) 'Industry of Sugar Production in Guangdong During the Ming and Qing Periods (明清时期广东的制糖业)', Social Science in Guangdong 4: 91–7.

Xing, Fang (2000) 'The role of embryonic capitalism in China', in Xu Dixin and Wu Chengming (eds.), Chinese Capitalism, 1522–1840, London: Palgrave Macmillan, 402–29.

Xu, Dixin, and Chengming Wu (2003) Development History of Chinese Capitalism, II（中国资本主义发展史卷二：旧民主主义革命时期的中国资本主义）, Beijing: Peoples Publishing House.

Xu, Mingde (1995) 'China's Closed–Door Policy in the Period of 14th–19th Century', Journal of Maritime History Studies 1: 19–37.

Xu, Xinwu (1988) 'The Struggle of the Handicraft Cotton Industry Against Machine Textiles in China', Modern China 14(1): 31–49.

Xu, Xinwu (1992) History of Cotton Cloth in Jiangnan (江南土布史), Shanghai: Shanghai Academy of Social Sciences Press.

Xu, Yingnan (2011) 'Industrialization and the Chinese Hand-Reeled Silk Industry (1880–1930)', Penn History Review 19(1): 27–46.

Yazdani, Kaveh (2017) India, Modernity and the Great Divergence, Leiden: Brill.

Yazdani, Kaveh (2019) 'South Asia in the great divergence', in Oxford Research Encyclopedia of Asian History. DOI: 10.1093/acrefore/9780190277727.013.354

Yazdani, Kaveh (2020) 'Mysore at war: The military structure during the reigns of Haidar Ali and Tipu Sultan', in Ravi Ahuja and Martin Christof-Füchsle (eds.), A Great War in South India, Oldenbourg: De Gruyter, 17–53.

Yazdani, Kaveh, and Dilip Menon (eds.) (2020) Capitalisms: Towards a Global History, New Delhi: Oxford University Press.

Yule, Henry (1875) The Book of Ser Marco Polo, London: John Murray.

Yun-Casalilla, Bartolomé, and Patrick K. O'Brien (eds.) (2012) The Rise of Fiscal States, Cambridge: Cambridge University Press.

Zarakol, Ayşe (ed.) (2017) Hierarchies in World Politics, Cambridge: Cambridge University Press.

Zelin, Madeleine (1984) The Magistrate's Tael, Berkeley: University of California Press.

Zelin, Madeleine (2005) The Merchants of Zigong, New York: Columbia University Press.

Zeng, Ling (1993) 'The "Outward" Feature of Handicraft Production in Jujian in the Ming-Qing Period' (明清福建手工业生产的"外向型"特征), Journal of Fujian Tribune (3): 54–8.

Zhang, Feng (2009) 'Rethinking the "Tribute System": Broadening the Conceptual Horizon of Historical East Asian Politics', Chinese Journal of International Politics 2(4): 545–74.

Zhang, Feng (2015) 'Confucian Foreign Policy Traditions in Chinese History', Chinese Journal of International Politics 8(2): 197–218.

Zhang, Shizhi (2020) 'The return of China: Historicising China in the global economy', PhD thesis, Department of Politics and International Relations, University of Sheffield.

Zhang, Yongjin, and Barry Buzan (2012) 'The Tributary System as International Society in Theory and Practice', Chinese Journal of International Politics 5(1): 3–36.

Zhao, Gang (2013) The Qing Opening to the Ocean, Honolulu: University of Hawai'i Press.

Zhao, Suisheng (2015) 'Rethinking the Chinese World Order: The Imperial Cycle and the Rise of China', Journal of Contemporary China 24(96): 961–82.

Zheng, Yangwen (2014) China on the Sea, Leiden: Brill.

Zhou, Fangyin (2011) 'Equilibrium Analysis of the Tributary System', Chinese Journal of International Politics 4(2): 147–78.

Zhuang, Guotu (1999) 'Tea Production, Sale and Social Impact in Fujian Before the Opium War' (鸦片战争前福建外销茶叶生产和营销及对当地社会经济的影响), Journal of Chinese Historical Studies 3: 145–56.

Zinkina, Julia, David Christian, Leonid Grinnin, Ilya Ilyin, Alexey Andreev,

Ivan Aleshkovsk, Sergey Shulgin, and Andrey Korotayev (2019) A Big History of Globalization, Switzerland: Springer Nature.

Zurndorfer, Harriet T. (2009) 'The resistant fibre: Cotton textiles in imperial China', in Riello and Parthasarathi (eds.), 43–62.

Zwart, Pim de (2016) Globalization and the Colonial Origins of the Great Divergence, Leiden: Brill.